语言学论丛

Otto Jespersen
A Study on His Ideas of Phonological Evolution

叶斯柏森
音系演化思想研究

曲长亮 ◎著

图书在版编目（CIP）数据

叶斯柏森：音系演化思想研究 / 曲长亮著 . —北京：北京大学出版社，2023.11

（语言学论丛）

ISBN 978-7-301-34638-9

Ⅰ.①叶… Ⅱ.①曲… Ⅲ.①奥托·叶斯柏森–音系学–研究 Ⅳ.①H01

中国国家版本馆 CIP 数据核字 (2024) 第 050079 号

书　　　名	叶斯柏森：音系演化思想研究 YESIBOSEN: YINXI YANHUA SIXIANG YANJIU
著作责任者	曲长亮　著
责 任 编 辑	刘文静
标 准 书 号	ISBN 978-7-301-34638-9
出 版 发 行	北京大学出版社
地　　　址	北京市海淀区成府路 205 号　100871
网　　　址	http://www.pup.cn　　新浪微博：@北京大学出版社
电 子 邮 箱	编辑部 pupwaiwen@pup.cn　　总编室 zpup@pup.cn
电　　　话	邮购部 010-62752015　发行部 010-62750672 编辑部 010-62754149
印 刷 者	北京汇林印务有限公司
经 销 者	新华书店
	650 毫米 ×980 毫米　16 开本　34.5 印张　460 千字 2023 年 11 月第 1 版　2023 年 11 月第 1 次印刷
定　　　价	138.00 元

未经许可，不得以任何方式复制或抄袭本书之部分或全部内容。
版权所有，侵权必究
举报电话：010-62752024　电子邮箱：fd@pup.cn
图书如有印装质量问题，请与出版部联系，电话：010-62756370

序 一

史海沉钩，知昔鉴今望未来

封宗信

长亮博士从北京大学毕业后在大连外国语大学执教期间喜讯不断。主持的科研项目从校级、省级到国家社科基金，稳获稳打；对欧美语言学家的经典语音学与音系学理论研译结合，著述不断；从副教授到教授，步步晋升。每次获悉他取得可喜的成果，我都感到由衷的高兴。

长亮教授2016年主持国家哲学社会科学基金项目"叶斯柏森音系演化思想研究"，经过数年奋战，最终研究著作已通过北京大学出版社的选题立项，即将付梓。他又一次来邮件报喜的同时，请我写序。我深感荣幸，但只当客气之辞。他的导师钱军教授是语言学史专家，念及师弟对现代语言学理论流派略知一二，曾邀我先后参加他几位弟子的博士论文答辩。长亮答辩恍如昨日，转眼间他已脱颖而出，成为独当一面的布拉格学派和与之相关的语言学理论的研译介专家。2015年以来他连续推出"双打"：商务印书馆两本，世界图书出版公司两本，清华大学出版社两本，明年又将在商务印书馆和北京大学出版社并蒂开花。我虽愿为他的新著助威，但自知学浅，明确谢绝做序并建议他劳驾钱先生。长亮复函，恩师在给《特鲁别茨柯依音系学思想初探——理论解析与短篇著作选译》撰序，其中"汉译是钱老师多年来的心愿"。重托之下，迎难而上，寥寥数语权当分担我师兄案牍劳形。

叶斯柏森是闻名遐迩的丹麦语言学家，也是19、20世纪最权威的英语语法专家（几乎没有"之一"）。他生于三代法学世家，1877年入哥本哈根大学律科，毫无悬念。但他语言天赋之高，习得语种之多，受大师启蒙之早，无人能出其右。本科四年学法不误习语，尤受汤姆生（Vilhelm Thomsen, 1842–1927）语音学、古法语及现代法语课程启迪，1881年改弦易辙主攻语言学，法、英、拉丁，三管齐下。在北欧语音学与语言教学改革浪潮中潜心钻研，厚积薄发，1886年论语音法则之重磅论文出炉时，已在哥大问学九载而尚无一纸文凭。创斯堪的纳维亚语言教育改革协会有其功，而英雄尚无出处。翌年获得硕士学位，游学英、法、德一年，在伦敦、牛津、巴黎、柏林、莱比锡等地世界名校博览群书，广听讲坛，拜谒国际名师，包括"世界古英语之师"及"欧洲语音学之父"斯威特（Henry Sweet, 1845–1912），国际语音学协会创始人及国际音标设计师帕西（Paul Passy, 1859–1940），比较语言学领军人物布鲁格曼（Karl Brugmann, 1849–1919），柏林科学院及慕尼黑科学院院士、新语法学家莱斯琴（August Leskien, 1840–1916）等。学养深厚，视野宽阔，跨罗曼与日耳曼两族三语继续深耕，法德英齐下再造辉煌，已成定局。

"知之者不如好之者，好之者不如乐之者。"但饭碗决定兴趣，放之四海而皆准。叶氏并非不食烟火，学术追求曲于教职之需。德国哲学家韦伯（Max Weber, 1864–1920）在《科学乃天职》（"Science as a Vocation"）一文里写道："大学教师聘任之事，少有令人愉快者。有志献身学术之青年，皆须肩挑研教两担。而研教迥异，善研者未必擅教。"叶氏善教善研，恩师汤姆生教授慧眼识珠也护犊心切，预见哥大将有英语教授之需，致函弟子改攻英语以派用场。叶氏1888年返回母校，以英语格系统为题，在汤姆生门下再战三年，终获博士学位。1893年起任哥大英语教授三十二载，1925年退而不休，继续著书立说十八春秋。学术生涯六秩有余，多语产出数百篇（部）论著，涵盖语法哲学、语言逻辑学、普通语言学、符号学、语音学、语法学、语言史、语言学史、外语教学等领域。他的语言研究谱广面宽，观察细致入微,思辨高屋建瓴,理论建树卓越,应用发明超群。在这样一位旷世奇才的经典著作中挖掘其近被埋没的语音演化思想,深度、广度、难度,无一不是挑战。

  长亮教授在语言学史领域研译介欧陆诸学派语言学经典理论,并非偶然。北京大学英语语言文学系对英语史、语言学史、现代语言学流派、语法教学理论与实践的重视,有悠久的传统。20世纪90年代初,"英语史"(李赋宁先生讲授)是英语语言学和文学方向通选课,"语言学史及语言学流派"(胡壮麟先生讲授)是语言学方向博硕士生必选课。钱军博士就是在胡先生门下出师的一位对布拉格学派句法语义学理论有深度研究的优秀学者,2009年荣获捷克共和国政府颁发的"马萨里克奖章"(Masaryk Prize)(以捷克外交家、政治家Jan Masaryk [1886–1948]命名)。长亮师从钱教授,既承师门传统,也有独辟蹊径之勇和青出于蓝之功。他致力于西方语音学与音系学经典理论,亦非偶然。北大英语系对"语音学与音系学"的重视程度相当高,是语言学研究生必修课。胡壮麟先生的语音学研究也堪称表率,1985年发表在《外语教学与研究》上的《语音模式的全应效果——试析狄伦·托马斯一诗的语音模式》获过社科成果奖。求学期间恩师胡先生访学回来讲过一件事:他从美国加州大学某教授那里了解到,该校语言学博士项目拒绝过一位中国大陆硕士生的留学申请,因为其成绩单上缺"语音学与音系学"。语言学研究生未修语音学与音系学,美国教授认为不可思议。我于21世纪初加盟清华外文系后任英语专业研究生教研室主任,坚持在培养方案上增设语音学与音系学,列为必修课。我们没有专事语音学与音系学的教授,我提议外请,系领导非常支持。史宝辉教授不辞辛劳,连续几年风雨无阻给我们研究生授课。然而好景不长,有教授("教语言学课的教授"与"语言学教授"确实有别)强烈反对为研究生开设语音学。僧(导师)多粥(学位课)少是事实。突出本系师资特色和研究方向,迎接学科建设评估,也是客观需要。因此这门课便停开。数年来听闻类似情况,绝非五道口个案。京畿尚且如此,长亮身处滨城浪漫之都从教,如果为开设语言学史奔走和力争过，在意料之中；如果他为开设语音学与音系学遇到过压力与阻力，也毫不意外。他对西方经典语音学与音系学理论矢志不渝的钻研，让我感到弥足珍贵。

本书稿上篇为理论解析，七个论题都值得一读。第一个论题是对叶斯柏森其人其作的全面梳理，从中我们可以清楚地看到一个语言天才复杂而曲折的成长历程和一个杰出的语言学家难以复制的成功之路。长亮对叶氏学术生涯的阶段划分及其著述的历时追述，线条脉络清晰，资料翔实，为国内同行深度了解叶氏提供了重要的文献线索。压轴部分是百年来叶斯柏森在中国的译介史，从翻译研究视角对叶氏的语言学思想在中国的传播和再书写进行了述评，对哥本哈根学派理论（乃至整个外国语言学理论）在中国的译介以及学术翻译史研究都有重要的参考价值。

第二至第七个论题是对叶斯柏森语音学思想的专题研究。叶斯柏森是论述语言生命、语音定律和语言使用等问题的重要思想家。他的语音学研究着眼于语言使用者与语音演化中的价值因素，显现了"定律—例外"与"定律—类推"二分法的局限性，拓展了古希腊哲人的自然论（naturalist）与惯例论（conventionalist）、规则论（analogist）与不规则论（anomalist）之争，与索绪尔的语言符号价值学说也有关联，对符号学视角下的语义学、句法学、语用学和认知语言学等都有重要参考价值。叶氏从语义区别在语音结构中的地位出发，质疑语音与音位的对立，并在两者的分工中研究其功能性协作，与布拉格学派语言学家的音位理论相辅相成。语音学与音系学的分野是布拉格学派的重大贡献。语音学与音系学的学科界限清楚，但最小音段成分之间的对立与音位系统里不具有功能价值的细微语音差别，也是无法回避的问题。叶氏的一贯原则是强调普遍性和整体性，从音变的音系视角研究语音演化的系统性思想，在与欧洲诸多学派语言学家的互动和碰撞中日渐成熟和完善。他的音系原则，影响不囿于语音学与音系学，导致语音史转化为音系演化史，可视为一次重大的学科转向或一门新学科的诞生。他的重音观是音系演化研究中的一大亮点。他在肯定和阐释维尔纳定律的前提下，提出的"叶氏定律"独具个体语言特色又有普通语言学和语言学史价值，推动了语音与句法的界面研究。他的词法效应思想把音系演化放在语音与词义、句法的接口，延伸到对语言演化的竞争与淘汰机制的思考。他的语言进步观涉及对语音演化中的突变、儿童语音与成人语音、自发音系演化与外部因素影响、音系演化的自然趋势与人工干预等的一系列关系的深入观察与思考。他的语言能量学思想对研究语言史和语言起源问题有重要意义，也对语言规划和语言政策制定等相关学科有重要的现实意义。

在语言学史视角下从大师的经典著作里挖掘他们广博而深邃的思想，不在于为浩如烟海的语言学史卷帙增加脚注，而在于从细微处着眼，理清大师的思想路径和理论发展脉络，发掘经典理论的精髓对后世语言学人或显或隐的深远影响。读史明智，知古鉴今。知古今，亦可展望未来。语言学史与别的学科史及人类文化史毫无两样，既是反映已往的镜子，也是投射未来的幕布。现代音系学始于19世纪末。波兰语言学家博杜恩（Jan Baudouin de Courtenay, 1848–1929）和克鲁舍夫斯基（Н. В. Крушевский, 1851–1887）师徒在1876年就区分了语言的静态与动态两个维度，1881年提出音素（phone）与音位（phoneme）是两个截然不同的语言单位。这比索绪尔在日内瓦大学的普通语言学讲座中提出 langue 与 parole 之分早很多年。他们对几十年后才形成的布拉格学派影响深远，但似乎没有影响到当年已踏入语言学领域的叶斯柏森。现代音系学的深入发展，学界普遍归功于特鲁别茨柯依（Н. С. Трубецкой/N. S. Trubetzkoy, 1890–1938）和雅柯布森（Р. О. Якобсон/R. Jabobson, 1896–1982）。叶氏游学期间师从英法语音学大师，他的语音学研究共时与历时视角结合，更以历时见长，对发展新语法学派和推动现代语言学有继往开来之功。布拉格学派重共时研究，在现代语言学史上具有划时代的意义，也是对美国语言学产生了最大影响的欧洲学派。重共时的功能主义视角是布拉格学派与其他学派的分歧。但叶斯柏森单打独斗，历时与共时、形式与功能并重的视角与特鲁别茨柯依和雅柯布森的共时视角并非水火不容。叶斯柏森的语音学理论对后来的布拉格学派音位理论是否产生过任何直接或间接影响（哪怕是被批判的对象），值得研究。几乎与布拉格学派同时活跃的哥本哈根学派独树一帜，其中没有已步入暮年的叶氏身影，实属正常。但叶斯柏森的理论和方法论对哥本哈根学派语言学家不可能没有影响。换句话说，从克鲁舍夫斯基谢世到特鲁别茨柯依的《音系学原理》问世，这半个多世纪正是叶斯柏森真正步入语言学研究后的五十多年，语音学与音系学史经历了什么？叶斯柏森与布拉格学派语音学理论有没有关系？他对哥本哈根学派的语言学家有没有影响？他的英语著述对伦敦学派语音学有哪些影响？特鲁别茨柯依的代表作《音系学原理》（*Grundzüge der Phonologie*, 1939）在英译版（*Principles of Phonology*, 1969）面世前影响有限。雅柯布森到达美国前在北欧撰写的《儿童语言、失语症与音位普遍性》（*Kindersprache, Aphasie und allgemeine Lautgesetze*, 1941）在英译版（*Child Language, Aphasia, and Phonological Universals*, 1968）面世前受众不大。两部巨著在这三十年间影响了哪些学者，也是一个值得花精力研究的话题。叶斯柏森在《语言论》（1922）和《语法哲学》（1924）等英文版著作里的共时描写视角和有关语言进化的思想已广为人知（见罗宾斯的《语言学简史》、赛福生的《语言学流派》、姚小平的《西方语言学史》），但其语音学思想的理论价值有待进一步发掘并还原。叶斯柏森融语言本质论、语言起源论、进化论、语言史等维度开创的语音演化论，与共时音位理论相得益彰。如果说现代语言学版图上特鲁别茨柯依和雅柯布森把音系学理论推上了峰顶，就可以说叶斯柏森把语音学理论推到了嶂颠。

长亮教授博闻强识，几乎穷尽了叶斯柏森音系演化思想的论著，在不同维度上从叶氏的论著中抽丝剥茧，挖掘其语音学思想并彰显其学术价值。他的案头工作细致入微，论题小中见大，言必有据，字里行间透出一个语言学史学人的严谨和求真精神。如果他以叶斯柏森其人其作开篇，接着由其重音论、音变论、语音—音系论、语音—形态论、语音—句法论、语音—语义论、语音—语用论等为支撑点，安排一条由表及里的主线和由微观到宏观的框架,最后在跨学科高度上对他的系统论和语言能量论进行深入讨论,也许会更出彩。如果把"叶斯柏森在中国:百年译介史"放在下篇的结尾,效果可能更好。当然,研究、译介及对译介的研究和述评同卷呈现,逻辑线条和整体布局见仁见智。长亮深耕多年,逻辑线条和层次布局自有其理。旁观者言易,当事者做难(It's easier said than done)。知无不言,言无不尽,免得有一味吹捧之嫌,望长亮教授不必在意。他从一个东方学者的视角对叶斯柏森音系演化思想的系统研究,对弘扬其语音学思想并肯定其在语言学史上不可动摇的地位有重要意义,也为现代音系学理论和音系学发展史增添了宝贵的一页。

本书下篇选编了11篇首译到国内的叶斯柏森论音系演化著作,时间跨度为1885年至1934年,由四种源语译出:丹麦语(3篇)、德语(3篇)、英语(4篇)、法语(1篇)。从研究角度,这些译文为不谙以上语种者提供了重要文献,也可看作是对长亮自己选编和译注的《叶斯柏森论语音》(商务印书馆,2021)的增补,与国内其他同行学者的版本一道,把叶斯柏森的语言学论著引进工作推上了又一个台阶。西方语言学经典著作多译自英文版或英译版,其他语种版本的汉译,常由通专语者译专文。特鲁别茨柯依、雅柯布森、叶斯柏森均以多语著述见长,而鲜有一人穷其原著。长亮教授研习并译介这些大家已属难能可贵,他的多语译中能力在学术翻译界也是一道靓丽的风景线。

长亮一次次寄来的专著、译著和编著让我深感后生可畏。在此,我对这本新著即将面世表示祝贺!也向他的导师钱军教授表示祝贺!衷心祝愿长亮教授不忘初心,在学术道路上不断取得喜人的成果。

壬寅年炎节
西元2022年7月
于清华园

序 二

追寻哲人

何 勇

20世纪80年代中期我来哥大攻读学位,这是我人生的最大转折点。我从国内的一名大学讲师一夜间又变成了学生。好像是降低了身份,实际上是开启了人生的一个新历程。我这里要说的是来美随身带的一样物品和与此物品有关的一个人的故事。

这件物品其实就是一本英文原著,丹麦语言学家叶斯柏森(Otto Jespersen)所著的《语法哲学》(*The Philosophy of Grammar*)。为何只带了这本英文原著,是因为我跟此书有特别的情缘。叶斯柏森是我非常敬仰的一位语言学家,此外我也是《语法哲学》中文版的译者之一。我一直有这样一个感觉,对英语有真正研究的人往往是外国人,而不是英美人。因为外国语言学家往往有对比的视野,对另一门语言有更深的理解和更敏锐的洞察力。

叶氏是位多产作家,一生写过近800余种著述,涉及普通语言学、语法学、语音学、语言史、符号系统、语言哲学、外语教学和世界语。他编写的7卷本《历史原则下的现代英语语法》(*A Modern English Grammar on Historical Principles*)是他最宏大的一部著作,其规模和深度都超过我喜欢的另一部由四位英国学者Randolph Quirk, Sidney Greenbaum, Geoffrey Leech和Jan Svartvik合作完成的《英语综合语法》(*Comprehensive Grammar of the English Language*)。由于他对英语语法学所做的杰出贡献,他被语言学界公认为英语语法的最高权威,同时也享有"语言学之父"的美誉。此外他还独创过一门世界语,先是叫"依德语"(Ido),后是叫"诺维亚语"(Novial)。《语法哲学》是叶氏的另一部代表作。我成为此书中译本译者之一的故事是这样的。

20世纪70年代末正是改革开放、百废待兴的年代,中国的学术界也异常活跃,开始与西方学术界全方位的接触。我本人在一年内先后两次去南京大学参加教育部主办的全国高校英语师资培训班,接受来自"英国文委"(British Council)的语言学家们的培训。当时中国的语言学界一方面在引进美国语言学家乔姆斯基的转换生成语法的最新学说,一方面在介绍西方语言学史上各经典流派,同时大量引进西方学术界的著作。当时我在徐州师院(现名江苏师范大学)外语系任教。我们学校中文系有位国内知名的语言学家廖序东先生。廖先生30年代问学于黎锦熙、许寿裳、罗根泽等多位大师,1941年7月从北师大毕业后即投身教育界,开始了长达半个多世纪的汉语教学生涯。他与黄伯荣先生1991年共同主编的《现代汉语》一书至今仍被国内许多高校的中文专业用作指定教材。他时任中文系主任,后来又担任了学校的副校长。廖先生对汲取西方语言学理论的精髓,以资研究中国语言十分重视,经常组织他的研究生与我们外文系的青年教师进行交流和探讨,我们也从廖先生渊博的学问中获益甚多。

廖先生在和我的交谈中多次提到近百年来一直被看作是语言学史上经典文献的叶氏所著《语法哲学》一书,他对此书的喜爱溢于言表。叶斯柏森是西方语言学史上介于传统和现代描写派之间的一位重要人物。他在《语法哲学》中运用新的方法分析探讨语言学、语法学上的重大问题,系统地阐述了他的语言理论。叶氏在此书中指出,语言理论应是概括语言事实的工具,而不是让语言事实去迁就语法的教条。这对一般语法理论的探索具有很重要的意义,发出了现代描写语法的先声。《语法哲学》对20世纪中国著名的语言学家王力和吕叔湘等人都影响甚大。廖先生认为《语法哲学》是叶氏论述其语法理论和

序 二

语法体系的代表作,是一部有划时代意义的语法著作,对汉语语法的研究和发展有深刻的影响。

当时我对叶氏其实也很熟悉。我特别尊崇他1922年写的《语言论——语言的本质、发展和起源》(*Language: Its Nature, Development, and Origin*)一书。此书也被学界认为是他学术成就最高的一本著作。他领先于时代,在此书中率先讨论了20世纪六七十年代成为热门话题的诸多社会语言学、人类语言学问题,如女性语言问题和语言物质特性的理据问题。

源于我们对叶氏的共同兴趣,廖先生问我是否愿意协助他组织一个翻译团队,将《语法哲学》译成中文,让更多的中国语言工作者从中获益。我欣然接受了廖老师的邀请。

随后我请了南京师范学院(后改为南京师范大学)的夏宁生老师和本系的司辉老师参加翻译,本系的韩有毅老师担任校订,廖老师又请到他在苏州的好友张兆星老师和徐州师院中文系的王惟甦老师分别参加翻译和校订,于是一场翻译大战便揭开了序幕。我们在翻译过程中遇到的并不是专业方面的问题,而是叶氏的旁征博引,引用的众多语言里的例子。他在书里并没有提供这些例句的英译,但是我们必须要把这些例句都翻译成中文。20世纪80年初国内的外国人还不是太多,特别是我们在徐州那样的城市很少有机会接触到说英文以外语言的外国人。我们当时想到的一个办法就是给相关语言所在国的驻华大使馆写信求助。有时也给国外高校的学者发函询问。

经过近两年的齐心合力,并在廖先生的指导和主持下,我们终于完成了翻译。译本先由徐州师院印刷,分寄给国内各高校的中文系,作为交流资料。多年后国内还有不少同行与我说起,他们曾看过我们的那个本子,有的还保存着那本书。

徐州师院的自印本印出后,廖老师随即与语文出版社联系正式出版此书,未几语文出版社便接受了。《语法哲学》于1988年正式出版,给我们多年的辛勤努力画上了一个圆满的句号。

就在语文出版社将《语法哲学》付梓的前夕,我被哥伦比亚大学录取,前去攻读人类语言学专业。我来美国时由于行李箱的空间有限,不能带很多书,但是在我随身带的书籍就有英语版和中文版的《语法哲学》各一本。我在哥伦比亚大学的语言学导师哈维·皮得金(Harvey Pitkin)教授对叶斯柏森也很推崇。他听说我参与了此书中文版的翻译很高兴。虽然他不懂中文,还是跟我索要了一本译本,这足见叶氏在语言学界的地位。

到了美国后,我一直与廖先生保持联系。廖先生也告诉我《语法哲学》的译本出版后不久就已售罄。译作出版后,廖先生寄赠两册给中国语言学界的泰斗吕叔湘先生。吕先生1990年2月7日回信说:"收到您的信和两本《语法哲学》,谢谢。此书在五十年代曾由语言所请人翻译,由于种种原因未能完稿,现在终于有了中文译本,实为好事。最近商务印书馆正在筹划续编《汉译世界名著丛书》100种,我间接托人表示此书可以入选,不知商务意思如何。"

斗转星移,在吕先生写了上面那封信的16年后的2006年夏天我回徐州拜访廖老师的时候,廖先生说他已同商务印书馆联系,商务印书馆已同意再版此书。廖先生嘱咐我回美国后也同商务印书馆联系,再次确定。我回来后便同商务印书馆取得了联系,终于在2008年的7月得到确定,此书将由商务印书馆年内再版。我得到这个消息时正带一团联合国的工作人员在南京大学培训中文,不禁欣喜若狂,准备在月内去徐州时告诉廖先生这个好消息,可是我到徐州后才得知廖先生已于2006年的12月仙逝。我虽知廖老师年事已高,但听到他去世的消息仍是觉得突兀。我在再版后记里写道:"万分遗憾廖先生未能看到《语法哲学》的再版。廖先生为叶氏一书的翻译、审订、再版呕心沥血,倾注了近三十年的心血,是《语法哲学》中文版的第一功臣。在此书再版之际,我觉得我们纪念廖先生的最好办法就是把这一译本献给他老人家。"

叶斯柏森在《语法哲学》的序言中一开头就说此书基于他1910–1911年在哥大的一个题为"英语语法导论"的系列讲座,我在翻译此书时对此并没有在意,译作完稿后一年我被哥伦比亚大学录取读博,

序 二

不禁对《语法哲学》产生了更多的亲切感，也觉得离叶斯柏森更近了一步。到了哥大后我便开始搜寻叶氏的足迹，近些时候又几经周折通过纽约大学的馆际借书服务处借到叶斯柏森的自传。叶斯柏森的自传是用丹麦语写的，1995年才被翻译成英语。有英文版的图书馆很少，所以我要通过任教的纽约大学去其他图书馆调这本书。

叶斯柏森生前来过美国两次。他的两次美国之行都给美国学术界带来很大的影响。他第一次来美国是1904年8月应邀参加在圣路易斯举行的世博会美国文理大会（Congress of Arts and Sciences）版块，并做演讲。当时叶斯柏森是哥本哈根大学的教授。那次会议邀请了100位欧洲和100位美国的科学家和人文学者参会。每门学科安排两场讲座，一场谈本学科的话题，一场谈本学科和其他学科交叉关系的话题。我觉得一百多年前的这种研讨形式非常值得我们今天借鉴。用今天的话说就是跨界交流了。英文学科的两个话题落在哈佛大学基特里奇（Kittredge）教授和叶斯柏森身上。基特里奇教授谈英文学科的问题，叶斯柏森谈英文学科和其他学科的关系。大会主席在致辞时还专门提到叶斯柏森。他说"欧洲有个不起眼的半岛，可是那儿的知识水平可是了得，我们这次从那儿请来一位人士讲我们自己的语言。"世博会结束后，叶斯柏森跟其他参会嘉宾前往华盛顿，受到美国总统（老）罗斯福的接见。华盛顿之行结束后，各位嘉宾又去波士顿的哈佛大学参加活动。活动结束后欧洲的嘉宾都返回自己的国家，只有叶斯柏森多留了几个星期，因为他很想体验一下美国大学的日常生活。此时哈佛大学有不少知名的语言学家。叶斯柏森找到知音，很快就跟他们结为好友。在哈佛待了几个星期后，叶斯柏森又应耶鲁大学两位语言学家之邀访问耶鲁，随后他又去纽约待了一个星期。在纽约的日程和起居都是哥大修辞学教授乔治·卡彭特（George Carpenter）安排的。通过卡彭特教授，叶斯柏森又结识了多位哥大的教授。纽约之行为他第二次访美奠定了一定的基础。

1908年，也就是叶斯柏森首次访美的四年后，哥大校长尼古拉斯·莫里·巴特勒（Nicholas Murray Butler）访问叶斯柏森任职的哥本哈根大学。哥伦比亚大学有一座巴特勒图书馆,是哥大标志性建筑。这座图书馆就是以尼古拉斯·莫里·巴特勒命名的。巴特勒校长在哥本哈根大学做了三场关于美国文化生活的讲座。在讲学期间他问哥本哈根大学的校长有无可能派一名教授去哥大进行为期一学期的讲学。当时美国跟欧洲各国的这种学术交流刚刚成为时尚。哥本哈根大学的校长很愉快地接受了邀请。学校的校务委员会一致通过派叶斯柏森于1909年的9月到1910年的1月去哥大讲学一个学期。叶氏在做行程计划时又收到加州大学伯克利分校校长本杰明·惠勒(Benjamin Wheeler)的一封信。信上说他听说叶斯柏森秋季要去哥大讲学,问他有无可能夏天先来伯克利讲学六个星期。因时间紧急,惠勒校长请他接信后电报作复。经与太太商量后,叶氏次日就发了一份一字电报回复:Yes。他如此爽快地接受邀请的一个重要原因是惠勒校长本人也是同行,是著名的历史比较语言学家,在任校长前曾在哈佛大学和康奈尔大学任语言学教授。叶氏也想跟他建立私人之交,以便日后的学术交流。6月3日他和太太还有11岁的儿子就"扬帆起航",登上了远洋邮船,开启第二次赴美的行程。叶教授到柏克莱后开设了一门语音学课程并以世界语为题做了系列的讲座。叶氏在回忆录里说他在柏克莱度过了既愉快又有学术收获的六个星期。

1909年的9月20日叶斯柏森在哥大走马上任到英语系任职。在随后的五个月里哥大完全把他看作是自己的教授,享受哥大教授所有的权利,学生也不知道他是访问学者。他在哥大教的是博士生,开的课程是"普通语音学""英语语法原则""历史英语句法研讨课"。在看叶斯柏森的自传时,我看到他说他的《语法哲学》一书就是他在哥大上的"英语语法原则"一课的基础上扩展开的,感到自己跟叶教授的关系又亲近了许多。

哥大人类学系的弗朗兹·博厄斯(Franz Boas)教授听说叶斯柏森在英语系开语言学的课程,就让他所有的学生都去注册。博厄斯是举世闻名的人类学家,在学界被称做"美国人类学之父"。博厄斯在做人类学田野调查时研究过很多美国印第安部落的土著语言,并在很多论著里谈到语言问题。我在出国前就看过他1940年写的《种族、语言与文化》（Race, Language, and Culture）一书，当时还以为他只是语言学家呢。说到博厄斯就不能不提一下我在哥大时的导师Myron Cohen，他的中文名字是孔迈隆。孔教授也是美国著名的人类学家，是我在哥大的导师之一。当时他是系里唯一研究中国的教授，所以我跟他的关系很近，也协助他做了一些关于中国的研究。孔教授后来还担任过哥大人类学系的主任和哥大东亚研究所所长。我之所以在谈博厄斯教授的时候提到孔教授是因为孔教授用的办公室就是当年博厄斯的办公室。所以我每次去孔教授的办公室都有一种进入学术圣殿的敬畏感觉。

叶斯柏森在哥大教语言学课程时有个发现，七十多年后我来哥大也有同一发现，这就是哥大语言学专业的研究生大多不是美国人。学生大多是外国人也有好处，因为叶教授上课时经常援引各种语言的例子。每到这时他就会让说这些语言的学生朗读这些例子。他们是本族人，发音当然是标准的。不过这些外国学生也有他们的短处：叶教授发现他们的语言水平普遍不如丹麦学生的语言水平。他上课时引法语或德语的例子时，学生大多不懂，得让他翻译。但学生们都很勤奋，从不缺席一堂课，给叶教授留下深刻的印象。

叶斯柏森所在的英语系在哥大的哲学楼。楼里当然就有哲学系。哥大哲学系当时最著名的一位教授就是杜威。杜威是大哲学家，常被称为"美国进步教育之父""改变美国教育和中国教育的人"。叶斯柏森在哥大的时候，杜威也在同一楼里。我尚未找到这两位学者交往的资料。不过我想这两位在各自领域里的领军人物没有交往是不大可能的，尤其是语言和哲学有不可分割的密切关系。叶氏的代表作不就叫做《语法哲学》吗？说到杜威，我跟他还有一个缘分呢。我当年在哥大的博士论文答辩就是在杜威原先的办公室进行的。我毕业后不久就去杜威和胡适、郭秉文、孟禄（Paul Monroe）等哥大学人于1926年在纽约创立的华美协进社工作了。

叶斯柏森在哥大讲学期间还应周边一些高校之邀，利用周末的时间去做语言学讲座。他去过哈佛讲语言中的逻辑,去过韦尔斯利学院（Wellesley College,即"卫斯理学院"）给学生讲语音和句法。卫斯理学院是所女子文理学院,讲座那天来了300名听众,令叶教授很是惊讶。

叶斯柏森在结束讲学之际,哥大为表彰他的功绩,授予他名誉博士学位,仪式是在校长办公室进行的,这是莫大的荣誉。叶斯柏森教授在回忆录里谈到他在哥大5个月的生活时用了两个词,跟他用来形容六周伯克利生活的两词一样：instructive（获益匪浅）和 enjoyable（欢乐愉快）。叶斯柏森回国后便再没去过美国。他于1920年60岁的时候出任哥本哈根大学的校长,达到事业的巅峰。叶氏70岁生日时,毕业于哥大人类学系的美国语言学家、人类学家萨丕尔在丹麦著名报纸《明智人》上撰文祝寿,并对这位大师的学术成就和人品给予了高度的评价。

去年,我得到一条消息,大连外国语大学曲长亮教授新编了一部《叶斯柏森论语音》,选取并翻译辑注了叶斯柏森在语音学领域的著作二十余种。这些著作很有价值,但有许多由于发表年代、写作语种等原因,我国普通读者平时很难读到。我很高兴年轻一代对叶斯柏森仍保持如此浓厚的兴趣,引发我很多翻译《语法哲学》时的回忆。与长亮联系上之后,我发现他也是1988年版《语法哲学》的读者,对我们当年的译本非常熟悉。他为我寄来了《叶斯柏森论语音》和《从百年纪念版选集看叶斯柏森的语言学思想》,并邀请我为他的新著《叶斯柏森：音系演化思想研究》作序。我欣然答应了,希望这本新书能够让我们更好地缅怀这位现代语言学的开拓者。

2023年1月
纽约

Introduction and Acknowledgements

When Professor REN Shaozeng published *Selected Readings in Linguistics from Otto Jespersen* (2006), he successfully broke the stereotype in the Chinese speaking world that Otto Jespersen was mainly a grammarian who initiated the theory of three grammatical ranks. In the decade that followed, therefore, Chinese readers showed an increasing interest in Jespersen, the prolific giant who is not much focused in the books on the history of linguistics, partly because he belonged to none of the "schools" of the historical or structural linguistics. This interest propelled a publishing project organized by Professor QIAN Jun, which has reprinted the most memorable of Jespersen's books in English (with newly written Chinese introductions), not only on traditional sense of grammar, but on general linguistics, language and society, theoretical syntax, and language teaching. A few more Chinese translations of Jespersen appeared, among which is the long waited full text translation of *Language: Its Nature, Development, and Origin*.

Otto Jespersen on Phonetics (2021) that I edited, translated and annotated is also part of this interest. For the first time, the German part of Jespersen was translated into Chinese; for the first time, Jespersen's elaborate writings on phonetics became accessible to those who read in Chinese. However, centering more on the synchronic sound structure, that volume contains a relatively modest section on his general studies on sound change, including only his three "Zur Lautgesetzfrage" (1886, 1904, 1933) and a short excerpt from *Progress in Language* (1894).

Readers who are interested in the part of sound change will find more information in the present book, consisting of a seven-chapter rethinking on Jespersen's ideas on phonological evolution, together with the annotated Chinese translations of eleven of his writings on this topic.

In Part One of this book, after synthesizing Jespersen's life, works, and his century long influence in China (Chapter 1), we start from his thought on the relationship of *Sprachleben* (life of language), *Lautgesetze* (sound law) and language users, exploring how he noticed the limitation of the "law-exception" and "law-analogy" dichotomies and came to highlight the importance of linguistic value and comprehensibility in the actual language use (Chapter 2). This discussion naturally leads us to his understanding of the role of meaning in both sound system and sound change. It was this "meaning-centered" principle that made his phonetics different from the old-fashioned *Lautphysiologie*, and he was therefore acknowledged by the Prague School as an early pioneer of modern phonology (Chapter 3). It is also the same principle that serves as the reason why his ideas on sound change should be interpreted as the phonological, rather than purely phonetic, evolution, especially as exemplified by his elucidations of the Great Vowel Shift, as well as of the English voiced fricatives' rise to their phonemic status (Chapter 4). This principle well extends to the "suprasegmental" aspects of the sound system, in which quantity, stress and tone were regarded by Jespersen as equally important elements as consonants and vowels. Thus we shall specially focus on his interpretation of the stress, review the role of stress in Verner's Law that had enlightened him, and examine the similar situations he found in English and some other languages (Chapter 5). After these discussions, we shall focus on the morphological effects resulting from the phonological evolution and reflect on the controversy of "progress or decay" (Chapter 6). Last we shall look into various "macro factors" in Jespersen's ideas on phonological evolution, from the Darwinian slogan of "survival for the fittest" to Jespersen's own perspective of *Energetiks*, which involves individuals' sound acquisition, social aesthetics, his belief in Benthanism and some possible artificial interventions on language change (Chapter 7).

Part Two of this book is a mini anthology composed of eleven articles that were not collected in my previous *Otto Jespersen on Phonetics*. These articles were translated into Chinese from their English, German, French or Danish originals, and like the texts in the previous volume, were elaborately annotated so as to facilitate the 21st-century Chinese readers.

I would like to acknowledge a deep sense of gratitude to Professor REN Shaozeng, Professor Hans BASBØLL and Professor QIAN Jun, whose works on Jespersen's linguistic contributions illuminated the path of the present study.

I would like to express my particular gratitude to the writers of the two prefaces of this book, Professor FENG Zongxin, whose *An Introduction to the Schools of Modern Linguistics* (2006) and *Theories and Schools of Linguistics* (2002, coauthored) have been widely read by the Chinese students of linguistics, and Professor HO Yong, who was the leading translator of the Chinese edition (1988) of Jespersen's *The Philosophy of Grammar*.

I would also like to thank all the scholars and colleagues who kindly offered me comments and suggestions at the 15th International Conference on the History of the Language Sciences (Milan, 2021), Henry Sweet Society Colloquium (Edinburgh, 2019), the 14th International Conference on the History of the Language Sciences (Paris, 2017), the 8th International Symposium on European Languages in East Asia (Taipei, 2017), the 11th International Conference of the Asian Association for Lexicography

(Guangzhou, 2017), Forgotten Books and Cultural Memory (Taipei, 2016), and the 1st International Conference on Humanities (Penang, 2016). Among them I would especially like to thank Savina RAYNAUD (Università Cattolica del Sacro Cuore), John E. JOSEPH (The University of Edinburgh), James McELVENNY (The University of Edinburgh), Douglas A. KIBBEE (University of Illinois), Nicola McLELLAND (The University of Nottingham), Émilie AUSSANT (Université Paris Diderot), Jean-Michel FORTIS (Université Paris Diderot), OZAWA Shizen (Tamkang University), Serafima Tsung-huei HSIUNG (Taiwan University), Mark GAMSA (Tel Aviv University), Moussa Pourya Asl (Universiti Sains Malaysia).

My gratitude also goes to Peter STEINER (University of Pennsylvania), LIU Yugang (Dalian University of Foreign Languages), FU Tianhai (Dalian University of Foreign Languages), and GUO Wei (Shaanxi Normal University), who offered me the kindest help in various ways.

QU Changliang
February 2023
Dalian University of Foreign Languages

目　录

上篇：叶斯柏森音系演化思想再思考

引　言 …………………………………………………………… 3

1. 叶斯柏森生平、语言学著作及在华百年译介史 ……………… 6
   - 1.1 早年经历 ……………………………………………… 6
   - 1.2 叶斯柏森的语言学研究职业生涯 ……………………… 8
   - 1.3 叶斯柏森在中国：百年译介史 ……………………… 32

2. 语言生命、语音定律与语言使用者 …………………………… 44
   - 2.1 从"定律—例外"二分法到"定律—类推"二分法 …… 44
   - 2.2 "定律—类推"二分法的局限性 ……………………… 49
   - 2.3 语言使用者与语音演化中的价值因素 ………………… 64
   - 2.4 小结 …………………………………………………… 73

3. 语音？音系？语义区别在语音结构中的地位 ………………… 75
   - 3.1 语音学与音系学的界线与统一 ………………………… 75
   - 3.2 最小音段成分之间的对立 ……………………………… 77
   - 3.3 外部决定的语音成分与内部决定的语音成分 ………… 84
   - 3.4 叶斯柏森的音位观与语言化成分观 …………………… 93
   - 3.5 小结 …………………………………………………… 107

4. 音变的音系视角：语音演化的系统性 ················· 109
　4.1 语音演化的原子主义观与整体主义观 ············· 109
　4.2 英语语音史中的音系化：以浊擦音音位的产生为例 ········ 113
　4.3 英语语音史中的去音系化：以英语圆唇前元音的消失为例 ····· 130
　4.4 音系演化中的连锁反应：以元音大转移为例 ············ 134
　4.5 小结 ································ 144

5. 从维尔纳定律到"叶斯柏森定律"：音系演化中的重音 ········ 145
　5.1 叶斯柏森的重音观 ························ 145
　5.2 重音与维尔纳定律 ······················· 153
　5.3 "叶斯柏森定律"与叶斯柏森的重音观 ·············· 175
　5.4 小结 ································ 182

6. 进步？衰退？音系演化的词法效应 ················· 183
　6.1 三品级理论的音系演化基础 ··················· 183
　6.2 英语形态标记简化的原因 ···················· 193
　6.3 实例分析 ···························· 201
　6.4 词法屈折的简化与语言衰退论 ·················· 210
　6.5 小结 ································ 220

7. 从适者生存观到语言能量学：音系演化的宏观因素 ·········· 221
　7.1 达尔文主义与语言的异质化倾向 ················· 221
　7.2 语音分化及其制约因素 ····················· 226
　7.3 国际人工辅助语中的边沁主义 ·················· 240
　7.4 语言及音系的演化方向 ····················· 252
　7.5 小结 ································ 261

目 录

下篇：叶斯柏森音系演化著作选译

1. 探巴黎土话的语法　Træk af det parisiske vulgærsprogs grammatik（1885）……………………………………… 267
2. 斯特德与乐重音　Stød og Musikalsk Akcent（1897）………… 280
3. 最好的发音　Die Beste Aussprache（1904）………………… 304
4. 语种起源　Origin of Linguistic Species（1909）……………… 328
5. 丹麦语的斯特德与原始北欧语的词中省音　Det danske stød og urnordisk synkope（1913）………………………… 337
6. 语言能量学　Energetik der Sprache（1914）………………… 370
7. 个人与语言共同体　L'individu et la communauté linguistique（1927）………………………………………… 380
8. 诺维亚语：语音与拼写　Novial: Sounds and Spelling（1928） ……………………………………………………………… 396
9. 英语的浊擦音与清擦音　Voiced and Voiceless Fricatives in English（1933）………………………………………… 417
10. 维尔纳定律与重音的本质　Verners Gesetz und das Wesen des Akzents（1933）……………………………… 465
11. 《拉丁字母的普遍采纳》序　Introduction to *The Universal Adoption of Roman Characters*（1934）………………… 487

参考文献 ……………………………………………………… 497
索　引 ………………………………………………………… 521
后　记 ………………………………………………………… 526

上 篇

叶斯柏森音系演化思想再思考

上篇

引　言

西方语言学史不乏著作丰富的语言学家。但是，像叶斯柏森、舒哈特、雅柯布森、特鲁别茨柯依这样的异常多产者未必多见。以叶斯柏森为例，他的自传《一位语言学者的一生》（*En sprogmands levned*，1938）1995年出版英译本时，书末附上了丹麦学者高尔姆·舒-罗德（Gorm Schou-Rode）整理的《奥托·叶斯柏森在世时著作文献目录》（*Bibliography of the Writings of Otto Jespersen during His Lifetime*），该目录含各类译本和修订再版本，共收著作823种。这个数量即使是与上述其他几位多产的学者相比，依然是名列前茅的。[①]

叶斯柏森的语言学著作，首作是叶斯柏森为丹麦和挪威1882年出版的3种实用英语语音学教程撰写的一篇书评，于1884年发表在《北欧语文学学报》（*Nordisk tidsskrift for filologi*）上；终作是一篇题为《丹麦学会的语言教程》（*Det dansk selskabs sprogkursus*）的专题文章，刊载在1943年1月10日的丹麦《政治日报》（*Politiken*）上。这59年期间的著作内容涵盖语言演化、语言教学、语音学、诗学、语法、国

[①] 关于其他几位高产学者可参考下列数字：奥地利格拉茨大学语言学研究所胡尔赫（Bernhard Hurch）等学者整理创建的在线版全文数据库《胡戈·舒哈特档案》（*Hugo Schuchardt Archiv*），收录舒哈特（1842–1927）著作 770 种；俄裔美国学者鲁迪（Stephen Rudy）编写的《罗曼·雅柯布森（1896–1982）著作完整目录》（*Roman Jakobson 1896-1982: A Complete Bibliography of His Writings*，1990），列有雅柯布森著作 650 种；瑞士学者西略（Patrick Sériot）编写的在线版《N.S. 特鲁别茨柯依著作目录》（*Bibliographie des oeuvres de N. S. Troubetzkoy*）列有特鲁别茨柯依（1890–1938）著作约 140 种（需注意，与前述几位高寿的学者相比，特鲁别茨柯依在 48 岁时英年早逝，因此这个数字已非常可观）。

际辅助语、语言学史众多领域，基本囊括了当时的语言学研究者及对语言感兴趣的公众所期待了解的最主要方面。这一事实与中文读者印象中的叶斯柏森之间，曾有过不小的落差。由于《语法哲学》和《英语语法要略》在很长一段时间内一直是仅有的两部有中文全译本的叶斯柏森著作，因此中文读者记忆中的叶斯柏森，常常局限于这两部书中的语法三品级理论，而我国20世纪80年代、90年代出版的语言学流派类的著作中，也较少提及叶斯柏森，这难免使研究者对叶斯柏森的了解长期停滞于关于三品级理论的刻板印象中。直至21世纪伊始，任绍曾（2000，2001，2002，2004）全面分析了叶斯柏森的语言观，并选编、译注了覆盖语言与文化、语言习得、语言演变等领域的《叶斯柏森语言学选集》（2006），叶斯柏森语法之外的思想与理论才逐渐进入中文读者的视线。该选集出版后的十余年里，我国的语言学研究者撰写、翻译、辑注、重印的与叶斯柏森相关的著作，不仅数量增长迅速，而且在内容上实现了高度多样化。这之中尤其具有影响力的是钱军担任出版统筹的叶斯柏森经典著作影印导读系列（2013—2017），几乎涵盖了叶斯柏森各个时期以英语撰写的所有重要著作。这位跨越19、20两个世纪的语言学巨人，正在回归其应有的位置。

近十余年来，国内外新一轮的语言学史研究，已不止步于语言学通史的撰写。各国学者对于具体时空域的语言学思想（如薄守生、赖慧玲 2016、李葆嘉等 2020）、具体语言学流派（如Sériot 2014、Sladek 2015）有了全新的解读，对具体语言学家的个案研究也达到了空前的深度（如Joseph 2012、Thomas 2014、陈满华 2015）。本书即是这一语境下，对叶斯柏森的全新解读。

纵观叶斯柏森的学术生涯，我们会发现他的著作涵盖了理论语言学及应用语言学的众多分支学科，尤其在语音学、语法学、历史语言学、语言教学、国际人工辅助语创制等几个领域，他的著作不仅数量多，影响力也格外突出。作为在19世纪80年代受过正统历史比较语言学训练的研究者，叶斯柏森关注语音定律及其对语言演化的影响。但是，他并未被新语法学派"语音定律无例外"公式束缚住，而是很

引 言

快聚焦于语言使用者的角色,强调音义关系对语音演化路径的影响。在他的语音学著作中,除了对语音生理的精确分析之外,他格外强调了可区分语义的语音成分与不可区分语义的语音成分之区别,由此成为现代音系学的先行者之一。他把音义关系视角贯彻于对英语语音史的描写中,使语音史成为语音关系史,使语音演化成为音系演化。由此,他一方面延续了19世纪语音研究中的历史主义,另一方面为20世纪结构主义音系学打下一定思想基础,从而成为所在时代的承前启后者。

本书以叶斯柏森音系演化思想为研究对象,由上下两篇组成。上篇是基于一手文献文本的思想解读,下篇是对叶斯柏森关于语言演化及语音演化的部分著作的翻译和辑注。上篇的理论解析,首先回顾叶斯柏森的生平、主要著述及其在我国的译介史(第1章),之后分别聚焦他对19世纪语音史研究的继承与发展(第2章)以及他的音义关系思想对现代音系学的启示(第3章),随后从音系视角出发,审视他对音段成分演化(第4章)、韵律成分演化(第5章)的看法,并分析音系演化对词法层面的影响(第6章),最后从宏观层面思考叶斯柏森对音系演化原因与方向的论断(第7章)。下篇共收叶斯柏森著述11种,从英语、德语、丹麦语或法语原文译出,这些著作均为首次译为中文。

期待本书的出版,有助于研究者对叶斯柏森的语言观有更为全面的把握。

1. 叶斯柏森生平、语言学著作及在华百年译介史

1.1 早年经历

奥托·叶斯柏森（Otto Jespersen）1860年7月16日出生于丹麦日德兰半岛中部城市兰讷斯（Randers）。叶斯柏森家族的祖籍是波罗的海中的丹麦离岛博恩霍尔姆（Bornholm），族人1909年编修的《博恩霍尔姆的叶斯柏森家族家谱》（*Stamtavle over den Bornholmske Familie Jespersen*）显示，几个世纪以来，这个显赫的家族为丹麦政界和法律界输送了大量人才，其中不乏政府部长级人物。兰讷斯位于丹麦第二大城市奥胡斯（Aarhus）北40公里处，交通便捷。叶斯柏森自传《一位语言学者的一生》（*En sprogmands levned*, 1938）[1]记载，其父延斯·叶斯柏森（Jens Jespersen）是当地的地区法官（herredsfoged），母亲索菲（Sophie）是牧师之女，奥托在9位子女中排行第7。奥托10岁时父亲过世，母亲带领5位尚未成年的儿女举家搬迁至离娘家不远且可让孩子们受到良好教育的西兰岛北部小城希勒勒（Hillerød）。奥托

---

[1] 英译本题为 *A Linguist's Life* (1995)，由丹尤尔（Arne Juul）、汉斯·尼尔森（Hans F. Nielsen）、于恩·尼尔森（Jørgen Erik Nielsen）翻译。后附丹麦学者高尔姆·舒-罗德（Gorm Schou-Rode）整理的《奥托·叶斯柏森在世时著作文献目录》（*Bibliography of the Writings of Otto Jespersen During His Lifetime*）。

1. 叶斯柏森生平、语言学著作及在华百年译介史

进入当地名校弗利德里克堡中学（Frederiksborg Skole）学习，期间母亲索菲不幸病故。1877年，奥托以优秀毕业生身份从中学毕业，进入哥本哈根大学，在家族一众亲友子承父业的期待中进入法律专业学习。

从《一位语言学者的一生》中描述的早年经历中，我们不难发现一些与语言相关的有趣细节。例如，奥托在普丹战争后的日德兰度过童年，玩伴中不乏德裔，同为日耳曼语的丹德二语既在一定程度上相通，又有语音、词汇等方面的显著差别。很明显，他幼年时已极为自然地认识到了这样的差异，故而在自传中打趣道："我平生做的第一次语言学观察或许就是，街上和我们一起玩的孩子管生日叫gebur(t)sdag[①]，而上了楼爸妈却只许我们说fødselsdag。"（Jespersen 1995：10）而迁居希勒勒之后，他又很快注意到了在兰讷斯时习惯说的日德兰方言和此地的西兰岛方言在遣词和发音上的许多微妙差别。叶斯柏森日后对语言的思考，与幼年经历的这种多语、多方言环境中的直观感触不无关系。

19世纪下半叶的中学教育，古典语文和现代语文皆占有不小比例，弗利德里克堡中学作为名声显赫的老牌名校，这类课程的授课质量很高。截至毕业时，叶斯柏森至少已熟练掌握法语、古北欧语、拉丁语和希腊语。校长卡尔·伯格（Carl Berg，1812–1895）自身就是一位古典语文专家，他亲自走进课堂，为最高年级的学生讲授希腊语课程，带领学生饱读荷马、希罗多德、柏拉图的著作。叶斯柏森此时已读到伯格的多部著作，包括关于语言谱系和正字法的专论，也包括伯格为丹麦老一代方言学者吕恩比（Kristen Jensen Lyngby，1829–1871）撰写的传记。伯格注意到了叶斯柏森对语言理论的独特兴趣，特别指点他阅读缪勒（Max Müller，1823–1900）、辉特尼（William Dwight Whitney，1827–1894）等历史比较语言学名家的著作。此外，在家族中的长者的影响下，叶斯柏森还对意大利语有了相当程度的掌

[①] 标准德语形式为 Geburtstag。

握,可阅读但丁等诗人的作品,对西班牙语亦有一定了解。可见,叶斯柏森在这一时期的语言技能与理论储备,已远超过一般同龄人的程度,为他日后的专业转型创造了可能性。

1.2 叶斯柏森的语言学研究职业生涯

1.2.1 叶斯柏森语言学研究的阶段划分

在法律系的学习使叶斯柏森深度熟悉西方哲学史、思想史,同时他选修了英、法、西等现代欧洲语言课程,以继续精进在语言文学领域的兴趣和能力。1881年,他决定彻底放弃法律学习,转而专攻语言研究,由此开启了长达六十余年的语言学研究学术生涯。我们大致可将这六十余年分为四个阶段:

第一阶段,是他的求学时期(1881-1891)。这一时期大致从他1881年开始攻读语言文学硕士学位起,至1891年获得博士学位并在哥本哈根大学执教为止。这一阶段,他既是新语法学派背景下的语言史研究者,又是欧洲方兴未艾的新型语音学研究及现代外语教学改革运动中的积极先锋。

第二阶段,是他的职业学术生涯前期(1891-1909)。我们不妨把1909年视为他执教哥本哈根大学的35年中的一个具有象征意义的分界点。这一年,他出版了其规模最大、影响力深远的7卷本《历史原则下的现代英语语法》中关于语音的一卷(即第1卷,副标题为《语音与拼写》)。截至此时,他成就异常突出的研究领域是语音学。

第三阶段,是他的职业学术生涯后期(1909-1925)。这一时期,他的研究重心已由语音学转向语法学及普通语言学。英语方面,《历史原则下的现代英语语法》的句法部分首卷出版(1914);普通语言学方面,代表他极高成就的《语言论——语言的本质、发展和起源》(*Language: Its Nature, Development and Origin*,1922)、《语法哲学》(1924)等著作,也都是在这一时期完成并出版的。

第四阶段,是他的晚年时期(1925-1943)。叶斯柏森于1925

年从哥本哈根大学教授位置上退休,退休后笔耕不辍,相继完成了《历史原则下的现代英语语法》的第3至第6卷(1927,1931,1940,1942)①,创制了国际人工辅助语"诺维亚语",并且密切跟随语言学的最新发展动向,在各类场合对众多理论与实践问题发表了独特看法。

下面,我们结合他的生平,详细看看他在这四个阶段的主要著作。

1.2.2 求学时期(1881–1891)

从这一时期发表的著作来看,叶斯柏森本阶段的兴趣点主要集中于下列领域:语音学的理论与实践、现代外语教学思路和方法的改革、历史比较语言学的语音定律之争。除了常规的听课和阅读之外,他还成为哥本哈根大学"语文历史学会"([丹] Philologisk-Historiske Samfund)会员。就读哥本哈根大学时期对他影响最大的师长包括汤姆生(Vilhelm Thomsen, 1842–1927)、霍夫利(Julius Hoffory, 1855–1897)、维尔纳(Karl Verner, 1846–1896)等人。

汤姆生是极其卓越的语文学家,截至叶斯柏森入学时,他已出版了《日耳曼语族对芬兰语的影响》(*Den gotiske sprogklasses inflydelse på den finske*, 1869)、《古代俄罗斯–斯堪的纳维亚关系与俄罗斯国家的起源》(*The Relations Between Ancient Russia and Scandinavia and the Origin of the Russian State*, 1876)等重要著作。1893年,汤姆生成功破译了古突厥语最早的碑铭(鄂尔浑碑铭),这一成就成为他对突厥学研究的突破性贡献。1912年,丹麦国王弗雷德里克八世亲自莅临汤姆生的七十华诞庆典现场,当场向他颁发了丹麦国家最高荣誉"象骑士勋章"(Elefantordenen)。作为导师,他对叶斯柏森一生的学术道路都有重大影响。

---

① 第6卷(《词法》)由克里斯托弗森、海斯伦(Niels Haislund)、席布斯比(Knud Schibsbye)协助完成,于叶斯柏森去世前一年出版。叶斯柏森的英语句法研究遗稿由海斯伦整理,于1949年作为7卷本语法的最后一卷出版。

汤姆生鼓励弟子把阅读心得写成书评。1884年，叶斯柏森已有两篇书评刊登在了汤姆生主编的《北欧语文学学报》（*Nordisk tidsskrift for filologi*）上，这两篇都是关于语音学著作的书评，一篇对比了拉森（Anton Larsen，1827–1888）的基于旧式语音学方法和韦斯滕（August Western，1856–1940）基于新式语音学思想编写的英语语音实践教材的优缺点[①]，另一篇对霍夫利在《济弗斯教授与语言生理学原则》（*Professor Sievers und die Principien der Sprachphysiologie*，1884）一书中对济弗斯（Eduard Sievers，1850–1932）的过于严苛的批评提出了不同见解。这两篇书评分别从实践和理论出发论述了其语音学理念，其中的思想很大程度上融入他后来更成熟的语音学论著之中。此后几年中，他继续在不同国家的各类刊物上发表书评，所评论的著作包括吕特肯斯（Ivar Adolf Lyttkens，1844–1936）和伍尔夫（Fredrik Wulff，1845–1930）合著的《瑞典语语音学》（*Svenska språkets ljudlära*，1885）、舒哈特（Hugo Schuchardt，1842–1927）的《论沃拉普克语的时机》（*Auf Anlass des Volapüks*，1888）、帕西（Paul Passy，1859–1940）的《英语口语的成分》（*Élémans d'anglais parlé*，1886）、斯托姆（Johan Storm，1836–1920）的《法语语言训练——通过日常生活会话展现的法语口语》（*Franske taleøvelser: En fremstilling af det franske talesprog gjennem samtaler af det daglige liv*，1897），这些著作皆为当时的活跃学者撰写的最新著作。

语文历史学会的活动多为同侪之间的交流与探讨，常在晚间课余时段开展。学会的会员来自不同研究领域，既有语言研究者，又有考古、神话等相关领域的研究者，语言研究者的研究背景也不局限于欧洲的现代语言和古代语言，一些从事埃及、中东语言的研究

---

① 三本被评论的书分别是：丹麦学者拉森著《为丹麦人和挪威人编写的英语发音指南》（*Veiledning i den engelske udtale for danske og norske*，1882）、挪威学者韦斯滕著《为大学师生编写的英语语音学》（*Engelsk lydlære for studerende og lærere*，1882）和《为中小学编写的英语语音学》（*Engelsk lydlære for skoler*，1882）。

者也参与其中，从而使学会的活动带有明显的跨语种、跨学科特征，对于开阔研究者的眼界和思路非常有益。与会者发言的摘要或提纲，刊载于《语文历史学会工作简报》（*Kort udsigt over det Philologisk-historiske samfunds virksomhed*），有时还会刊出全文。叶斯柏森题为"探巴黎土话的语法"（"Træk af det parisiske vulgærsprogs grammatik"，1885）的发言，就是在《语文历史学会工作简报》上全文刊出的。该文成为他公开发表的第一篇较长篇幅的非书评类论文。

关于如何将语音学理论运用于现代外语教学，不能不提的是叶斯柏森与弗兰克（Felix Franke，1860–1886）之间的交流合作。弗兰克与叶斯柏森同龄，因罹患当时的不治之症肺结核而中断学业，但他并未中断语言教学方面的理想与思考。他在所著《实用语言教学——基于语言心理学和语言生理学的论述》（*Die praktische Spracherlernung auf Grund der Psychologie und der Physiologie der Sprache dargestellt*，1884）一书中，提出外语教学应强化口语语音教学，提供真实的语言素材，避免枯燥而无功的语法训练，这些理念与叶斯柏森不谋而合。两人随即展开了频繁而富有成效的通信。弗兰克授权叶斯柏森将《实用语言教学》编译为丹麦语版，两人通过通信，远程合作开展了将外语教学新理念付诸实践的工作。弗兰克以此理念编写了法语口语教材《日常句子》（*Phrases de tous les jours*，1886），叶斯柏森再度为其编译了丹麦语版《弗兰克〈日常句子〉注》（*Noter til Felix Franke: Phrases de tous les jours*，1886）作为呼应。叶斯柏森本人则以同样的理念编写了《简明英语口笔语语法》（*Kortfattet engelsk grammatik for tale- og skriftsproget*，1885），这本不足百页的小书论述英语语法时打破了词法和句法的壁垒，基于英语的语法事实，而不是基于拉丁语的语法传统；同时，对口语及真实语料的强调，也使该书成为这一时期第一本为例句注音的语法书。

欧洲人传统上热衷的外语曾是古希腊语、拉丁语等"死语言"，由于不存在口语交际之需求，故以语法、阅读、翻译教学为主要导向。语法教学常常被搞成词的各种屈折形式的枯燥列表，而不考虑这些形式是否真的具有实践价值。19世纪中后期，经济与社会的巨变使学习现代欧洲"活语言"的需求升温，旧式的语法翻译法被机械套用到"活语言"的教学中，难免使教学效果事倍功半。现代外语教学因而亟需向实用听力、口语技能培养转向，外语教学改革运动在19世纪80年代初应运而生，核心人物是德国语言学家菲埃托（Wilhelm Viëtor，1850–1918），其著作《外语教学必须转向了！》（*Der Sprachunterricht muss umkehren!*，1882）被视为这一改革运动的宣言。

叶斯柏森编写的新型教材和语法书摒弃了拉丁语传统，不出意料地遭到保守势力的嘲讽和否定，但却相继得到了改革运动先锋菲埃托和新型语音学代表人物斯威特的赞赏和支持。1886年于斯德哥尔摩举行的第三届北欧语文学家大会上，在资深学者费尔伯格（Henning Frederik Feilberg，1831–1921）和列席会议的法国语音学专家帕西的支持下，伦代尔、韦斯滕、叶斯柏森成立了名为"还要多久"（Quousque Tandem）①的北欧外语教学改革者组织，叶斯柏森不久后完成了该组织的宣言纲领《新型外语教学》（"Den ny sprogundervisnings program"，1886 / *Der neue Sprachunterricht*，1887），以丹麦文刊载于丹麦政治家、教育家特里尔（Herman Trier，1855–1912）主编的杂志《我们的青春》（*Vor Ungdom*），又以德文刊载于德国语文学家科尔秉（Eugen Kölbing，1846–1899）在布雷斯劳②主办的学术刊物《英语研究》（*Englische Studien*）。

---

① "Quousque Tandem"之典故语出古罗马政治家西塞罗（Marcus Tullius Cicero，公元前106—前43）的演说《反喀提林》（In Catilina）篇首，西塞罗怒斥企图暗杀自己的喀提林（Lucius Sergius Catilina，约公元前108—前62）："Quousque tandem abutere, Catilina, patientia nostra?"（喀提林，你对我们的耐心要滥用多久？）（王晓朝译文）叶斯柏森等北欧的外语教学改革派用"Quousque Tandem"作为组织名称，是对菲埃托的呼应。菲埃托1882年首次出版《外语教学必须转向了！》时，用的就是Quousque Tandem这个笔名。

② 布雷斯劳（Breslau），第二次世界大战后划归波兰，今称弗罗茨瓦夫（Wrocław）。

1. 叶斯柏森生平、语言学著作及在华百年译介史

叶斯柏森对外语教学的思考，一定程度上来自他的教学实践经历。1885年，他开始在东伯格迪中学（Østre Borgerdydskolen）担任兼课教师，讲授法语。后来他还担任了哥本哈根城西的弗利德里克堡中学（Frederiksbergskole）的兼职法语教师，在此期间自编《依照音标法编写的法语读本》(Fransk læsebog efter lydskriftmethoden，1889) 作为教材。

叶斯柏森求学阶段发表的最重要的著作，还包括反映其语音演化观的《论语音定律问题》("Zur Lautgesetzfrage"，1886)。该文29页长，发表于德国语音学家泰希默（Friedrich Techmer，1843–1891）在新语法学派大本营莱比锡创办的《普通语言学国际学报》(Internationale Zeitschrift für allgemeine Sprachwissenschaft)①。对于叶斯柏森的学术生涯来说，这篇文章在多方面显现出不同寻常的意义。正如晚年他回忆起这篇文章时表示，"这篇文章为我赢得了威廉·汤姆生的喝彩，也为我开启了与胡戈·舒哈特的终生友谊。……文章中一些当时未被注意的想法，在近来的研究中受到了赞同。"（Jespersen 1933a：205）时年26岁的青年学者，首次以国际学术界通用的德文发表书评以外的原创性研究成果，且论题属当时最前沿、最热点的问题，刊载于极具影响力的学术刊物，②使他的思想走出了北欧世界，走向了更广阔的国际学术舞台，他也因而参与了1885年至

---

① 叶斯柏森另行发表了该文的丹麦语版本（内容略有调整），题目也是《论语音定律问题》("Til spørgsmålet om lydlove"，1887)，刊于《北欧语文学学报》(Nordisk tidsskrift for filologi)。

② 《普通语言学国际学报》的地位，我们可参考语言学史领域的权威名家科尔纳（E. F. K. Koerner，1939–2022）对该刊的评价："泰希默的《学报》很可能构建了19世纪最后25年表达和宣传普通语言学思想的最重要论坛，许多这样的思想源于我此前所说的语言学的洪堡特思潮。与同一时期那些局限得多、几乎仅限于本区域且常常具有派系性特征的其他学报相比，泰希默的《学报》……保持了真正的国际性特征和无偏见特征。"（Koerner 1973：7）

1886年发生于历史比较语言学界的"语音定律之争"。①

叶斯柏森于1887年通过笔试和口试，获得法语语文学硕士学位，随后开始了一年的国外游学经历。在英国，经韦斯滕介绍，他结识了仰慕已久的语音学大师斯威特（Henry Sweet, 1845–1912），当他了解到斯威特将于秋季学期在牛津大学开设语音学课程时，决定留在牛津听完整个学期的课程。他在自传中记述，自己此时已在撰写《用非字母符号表示的语音发音》（The Articulations of Speech Sounds Represented by Means of Analphabetic Symbols, 1889），曾将部分章节交给斯威特过目并获得了肯定。这本早期著作之所以用英语而非德语或丹麦语撰写，与这段经历不无关系。在英期间，他还拜访了语音学资深前辈埃利斯（Alexander John Ellis, 1814–1890）、《牛津英语词典》主编默里（Sir James Murray, 1837–1915）等学界知名人士。在牛津的学期结束后，他在德法两国度过了1888年的春季学期和夏季学期。在莱比锡，他听了布鲁格曼（Karl Brugmann, 1849–1919）、莱

---

① 关于这场"语音定律之争"的详细过程，参见 Wilbur (1977)。莱比锡的新老两代学者之间，"旧语法学派"代表人物古尔替乌斯《最新语言研究批评》（Zur Kritik der neuesten Sprachforschung, 1885）首先受到了"新语法学派"德尔布吕克《最新语言研究——格奥尔格·古尔替乌斯〈最新语言研究批评〉思考》（Die neueste Sprachforschung: Betrachtungen über Georg Curtius' Schrift "Zur Kritik der neuesten Sprachforschung", 1885）和布鲁格曼《论当今语言学的立场》（Zum heutigen Stand der Sprachwissenschaft, 1885）的发难。莱比锡的核心圈之外，远在维也纳的舒哈特通过《论语音定律——针对新语法学派》（Ueber die Lautgesetze: Gegen die Junggrammatiker, 1885）隔空加入了反对新语法学派的论战。次年，柯立茨《最新语言研究以及关于印度-日耳曼语换音的解释》（Die neueste Sprachforschung und die Erklärung des indogermanischen Ablautes, 1886）与奥斯特霍夫《最新语言研究以及关于印度-日耳曼语的解释——回复赫尔曼·柯立茨博士的同名著作》（Die neueste Sprachforschung und die Erklärung des indogermanischen Ablautes: Antwort auf die gleichnamige schrift von Dr. Hermann Collitz, 1886）再度交火。近一个世纪后，美国语言学家威尔伯（Terence H. Wilbur, 1924–2000）把上述著作以及叶斯柏森的《论语音定律问题》（1886）共计7种德文著作一同编入《1885至1886年语音定律之争资料集》（The Lautgesetz-Controversy: A Documentation [1885-1886]）出版，并撰写了一份长达87页的英文导读。

斯琴（August Leskien，1840–1916）讲授的课程，拜访了泰希默和济弗斯，到邻近的索洛（Sorau）探望了亡友弗兰克的父母。在法国期间，他居住在好友帕西家中，与帕西深度交流了关于语音学的思考，并在巴黎听了帕里（Gaston Paris，1839–1903）、达姆斯忒特（James Darmesteter，1849–1894）、吉耶隆（Jules Gilliéron，1854–1926）的课程。夏季学期，他返回德国，在柏林听了霍夫利关于古英语的课程和施密特（Johannes Schmidt，1843–1901）的历史比较语言学课程，还从乔叟学会（Chaucer Society）学习了关于手抄卷的研究方法和思路。1888年秋季回到丹麦时，他已是收获满满，为日后博士阶段的研究做了充分的准备。

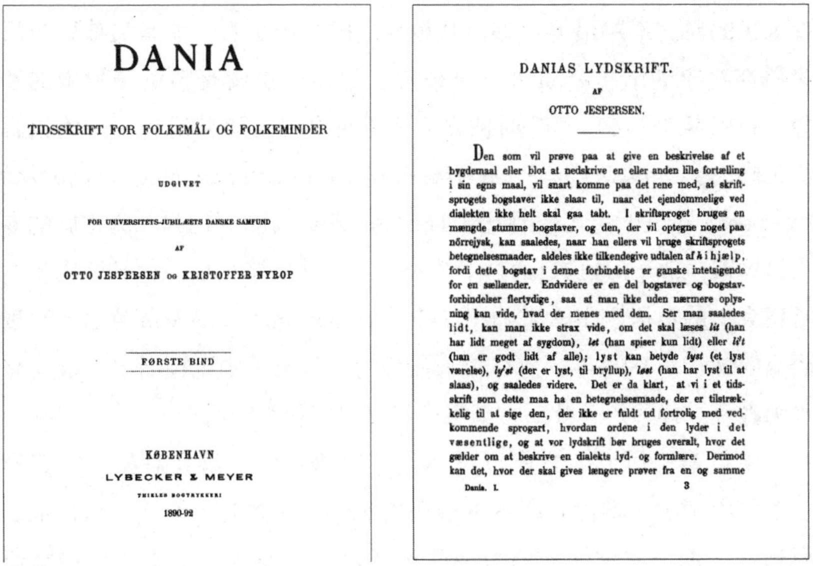
DANIA

TIDSSKRIFT FOR FOLKEMÅL OG FOLKEMINDER

UDGIVET

FOR UNIVERSITETS-JUBILÆETS DANSKE SAMFUND

AF

OTTO JESPERSEN OG KRISTOFFER NYROP

FØRSTE BIND

KØBENHAVN

LYBECKER & MEYER

THIELES BOGTRYKKERI

1890-92

DANIAS LYDSKRIFT.

AF

OTTO JESPERSEN.

Den som vil prøve paa at give en beskrivelse af et bygdemaal eller blot at nedskrive en eller anden lille fortælling i sin egns maal, vil snart komme paa det rene med, at skriftsprogets bogstaver ikke slaar til, naar det ejendommelige ved dialekten ikke helt skal gaa tabt. I skriftsproget bruges en mængde stumme bogstaver, og den, der vil optegne noget paa nörrejysk, kan saaledes, naar han ellers vil bruge skriftsprogets betegnelsesmaader, aldeles ikke tilkendegive udtalen af *h* i hjælp, fordi dette bogstav i denne forbindelse er ganske intetsigende for en sællænder. Endvidere er en del bogstaver og bogstavforbindelser flertydige, saa at man ikke uden nærmere oplysning kan vide, hvad der menes med dem. Ser man saaledes lidt, kan man ikke strax vide, om det skal læses *lit* (han har lidt meget af sygdom), *let* (han spiser kun lidt) eller *li't* (han er godt lidt af alle); lyst kan betyde *lyst* (et lyst værelse), *ly'st* (der er lyst, til bryllup), *løst* (han har lyst til at slaas), og saaledes videre. Det er da klart, at vi i et tidsskrift som dette maa ha en betegnelsesmaade, der er tilstrækkelig til at sige den, der ikke er fuldt ud fortrolig med vedkommende sprogart, hvordan ordene i den lyder i det væsentlige, og at vor lydskrift bør bruges overalt, hvor det gælder om at beskrive en dialekts lyd- og formlære. Derimod kan det, hvor der skal gives længere prøver fra en og samme

Dania. I. 3

图1-1 《丹麦语》第1卷及叶斯柏森为投稿者撰写的语音转写指南《丹麦音标》

这一时期叶斯柏森参与的重要事件，还包括语言文学学术期刊《丹麦语》（*Dania*）的创刊。随着丹麦年轻一代语文学者对丹麦语方言研究的兴趣日益增长，创办一份与瑞典《方言》（*Landsmålen*）期刊类似的丹麦刊物的需求逐渐形成。1890年，叶斯柏森和纽洛普

（Kristoffer Nyrop，1858–1931）受邀主持这一工作，《丹麦语》由此诞生，截至1903年停刊共出版了10卷。《丹麦语》留下的最重要遗产之一，是丹麦音标的创制和推广。叶斯柏森为这份刊物的创刊号撰写了《丹麦音标》这篇49页长文，旨在方便投稿人以统一而实用的方式做好方言的语音转写。叶斯柏森设计的这一系统经受住了时间的考验，至今仍在使用。

1.2.3 职业学术生涯前期（1891–1909）

1888年游学莱比锡期间，叶斯柏森收到了导师汤姆生的来信，建议他博士期间以英语语文学为研究方向，以便能够有机会受聘于哥本哈根大学未来即将设置的英语学教授岗位。这一建议无疑使叶斯柏森未来的研究道路最终定型。从他日后的经历来看，尤其从他以英语为研究对象的诸多高质量著作来看，他显然也没有辜负汤姆生的期望。1891年3月16日，叶斯柏森的博士论文《英语格研究——附语言演化略论》（Studier over engelske kasus, med en indledning: Fremskridt i sproget）论文通过了以森比（Thor Sundby，1830–1894）为主席的专家组评审；他于5月12日通过了答辩。获得博士学位后，他被聘为哥本哈根大学的英语语文学讲师（[丹] privatdosent），讲授古英语、乔叟研究等课程。1893年，他在若干强势的竞争对手中脱颖而出，成功晋级为教授。1899年，叶斯柏森当选丹麦皇家科学院院士。

《英语格研究》之所以没有直接以语音学为研究对象，一定程度上是由于语音学此时在哥本哈根大学内部受到的评价并不高，他因而选择了词法演化而非语音演化论述核心。不过，尽管《英语格研究》的选题规避了"语音学"这个不太受欢迎的关键词，但是书中一半以上的篇幅实际论述的仍是语音演化对英语词法产生的影响，并未拘泥于标题字面所暗示的纯词法现象。他此前在历史比较语言学、语音学、语法学的积淀，在这项研究中均发挥了重要作用。该论文中题为《语言的起源》（Fremskridt i Sproget）的导论章曾以语文历

1. 叶斯柏森生平、语言学著作及在华百年译介史

史学会新创办的刊物《语言研究与古代研究》(*Studier fra sprog- og oldtidsforskning*，1891）第1卷第4期的形式，先期出版了单行本。论文全文也于当年正式出版。该书的部分内容不久后被译成英语，改写为世人更加熟知的《语言的进步——特以英语为例》(*Progress in Language: With Special Reference to English*，1894）一书。

1900年，叶斯柏森接受了莱比锡出版商特依布纳（Teubner）的约稿，这份约稿要求他比照德国学者魏泽（Oskar Weise，1851–1933）的《拉丁语的特点》(*Charakteristik der lateinischen Sprache*，1891）和《我们的母语——起源与本质》(*Unsere Muttersprache: Ihr Werden und ihr Wesen*，1895），撰写一部可供大众阅读的中等篇幅英语史著作，他的名作《英语的成长与结构》(*Growth and Structure of the English Language*，1905）一书因此而诞生。书中关于古北欧语对古英语影响的那一章，尤其彰显北欧学者的研究特色。从该书引发的效应来看，叶斯柏森将其称为自己最成功的一本书显然不为过：首先，该书在出版次年成功夺下了1906年度法兰西学会语言文学领域最高奖项伏尔内奖（Prix Volney）。其次，21世纪的今天，我们看到该书的影响力犹存。正如叶斯柏森的美国学生海斯勒（Luise Haessler，1866–1955）所言，这是她所知晓的"最具国际性的一本书：丹麦人用英语写的关于英语的书，在德国出版，在法国获奖"（Jespersen 1995：138）。该书不断重印再版，截至叶斯柏森逝世时已出至第9版。叶斯柏森本人曾在其自传中感叹，"首度出版33年后的1938年，这本书在包括英美在内的许多国家的多所大学中仍被用作英语史的入门书"（同上，137），而事实上，直至今日，该书依然经常被列为英语研究领域的必读书，仍在重印。

他在英语研究领域的贡献不仅限于理论语言学方面。他与特鲁（E.Th. True）合编了面向德语读者的《英语口语——带音标的日常话》(*Spoken English: Everyday Talk with Phonetic Transcription*，1892），与萨劳（Christian Sarauw，1865–1925）合编了面向丹麦语读

者的《英语初级课本》(*Engelsk begynderbog*, 1895–1896)[①], 两部教材都是一版再版, 深受公众欢迎。这些教材的成功之处, 与他倡导的按实际口语对学习材料加以注音的理念密不可分。此外, 他坚持外语教学要与目标国的文化国情相结合的理念, 为高阶英语学习者编写了反映英美两国社会生活现状的阅读教材《英美读本》(*The England and America Reader*, 1903)。该书不仅在丹麦国内深受欢迎, 五度改版修订, 还被瑞典(1907)、荷兰(1911)、波兰(1927)等国翻译引进。在语言学之外的领域, 他为学生讲授英国文学课程时, 撰写出版了专业研究者与社会公众咸宜的《乔叟的著作与生平》(*Chaucers liv og digtning*, 1893)一书, 还发表过《莎士比亚重写他的作品吗?》(Omarbejdede Shakespeare sine Stykker?, 1900)、《马洛和他的"浮士德博士"》(Marlowe og hans "Dr. Faustus", 1922)等文章。他撰写的各类书评中, 有相当一部分评论的是文学领域的著作。

而他那篇题为《某些格律现象的心理学基础》(Den psykologiske grund til nogle metriske fænomener, 1900)的文章, 显然横跨了文学与语言学, 或者更具体地说, 是横跨了诗学与语音学。该文原为他首度登上丹麦皇家科学院做讲座的讲稿。正是在这篇文章中他首次提出, 仅以古典诗学传统中的"抑"和"扬"来做力度描写是极不充分的。更贴近语言实际使用情况的重音描写模式, 应由四个力度等级构成。该文后来被扩写成英文版《论格律》(Notes on Metre), 收入1933年版《语言学文集》以及后来的百年纪念版《叶斯柏森选集》。重音等级四分法已在丹麦文版《语音学》(1899)里得到详细论述, 在德文版《语音学教程》(1904)中沿袭,《论格律》里的阐述与之一脉相承。

在英语研究领域取得丰硕成果的同时, 叶斯柏森对普通语言学的贡献始终没有停止。他以《丹麦语》及《北欧语文学学报》、德国

[①] 这之前萨劳已有编写《德语初级课本》(*Tysk begynderbog*, 1889)的经历, 叶斯柏森为该书撰写过书评。

《语音学研究》、法国《语音学教师》等期刊为阵地,继续撰写大量论文和书评。他多年来对外语教学方法的思考,形成了《如何教外语》(*Sprogundervisning*, 1901)一书。此外,1893年至1907年间,他还为陆续出齐的18卷本《萨尔蒙森百科全书》撰写了近200个语言学领域的词条,其中关于语音学的词条近一半,其余多为历史比较语言学领域的词条,以及为知名语言学家撰写的传记词条。

如前所述,叶斯柏森职业学术生涯前期,代表他最高成就的是其语音学领域的著作,其中既包括普通语音学,也包括英语语音学。他在这一阶段撰写出版的两部语音领域巅峰之作,一是论述普通语音学的《语音学——语音学说之系统阐述》(*Fonetik: En systematisk fremstilling af læren om sproglyd*, 1899),二是论述英语语音史的《历史原则下的现代英语语法·第1卷·语音与拼写》(*A Modern English Grammar on Historical Principles: Vol.1, Sounds and Spellings*, 1909)①。

1895年,叶斯柏森开始动笔撰写《语音学——语音学说之系统阐述》时,正在为至少三个不同群体讲授语音学课程:他不仅在哥本哈根大学为语言学研究者开这门课,而且还在丹麦教育研究院为中小学教师开这门课,在两所聋哑学校为特教教师开这门课。因此,这部厚重的著作不仅是一部翔实的语音学教科书,更是一部包罗万象的语音学百科全书,充分兼顾了各个层面的研究者对语音学理论知识的需求。该书由"语音学的一般部分"和"语音学的具体部分"组成,前者探讨的是语音与文字的关系、语音的优劣评判标准、音标的性质及设计等宏观问题;后者探讨的是语音各个层面上的微观问题,按照从较小单位到较大单位的顺序,首先对发音器官和语音成分做了分析,随后将语音成分综合为辅音和元音,再之后研究语音的组合(包括音组、音节,也包括后世所说的"超音段成分",如音长、重音、声调),最后是从整体话语出发对具体语言的语音系统特征做的总结。该书1897年出版了第一分册,至1899年三个分册出齐并出版了

---

① 以下简称"《语音与拼写》"。

厚达633页的合订本。"语音学的一般部分"（宏观部分）后来经过扩充改写，成为德文版《语音学的基本问题》；"语音学的具体部分"（微观部分）不仅改写成了德文版《语音学教程》，而且充当了其他多部著作的框架，如《母语语音学》（*Modersmålets fonetik*, 1906/1922）、《英语语音学》（*Engelsk fonetik*, 1912）、《语音学入门》（*Elementarbuch der phonetik*, 1912）都是按照这一框架撰写的。丹麦文版《语音学》里有关于文艺复兴以来语言学思想与方法发展史的部分，虽然没有收入两部德文著作中，但是也翻译成了德文，以《论语音学的历史》（Zur Geschichte der Phonetik, 1905-1906）为标题分三期刊登于菲埃托在马尔堡主办的《新语言》（*Die neueren Sprachen*）学刊，让北欧以外的研究者也顺利读到了这部分内容。

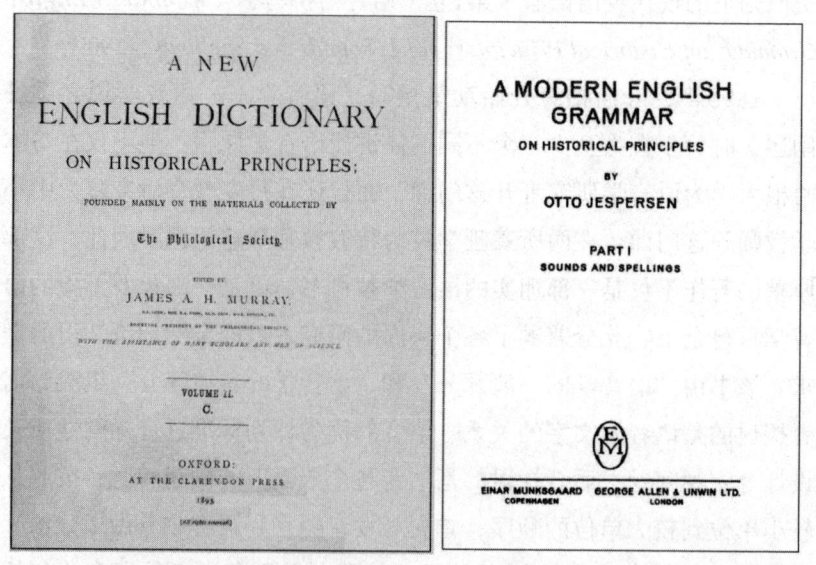

图1-2　默里按历史原则编写的词典和叶斯柏森按历史原则撰写的语法

《历史原则下的现代英语语法》的撰写，于1907年展开。1909年出版的第1卷《语音与拼写》无疑是叶斯柏森论述具体语言语音系统的著作中最知名的一部。所谓"历史原则下的现代英语语法"，意即"依照历史原则撰写的现代英语语法书"。这个标题呼应的是《牛津英语词典》初版时所采用的名称——《依照历史原则编写的新英语词典》(*A New English Dictionary on Historical Principles*)。叶斯柏森撰写语法书的思路与默里编写词典的思路相同之处在于，不仅要展示语言形式的现状，而且要揭示出语言形式的演变路径。对于这样一部语法书的语音部分来说，很重要的目的就是要展示出"英语音变史"(*history of English sound-change*)。叶斯柏森的这本《语音与拼写》最可贵、最超前之处，在于采用了系统视角论述音变史。音变不是孤立的，而是能够影响某一时期的语音系统中音与音之间的关系，从而对词汇（语义）造成一定效应。其中的一些看法，很大程度上已在预示二十多年后布拉格学派的音系学思想。

叶斯柏森关于英语语音史的著作中还有一本《约翰·哈特的英语发音（1569与1570）》(*John Hart's pronunciation of English [1569 and 1570]*)，于1907年作为海德堡英语学研究丛书之一出版。该书实际上是对16世纪英国学者哈特（John Hart，？—1574）两部著作的编辑整理与整合，一部题为《正字法：规则与道理，用于书写、描绘人声之图像，使之最接近生活或自然》(*An Orthographie, Conteyning the Due Order and Reason, Howe to Write or Paint Thimage of Mannes Voice, Most Like to the Life or Nature*, 1569)，另一部题为《方法，亦称舒适入门：教所有不识字的人快速而快乐地阅读英语》(*A Methode or Comfortable Beginning for All Vnlearned, Whereby They may bee Taught to Read English, in a Very Short Time, with Pleasure*, 1570)。早在1893年，叶斯柏森就已接受"早期英语文本学会"（Early English Text Society）会长富尼沃（Frederick James Furnivall，1825–1910）委托，以可获得的手稿及若干早期印刷版本为依据，对上述两书做编辑整理。整理后的版本因故未能出版，但这项研究最终形成了《约翰·哈特的英语发音（1569与1570）》一书，成为对16世纪早期现代英语发音的全面描写，由此充当了叶斯柏森撰写《语音与拼写》所依赖的重要前期成果。

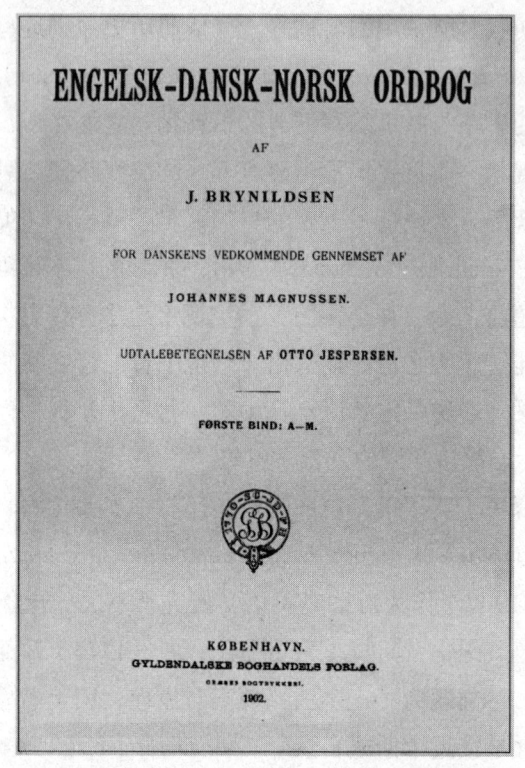

图1-3　叶斯柏森承担英语注音的《英语—丹挪语词典》（1902/1907）

这一时期，叶斯柏森还参编了挪威语文学家布吕尼尔德森（John Brynildsen, 1852–1926）编纂的两卷本《英语—丹挪语词典》（Engelsk-dansk-norsk ordbog, 1902–1907），该词典英语词条的注音工作是由叶斯柏森承担的。他所使用的注音体系虽然以国际音标为基础，却不完全拘泥于原版的国际音标。他对双元音以及非重读音节中的元音的处理方式是最具创新性的，皆以实际发音为依据，而不受正字法书写方式的束缚。站在21世纪的今天回望叶斯柏森在该词典中的注音，恰如当今的丹麦语音系学专家巴斯贝尔（Hans Basbøll）指出的："这部词典很可能是20世纪的第一部发音词典，……叶斯柏森记录下来的话语，诚然就是如今即将故去的那代人的话语，也就是今天的英国人的祖父母辈的话语。这就赋予了该词典某种历史价值，而

该词典比丹尼尔·琼斯1917年第1版的词典早好多年。"（巴斯贝尔2021：47）

这一时期的最后几年，还应提及叶斯柏森对国际人工辅助语运动的支持和参与。19世纪、20世纪之交，如何从欧洲各国的语言中提取"最大公约数"并加以人工改进，使之充当新时代全欧洲的国际通用语，进而推广至全世界，成为参与国际人工辅助语运动的学者们心中的理想，沃拉普克语（1880）、世界语（1887）、新世界语（Mundolinco，1894）、中立语（Idiom Neutral，1902）、无屈折拉丁语（Latino sine flexions，1903）等方案相继出炉，并各自吸引了一定数量的追随者。哪份方案才是未来可在学校教育中加以推广的最佳体系？1907年，"采纳国际辅助语代表委员会"（Délégation pour l'adoption d'une langue auxiliaire internationale）在巴黎召开会议，叶斯柏森被邀请担任会议副主席。由于各种国际人工辅助语的设计者在会上分歧严重，这次会议未能达成在已有诸方案中选择最佳方案的既定目标，反而催生了一种在世界语基础上扬长避短的新方案——伊多语（Ido）。伊多语支持者成立了伊多语学会（Ido Academy），邀请叶斯柏森担任主席。叶斯柏森在会刊《进步》（*Progreso*）的创刊号（1908）上发表了学会的宣言。

1.2.4 职业研究生涯后期（1909–1925）

1909年，叶斯柏森接到哥伦比亚大学和加利福尼亚大学的邀请，赴美讲学。这是他继5年前圣路易斯世界博览会之后第二度访美。他在加利福尼亚大学的夏季学期讲授了普通语音学课程并做了一系列关于国际人工辅助语的讲座，在哥伦比亚大学的秋季学期讲授了普通语音学、英语语法原则、英语历史句法三门课程。从这些课程中，我们既可看到他业已取得的巨大成就，又可看到他正在成形的新思想。此时他已凭借《语音学》《语音学的基本问题》，尤其是《语音学教程》，成为普通语音学领域举足轻重的人物，美国东西两海岸的名校均邀请他开设这门课程自然不在意料之外。国际人工辅助语、英语历史句法、英语语法原则这三门课，则见证了他对语法学及普通语言学的新思考。

关于国际人工辅助语的思考，集中体现于他发表于伊多语学会会刊《进步》上的五十余篇短文，这些短文探讨的是伊多语语法和词汇中的各种问题，共同的方向就是让伊多语在世界语的原有基础上实现结构的简化与规则化，这一点与叶斯柏森的语言演化观是高度一致的。

关于英语语法原则的思考，是他著名的三品级语法理论的先声。他正确指出了对英语语法的描写无需依赖拉丁语传统语法范畴，而应从英语的现实出发，描写英语的特色。《语言的逻辑》(*Sprogets logik*, 1913)一书中，基于英语语言事实的三品说被首次正式提出。这一思路后来得到了充实，形成了叶斯柏森最著名的著作之一——《语法哲学》(*The Philosophy of Grammar*, 1924)。

而在英语历史句法领域，叶斯柏森的《历史原则下的现代英语语法》第2卷于1914年出版。书中把三品说作为理论基础，在开篇即做了详尽阐述。正因为这部语法书基于三品级理论描写英语语法，所以在第1卷做完对语音与拼写的刻画之后，我们看到的不是对词法屈折体系的分析，而是直接进入了句法部分。第2卷的主要论述对象是被拉丁语传统称为"静词"（拉丁语nōmen）的名词和形容词以及代替名词功能的代词，但处理的方式是按照英语的现实状况进行的。例如，名词部分中，数范畴的分析极为详细，英语中关于名词单复数的一些特有难题得到了极其细致的论述，而对于英语中已不发达的性范畴和格范畴，书中并未做太多表述。对于传统上被称为"代词"的词类，"品级"成为区分我们今天所说的"限定词"和真正的"代词"的非常实际的标准。

第一次世界大战的爆发不仅造成了经济、政治、社会方面的灾难，也使欧洲各国之间的学术交流基本中断。1914年5月，叶斯柏森赴不莱梅参加德国"新语文学家日"（Neuphilologentag）活动，他从

1. 叶斯柏森生平、语言学著作及在华百年译介史

一同投身于国际人工辅助语运动的诺贝尔化学奖得主（1909）奥斯特瓦尔德（Wilhelm Ostwald，1853–1932）那里借鉴了"能量学"（[德] Energetik，[英] energetics）这一术语，将其与自己长久以来的语言演化观相结合，做了题为"语言能量学"（Energetik der Sprache）的讲座，然而却在活动中觉察到了与以往的活动极不相同的紧张氛围。7月底，战事正式爆发。随着英德两国开战、丹德两国交恶，《历史原则下的现代英语语法》这部丹麦学者撰写、德国出版商出版、以英语为对象的著作，已完全无法按原计划继续出版。因为该书第3卷的出版陷入停滞状态，所以叶斯柏森把计划用于第3卷的部分材料辅以法、德、西等其他欧洲常用语言的材料，在丹麦国内先期出版了一本题为《英语等语言中的否定》（Negation in English and Other Languages，1917）的短篇幅专论，用历时和共时相结合的方法探讨了英语等常用西欧语言的否定词、否定结构、否定词缀的来源与现状。

作为和平主义者，叶斯柏森积极发声，避免使中立国丹麦卷入战争，因而在《观察家》上发表了《德国学者和英国作家的战争心态》（Krigsstemninger hos tyske videnskabsmand og engelske forfattere，1915），在面向国际的《科学界》上发表了《一名丹麦学者对战争的思考》（Réflexions d'un danois sur la guerre，1916）。①在战争进入对各方皆无好处的僵局之际，他在哥本哈根《政治报》发表了《欧洲之心———一份和平建议》（Europas hjerteet, Et fredsforslag，1917）一文，号召在德、法边境上两家反复争夺，但两家背景皆不浓厚的斯特拉斯堡地区建立欧洲版的"华盛顿哥伦比亚特区"，充当中立的协调机制中心。如今，斯特拉斯堡是欧洲议会总部、欧洲委员会等欧盟重要机构的所在地，令我们不禁感慨叶斯柏森的高瞻远瞩。

当然，他也没有忘记抓住适当时机，提醒国人了解丹麦对欧洲的贡献。1918年是拉斯克的《古北欧语（冰岛语）起源探究》（Undersøgelse om det gamle nordiske elle islandske sprogs oprindelse，

---

① 《一名丹麦学者对战争的思考》另有英语译文（The reflections of a Danish scholar on the war），同年发表于美国《教育述评》。

1818）发表100周年，他不失时机地撰写了《拉斯慕斯·拉斯克——写于巨著发表100年后》（*Rasmus Rask, i hundredåret efter hans hovedværk*, 1918）一书，作为"众人中的领航者"（Folkets førere）丛书中的一种出版。

战后，叶斯柏森又立刻投入了欧洲国际学术交流机制的重建工作中。1919年，丹麦成立了旨在资助本国学者参与国际学术交流的"拉斯克—奥斯戴基金会"（Rask-Ørsted Fondet），叶斯柏森作为皇家科学院的代表出任该基金会委员。同年，在法兰西文学院（Académie des inscriptions et belles-lettres）的倡议下，法、比、荷、丹、英等11个国家的代表在巴黎签署协定，成立"国际科学院联盟"（Union Académique Internationale），以期通过人文交流合作促进世界和平，代表丹麦参加联盟成立谈判的即是叶斯柏森和海伯格（Johan Ludvig Heiberg, 1854–1928）[①]。1920年至1921年，叶斯柏森还担任了1918年成立于剑桥的现代人文研究协会（Modern Humanities Research Association）的年度主席。就职演说中，他为战后国家间互信的重建提出了殷切希望："倘若法国谚语说，'战争就要像战争的样子'（À la guerre comme à la guerre.），那么我们就必须为其追加一句：'战后就要恢复回战前的样子'（Après la guerre comme avant la guerre.），若可能，甚至应该让未来的环境比战前更加美好。因为我们每一个人，都必须在自己的领域中竭尽所能地让这个世界'宜于绅士居住'"。（Jespersen 2016：833）

叶斯柏森1920年至1921年出任哥本哈根大学校长。[②]他在任内促成了一项关于学位论文撰写语种的改革。哥本哈根大学曾规定博士论文必须以丹麦文撰写，这一规定在叶斯柏森任内被废除。以国际通用的英、德、法语撰写的最新学术成果，极大提升了成果在最短时间内

---

① 海伯格是丹麦语文学家、历史学家，此时担任丹麦科学院院士及拉斯克—奥斯戴基金会主席。

② 自1479年建校至1936年改革，哥本哈根大学校长职位实行教授轮值制，除个别特例之外，当选的校长只任一届，任期一年。

引起国际学术界关注的可能性，必然有利于"降低我们那有害的科学孤立"（Jespersen 1995：207）。

从校长职位上卸任到从教授岗位上退休之间的这四年，叶斯柏森出版的著作中有三部是最为后世所知晓的。这三本书分别是：《语言论——语言的本质、发展和起源》（1922）、《语法哲学》（1924）和《从语言学角度看人类、民族和个人》（*Mankind, Nation, and Individual from a Linguistic Point of View*，1925）。

《语言论》的雏形，一直可追溯至叶斯柏森的博士论文《英语格研究》。后者被改编为英文版《语言的进步》出版后，一直有声音希望该书分作两本分别出版，一部专谈英语语法的演变①，另一部专谈语言的起源与发展。多年后出版方与叶斯柏森洽谈该书重版之事时，这一愿望得以实现。书中第6章"古英语的格系统和现代英语的格系统"（English Case-Systems, Old and Modern）、第7章"代词的格的变化"（Case-Shiftings in the Pronouns）、第8章"英语的词组式属格"（The English Group Genitive）被抽出来独立成书，1918年以《关于英语的几章》（Chapters on English）为题独立出版，后来多次重印；其余各章则成为《语言论》（1922）一书的基础。不过，虽然叶斯柏森语言发展观的基本思想未变，但是《语言的进步》到《语言论》的内容增幅非常大。那么，《语言论》中增加了哪些内容呢？

首先，是对西方语言学史的刻画，尤其是对19世纪历史比较语言学发展历程的探讨极为翔实。其次，增加了关于儿童语言的观察与思考，把此前他以丹麦文出版的《当代儿童及成人的语言》（*Nutidssprog hos börn og voxne*，1916）一书中的基本思想融合了进来。不过，《当代儿童及成人的语言》的语料主要源于包括他对儿子弗兰斯（Frans Jespersen）的一手观察在内的丹麦语语料；《语言论》中大量补充了英语语料以符合国际读者的阅读习惯。同时，原有的这

---

① 参见《语言的进步》出版伊始，加内特（Garnett 1895：362）撰写的书评；另见史密斯（Moore Smith）向叶斯柏森转达的读者意见（Jespersen 1995：209）。

些丹麦语语料继续运用在了《当代儿童及成人的语言》的修订本中，新版本更名为《儿童语言——写给父母们的书》（*Børnesprog: En bog for forældre*，1923）。《语言论》其余的部分承袭了《语言的进步》中的基本思想，一方面继续探索了语言发展的内部机制和外部影响因素，另一方面重申了他所持的语言发展经历的是由繁到简的路径的观点。

《语法哲学》则可视为《语言的逻辑》一书的扩充以及与《历史原则下的现代英语语法》第2卷的融合。同时，叶斯柏森本人还把它视为《语言论》的"附录书"。正是在这部著作中，他对三种词品以及由此产生的"组连"（nexus）与"附连"（juction）问题做了最详尽的论述。书中倡导的语言描写方法，是从具体语言的现实特征出发的，先前流行的罔顾事实地对拉丁语形态范畴进行套用的方法被摒弃。《语法哲学》中的三品级语法理论在20世纪三四十年代对我国的汉语语法描写与研究产生了深远影响。

《从语言学角度看人类、民族和个人》是叶斯柏森在挪威比较文化研究院（Instituttet for sammenlignende kulturforskning）的系列讲座的讲稿集结。挪威比较文化研究院当时组织了包括叶斯柏森、梅耶（Antoine Meillet，1866–1936）、布洛赫（Olaf Broch，1867–1961）等在内的知名学者，各自做了以10场为一系列的讲座[①]，叶斯柏森的系列讲座的主题主要包括个人与语言共同体、语言与方言、何谓语言的正确性、语言变体等话题。他对这些问题的论述，成为半个世纪后社会语言学及文化语言学等领域中相关问题的先声。

这一时期，叶斯柏森对语音学的论述已远不如前两个时期厚重密集，但是他并未停止在此领域的思考。《语音学教程》此间两度修订再版（1913，1920），吸纳引述了包括实验语音学在内的诸多语音研究最新成果，增加了大量新素材，因紧密跟随时代步伐而成为一部

[①] 梅耶的讲稿集为《历史语言学中的比较方法》（*La méthode comparative en linguistique historique*，1925）一书，该书有岑麒祥的中译本（1957），在我国颇为知名。

1. 叶斯柏森生平、语言学著作及在华百年译介史

极受关注的著作。《语音学教程》在这一时期还衍生出了精华摘要版《语音学基础读本》（*Elementarbuch der Phonetik*，1912）以及面向丹麦国内学习英语的师生的丹麦文版《英语语音学》（*Engelsk fonetik*，1912年第1版，1921年第2版）。此外，关于丹麦语的专论《母语音系学》此时也出了第2版（1922）。关于语音学，还应提及叶斯柏森的一篇题为《语音学的用途是什么？》的文章，该文原为他在美国讲学期间做的一次讲座的讲稿，因此成了他罕有的用英语撰写的普通语音学著作，故而在以英语为阅读媒介的读者中知名度非常高。

退休前夕，叶斯柏森邀请了来自8个国家的12位从事语音学或历史音系学的学者在哥本哈根会晤[①]，商讨如何为学界统一音标体系和转写体系，以消除因不同学者在此问题上各自为政而产生的混乱。会议的结论是，国际语音学会所使用的体系（即国际音标）是最可行的体系，应加大推广力度，但在一些细节上应进行修改完善。故而，会议最终形成了一份由叶斯柏森和裴得生（Holger Pedersen，1867–1953）执笔的《语音标注与语音转写——来自1925年4月哥本哈根会议的若干建议》（*Phonetic Transcription and Transliteration: Proposals of the Copenhagen Confeence, April* 1925），作为提案报告提交给了国际语音学会[②]。这份提案报告最终没有被国际语音学会采纳，但里面建

---

① 这12位与会学者的姓名、国籍、研究领域如下：奥拉夫·布洛赫（Olaf Broch），挪威，斯拉夫语；卡尔·布洛克曼（Carl Brockelmann），德国，闪米特语；奥托·叶斯柏森，丹麦，英语；丹尼尔·琼斯，英国，语音学；高本汉（Bernhard Kalgren），瑞典，汉语；卡尔·梅恩霍夫（Carl Meinhof），德国，班图语；霍尔格·裴得森（Holger Pedersen），丹麦，凯尔特语；扬·罗兹瓦多夫斯基（Jan Rozwadowski），波兰，斯拉夫语。费尔迪南·佐默（Ferdinand Sommer），德国，拉丁语；威廉·塔尔比策（William Thalbitzer），丹麦，爱斯基摩语；N. 凡·维克（N. Van Wijk），荷兰，波罗的-斯拉夫语；J. 房德里耶斯，法国，普通语言学。可见，会上德国、北欧等日耳曼背景的学者比例非常高。在两次世界大战之间的特殊环境下，这难免为英法学者占很大比例的国际语音学会引发反感。

② 这份提案报告由29个部分组成，裴得生仅负责最后一个部分，题为"非拉丁书面形式的转写"。其余的28个部分均由叶斯柏森完成。次年，牛津大学出版社分别以英、德、法文单行本形式公开出版了这份报告。

议的一部分符号,在国际音标后来的修改中得到了承认。

国际人工辅助语方面,第一次世界大战使国际人工辅助语运动受到重创,在库蒂拉、柴门霍夫等运动主将相继过世后尤为如此。战争结束后,叶斯柏森立刻撰写了《世界大战后的人工语言》(Kunstsprog efter verdenskrigen, 1918)一文,号召恢复国际人工辅助语运动以呼应战后国际学术合作的重建。①他把这篇文章和他战前用伊多语撰写的《我们语言的历史》(Historio di nia linguo, 1912)一文合订成《伊多语两论》(Two Papers on International Language, 1921)一书,以伊多语—英语对照形式再版,期待能够重新唤起学者及公众对国际人工辅助语的兴趣。

1925年,叶斯柏森拒绝了校方挽留,正式从哥本哈根大学英语学教授位置上退休,5月25日,他发表了告别演说。演说中回顾了自己的求学、教学、为学的经历,向年轻一代传递了积极的科学精神和博爱情怀。但他的语言学研究工作仍在继续进行,进入了一个新的阶段。

1.2.5 晚年时期(1925–1943)

退休后的叶斯柏森,有了更多时间潜心进行研究。《历史原则下的现代英语语法》第3卷(1927)和第4卷(1931)相继出版,他完整的英语语法体系已全面呈现了出来。正如他以前为精深而专业的《语音学》《语音学教程》编写了适合公众阅读的普及版《语音学基础读本》和《英语语音学》,这一阶段他也为《语言论》编写了大众普及版《语言的发展与起源》(Sprogets udvikling og opståen, 1926),为《历史原则下的现代英语语法》编写了大众普及版《英语语法要略》(Essentials of English Grammar, 1933)。对于《英语语法要略》中无法展开论述的理论问题,他还出版了一本短小的《语法系统》(The System of Grammar, 1933)。《英语语法要略》成为一本经久不衰的

---

① 他尤其号召学者们继续研究和推广伊多语,因为他相信伊多语具有很多世界语所不具备的优点,同时他强调应消除公众关于国际人工辅助语的"造作""不自然"之类的偏见。

英语语法书,影响了世界各地一代又一代的英语学习者,该书仅在我国就出版过三个中文译本。

  退休后不久,叶斯柏森有三场讲座格外吸引学者们的目光。1927年4月28日,他在索邦大学心理学与语言学学会会议上做了题为"个人与语言共同体"(L'individu et la communauté linguistique)的发言,针对语言—言语二分法问题与日内瓦语言学派(尤其是巴依)进行了学术争鸣。30日,他又在斯堪的纳维亚研究所(l'Institut d'Études Scandinaves)的会议上做了题为"丹麦的母语研究"(L'étude de la langue maternelle en Danemark, 1928)的发言,深入浅出地论述了16世纪以来丹麦学者对丹麦语的研究与著述。1928年11月6日,叶斯柏森登上英国最高学术机构之一英国国家学术院(British Academy)的"两年一度英语语文学讲座"讲坛,演讲题目是"英语的单音节词"(Monosyllabism in English),他依照历史原则对英语词汇大量存在的单音节现象的由来与影响做了精妙的分析,做出了"英语单音节化趋势虽然很强,但……歧义之风险并不十分显著"(Jespersen 1929a: 30)这一著名论断。

  退休后的时光还让叶斯柏森对国际人工辅助语的思考得到了升华。1927年起,他开始尝试自行创造一种语法上"避免世界语和伊多语的缺点"的新的国际人工辅助语。1928年,题为《国际通用语》(An International Language)的书在伦敦出版,标志着这种名为"诺维亚语"(Novial,即Nov IAL,"新国际人工语"之义)的新语言的诞生。他不久后还出版了《诺维亚语词典》(Novial Lexike, 1930)。诺维亚语得到了瑞典国际辅助语活跃运动家阿勒堡(Per Ahlberg, 1864–1945)的力挺,阿勒堡认为,诺维亚语是第一种由知名的专业语言学家设计的国际辅助语,因此"必然正确"。他随即把自己主办国际辅助语刊物《世界》(Mondo)转型为诺维亚语的主阵地,不久后更名为《诺维亚语》(Novial)。和多年前叶斯柏森在《进步》上发表了诸多关于伊多语语法和词汇问题的文章同理,他在《诺维亚语》上也发表了大量文章,对这种新语言的语法词汇疑难问题做了阐述。

遗憾的是，此时国际人工辅助语的热潮已过，诺维亚语最终未能引起太大反响。

20世纪30年代初，叶斯柏森为自己的短篇幅著作选编了两部自选集，关于丹麦语的论述编入了《思考与研究》(*Tanker og studier*, 1932)，共收录文章19篇，关于普通语言学及英语研究的著作编入《语言学文集——用英、法、德语撰写的论文选》(*Linguistica: Selected Papers in English, French and German*, 1933)，共收录文章21篇。值得注意的是，这之中有些文章此前从未发表过。

1937年，叶斯柏森还出版了一本内容异常抽象的《分析句法》(*Analytic Syntax*)。正如他早年撰写的《用非字母表示的语音发音》以高度形式化的方式科学描写语音，《分析句法》的目的也是以高度形式化的方式科学描写句法的普遍结构，该书是否对乔姆斯基（Noam Chomsky）产生了显著影响，在多大程度上可视为转换生成句法的前奏，得到过许多学者的探讨。(参见McCawley [1970; 1984], Stuurman [1987], Francis [1989], Lorenzo [2021])

人生的最后几年中，叶斯柏森完成了《历史原则下的现代英语语法》第5卷的出版（1940），并与克里斯托弗森等助手共同完成了这部大型英语语法的词法部分，即第6卷（1942）。他还出版了人生中的最后一部普通语言学新著，题为《语言变化中的效用》(*Efficiency in Linguistic Change*, 1941)。该书无疑是其语言学观的最精华的总结。耄耋之年的学界大师娓娓道来，理论深入浅出，文笔清晰流畅，不失为叶斯柏森学术生涯中浓墨重彩的华丽尾声。他于1943年4月30日逝世。助手海斯伦整理了他的遗稿，于1949年出版了《历史原则下的现代英语语法》的最后一卷（第7卷）。

1.3 叶斯柏森在中国：百年译介史

1.3.1 20世纪上半叶

叶斯柏森对中国语言学界及外语教学界的影响，至少可追溯至民

1. 叶斯柏森生平、语言学著作及在华百年译介史

国初年。胡以鲁(1888–1917)在《国语学草创》中回顾西方历史比较语言学发展简史时,特别指出了叶斯柏森对汉语的独特评价。胡以鲁质疑并否定了施雷格(Friedrich Schlegel, 1772–1829)、葆朴(Franz Bopp, 1791–1867)、施莱歇尔(August Schleicher, 1821–1868)、缪勒等学者因汉语缺乏词法屈折而认为汉语无语法、处于语言发展之太初阶段的看法,继而对持相反观点的叶斯柏森做了如下评价:

> 欧西语言学者,大抵有自尊其语族之僻见,即以其一己语族之法则为范律。故对于根本不同之吾国语,不能确知其名价、评定其位置也。独有丹抹语言学者耶斯彼善氏Jespersen论语言发达之顺序,称吾国语为曾经发达之历史。以不用形式之末技而寓意于词句相与之间者为进步。欧西人之论吾国语者,比较上此说最为得其平。

(胡以鲁 1923:80-81)

事实上,胡以鲁对叶斯柏森的语言进步论(language progress)不完全赞同,但叶斯柏森对汉语的正面评价在19世纪各种"欧语至上论""汉语原始论"中独树一帜,必然为《国语学草创》的读者留下了深刻的印象。虽然《国语学草创》正式出版于1923年,但章炳霖(1869–1936)为其撰写的序言落款为"民国二年一月",由此可判断该书的"非正式版本"极可能在1913年时已存在。

杨树达(1885–1956)在《高等国文法》(1930)中也引述过叶斯柏森的语言演化观,他以达尔文进化论的影响为分水岭,将历史比较语言学家分为"前期进化说学者"和"后期进化说学者";又把后者对汉语的看法分为甲乙两派,甲派认为汉语在形态上最为进步,乙派认为汉语在形态上最为原始。他特别指出甲派观点由"叶斯丕孙教授"所持,该观点认为,"观于英语进化之情形,可以断定:将来最进步的语言当与中国语相似"(杨树达 1930:10)。

19世纪历史语言学家常把语言类型视为语言有机生长的产物,认为语言由无词法变化的"孤立语"(如汉语),进化为使用词缀充

语法手段的"黏着语"（如匈牙利语），再进化为使用屈折构形手段的"屈折语"（如德语）。汉语（其实只是书面文言）因缺乏形态语法手段，仅以单音节词来组成句子，被置于这一演化过程的最底端；而梵语则因拥有发达的屈折系统而被视为成熟语法结构之典范。至于英语等曾经拥有发达的屈折语法体系，而今却变得形态手段匮乏的语言，则被视为发生了衰败、退化。

叶斯柏森虽然相信语言的进化，却并不相信孤立、黏着、屈折依次代表语言发展的三个阶段。19世纪初的浪漫主义大环境难免使历史语言学家的科学论述也带上民族主义色彩，形成有意无意的"印欧语至上论"。加之这类研究经常是"基于对少量语种的浅薄认识"（Jespersen 1920a：110），因此其局限性往往难以避免。汉语语法因为缺乏词法屈折，以词序为主要语法手段，被当时的部分西方语言学家视为原始语言之典型。

首先，叶斯柏森认为语言演变路径并不是由孤立到黏着再到屈折，所以在他看来，汉语缺乏形态手段不意味着原始，英语放弃形态手段也不意味着衰退。他在《语言的进步》一书中引述了恩斯特·库恩（Ernst Kuhn，1846–1920）对汉语与藏语、缅甸语、暹罗语的比较研究，指出这几种主要依靠词序作为语法手段的语言，各自的词序法则并不完全一致。他依此认定，这样的差异暗示这些语言的固定词序是由更为自由的词序演化而来的，因而提出：

> 汉语不可能从最一开始就拥有固定词序，……原始人可能把自己的词按照如此固定的顺序来排列吗？……人类合乎逻辑、讲求方法、拥有秩序的思考方式和说话方式只有经历过漫长而艰难的挣扎才可实现。……"固定词序"无疑应视为人类所达到的最高、最精，因而也是最新发展出的说话手段。
>
> （Jespersen 1894a：88-89）

其次，叶斯柏森提醒研究者应关注一个在类型四分法背后经常被忽视的语言事实：虽然洪堡特（Wilhelm von Humboldt, 1767–1835）

1. 叶斯柏森生平、语言学著作及在华百年译介史

论证语言类型演化时做了孤立、黏着、屈折、多式综合这四种类型手段之区分，但是不应忽视的是，"所有语言都包含这些形式中的一种或多种"（Jespersen 1920a：113），也就是说，并不存在哪种语言，仅仅使用某一种类型手段，而绝对排斥所有其他手段。他举了汉语的例子：汉语中存在须与实词连用的"虚词"，难道不是一种"黏着"？汉语中存在"王"（wáng）和"王"（wàng）之间的词性交替，存在"买"和"卖"之间的词义交替，这难道不是一种"内部屈折"？（同上，119）可见，语言虽有类型之分，但是对类型手段的运用并不是绝对的。

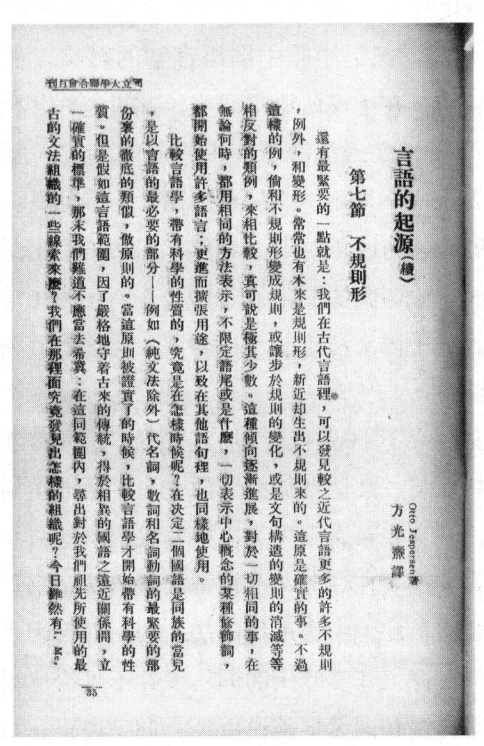

图1-4 方光焘翻译的《言语的起源》

1928年，《国立大学联合会月刊》刊出了方光焘（1898–1964）翻译的叶斯柏森《言语的起源》，该文实际上是《语言论》（1922）一书的最后一章。这是叶斯柏森的著作首次得到汉译。

这一时期，除语言演化观之外，我国学者亦受到叶斯柏森语音学的影响。1927年，刘复（1891–1934）在《清华学报》发表了《"图式音标"草创》一文，公布了自创的一套"以象形指事为原则"（刘复 1927：1309）的语音转写体系，该体系深受"叶司丕生"非字母符号注音系统的启发。刘复还于1930年出版了国际语音学会创始人帕西的著作《比较语音学概要》（*Petite phonétique comparée*）的中译本，赵元任（1892–1982）在为该译本撰写的序言中，把叶斯柏森《语音学教程》中用具体语言实例来例解抽象概念的方法视为语音研究中的趋向。但总体来说，这一时期我国学者对叶斯柏森语音观的关注程度，远不如其语言演化观。

叶斯柏森对20世纪上半叶中国语言学的影响，最突出同时也是最具争议性的领域，在于汉语语法研究。20世纪30年代中期，随着文法革新讨论的开展，汉语语法研究由兴起时期进入发展时期（王力 1981，何九盈 2008），即由"文法草创期"（参见海晓芳 2014）进入一个更为深入的探索与改革时期。40年代出版的几部最重要的标志性成果，如吕叔湘《中国文法要略》（1942）、王力《中国现代语法》（1943）、何容《中国文法论》（1944），均受到叶斯柏森"三品级语法理论"的影响。

虽然汉语语法的这些先行者对"三品级"的依赖在20世纪后半叶深受诟病，然而与"文法草创期"深受拉丁语或英语形态范畴束缚的早期探索相比，这些新著不失为以探究汉语语法自身特色为目的的积极尝试。正如朱德熙在商务印书馆"汉语语法丛书"总序中指出："《中国文法要略》和《中国现代语法》两书都曾因采用叶斯丕孙的'词品说'受到批评。其实叶氏的词品说并不见得比当时流行于汉语语法界的词类通转说和词无定类说更坏。词品说正是为了要解决多少也存在于英语语法里的'词无定类'的困难而设计出来的。"（朱德熙 1982：3）

何容认为，"三品级语法理论"与"句本位"分析相比，分析词与词的关系时既合理又方便，他特别指出，叶斯柏森当时最新出版的

《分析句法》一书"就是用这个方法来分析英语语句的构造,很可以供研究中国文法的人作参考"(何容1944:49)。他的这一设想,在与吕叔湘、王力同一时期出版的汉语语法著作中已得以实践。王力以一句简洁有力的话概括了叶氏词品与传统词类之间的关系:"词在词典里的时候,分类不分品;词在句子里的时候,分品不分类。"(王力1947[1943]:33)他分析了汉语六大实词词类与三品级之间的对应关系,并给出了三个词品的定义:"凡词在句中,居于首要的地位者,叫做首品。凡词在句中,地位次于首品者,叫做次品。凡词在句中,地位不及次品者,叫做末品。"(同上,42—43)吕叔湘在《中国文法要略》里将ranks译为词的"等级",primary / secondary / tertiary rank分别译为"甲级""乙级""丙级",他为三者下的定义更为具体:

> 词和词相遇的时候有等级的分别。……名词是底子,形、动、名是附加,我们就把那作主体的名词定为甲级,附加的形、动、名定为乙级。……把那些附加在动词(以及形容词)上的形容词定为丙级,比如"狂奔之牛"里面,"牛"是甲级,"奔"是乙级,"狂"是丙级。
>
> (吕叔湘 1947[1942]:38)

叶斯柏森对王力和吕叔湘的影响,还体现为《历史原则下的现代英语语法》对上述两部汉语语法著作编写体例上的影响。两书皆通过大量引自文学著作的例句来佐证语法观点。《中国文法要略》中的多数例句来自历代文言经典与白话经典;《中国现代语法》中的例句则集中选自《红楼梦》,以突出特定时代、特定地区的语言特点。

此外,吕叔湘还翻译了叶斯柏森的 *Essential of English Grammar*(1933)一书,遗憾的是由于战乱等原因,该版本未能真正流传下来。

1.3.2 20世纪下半叶

20世纪50年代,由于国内国际形势的变化,西方语言学思想及语言学家在中国大多受到了批判，叶斯柏森在中国的影响力也随之急转直下。吕叔湘从1956年修订再版的《中国文法要略》中删除了关于三品级的部分，并称之为词类及句法问题上的"很大的错误"。在这个特殊的时代背景下，中文界（如严修1957）和外文界（如许国璋1957）均出现了批判包括叶斯柏森在内的欧美语言学家的严苛措辞。

改革开放后，对西方语言学理论与思想的研究回归理性轨道，译介工作重新启动。吕叔湘在1982年重印的《中国文法要略》中澄清，"采用叶氏三品说是犯了一个很大的错误，这是当时的风气让这么说的。要是给叶氏的理论一个实事求是的评价，也只能说是'不解决问题'，谈不上有多大害处。"（吕叔湘1982：6）这一略显谨慎的重新评价使三品级语法理论甩掉了"错误""有害"的帽子，但同时却又贴上了"不解决问题"的新标签，已在1956年版中删除的有关三品级的部分在此后的版本里也没有恢复。这一定程度上解释了为何索绪尔（Ferdinand de Saussure，1857–1913）《普通语言学教程》（*Cours de linguistique générale*，1916）、布龙菲尔德（Leonard Bloomfield，1887–1949）《语言论》（*Language*，1933）、萨丕尔（Edward Sapir，1884–1939）《语言论》（*Language*，1921）等重要著作的中译本1980年起相继在商务印书馆出版或重印的同时，叶斯柏森的《语法哲学》或《语言论》却迟迟不见踪影。

1988年，何勇、夏宁生、司辉、张兆星合译的《语法哲学》终于在相对低调的语文出版社出版。廖序东（1915–2006）撰写了《〈语法哲学〉和汉语语法学》一文作为中译本序，对叶斯柏森的这部颇具国际影响力的理论著作做了正面评价，指出"吕、王两先生的语法著作是在三十年代我国语法学界开展的文法革新问题大讨论的后期出版的，被公认为揭示了汉语的特点，建立了新的语法体系，真正取得了革新成果的开创性著作。于此，不能不说《语法哲学》对汉语语法学的影响的巨大。"（廖序东1988：2）廖序东对《语法哲学》的价值高度肯定，并且指出，该书"过去对现代汉语语法学有过深刻的影响，……当前以及将来能否继续对现代汉语语法学的发展起推动的作用呢？我想这回答应该是肯定的"（同上，14）。2008年，世界图书出版公司北京公司推出了《语法哲学》的英文影印导读版；2009年，何勇等译的《语法哲学》中译本改由商务印书馆出版，并入选"汉译世界学术名著丛书"。从20年后的这一系列后续事实来看，廖序东（1988）的判断无疑是准确的。

图1-5　20世纪80年代我国出版的叶斯柏森译著

而我国的英语教学界对叶斯柏森的名字并不陌生。杨鑫南在《当代英语变迁》（1986）一书中，把福勒（Henry Watson Fowler, 1858–1933）和叶斯柏森视为英语语法权威研究者中的两极，前者是规定派之代表，后者是描写派之代表。（杨鑫南1986：2）对于渴望学习"地道的英语"的广大英语学习者来说，描写派当然更具吸引力。因此，在英语教学界，学者们再度致力于叶斯柏森 Essentials of English Grammar（1933）一书的翻译。1980年，熊寅谷的译本在贵州人民出版社出版，定译名为《英语语法精义》。译者特别指出，叶斯柏森的诸多著作"在西方各国语言学界都是久负盛名的。这些著作虽然已经出版多年，但对普通语言学理论的研究，对现代英语语法的教学，仍然具有十分重要的现实意义"（熊寅谷 1980：1）。而"《英语语法精义》虽然讲解的是具体语言的具体问题，但也反映了叶斯柏森语言理论的梗概"，因此"对普通语言学研究也很有参考价值"。（同上，2）遗憾的是该译本印量不大，使其影响力受到一定局限。这一缺憾被商务印书馆1989年出版的定名为《英语语法要略》[①]的又一个译本所弥补。短短九年间，同一著作两个中译本出版，恰好印证了叶斯柏森这部著作自身的价值。

20世纪80年代末至90年代末是我国的西方语言学研究突飞猛进的年代，但总体来说，叶斯柏森在这一时期受关注的程度不高，其原因是多方面的。首先，这一时期最受关注的是因"文化大革命"十年而错过的各种语言学新思想、新领域，包括乔姆斯基的转换生成语法（如徐烈炯1988）、韩礼德的系统功能语法（如胡壮麟等1989，胡壮麟1994）以及社会语言学（如祝畹瑾1992）、语用学（如何自然1988，何兆熊1989）等方面的各种理论。其次，这一时期对西方语言学思想的译介往往以流派为线索，除前面提到的转换生成、系统功能等学派之外，备受关注的还有美国结构主义（如赵世开1990）、布拉格学派（如钱军1998）等，而叶斯柏森没有这样的学派背景，尤其未能在刘润清《西方语言学流派》（1995）等介绍流派的著作中占有重要地位。再次，20世纪80年代翻译出版的叶斯柏森著作皆为语法方面的著作，一定程度上继续维系了叶斯柏森仅是一位"旧时语法学家"的错觉，国内研究者对他更宏观的普通语言学视角以及他在语言学其他领域的贡献了解得仍显不足。最后一点，是写作语种问题，他的许多重要著作是以德文或丹麦文撰写的，而我国这一时期的语言学研究者更习惯于以英文为媒介来吸收西方语言学思想，这使他的许多论述并未被注意到，例如他的丹麦文版《语音学》和德文版《语音学的基本问题》里都有"最好的发音"这一话题，论述了许多当今被归入"社会语言学"的话题，却因写作语种至今鲜有问津。

1.3.3 新世纪的叶斯柏森研究

进入21世纪后的二十余年，我国语言学界和外语教学界对叶斯

[①] 该书由"《英语语法要略》翻译组"集体翻译，译者包括魏焕华、陈作卿、刘秀英、杨枕旦、任永长、晓黎、赵景纯、朱原、党凤德，由陈作卿校阅全文，党凤德审阅定稿。

柏森的兴趣再度兴起。新世纪伊始，任绍曾（2000）对叶斯柏森的语法理论体系进行了深入研析，并由此出发，继续发掘了他的语法哲学观、语用观（任绍曾 2001，2002），继而总结出涵盖语言的社会性、交际性、体系性、演进性、人文性在内的叶斯柏森的宏观语言观（任绍曾 2004）。2006年，湖南教育出版社出版了任绍曾选编、翻译的《叶斯柏森语言学选集》。这部选集可谓我国学者研究叶斯柏森语言学思想的分水岭，成功打破了叶氏在我国的"旧时语法学家"刻板印象，首次把叶斯柏森的语言学思想全方位地展现于中文读者面前。这部中文选集收录了叶斯柏森4部专著中的精华：包括《从语言学角度论人类、民族和个人》和《语言论》当中的重要章节、《语言变化中的效用》中的大部分内容以及编者重译的《语法哲学》部分章节。这部选集的内容涵盖了语言与社会、语言习得、语言演化等领域，对中文读者了解叶斯柏森语法以外的理论论述有极大的意义。

任绍曾版《叶斯柏森语言学选集》所发挥的影响力，可由此后十余年间不断出现的论述叶斯柏森语言学思想的新论文佐证。2007年以来，中国知网收录的题名中含有"叶斯柏森"的论文约有40篇，内容十分多样。这些新作中包括对叶斯柏森语法学思想的新评析（如张高远、刘斌河 2012，张高远、陈芙蓉 2012），也包括叶斯柏森与其他语言学家的比较研究。这类比较研究，如林允清、马天卓（2013）对比了叶斯柏森的普遍语法思想和乔姆斯基的语言共性论；高逢亮（2017）对比了叶斯柏森的"习惯语法"思想和索绪尔的一些类似观点；陈满华（2013）对辉特尼和叶斯柏森的语言经济思想进行了比较与溯源；郭威（2014）对比了王力和叶斯柏森的实证主义倾向；尤其值得注意的是，郭威、张高远（2014）对比了叶斯柏森《语法哲学》和王力《中国现代语法》各自的词品、词类等概念，指出这两部著作之间不仅有人们所公认的影响与传承，还存在诸多此前被忽略了的差异；除此之外，从未得到过汉译的叶斯柏森《句法研究》一书也被重新发掘，张丽娇（2018）对该著作中独特的形式表达系统做了逻辑分析。张美兰（2021）还对三品级语法理论做了新的解读，为该理论划分了历史发展阶段。此外特别值得一提的是，梁方（2013）在《中华读书报》上发表了题为《叶斯柏森：语言学界的泰山北斗》的文章，"泰山北斗"这一称谓明确显示出，因特殊时代背景而形成的对叶斯柏森的偏见如今已消散。

2011年，姚小平在《西方语言学史》中叙述20世纪语言学史时，单独开辟出题为"叶斯泊森：一位独立研究者"的一节，与布拉格学派、哥本哈根学派、伦敦学派、美国描写主义等并列，用与这些学派笔墨相当的篇幅，对叶斯柏森的贡献加以阐述。可见叶斯柏森虽然"既非某一语言学流派的开创者，也很难说的哪一流派的成员"（姚小平 2011：330—331），却并不妨碍其成为学界公认的大家。

新世纪以来，我国语言学者以英语为媒介获取国外语言学理论与思想的条件和能力都有了质的飞跃。索绪尔、布龙菲尔德、萨丕尔、乔姆斯基等语言学史上的标志人物，其最重要著作的英文影印导读版已从2001年起陆续印行，至2010年前后，洪堡特、叶斯柏森、马泰修斯等的经典著作也迅速补充了进来。其中入选的叶斯柏森的著作种类无疑最多，除了语法学之外，还涉及英语史、外语教学、语言与社会等众多领域。

图1-6　21世纪我国出版的叶斯柏森著作英文影印版

1. 叶斯柏森生平、语言学著作及在华百年译介史

图1-7　21世纪我国出版的叶斯柏森译著

2021年，叶斯柏森的《语言论》中文全译本出版，正如译者柴橚所言："叶斯柏森的《语言论：语言的本质、发展与起源》是一部兼顾历时、共时，贯通世界30余种语言的理论巨著。在西方，此书与索绪尔《普通语言学教程》、布龙菲尔德《语言论》、萨丕尔《语言论》齐名，同属西方语言学经典著作，并且近十年来，叶氏理论研究在国内呈提升发展趋势。"（柴橚 2021：4）

同年底，笔者选编、译注的《叶斯柏森论语音》也已出版。该书收录了叶斯柏森的著作24种，其中包括三篇著名的《论语音定律问题》，包括《语音学》《语音学的基本问题》《语音学教程》《语音与拼写》等书中的精华章节，也包括《Nightingale等词里的鼻音》《语音学的用途是什么？》《元音i的象征价值》《英语的单音节词》等篇幅不等的著名文章。叶斯柏森设计的非字母标音系统，他有关语言化与非语言化语音成分之差别的思想，以及他对语音象征问题的完整叙述等，都是第一次以中文呈现于读者面前。

在理论语言学和应用语言学异常发达的今天，我们对叶斯柏森的语言学思想再做思考，目的固然已不是依赖三品级理论来阐释汉语的语言结构。然而我们却欣喜地发现，在我们的研究视野中，西方语言学史上的这位顶级人物正在回归其应有的位置。

2. 语言生命、语音定律与语言使用者

2.1 从"定律—例外"二分法到"定律—类推"二分法

叶斯柏森在《论语音定律问题》(1886)的引言中阐明，文章展示的是他对语言生命（[德] Sprachleben）问题的思考。这个术语（包括其对应的丹麦语术语sprogliv、英语术语life of language、法语术语vie de langage）此后也不时出现于他的其他著作中。那么，何为"语言生命"？

19世纪学者常把语言视为自然科学或自然史的一部分，认为语言是个有机生命体，与动植物及人类自身类似，具有生命成长过程。因此，历史比较语言学家经常论述语言的发育与衰老，革新与退化。在这部分语言学家当中，施莱歇尔无疑在19世纪中期最具影响力者之列。他把语言视为"经耳而感知的行为特征（[德] Symptom der Tätigkeit），是物质关系的综合体"（Schleicher 1865：8），故相信语言是自然事物，语言学是自然科学，语言学家的任务因而是尽力为语言学找出与物理学、天文学等领域类似的自然定律与法则。

施莱歇尔最著名的两卷本《印欧语比较语法纲要》(*Compendium der vergleichenden Grammatik der indogermanischen Sprachen*, 1861-1862/1866)，上卷呈现的正是印欧语分化史中涉及的各类元音及辅音的语音定律。例如，关于日耳曼语的辅音定律，除了拉斯克—格林定律（详见5.2.2）所展示的词首辅音音变之外，词中、词末亦有众多定

2. 语言生命、语音定律与语言使用者

律可循。此处我们仅举该书中的一个具体例子，来看看这一时期的典型著作如何对音变做分析。此例揭示的是s在词中位置的浊化：

> 有些情况下，由于周围较响的音的同化影响，s变为z（指较响的s，即法语和斯拉夫语那样的z）①，和奥斯坎语相同；同样位置上，高地德语和拉丁语的s变为r，斯拉夫语的s变成ch。以s结尾的词，后接以元音开头的成分时（例如与小词融合时），这一情况发生得最为频繁；因此，tha-ns（指示代词词干tha-的宾格复数）接上uh（即*uha里的uh，u是辅助性元音，*ha，原始印欧语为ka，即拉丁语que）结合为thanz-uh，等等；元音之间，z取代s，如主格单数rikvis（黑暗），属格单数为rikviz-is；mais（副词，更加），而maiza（形容词，更大）；thizē（属格复数，词根thi-由tha-变来），原始形式为ti-sām；baíris（携带，第二人称单数现在时主动态），古印度语及原始印欧语为bhára-si，但中动态及被动态为baíraza = 古印度语bhárasē，希腊语*φέρεσαι（φέρῃ），原始印欧语为bharasai。
>
> 例外1：写法有时在z和s之间摆动，如saizlēp和saislēp并存（slēpa [我睡觉]的完成体），等等。
>
> 例外2：通常情况下，两个元音之间的s保持不变，如vēsum（我们是[过去时]），原始印欧语为vavās-masi；visa（我保持），原始印欧语为vasāmi；等等。
>
> （Schleicher 1866：336-337）

19世纪中期典型的历史比较语法著作，就是按照这样的格式来刻画音变的。每条语音定律之后，常跟着若干条"例外"（[德]Ausnahme），用以补充说明不符合语音定律的情况。此例描述的是清擦音[s]在词中位置的浊化过程，我们不难总结出此浊化发生的两

---

① 施莱歇尔时代的语言学著作里，字母和音区别得不够清楚。此处的夹注，作者是想强调这里的 z 指的是法语、捷克语里的浊擦音 /z/，不是德语的清塞擦音 /ts/。

个重要条件：（1）浊化发生于浊音环境中（元音之间，如rikvis—rikviz-is；涉及鼻音、边音等其他响音时，如tha-ns—thanz-uh，slēpa—saizlēp）；（2）浊化发生的位置与词界（如tha-ns—thanz-uh）或语素界（如rikvis—rikviz-is）毗邻。

  站在今天的角度上，我们很容易从这两条例外中发现些经不起推敲之处：例外1描述的"写法"如果是精确的语音转写，则[s]和[z]此处为自由变体；但另一种可能是施莱歇尔混淆了字母和音（这在19世纪学者的著作中并不罕见），古代抄本中以s为书写形式其实无法完全排除发浊音[z]之可能。而例外2似乎在暗示，同一个词内部的两个元音之间不发生此浊化；然而，vēsum和visa这两个动词内部都存在语素界：前者含复数第一人称过去时后缀-um，后者含单数第一人称现在时后缀-a，以此来看二者与rikviz-is中的名词属格后缀-is并无本质区别。

  "旧语法学派"代表人物古尔替乌斯（Georg Curtius，1820–1885），曾在其著《希腊语词源学原理》（*Grundzüge der griechischen Etymologie*，1858-1862）中尝试将例外阐释为"不显著音变"（[德] unwesentliche Lautveränderung），或称"零星音变"（[德] sporadische Lautveränderung），认为这样的音变中另有"个别性定律"（[德] individuelles Gesetz）在发挥作用。（参见Curtius 1858：70–74）19世纪60年代至70年代，洛特纳（Carl Friedrich Lottner，1834–1873）、格拉斯曼（Hermann Grassmann，1809–1877）、维尔纳（Karl Verner，1846–1896）等学者相继证明，格林定律的许多重要"例外"背后确有其他定律在发挥作用（详见5.2.2、5.2.3）。因此，19世纪70年代中后期开始活跃的新语法学派相信，语音的演变与其他自然科学现象一样，遵循的不是模糊的"倾向"或"趋势"，而是严格而精确的定律。这样的定律恰如天文学中的开普勒定律或物理学中的牛顿定律，不应允许"例外"的存在。

  新语法学派认为，除了通过不断发现新定律使例外得到合理新解之外，另有一些例外应归结为因类推（[德] Analogie）而产生的新

2. 语言生命、语音定律与语言使用者

形式。用"定律—类推"二分法来消除语言史研究中的"例外",可谓新语法学派对19世纪语言学做出的最重要贡献之一。奥斯特霍夫(Hermann Osthoff, 1847–1909)和布鲁格曼合著的6卷《印欧语领域的词法研究》(*Morphologische Untersuchungen auf dem Gebiete der indogermanischen Sprachen*, 1878–1910),集中表现了新语法学派的理论主张。其中,由布鲁格曼执笔撰写的《序言》把新语法学派最重要的两条方法论原则阐述为:

> 第一,一切音变机械地发生时,皆遵循无例外的定律,也就是说,语音变化的方向对于某一语言共同体的全体成员皆相同,除非出现方言分化;所有受制于该音变的词,在同等条件下皆无例外地发生这一变化。
>
> 第二,形式联想([德] Formassociation),即通过类推途径新构的语言形式,由于在现代语言的生命中明显扮演着十分重要的角色,所以也应毫不犹豫地承认,这种语言革新方式对语言的较古阶段乃至最古阶段亦是如此。这条解释原则不仅应得到普遍承认,而且应像解释语言较为现代的阶段那样加以运用。我们若在语言的较古阶段或最古阶段遇到了与较新或最新阶段条件相同甚至条件更好的类推构成,无须感到奇怪。
>
> (Osthoff & Brugmann 1878: xiii-xiv)

"定律—类推"二分法由此形成,"语音定律无例外"([德] Ausnahmslosigkeit der Lautgesetze)即是对上述阐述的最精炼概括,成为新语法学派的总原则。"类推"建立在概念之间由此及彼的联想上,因而具有确定无疑的心理属性。虽然"语音定律无例外"模仿了自然科学领域"自然定律无例外"([德] Ausnahmslosigkeit der Naturgesetze)这一口号,反映了语言学与天文学、物理学等自然科学相近的一面,但是新语法学派的语音演化学说从未排斥人的心理因素在语言研究中的地位。如布鲁格曼所言,人的言语机制具有两面,一面是心理的([德] psychisch),另一面才是肉体的([德] leiblich)。

（同上，iii）

新语法学派思想集大成者保罗（Hermann Paul，1846–1921）在其一版再版的《语言史原理》（*Prinzipien der Sprachgeschichte*，1880/1886/1898/1909/1920）一书中重申了类推的重要性，他把类推刻画为一种数学上的"等比关系"：

> 我们在话语中使用的词和词组，只有一部分产生于对此前记下的东西的纯记忆性复制。另有一种推理活动（[德] kombinatorische Tätigkeit），以比例组（[德] Proportionengruppe）的存在为基础，在此发挥基本等同的作用。这种推理，一定程度上依照已熟知的可类推比例模式，为同样已熟知的词自由创造出第二比例项，由此构成等比方程式（[德] Proportionengleiehung）。我们把这一过程称为类推构成（[德] Analogiebildung）。
>
> （Paul 1886a：88-89）

他举了 animus : animi = senatus : *x* 作为这种等比方程式的例子。我们可结合拉丁语及其现代后裔意大利语的词法，来分析类推的运作方式：

拉丁语名词的若干种变格类型中，animus（生命）属"第二类变格"，此类名词以-us为单数后缀，以-i为复数后缀。由于英语从拉丁语借入的很多外来词保留了这一单复数形态模式，我们对其并不陌生。不过，拉丁语 senatus（元老院）一词属"第四类变格"，其复数本为 senātūs。人们熟知 animus : animi 之间的"比例模式"，因而心理上较易认同 senatus 和其复数之间的关系与之具有可类比性，由此形成在 animus : animi = senatus : *x* 这个等比方程式。通过已熟知的 animi 来推导出此等比方程式中的"第二比例项" *x*，就使 senātūs 被 senati 取代。因此，在今天的意大利语中，animo（精神）和 senato（参议院）的复数构成方式是相同的，分别为 animi 和 senati。新构成的复数形式 senati 生存了下来。

48

此例中，animus和senatus共同的名词词尾显而易见，animus：animi和senatus：x之间因而呈现出可比性，通过类推得出x项的值并不难。在这一演化过程中，senati无疑是个产生得非常晚的"第二比例项"，不是基于记忆的传承之产物，而是基于联想的类推之产物。要想从语音本身证明出一条-ūs > -i的语音定律是极为困难的，然而将其阐释为由此及彼的类推过程，问题就迎刃而解了。可见，用"类推"来对"定律"做补充，可使定律无法发挥作用之处得到合理解释。新语法学派因而力求把一切不符合语音定律的音变皆阐释为类推，以求彻底兑现"语音演变无例外"这条总原则的效力。

2.2 "定律—类推"二分法的局限性

2.2.1 音变与类推之间的中间地带

叶斯柏森的《论语音定律问题》一文，围绕的正是新语法学派的"语音定律无例外"这一总则，他的言辞不时显得犀利，故被视为"在模糊定义中戳洞"（Wilbur 1977：lxxxiii）。"定律—类推"二分法本身是否存在不合理之处？保罗和舒哈特之间的辩论，推动了叶斯柏森对此问题的思考。

保罗无疑是新语法学派的最重要的捍卫者之一，而舒哈特自然也在新语法学派的最重要的反对者之列。舒哈特的《论语音定律》（1885）一书直接以"反新语法学派"为副标题，为其赢得"新语法学派最大的持异见者"之称号。新语法学派把定律和类推视为语音演化中既对立又互补的两大原因。那么，定律与类推之间是否真的存在不可逾越的鸿沟？

舒哈特（1885）指出，定律和类推之间的界线有时并不那么绝对，定律—类推二分法使人们"把细微差异当作无足轻重之事，把渐变当作对立，把经验当作先验，把复杂当作简单"（Schuchardt 1885：2）。而保罗质疑舒哈特，理由之一也在于"舒哈特完全不想接受音变与类推作用之区别，他认为二者之间存在的不是鸿沟，而是过

渡。"（Paul 1886b：4）

事实上，在新语法学派的活跃时期，针对该学派的反对声音不仅来自他们与之决裂的所谓"旧语法学派"，更来自把语言视为人文现象而非自然现象的学者，舒哈特正是后一类学者中的典型。这三个群体之间的关系恰如当今的语言学史权威学者索依伦（Pieter A. M. Seuren）所总结的：

[对新语法学派]很有分量的批评者是古典学者格奥尔格·古尔替乌斯，不过他只是个表面上的批评者，他是布鲁格曼和莱斯琴的老师，因个人立场而与弟子们决裂，但依然与新语法学派有诸多共同观点。然而，最著名的真正批评者，是胡戈·舒哈特。

（Seuren 1998：95）

对舒哈特来说，定律和类推与其说是二元对立统一体，不如说更像光谱的两极。二者之间存在若干中间类型，并呈现出一定梯度：有些情况偏向定律，有些情况则偏向类推。之所以如此，正是因为舒哈特把语言视为人文现象而非自然现象，因而强化了与语言使用者相关的心理因素。舒哈特（1885：7）列举的那些例子，得到了叶斯柏森（1886：194）的重申。我们不妨对二人语焉不详的这些例子逐一做分析：

（1）conte（数数）< comite：这是纯机械作用。此例中comite的词重音位于词首音节，而一张一弛的节奏原则表明，第三个音节虽然不是重音位置，但强度一定高于第二个音节。因此，i因位于"强度波谷"而脱落。此外，i的脱落使发音部位不同的m和t相邻，故被同化为发音部位相同的-nt-。把这两处音变都解释为纯机械性变化不会有太大争议，二者都是语音定律发挥作用之结果。

（2）dunque（因此）< nunc：此例中，辅音序列n...nk异化为d...nk是个机械性的过程；然而此例的元音却呈现出同化过程，与辅音音变截然相反。词末的nk后面出现了与词首d（< n）后面相同的圆

唇u音①，使单音节词变为双音节词。这是定律的作用还是类推的作用呢？我们可以认为软腭部的辅音k为这个新的后元音u提供了"后位性"的机械环境，但也不排除这个新的u可能是由原有的u由此及彼地带来的（类似"元音和谐"过程），故而无论用定律还是用类推来解释这一过程，都有一定说服力。

（3）treatro（剧院）< theatro：第一个音节的首音th被同化为与第二个音节的首音相同的tr，但两个音节中的元音完全没有相同之处，因此无法找到任何可促成此变化的机械性语音条件，只能用类推来做解释。

（4）eglino amano（他们爱）< egli amano：原为单数的egli（他），与动词复数第三人称的屈折后缀-no结合，从而形成专门的复数第三人称代词eglino。②这个过程是确定无疑的类推，并且这个类推已跨越词界限制。

（5）non grieve ma lieve（非重而轻）< non grave magis leve：类推在此处不仅跨越词界发生，而且作用于不相邻的两个词。从语音变化本身来看，通过类推而形成的效果不是"同化"，而是"均一化"（levelling）。拉丁语原本不同的a和e，在意大利语中统一为与二者皆不相同的ie。

这些例子之间显现出的梯度使舒哈特相信，"这两类现象之间没有鸿沟，只有过渡"（Schuchardt 1885：7）。因此，他在对保罗（1886b）的答复中澄清，他所否定的不是定律和类推之间的区别，而是把这一区别视为相互对立的"根本性区别"之观点。（Schuchardt 1886：81）换言之，舒哈特承认定律和类推的作用，但不把二者视为

---

① 与法语不同，意大利语 qu 组合中的 u 是发音的（由于其后接其他元音，u 通常注为半元音 /w/）。

② 词源信息引自意大利百科全书学会（Istituto della Enciclopedia Italiana）在线版《特雷卡尼词典》（*Vocabolario Treccani*）。原文：églino：pron. pers. m. pl. [da *egli*, con la terminazione -*no* della 3a pers. pl. dei verbi]. – Plurale di *egli*.（églino：人称代词，阳性复数。[源于 egli，加动词第三人称复数后缀 -no]。——egli 的复数。）

非此即彼的对立，因为类推虽然以承认人的心理作用为前提，但却无法全面覆盖与人相关的一切心理因素。这也使叶斯柏森认识到，在语言生命研究中必须更加详细地聚焦于语言使用者的作用上。

2.2.2 语音演化中的记忆与革新

定律和类推可使语言成分归入"纯记忆性复制"和"类推构成"两类。前者是对常规形式的再现，可视为语言演化中的保守因素；后者偏离常规，代表了演化中的革新因素。不过，叶斯柏森（1886）指出了其中的一个漏洞："类推效应所产生的结果，通常无法跟那些仅受保守因素影响而可能产生的结果区分清楚。"（Jespersen 1886：191）对此他举例：某一说话者如果使用了德语形容词fröhlich（欢快的）的最高级fröhlichste或glücklich（高兴的）的最高级glücklichste，那么他以前是否听过、用过这两个形式？若是，这两个形式就是"纯记忆性复制"；若否，这两个形式则是从真正听过用过的其他形容词最高级出发而类推出的全新形式。

图2-1　泰希默主编的《普通语言学国际学报》及
叶斯柏森发表于该刊的《论语音定律问题》（1886）

2. 语言生命、语音定律与语言使用者

然而，语言使用中，似乎既不可能也无必要把这两类结果全都区分清楚。从语言使用者的角度来看，保守因素和革新因素之间界线时常模糊，"纯记忆性复制"和"类推构成"此时在语言使用者的意识中并无实质区别。假如语言仅是一套纯自然机制，定律和类推只需互补即可。然而，语言终究是无法脱离使用语言的人而存在的，正如定律和类推之间可存在梯度，作为二者之结果的"纯记忆性复制"和"类推构成"之间亦存在模糊地带。

不过，在"纯记忆性复制"和"类推构成"之区别并不模糊之处，该区别的确具有一定解释力。例如，在《丹麦语斯特德与原始北欧语的词中省音》（Det danske stød og urnordisk synkope，1913）一文中，叶斯柏森把"纯记忆性复制"和"类推构成"之区别阐释为丹麦语动词现在分词是否带有斯特德（stød）①的重要原因。

叶斯柏森发现，丹麦语动词各屈折形式中是否有斯特德，和其不定式中是否有斯特德并非永远一致。如ride [ˈʁiːðə]（骑马）、køre [ˈkøːʌ]（开车）、løbe [ˈløːbə]（跑）、springe [ˈsbʁɛŋə]（跳）等动词不定式，自身并无斯特德，但斯特德却见于其过去式或过去分词，如ride的过去式red [ˈʁɛðˀ]、køre的过去分词kørt [ˈkøɐ̯ˀd]、løbe的过去式løb [ˈløˀb]、springe的过去式sprang [ˈsbʁaŋˀ]，等等。

关于现在分词，叶斯柏森（1913a）引述了此前其他学者提出的"现在分词越是具有形容词性，就越倾向于读舒缓调；越是具有动词性，就越保持斯特德调"之观点，指出这一论断虽然方向正确，但未抓住问题关键。

丹麦语现在分词（-end）的用法与我们所熟悉的英（-ing）、德（-end）、法（-ant）等语言大致相同，常在短语和句子中作修饰

---

① 斯特德是存在于丹麦语部分重读音节中的超音段成分，使该音节发生紧喉化（laryngealization），呈现出"嘎裂声"（creaky voice），是丹麦语语音的突出特色，音标中以 [ˀ] 标示。stød一词在丹麦语中的本义是"颠簸、抖动"，发音为 [ˈsdøð]，王宇辰（2023：12）译作"顿音"。本书从特拉斯克《语音学与音系学词典》中译本（2000）的译法，音译为"斯特德"。丹麦语研究史上，叶斯柏森是深入研究斯特德问题的最重要学者之一。

语。现在分词作定语如en dansende pige（跳舞的女孩），可比较英语a dancing girl、德语ein tanzendes Mädchen中同样的现在分词用法；有些现在分词今已是公认的形容词，如spændende（兴奋的），可比较英语exciting、德语spannend、法语excitant。此外，丹麦语与德语类似，并无英语-ly、法语-ment之类的后缀来区分副词和形容词，现在分词因而亦可发挥副词之功能。叶斯柏森所举的skinnende hvid（非常白，字面义："闪光+白"）、pinende gal（非常疯狂，字面义："折磨+疯狂"）等十分形象的表达方式里，现在分词充当状语修饰形容词，我们可参考英语startlingly low、amazingly good等类似用法。

他指出，现在分词中斯特德的有与无，关键在于"记住的形式（[丹] huskede form）和构成的形式（[丹] dannede form）之间的本质区别"。（Jespersen 1913a：17）他所举的例子中，gloende rød（非常红，字面义："瞪眼+红"）和slående rigtig（非常正确，字面义："砸中+正确"）这两例格外值得注意：动词glo [ˈgloʔ]和slå [ˈslɔʔ]本身是带有斯特德的，但是二者的现在分词在上述两短语中"都不带斯特德"（同上，16）。叶斯柏森的结论是，"动词的带元音的分词，凡是使用得十分鲜活之例，皆可十分肯定地认为，这形式是一次次记住的，因而属于真正的传统，只存在无斯特德形式。"（同上）所谓"鲜活"（[丹] levende），指这样的形式在口语中真实存在，说话者使用这样的形式时，凭"记忆"将其瞬间说出，而无须利用任何语法规则进行类推。

与这种"鲜活"形式相反的是viende、friende、riende等另一类现在分词（皆带有斯特德），其不定式分别是vi(e) [ˈviʔ]、fri [ˈfʁiʔ]、ri [ˈʁiʔ]。口语中即使偶尔用得到vi(e)（证婚）和fri（求婚），也未必用得到其现在分词；而像ri这样的裁缝用语（指用缝纫机缝制之前，先用手工大致缝上，起临时标线之作用），自身就是罕用词，其现在分词出现的机会更低。偶尔确实需要用到viende、friende、riende这样的形式时，很可能需要借助语法规则来做"即兴"构成，记忆中并无此形式，这一过程因而是个"革新"过程。叶斯柏森故指出："这些形

2. 语言生命、语音定律与语言使用者

式没有一个使用得频繁到被人一次次记住的地步，而是每次用到的时候现用带斯特德的不定式加上后缀构成；这些形式多多少少有些不自然，是半书面语或全书面语。"（同上）

如今，我们可借助丹麦语文学会的KorpusDK语料库来查看这两类现在分词悬殊的使用频率：以gloende和slående为关键词进行精确检索，返回的语料记录分别为115条、265条；而以viende、friende、riende为关键词进行精确检索，返回的数字分别是0、1、0。这两组数字与叶斯柏森的结论是一致的。

叶斯柏森撰写《丹麦语斯特德与原始北欧语的词中省音》的目的，是要证明斯特德这一语音成分并不古老，不是共同北欧语时期就已有的成分。glo [ˈgloʔ]、slå [ˈslɔʔ]等动词自身有斯特德，其现在分词却无斯特德。叶斯柏森因而把无斯特德的现在分词阐释为对斯特德产生之前的古体形式的传承。使用频率较高的形式，易于通过机械重复而传承；而使用频率较低的形式，经常需要借助类推来推导。依靠机械定律无法解释的现象，透过与语言使用者相关的视角得到了合理解释。

2.2.3 词汇的时代分层

"定律—类推"二分法本质上是演绎性的而非归纳性的。所以，"语音定律无例外"这一高度精练的公式必然会掩盖语音演化中可能存在的多样化因素。正如纽洛普所指出："人们从未见过，将来也不会见到这句关于语音定律的话在任何语言里得到不折不扣的贯彻；语言的发展中，这句话会遇上很多其他因素，使其效力受到削弱和阻碍。"（Nyrop 1886：17）纽洛普[①]的《罗曼语形容词的性屈折》

---

① 纽洛普和叶斯柏森的研究背景颇为相似，纽洛普就读哥本哈根大学时亦师从于汤姆生，是叶斯柏森的同门学长。纽洛普的博士论文以"罗曼语形容词的性屈折"为题，叶斯柏森的博士论文以"英语格研究"为题。毕业之后，两人分别成为哥本哈根大学法语研究领域和英语研究领域著述丰富的中坚力量，纽洛普撰写的6卷本《法语历史语法》(*Grammaire historique de la langue française*, 1899–1930)、叶斯柏森撰写的7卷本《历史原则下的现代英语语法》无疑是倾注毕生精力之巨著，为后世留下了深远影响。

（*Adjektivernes könsböjning i de romanske sprog*，1886）一书以新语法学派理论为基础，而叶斯柏森的《论语音定律问题》又是对纽洛普这部著作的回应。虽然叶斯柏森的批评言辞不时显得十分尖刻[①]，但两人对"语音定律无例外"这一原则的反思方向基本一致。

那么，应如何对"语音定律无例外"这句话做补充和修改？纽洛普尝试将其修改为："所有相似的音组，在同样的语音条件下及同样的时间、空间界限内，都会发生相似的演化。"（Nyrop 1886：16）叶斯柏森赞同这一阐释，并用更加易懂的话语将其表述为："音变仅在其活跃于该语言时，才会对词产生影响。"（Jespersen 1886：190）两人的论述表明，音变若不满足相应的时间及空间环境，就会出现所谓"例外"。

因此，针对古尔替乌斯的"零星音变说"，纽洛普（1886）指出，音变依照同样的语音条件作用于某一具体语言的整个语音系统，涉及该语言的全部语言材料。不存在零星的音变，只存在常态的音变；某一音变不可能仅作用于一个词类（如动词），不作用于另一个词类（如名词）。古尔替乌斯举出的诸多双形词共存之例不是真正的孤例，也不能笼统称为古体形式之孑遗，而应视为"基本形式的平行子嗣"。这样的例子虽然数量少，但在许多语言中都存在。我们给纽洛普所举的现代罗曼语例词补充上词义和词源信息，每一组词的"平行性"可展现得更为直观：

（1）法语cause（理由）—chose（事情），二者皆源于拉丁语causa（理由）；

（2）法语plier（折叠）—ployer（弄弯），二者皆源于拉丁语plicāre（弯、折）；

（3）法语hôtel（宾馆）—hôpital（医院），二者皆源于拉丁

[①] 最尖刻的言辞，在该文收入《语言学文集》（1933）时大多已删除。《叶斯柏森论语音》（2021）里收录的中译文是从1886年原文译出的，可完好地反映这位作者26岁时的激情与锋芒。

2. 语言生命、语音定律与语言使用者

语形容词hospitālis（好客的）；

（4）西班牙语fuego（火）—foco（焦点），二者皆源于拉丁语focus（壁炉）；

（5）西班牙语hierro（铁）—ferro（铁），二者皆源于拉丁语ferrum（铁）；

（6）西班牙语llamar（召唤）—clamar（号召），二者皆源于拉丁语clāmāre（呼喊）。

现代罗曼语中的这些双形词，有时其中一个语义上更接近拉丁语原词（例1），有时也是某个语义较广的拉丁语词后来得到了更具体的分工（例2），有时这样的分工与拉丁语原词拉开了一定的语义距离（例4、例6），包括词性的转变（例3，由形容词到名词），还有时形成了方言上的差别（例5，hierro通用区域较广，ferro主要见于加泰罗尼亚、加利西亚等地）。但是，互为双形词的两词之间无论属于哪一语义类型，语音上的差别皆十分明显：二者之一合乎由拉丁语到现代罗曼语的语音定律，如拉丁语/k/ > 法语/ʃ/或拉丁语/f/ >西班牙语/h/之类的词首辅音音变，以及拉丁语/o/ > 西班牙语/ue/之类的元音音变，有时还涉及音节数量的变化；而二者中的另一项，则没有遵循同样的语音定律而发生同样的音变，拉丁语原有的语音成分得到了一定程度的保留。

叶斯柏森（1886）在纽洛普的基础上进一步明确了这种"平行子嗣"的形成原因：法语"cause和chose皆来自拉丁语causa，二者并未违反语音定律，因为cause一词通过书面语（'学问词'）路径被法语吸纳，是在语音定律发挥作用之后；此时，促成causa > chose这一普遍演化的语音定律已不再起作用。"（Jespsersen 1886：189）

对于外来词较为发达的语言，虽然从表面上看，外来词经常呈现出与本族词不同的语音特征；但实际上，词汇的时代分层比来源类型更为重要。叶斯柏森强调，"从一个借词或新词进入语言的那一刻起，就必然会跟该语言的其他所有词汇一起经历进一步演化。"

（Jespersen 1886：190）若以某一音变的发生为时间界线，会发现只有在界线之后进入某一语言的外来词，其"外来色彩"才异常明显。与之相比，在界线之前进入该语言的外来词，由于与原有的本族词发生过相同的音变，当今的语言使用者除非研习过词源知识，否则并不会发现这些词是外来词。

关于这一点，我们在他的《语音与拼写》（1909）中可以见到大量例子。以元音为例，我们会发现书中阐述的元音演化路径与词源类型关系并不大。早期现代英语里几乎每个单元音音位，皆具有多元来源，这之中既有对古英语相应音位的继承，也有源于古北欧语、古法语（含盎格鲁诺曼方言）、拉丁语的外来成分被借入：

/i/：如古英语singan > sing，古北欧语illr > ill，古法语figue > fig，拉丁语princeps > prince。

/i:/ 如古英语tīma > time，古法语brimber > bribe，拉丁语crīmen > crime。

/e/ 如古英语henn > hen，古北欧语egg > egg，古法语dette > debt。

/e:/ 如古英语cēpan > keep，古法语grief > grief。

/ɛ:/ 如古英语sǣ > sea，古法语traitier > treat。

/a/ 如古英语crabba > crab，古北欧语angra > anger，古法语lampe > lamp。

/a:/ 如古法语bla(s)mer > blame。[①]

/u/ 如古英语cuppe > cup，古北欧语uggligr > ugly，盎格鲁诺曼方言buteler > butler。

/u:/ 如古英语rūm > room，古法语cours > course。

/o/ 如古英语docga > dog，古北欧语odda > odd，古法语

---

① ·/a:/条目下没有本族词，是因为古英语中的 ā 在中古英语中已系统变为 /ɔ:/，早期现代英语中继续维持为 /ɔ:/，元音大转移后上升为 /o:/，再经过二合元音化之后成为今天的 /əu/，如古英语 stān > stone。

mocquer > mock。

/oː/ 如古英语gōd > good，古北欧语blóm > bloom，古法语fol > fool。

/ɔː/ 如古法语robe > robe。

上述借自古北欧语、古法语、拉丁语的词，与古英语传承下来的本族词经历了相同的音变，如今在英语中已不再带有外来痕迹，因此已不再被视为狭义上的外来词。指出这些词是外来词，反而会让今天的人们感到吃惊。

因此，在"语音定律无例外"这一问题上，"借词"必须和其借入的时代一同考虑。如果是在某一音变发挥作用之前借入的，外来词会经历与本族词条件相同的变化，其显著的外来语音特征极有可能消失。《论语音定律问题》德文版里给出的德语例词以及丹麦文版里给出的丹麦语例词，与上述英语例词道理相同：

德语Bursche（小伙子）/ˈbʊrʃə/ < 拉丁语bursa；

德语kochen（烹饪）/ˈkɔxən/ < 拉丁语coquō；

丹麦语præst（神甫）/ˈpʁasd/ < 拉丁语presbyter；

丹麦语kontor（办公室）/kɔnˈtoʔɐ/ < 拉丁语computāre。

这几个词虽然源于拉丁语，但无论从音段特征还是重音等超音段特征来看，均已与本族词无异。德语Bursche和kochen的非重读元音已按德语语音规则发生央音化，kochen还因类推而带上了德语的动词词尾/-n/；丹麦语præst已成为单音节词，kontor一词甚至还带上了丹麦语特有的斯特德。

英语的词重音位置与德语、丹麦语等其他日耳曼语言类似，以词首音节为主。中古英语时期以及早期现代英语时期进入英语的罗曼词汇，重音已依语音定律移至词首音节，因而与英语中的本族词汇混同。不过，17世纪以来，一部分法语词被英语二度吸纳。由于重音转移定律此时已不再活跃于英语中，这些二度进入英语的法语词因保留了法语的词末音节重音模式而呈现出明显的"外来词味道",与中世纪及文艺复兴时期进入英语的同根词构成了双形词(doublets)。例如:

  artist(艺术家,16)—artiste(艺人,19);
  antic(古怪的,16)—antique(古董,18);
  critic(批评的,16)—critique(述评,17);
  human(人的,14)—humane(人道的,18);
  moral(道德的,14)—morale(士气,18);
  rational(合理的,14)—rationale(理由,17)。①

英语中的上述源于罗曼语的词对,在语音和语义上皆显现出高度系统性。语义上,每组的前一个词较为日常,后一个词较为"高层"。语音上,每组的前一个词重音位于词首,与英语本族词并无显著差异;后一个词的重音位于词末,由此保留了法语词的"味道"。后者的词末重音之所以保留,正如叶斯柏森用最通俗的话指出的:"新近的法语借词来不及转移重音。"(Jespersen 1909a:184)此处发挥决定作用的仍然是词汇的时代分层。这样的例子其实并未真正违反"语音定律无例外"这一总原则,不应释为与定律不符的"例外"。这些法语词二度借入英语的原因,往往与语言共同体对科学、人文、时尚等的追求有关,这类需求当然不是机械定律或类推所能囊括的。

2.2.4 演化中的意识混合

  叶斯柏森《论语音定律问题》中最突出的创新,正在于对语言使用者因素所做的较为全面的论述。上文non grave magis leve > non grieve ma lieve的变化中呈现出的均一化,折射出了说话者对邻近(未必毗邻)的两个语言成分的混淆。叶斯柏森认为,这类情况的发生,是因为"'思考过快'而使人没有足够时间把本该分清的东西区分

---

  ① 释义后标注的数字表示该词在哪一世纪进入了英语,词源资料据Hoad(1996)。

2. 语言生命、语音定律与语言使用者

开"，导致"说一样东西时，思维已触及下一样东西"（Jespersen 1886：195）。他以丹麦语prop和told二词之间的意识混合为例，给出了图2-2中的图示：

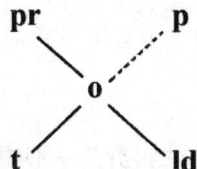

图2-2　丹麦语prop和told二词之间的意识混合
（Jespersen 1886：195）

丹麦语中有prop [ˈpʁʌb]一词，义为"瓶塞"；又有told [ˈtʌlʔ]一词，义为"海关"。很明显，两词之间有表示"阻碍"的共同义素。因此，说二者之一时，头脑中如果下意识地想到了另一个，就难免出现"错搬道岔"的情况，prop的开头接上了told的结尾，以致说出了丹麦语中并不存在的*prold一词（发音或为带斯特德的[ˈpʁʌlʔ]？）。

*prold之例只是个口误而已。然而，这种"错搬道岔"之例的确经常存在于词的演化中。这样的演化过程并无机械性的定律可循，并且也绝不是某一机械定律引发的类推所致。叶斯柏森引述了泰格奈尔（Esaias Tegnér Jr., 1843–1928）所举的瑞典语pryl（小工具）之例。作为工具书，《瑞典科学院词典》（*Svenska Akademiens ordbok*）[①]对pryl的词源解释得较为保守谨慎："词源有争议；很可能源于中古荷兰语pryel（匕首），与pren、prim两词条下提及的那些同一日耳曼语词根的低地德语词有亲缘关系。"（《SAOB》，第20卷第2213页）与之相比，他在自己的专著《语言——思考的力量》（*Språkets, makt öfver tanken*）中对该词词源的阐释较为生动，极具启发性：

---

① 官方全称：《瑞典科学院编瑞典语大词典》（*Ordbok över svenska språket utgiven av Svenska Akademien*），1898年出版首卷，全套39卷已于2023年出齐。以下简称《SAOB》。泰格奈尔曾于1913年至1919年期间担任该词典主编。

鞋匠说pren（尖针）这个名词时，他的思维却跑到了与之类似的另一件工具syl（锥子）上；这时，由此唤起的弦外之音（[瑞] öfverton）在他耳中变得强烈，以致他最终不说pren，而说pryl了——这个词保持至今。此类构成，在所有语言中都极为常见，极好地见证了同一语言中不同词之间所发生的联系。

（Tegnér 1880：25）

在《罗曼语形容词的性屈折》一书中，纽洛普列出了若干语言中的这类例词。我们把这些例词译出，意识混合可显现得更加清楚：

法语sarbacane（射弹吹管）源于sarbatane（受canne [拐杖]影响）；

法语guerredon（支付）源于widarlôn（受don [捐赠]影响）；

法语ordonner（下令）源于ordener（受donner [给]影响）；

西班牙语andalia（草鞋）源于sandalia（受andar [走]影响）；

西班牙语vagamundo（流浪汉）源于vagabundo（受mundo [世界]影响）；

意大利语vedetta（哨兵）源于veletta（受vedere [看]影响）；

意大利语gelsomino（茉莉）源于gesmino（受gelso [桑树]影响）；

意大利语convitare（邀请吃饭）源于invitare（受convivium [宴席]影响）；

罗马尼亚语ceasornic（钟表）源于c'asovjĭ（受óră [小时]影响）；

罗马尼亚语bajocuresc（嘲讽）源于βαγυρίζω（侮辱）（受bate joc[嘲笑]影响）；

丹麦语dårlig（坏的）源于dålig（受dåre [傻子]影响）。

（Nyrop 1886：43）

而叶斯柏森（1886）也举过数词elf（十一）在部分德语方言中因

2. 语言生命、语音定律与语言使用者

受zwölf（十二）影响而变为ölf的例子。

上述例子，从机械性的定律出发是无法做出合理解释的。造成了这些变化的真正理由，与*prold这个口误中的意识混合过程同理。二者唯一的不同在于，上述"混淆"已被整个语言共同体认可，在语言中获得了稳固地位。

当然还需注意，对意识混合的阐释必须基于语言演化事实，绝不能建立在主观臆想的基础上。叶斯柏森的《Nightingale等词中的鼻音》(The Nasal in *Nightingale*, etc., 1902)一文就是在澄清这方面的误解。古英语nihtegala（夜莺）一词转变为中古英语的nihtingale，多出的鼻音-n-从何而来呢？德裔美国学者厄尔特尔（Hanns Oertel，1868–1952）认为，多出的鼻音源于nihtegala与evening（傍晚）之间的关联交互影响（associative interference），与说德语Abschnitt（章节）一词时联想到Absatz（段落）而造成的口误*Abschnatt无异。如图2-3所示：

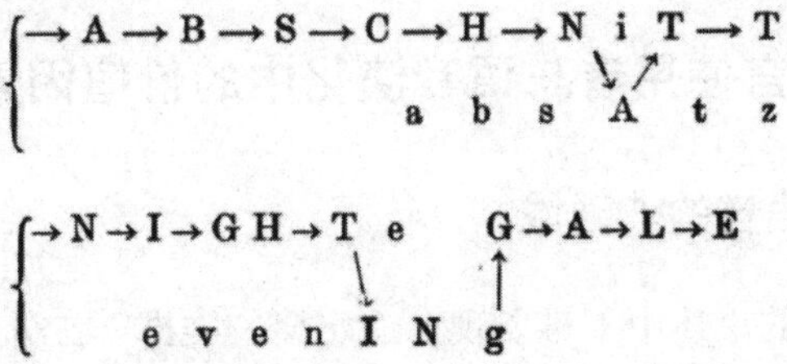

$$\left\{ \begin{array}{l} \rightarrow A \rightarrow B \rightarrow S \rightarrow C \rightarrow H \rightarrow N i T \rightarrow T \\ a\ b\ s\ A\ t\ z \end{array} \right.$$

$$\left\{ \begin{array}{l} \rightarrow N \rightarrow I \rightarrow GH \rightarrow T e G \rightarrow A \rightarrow L \rightarrow E \\ e\ v\ e\ n\ I\ N\ g \end{array} \right.$$

图2-3　厄尔特尔的关联交互影响示意图
（Oertel 1901：162）

假如果真如此，那么nihtegala > nihtingale之变化也应属于本节所述的意识混合之例，这一音变中具有决定性的就是语言使用者因素，而非机械定律因素。然而叶斯柏森向我们证明，事实恰好相反。

叶斯柏森的反驳中最关键的一环，在于证明了厄尔特尔的论证中存在时代误植。他查证了带n的nihtingale形式最早见于13世纪初的中古英语诗歌《猫头鹰与夜莺》（Owl and Nightingale，约1225年），而这一时期表示"傍晚"的常用名词是eve或even，此时evening一词仅偶尔

用来表示天黑下来的过程。以evening表示"傍晚"之义，迟至15世纪中期才出现，《牛津NED》给出的最早的引证为1440年。

相反，《Nightingale等词中的鼻音》一文中大量的实例让我们看到，nihtegala > nihtingale之例绝非孤例，这样的增音不仅存在于[g]之前，也存在于[dʒ]之前，如Portugal > Portyngale（葡萄牙的[①]），messager > messenger（信使），passager > passenger（候鸟）等；不仅存在于英语中，也存在于其他语言中，如荷兰学者格拉夫（Jean-Jacques Salverda de Grave，1863–1947）记录的源于法语的词在荷兰语某些方言中出现的类似增音：法语visiter > visenteere（拜访），法语messager > messengier（信使），法语papier > pampier（纸）等。因此，叶斯柏森的结论是："首音节重读的三音节词，鼻音经常插在力度较弱的中间音节里的[g]或[dʒ]之前；这个插入过程发生于中古英语时期（大体上是在该时期的末期）。"（Jespersen 1902：241）闯入的鼻音实为语音生理过程之结果，即机械性语音定律之结果。

2.3 语言使用者与语音演化中的价值因素

2.3.1 语音的波动域

从上文的论述中不难发现，"定律—类推"二分法无法涵盖的因素，皆与充当语言使用主体的"人"相关。对此我们还应注意，使用语言的"人"不是孤立存在的，而是生存于语言共同体中。这一事实同样决定了语言现象与天文现象、物理现象之间的本质区别。虽然施莱歇尔曾主张，语言研究就是"对有机体及其生命定律的精确观察"（Schleicher 1863：6），但正如叶斯柏森在《语言的进步》中所言，"太阳不依赖任何人类观察者而存在；可是，说者之外如果没有一位自己亦可成为说者的听者，就根本不会有语言。"（Jespersen 1894a：

[①] 此形式是Portugal在19世纪东伦敦考克尼方言里的形式，未在标准英语中生存下来。下文的几个荷兰语方言例子同样也未在标准荷兰语中得到承认。

2. 语言生命、语音定律与语言使用者

13）

语音必定要通过言语器官的生理运动发出,但每次发音运动无法做到全然一致。作为语言共同体的成员,不同个体之间必然存在差异,同一个体每次使用语言时亦呈现出差异;聚焦共同体内部的新一代个体,还会发现代际之间的差异。不过,说者与听者之间的交流中,这样的差异通常可以克服,不会对共同体的稳定性造成严重影响。

发音过程中的生理细节不计其数,但交际中对语义发挥关键作用的不是发音生理过程本身,而是交际参与者从发音活动中感知到的语音意象(sound image)。新语法学派已关注这一现象,保罗(1880)称这种语音意象为"运动感受"([德]Bewegungsgefühl)[①]。言语交际中,发音生理上存在一定差异的音,在心理上仍可被说者和听者认定为"同一个音"。布鲁格曼因而在《论语言学今日现状》(*Zum heutigen Stand der Sprachwissenschaft*,1885)一书中指出:

> 正如一切语言演化皆仅发生于心理领域,音变也是个心理过程。由于亦要考虑到言语器官的活动,所以音变同时又是个生理过程。无论对于同一交际共同体中的不同个体,还是对于同一个体自身,发音时的运动都不是始终完全相同的。然而,这样的波动并不重要,说者和听者都不会将其感知为差异。
>
> (Brugmann 1885:49)

故语音变化具有心理与生理两重属性,心理属性使同一语言共同体的成员之间形成了语音上的"求同存异"之效应。说者生理层面上的微小发音偏差如果只是个无关紧要的偏差,听者无需对其刻意纠正,仅需在心理层面上将其理解为所需的语音意象即可。这样的"自动纠正"机制使语言交际克服了个体差异,使同一语言共同体内成员

---

① 斯特朗(Herbert Augustus Strong,1841–1918)的英译本(1891)将其译为motory sensation。

之间的交际成为可能。

但正是这样的细微生理差异,为音变充当了潜在的物质基础。布鲁格曼继而指出：

> 通常,极值项之间存在一系列连续的最小发音差,例如在日耳曼语第一音变中的k和h之间,可记作k、k^1、k^2、k^3、k^4……h,如今有些已朝新方向前进许多步,有些则依然保持了旧形式,还有些甚至发生了更进一步的音变,始终略微超前,而即使同一个体内部,亦存在这样的微小差异。

（同上,50）

"微小差异"通常为不易察觉的差异。保罗因而提出"运动感受仅以几近相同的方式形成,几近相同的音也只能由几近相同的言语器官运动来产生。"（Paul 1886a：59）但是他也承认,有个别的例子中可能存在更突出的差别,如德语中的大舌颤音[r]和小舌颤音[ʀ],二者的差别显然不能以"微小"来形容。对此他仍认为,"有偏差的产出没有被纠正,因为这语音偏差并未达到显著地步。"（同上）这种或大或小的偏差似乎未能阻碍说者与听者之间的交流。济弗斯用"波动域"（[德] Zone des Schwankens）来形容可允许的偏差范围,并且认为这之中的差别未必很小：

> 若要对音变过程无例外的问题加以评价,至关重要的其实是每位说话者以及每个语言合作过程所具有的语音理解和语音产出之精确程度。即使是说话最中规中矩、最准确无误的人,其发音动作也仍存在一定差异余地,这就像即使最连贯一致的手书,……每个符号的书写也会存在细微差异一样。但是,这种波动域的幅度却可以各有千秋。

（Sievers 1893：248）

那么,"微小差异"和"重大差异"之间的界线到底在哪里？叶斯柏森在《语音学的基本问题》中再论语音定律问题时补充指出：

2. 语言生命、语音定律与语言使用者

> 语言的每个成分……都存在一定的精确性，都拥有一定疆域，在这个疆域之内可将其辨认出来。说话者越是接近疆域中心，听话者就越能简单、完好地理解其信息。只有当说话人靠近疆域边界时，才会较难理解说话者话语中的相应成分是否和说话者的意图相符；而如果他从某一方向越界，听话者或许就只能借助同一话语中的其他成分去费劲猜测，某一部分是什么意思；理解起来常会为之一惊，随即充满疑惑。这种运作余地有多大，不仅因语言不同而不同，而且在某一语言内部亦有差别。
>
> （Jespersen 1904a：172-173）

可见，语音意象之间的"微小差异"和"重大差异"并不是个纯粹的语音问题，而是与语义有密切关联。语言成分精确性的疆域是由音义关系决定的，居于疆域中心的典型发音具有清晰的语义，而偏离疆域中心不仅是语音上的偏离，还需要看语义上是否构成类似的偏离。德语的两种颤音在发音部位上差别明显，但在语义上显然并未形成这样的效应。因此，对于某一具体的德语方言，无论更多使用的是[r]还是[ʀ]，在音义关系方面都未越界，由此可认定[r]和[ʀ]在德语中具有相同的语音意象。从不同语言个体来看，无论实际使用的是[r]还是[ʀ]，其心理效应并无实质差别。

语言成分精确性的疆域，还与听者对语音和语义的感知方式相关。叶斯柏森指出，若对日常生活中的话语做近距离的细节观察，会发现"几乎每句话里都会有一处或多处极其细小的偏离常规之处，一般人根本听不出来"（同上，180），如某一元音的口型是否大于常规的开口度，发音过程是否超过常规音长，某一浊塞音位于某特定位置时声带震动是否足够明显，等等。然而，交际并不是这样的近距离观察。对于交际来说，这类细微差别并不重要，"因为整句话已经理解了，这才是主要任务。"（同上）整句话中有足量信息可供语义判定之用，因而使这类细微差异成为羡余成分，这一点与叶斯柏森（1929a）后来指出的对语义做"电影式理解"道理相同。交际话语中，对动态的连贯画面的感知，比单独某一帧图的即时静态细节的感

知重要得多。

而从宏观的语言生命来看,"这样的轻微变化若是沿着相同方向发生了无数次,就足以解释那些随着时间流逝而出现的最重大的变化。"(Jespersen 1904a:181)这一点,英语大转移中的/iː/ > /ai/是个很好的例子。表面上看,这两个音之间并无太多相似性可言。然而,如果认识到这一过程持续时间很长,极可能经历了/iː/ > /ɨi/ > /ei/ > /ɛi/ > /ai/的渐变,这一音变就不难理解了,而叶斯柏森在《语音与拼写》(1909a)中采取的正是这样的阐释。

2.3.2 可理解度原则

语音史中除了微小变化以及由同方向的微小变化累积成的渐变之外,的确亦可见到更为突兀的变化。语言共同体内部,说者和听者相互依存,并且持续不断地进行角色转换。说者和听者在交际过程中皆期望投入最小的力度。这一目标意味着,说者力求话语简单化,而非烦琐化;而听者力求话语清晰化,而非模糊化。这两个目标相互制约,其结果之一就是《论语音定律问题》中阐释的"可理解度原则"([德] Prinzip der Rücksicht auf die Verständlichkeit)只要不引发听者的误解,这一原则就可使说者所使用的语音简化形式得到认可。

我们可将《论语音定律问题》中的一部分这样的例子列成表2-1。

表2-1 "清晰发音"与"磨蚀"后的发音

正字法层面	"清晰发音"	"磨蚀"后的发音	释义
[德] guten Morgen	[ˈguːtən ˈmɔʁɡən]	[gmoin] 或 [gmõ]	早上好
[德] guten Abend	[ˈguːtən ˈaːbənt]	[naˑmt]	晚上好
[丹] goddag	[ɡoˈdaˑʔɣ]	[gdaʔ] 或 [daʔ]	你好
[丹] vær så god	[ˈvæɐ̯ ˈsʌ ˈgoʔ]	[værsgoʔ] 或 [sgoʔ]	不错
[法] s'il vous plaît	[sil vu ˈplɛ]	[splɛ]	请

这些例子取自不同语言,皆为日常寒暄语。这类词句的"信息量"普遍不高,在语言共同体中发挥的"人际功能"远超过其"概念功能"。导致其语音形式受到"磨蚀"的根本原因,正在于其语义上

2. 语言生命、语音定律与语言使用者

的空虚，这种"磨蚀"不是机械性语音定律之结果，而是语言使用者依据语义价值对语音形式所做的选择。无论是语言活动还是其他活动，人与机器之间的一条重要区别在于，机器可以不知疲倦地反复重复每一细节，人却能够根据细节重要与否而做出判断和取舍。话语中缺乏实际价值的成分因而经常沦为被精简的对象，留下的空缺可由说者和听者依据语境自动补充。

叶斯柏森（1886）注意到了德国语言学家魏格纳（Philipp Wegener，1848–1916）《语言生命基本问题研究》（*Untersuchung über die Grundfragen des Sprachlebens*，1885）一书里提及的一个现象："在成员皆很近密的小圈子里，如家庭内部、村子内部，常可见到其成员之间相互说的话表达得很不充分……相互说话的人越是疏远，对准确表达的要求就越高。"（Wegner 1885：186）魏格纳没有提到语音层面，但叶斯柏森将其观点与语音现象做了类比："给陌生人写信，写得要比每天熟读我们手迹的人清楚；而不同清晰度、不同风格的发音，与之同理。"（Jespersen 1886：200）将这一观点运用于语言的历时变化，即可总结为："我们经常能在语言生命中看到，有些词和短语充当的是几乎不配称为信息的'不重要信息'，和别的词相比，这样的词更容易被截短，更容易被磨蚀，故而，这类词或短语的音变绝无法用语音定律来囊括。"（同上）上述各例中被磨蚀的，正是这类"不重要信息"。

除了寒暄语之外，有些更为"主流"的语言成分（如名词、动词等），其磨蚀后的形式可在语言中实现常规化，有时甚至可拥有独立的拼写形式[①]。磨蚀与未磨蚀的形式之间构成对比关系，成为另一种

[①] 表 2-2 中的正字法形式，括号里是获得固定拼法的"短形式"。其中，far、mor 在当今的丹麦语中与 fader、moder 共存。丹麦语文学会编纂的工具书中，以当今的丹麦语为收词对象的《丹麦语词典》（*Den Danske Ordbog*，以下简称 *DDO*）里，provst 已取代了 provest 成为唯一的拼写形式。而在以 1700 年至 1950 年的丹麦语为收词对象的《丹麦语大词典》（*Ordbog over det danske Sprog*，以下简称 *ODS*）里，仍可查到 provest 这一词条，但仅标注"见 provst"。

类型的双形词。叶斯柏森提到的丹麦语例子如表2-2所示。

表2-2　丹麦语词的"长形式"与"短形式"

正字法形式	语音"长形式"	语音"短形式"	释义
fader (far)	[ˈfæ:ðʌ]	[ˈfɑ:]	父亲
moder (mor)	[ˈmo:ðʌ]	[ˈmoɐ̯]	母亲
sagde	[ˈsɑgd]	[ˈsæ:]	说（过去时）
lagde	[ˈlɑgd]	[ˈlæ:]	放（过去时）
gives	[ˈgi:vəs]	[ˈgiʔs]	给（被动态）
provest (provst)	[ˈpʁɒvəʔsd]	[ˈpʁɒwʔsd]	教区长
klæder	[ˈklɛ:ðʌ]	[ˈklɛ:ɐ̯]	衣服

这类双形词，短形式偏口语，长形式偏书面语。长形式因语音磨蚀而演化为短形式之后，原有的长形式本可以彻底消失，之所以保留了下来，与书面文字的力量不无关系。纽洛普因此把长形式的保留视为"已死的书面语对口语施加了相当程度的影响；……书面词往往代表一种被重新引入的过时发音"（Nyrop 1886：29），故而提出长形式是"通过纯人为途径（[丹] ren kunstig vej）加进来的（可以是教师、神甫、演员、大演说家、法律工作者等的影响），因此可视为借词（[丹] låneord），或者如果愿意，亦可视为外来词（[丹] fremmedord）"（同上，30）。与之相比，叶斯柏森认为这样的书面词汇并不是所谓"外来成分"，因为"双形词因具有风格区别而并肩生存于同一个人的语言中，并传递给其后一代又一代。随着时间的推移，起初只是略有不同的两个形式，相互之间将愈行愈远，最终形成差别很大的两个形式"（Jespersen 1886：199）。

发生磨蚀的往往是些十分常用的词，这又引发出一个问题：词的磨蚀，是否取决于其词频？布鲁格曼的反对声音非常明确："音变发挥作用时，根本不可能对不同的词采取不同的路线。"（Brugmann 1885：51）不过，恰是布鲁格曼的这一观点，受到了舒哈特的挑战：

2. 语言生命、语音定律与语言使用者

非常罕用的词会滞后，非常常用的词会超前，故而两边皆存在语音定律之例外。古老的常识告诉我们，一切语言中，恰恰是最常用的词，人们本以为它们会遵守语言定律，却表现出最强烈的摆脱语音定律之倾向，因此对阐释造成了非常大的困难（我想起的是各种罗曼语言里表示"走"的词）；这些词就像流通中的钱币，很快会流失成色。近年来很少有人深入对此做出重要观察，而是基本上被忽略。

(Schuchardt 1885：25)

这一看法随即被保罗所否定。保罗在为舒哈特《论语音定律》撰写的书评中指出，"最常用的词在一切语言中皆表现出最强烈的摆脱语音定律之倾向，是那些尚不懂得把音变效应和类推效应区分开的语言学家的古老常识。如今，我们已明白，古老音变的效应在这类词里依然可见，而在不那么常用的词里却被类推效应所掩盖。"（Paul 1886b：6）保罗的观点无疑是对布鲁格曼观点的强化，坚持的依然是新语法学派最根本的"定律—类推"二分法路线。不过，这类双形词语音结构各异，似乎很难归纳出令人满意的"类推规则"。叶斯柏森的解读是："促使部分词和短语发生例外语音演化的，不是词频，而是与词频相关联的用来理解说话人意思的易懂程度（[德] leicht Verständlichkeit）和无价值程度（[德] Wertlosigkeit）。"（Jespersen 1886：201–202）在这一问题上，易懂程度与价值呈现反向关系，与无价值程度呈现同向关系；换言之，越是易懂的成分，被磨蚀的风险越高。正如多年后他在《语音学的基本问题》一书中再度论述语音定律问题时所总结，"词作为整体，其语音正确性不一定完全由每一个单音的正确性之和决定。"（Jespersen 1904a：182）如果某一具体语音成分的磨蚀并未影响语义，在这之中未必能够总结出真正的语音定律；人的灵活性，才是这类语音变化中的最重要因素。

这类变化甚至可以摆脱语素的约束，如叶斯柏森举了拉丁语avunculus（叔叔）演变为今日法语oncle之例（英语uncle同理）；拉丁

语原词里，av-才真正表示"叔叔"，而-unculus表示"慈爱"，本是次要语义，但词根avus本身今已被遗忘。磨蚀过程中，虽然"最能感知出语义的成分格外容易得到保存"，但是这样的保护不是绝对的。avunculus > oncle这一变化，更像是人为力量对词的"暴力截断"，这之中并无太多"定律"或"类推"可言。

叶斯柏森（1916，1922，1929a，1933）后来把经历过这种"暴力截断"的词称为"树桩词"（[丹] stumpeord，[英] stump word）。这个术语最初出现于他对儿童语言的描写和分析中。他在《当代儿童与成人的语言》（1916）一书中指出，"最一开始，[婴儿]幼小的舌头无法驾驭较长的音组，无条件地偏爱较短小的单音节词，通常还会利用停顿把词从中间拆开。……无法掌握较长音列的最常见表现，当然就是只发出词的一部分，通常是后一部分，……人人都知道儿童口中的这种树桩词。"（Jespersen 1916：35）他收集的丹麦儿童的例子，如soldat（士兵）被说成dat，avis（报纸）被说成vis，elefant（大象）被说成fant等等，都是这样的树桩词。

《语言论》里进一步指出了儿童和成人语言中的树桩词的区别。儿童语言中的树桩词通常保留词的后段，这与儿童的认知能力有关，往往"还没记住开头就听到了结尾"（Jespersen 1922：169）；而成人的树桩词保留的往往是词的前段，这些词是他们早已熟悉的词，提起开头就知道了结尾，此后所有的音就都成了"无价值"成分。因此，英语中以pub替代public-house（酒吧），以zep替代zeppelin（飞艇），以math替代mathematics（数学），以gym替代gymnastics（体育）或gymnasium（体育馆），以ad表示advertisement（广告）的大量例子就出现了。丹麦语表示整十的数字与之同理，如fyrre为fyrretyve（四十）的树桩词，tres为tresindstyve（六十）的树桩词，原词在*DDO*中已注为"古旧词"（[丹] gammeldags）。

不过，如果这样的截取方式与"易懂程度"相冲突，成人的树桩词亦可保留前段之外的其他部分。例如，violoncello（大提琴）的前段易与violin（小提琴）混淆，故而被简化为cello；telephone（电话）

的前段与telegraph（电报）重合，故而被简化为phone；截取omnibus（公共车辆）的前段虽然可行，但后段bus与bustle（匆忙）之间存在合理的意会关系，迅速取代了原词。

因此，叶斯柏森在《英语的单音节词》一文中指出，较长的词具有自主性，而较短的词则更依赖其语境。对于较长的词来说，"在最后一个音发出来之前，就有了充足的时间来认识说话人想说的是什么，甚至能在说话人说到半路时就明白他想说的是什么了。正因为此，'树桩词'才成为可能——chocolate（巧克力）成了choc，laboratory（实验室）成了lab：原先的词其实比实际所需的长度长了。"（Jespersen 1929a：25）长词的后段体现出了较高的"无价值程度"。与之相比，听者对较短的词的理解，需要借助该词前后的其他词，实现"电影式理解"，而不是停留在某一帧静态图。无论这些短词本身，还是其周围的其他词，对提高"易懂程度"都至关重要的，因而体现出了较高的"价值"。

所有这些例子背后的语音演化机制，皆有语言活动主体（即作为说者或听者的人）的主观选择在发挥作用。这类演化过程并不是语音定律之例外。如果真要阐述"语音定律无例外"的机械性、盲目性，必须首先把这些与"人"相关的因素排除出去。

2.4 小结

历史比较语言学家把语言视为遵循自然定律发展演变的有机生命体，因而尝试通过揭示语音定律来探究语言演变背后的科学机制。新语法学派用"定律—类推"二分法解决了音变中的诸多例外，加强了语音定律的解释力。叶斯柏森对语音演化的研究就是在这一思想背景下开端的。《论语音定律问题》一文不仅是在为"语音定律无例外"这条总则"戳洞"，更是在"补洞"。他敏锐地发现，新语法学派关于定律和类推的阐释中缺少了语言使用者因素。语言毕竟不是独立于人之外的自然事物，语言必须依托语言使用者而存在。因此，对语音演化的研究，必须注重语言使用者对某一语音形式的语义价值的判断与处理。通过这一视角，许多用"定律—类推"二分法无法解释的现象就可得到合理解释了。

3. 语音？音系？语义区别在语音结构中的地位

3.1 语音学与音系学的界线与统一

当今的理论语言学中，语音学和音系学通常被视为具有明确分工的两个领域。语义因素在音系学领域居于十分重要的地位，从而与侧重生理—物理属性的语音学相区别。由于20世纪30年代布拉格学派的重大贡献，这一区别已成为今人的共识，也是多数语言学入门类教科书必然会向读者阐明的基本观点之一。因此，今日的语音研究者已对语音学与音系学之区别习以为常。然而，回顾叶斯柏森对语音研究的贡献我们发现，他一方面与斯威特、济弗斯等学者共居19世纪末20世纪初最重要的经典语音学家之列，另一方面亦被马泰修斯（Vilém Mathesius，1882–1945）、特鲁别茨柯依（Nikolai Sergeyevich Trubetzkoy，1890–1938）、雅柯布森（Roman Jakobson，1896–1982）等布拉格学派音系学家视为音系学思想的先驱之一。他的语音学理论既不像布吕克（Ernst Wilhelm von Brücke，1819–1892）那样止步于语音的生理—物理层面，也不像济弗斯那样侧重于把语音学作为历史语言学的工具。叶斯柏森所充当的，在很大程度上是语音学家和音系学家的双重角色。

叶斯柏森的语音学著作中翔实而精确的语音生理描写常常令人

赞叹。但是，语音生理描写并不是他的最终目的。正如他在丹麦文版《语音学》中强调，"语言学家对语音学的论述，着重聚焦于对理论性、实践性的语言研究有意义的话题……因此……省略了许多声学和解剖学的细节。"（Jespersen 1899：6）对语音生理的描写分析只是其语音研究中的第一步。在此基础上，无论研究语音结构还是语音变化，叶斯柏森都强调音义关系，即语音区别对于语义对立所发挥的作用，这必然使其语音学理论呈现出明显的音系学色彩。1931年于日内瓦召开的第二届国际语言学家大会上，特鲁别茨柯依做关于音系学与语音学之区别的主旨发言时指出，"只有那些在某一具体语言中可用于区别语义的语音差异，才具有音系效力"（Trubetzkoy 1933a：109）。而此前约30年，叶斯柏森对此问题做过的最"前卫"的论述莫过于《语音学的基本问题》（1904）中的这段话：

> 讨论过语言的生理—发音系统之后，多个难题出现了。第一个难题，就是无法知晓哪些音必须设定为独立语音，哪些音应当视为次要变体。……我们的学科里并不存在动物世界或植物世界中那种自然的"类别"：许多时候，法国人、德国人称之为次要"变体"的音，英国人却视之为类别典型，而反过来也是如此。这要取决于每种语言在多大程度上利用语音差别来区别语义。
>
> （Jespersen 1904a：104）

晚年他把该书中的这一部分编入《语言学文集》时，正值布拉格学派的音系学思想迅速获取稳固地位的时期，他特地在此处增加脚注指出："须注意，从当今所谓的音系学视角来看，这一强调很超前。"（Jespersen 1933a：145n2）从这一情况看，就不难理解特鲁别茨柯依为何把叶斯柏森列为音系学的早期先行者之一了。

不过，这也揭示出叶斯柏森为何一直反对把语音学和音系学拆分为两个独立的学科。日内瓦大会上他点评特鲁别茨柯依的主旨发言时指出："我们必须区别语音学和音系学，但不应把二者分割开：语音学家必须成为音系学家，音系学家也必须充当语音学家。"

3. 语音？音系？语义区别在语音结构中的地位

（Jespersen 1933a：213）此处所说的"区别"，德语原文为scheiden，是逻辑上的区别；而所谓"分割"，德语原文为trennen，指借助刀、剪等工具而实现的物理切割。他赞同布拉格学派在语音问题上对语义区别的聚焦，但否认这样的语音研究模式是具有突破性的新见解，因为包括他本人在内的经典语音学家并未无视语义因素、系统因素在语音研究中的作用。他本人自始至终都把对语义的考量贯彻于对语音结构和语音变化的思考中，各种类型的语音成分皆如此。因此，我们应分别思考叶斯柏森在音段层面、超音段层面、亚音位层面呈现出的音系学思想，从而对他所提出的语言化（glottic）成分与非语言化（non-glottic）成分二分法做出评价。

3.2 最小音段成分之间的对立

3.2.1 最小对立体原则

布拉格语言学小组在向1928年海牙首届国际语言学家大会提交的提案中指出："任何对某一语言音系的研究，首先都必须理解其音系系统的特征，即该语言特有的声学—发音意象（[法] image acoustico-motrice）之间的有意义区别（[法] difference significative）之全部。"（Jakobson, Karcevsky & Trubetzkoy 1928：33）具体地说，这类差异如俄语软硬辅音之差异、捷克语长短元音之差异、塞尔维亚语带有乐重音的元音与非重读元音之差异等。此后不久，特鲁别茨柯依（Trubetzkoy 1929）和雅柯布森（Jakobson 1929）均引入了"音位"这一术语来概括这样的音系对立项。他们在后来的《音系学术语标准化方案》（Projet de terminologie phonologique standardisée，1931）中阐明，"某一语言中，两个音若出现于相同音系环境中，且这两个音中的一个无法被另一个取代而不改变词义，那么这两个音就可用于区别词的意义，并被视为两个不同的音位"（CLP 1931：311）。该段叙述所附的例子如，法语闭音/e/和开音/ɛ/是两个不同的音位，因为存在lé /le/（幅面）和lait /lɛ/（牛奶）之语义区别。布拉格学派的重要音系学著作中，随处可见借助最小对立体判定语音是否拥有音位地位之例。

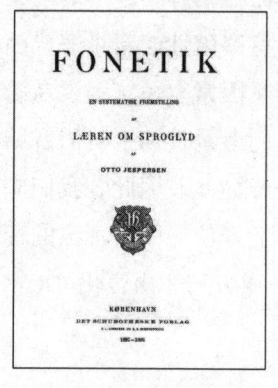 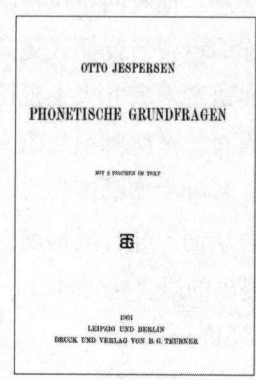 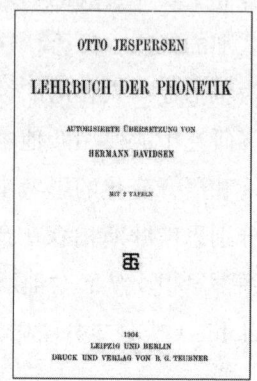

图3-1　丹麦文版《语音学》及德文版《语音学的基本问题》《语音学教程》

　　叶斯柏森十分赞同布拉格学派的这种"音系学视角"，但同时认为这一视角其实并不新。他指出，"具有语音学基础的人从事现代语言的实践教学，自然会非常重视外语中某些音，这些音可使其他方面完全相同的词得以区别。因此，大家可在我的《语音学》（1897–1899）以及德语版（《语音学教程》，1904及后来各版）里找到很多这样的例词，例如，仅仅因[s]和[z]、[ʃ]和[ʒ]而区别的词。"（Jespersen 1933a：210）

　　这种仅因某一个音或某一个语音特征而构成语义区别的最小对立体，在叶斯柏森的众多语音著作中同样随处可见。以《语音与拼写》（1909）为例，书中除了对现代英语的辅音和元音做描写之外，另有专章总结音与音之间构成的语义对立，即布拉格学派所说的音位对立。叶斯柏森以6页篇幅列出大量仅以一个音而相互区别的现代英语词对，这些音出现于完全相同的语音环境中，构成词义区别，无疑符合布拉格学派的音位定义。构成这些最小对立体的音位包含下列类型：

3. 语音？音系？语义区别在语音结构中的地位

（1）清浊辅音对立（7对）：

/b/与/p/的对立：如beach（海滩）—peach（桃子），amble（慢行）—ample（充足），robe（长袍）—rope（绳子）；

/d/与/t/的对立：如do（做）—too（也），ladder（梯子）—latter（后者），need（需要）—neat（整洁）；

/g/与/k/的对立：如gain（获得）—cane（拐杖），younger（较年轻的）—younker（贵族青年），bag（包）—back（后面）；

/v/与/f/的对立：如vale（山谷）—fail（失败），leave（离开）—leaf（叶子）；

/ð/与/þ/的对立：如thy（你的）—thigh（大腿），soothe（安慰）—sooth（煤灰）；

/z/与/s/的对立：如zeal（热情）—seal（印玺），hens（母鸡，复数）—hence（因此）；

/dʒ/与/tʃ/的对立：如gin（杜松子酒）—chin（下巴），large（大的）—larch（落叶松）

（2）因"口腔位置"而区别的辅音对立（10对）：

/v/与/w/的对立：如vest（背心）—west（西）；

/v/与/ð/的对立：如van（小客车）—than（比）；

/f/与/þ/的对立：如fin（鱼鳍）—thin（瘦），deaf（耳聋）—death（死亡）；

/ð/与/z/的对立：如breathe（呼吸）—breeze（微风）；

/þ/与/s/的对立：如thick（厚）—sick（病了），forth（向前）—force（力量）；

/s/与/ʃ/的对立：如save（节省）—shave（剃须），ass（驴）—ash（灰烬）；

/þ/与/dʒ/的对立：如deuce（平局）—juice（果汁）；

79

/dr/与/dʒ/的对立：如dram（少量酒）—jam（果酱）；
/tr/与/tʃ/的对立：如train（火车）—chain（锁链）；
/n/与/ŋ/的对立：如fan（扇子）—fang（尖牙）。

（3）其他辅音对立（1对，实为擦音与塞擦音之对立）：

/ʃ/与/tʃ/的对立：如sheep（绵羊）—cheap（便宜），wash（洗）—watch（观看）。

（4）长短元音对立（7对，部分长短元音音质不同；/ei/实为二合元音）：①

/i/与/i·/的对立：如hill（山丘）—heal（愈合）；
/e/与/ei/的对立：如bet（打赌）—bait（鱼饵）；
/æ/与/a·/的对立：如hat（帽子）—heart（心脏）；
/ʌ/与/a·/的对立：如duck（鸭子）—dark（黑暗的）；
/ʌ/与/ə·/的对立：如bud（花苞）—bird（鸟）；
/u/与/u·/的对立：如pull（拽）—pool（水池）；
/ɔ/与/ɔ·/的对立：如cod（鳕鱼）—chord（琴弦）。

（5）因"舌与口腔顶部距离"而不同的元音对立（6对，部分为二合元音）：

/i/与/e/的对立：如bill（账单）—bell（钟）；
/e/与/æ/的对立：如lend（出借）—land（土地）；
/iə/与/ɛ·ə/的对立：如deer（鹿）—dare（敢）；
/u·/与/ou/的对立：如blue（蓝色）—blow（吹）；
/ei/与/ai/的对立：如bay（海湾）—buy（买）；
/ou/与/au/的对立：如hay（干草）—high（高）。

---

① 叶斯柏森对长音的标注与今日通行的国际音标有所不同，他以单个圆点表示长音，用多个圆点表示更长的音。（参见Jespersen 1904b：174）本书直接引述他举的例词时，保留该符号未做改动。注意这个单点表示的不是半长音。

3. 语音？音系？语义区别在语音结构中的地位

（6）其他元音对立（7对）

/æ/与/ʌ/的对立：如cat（猫）—cut（切割）；
/ʌ/与/ɔ/的对立：如luck（运气）—lock（锁）；
/æ/与/ɔ/的对立：如tap（轻敲）—top（顶部）；
/ə·/与/ɔ·/的对立：如firm（紧）—form（形式）；
/ɛ·ə/与/a·ᵒ/的对立：如bear（熊）—bar（铁棍）；
/ai/与/oi/的对立：如vice（罪恶）—voice（声音）；
/u·/与/ju·/的对立：如do（做）—dew（露水）。

这些总结表明，叶斯柏森虽然此时暂未使用"音位"这一术语，但对音义关系在语音研究中应处于何种地位，已非常清楚。只要把语义因素纳入语音研究的视野范围，语音研究就无需进入越来越细、越来越偏的困局。这一视角在本质上是音系学视角。

3.2.2 不计入语音系统的细微语音差别

与这些可构成语义区别的音相比，叶斯柏森对现代英语语音系统的描写也揭示出，英语中另有一些音并不具备这一功能。例如，我们在他对现代英语元音的描写中见到了三种短音/i/、两种短音/u/、两种短音/ɔ/。

以/i/为例，英语的短音[ɪ]，依照斯威特（Sweet 1877）的体系可描写为"高-前-宽"元音，大多数时候不同于"高-前-窄"的长音[i·]。但是，叶斯柏森的描写中记录了短高元音并非只有这一种。一方面，"高-前-窄"（即窄而短）的短音[i]的确存在，他指出这个音"仅出现于弱音节中紧挨其他元音之前的位置；……通常可认为是缩短了的[ij]，显现出变成非音节性[j]的强烈趋势"（Jespersen 1909a：418），如happiest [hæpiɪst]、various [vɛ·ᵒriəs]、chariot [tʃæriət]等，包括一些后接重读元音的例子（有些例子中存在词界），如reality [riˈælɪtɪ]、the other [ði ʌðə]。而另一方面，即使是短而宽的元音[ɪ]，叶斯柏森仍区分了两个版本：宽[ɪ]和低[ɪ]，前者位于重读音节中，如ship [ʃɪp]、nymph [nɪmf]等词里的元音；后者仅见于非重读音节，如

81

pity [pɪtɪ]、steady [stedɪ]等词后一音节中的元音。

叶斯柏森未用国际音标符号区分宽[ɪ]与低[ɪ]，但是用他设计的非字母符号（analphabetical symbols）可清晰表现出二者之间的细微差别：主流的宽[ɪ]注为α4βeγ4ᵍδ0ε1，而低[ɪ]则应注为α4βeγ46ᵍδ0ε1或α4βeγ46ᵍʰδ0ε1。二者的关键差别在于γ项，这项表示的是发音时舌与腭的距离：低[ɪ]音的舌与腭距离为γ46，略大于主流的宽[ɪ]音的γ4，即开口度略大、舌位略低（故称之为"低[ɪ]"），与这一细微的舌位高低差别伴生的是同样细微的舌位前后差别，舌位可存在极其微弱的偏后，由g位（硬腭前部突出部位）后移至gh位，即g与h（硬腭最高处）之间且偏g的位置。[①]

从发音的生理过程来看，对这些细微差别的描写无疑是正确的，这类差别若按照特鲁别茨柯依的观点，属于"普通人说母语时根本注意不到的语音差异"，因而是"音系上不重要的标记"，音系学家应当"把对这类语音或语音实现形式的研究，留给需要完全不同的研究方法的语音学家。"（Trubetzkoy 1933a：110）然而，叶斯柏森在归纳英语元音系统时，并未把这三种短音作为独立的成分全部写入系统。

《语音与拼写》的元音系统表中（见Jespersen 1909a：441），前高短元音（i）只有一个，可见叶斯柏森非常清楚，这三种短/i/音的发音生理差别虽然客观存在，但在英语的元音系统中却必然应当忽略。在他对语音系统的描写中，客观存在的某个音是否有资格进入系统，取决于这个音和该语言其他音是否构成语义对立。《语音与拼写》中列举了大量[i]与[e]音质对立的例子（如bill—bell等），也列举了大量[i]与[i·]音长对立的例子（如chick—cheek等）。但是，三种短音/i/之区别却无法构成任何这样的词义对立。因此，英语的元音系统中没有也不需要三种不同的短音/i/。

---

① 关于这些符号的详细定义，见 Jespersen（1889）。中译文见叶斯柏森（2021:201-232），尤其见 pp.217-218，230-231。

3. 语音？音系？语义区别在语音结构中的地位

此外，从分布情况来看，这三种短音/i/各自出现于不同的位置上，宽[ɪ]出现于重读音节中，其余二者出现于非重读音节中。其中，短[i]出现于重音之前，低[ɪ]出现于其他非重读音节。三者呈互补分布态。

因此，以布拉格学派的术语来描述：英语中这三种短音/i/之间的差别不是音位性的，三者是同一音位的三种变体。叶斯柏森此时尚未使用"音位"这一术语，但处理此问题时运用的是与音位原则相同的思路。

与短音/i/问题同理的还有短音/u/和短音/ɔ/。叶斯柏森把"高-后-宽-圆唇"（hbwr）的常规短音/u/记作[ʊ]①，而把相对应的紧音称作"窄[u]"，后者如 whoever [huˈevə]、tuition [tjuˈiʃən]、annual [ænjuəl]，他指出这样的短音[u]"非常少见，仅出现于非重读音节里，紧挨在下一个元音之前；是缩短了的[uˑ，ʊw]；有时听到的是真正的[ʊw]，也有时听到的是[w]。"（Jespersen 1909a：431）

而"低-后-宽-圆唇"（lbwr）的[ɔ]音和"低-后-窄-圆唇"（lbnr）的[ɔ]音，被称为"宽[ɔ]"和"窄[ɔ]"（他亦把前者记作[ɔ̇]），前者为主流，后者"是[ɔˑ]在非重读音节里较晚期才出现的缩短；在所有情况下皆亦可发成长音"（同上，436），如 authority [ɔˈþɔriti]、audacity [ɔˈdæsiti]、causation [kɔˈzeiʃən]、Norwegian [nɔˈwiˑdʒən]等。与短音/i/的情况类似，叶斯柏森的元音系统表里，同样没有把这四个元音全部列入，而是仅列了唯一的短音/u/和唯一的短音/ɔ/。

此外还应提到短音[a]，这个音在英语中的出现情况与"窄[ɔ]"几乎完全同理，是"（长音）[aˑ，aˑ]在位于重读音节之前的非重读音节里较晚期才出现的缩短；在所有情况下皆允许读成[aˑ]音。"（同上，428）例如，artistic [aˈtistik]、partition [paˈtiʃən]、naive [naˈiˑv]等。

短音[a]同样没有出现于叶斯柏森的英语元音系统表里，因为英语

---

① 此符号依叶斯柏森原文，国际音标今注为[ʊ]。

中不存在任何可用来区别词义的短音[a]。真正可与"低-后-窄"的长音[aˑ]构成词义对立的，是"中-后-宽"（mbw）的短音[ʌ]，如书中列举的busk（卖艺）—bask（晒太阳），duck（鸭子）—dark（黑暗的），some（一些）—psalm（赞美诗）等词对。从历史渊源来看，这个[ʌ]音与[aˑ]并无太多关联，反而与[u]关系密切，尽管如此，短[ʌ]仍在英语元音系统表中具有短[a]不具备的重要地位。由此可见，叶斯柏森对特定时期具体语言的语音系统做归纳时，语义区别原则高于历史原则，进一步加强了"音系性"在其语音学理论中的地位。

3.3 外部决定的语音成分与内部决定的语音成分

3.3.1 外部决定的音长与内部决定的音长

从音义关系出发，叶斯柏森成功区分了上述"独立语音"和"次要变体"之间的本质区别。不过，虽然元音和辅音是语音系统中较为直观的成分，但是语音系统中还存在其他成分，如音长、重音、音高等，其作用并不亚于元音和辅音。对于这些超音段语音成分，叶斯柏森采用的是与音段层面同理的最小对立体比较法。他引入了一组术语来描写超音段成分是否具有语义区别作用，把不可区分语义者称作"由外部决定"（[德] äusserlich bestimmt）的成分，把可区分语义者称作"由内部决定"（[德] innerlich bestimmt）的成分。这个二分法自身的"音系学色彩"很强，因而对布拉格学派产生了重要影响。"由外部决定的语音成分"（即纯语音成分）和"由内部决定的语音成分"（即与语义相关的语音成分）之区别，成为雅柯布森（Jakobson 1923）定义"语音成分"和"音系成分"的最重要依据之一。

此处所说的"外部"，即是指语言的语音层面，而"内部"则是指语言的语义层面。如我们在上一章中所见，叶斯柏森始终注重音义关系，强调语音研究要做到音与义相结合。他在《语音学的基本问题》中指出："语言中的外部因素和内部因素之间，即语音和语义之间，存在着最紧密的关系，如果对一方投入精密研究，却不考虑另一

3. 语音？音系？语义区别在语音结构中的地位

方，是个极大的误区。……语言的语音研究中有许多东西，如果不涉入语义研究，就无法理解、无法解释。"（Jespersen 1904a：171）《语音学教程》（1904及此后各版）中，对不同语言中性质各异的音长、重音、声调等超音段成分进行的分析正是基于这一标准。他在关于音长的话题中，正式引入并定义了这两类语音成分之别：

> 比绝对音长更加重要的，是相对音长；……大多数语言都有长音和短音之区别，有些语言还有半长音，但是，在如何运用这些音长方面，各语言之间极不相同：音长在有些语言中可由纯外部的语音关系决定，可为之构建规则（如重音、音节中位置、环境）——这是外部决定的音长（[德] äusserlich bestimmte Quantität）；也有些语言中，音长由内部环境决定，因此是词里跟音段成分（[德] Lautbestandteil）同等重要的成分，跟音段成分一样，自身即可用于区别词义——这是内部决定的音长（[德] innerlich bestimmte Quantität）。①
>
> （Jespersen 1904b：176-177）

他通过最小对立体列举了德语和英语中的"内部决定的音长"：

德语：
Saat（种子）[zaˑt]—satt（饱）[zat]；
biete（提供）[biˑtə]—bitte（请）[bitə]；
Miethe（米特，姓氏）[miˑtə]—Mitte（中间）[mitə]；
ihn（他）[iˑn]—in（在）[in]；
Sohne（儿子）[zoˑnə]—Sonne（太阳）[zonə]。
英语：
seat（座位）[siˑt]—sit（坐）[sit]；

---

① 此处引文据国际影响力较大的德文版《语音学教程》（1904年第1版）译出。但事实上，更早时出版的丹麦文版《语音学》（1899）中已有完全相同的内容。见 Jespersen（1899：509）。

beat / beet（打 / 甜菜）[biːt]—bit（一点点）[bit]；

neat（整洁）[niːt]—knit（编织 [nit]；

feat / feet（壮举 / 脚）[fiːt]—fit（适合）[fit]；

fool（傻子）[fuːl]—full（充满）[ful]；

pool（水池）[puːl]—pull（拽）[pul]；

wooed（求婚）[wuːd]—would/ wood（将要 / 木头）[wud]；

naught / nought（零）[noːt]—not / knot（不 / 绳结）[not]；

gnawed（啃）[noːd]—nod（点头）[nod]；

caught / court（捉 / 法庭）[koːt]—cot（折叠床）[kot]；

gaud（华丽）[goːd]—god（神）[god]。

　　与之相比，这种仅以音长差异来区别词义的情况在法语中非常罕见。因此，法语中的音长是"外部决定的音长"，是单纯的语音区别，无法造成语义区别。[①]

　　如果某一超音段差异可通过明确的规则判断出来，这一差异就必然是"外部决定的"，反映纯语音关系，因而无词义区别功能。叶斯柏森（1904b）为法语长短元音的出现构建了三条规则：其一，"长元音只能出现在重读音节里，弱音节里为半长音，经常接近于完整长音"，这条规则表明法语的长短元音许多时候物理差别不大；其二，"浊擦音之前的每个元音都是长音，包括[r]，但不包括[l]"；其三，"鼻化元音在辅音前永远是长音"。这些规则表明法语的长短元音分布对语音环境的依赖很重，法语"几乎所有音长都是外部决定的"，因而大多数时候都无法构成词义区别，这与音长主要由内部决定的德语和英语有天壤之别。

　　丹麦文版《语音学》还论述了北欧三语的情况。我们可从中看

---

① 叶斯柏森的确也为法语举出了极少几组以音长来区别语义的例子，如 maître（老师）[mɛːtr]—mettre / mètre（放置 / 米）[mɛtr]，tête（头）[tɛːt]—tette（乳头）[tɛt]，bête（笨）[bɛːt]—bette（忝菜）[bɛt]，paraissent（出现）[parɛːs]—paresse（懒惰）[parɛs]。但是，法语中这样的例子非常边缘化，不仅数量极少，而且出现的语音环境也受局限，"基本上只有位于辅音前的 [ɛ] 有此功能"。（Jespersen 1904b：183）

3. 语音？音系？语义区别在语音结构中的地位

到，丹麦语的情况与德语、英语大致相同，"音长大多数时候是内部决定的，因而可用来区别其他方面皆相同的词"（Jespersen 1899：509），例如：

  hale（尾巴）[ha·lə]—halve（一半，复数）[halə]；
  klase（一束）[kla·sə]—klasse（班级）[klasə]；
  faste（固定）[fa·sdə]—faste（紧，复数）[fasdə]；
  hvile（休息）[vi·lə]—vilde（野，复数）[vilə]；
  kone（妻子）[ko·nə]—kunde（顾客）[konə]；
  uglen（猫头鹰，肯定式①）[u·ln]—ulden（羊毛）[ul·n]；
  kugle（球），kule（坑）[ku·lə]—kulde（冷）[kulə]。

这样的最小对立体在瑞典语和挪威语中不存在，这两种语言中只能观察到"词末元音为长音"（同上，513）的规则，这样的音长必然为外部决定的音长。

3.3.2 外部决定的重音与内部决定的重音

外部决定的语音成分和内部决定的语音成分之别，不仅见于音长，也见于重音。不同语言的重音模式各异。因而，传统语音学中有"自由重音语言"和"固定重音语言"之分。"固定重音语言"里所有的词的重音皆位于相同的位置，如法语重音位于词末音节，捷克语、匈牙利语重音位于词首音节，等等；与之相比，"自由重音语言"的词重音位置不固定，即使存在所谓"基本规律"（如英语多音节词的倒数第三音节重音规则），大量例外仍然普遍存在，说话者（无论是母语者还是外语学习者）对不熟悉的词的重音位置做出误判的情况时有发生。此外，这类"自由重音语言"中，重音在同一

---

① 丹麦语、瑞典语、挪威语等北日耳曼语言中，名词、形容词有"肯定式"（[丹] bestemt form，[英] definite form）和"不定式"（[丹] ubestemt form，[英] indefinite form）之区别，前者表特指，后者表泛指。名词的肯定式即"名词+定冠词后缀"的复合结构，如 ugle（猫头鹰，不定式）—uglen（猫头鹰，肯定式）。这组术语的译名从王晓林（1991）。

个词根派生出的各屈折形式中可位于不同音节。关于这类"自由重音语言",叶斯柏森参照论述两类不同性质的音长时所使用的术语,指出"这类语言没有外部决定的重音,只有内部决定的重音。"(Jespersen 1904b:208)由此,不同的超音段成分在这组术语的框架下实现了统一。

因此,法语、捷克语等具有外部决定的重音的语言,是完全无法通过重音来使词与词相区别的。与之相反,在英语、德语、丹麦语等存在内部决定的重音的语言中,以重音区别词义是可行的,尤其见于利用不同重音位置来区分同源词根的不同词性,如:

英语 'absent(缺席,形容词)—— ab'sent(远离,动词);

英语 'overthrow(垮台,名词)—— over'throw(推翻,动词);

德语 'damit(对此,副词)—— da'mit(以便,介词);

丹麦语 'forklæde(围裙,名词)—— for'klæde(乔装,动词);

丹麦语 'fordele(优点,名词复数)—— for'dele(分发,动词)。

不过总的来说,即使在这类语言中,用重音来区别词义之例也远少于用其他语音成分(如元音的饱和度、辅音的清与浊、音长等)来区别词义之例。但是,内部决定的重音毕竟为这种语义区别提供了可能。

以内部决定的重音来区分词性相同的词对,数量更少,如英语有'conjure(施魔法,动词)和con'jure(恳求,动词)之别,德语有'umgehen(处理,动词)和um'gehen(绕过,动词)之别,丹麦语有'forslag(建议,名词)和for'slag(持久性,名词)[①]之别,等等。

---

① 这类例子未必是绝对的最小对立体,元音可因重音的有无而呈现一定差异。例如,此处丹麦语的两个 forslag,DDO 的注音分别为 [ˈfʌˌslæˀj] 和 [fʌˈslɑw]。不仅元音和半元音因重音位置而异,而且还涉及斯特德的有与无。英语 record [ˈɹɛkəd](记录,名词)和 record [ɹɪˈkɔɹd](记录,动词)里的元音差异与之同理。

3. 语音？音系？语义区别在语音结构中的地位

叶斯柏森在丹麦文版《语音学》中列举的因重音而区别的丹麦语词对里，还有少量非同源词之例，如'korset（十字，肯定式，源于拉丁语crux）和kor'set（束身衣，源于较晚期的法语）之别，'kanon（教会法，源于希腊语）和ka'non（炮弹，源于意大利语）之别。

3.3.3 其他有外部/内部决定之分的超音段特征

《斯特德与乐重音》（1897）一文中，叶斯柏森从北欧语音系演化角度揭示了丹麦语的斯特德与挪威语、瑞典语的乐重音（简易声调）之间存在的对应关系。我们从其论述中不难发现，这之中同样存在外部决定成分和内部决定成分之区别。

原始印欧语通常被认为是带有音高重音特征的语言，词的重读音节的音高高于非重读音节（参见Fortson 2004：62）。但是在印欧语的发展历程中，多数语言丧失了这种"声调"区别，重读音节中的音高特征被力度特征所取代，仅在少量语言中继续作为具有区别性的成分保留了下来。例如，古希腊语一度保留了这样的区别性音高特征，故有"锐调"（acute）、"钝调"（grave）、"折调"（circumflex）之区别（因而有古希腊语书面上的三种调号），但这一区别在现代希腊语中已消失。保留至今的声调区别，仅见于斯拉夫语族南支的塞尔维亚语和克罗地亚语、波罗的语族的立陶宛语和拉脱维亚语以及日耳曼语族北支的挪威语和瑞典语。

挪威语和瑞典语各有两种声调，称第1声调（Accent 1）和第2声调（Accent 2）[①]，二者在挪威语中是"平稳升调"和"延迟升调"之对立，在瑞典语中是"单峰降调"和"双峰降调"之对立。

多音节词可具有第1声调或第2声调，挪威语和瑞典语故而存在仅

[①] akcent（英语accent）是个有多重含义的术语，时而指重音，时而指声调，挪威语和瑞典语的akcent是二者的结合。Akcent 1和Akcent 2此处依我国出版的挪威语、瑞典语教材的译法，译为"第1声调""第2声调"，如杨振国、杨谊华、吴星潼《挪威语自学手册》（2011），阿日娜《新经典瑞典语综合教程》（2018）。这组术语亦可依《语言学与音系学词典》（2000）译为"调型1""调型2"。

因声调不同而形成语义区别的最小对立体。如表3-1、3-2所示，我们可对叶斯柏森（Jespersen 1897a：223）所举的例子做分析。

表3-1 挪威语词的声调区别

第1声调词	第2声调词	词源关系	词法关系
bønder [ˋbönəʀ] 农民（复数）	bönner [ˋbönəʀ] 豆子（复数）	不同源	—
tømmer [ˋtömmər] 木材	tømmer [ˋtömməʀ] 清空（现在时）	不同源	—
koken [ˋkåkkən] 男厨师 kok+ 冠词 -en	kokken [ˋkåkkən] 女厨师 kokke + 冠词 -en	同源	名词阳性与阴性
Møller [ˋmöllər] 莫勒（专有名词）	møller [ˋmölləʀ] 磨坊主	同源	专有名词与普通名词之对立
vest [ˋvɛstn] 西 + 冠词 -en	vesten [ˋvɛstn] 向西（副词）	同源	名词与副词之对立

表3-2 瑞典语词的声调区别

第1声调词	第2声调词	词源关系	词法关系
buren [ˋbü·ʀən] 笼子（复数）	buren [ˋbü·ʀən] 携带（过去分词）	不同源	—
köpen [ˋjcø·pən] 购买（名词复数 + 冠词）	köpen [ˋjcø·pən] 买（动词复数第二人称）①	同源	名词屈折形式与动词屈折形式之对立
ugnen [ˋɯŋ(n)n] 烤炉（复数）	ungen [ˋɯŋn] 小孩（肯定式）	不同源	—
axel [ˋaksəl] 肩膀	axel [ˋaksəl] 轴	不同源	—

从上述例词中可以看出，音高（声调）虽然在绝大多数欧洲语言中是外部决定的成分，但在挪威语和瑞典语中却具有语义区别功能，是内部决定的成分；或者用布拉格学派的术语说，是音系成分。

丹麦语中与挪威语、瑞典语具有可比性的语音成分是斯特德。

---

① 旧时瑞典语动词现在时有复数第一、三人称词尾 -a 和复数第二人称词尾 -en，二者皆不同于单数词尾 -er。这两种复数形式在今天的瑞典语中已消失。（参见 Christensen et al. 1999：545）

3. 语音？音系？语义区别在语音结构中的地位

斯特德虽然不是音高特征，但也是一种超音段特征，并且与挪威语、瑞典语的声调有历史渊源。叶斯柏森论述丹麦语特有的这一语音现象时，所采取的最重要原则同样是音系原则，他归纳了大量"有斯特德"和"无斯特德"的最小对立体，从而证明这一特征虽然细微，却在丹麦语中承担语义区别之功能。他按照两条原则将这样的最小对立体分为四类：一方面，从词的语音结构来看，单音节词和多音节词中均可形成"有斯特德"和"无斯特德"之对立；另一方面，从词源来看，同源或不同源的两个词皆可因"有斯特德"和"无斯特德"而形成对立（同一个词还可因"有斯特德"和"无斯特德"而构成不同的屈折形式）。我们对其加以分析，如表3-3所示。

表3-3 丹麦语词的斯特德区别

有斯特德的词	无斯特德的词	语音结构	词源关系	词法关系
mand [man']① 男人	man [man] 人们	单音节	同源	名词与代词之对立
kom [kɔm'] 来（过去时）	kom [kɔm] 来（命令式）	单音节	同源	同一动词的不同屈折形式
hund [hun'] 狗	hun [hun] 她	单音节	不同源	—
maler [maʼlər] 画（现在时）	maler [ma·lər] 画家	双音节	同源	动词屈折形式与名词之对立
ænder [æn'ər] 鸭子（复数）	ender [ænər] 结尾（现在时）	双音节	不同源	—

这些例子表明，斯特德在丹麦语中是内部决定的语音成分，属音系成分。从语言史角度看，斯特德的有或无，与挪威语、瑞典语的两种声调同源；从功能角度看，丹麦语的斯特德正如挪威语、瑞典语的声调，是具有语义区别功能的语音成分（详见Jesperse 1897a）。叶

---

① 叶斯柏森原文中的例词以"丹麦音标"注音，本书上篇中如遇与今日国际音标惯例相冲突之处，参照DDO改用国际音标符号，但保留叶斯柏森短音斯特德符号（'）和长音斯特德符号（ˀ）之区别；下篇的译文中，将完全保留叶斯柏森原文的注音方式。

斯柏森曾多次提到（如Jespersen 1889，1904b），北英格兰地区的一些英语方言里，词中也存在一些喉塞音，其生理—物理特征与丹麦语斯特德非常相似。然而，这类喉塞音在英语中显然不具备语义区别功能，是外部决定的语音成分，是语音性的，而非音系性的。

3.3.4 雅柯布森对外部/内部决定语音成分的运用

把叶斯柏森视为音系学先锋的布拉格学派语言学家当中，必须提到雅柯布森。早在布拉格语言学小组成立（1926）之前，雅柯布森就已在其《论捷克语诗歌——主要与俄语诗歌相比较》（*O чешском стихе, преимущественно в сопоставлении с русским*，1923）一书中将叶斯柏森关于外部决定的语音特征和内部决定的语音特征之差别，作为区分诗歌中的语音性韵律成分和音系性韵律成分的理论基础。这是雅柯布森首次对音系成分与语音成分加以区分，故而这本仅有百余页的短篇幅诗学著作实际上成了雅柯布森首部探讨语音学—音系学二分法的著作。

该书比较不同斯拉夫语言的诗歌格律问题时强调，发音机制或声学机制上相同的韵律特征，在不同语言中未必扮演相同的角色。为了证明这个二分法的合理性，帕西、叶斯柏森、布洛赫提出的与之类似的观点都被雅柯布森拿来充当了理论依据。他指出：

> 想要证明主观听觉法可带来多大的错觉，只需要想想，塞尔维亚人很容易就能从俄语词的重音中挑出乐调性区别（[俄] музыкальные различия），而俄国人不仅听不出自己的话里有这样的区别，而且很难学会在塞尔维亚语里听出这样的区别。问题在于，乐调性区别在塞尔维亚语中是音系成分（[俄] фонологический элемент）——即帕西定义的有意义成分（[法] élément significatif），叶斯柏森所说的由内部决定的成分，或是布洛赫所说的词源成分；而在俄语中该区别却是语法之外的（[俄] внеграмматический）成分，或者称为帕西所说的无任何区别价值（[法] sans aucune valeur distinctive）的成分，

3. 语音？音系？语义区别在语音结构中的地位

叶斯柏森所说的由外部决定的成分，布洛赫所说的语音（[俄] фонетический）成分。

（Jakobson 1923：22）

所谓乐调性区别，即语音中的音高特征。音高在汉语以及藏缅、苗瑶、侗台等语言中形成了稳定而多样的声调（tone），成为语素层面和词层面极其重要的区别性成分。虽然在大多数印欧语言中，音高仅在句子层面上作为语调（intonation）区分句子功能（如陈述、疑问、感叹等），但个别印欧语也存在以声调区别词义的情况，如上文论述的瑞典语和挪威语中的两种声调，或是雅柯布森此处所提的塞尔维亚语声调，都属于这类简单的音高重音（pitch accent）。塞尔维亚语的元音的音长和音高结合成长升、短升、长降、短降四种可区别词义的声调，这样的乐调性成分是音系成分。而在俄语、捷克语等其他斯拉夫语言中，虽不存在区别性的音高对立，但是非区别性的音高对立仍可随时听到，这些"语法之外"的音高成分虽不区分词义，却使词和句子呈现出纷繁的感情色彩。

叶斯柏森的德文术语 äusserlich bestimmt（由外部决定的）和 innerlich bestimmt（由内部决定的）是形容词性的，雅柯布森的俄文术语 фонетический（语音的）和 фонологический（音系的）此时也是形容词性的，尚未形成"语音学"和"音系学"这两个名词性的学科名称。不过，这组术语无疑为名词性的术语"语音学"和"音系学"奠定了非常重要的基础。

3.4 叶斯柏森的音位观与语言化成分观

3.4.1 叶斯柏森著作中的音位

上节中的论述表明，在当今称为"音位"以及"韵律成分"的层面上，叶斯柏森的看法均显现出与布拉格学派后来的"音系学视角"相似之处。正因为此，他对特鲁别茨柯依等学者的音系学观的一贯立场是：音系学视角正确，但并非革命性的创新，因为"英国—北欧学派"的语音学家早已贯彻过与之相同的思想理念。故而在他看来，布拉格学派的贡献仅在于把以往较为模糊的概念呈现得更加明晰了而已。不过，换个角度看，这也暴露出经典语音学的一处不足：无论斯威特还是叶斯柏森，局限性之一正在于未能提出一个类似"音位"的抽象概念，来为具有语义区别功能的（由内部决定的）语音单位正名。那么，叶斯柏森是如何看待"音位"这个布拉格学派异常关注的术语呢？

首先须明确，布拉格学派虽是现代音位概念最重要的推动力量之一，但并不是第一个从语义区别功能角度对音位加以定义和运用的流派。克鲁舍夫斯基（Mikołaj Kruszewski，1851–1887）、博杜恩（Jan Baudouin de Courtenay，1845–1929）、索绪尔、琼斯（Daniel Jones，1881–1967）对音位的新阐述均早于布拉格学派。叶斯柏森首次借助音位概念阐释语音现象，见于他1928年宣读于英国国家学术院"两年一度英语语文学讲座"的《英语的单音节词》一文，该文早于布拉格语言学小组的"首届斯拉夫学家大会提案"（1929）和《音系学术语标准化方案》（1931），也早于马泰修斯（1929a）、特鲁别茨柯依（1929，1933a，1935）、雅柯布森（1929，1932）等布拉格学派学者对该术语的集中阐述与运用。①

叶斯柏森指出，英语中有些音，"现代英语允许其位于词首或词末，但在古英语中却并非完全如此。这样的音较晚时才升至'音位'之尊位。'音位'这个术语，在现代语音学理论中表示用于区别目的（distinctive purposes）的音，所谓区别，就是把其他音完全相同的两个词区分开。"（Jespersen 1929a：10）他继而列举了四个这样的辅音

---

① 雅柯布森首次使用"音位"这个术语，是在其著《最新俄语诗歌初探》（Новейшая русская поэзия: Набросок первый，1921）一书中："悦耳性不是通过音（звук）发挥作用，而是通过音位（фонема）发挥作用，也就是说，通过能够与意义相联系的声学意象来发挥作用。"（Jakobson 1921：48）不过，这部以俄语撰写的论述十月革命前后俄国未来主义诗歌的短篇幅专著，未见对西欧的语音学界有实质性影响，很可能也不在叶斯柏森的视野之中。

3. 语音？音系？语义区别在语音结构中的地位

音位：[ŋ，v，ð，z]。英语中的[ŋ]最初仅是鼻辅音与软腭音相邻时出现的变体，本为生理—物理性的同化之产物，但是随着塞音[g]在词末位置的[ŋg]中脱落，下列最小对立体出现了：

    sing（唱歌）——sin（罪孽）
    rang（敲钟）——ran（跑）
    tongue（舌头）——tun（大酒桶）

于是，[ŋ∶n]成为上述词对里唯一的语义区别成分，/ŋ/的音位地位由此形成。而关于前述[v，ð，z]三个浊擦音，叶斯柏森同样指出，它们在古英语中不是音位，因而是"新音位"。三者在古英语中"充当清音[f，þ，s]的浊音变体，但是仅见于受浊音环境（主要是元音）影响的中间位置。而在词首和词末，这三个浊擦音从未在古英语中出现过。"（同上，11）由晚期中古英语向早期现代英语的过渡时期，位于词末的-e音大量脱落，使原本位于词中浊音环境中的[v，ð，z]成为词末，其独立性得到了加强。这一原因以及其他若干原因（如法语外来词使词首的[v]和[z]得到加强）最终使[v，ð，z]在英语中升至音位地位。关于这一过程，叶斯柏森还在《英语的浊擦音和清擦音》（Voiced and Voiceless Fricatives in English，1933）一文里再次强调，"古英语f/v、þ/ð、s/z这三组擦音中，……浊声的有或无不能够用来区别词义；用现代语言学的话说，[f]和[v]当时不是不同音位，而是同一音位的成员，……[þ/ð]、[s/z]与之类似。由于历史上发生的一系列变化，现代英语中这一情况已完全不同。因此，[f]和[v]，[þ]和[ð]，[s]和[z]如今无论从哪方面看都应视为不同的音位，能够区别词义。"（Jespersen 1933a：373）由此形成的最小对立体如：

    fine（好）——vine（葡萄藤）
    leaf（叶子）——leave（离开）
    thigh（大腿）——thy（你）
    teeth（牙齿）——teethe（咬）
    zeal（热情）——seal（印玺）

ice（冰）——eyes（眼睛）。

值得注意的是，《英语的浊擦音和清擦音》中的阐述并非叶斯柏森首次论及这一问题。这篇文章的雏形是叶斯柏森用丹麦语撰写的博士论文《英语格研究》（1891）里面的最后一章，题为"变格中的清浊条件"（Stemmeforhold i deklinationen）。对比这两份相距近半个世纪的著作我们会发现，二者的思路、方法以及基本结论并无显著不同，英语新文中除了材料大幅增加使论证更具说服力之外，最明显的时代气息正在于音位概念的引入。

布拉格学派对音位概念的推广，使音位得到更广泛的认可。国际联盟下设的国际知识合作委员会（Commission internationale de coopération intellectuelle）编写《拉丁字母的普遍采纳》（*L'adoption universelle des caractères latins*，1934）一书时，邀请叶斯柏森为该书作序。叶斯柏森在这篇序言中，对音位的定义及其在文字转写方面的应用价值做了清晰的阐述。他指出：

> 有些音，客观来看有明显不同，但在该语言中却可无差别地使用，有时可永远这样无差别使用，有时则在一定条件下无差别使用，也有时在其他某音之前或之后时可无差别使用，而在另一种语言中却不能这样互换，否则就会不可避免地造成误解。在一种语言中具有跟语义相关的确切价值的成分，在另一种语言中或被视为可忽略的成分。我们把某一具体语言的具体结构中具有语义区别作用的音称为音位。
>
> （Jespersen 2016[1934]：792）

构成音位的若干个音之间，很可能存在明显的生理—物理差异，但只要这些音之间不具备语义区别功能，即可仅视为同一音位的若干变体，而非各自独立的音位。这些变体如果"永远可以无差别使用"，就是"自由变体"；如果"在一定条件下无差别使用"或是"在其他某音之前或之后时可无差别使用"，构成的则是"互补分布"。这一定义是对琼斯（Jones 1931）和特鲁别茨柯依（Trubetzkoy

3. 语音？音系？语义区别在语音结构中的地位

1935）对音位的阐述的综合，与我们今天的理解基本一致。

当然，他没有忘记提醒，语言中有些成分虽然不是音位，但与音位同样具有语义区别功能："也有些在一种语言中发挥决定性作用的音长、重音、声调差异，别的国家的人根本就注意不到。"（Jespersen 2016[1934]：792）音位加上这些具有语义区别功能的韵律特征（音长、重音、声调），可以合称为他在《三论语音定律问题》中提的"语言化的"（glottic）语音成分。不过，这篇序言并非探讨语音理论的场合，因此他没有对此做进一步说明。

《拉丁字母的普遍采纳》一书阐述的核心，是如何为无文字语言创制文字，如何为非拉丁字母文字的语言设计拉丁字母文字或拉丁字母转写方案。叶斯柏森强调，文字设计者在开展这项工作时，一定要意识到音位原则之存在：

> 我们现在若想为某一语言构建正字法，让正字法能够与讲这种语言的人的实际需求相呼应，就必须考虑到该语言在音系上的个性，并找出最简便的方式来标注母语者的语言感受中相同的成分，即使这样的成分在客观上或在外国人看来涉及了若干个音，也依然如此。

（同上）

例如，日语的两套拉丁字母转写方案，其背后的理念差异就在于是否采用音位原则来做转写。"黑本式"是美国传教士黑本（James Curtis Hepburn，1815–1911）设计的，因而把"た""ち""つ"转写为ta、chi、tsu，因为这三个音节的首音在美国人耳中的听觉差异实在太过明显。而日本本国学者田中馆爱橘（Tanakadate Aikitsu，1856–1952）设计的"日本式"，则将三者转写为ta、ti、tu，因为这三个辅音在日本人看来，就属于"母语者的语言感受中相同的成分"。

实际上，"は""ひ""ふ"之例更能够说明问题。日本式转写为ha、hi、hu，黑本式转写为ha、hi、fu。黑本显然感到"ふ"的首音[ɸ]迥异于[h]，因而用f去转写它，虽然日语母语者很可能完全意识不到[ɸ]和[h]有何区别。但是,"は"的首音[h]和"ひ"的首音[ç]也是有生理—物理差异的,但这个差异在黑本的母语英语中同样是个可忽略的差异,是"语言感受中相同的成分",被感知为"同一个音"。此时,黑本和田中馆就使用了相同的设计。

叶斯柏森因而总结:"写ta、ti、tu在音系学角度是正确的,……写ta、chi、tsu在语音学角度是正确的"。[t]、[tʃ]、[ts]三个变体在日语中同属音位/t/,而[h]、[ç]、[ɸ]三个变体在日语中同属音位/h/。按照音位原则处理转写,或许会给外国人带来一定疑惑,但对母语者来说,无疑是一种节省。因此,设计者一定要有音位意识,让设计方案与设计目标相吻合。

3.4.2 叶斯柏森音位观的来源

布拉格学派对音位的定义,主要源于索绪尔以及喀山学派。"音位"在索绪尔的《论印欧语言中的元音原始系统》(*Mémoire sur le système primitif des voyelles dans les langues indo-européennes*, 1878)一书中无处不在,但却始终未得到明确定义。明确定义音位的是喀山学派的两位代表人物:克鲁舍夫斯基首次把音位定位为"语音学单位"([德] phonetische Einheit),认为其"与充当人声学单位([德] anthropophonische Einheit)的'音'([德] Laut)相对立"(Kruszewski 1881:14n);博杜恩沿用这一区别,定义音位为"语音学领域的统一概念,借助对因同一个音的发音而获取的意象做心理并合,形成于心灵之中。"(Baudouin 1895:9)故而,特鲁别茨柯依认为索绪尔"把'音位'这个术语引入了语言学",而博杜恩"把'音位'一词固定在了其今日的意义上。"[①](Trubetzkoy 1933c:229)《普通语言学教程》里可再次见到索绪尔对音位所下的物理—

---

① 20世纪70年代以后的语言学史研究表明,比索绪尔更早使用"音位"(phonème)一称的是法国语音学家安东尼·杜弗里什-戴热奈特(Antoni Dufriche-Desgenettes, 1804–1878),虽然他的"音位"和"音"并无区别。参见Koerner(1978)、Anderson(1985)、Robins(1997)、Joseph(1999)、Joseph(2012)、Mugdan(2014)等。

3. 语音？音系？语义区别在语音结构中的地位

生理性定义："音位是声学印象和发音运动之和"（Saussure 1916：66），然而书中同时有另一条更为重要的论断："音位，首要一点在于它是对立性、相对性、否定性实体。"（同上，171）后一论断展现出的是音位在语言系统中的语义区别功能，对布拉格学派的重要影响不言而喻。

如前所述，叶斯柏森对音位概念的运用，早于布拉格学派对音位的大规模集中讨论。那么，叶斯柏森的音位概念从何而来？他1928年之前的著作中从没出现过"音位"字样，尤其是洋洋六百余页的丹麦文版《语音学》及其衍生出的德文各版《语音学教程》，都没有出现过"音位"这个术语，也没有引述过博杜恩的《试论语音交替理论》（*Versuch einer Theorie phonetischer Alternationen*，1895）等对音位下过定义的著作。《论语音定律问题》一文引用过克鲁舍夫斯基的《论语音交替》（*Über die Lautabwechslung*，1881），但仅围绕语音演化中的"连续性微观音变"（[德] kontinuierliche mikroskopische Lautänderung）之学说，没有提及该书中的音位定义及交替音位（[德] abwechselnde Phoneme）问题。以此来判断，他的音位概念不太可能是直接受到了喀山学派的影响。

叶斯柏森的音位概念，较为可能的直接来源是琼斯的语音描写实践类著作。据琼斯本人回忆，他因博杜恩弟子谢尔巴（Lev Vladimirovich Ščerba，1880–1944）的小册子《俄语语音简述》（*Court exposé de la prononciation russe*，1911）而首次注意到了喀山学派的音位思想。谢尔巴在其文字论述及表格中以不同字体区分"具有区别值（[法] valeur significative）的音"和"不具有区别值的音"，并指出前者为"博杜恩术语体系中的音位"。（Ščerba 1911：2）该思想不久后得到了博杜恩的另一位弟子本尼（Tytus Benni，1877–1935）的进一步阐释，"因此，截至约1915年，这一理论已开始在[伦敦]大学学院语音学系的教学中获得常规地位。"（Jones 1957：6）琼斯和以茨瓦纳语为母语的南非学者普拉切（Solomon Tshekisho Plaatje，1876–1932）合著的《茨瓦纳语读本》（*A Sechuana Reader*，1916）一书，已暗含音位思想:"辅音c、ɪ、ɥ以及元音ʉ,与t、l、w、u相比很可能是'非区别性'的。这一点,我们意思是说,把c、ɪ、ɥ、ʉ替换为t、l、w、u,很可能根本不会改变任何词的语义。"①(Jones & Plaatje 1916: xiv)一年后,琼斯在牛津语文学会年会的发言中,对音位的暗示变成了明确的表述:"茨瓦纳语似乎有28个音位,也就是28个能够使一个词与另一个词相区别的音或小型音族(family of sound)。……这些音位中有些在特定条件下有变体形式。"(Jones 1917: 99)

琼斯关于音位的一般性论述在他和斯里兰卡学者佩雷拉(Henry S. Perera)合著的《僧伽罗语口语读本》(*A Colloquial Sinhalese Reader*, 1919)中表述得最为清晰:

> 大多数语言,可辨识的语音之数量都很庞大。但幸运的是,做语音转写时不必让每个音都拥有单独的符号,因为许多这样的音都可归入被称为音位(phoneme)的组(group)。
>
> 音位,可定义为某一特定语言中有关联的音所构成的组,这些有关联的音用于连贯话语中,谁也不能出现于别的音占据的位置。
>
> ……
>
> 属于同一音位的语音,无法使词相互区别;外国学习者分不清这样的音,会让他讲话带上外国口音,但通常不会让他说的词无法听懂。与之相反,外国学习者若是把一个音位和另一个音位弄混,就把该语言中不同的词弄混了。
>
> (Perera & Jones 1919: 1-2)

何为典型,何为变体,其关键之处在这几段阐述中已揭示得十分清晰。一是语义区别原则:是否引发语义的改变,是二者的根本差别。二是位置分布原则:特定位置上的排他性,以及由此形成的音位变体互补分布,同样是区分独立音位与变体的依据。1928年,德国学

---

① 琼斯(Jones 1957: 6n14)后来进一步指出,后来的研究表明这一猜测是完全正确的,这两处"很可能"应删除。

3. 语音？音系？语义区别在语音结构中的地位

者黑普（Martin Heepe，1887–1961）主编了题为"音标及其在语言各领域的运用"（*Lautzeichen und ihre Anwendungen in verscheidenen Sprachgebieten*）的文集，旨在对比展示各类音标系统的得与失。琼斯代表国际语音学会，在文集里发表了关于国际音标的《国际语音学会的体系》（*Das System der Association phonétique internationale*）一文。该文中他再次从是否"构成同一音族"（即构成互补分布）和是否区别词义两方面出发，阐释了"音位"与"语音"之不同。从上文讨论过的叶斯柏森对英语新音位/ŋ, v, ð, z/的形成所做的阐述中，我们看到这两条原则均发挥了重要作用。

除此之外，叶斯柏森（1933a）还引用过《僧伽罗语口语读本》里"通过变换重音位置的方式来把僧伽罗语的一个词变成另一个词是不可能的"的论述，再度强调超音段层面亦有语义区别成分和非语义区别成分之别。由此来看，叶斯柏森想必非常熟悉这本仅有39页厚的小书开篇处就已出现的音位概念。音位这一术语中所蕴含的思想实质，其实与斯威特以及他本人的语音观是高度契合的。因此他很快认可并接受了年轻一代学者经常使用的这个实用的术语。

3.4.3 "语言化"概念的形成

在《语音学》《语音学教程》《语音与拼写》等以大量例证为特色的书中，叶斯柏森始终在透过"最小对立体"来审视因语音成分差别而造成的语义区别。因此，他对音位与变体之间的不同十分熟悉。唯一的遗憾或许在于，叶斯柏森一直没有引入一个全新术语来专门表示"具有语义区别功能的音"，这一缺憾与斯威特（Sweet 1877）的情况很相像。直到"音位"（phoneme）这个术语开始在琼斯等学者的著作中得到有效的运用时，他才认识到了这一术语的重要性。

1929年起，布拉格学派开始进一步强化音位在语音研究中的地位。特鲁别茨柯依在《论音系性元音系统的普遍理论》（*Zur allgemeinen Theorie der phonologischen Vokalsysteme*）中指出，"音系学研究的是音位，也就是人类语言的语音意象（[德]

Lautvorstellung），音系学因而是语言科学的一部分"（Trubetzkoy 1929：39），又在日内瓦第二届国际语言学家大会上继续阐明，"音系学关注的不是作为物理、生理或心理-生理现象的语音，而是音位，即实现为语音且生存于语言意识中的语音意图（[德] Lautabsicht）。只有那些在某一具体语言中可用于区别语义的语音差异才具有音系效力"。（Trubetzkoy 1933a：109）虽然他主张把音系学与语音学完全切割开的立场引发了包括叶斯柏森在内的老一代学者的质疑，但叶斯柏森对音位概念本身无疑是持的肯定的态度："两个音位故而足以让两个词相互区别。因此，两个语音之间的区别从语言学角度来看不一定重要，而两个音位之间的区别则永远很重要。"（Jespersen 1933a：214）

不过，叶斯柏森同时注意到了"音位"这个术语存在的不足之处：第一，语言系统中存在小于音位的区别性语音成分，如"浊音性""鼻音性"等；第二，语言系统中还存在韵律层面的区别性语音成分，如重音、音长、声调等。他在《语言学文集》（1933）里的《三论语音定律问题》一文中，把某一具体语言中具有语义区别功能的成分重新定义为"语言化"（[德] glottisch，[法] glottique，[英] glottic）成分，用以取代他曾长期使用的"由内部决定的"这个虽然正确却不够棱角鲜明的术语。与之对应，原来的"由外部决定的"这一术语，可由"非语言化的"（[德] nicht-glottisch，[法] non-glottique，[英] non-glottic）取代。

有了"语言化—非语言化"这组术语，语言的各个层面上皆可区分出语义区别成分和非语义区别成分。首先，是小于音位的若干语音成分。例如，口元音和鼻元音在法语中是音位区别，故而法语元音系统中存在语言化的"鼻音性"特征，与之相反，英语元音的"鼻音性"是非语言化的。叶斯柏森早在19世纪80年代就已提出"每个音都是复合的"（Jespersen 1889：6），因此他注意到音位之下的语义区别性成分也是非常自然的。叶斯柏森没有系统全面地列出音系描写究竟需要多少种类似"鼻音性""浊音性"的语音成分，但这一思想在

3. 语音？音系？语义区别在语音结构中的地位

一定程度上预示了未来雅柯布森等学者更成熟的区别特征理论。

其次，是音段层面。"语言化—非语言化"二分法区分了音位与变体。详情不再赘述。

再次，在超音段层面上，"语言化—非语言化"二分法使重音、音长、声调这三种最常见的韵律成分实现了统一。例如，英语、德语、俄语的重音，英语、德语、芬兰语的音长，汉语、挪威语、瑞典语的声调，都是语言化的；而法语、捷克语的重音，法语、俄语的音长，以及大多数欧洲语言的音高特征，都是非语言化的。

最后，"语言化—非语言化"二分法不仅限于语音层面。叶斯柏森指出语法层面亦存在"语言化—非语言化"手段之区别。例如，他认为词序就是个很好的例子："许多语言中，谓语放到主语前面并无特别意思，但是一旦用这一方式来构成疑问句，就是语言化的了，也就是对该语言的口语理解产生了决定性影响。"（Jespersen 1933a：217）《历史原则下的现代英语语法》最后一卷中，我们看到了叶斯柏森对语言化词序的定义。可惜这只是个十分笼统的定义：某一词序若能够"用来让一种句子区别于另一种句子"（Jespersen 1949：62），就是语言化词序。不过，从他所做的分类中我们不难发现，判定某一词序是否为语言化词序，其关键仍然是该词序是否会引发语义上的改变。以英语"主语+动词"（SV）和"动词+主语"（VS）之区别为例，叶斯柏森认为，疑问句、虚拟式、条件句中的VS词序是语言化的，而倒装句中的VS词序是非语言化的。

例如，语言化的VS结构可区别陈述与疑问：

He is ill.（他病了。）/ Is he ill?（他病了吗？）

可用于区别猜测与愿望：

The war may come.（战争可能发生。）/ May the war come!（战争来吧！）

可用于表达条件句中的假设，使之不同于陈述语气：

> Should he be arrested, it would probably involve ...（他一旦被捕，就很有可能……）

还可区分口语中的一些惯用句：

> So I am.（我就是这样。）/ So am I.（我也是。）

然而，下列两句中的VS词序是非语言化的：

> Up went the flag. / The flag went up.（旗升了起来。）

这两句之间当然有修辞效果上的差异，但在语义上并无区别。

我们回到语音层面上的"语言化—非语言化"二分法上，这组概念的提出，最初旨在为布拉格学派反复强调的"语音—音位"二分法做补充。那么，"语言化—非语言化"二分法从布拉格学派那里得到了何种回应？特鲁别茨柯依在《音系学原理》（*Grundzüge der Phonologie*，1939）中论述"语言—言语"二分法的理论基础时，除了援引索绪尔、加迪纳（Alan Gardiner，1879–1963）、比勒（Karl Bühler，1879–1963）之外，也引用了叶斯柏森："对于'属于语言结构的'之义，我们使用O.叶斯柏森提出的'语言化'这个术语。"（Trubetzkoy 1939：5）例如，特鲁别茨柯依论述音系结构中的抽象边界成分时就曾指出，"词中的语素界，语言化性质丝毫不亚于词与词之间的差别"（同上，255）。这一回应无疑是积极的。

叶斯柏森本人则把"语言化—非语言化"二分法进一步运用于对音系演化的阐释。他在《语言变化的效用》（1941）一书中指出，语言中有些变化最初并不具有效用，只是纯粹的机械性变化而已，后演变为具有效用的变化，即语言化变化。例如，词末辅音/-n/与下一个词的词首辅音邻接，/-n/发生脱落，本是个机械变化（英语中至今仍存不定冠词a / an之分），但却系统演化出某些限定词与代词之区分，如my / mine，no / none。再如，foot的复数形式feet由fōti演变而来，ē的产生

3. 语音？音系？语义区别在语音结构中的地位

原为元音和谐之产物[①]，但是随着词尾-i脱落，元音和谐的条件已不存，oo/ee成为语言化变化，成为名词单复数区别的标志。动词sing/sang/sung中的i-a-u式变音（umlaut）屈折原本也不具有语言化特征，因为这一屈折模式在古英语中远未如此整齐，u曾出现于过去式的复数形式，而非过去分词所独有；如今，i-a-u稳定地出现于多个动词中，如ring-rang-rung, swim-swam-swum，从而实现了语言化。

作为术语，"语言化—非语言化"自身的生命力并不强，如今这组术语已很少见到，基本被"区别性—非区别性"（distinctive / non-distinctive）取代。然而，语音结构及语音变化中，对与语义区别相关的成分和与语义区别无关的成分加以分别，无疑表明叶斯柏森的语音学理论绝非"原子主义"的，而是具有明确的音系学特征。

3.4.4 语音经济与音位的功能负载

《语音学》和《语音学教程》对语音的一般性问题做了深入详细的论述之后，以对具体语言的整体语音系统的描写为结尾。某一具体语言的整体语音特征，反映的是该语言对各类语音成分的运用情况。叶斯柏森指出："有些差异，在某些语言中发挥非常重要的作用，用来区分其他方面完全相同的词；而在另一些语言中要么不发挥任何作用，要么仅发挥微不足道的作用。"（Jespersen 1904b：243）整体看语言的音系系统，那些"发挥非常重要的作用"的语音成分的地位显然更高。因此，叶斯柏森并未止步于某一语音成分在具体语言中是否发挥语义区别功能，还进一步强调了该成分在多大程度上发挥语义区别功能。

同为语言化（音系性）语音成分，区别力仍存在差别。例如，"浊音性"对于英语塞音来说区别力很强，/p, t, k/和/b, d, g/在词首、词中、词末皆可形成稳固的清浊对立。与之相比，擦音的清浊对立受到一定局限，词末位置的清浊对立非常重要，经常具有词法功能

[①] 参见 Algeo & Pyles（2009：104-105）。

（如half—halve所体现的名词与动词之区别），但词首位置的清浊对立却远不如词末、词中那么常见；以/z-/开头的英语词数量很少，/s/与/z/的对立在词首位置构成的对立当然就不会太多；而/θ/和/ð/在词首位置的对立则更加边缘，似乎仅能举出词频并不高的thigh（大腿）和仅用于诗歌的古旧词thy（你的）之对立。

而跨语言来看，不同语言对同一语音成分的运用状况更是不同。例如，"浊音性"对于德语的塞音和擦音来说，区别力都不如英语强。虽然/p, t, k/和/b, d, g/在德语的确具有音位地位，但其分布很受局限：浊塞音不能位于词末，即使位于词首也较少与相对应的清塞音构成语义对立。清浊擦音构成语义对立的机会更小，因为词首仅允许出现/z/，词末仅允许出现/s/，仅词中部才可能出现类似reißen /ˈʁaɪsn/（撕碎）—reisen /ˈʁaɪzn/（旅行）这样的/s : z/对立。

因此，为揭示具体语言对某一语音成分的运用状况，叶斯柏森引入了"语音经济"（lautliche Ökonomie）这个概念。经济反映的是人们如何对资源进行最合理的分配与利用，同理，语言对物理—生理性质相同或相似的语音材料的利用方式也是各有千秋，与每种语言语音上的独有特质密切相关，叶斯柏森因而认为，描写某一具体语言的"语音整体"时，切不可忽视这方面的描写，对"语音经济"的描写和对音段成分及韵律成分本身的描写同样重要。

叶斯柏森关于研究"语音经济"的号召得到了马泰修斯的积极回应。他在《论现代英语的音系系统》（On the Phonological System of Modern English, 1929）一文中把叶斯柏森称为旧时不多见的强调语音的功能层面的语音学家，[1]并把叶斯柏森的语音经济观作为其分

---

[1] 马泰修斯也是较早认识到具体语言音系中何为"典型"、何为"变体"的学者之一。早在1911年，马泰修斯就在题为"论语言现象的潜势"（O potenciálnosti jevů jazykových）的文章中指出，不对语义造成影响的语音差异（如说话者个体差异、风格差异等），可称之为"共时摆动"（[捷] statické kolísání, 英译为 static oscillation），在语言研究中属于可忽略的细节。此时他也是尚未使用"音位"这一术语，但和叶斯柏森一样，反对仅从纯生理基础出发做语音描写。

3. 语音？音系？语义区别在语音结构中的地位

析具体语言音系系统的理论出发点。基于语音经济之概念，他指出，"音系成分的数量、本质和比例，都不足以全面描述音系系统。若要彻底了解音系系统，我们就必须明白该语言对其音系材料进行了什么样的实际运用"（Mathesius 1929a: 49）。换言之，音系描写中必须指明可区别词义的语音对立在某一具体语言中的实现频率究竟有多高。布拉格语言学小组公布的《音系学术语标准化方案》中，这一问题被定义为音位的"功能负载"（[法] rendement fonctionnel，[德] funktionelle Belastung）①，释为"某一音系对立在某一具体语言中用来区分词义的程度"（CLP 1931: 313）。此后，马泰修斯还在《论音位的负载性问题和组合性问题》（Zum Problem der Belastungs- und Kombinationsfähigkeit der Phoneme, 1931）一文中对这一问题做了更具普遍性的阐述，把关于音位功能负载的研究定位为音系学的量性分析，将其视作对音位、音系标记等质性分析的重要补充；前述《论现代英语的音系系统》（1929）一文正是他为具体语言的音位功能负载研究提供的范例。从这一意义来看，马泰修斯有力地发展了叶斯柏森的语音经济观，故而可视为受到叶斯柏森重要影响的又一位布拉格学派音系学家。

3.5 小结

叶斯柏森通常被视为经典语音学家，但是他的语音学著作中始终坚持以语义对立作为确定语音成分重要与否的标准，无论在音段层面还是超音段层面，他都大量运用"最小对立体"原则，对语音中的区别性成分进行强调。因此，他被布拉格学派视为音系学视角的重要先行者之一。叶斯柏森早年用"典型语音"和"次要变体"来区别两种不同性质的音段成分，用"由内部决定的"成分和"由外部决定的"成分来区分两种不同性质的超音段成分。在琼斯、特鲁别茨柯依等学

---

① 《音系学术语标准化方案》以法文撰写，每个词目另附德文、俄文、捷克文译名。后来在英美出版的英文著作中，这个术语被英译为 functional load。

者相继开始强化"音位"概念后,叶斯柏森也接受了"音位"这一新术语。他晚年还提出了"语言化"和"非语言化"这组概念,尝试用这组概念来统一语言各个层面的语义区别成分和非语义区别成分之对立。从今天的观点来看,他的语音学思想已具有非常明显的音系学特征。

4. 音变的音系视角：语音演化的系统性

4.1 语音演化的原子主义观与整体主义观

叶斯柏森不赞同在语言研究中刻意划分出共时研究与历时研究，他的语音结构观所显现出的音系性同样适用于他的语音史观。以音系视角审视语音史，首要一点是由整体主义观点出发审视语音系统中的变化。具体语言中某一音变的重要性，不仅在于该变化本身，更在于该变化为整个系统带来的变化。因此，音变中不仅应重视元素（音）本身之变化，更应重视元素间相互关系之变化。他在《英语格研究》《语音与拼写》等著作中坚持的就是这样的原则。诚如多年后布拉格学派学者雅柯布森所言："某一语言系统内部的秩序若被打破，即会出现以构建新的稳定性为目的的一系列语音现象（如同一盘棋）。"①（Jakobson 1927：184）聚焦于元素本身的观点被布拉格学派批评为"原子主义"（atomism）；而与之相反的普遍性、整体性的音系学观，始终被特鲁别茨柯依视为音系学"最本质的特征之一"及其"现代性、整体性、科学性方向"（Trubetzkoy 1931：116）之保障。

故而，以整体主义还是原子主义视角来审视语音史，被特鲁别茨柯依视为新式的音系学和旧时的语音学之间的根本区别之一。他因而

---

① 此处译文从捷克语原文 řetěz hláskoslovných jevů（一系列语音现象），即由若干语音现象构成的连锁反应。《雅柯布森选集》第 1 卷里的英语译文转译为 a cycle of sound changes（音变周期）。

提出:"以语音学为主导的语音史必然具有孤立性,记录的是单个音之历史,而非语音系统之历史。……与之相反,以音系学为导向的语音史学者,把语音演化视为音系系统的重组。对于每个音变,他都要质问音系系统发生了什么变化。"(Trubetzkoy 1933b: 124)

那么,作为前音系学时代最重要的经典语音学家之一,叶斯柏森论述语音演化时,视野是否真的因奉行原子主义而颇受局限呢?《三论语音定律问题》一文中,我们刚好可以看到他强烈反对原子主义的立场。他指出:

> 音变不仅影响某一个音,而且同时影响整个音类([德] Lautklasse)。总结这种并非仅仅孤立地影响某一个音,而是同时影响整个一类音的音变,就不该像许多语音史著作那样,用时下流行的话说,论述得太"原子化"。
>
> (Jespersen 1933a: 211-212)

同时我们还看到,叶斯柏森并未把音变视为机械而盲目的变化,而是从音义关系的角度审视每一个音变,把语义因素置于十分重要的位置加以思考:

> 从语言的语义层面上可以发现,每当音变发生时,都会出现新的同音词。这跟当前的语音系统和前一阶段的语音系统之间的关系有关,前一个阶段有大量的词仅因一个音之差而相互区别。这至少也在一定程度上决定了音变未来可能发生的路径,即音变不应徒然加剧已有的混淆之可能。
>
> (同上)

某一具体语言发展的每一阶段,语音系统中的元素出现变化时,往往牵一发而动全局,并在语义层面上显现出效应,使同音词增加与减少。因此,无论从语音系统本身看,还是从语义关系看,叶斯柏森的音变观都不是孤立而原子化的。

他的上述论断,回应的正是特鲁别茨柯依对"旧式"语音学的

4. 音变的音系视角：语音演化的系统性

批评。虽然在今天，特鲁别茨柯依主要因《音系学原理》而为世人所知，而《音系学原理》只是对共时音系理论的构建，但特鲁别茨柯依同样强调音系学视角在历时研究中的作用。他在1931年日内瓦第二届国际语言学家大会上提出，"不应认为对语音研究做音系学思考仅对共时语言学或描写语言学重要。正相反，这一思考对语言的历时思考或历史思考同样具有价值。"（Trubetzkoy 1933b：124）对此，他还援引布拉格语言学小组创始人马泰修斯的话："葆朴学派具有方法论上的严密性，洪堡特学派具有视角上的新颖性并强调语法事实间的相互依存，而结构功能语言学……在语言学普遍发展中的地位，正在于让二者结合起来之可能。"（Mathesius 1933：146）换言之，布拉格学派的音系学理论由于综合了葆朴的语言历史观与洪堡特的语言普遍性观，对历时语音现象和共时语音现象皆具有解释力。

类似的观点，雅柯布森此前也阐述过："共时语言学研究与历时语言学研究之间的矛盾，应通过把历时语音学（historical phonetics，[捷] historického hláskosloví）转化为音位系统史（history of phonemic system，[捷] dějiny systému fonologiského）来克服。"（Jakobson 1927：184）布拉格学派对语音演化中的音系系统性的强调，和其共时音系观一脉相承。如果旧时的语音史研究过于原子主义，那么以结构主义、功能主义为基础的语音史研究一定要实现语音史的音系化、系统化。

但是，此前的语音史研究者真的仅仅是在记录单个音的历史，完全没有从整体角度顾及语音演化的系统性吗？在日内瓦大会上，叶斯柏森对音系学原则表示肯定的同时，也当场指出了这一指责的不公，《三论语音定律问题》中的前述引文即是他会后对此问题的书面阐述。而叶斯柏森不是日内瓦会议上特鲁别茨柯依主旨发言的唯一点评者，梅耶也表示："我们不应当对语言史研究者不公平。只要打开布鲁格曼的《纲要》，就会发现他并不是那种一定要把音位驱逐出去的纯原子主义者。布鲁格曼并不觉得一切语音对立重要性皆相同，他对重要的语音对立和不重要的语音对立做过区分。"（Meillet 1933：

127）

同样表示质疑的还有凡·维克（Nicolaas van Wijk，1880-1941）。日内瓦大会后，他在发表于荷兰《新语言指南》（*De Nieuwe Taalgids*）学刊的《现代音系学与语言范畴的界定》（*De moderne phonologie en de omlijning van taalkategorieën*，1932）一文中，也是一方面认可布拉格学派音系学家的"精明、活跃与激情让音系学在语言学圈子中的生存权成为得到普遍承认的事实"，并"对现代'音系学'的成果高度敬重"，另一方面也指出这个新兴的语言学研究群体对前人的既有研究把握不够，对音系思想的历史缺乏全面认识，故而提出：

> 音系学的基本观点并不新；……[布鲁格曼]明确承认了系统存在于每种语言的每一时期，并解释了把单个事实纳入系统的普遍性研究比对事实本身的研究更为重要。……舒哈特也是那个时代的"音系学家"，只是"音系学"当时尚未成为一门科学的名字而已。因此，如果布鲁格曼、舒哈特、叶斯柏森以及我另外提及的梅耶很早以前都曾对音系学原则十分了解，那么这门科学就不能称为是全新的科学。
>
> （Van Wijk 1932：66）

《纲要》一书，即新语法学派两代主将德尔布吕克（Berthold Delbrück，1842-1922）和布鲁格曼合著的5卷本《印欧语比较语法纲要》（*Grundriss der vergleichenden Grammatik der indogermanischen Sprachen*）[①]。在这部全面反映新语法学派主张的著作中，布鲁格曼

[①] 该书由布鲁格曼撰写第1卷《导论与语音学》（*Einleitung und Lautlehre*）和第2卷《构词学》（*Wortbildungslehre*），由德尔布吕克撰写第3、4、5卷《印欧语比较句法学（上、中、下）》（*Vergleichende Syntax der indogermanische Sprachen*）。这部多卷本著作阐述了新语法学派的学说，与葆朴的6卷本《比较语法》（*Vergleichende Grammatik*，1833-1852）、施莱歇尔的2卷本《印欧语比较语法纲要》（1861-1862）是代表了历史比较语言学三个发展阶段的最重要里程碑。

不仅指出"语言史事实应始终在相互关系中加以呈现,应始终按其真实发生的时间顺序加以呈现"(Brugmann 1897：ix),而且还引用了舒哈特《论语音定律》中的一句反问:"那成千上万的词源与词法对应,那成千上万的语音定律,只要依然是孤立的,只要没有融入更高的层面,那意义又何在呢?"(Schuchardt 1885：36)在这一问题上,观点经常激烈对撞的布鲁格曼和舒哈特皆认定,对语音史乃至整个语言生命的科学研究,不能仅停留在对大量孤立事实的描述上,而应关注事实之间的系统联系。

特鲁别茨柯依在《当今的音系学》中再度回复叶斯柏森、梅耶、凡·维克时强调,问题的关键不在于是否提及系统性,而在于是否把系统性视为最根本的出发点。(Trubetzkoy 1933c：234n1)然而,音变的系统视角和音义关系视角在叶斯柏森的著作中绝非偶然提及而已。早在《英语格研究》中,他就已经论述了浊擦音在英语音系中的地位提升过程;在《语音学的基本问题》中,他还尝试为音变的系统性提出了普遍模型;《语音与拼写》中对英语"元音大转移"的论述,无疑是从音系整体出发证实这一普遍模型的成功范例;《语音与拼写》中更有随处可见实例,可证实音变对音义关系的影响。

4.2 英语语音史中的音系化:以浊擦音音位的产生为例

4.2.1 英语中的清浊对立

叶斯柏森总结现代英语语音系统的总体特征时指出,英语"清浊辅音始终相互对立,……环境对清浊关系几乎无任何影响。"(Jespersen 1899：615)今天的英语中,清浊辅音对立稳定地存在于各种语音环境中。从音类来看,对立的清浊辅音既包括塞音(如/k/:/g/),也包括擦音(如/f/：/v/)和塞擦音(如/tʃ/：/dʒ/);从位置分布来看,清浊对立见于词首(如pig：big)、词中(如latter：ladder)和词末(如rice：rise)。

有时,清浊对立甚至可发挥词法功能,包括:(1)名词的单复数交替，如wolf—wolve、house—houses等，cloth—clothes的交替亦与之相关；（2）名词与动词的交替，如life—live、breath—breathe、advice—advise等；（3）名词与形容词的交替，如north—northern、worth—worthy等。

与之相比，清浊对立虽然在德语音系中也存在，但却很受局限：德语的三组清浊塞音（/p/ : /b/，/t/ : /d/，/k/ : /g/）仅在词首和词中部对立，在词末则消失，仅允许清塞音出现；德语虽有非常发达的擦音和塞擦音系统，但清音明显多于浊音。/ʃ/、/ç/、/x/、/ts/、/tʃ/出现频繁[①]，但与之对应的浊擦音要么不存在，要么很边缘；即使是像/v/、/z/这类确实具备音位地位的浊擦音，其分布依然显现出局限性：/f/和/v/虽然皆可位于词首，却只有/f/才可出现于词末；/z/的分布范围更小，/s/和/z/仅在词中部对立，词首只出现/z/，词末只出现/s/。

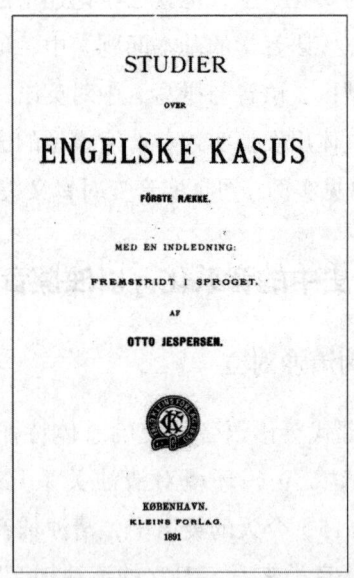

图4-1　叶斯柏森的博士论文《英语格研究》

---

① 德语 /ç/ 和 /x/ 绝大多数情况下呈互补分布，二者是否应归入同一音位存在一定争议性。参见 Bloomfield（1930）。

4. 音变的音系视角：语音演化的系统性

然而，浊音性在英语中如此稳定而对称的分布，并非自古已然。从叶斯柏森《英语格研究》以及《英语浊擦音和清擦音》等著作所展示的翔实例证中可看到，浊擦音和浊塞擦音在中古英语中的地位全然不同于今日，中古英语的[v]、[z]、[ð]、[dʒ]等浊音严重依赖于其所处的语音环境，仅作为浊音环境中的变体出现，并不具备独立的音位地位。借用雅柯布森后来的术语，英语的这几个浊擦音由变体升至音位地位，经历的是"音系化"（phonologization）[①]的过程。

4.2.2 浊擦音[v]的音系化过程

叶斯柏森观察到，13世纪初的中古英语文本《修女规箴》（*Ancrene Riwle*）显示，字母f和u/v的使用[②]与今天有很大不同。许多我们今天写成f之处，在《修女规箴》中时而写成f，时而写成u/v。他以大量例子证明，二者的分工极具规律性，故而推断这两个字母代表的是依据环境而交替的两个语音变体。关于这个问题，我们把他在《英语格研究》和《英语浊擦音和清擦音》里列举的部分例子加以归类，并还原回原文的语境中，即可更清楚地看出这组清浊对立的擦音的分布规律。

[①] 该术语见于雅柯布森《历史音系学原理》（Prinzipien der historischen Phonologie, 1931）一文，载《布拉格语言学小组文集》第4卷，原文为德文。与"音系化"（[德] Phonologisierung）相反的历时过程称"去音系化"（[德] Entphonologisierung）。1962年版《雅柯布森选集》第1卷收录了该文的法文版本。雅柯布森在这个法文版本中提出，"音系化"（[法] phonologisation）亦可称为"音系价值化"（[法] valorisation phonologique），"去音系化"（[法] déphonologisation）亦可称为"去音系价值化"（[法] dévalorisation phonologique）。

[②] 此时期v和u尚未形成稳定的正字法区别，应视为同一字位（grapheme）。

> þe inre uondunge is twouold ꞉ ase is þe uttre꞉ uor þe uttre uondunge is mislicunge in aduersite, ⁊ ine prosperite þet limpeð to sunne. Þis ich sigge uorði þet sum likunge is ⁊ sum mislikunge, þet of-earneð muche mede ꞉ ase likunge ine Godes luue, ⁊ mislikunge uor sunne.ᵉ Nu, ase ich sigge, þe inre uondunge is twouold—fleschlich ⁊ gostlich ꞉ flesliche ase of lecherie, ⁊ of glutunie, ⁊ of slouhðe. Gostliche, ase of prude, ⁊ of onde, ⁊ of wreððe. Wreððe is þe inre uondunge, auh þet is þe uttre uondunge þet kundleð wreððe ꞉ al so as of ziscunge. Þus beoð þeo inre uondunges þe seouen heaued sunnen ⁊ hore fule kundles. Vlesches fondunge mei beon icfned to uot wunde, ⁊ gostlich fondunge, þet is more dred of, mei beon, uor þe peril, icleoped breoste wunde. Auh us þuncheð gretture fleshliche temptaciuns ꞉ uorði þet heo beoð eð fele. Þe oðre, þauh we habben ham ofte, we nuteð ham nout, ⁊ beon þauh greate ⁊ grisliche ine Godes brihte eien ꞉ ⁊ beoð muche uorði, to dreden þe more. Vor þe oðre, þet me iveleð wel, me secheð leche ⁊ salue꞉ þe gostliche hurtes ne þuncheð nout sore, ne ne salueð

图4-2 莫顿版《修女规箴》片段

这类浊音环境可总结如下：

第一类：在复合词的内部，当擦音f/v位于词中部时（或者更确切说，充当第二个语素的首音时），浊音环境使之被同化为浊擦音；若无此环境，则为清音。换言之，第一个语素末音的清与浊，对该位置上f/v之选择具有决定作用。如下列各例所示，two-**u**old中为浊擦音，þusent-fold中却为清擦音；bi-**u**oren中为浊擦音，et-foren中却为清擦音：[①]

例1. -fold / -uold（层次）

(1-1-1) þe inre uondunge is tw**ou**old – fleschlich 7 gostlich (p. 194)[②]

[①] 必须澄清的是，中世纪英语文本中的字母 þ 和 ð，并不像今天冰岛语那样分别代表齿间位置的清浊擦音。如叶斯柏森在《语音与拼写》中强调，这两个字母在古英语中无差别地使用着，既表示清音也表示浊音。（Jespersen 1909a：44）后来他还在《英语的浊擦音与清擦音》中补充："有些早期文本会让我们觉得，古字母 þ 表示浊音，新的双字母写法 th 表示清音，但更仔细地加以审视后却表明，þ 只是出于方便而用在较为熟悉的词里，主要是代词和代副词，而 th 则用于那些不那么熟悉的词里，这之中完全看不出任何语音上的区别。"（Jespersen 1933a：354）19世纪的拼写改革推动者曾建议以 th 和 dh 区别清浊音（如 Sweet 1877：186），但未能成功。直至今日，英语中仍无专门字母来分别表示这两个音，而是笼统使用 th 这个写法。

[②] 页码为詹姆斯·莫顿（James Morton, 1783–1865）编辑、译注版本（1853）的页码，现代英语译文亦引自该版本。汉语译文为笔者自译。

4. 音变的音系视角：语音演化的系统性

(the inward temptation is twofold: carnal and spiritual)

（内心诱惑是双重的：既有肉体上的，也有精神上的）

(1-1-2) monie tentaciuns ich habbe inemned ou, under þe seoue sunnen; auh nout tauh þe þusen**t**fold þet me is mide itempted. (p. 226)

(I have named many temptations to you, under the seven sins; but yet not the thousandth part of those with which we are tempted)

（我为你们把众多诱惑归为七宗罪；但这还不及我们所遇试探的千分之一。）

例2. -foren / -uoren（前）

(1-2-1) Hwose seið b**iu**oren ou, "Wel is þe moder þet ou iber, 7 te godre heale were ȝe euer iboren" heo biswikeð ou, 7 is ower treitre. (p. 194)

(Whosoever saith before you, "Happy is the mother that bare you; and the greater blessing is it that ye were born," deceives you, and betrays you.)

（任何人在你们面前说，"快活是生你们之母，是你们出世时更大的福"，都是在欺骗你们，背叛你们。）

(1-2-2) Auh ine þeo þet beoð her e**t**foren iseid alle þeo oðre beoð bilokene.①

(But in those which have already been spoken of all the others are included.)

（但是，此前已说过的那些[罪]，亦可把其他一切[罪]包括进去。）

第二类：同一短语或同一意群内部，浊音环境使除第一个词之外的其他词首音同化为浊擦音。此处的词界（书面上的空格）在同一意群内，其实只是正字法上的习惯而已，这类浊化因而与前一类并无实质区别。例如：

---

① etforen 中的 et 与今介词 at 同源，参见 Morton（1853：443）。

例1. 序数词 feorðe / ueorðe（第四）、fifte / vifte（第五）：序数词通常与限定词连用，上述两词出现于定冠词 þe（今 the）之后时首音为浊音，出现于指示限定词 þet（今 that）之后时首音为清音，f/v 的选择取决于该词前面的末音是清还是浊：

(2-1-1) Þe Liun of Prude haueð swuðe monie hweolpes; ... þe **u**eorðe is Presumptio; þet is þeo þet nimeþ more an hond þen heo mei ouercumen; oðer entremeteð hire of þinge þet to hire ne ualleð. Þe **v**ifte hweolp hette Inobedience; þet is, þet child þet ne buhð nout his elder; vnderling, his prelat; paroschian, his preost; meiden, hire dame; euerich lowure his herre. (p. 198)

(The Lion of Pride hath a great number of whelps; ... The fourth is Presumption; that is, one who taketh in hand more than she is able to perform; or meddleth with any thing which doth not belong to her. The fifth whelp is called Disobedience; that is, the child that obeys not his parents; a subordinate minister, his bishop; a parishioner, his priest; a maiden, her mistress; every inferior, his superior.)

（骄傲的狮子有许多崽；……第四个叫专横；即把力所能及之外的东西握在手里，或是介入各种不属于她的事物。第五个叫不服从；即孩子不服从其父母，属下牧师不服从其主教，教士不服从其神甫，女仆不服从其女主人，各种下级不服从其上级。）

(2-1-2) Nie þinges beoð þet ouhten hien touward schrifte. ... Þet **f**eorðe þing is secnesse: þet he ne mei wel þenchen bute euer on of his secnesse, ne speken ase he schulde, bute gronen uor his eche, and grunten uor his stiche more þen uor his sunnen. ··· Þet fifte þing is muche scheome þet hit is, efter val, to liggen so longe — and hure 7 hure, under þe schucke[.] (p.326)

(There are nine things that ought to urge us to confess quickly. ... The fourth thing is sickness: he that is sick cannot easily fix his thoughts on anything but his sickness, nor speak as he ought, but groan

4. 音变的音系视角：语音演化的系统性

and cry out for his pain and suffering more than for his sins. ... The fifth thing is, the great shame that it is, after a fall, to lie so long; and especially under the devil.)

（九件事情会促使我们立刻忏悔。……第四件事情是疾病：患病者既无法思考其病症之外的任何事情，也无法按其常态说话，只会因病痛呻吟哭喊，承受的苦难超过其罪。……第五件事情，非常羞耻，是倒下之后躺得太久，尤其是受了魔鬼的控制。）

例2. 名词 freond / ureond（朋友）

(2-2-1) Hweðer is wissure of þeos two? Hweðer is betere his owune **u**reond? Hweder luueð him sulf more? (p. 364)

(Whether of these two is wiser? Which is the better friend to himself? Which of them loveth himself more ?)

（这俩人哪个更聪明？哪个是自己更好的朋友？哪个更爱自己？）

(2-2-2) Þe Unicorne of Wreððe þet bereð on his neose þene horn þet he asneseð mide alle þeo þet ha areacheð, haueð six hweolpes. ... Þe sixte is wil þet him vuele itidde, oðer on him sulf, oðer on his freond, oðer on his eihte. (pp. 200-202)

(The Unicorn of Wrath, which beareth on his nose the horn with which he butteth at all whom he reacheth, hath six whelps. ... The sixth is Wishing that Evil may happen to a man himself, or to his friend, or to his possessions.)

（愤怒这只独角兽，鼻子上长角，见谁扎谁，他有六只崽。……第六只叫妄想，他会让罪恶降临于某人自身、其朋友、其财产。）

第三类：以f/v为首音的词，如果与前一个词之间形成的意群关系并不十分紧密，甚至可能存在停顿，这样的浊音环境仍可决定此处f/v的清与浊。例如，《修女规箴》中不时出现表原因的词forði / uorði。

这个词在古英语里原为复合词for + þȳ（þæt的工具格），与今丹麦语fordi（因为）同源。作为连词（3-1-1），它和其后面的成分的语义关联显然超过其前面；作为副词，它是个外置性的状语。然而，该词的首音仍会受到浊音环境的同化，导致存在f-和v-两种变体：

(3-1-1) Þis ich sigge **u**orði pet sum likunge is 7 sum mislikunge, þet of-earneð muche mede; ase likunge ine Godes luue, 7 mislikunge uor sunne. (p. 194)

(I say this because there is some pleasure and some displeasure that merits much reward; as pleasure in the love of God, and displeasure on account of sin.)

（我这样说，是因为快乐与不快乐皆深有其因；如敬爱上帝之快乐，又如因罪而引发的不快乐。）

(3-1-2) Hef u**p**, f**o**rði, mid treowe bileaue 7 mid herdie, up þine þreo uingres, 7 mid te holie rode steaue, þet him is loðest kuggel, leie on þe deouel dogge. (pp. 290-292)

(Hold up, therefore, with true and firm faith thy three fingers, and with the holy rood-staff, which is the cudgel which he loathes most, lay on the devil-dog.)

（所以，带着真诚而坚定的信仰举起三指，用那魔鬼最憎恶的神圣十字架，狠打这狗东西。）

第四类：首音f/v所在的位置之前甚至可存在更为明显的停顿，但浊音环境依然可以发挥影响，如：

(4-1-1) Þes laste bore hweolp is grimmest of alle; **u**or hit to-cheoweð 7 to-uret Godes milde milce, 7 his muchel merci, 7 his vnimete grace.

(This last bear's whelp is the fiercest of all, for it gnaweth and wasteth the benignant kindness, and great mercy, and unlimited grace of God.)

4. 音变的音系视角：语音演化的系统性

（最后这只熊息是最凶的一只，因为它啃咬、损毁神那温柔的善意、至上的仁爱以及无限的荣耀。）

以上例子突显出，清擦音[f]和浊擦音[v]在此阶段虽然客观上并存，但却不是两个独立的音位。二者只是同一音位在不同环境中的变体，浊擦音[v]出现于其他浊音（包括元音或其他响音，如鼻音、流音等）的包围之中，是同化之产物；若无此环境，出现的则是清音[f]。同一环境中只可出现两个音之一，二者形成互补分布，必然无法构成语义区别。以[v]为代表的浊擦音在中古英语时期维持了古英语时期的地位，即关于古英语的教科书中常说的"在元音或其他浊音之间发浊音，……在包括词首、词末的其他位置，是清音。"（Mitchell & Robinson 2005：15）

中古英语时期，"浊音性"仍然无法像当今英语里那样，为fan—van、half—halve等词对充当唯一的区别性语音成分。那么，原本不具音系效力的浊音性何以实现了音系化？这类浊擦音何以由环境变体演化为独立音位？

除了英语音系自身某些变化（如重音的作用，详见第5章）巩固了浊擦音的地位之外，外来因素在这一演化中的作用十分明显。大量以[v]为词首音的外来词由法语和拉丁语借入，随着这些词的出现，[v]开始摆脱对浊音环境的依赖，地位得到加强。

如今，我们以霍德（T.F. Hoad）编写的《简明牛津英语词源词典》（*Oxford Concise Dictionary of English Etymology*）为例，会看到以v-开头的英语词里，外来词占了绝大多数。该词典中以v-开头的词条有近400条，绝大多数源于法语、拉丁语。很多这样的词，正是在中古英语时期借入的，早已不再被视为外来词，其中不乏一些极其常用的日常词汇，[①]例如：

[①] 也有些以v-开头的外来词，近几个世纪借自其他语言，如：veranda(h)（阳台）< 印地语 verandā, 18 世纪。vodka（伏特加酒）< 俄语 водка, 19 世纪。voodoo（巫都）< 海地克里奥尔语 vodou, 19 世纪。这类词的数量不大。

value（价值）< 古法语value。14世纪。

vanish（消失）< 古法语esvanir。14世纪。

vegetable（蔬菜）< 古法语vegetable。14世纪。初为形容词，指"具有植物生命特征"；名词"植物"之义始于16世纪，"蔬菜"之义始于18世纪。

very（非常）< 古法语verai。13世纪。初为形容词，指"真实的"；副词"非常"之义始于14世纪。

victory（胜利）< 古法语victorie。14世纪。

view（视野）< 古法语veue。"检查"之义始于15世纪，"视野"之义始于16世纪。

violate（侵犯）< 拉丁语violāre。15世纪。

visit（拜访）< 古法语visiter。13世纪。

voice（声音）< 古法语vois。13世纪。

在这近400个现代英语词条中，真正源于古英语的"传承词"仅有3个，所占比例不足1%。这3个词的词源均以f-为词首音，之所以今以v-开头，皆因其具有西南部方言背景。英格兰西南部方言传统上把词首擦音浊化，与今德语和荷兰语类似。①这三个词分别是：

van（筛选矿石用的簸器或矿铲）②，源于fan的西南部方言变体，15世纪。

vat（染布、酿酒等工业用的大桶、大缸），源于fat的西南部方言变体，13世纪。

---

① 以英格兰西南部为背景的哈代作品中，常能见到西南部方言里的这种特殊的词首浊擦音（但也有些版本会对这类浊擦音进行"订正"）。例如，牛津大学出版社2005年版《德伯家的苔丝》第55页："You must **zee** yourself !" she cried. "It is much better than you was t'other day." 该版本不时可见zaid（said）、zee（see）、volk（folk）等形式。

② 表示"小型客车"的van是caravan的截短，源于古法语carvane "商队"（古法语借自波斯语），与这个van不同源。

vixen（母狐狸），源于中古英语南部方言形式，15世纪，其他方言中的形式为fixen（＜古英语fyxen）。

这些外来的词首浊擦音[v]（无论来自其他语言还是来自英语的方言）与频繁出现于同一位置上的清擦音[f]形成对立，虽然以此构成的最小对立体（如few：view，fat：vat等）未必很多，但至少为清浊擦音在词首形成语义对立创造了条件。这类外来因素成功打破了英语原有的清浊擦音互补分布，使浊擦音[v]的音位地位因而得到加强。

4.2.3 浊擦音[z]的音系化过程

叶斯柏森在14世纪英格兰僧侣诺思盖特的丹·米盖尔（Dan Michel of Northgate）撰写的《良心之责问》（*Ayenbite of Inwyt*）一书中，找到了一定程度上可与f/v构成平行的s/z之证据。

从外观来看，《良心之责问》中最引人注目的书写特点，在于其大量存在的以z-开头的词，这样的拼写形式在当时并不多见。我们不妨从中随机抽取一个段落，看看表示擦音的词首字母在该书中是如何分布的：

图4-3　莫里斯版《良心之责问》片段

ÞE PERIL OF SLACNESSE. 松懈之危害

莫里斯[①] 编辑的 中古英语版本（1866）	怀亚特（A.J. Wyatt）翻译的 **现代英语版本（c.1889）**
Efterward / comþ slacnesse / þet comþ / of þe defaute / of herte / and of kueade wone. þet bint zuo þane man / þet onneaþe / he him yefþ / to done wel. oþerhuil hit comþ / of onconnyndehede: and of fole hete. huer-by þe man / op-let zuo his herte / and his body / be uestinges. and be wakinges, and by oþre dedes. zuo þet he ualþ / ine fyeblesse / and ine zuiche ziknesse: þet he ne may naȝt trauayly / ine godes seruice. and to-ualþ / ine þa slacnesse / þet he ne heþ smak / ne deuocion / wel to done. Efterward / comþ werihede / þet makeþ þane man / weri / and worsi / uram daye / to daye / al-huet he is / al recreyd / and defayled. And þis is / þe zixte vice / of þe kueade sergonte. þet he fayleþ / erþan he come / to þe serueþ / and naȝt uolserueþ: his ssepe / he lyest. (p. 33)	Afterwards comes slackness, which comes of want of heart, and of evil habit, which so binds the man that with difficulty he gives himself to well-doing. Sometimes it comes of ignorance and of foolish heat, whereby the man so starves his heart and his body by fasts and by vigils and by other deeds, that he falls into feebleness and into such sickness that he cannot labour in God's service, and perishes in the slackness because he has neither taste nor devotion for well-doing. Afterwards comes weariness, which makes the man become weary and worse from day to day, until he is quite defeated and overcome with weariness. And this is the sixth vice of the evil servant, that he fails ere he come to the end or to his term, and one can say, whoever serves and serves not fully, he loses his reward. (p. 27)

（紧随其后的是松懈，松懈源于随心所欲，源于不良习惯，将人缚牢，使其很难投身于对完满的追求。有时松懈还源于无知，源于头脑发热，例如因斋戒、守夜等事而使身心疲乏，陷入虚弱与病屙，无力服侍神，故而在松懈中迷失自我，因为他既无完满之品味，又不为

---

① 理查德·莫里斯（Richard Morris, 1833–1894），英国语文学家，编辑整理了大量古英语、中古英语时期的文本，包括著名的《环游世界者》（*Cursor mundi*）、《高文爵士与绿衣骑士》（*Sir Gawayne and the Green Knight*）等，以及 6 卷本《乔叟诗集》（*The Poetical Works of Geoffrey Chaucer*）。

4. 音变的音系视角：语音演化的系统性

完满而投身。此后就出现了疲惫，使人日渐乏力、每况愈下，最终完全被疲惫打垮。这就是这不良侍者的第六种恶，他抵达终点、完成实名之前即告以失败，人们或可认为，人若服侍却无法服侍到底，就丧失了回报。）

叶斯柏森指出，《良心之责问》中没有使用像《修女规箴》那样的"连接音变规则"（sandhi rule）。所谓连接音变就是跨语素界或词界的语音变化，如在前面关于《修女规箴》的例子中，f/v的选择依赖前一个语素或词的末音的清与浊。《良心之责问》中显然没有恪守这样的规则，例如：

he ualþ / ine fyeblesse
he falls in(to) feebleness
（他陷入虚弱）

naʒt uolserueþ
naught ful(ly)-serves
（无法完全服侍）

这两个例子，前一例中既有符合连接音变规则的he ualþ，又有不符合连接音变规则的ine fyeblesse；后一例中表示浊擦音的u也是出现在了很明显的清辅音丛ʒt [xt]之后。而该书中s/z的选择，体现的同样不是连接音变，例如：

bint zuo þane man
binds so the man
（如此束缚人）

þe kueade sergonte
the evil sergeant
（有罪的侍者）

前一例的z-出现于清音之后，后一例的s-出现于浊音之后。那么，s与z体现的是何种差别？结合词源，我们可将这段中以s-和z-开头的词总结如表4-1所示。

表4-1 《良心之责问》中的词首s-和词首z-

《良心之责问》中的拼写及其释义	词源	现代标准英语拼写及词首辅音
slacnesse 松懈	古英语 slæc + -nis	slackness /s/
zuo 因此	古英语 swā	so /s/
zuiche 如此	古英语 swelc	such /s/
ziknesse 病	古英语 sēocnes	sickness /s/
seruice 服侍（名词）	古法语 servise	service /s/
smak 味道	古英语 smæc	smack /s/
zixte 第六	古英语 siexta	sixth /s/
sergonte 侍者	古法语 sergent	sergeant /s/
serueþ 服侍（动词，单三）	古法语 servir	serve /s/

我们从中不难发现s-与z-分布的基本规律：英语本族词，除sl-、sm-等辅音丛之外，一律写成z-。而s-则用于罗曼词汇①。词首写成z-的那些英语本族词，在古英语中以s-开头，在当今的标准英语中也是以清音/s/开头。虽然标准现代英语中并无德语、荷兰语那样的首音s-强制性浊化规则，但在部分方言中，首音s-、f-的浊化在古英语时期就已经出现（Lass 2002a：58-59），其中最著名的当属上文提到过的英格兰西南部方言。"词首擦音浊化"曾被视为西南部方言最显著的特征之一（参见Ihanlainen 2002：214），只是在近一个多世纪，这一古老特征才开始逐渐消失，以致斯瓦特维克和利奇指出"这种发音如今用在玩笑中多于用在真实话语中"。（Svartvik & Leech 2006：134）

《良心之责问》以肯特方言写成，从地理上看，位于泰晤士河口

---

① 本段中另有ssepe（酬劳）一词，源于古英语scipe，与今英语ship同源，ss表示的是 /ʃ/ 音。

4. 音变的音系视角：语音演化的系统性

的肯特方言当然不属于"西南部方言"，而今英格兰东南部的方言并无词首擦音浊化现象。不过，方言史研究表明，历史上，"除了南部和西部之外，东部也有浊化的词首擦音。词首擦音的浊化，后来缩退至西南部。"（Ihanlainen 2002：200）由此来看，《良心之责问》成书的时期，肯特方言中存在大量词首浊擦音并非不合理。词首位置的擦音若仅可为浊音，清浊擦音之间就必然无法形成音位对立。如果法语借词使该方言中重新出现了词首清擦音，那么这些清擦音对于强化 /s : z/对立、加强[z]的音位地位是非常有利的。

由此可见，浊音[z]的音系化历程与[v]类似。不过，与[v]不同的是，以[z]开头的词在英语中至今依然较少。《简明牛津英语词源词典》收录的以z-开头的词条有52个，从其词源来看，同样是外来词占了绝大多数。然而，这些以z-开头的外来词里，中古英语时期就已借入的词很少，仅有下列5个：

zeal（热情）< 晚期拉丁语zēlus < 希腊语ζῆλος。15世纪。

zenith（天顶）< 古法语或中世纪拉丁语cenit（由阿拉伯语借入）。14世纪。

zedoary（莪术，植物名）< 中世纪拉丁语zedoārium（由阿拉伯语、波斯语借入）。15世纪。

zodiac（黄道十二宫）< 古法语zodiaque < 拉丁语zōdiacus < 希腊语ζῳδιακός。14世纪。

zone（区域）< 古法语zone或拉丁语zōna < 希腊语ζώνη。15世纪。

上述词源表明，这些词在古法语和拉丁语中本身就是外来词，从希腊语借入，或是经希腊语转手，借自中东语言。这些词里的词首z-，是对希腊字母ζ-的转写。

英语中更多以z-开头的词，是近代之后引入的科技等领域的专业术语。这部分词如果借自法语，则是借自现代法语的新借词，而不是借自中世纪及文艺复兴早期的古法语，如：

127

zero（零）< 法语zéro。17世纪。

zest（热情）< 法语zeste。17世纪，初指"橙皮"。

也有些以z-开头的词是利用希腊语语素新构成的国际词汇，如：

zoetrope（西洋镜）< 希腊语ζωή（活物）+ τρόπος（转动）。19世纪。

zoology（动物学）< 希腊语ζῷον（动物）+ λόγος（知识）。17世纪。

zymurgy（酿造学）< 希腊语ζύμη（酵母）+ ἔργον（工作）。19世纪。

特别值得注意的是借自德语的词，共有11个，在52个词条里所占比例不小。字母z在德语中使用频率颇高，占如此高的比重自然不奇怪。不过，从z-的发音来看，这部分词进入英语后z-大多被同化为英语的词首[z]音；保留了德语原有的[ts]音的例子并不多，即使保留，有时也会呈现为不稳定状态，即[z]与[ts]皆可。这些词融入英语的程度往往并不深，有些名词甚至保留了德语正字法的大写首字母。这11个词的英语发音①及进入英语的时代如下：

Zeitgeist（时代精神）：/ˈtsaɪtgaɪst/或/ˈzaɪtgaɪst/。19世纪。

zeolite（沸石）：/ˈziːəˌlaɪt/。由希腊语经瑞典语、德语等进入英语。18世纪。

Zeppelin（飞艇）：/ˈzɛpəlɪn/。源于专有名词。19世纪。

zollverein（关税同盟）：/ˈtsɔlfɛrˌaɪn/或/ˈtsɔlfəˌraɪn/。19世纪。

zigzag（Z字形）：/ˈzɪgˌzæg/。经法语进入英语。18世纪。

zinc（锌）：/zɪŋk/。17世纪。

---

① 发音依据在线版 Merriam-Webster.com Dictionary，原词典用韦氏音标注音，由笔者转写为国际音标。

4. 音变的音系视角：语音演化的系统性

zinnia（百日菊）：/ˈzɪnɪə/。源于德语专有名词，经拉丁语。18世纪。

zircon（锆石）：/ˈzɜrkɒn/或/ˈzɜrkən/。18世纪。

zither（筝）：/ˈzɪθər/或/ˈzɪðər/。19世纪。

zwieback（烤干面包）：/ˈswiːˌbæk/、/ˈzwaɪˌbæk/、/ˈzwiːˌbak/等多种发音[①]。源于德语专有名词。19世纪。

zwinglian（茨温利教派）：/ˈzwɪŋlɪən/、/ˈswɪŋlɪən/或/ˈtsvɪŋlɪən/。源于德语专有名词。16世纪。

这52个词条中，真正称得上是英语本族词的仅有3个，其中2个源于拟声，1个是词组的截短：

zip（拉链）：源于拟声，今为名词及动词。19世纪。

zoom（聚焦）：源于拟声，今为动词。20世纪。

zounds（哎呀）：作为轻度咒骂语by God's wounds的缩略语、委婉语。今为叹词。16世纪。

透过上述词源我们不难发现，以[z]为词首的词在英语中出现得普遍较晚，未能像以[v]为词首的词那样在中古英语晚期就已大量出现。这解释了为何/s∶z/对立的区别力在词首位置上至今远不及/f∶v/，也在一定程度上说明英语以z-开头的词的数量为何至今仍较少，一部分词为何至今仍显现出一定的"外来感"。

[z]音出现于词首位置的频率虽然不高，但毕竟使seal（印玺）：zeal（热情）、sip（呷）：zip（拉链）之对立成为可能，也使浊音性在英语音系中的完善程度更进一步。

---

① 陆谷孙《英汉大词典》（1993）中标注的若干种发音中还有/ˈtsviːˌbaːk/，此注音与德语原发音相同。

4.3 英语语音史中的去音系化：以英语圆唇前元音的消失为例

叶斯柏森（1904b：245）总结英语语音体系时指出，英语"唇部发音不够充分，尤其缺少前伸之唇；完全没有圆唇前元音。"这一情况与"唇部发音非常充分，含前伸之唇"且"圆唇前元音非常发达"（同上，244）的德语形成鲜明对比。事实上，如表4-2所示，英语完全没有圆唇前元音的情况，在日耳曼语言中极其罕见。[①]

表4-2　圆唇前元音在现代日耳曼语言中的分布

	语言	高元音（ü类）	中元音（ö类）	ü是否见于二合元音	ö是否见于二合元音
西日耳曼语	英语	无	无	否	否
	荷兰语	紧 /y/，松 /ʏ/	紧 /ø/	是	是
	德语	长 /y:/，短 /ʏ/	长 /ø:/，短 /œ/	是	否
北日耳曼语	丹麦语	长 /y:/，短 /y/	长 /ø:/，短 /ø/；长 /œ:/，短 /œ/	是	是
	挪威语	长 /y:/，短 /ʏ/	长 /ø:/，短 /œ/	是	是
	瑞典语	长 /y:/，短 /y/	长 /ø:/，短 /œ/	是	是
	冰岛语	长 /y:/，短 /y/	长 /œ:/，短 /œ/	是	是

然而，长音/y:/和短音/y/在古英语中出现的频率并不低，由专用的字母y来表示。[②]那么，带有这个元音的词今日安在？我们选取《贝奥武甫》里的一个片段，可对这一问题有较为直观的了解：

  Đā cōm of mōre under misthleoþum

---

① 资料主要依据 König & Van der Auwera（1994）及 IPA（1999），不含外来词里的音。挪威语另有圆唇央元音 /ʉ:/、/ʉ/，瑞典语另有圆唇央元音 /ʉ:/、/ɵ/，有些描写把 [ʉ] 也归入前元音。

② 中等开口度的圆唇元音 /ø:/ 和 /ø/，在古英语中也一度存在过，但在很早时就已并入同等高度的非圆唇音位 /e:/ 和 /e/（参见 Lass 2002a：39-40），因此地位远不如至关重要的 /y:/ 和 /y/。

4. 音变的音系视角：语音演化的系统性

Grendel gongan, godes **yrre** bær;
mynte se mānscaða manna **cynnes**
sumne **besyrwan** in sele þām hēan.

（710-713行）

（迷雾掩盖下，沼泽里走来了格兰德尔，
身上印着神的愤怒；
那复仇者打算在这庄严的厅堂里，
诱捕人类一名。）

这4行中，短音/y/共出现在4个词里：

yrre（愤怒）：名词，宾格单数。此词演化为今日英语中的 ire（愤怒）。早在古英语时期，已存在ierre、irre等带有非圆唇音的变体。最终取得优势地位的是带长音/iː/的版本；元音大转移后，/iː/转为/ai/。我们仍可将其归为y与i的合并。

mynte（试图）：动词，过去时第三人称单数，不定式为 myntan。此词对应的现代英语词是几近废弃的动词mint（试图），与德语münzen（针对）同源。这个mint与同形异义的mint（铸币厂，<拉丁语monēta）、mint（薄荷，<希腊语μίνθη）均不同源。从myntan > mint的演化中，同样可看出y与i的合并。

cynnes（种类）：名词，属格复数。该词对应今英语kin（同类，亲属）。古北欧语亦有意义相同的同源词kyn，由此演化出今丹麦语køn、挪威语kjønn、瑞典语kön，表示"性别"之义。英语中同样经历了y与i的合并，圆唇音被非圆唇音取代；而北欧语言中的圆唇音开口度有所下降，但圆唇特征保存至今。

besyrwan（诱捕）：动词。由前缀be-加动词syrwan（密谋）派生而成。此词今已不存，但古英语时期已有besierwan之异体。

由此可见，古英语的/yː/和/y/，在中古英语时期普遍归入非圆唇的/iː/和/i/（长音/iː/在元音大转移后演化为/ai/）。当今英语中的短元

131

音/ɪ/和二合元音/aɪ/，有一部分是古英语/i(:)/与/y(:)/合并之产物；这类英语词在其他日耳曼语中对应的同源词，常常保留了圆唇的前元音。例如：

今为/ɪ/音者如：

fill（充满）< 古英语fyllan，比较德语füllen、丹麦语fylde；
kiss（亲吻）< 古英语cyssan，比较德语küssen、丹麦语kysse；
knit（编织）< 古英语cnyttan，比较丹麦语knytte；
little（小，少）< 古英语lȳtel，比较荷兰语luttel /ˈlʏtəl/；
sin（罪）< 古英语synn，比较德语Sünde、丹麦语synd；
wish（希望）< 古英语wȳscan，比较德语wünschen、丹麦语ønske。

今为/aɪ/音者如：

fire（火）< 古英语fȳr，比较德语Feuer、丹麦语fyr；
fly（飞）< 古英语flēogan，比较丹麦语flyve；
hide（兽皮）< 古英语hȳd，比较荷兰语huid /fɶyt/；
hive（蜂巢）< 古英语hȳf，比较荷兰语huif /fɶyf/；
mice（鼠，复数）< 古英语mȳs，比较德语Mäuse（äu发音为/ɔy/）。

除了上述英语本族词之外，中古英语还从法语借来了大量含有/y/音的词。这部分词里的/y/音大多转化成了二合元音/iu/，并涉及多种重音演化类型。叶斯柏森（1909a）给出的例词如：

refuse（拒绝）< 古法语refuser（/y/在英语、法语中皆有重音）；
curious（好奇的）< 古法语curios（/y/在英语中有重音，在法语中无重音）；
virtue（品德）< 古法语vertu（/y/在法语中有重音，在英语中无重音）；

humility（卑微）< 古法语humilité（/y/在英语、法语中皆无重音）。

如今我们还须注意，叶斯柏森（1909a）给出的许多这类例词里，该元音近一个多世纪以来再度发生变化，已不再是叶斯柏森在世时的/iu/音。例如：

allude（暗指）< 古法语alluder（/y/在英语、法语中皆有重音，今在英语中变为/uː/）；

cruel（残酷的）< 古法语cruel（/y/在英语中有重音，在法语中无重音，今在英语中变为/uː/）；

fortune（幸运）< 古法语fortune（/y/在法语中有重音，在英语中无重音，/iu/在英语中引发腭化使/t/成为/tʃ/，/iu/自身变为/u/或央音/ə/）；

natural（自然的）< 古法语natural或naturel（/y/在英语、法语中皆无重音，/iu/在英语中引发腭化使/t/成为/tʃ/，/iu/自身变为央音/ə/或完全脱落）。

另有一部分词从未经历过/iu/的阶段，由法语/y/直接演化为/u/，并在17世纪随含有/u/的英语本族词一道，在标准英语中变为/ʌ/。例如：

just（公正的）< 古法语juste（相关元音在英语、法语中皆有重音）；

public（公共的）< 古法语public（相关元音在英语中有重音，在法语中无重音）；

supplant（取代）< 古法语supplanter（相关元音在英语、法语中皆无重音，在英语中由于位于非重音位置，/ʌ/央音化为/ə/）。

而中等开口度的圆唇前元音/ø/，在古英语时期就是个非常边缘的音。叶斯柏森（1909a）提到，中古英语时期，由法语借入的少量含有/ø/的词使/ø/在英语中短暂重现，但这个/ø/的地位同样较为边缘，仅存在于部分中古英语方言里。这类词如：

> people（人民）＜古法语peuple；
> jeopardy（危难）＜古法语jeu parti；
> leopard（豹）＜古法语leopard。

上述词里eo的拼写形式并非二合元音，o充当的是书面上的圆唇符号。不过，这个/ø/音最终没能在英语中站稳脚跟，不久后也并入非圆唇的前元音，如people中的/iː/音，jeopardy和leopard中的/e/音。

正是/y/和/ø/的消失，使英语成为"唇部发音不够充分"的语言；二者的去音系化，意义不仅仅局限于其自身，而是对整个英语元音系统之整体特征产生了作用。

4.4 音系演化中的连锁反应：以元音大转移为例

4.4.1 独立语音的边界与演化中的越界

音变并不局限于音系化带来的音位增加和去音系化带来的音位合并。某一阶段的音系演化中，即使没有发生音位的增删，系统仍可呈现变化。叶斯柏森（1904a）指出，音变有时会在同一时期作用于若干个音，让这几个音之间的差别状况产生变化。例如，音x在演化中闯入音y的边界，音y相应地闯入音z的边界。他以图4-4来描述这种"越界"。

	A	B	C	D	E	F	G
1.	x		y		z		
2.		x		y		z	
3.			x		y		z

图4-4　语音连锁变化示意图（Jespersen 1904a：175）

图4-4中，纵坐标1-3表示三个相邻的时期，横坐标A-G是理论上可存在的音，x、y、z则是该语言中实际存在的音，是三个不同的音位（即叶斯柏森早期著作中所说的可区别语义的"独立语音"）。从第1

时期到第2时期的变化过程中，x偏离原位，客观上（即生理—物理性质上）成了一个介于原x和原y之间的中间音，新的y和z发生的也是同样的变化。此时，虽然x、y、z客观上均已不同于前一个时期的x、y、z，但三者中的任何两者都没有发生混淆，三者间的距离足以使前一时期的语义区别得到完好维系。

而在第3时期，音位x的生理—物理性质已经与第1时期的y完全相同；新的y与则与第1时期的z完全相同，而新的z则是个1、2两时期完全不存在的新音。若仅从"原子主义视角"来看，这一变化可谓天翻地覆。然而，由于这三个音变之间的关系平行且对等，从整个音系系统的性质来看，三个音位的区别功能完全没有发生改变。

因此，叶斯柏森从音变引发的语义效应出发，指出了两类音变之区别：一种是"变化了的音与已有的音合并"，另一种是"变化了的音不与已有的音合并"。前者可造成语义混淆，使同音词批量出现，而后者则不会引发这样的效应。上图所示的这种连锁变化，必然属于后者。英语语音史上著名的"元音大转移"即是这类演化之典型。

4.4.2 元音大转移的过程与顺序

与辅音相比，元音在英语史中的变化十分剧烈。此前，中古英语的元音系统已与古英语有很大不同。至早期现代英语时期，元音大转移更使英语的元音再次发生极为显著的变化。元音大转移不是个别长元音的孤立变化，而是涉及早期现代英语所有长元音的系统性变化，是今日英语语音格局形成过程中极为关键的一步。

元音大转移可简要描述为：/iː/、/uː/两个高元音"跌倒"，由长单元音变成二合元音/ai/和/au/，其他长单元音依次上升并填补空位。对这一过程的首次全面展示，正是在《语音与拼写》一书中（如图4-5所示），叶斯柏森因而被视为元音大转移理论的提出者。如今，在关于英语史的各类著作与教材中，此图的外观或有调整，但其中展示的思想始终未变。元音大转移早已成为当今的英语史研究者最为熟知的理论之一。《语音与拼写》中为阐释元音大转移而给出的例词，如表

4-3，同样为英语史研究者所熟知。

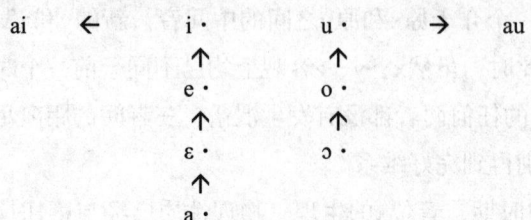

图4-5 《语音与拼写》中的元音大转移图
（Jespersen 1909a：232）

表4-3 《语音与拼写》中的元音大转移例词（Jespersen 1909：232）

中古英语拼写	现代英语拼写	乔叟时期读音	莎士比亚时期读音	今日读音
bite	bite	/biˑtə/	/beit/	[bait]
bete	beet	/beˑtə/	/biˑt/	[biˑt, bijt]
bete	beat	/bɛˑtə/	/beˑt/	[biˑt, bijt]
abate	abate	/aˈbaˑtə/	/əˈbæˑt/	[əˈbeit]
foul	foul	/fuˑl/	/foul/	[faul]
fol	fool	/foˑl/	/fuˑl/	[fuˑl, fuwl]
fole	foal	/fɔˑlə/	/foˑl/	[foul]

叶斯柏森其实不是第一位注意到此连锁反应的学者。吕克在《英语语音史研究》（*Untersuchungen zur englischen Lautgeschichte*，1896）中对这一现象亦有论及，但是吕克的体系远不如叶斯柏森的体系清晰明了，吕克也没有为这样的连锁反应做"元音大转移"之类的命名。不过，叶斯柏森的创新之处并不仅仅在于理论的清晰化，更重要的是他利用音系原则对元音大转移的顺序进行了与吕克不同的解读。

吕克认为后元音当中，"诺森伯兰方言的ǭ[①]发生的变化无疑最早，非常明显地早于其他变化，后者的发生不可能早于15世纪"（Luick 1896：78）；而关于前元音，他认为ē类音与ō类音在许多方面

---

① 吕克用下加点表示半闭元音，ǭ即国际音标 /oː/。

4. 音变的音系视角：语音演化的系统性

平行。因此，他断定长元音的连锁变化始于中等开口度的元音，中元音上升至高元音，迫使原有的高元音二合元音化。

叶斯柏森关于元音大转移发生顺序的看法与吕克相反，他认为"有些确凿证据表明，整套转移是从上部开始的。"（Jespersen 1909a：233）/i:/和/u:/这两个开口度最高的长元音二元音化，使最高位置呈现空缺，开口度次之的长元音依次上升补位，逐步形成了元音大转移的格局。当代学者麦克马洪（McMahon 2006：163）把吕克提出的顺序称为"推力链"（push chain），把叶斯柏森提出的顺序称为"拉力链"（drag chain），并指出这一争论一直持续至今。20世纪末重要的英语史学者当中，拉斯（Lass 1988，2002b）倾向于"推力链"，而斯托克维尔和闵柯瓦（Stockwell & Minkova 1988a，1988b）倾向于"拉力链"。值得注意的是，21世纪伊始，闵柯瓦和斯托克维尔（Minkova & Stockwell 2003）利用新兴的优选论方法再度对"拉力链"进行了证明，结论与叶斯柏森是一致的。

4.4.3 元音大转移中的音系学原则

关于元音大转移的顺序，叶斯柏森究竟掌握了何种"确凿证据"呢？研究者或许会很遗憾地发现，虽然《语音与拼写》中引证的关于元音大转移的文本证据丰富而确切，但这些文本证据似乎只能印证音变的发生，无法全面证实各音变发生的先后顺序。在他所引述的文艺复兴时期的出版物中，假如某一文献里已出现高元音的二合元音化，却尚未出现中等开口度的元音的上升，那么用这一证据来佐证"拉力链"必然具有决定性的说服力。然而，《语音与拼写》中关于元音大转移的这一章，通篇都无法找到这方面的强力证据。叶斯柏森论述早期现代英语发音时的最重要资料来源之一，是16世纪英国拼写改革倡导者约翰·哈特撰写的《正字法》（1569）和《方法》（1570）这两本关于英语拼写的书。叶斯柏森对二者进行了编辑整理，出版了《约翰·哈特的英语发音》（1907）一书。以前元音为例，观察《约翰·哈特的英语发音》中的词表，可发现原中古英语长音/i:/、/e:/

/ɛː/、/ɑː/在哈特在世时的早期现代英语中演变情况如下：

（1）中古英语的高元音/iː/此时已完成了二合元音化，尽管变化的结果是/ei/，尚不是今天的/ai/，如表4-4。

表4-4 《约翰·哈特的英语发音》里的/iː/＞/ei/

哈特词表里的词（叶斯柏森以国际音标转写）	中古英语常见拼写形式	词源	今拼写形式
bei	by, bi	古英语 bī	by
dezeir	desiren	古法语 desirer	desire
ei	eye, eie, yʒe 等	古英语 ēage	eye
keind	kinde	古英语 cynde	kind
lei	lien, liggen	古英语 licgan	lie
sein	signe	古英语 segn	sign
ðei	þi	古英语 þīn	thy
teim	time	古英语 tīma	time
hueil	while	古英语 hwīl	while
ureit	writen	古英语 wrītan	write

（2）中古英语的半闭/eː/已确定无疑地完成了上升补位，成为早期现代英语里新的/iː/，如表4-5。

表4-5 《约翰·哈特的英语发音》里的/eː/＞/iː/

哈特词表里的词（叶斯柏森以国际音标转写）	中古英语常见拼写形式	词源	今拼写形式
biliˑv	beleven, bileven	古英语 belīefan	believe
tʃiˑz	chese	古英语 čīese	cheese
kliˑn	clene	古英语 clǣne	clean
kiˑp	kepen	古英语 cēpan	keep
niˑdl	nedle	古英语 nǣdl	needle
priˑst	prest, preest	古英语 prēost	priest
spiˑtʃ	speche	古英语 spǣc	speech
tiˑþ	teth	古英语 tēþ	teeth

哈特词表里的词（叶斯柏森以国际音标转写）	中古英语常见拼写形式	词源	今拼写形式
þi·f	thef, theef	古英语 þēof	thief
tri·	tre, tree	古英语 trēo	tree
i·	ye, ȝe	古英语 gē	ye

（3）中古英语的半开/ɛ:/，演化状况较为模糊，因为哈特没有设计使[e]和[ɛ]相区别的符号，仅笼统地将中等开口度的前元音记作e。这个音可能已上升为半闭的[e:]，也可能保持为半开的[ɛ:]。但是，无论其实际音值是[e:]还是[ɛ:]，都表明它没有跟中古英语的/e:/（此时已上升为/i:/）混淆，如表4-6。

表4-6 《约翰·哈特的英语发音》里的长音e

哈特词表里的词（叶斯柏森以国际音标转写）	中古英语常见拼写形式	词源	今拼写形式
bene·ð	benethe	古英语 bineoþan	beneath
bre·k	breken	古英语 brecan	break
de·l	del, dele	古英语 dǣl	deal
e·tʃ	eche	古英语 ǣlc	each
le·f	leef	古英语 lēaf	leaf
re·di	redy, redi, rædiȝ 等	古英语 rǣde	ready
spe·k	speken	古英语 specan	speak
ste·l	stelen	古英语 stelan	steal
te·tʃ	techen	古英语 tǣcan	teach
hue·t	whete	古英语 hwǣte	wheat

（4）中古英语的低元音/ɑ:/，严格来说在哈特的描写中并不是前元音。这一点，从叶斯柏森（1907）引述的哈特对a、o、u三个音的发音生理描述中可看得非常清楚："发a音'嘴要张大，像打哈欠那样。'发o音，……'像a那样发，同时把两唇拢圆得像戒指……。'发u音，舌不与牙齿或牙床接触（像a和o一样），让两唇非常靠

近……。"（Jespersen 1907：30）开口度如此之大，a必然是最低的元音；发音方法上始终与o、u归为一类，则证明它是后元音。上述描写表明，/ɑ:/在这一时期没有上升，也没有前移，如表4-7：

表4-7 《约翰·哈特的英语发音》里的长音a

哈特词表里的词（叶斯柏森以国际音标转写）	中古英语常见拼写形式	词源	今拼写形式
bla·m	blamen	古法语 blasmer	blame
ka·k	cake	古北欧语 kaka	cake
fa·vor	favor，favour	古法语 favor	favor
la·di	lady，lafdi 等	古英语 hlæfdīge	lady
na·m	name	古英语 nama	name
ra·r	rare	古法语 rare	rare
ta·bl	table	古英语 tabele / 古法语 table	table
ua·king	waking	古英语 wacende	waking
ua·tr	water	古英语 wæter	water

上述论断表明，在哈特的时代，虽然大部分中古英语时期的长元音已发生显著变化，与今天的发音已较为接近，但是/ɑ:/尚未受到同样的影响，仍是真正的后/ɑ:/音。这一点对于证明元音大转移不是从低元音开始自下而上发生的，是条非常有力的证据。然而，这证据仅能够说明/ɑ:/ > /a:/ > /æ:/的变化晚于其他长元音，并不能推翻吕克的连锁反应始于中等开口度元音的论断。

真正对元音大转移始于高元音最有力的证据，实际上是一条抽象的音系学原则，与语义密切相关。叶斯柏森在《约翰·哈特的英语发音》一书中指出："假如像sea和say、seal和sail、veal和veil这样的词合并过，那么这些词又是如何再度分开，并且两个音分布得跟原有的分布完全一样？这似乎表明17世纪讲英语的普通人拥有中古英语语音史知识，这也太超乎想象了吧。"（Jespersen 1907：33-34）在《语音与拼写》中，他再度提出："假如这一变迁是从低元音开始的，那么元音之间就一定要时刻保持着与变化开始时相同的差异，一旦不同,这差异就只能消失了。相反,如果这一变迁是从顶端开始的,那么在某一具体阶段有可能会出现空档,让两个相近的元音之间的差别大于其他时期。"(Jespersen 1909a:233)的确,诸如bite:beet或是foul:fool这样的最小对立体,在早期现代英语中未发生过语义混淆,如今同样也未成为同音词。假如历史上曾经混同过,后来又重新产生了分化,那么如今的/ai/:/i:/绝不可能十分整齐地对应着历史上的/i:/:/e:/,如今的/au/:/u:/也绝不可能如此整齐地对应着历史上的/u:/:/o:/。

叶斯柏森还提到了来自正字法的证据:16世纪中期,/e:/已上升为/i:/,/o:/已上升为/u:/。与此同时,英语中又大量出现了ea、oa等表示开音的书写符号。他大胆猜想,这一时期的英语元音系统中,很可能是已完成双元音化的/ai, au/、已完成上升的/i:, u:/、尚未上升的/ɛ:, ɔ:/并存。如果这一局面属实,那么半闭/e:, o:/就成了这一时期的"空档"。于是,/i:/和/ɛ:/之间、/u:/和/ɔ:/之间的差距,的确大于之前的/i:/和/e:/、/u:/和/o:/。但是,这三组元音之间始终未发生混同。借助上节中提到的一般性框架(见图4-1),我们可把这三组元音(表格内的i、ee、ea、ou、oo、oa为拼写形式)分析为图4-6中的演化过程。

前元音:

	/ai/	/i:/	/e:/	/ɛ:/
1.		i	ee	ea
2.	i	ee		ea
3.	i	ee	ea	

后元音:

	/au/	/u:/	/o:/	/ɔ:/
1.		ou	oo	oa
2.	ou	oo		oa
3.	ou	oo	oa	

图4-6 元音大转移分阶段变化示意图

由此我们可直观地看出,无论是前元音系列还是后元音系列,都没有发生"独立语音"(音位)的合并。虽然系统中具体成分(音)自身的生理—物理性质变化非常显著,一个成分越界侵入另一个成分的"域"的情况经常发生,但是从整体性的角度看,系统始终未发生本质变化;从语义区别的角度看,这三组元音的变化并未系统地引发词义混淆。叶斯柏森故而强调,元音大转移"没有带来冲突,因为音之间的距离保持完好。"(Jespersen 1909a:335)他对元音大转移的分析始终从音系系统之整体出发,音义关系也得到了充分的考量,这样的思路必然不是原子主义的。

语音上的混淆一旦发生,引发的效应通常是不可逆的。我们不妨参照历史上确实发生过音位合并的例子:例如,上文提到的古英语的/i:/和/y:/,至中古英语时期已完成了合并,合并后的/i:/音在早期现代英语中经过元音大转移,成为今天的双元音/ai/。如表4-8所示,当今,若不借助词源知识,我们完全无法判断下列几组最小对立体中哪个/ai/音对应古英语的/i:/,哪个/ai/对应古英语的/y:/。

表4-8 英语/i:/和/y:/的合并

例词	词源	例词	词源
five(五)	古英语 fīf	hive(蜂窝)	古英语 hȳf
wire(金属线)	古英语 wīr	fire(火)	古英语 fȳr
tide(潮汐)	古英语 tīd	hide(兽皮)	古英语 hȳd
ice(冰)	古英语 īs	mice(老鼠,复数)	古英语 mȳs

同理,古英语短音/a/和短音/æ/的合并也是如此。如表4-9所示,现代英语某个具体的词里的/æ/对应的是古英语的a还是æ,同样无法直接做出判断。

表4-9 英语/a/和/æ/的合并

例词	词源	例词	词源
cat(猫)	古英语 catt	hat(帽子)	古英语 hæt
sack(袋子)	古英语 sacc	back(后)	古英语 bæc
ass(驴)	古英语 assa	ash(灰)	古英语 æsce
bat(球拍)	古英语 batt	bath(澡)	古英语 bæþ

最后还应提到一点:英语中确实存在的那些因长元音上升而造成

4. 音变的音系视角：语音演化的系统性

词义混淆（如beach [海滩]与beech [榉树]今同音），但不是元音大转移本身造成的，而是元音大转移造成的/ɛː/ > /eː/进一步上升造成的，即元音大转移之后的新/eː/继续上升成了/iː/。这一过程发生于17世纪，被叶斯柏森（Jespersen 1909a）称为"元音小上升"（Lesser Vowel-Raising），他给出的例词如表4-10所示。

表4-10　17世纪"元音小上升"造成的/eː/和/iː/的合并

例词	词源	例词	词源
beach（海滩）	古英语 bæce	beech（榉树）	古英语 bēce
flea（跳蚤）	古英语 flēah	flee（逃跑）	古英语 flēon
leaf（叶子）	古英语 lēaf	lief（亲爱的）†	古英语 lēof
peace（和平）	古法语 pais	piece（薄片）	古法语 piece
quean（女仆）†	古英语 cwene	queen（女王）	古英语 cwēn
sea（海）	古英语 sæ	see（看见）	古英语 sēon
tcam（组）	古英语 tēam	tccm（生育）†	古英语 tēman
weak（弱的）	古北欧语 veikr	week（星期）	古英语 wice（中古英语 weke）
wheal（肿块）†	古英语 *hwele	wheel（轮子）	古英语 hwēol

值得注意的是，这些词里有相当一部分如今已废弃（标"†"者）。可见语言对同音词有一定的内在调节机制。如叶斯柏森在《语音学的基本问题》中指出的："一种语言中，一定数量的同音词是可接受的。不同词类的同音词，即在句子中具有不同句法功能的同音词，比可用于相同位置的同音词更易被接受。"（Jespersen 1904a：176）从上述例词来看，虽然这一规律并不是绝对的，但是flea（跳蚤）—flee（逃跑）、weak（弱的）—week（星期）等词对能够长期共存，和其分属不同词类不无关系；而词性相同的wheal（肿块）—wheel（轮子）之间的生存竞争必然更激烈，共存遇到的阻力更大。至于词性相同且语义反差极其剧烈的quean（女仆）—queen（女王），作为同音词生存下来的机会就更小了。如果确实有同词性的同音词生存至今，二者的使用频率差别（如beach [海滩]—beech [榉树]）或文体

特征差别（如peace [和平]—piece [薄片]）极有可能发挥了重要作用。

叶斯柏森在《语音与拼写》中处理元音大转移时非常明确地指出："不能孤立考虑单个元音的变化，每个元音显然都是同一大规模语言变迁中的组成部分，这一变迁影响了中古英语里所有带有长元音的词。"（Jespersen 1909a：232）很明显，这样的连锁反应不仅见于某一种语言，而是普遍存在于各种语言的语音史；这样的连锁反应也不是某一类音所独有的，而是可发生于各种音类。特鲁别茨柯依在1931年日内瓦第二届国际语言学家大会上提出，"以音系学为导向的语音史学者，把语音演化视为音系系统的重组。"（Trubetzkoy 1933b：124）对此，为主旨发言担任主持人的德国历史语言学家克莱彻默（Paul Kretschmer, 1866–1956）点评时表示，音系学原则对语音史的诸多问题皆有启示。他以最广为人知的格林定律为例，形象地指出了应如何透过音义关系审视日耳曼语的辅音转化："由bh到b的变化最先发生；而原有的b变成了p，正是为了避免与从bh变来的b同音；而与之并存的原有的p也因此在b面前'逃跑'了，变成了ph、f。"（Kretschmer 1933：125）从这一阐释中我们不难领悟出，语义区别在语音演化中充当了制约因素，语音演化的系统性为语义区别充当了保障途径，使语音演化实质上成为音系演化。叶斯柏森对英语语音史的解读，运用的正是这样的视角。

4.5 小结

布拉格学派认为，旧时的语音史研究，缺陷在于以原子主义视角看待语音变化。然而，叶斯柏森始终把语音史视为语音关系史，并强调音变对语义产生的影响，语音史由此成为音系演化史。英语音系演化史中产生过新音位，也发生过音位的合并，更发生过使英语音系迥异于以往的元音大转移。叶斯柏森通常被视为对元音大转移进行系统研究的第一人，但他并不是所在时代唯一注意到这一现象的研究者。如果说他对这一问题的贡献超过了同一时代的其他人，那么他赢在了对音系原则的运用上。

5. 从维尔纳定律到"叶斯柏森定律"：音系演化中的重音

5.1 叶斯柏森的重音观

5.1.1 "重音"的术语问题

19世纪的语言学文献中通行甚广的表示"重音"的术语是accent。济弗斯《语音学原理》（*Grundzüge der Phonetik*，1881）中论述音节、词与句子的结构时，将这三个层面的重音分别称为Silbenaccent（音节重音）、Wortaccent（词重音）、Sätzaccent（句重音）[①]，并对"呼气性音节重音"（[德] exspiratorische Silbenaccent）和"音乐性音节重音"，亦称"声调性音节重音"（[德] musikalische Silbenaccent / tonische Silbenaccent）做了区别。

英、法、德等现代欧洲语言中的accent一词，借自拉丁语accentus，该词本为复合词，源于ad-（对于）+ cano（唱）；而拉丁语accentus又是希腊语προσῳδία（声调）的仿译（calque），后者由πρός-（对于）+ ᾠδή（歌）复合而成。古典希腊语是拥有音高重音的语言，与今挪威语、瑞典语、塞尔维亚-克罗地亚语的情况类似。这种兼具重音性质与声调性质的韵律成分，在古希腊语中分为"锐调"

[①] 此处拼法从济弗斯（Sievers 1881）原文。Accent在今天的德语中拼作Akzent。

（acute）、"钝调"（grave）和"折调"（circumflex）[①]。

　　由此可见，accent最初是一个古典语文学家用来描写音高重音的术语，涵盖了力度与乐调两种不同的韵律特征。如今描写具有音高重音的语言时，accent仍是个准确的术语（如挪威语、瑞典语的两种音高重音至今仍被称为Accent 1和Accent 2）；但是对于没有音高重音的其他大多数欧洲语言来说，accent过于笼统，无法充当描写韵律特征的精确术语，因而出现了英语stress、德语Betonung、丹麦语betoning等更为具体的术语来表示"重音"。

　　不过，虽然德语Betonung和丹麦语betoning已成为表示"重音"的通用术语，但叶斯柏森对二者仍有一定疑虑，因为从词源来看，Betonung / betoning由ton（声调）加表抽象的前缀be-派生而来，依然有涵盖音高特征之嫌。他因而在其著作中倾向使用与英语stress对等的德语Druck、丹麦语tryk来表示"重音"，但叶斯柏森倡议的这个术语似乎未能生存下来。Druck / tryk的字面原义是"压力"，用来表示"力度重音"，既与Akzent所暗示的"乐重音"相区别，也与Ton所暗示的音高[②]相区别。英语文献中，斯威特在《语音学手册》里把stress和accent设定为同义词。不过，他虽频繁使用accented/unaccented作定

[①] 公元前200年前后，埃及亚历山大城学者拜占庭的阿里斯托芬（Aristophanes of Byzantium，约公元前257—前180）发明了三个调号（" ´ " " ` " " ~ "）标于元音上方来表示这三种声调，用于解读已与口语脱节的古代史诗。这三个符号沿用至今，并使accent这个术语产生了书面上字母的"附加符号"之义。当今使用拉丁字母的语言中，字母附带的这类符号十分常见，但这些符号有的表示声调（如越南语），有的表示重音（如西班牙语），有的表示音长（如匈牙利语），也有的与韵律特征完全无关，仅为正字法之需（如法语）。此外，accent作为今日英语日常词汇，常表示外国人或外乡人说话时的"口音"，这层意义也与所谓"腔调"有一定关系，虽然未必是音高上的"调"。

[②] 叶斯柏森（Jespersen 1899，1904b）所说的Ton（对应的英语、丹麦语术语为tone）几乎涵盖了与音高相关的一切语音成分，包括句子调调（今称intonation），包括瑞典语和挪威语的较为简单的词声调（今继续称为accent），也包括汉语、泰语、越南语等语言中十分重要的词声调（今仍称为tone）。显然，在当今通行的语音学和音系学术语里，这个术语的涵义已没有这么广泛。

5. 从维尔纳定律到"叶斯柏森定律":音系演化中的重音

语来论述重读元音和非重读元音,但把"词重音""句重音"等概念称为word-stress、sentence-stress。如今英语文献中通行的表示"重音"的术语,无疑是stress一词。

5.1.2 重音三大类型

由于叶斯柏森在语言的各个层面皆强调语言的实际使用,所以他的重音观围绕的不仅是孤立的词重音,更包括短语、句子等更大语言单位中的重音分布。《语音学》和《语音学教程》中从形成重音的不同缘由出发,区分了三大类型的重音:基于传统的重音、基于心理关系的重音、基于物理—生理关系的重音,三者在话语中时而协同运作,时而相互冲突。叶斯柏森提出的各类重音如表5-1所示。

表5-1 叶斯柏森归纳的重音类型

重音成因	重音类型	
基于传统	传统重音	
基于心理关系	价值重音	新概念重音
		对比重音
	统一体重音	
基于物理—生理关系	节奏重音	

传统重音([德] traditioneller Druck)无须借助话语语境,在孤立的词里即已存在。之所以称传统重音,是因为这样的重音是从该语言的历史中传承下来的。有的语言重音位置固定,如法语(重音位于末音节)、捷克语(重音位于首音节)、波兰语(重音位于倒数第二个音节),有的语言重音无固定位置,在任何音节皆有出现之可能,如英语、德语、俄语等,由此形成"固定重音语言"(前者)和"自由重音语言"(后者)之类型学二分法。

真实的话语中不仅存在词重音,还有短语、分句、句子等层面的重音存在,我们权且笼统地称之为"句重音"(sentence stress)。只要离开孤立的词层面,就须对基于传统、基于心理关系、基于物理—生理关系的重音综合加以考量。

基于心理关系的重音是叶斯柏森的重音类型体系中最为复杂的一类，因为在真实话语中，较大力度应置于哪些成分上，经常取决于说话者的心理决断。这之中最明显的一个亚类是"价值重音"（[德] Wertdruck），体现的是重音在话语中的天然功能：句子中需要强调的信息必然会从说话者那里获得更大的物理—生理力度，从而使这部分信息比其他部分获得更强烈的突显。在所有语言中，实词都比虚词更易获得句重音，这一事实也是该原则的体现。

价值重音中还可分出一个名为"新概念重音"（[德] Neuheitsdruck）的小类：同一个关键词若在句子乃至句群中出现两次，第二次出现时的句重音往往低于第一次出现时，我们可将其理解为价值的递减。叶斯柏森在《语音学教程》里举了一个利用新概念重音来区别书面上有歧义句的例子：

> Beide Parteien wählen getrennt zwei Schiedsrichter, und zusammen wählen sie dann einen Obmann.
>
> （双方各自选了两名裁判，他们随后选了一位裁判长。）

作为第三人称复数主格代词，这个sie（他们）与前面哪个复数名词构成了照应关系呢？显然，Schiedsrichter（裁判）和Parteien（方）皆为复数名词，均符合这个复数第三人称代词的指代条件，这句因而成为歧义句。我们发现，把此句译成汉语后，汉语代词"他们"显现出的歧义性与德语原句完全相同。然而，此句书面上的歧义在口语中却可通过"新概念重音"而相互区别开。如果把句重音放在这个sie上，sie指代的是句子中出现得较晚的Schiedsrichter；如果sie不带句重音，则说明sie指代的不是新出现的Schiedsrichter，而是更早时出现的Parteien。汉译中的"他们"带句重音与否，带来的不同效应与德语原句全然同理。

价值重音中更重要的另一个小类，是所谓"对比重音"（[德] Gegensatzdruck）。话语中通过对比重音而做的"强调"，有时会与孤立的词所具有的传统重音相冲突。叶斯柏森在《论语音定律问

5. 从维尔纳定律到"叶斯柏森定律":音系演化中的重音

题》(1886)里就已论及这一问题。从他列举的例词中可观察到,丹麦语和德语某些位于词末的重音,可因语义对比之需而发生前移。例如,*DDO* 对丹麦语形容词 reel(实质的)和 formel(形式的)的注音是 [ʁɛˈɛlʔ] 和 [fʌˈmɛlʔ],两词的"传统重音"皆位于词末音节,体现出其罗曼词源;然而叶斯柏森注意到,真实话语中的 både reelt og formelt(实质上和形式上都……)这一短语中,两词的重音均移至词首音节。与之类似,德语 Kavallerie [kavaləˈʀiː](骑兵)和 Infanterie [ɪnfantəˈʀiː](步兵)同样是重音位于词末音节的法语外来词①,但在短语 Kavallerie und Infanterie(骑兵与步兵)中也发生了这样的重音前移。《语音与拼写》中亦有 not fishes, but fishers 这样的英语例子,重音也移到了平时非重读的音节上。上述重音前移发生的原因,在于语义对比之需求,重音由传统位置临时转移至具有语义区别功能的位置。

除了"价值重音"(含新概念重音和对比重音)之外,基于心理关系的重音还包括"统一体重音"([德] Einheitsdruck)。叶斯柏森指出:统一体重音"把有共同属性的成分维系在一起……,通过把弱音节跟一个强音节相结合,使之成为一个统一符号。"(Jespersen 1904b: 212)这样一来,仅有一个重音(统一体重音)的复合结构和那些具有并置的两个(或两个以上)重音的复合结构相区别。例如:

> Das Buch ist ungewöhnlich reichhaltig und interessant.

严格来说,这个句子并无真正的歧义。书面上,ungewöhnlich reichhaltig 是偏正式的结构,此句译为"这本书内容异常丰富,并且有趣"。倘若要表达"这本书不同寻常、内容丰富且有意思",需要在 ungewöhnlich 和 reichhaltig 之间增加逗号。不过,由于德语形容词兼作表语和状语,没有像英语 -ly 或法语 -ment 那样的状语形态标记(把形

---

① 今天的读音中,Infanterie 亦有重音位于首音节的读音,我国出版的《德汉词典》(1987)、《新德汉词典》(2012)均附注了这个读音。而《朗氏德汉双解大词典》(2000)以及在线版杜登词典(https://www.duden.de,2022-10-1 检索)甚至把词首重读的形式标在了第一位。此词重音的前移似乎已是趋势。

容词转为副词），口语中存在一定的歧义风险。此句若译为英语和法语，无论书面上还是口语上都不存在这样的歧义风险：

> The book is *unusually* comprehensive and interesting.
> Ce livre est *exceptionnellement* complet et intéressant.
> （这本书内容异常丰富，并且有意思。）

> The book is unusual, comprehensive and interesting.
> Ce livre est exceptionnel, complet et intéressant.
> （这本书不同寻常、内容丰富且有意思。）

然而事实上，口语中同样存在消除这个德语句子的歧义风险的途径，这个途径就是"统一体重音"：若在ungewöhnlich 和reichhaltig的词首音节放置相同力度的重音，即为联合式结构（"不同寻常且内容丰富"）；若后一词reichhaltig的首音节特别放置超过ungewöhnlich的重音，这个短语就成了偏正式结构（"内容异常丰富"），这个特别的"统一体重音"使ungewöhnlich reichhaltig成为"统一体"。

《语音与拼写》中亦可见到与之类似的英语例子，如'glass case（装玻璃器皿的柜子）—'glass 'case（用玻璃做的匣子），'blackbird（乌鸫）—'black 'bird（黑色的鸟）等。若两成分重音力度相同，该短语为普通的"修饰语+名词"结构；若其中一个成分带有力度格外高的重音，这个重音就成为"统一体"的维系因素。书面上，英语正字法有时会借助复合词连写（或连字符）来对"统一体"加以维系，虽然这样的手段在语音链中并不存在，但统一体重音发挥的作用是相同的。

基于物理—生理关系的重音只有"节奏重音"（[德] rhythmischer Druck）一种。这种重音很好理解，体现的是声音效果（物理）和发音器官活动（生理）上"一张一弛"的本性。叶斯柏森学生时代撰写的最早的论文之一《浅谈丹麦语的重音条件》（Småiagttagelser om danske akcentforhold, 1884）今虽然仅存摘要，但对这类节奏重音的

5. 从维尔纳定律到"叶斯柏森定律":音系演化中的重音

阐释已较为清晰。他举的例子如[①]:assessor(估税员)– ass(e)ssor Bruhn(估税员布鲁恩),igår(昨天)– igår aftes(昨晚)。他后来更为成熟的语音著作中沿袭了这一思路。《语音学教程》中的德语例子如:Balance(平衡,名词)—balancieren(平衡,动词),Bandage(绷带)—Bandagist(绷带制造商),Phantast(爱胡思乱想的人)—Phantasie(幻想)等。《语音与拼写》中的英语例子如:walk uphill(走上山)—uphill work(处于爬坡阶段的工作),went downstairs(下楼)—downstairs rooms(楼下的房间)等等。他后来还运用这一思路对诗歌格律中的一些问题做了新解读。

共时层面上细致且注重真实话语的重音观,为正确解读与重音相关的历时现象提供了坚实的基础。

5.1.3 重音的等级

古典语文学对重音经常采取"有重音"(accented)与"无重音"(unaccented)相对的二分法。叶斯柏森则将重音等级分为四级,从弱到强分别以数字1、2、3、4标注。他在《用非字母表示的语音发音》(1889)中已对这个四级体系的物理—生理基础做出了解释。重音生理上是横膈膜等呼吸器官运动的产物,这类器官在"非字母系统"中记作希腊字母ζ。ζ0表示呼气气流的中断,可用于表示丹麦语斯特德、越南语第五声调中的气流瞬时中断等语音现象。而ζ后的自然数可分别代表话语中不同的力度与压强。具体地说,ζ1表示"弱",即完全不带重音的情况;ζ4表示"强",词的主重音(primary stress)通常可达到这样的强度。介于两者之间的中间程度,通常统称为"次重音"(secondary stress),叶斯柏森认为有必要区分出两种不同的中间程度,把"较弱次重音"记作ζ2,把"较强次重音"记作ζ3。例如,他举了英语parliamentary(议会的)一词,词首的"非重读"音节的强度超过词末的"非重读"音节,故而记作ζ31412;impenetrability(不

[①] 本节中,加粗字体表示重音所在的位置。

可穿透性）一词与之类似，标为 ζ 3211412。

如果出现某两个等级之间的中间值，亦可借助分数等手段将这样的语言事实表现出来，例如他认为法语impénétrabilité（不可穿透性）的重音分布不仅可分析为ζ3232324，亦可分析为ζ3½232324。对精确程度要求不高时，则可使用">3"或"3+"来表示ζ3和ζ4之间的力度值，用"<3"或"3-"来表示ζ2和ζ3之间的力度值。①

由四个等级构成的重音梯度不仅可用来对词重音进行分析，用于诗歌格律分析时，亦显现出其优于传统语文学中的"有重音—无重音"二分法。叶斯柏森在《一些格律现象的心理基础》（Den psykologiske grund til nogle metriske fænomener, 1900）一文中指出，丹、英、德三种语言中皆存在所谓"格律反常"的诗行。例如，他举证下列三例中，扬抑格（trochaic）不时闯入以抑扬格（iambic）为主导的格律中，使本应是五步抑扬格的诗行出现"混乱"（扬抑格已用下划线标示）：

（1）**Elsk** du min **Ven!** **sværm, og** vær **lykkelig.**（恋爱吧，我的朋友！坠入情网，快快乐乐。）

（2）**Tyrants** themselves **wept** when it **was** re**port**ed.（消息一传来，暴君们自己也要恸哭。）

（3）**Ihn** freuet der Be**sitz;** **ihn** krönt der **Sieg.**（财富满足的是他，胜利也是顶在他头上。）②

（Jespersen 1900：488）

---

① 是否存在高于 ζ4 的重音程度？叶斯柏森承认话语中存在这样的可能，但指出这样的"ζ5"体现的是"超常规的强调"。我们可将其解读为风格特征，而非语义区别特征。用布拉格学派的术语来说，"ζ5"体现的不是"理智语义"，不在语言的"描述平面"之内。

② 这三个诗行分别出自丹麦浪漫主义奠基人欧伦施莱厄（Adam Oehlenschläger, 1779–1850）的悲剧《阿克塞尔和瓦尔堡》（*Axel og Valborg*, 1810）, 莎士比亚的《理查三世》（*Richard III*, 1597）以及歌德的《在陶里斯的伊菲革涅亚》（*Iphigenie auf Tauris*, 1787）。

5. 从维尔纳定律到"叶斯柏森定律":音系演化中的重音

然而,只要承认由ζ3或ζ2充当的中间等级,就会发现这个"乱入"的扬抑格音步并不突兀,相邻的两个重读音节之间或非重读音节之间,仍有重音上的落差。在《语言学文集》里收录的以该文为基础翻译并缩写的英文版《论格律》(Notes on Meter)里,他举了莎士比亚《麦克白》中的一个名句来阐明这一问题:It [Life] is a tale / Told by an idiot, full of sound and fury / Signifying nothing.(人生如痴人说梦,充满喧哗与躁动,却毫无疑义。)其中Told by an idiot, full of sound and fury一行的前两个音节即是扬抑格"闯入"五步抑扬格诗行之例,但借助四等级重音体系,却可分析如下:

音节编号	1	2	3	4	5	6	7	8	9	10	11
传统的二等级分析	–	v	v	v	–	v	–	v	v	–	v
诗行	Told	by	an	id-	iot,	full	of	sound	and	fu-	ry
叶斯柏森的四等级分析	4	3(或2)	1	4	1	4	1	4	1	4	1

在《语音学》和《语音学教程》中,四等级重音体系同样用于对句重音的分析。透过这四个等级的差异,叶斯柏森直观阐明了句子中的节奏原则:数个弱音节一同出现之处,离强音节(ζ4)最远的那一个,会获得最强的重音(ζ3)。例如,他在《语音学教程》中举的德语... ver**an**lasst worden **ist**.(……已经发生了。)(ζ141213);...be**haupt**et werden **kann**.(可以断言,……。)(ζ141213);... in Empfang genommen **wird**.(……已得到接受。)(ζ2141213)等句子,皆可证实这一点。

5.2 重音与维尔纳定律

5.2.1 两种传统重音背后的动态历史过程

虽然从共时层面来看,自由重音语言和固定重音语言之间体现的是一种类型学二分法，但叶斯柏森指出了二者之间的历史关系：印欧语系语言的历史显示出了从自由重音转向固定重音演化的总趋势。这一点充当了维尔纳定律的重要基础。后世学者论述维尔纳定律时频繁引用的原始印欧语*bʰréh₂tēr（兄弟）和*ph₂tḗr（父亲）两词，重音原本位于不同的音节，前者位于第一音节，后者位于第二个音节。然而在各种现代日耳曼语言中，两词的重音模式已完全相同。如下表所示，具有声调重音的挪威语和瑞典语中，两词声调相同，皆为第2声调；其他日耳曼语中，两词的重音皆位于词首音节，是典型的传统重音，如表5-2所示。

表5-2 *brōþēr和*fadēr在现代日耳曼语中的重音分布

原始日耳曼语	现代西日耳曼语言			现代北日耳曼语言			
	英语	荷兰语	德语	丹麦语	挪威语	瑞典语	冰岛语
*brōþēr	brother [ˈbɹʌðə(ɹ)]	broeder [ˈbʀudər]	Bruder [ˈbruːdə]	broder [ˈbʀoːðʌ]	broder [broːˋdər]	broder [brω³der²]	bróðir [ˈprouːðɪr]
*fadēr	father [ˈfɑːðə(ɹ)]	vader [ˈvaːdər]	Vater [ˈfɑːtʰə]	fader [ˈfæːðʌ]	fader [faːˋdər]	fader [fa³der²]	faðir [ˈfaːðɪr]

这两个词在原始日耳曼语乃至原始印欧语中重音位置不同，揭示出原始日耳曼语是自由重音语言；今日的英、德、丹等现代日耳曼语言虽然算不上固定重音语言，但首音节重音占有优势（本族词中尤是如此）；而冰岛语是日耳曼语言中唯一的固定重音语言，主重音永远位于词首音节，故而被叶斯柏森视为日耳曼语从自由重音转向固定重音演化的总趋势彻底完成之例。如表5-3里的例词，有的带有不重读的前缀，有的是借自拉丁语的外来词，这些词在德语、丹麦语里重音皆位于第二个音节，而在冰岛语里重音皆位于词首音节（例词的重音位置以加粗字体标出）。

5. 从维尔纳定律到"叶斯柏森定律":音系演化中的重音

表5-3 冰岛语的首音节固定重音

冰岛语	丹麦语	德语	英语	释义	构成分析
ómögulegur	umulig	unmöglich	—①	不可能的	本族词缀+本族词根
náttúrulega	naturlig	natürlich	naturally	当然	外来词根+本族词缀
prósent	procent	Prozent	percent	百分比	外来词(拉丁语)
prófessor	professor	Professor	professor	教授	外来词(拉丁语)

罗曼语族存在与之类似的情况:古典拉丁语中,倒数第二个音节若为长音则为重音位置,否则重音位于倒数第三个音节;这一规则演化出今意大利语、西班牙语等以倒数第二个音节为主(但仍存在一定数量例外)的重音位置;而在法语中,由于重音之后的非重读音节皆已消失,最终形成了无例外的尾音节重音,法语因而成为重音完全固定的语言。

大多数日耳曼语言之所以仍是自由重音语言,与这些语言中广泛存在的拉丁词源外来词有一定联系。英、德等现代日耳曼语言中,本族词只要无前缀,主流的重音位置就是词首音节,位于其他音节的情况比重并不大。冰岛语如此统一的重音模式与冰岛语极少使用外来的"国际词汇"不无关系。如表5-4,我们试举几个常见的国际词汇为例,冰岛语的"特立独行"即可一目了然(重音位置依然以加粗字体标出)。

---

① 古英语曾有与之同源的 unmeahtelīc,今已被源于古法语的 impossible 取代。但 impossible 一词在重音方面仍与上述日耳曼词具有一定可比性:拉丁语 possibilis 重音位于倒数第三个音节,古法语 possible 与拉丁语原词相比减少了一个音节,但原拉丁语重音位置上的元音依然重读(现代法语该词的重音仍在此位置);而英语 possible 的重音已离开古法语的原位置,"归化"至更符合英语主流的词首重音位置。不过,加上否定前缀后,英语 impossible 的重音并未继续前移。

表5-4　国际词汇在现代日耳曼各语言中的使用比较

英语	德语	丹麦语	冰岛语	冰岛语构词分析	国际词汇词源	词性及释义
effective	effectiv	effektiv	áhrifaríkur	áhrif（效果）+ ríkur（富有）	拉丁语 effectīvus	[形] 有效的
normal	normal	normal	eðlilegur	eðli（本性）+ -legur（形容词后缀）	拉丁语 nōrmālis	[形] 真实的
interesting	interessant	interessant	athyglisverður	athygli（注重）+ verðr（值得）	法语 intéressant	[形] 有趣的
discussion	Diskussion	diskussion	umræða	um-（抽象前缀）+ ræða（话语）	拉丁语 discussiō	[名] 讨论
element	Element	element	frumefni	frum-（基本的）+ efni（事物）	拉丁语 elementum	[名] 成分
electricity	Elektrizität	elektricitet	rafmagn	raf（琥珀）+ magn（力）①	利用希腊语名词 ἤλεκτρον 新构	[名] 电
analyze	analysieren	analysere	greina	古北欧语 greina（分开）引申义	利用拉丁语名词 analysis 新构	[动] 分析
differentiate	differenzieren	differentiere	aðgreina	að（向不同方向）+ greina（分析）	利用拉丁语名词 differentia 新构	[动] 区别

冰岛语更倾向于使用本族语素构成复合词或派生词，很少借入外来词，重音模式因而更为单纯，与之相比，英、德、丹等日耳曼语言中，拉丁词源的词带来了更多样化的重音模式。对待外来词的重音，英语显现出了比德语、丹麦语更强的"归化"倾向。而德语、丹麦语

---

① 此词是对国际词汇 electricity 的仿译；electricity 的词根是希腊语 ἤλεκτρον（琥珀），源于古时利用兽皮和琥珀摩擦生电的联想。

5. 从维尔纳定律到"叶斯柏森定律"：音系演化中的重音

经常保留外来词原有的重音，即使有时不保留，其处理方式仍使外来词保持了比英语更强的"外来感"。

即使暂且不谈各种现代日耳曼语言在较近的历史阶段借入的外来词，原始日耳曼语本族词的重音位置仍不固定。这就为其音系演化增加了变量：如下面两节所示，*fadēr和*brōþēr演化路径中的"异常状况"曾被视为格林定律中的"例外"，直至维尔纳定律把重音因素引入音变，"例外"才变为规则。

5.2.2 拉斯克—格林定律及其例外

为清楚展示重音在日耳曼语言音系演化中的角色，我们有必要完整回顾一下从拉斯克、格林，到维尔纳，再到叶斯柏森，历史比较语言学者对这一问题逐步深入的研究过程。

日耳曼语辅音与拉丁语、希腊语辅音之间的对应关系，早在19世纪初已见于施雷格的著作《论印度人的语言与智慧》（*Über die Sprache und Weisheit der Indier*，1808）。施雷格反对当时流行的关于词源的各种臆测，倡导以同源词根的对应关系为证据做出科学论断。对此他举例指出：

> 如果经常看到西班牙语h取代了拉丁语f，如果与拉丁语相同的词的日耳曼语形式里，拉丁语p非常频繁地变成f，拉丁语c也毫不罕见地变成h，这当然也为那些不那么明显的例子之类推充当了基础。
>
> （Schlegel 1808：6-7）

他列举了不少梵语词与现代日耳曼语词呈现出语音对应关系的例子，如vindoti—德语findet（他发现），svostri—德语Schwester（姐妹），Rotho—德语Rad（车轮），Bhruvo—德语Brauen（眉毛），yuyon—英语you（你们），shvopno—冰岛语svefn（睡觉，名词），等等。虽然他不具备给出准确而系统的音变规则的能力，但他为此后一个世纪的比较语法研究指明的方向无疑是正确的，正如叶斯柏森在《语言论》中回顾19世纪语言学史时所做的比喻：施雷格犹如《旧约》中的摩西，远望应许之地（Promised Land）而未能进入（Jespersen 1922：34）。

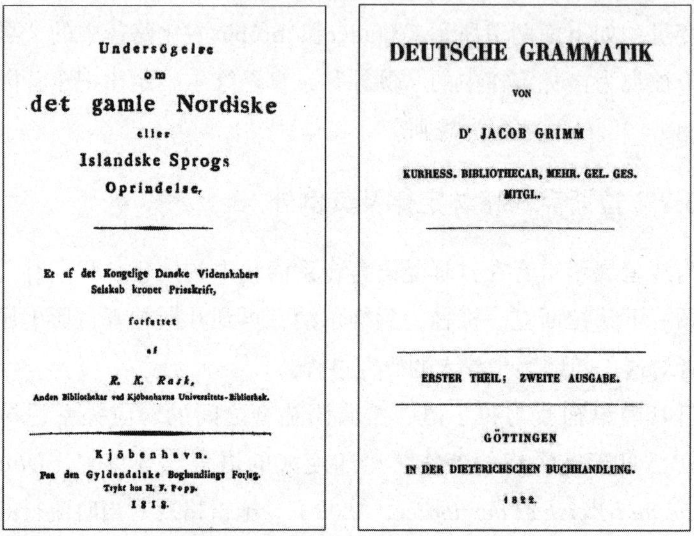

Undersögelse
om
det gamle Nordiske
eller
Islandske Sprogs
Oprindelse,

Et af det Kongelige Danske Videnskabers
Selskab kronet Prisskrift,
forfattet
af
R. K. Rask,
Anden Bibliothekar ved Kjöbenhavns Universitets-Bibliothek.

Kjöbenhavn.
Paa den Gyldendalske Boghandlings Forlag.
Trykt hos H. F. Popp.
1818.

DEUTSCHE GRAMMATIK
VON
D' JACOB GRIMM
KURHESS. BIBLIOTHECAR, MEHR. GEL. GES.
MITGL.

ERSTER THEIL; ZWEITE AUSGABE.

GÖTTINGEN
IN DER DIETERICHSCHEN BUCHHANDLUNG.
1822.

图5-1　拉斯克的《古北欧语（冰岛语）起源探究》（1818）
和格林的《德语语法》第2版（1822）

拉斯克的《古北欧语（冰岛语）起源探究》（1818）一书，首次把这套对应关系系统而完整地揭示了出来。拉斯克的这部著作由三部分组成：第一部分对词源学做了一般性论述，第二部分对冰岛语以及其他日耳曼语做了具体论述。而第三部分对日耳曼语[①]（尤其是冰岛语）语源的论述是该书的重中之重，占据了约3/4的篇幅，对古北欧语和其周围的各种其他语言进行了比较，大致依照这些语言的分布地域按自西向东的顺序展开，依次是格陵兰语、凯尔特语、巴斯克语、芬语、斯拉夫语、拉脱维亚语、色雷斯语以及亚洲各语言。关于日耳曼语与其他印欧语的语音对应关系的论述位于与“色雷斯语”比较的部

① 日耳曼语，拉斯克原文称 gotisk（哥特语）。他把 gotisk 作为所有日耳曼语言的总称。

5. 从维尔纳定律到"叶斯柏森定律":音系演化中的重音

分。此处的"色雷斯语"是个涵盖了古希腊语与拉丁语的语族①,拉斯克列出了大量与日耳曼语存在对应关系的古希腊语、拉丁语元音和辅音,其中最值得注意的是下列"尤其频繁出现于词首"的辅音②:

π变f,如:πλατυς(宽)—flatur(扁平),πατηρ(父亲)—fadir(父亲)。

τ变þ,如:τρεις(三,读trís)—þrír(三),*tego*(我遮盖)—eg þek(我遮盖),τυ(你)—*tu*(你)—þu(你)。

κ变h:κρεας(肉)—hræ(死尸),*cornu*(牛角)—horn(牛角),*cutis*(兽皮)—hud(兽皮)。

β大多被保留:βλαστανω(发芽)—blad(叶子),βρυω(溢出)—brunnr(泉),*bullare*(冒泡)—at bulla(沸腾)。

δ变t:δαμαω(驯化)—tamr(温顺的),*dignus*(恰当的)—tiginn(尊贵的)。

γ变k:γυνη(女人)—kona(女人),γενος(家族)—kyn或kin(家族),*gena*(面颊)—kinn(面颊),αγρος(土地)—akr(亩)。

φ变b:φηγος(橡树)—丹麦语Bög(榉树),*fiber*(河

---

① "色雷斯语"这个今已废弃的名称,借自18世纪德国学者阿德隆(Johann Christoph Adelung,1732–1806)所著《米特里达梯——普通语言学》(*Mithridates, oder allgemeine Sprachenkunde*,1806)一书。该书书名呼应了16世纪瑞士学者康拉德·盖斯纳(Conrad Gessner,1516–1565)用拉丁语撰写的《米特里达梯——论语言差异》(*Mithridates, De differentiis linguarum*,1555)。盖斯纳的书收录了22种语言的主祷文,而阿德隆的著作则是基于对近500种语言和方言所做的研究。"米特里达梯"很可能指活跃于15世纪后期的意大利翻译家弗拉维厄斯·米特里达梯(Flavius Mithridates,约1445–约1489)。

② 例词中,斜体拉丁字母为拉丁语例词,正体拉丁字母除注明语种的之外皆为古北欧语例词。拉斯克的原文中,此处还列了希腊语h与日耳曼语s的对应:"ἕξ(六)—sex(六),ἅμα(一起)—saman(一起),ὕπνος(睡觉)—svefn(睡觉)—丹麦语Søvn(睡觉)。"(例词里希腊语元音上方的符号是"送气符号",作用相当于拉丁字母h。)

狸）—冰岛语bifr（河狸），φερω（我携带）—*fero*（我携带）—eg ber（我携带）。

θ变d：θυρη（门）—dyr（门）；这个变化在拉丁语里也有，如θεος（神）—*deus*（神）

χ变g：χυω（泼）—丹麦语gyder（泼），εχειν（拥有）—ega（拥有），χντρα（瓦罐）—grýta（瓦罐），χολη（胆汁）—gall（胆汁）。

（Rask 1818：169-170）

这9组音变揭示的是古希腊语三类塞音在日耳曼语中的三种不同的对应关系。古希腊语是典型的"塞音三分"语言，而非"塞音二分"语言。也就是说，古希腊语塞音音位既不像现代英、德、法、俄等欧洲常用语言那样仅有清浊之分，也不像汉语普通话以及粤、客等方言那样仅区别送气与不送气的清塞音，没有浊塞音音位。古希腊语除浊塞音音位之外，另有送气和不送气两套清塞音音位并存，故而形成不送气清塞音（tenuis，简称"清音"）、浊塞音（media，简称"浊音"）、送气清塞音（aspirate，简称"送气音"）之三边对立。这样的音系模式在亚洲语言中并不罕见，但现代希腊语如今仅存清浊塞音的双边对立。这9个古希腊语塞音字母的音值如表5-5（另附存在"塞音三分"的亚洲语言的情况与之参照）。

表5-5　古希腊语的塞音三分

	古希腊语			可与之参照的亚洲语言或方言	
	希腊字母	拉丁字母转写	国际音标	等音值泰语辅音	等音值闽南语辅音
清音（tenuis）	π	p	/p/	ป	"白"的声母
	τ	t	/t/	ต	"地"的声母
	κ	k	/k/	ก	"甲"的声母
浊音（media）	β	b	/b/	บ	"无"的声母
	δ	d	/d/	ด	—
	γ	g	/g/	—	"月"的声母

5. 从维尔纳定律到"叶斯柏森定律":音系演化中的重音

(续表)

	古希腊语			可与之参照的亚洲语言或方言	
	希腊字母	拉丁字母转写	国际音标	等音值泰语辅音	等音值闽南语辅音
送气音 (aspirate)	φ	ph	/pʰ/	ผ	"拍"的声母
	θ	th	/tʰ/	ท	"天"的声母
	χ	ch	/kʰ/	ข	"去"的声母

拉斯克对这一音变体系的归纳清晰而系统,我们可以很直观地总结出古希腊语塞音和日耳曼语塞音之间的三条对立规则:

(1)古希腊语"清音"(不送气清塞音)/p, t, k/对应日耳曼语清擦音/f, θ, x/。这是个擦音化过程。(/x/后来弱化成了/h/。)

(2)古希腊语"浊音"(浊塞音)/b、d、g/对应日耳曼语清塞音/p, t, k/。这是个清化过程。①

(3)古希腊语"送气音"(送气清塞音)/pʰ, tʰ, kʰ/对应日耳曼语浊塞音/b、d、g/。这是个浊化过程。

或许最大的遗憾在于,拉斯克的这部著作是以丹麦文撰写的,因而未能引发更广泛的关注。然而,他的确影响到了格林(Jacob Grimm,1785–1863)。叶斯柏森(1922)提及这一影响时指出,格林在《德语语法》(*Deutsche Grammatik*,1819)第1卷几近出版时读到了拉斯克的《古北欧语(冰岛语)语源探究》,该书对他产生了巨大影响,促使他暂缓《德语语法》第2卷的写作,彻底重写了第1卷。因此,1822年新版第1卷出版时新增了长达595页的音系部分(格林称之为"字母学")。

格林(1822)归纳的日耳曼语与希腊语之间存在对应关系的这9

---

① 拉斯克认为 b 未受影响,使这个音看似系统音变中的异类。格林对此问题做了说明:词首位置的确找不到古希腊语 b 对应日耳曼语 p(以及古高地德语 f)之例;但在词中位置,却有古希腊语 κάνναβις(大麻)、拉丁语 cannabis(大麻)对应古北欧语 hanpr(大麻)、古高地德语 hanaf(大麻)之例可证实 b > p > f。(Grimm 1822:585)该词对应今英语中 hemp 一词。

个辅音，如表5-6所示。①

表5-6 格林归纳的日耳曼语与希腊语塞音对应关系（Grimm 1822：584）

希腊语	哥特语	古高地德语	希腊语	哥特语	古高地德语	希腊语	哥特语	古高地德语
P	F	B(V)	T	TH	D	K	…	G
B	P	F	D	T	Z	G	K	CH
F	B	P	TH	D	T	CH	G	K

与拉斯克的归纳最大的不同之处在于，格林的论述中涉及两种不同的日耳曼语，分别是哥特语和古高地日耳曼语。哥特语显现出的音变方式与拉斯克的古北欧语相同，但古高地德语呈现出了另外一套音变。这两个过程今分别被称为"日耳曼语辅音第一音变"（First Germanic Consonant Shift）和"日耳曼语辅音第二音变"（Second Germanic Consonant Shift），后者使高地德语的辅音不同于其他日耳曼语言。

格林以德文撰写著作，使关于日耳曼语辅音音变的学说得以更广泛的传播，这一音变法则故得名"格林定律"（Grimm's Law）。但北欧学者强调拉斯克的开拓者地位，因而有时称该定律为"拉斯克—格林定律"。格林（1822）用9条规则及大量例词分别阐释了上表所示的9组音变，但是他同时注意到了不合乎这些规则的诸多例外。至19世纪中期，洛特纳在《第一音变的例外》（Ausnahmen der ersten Lautverschiebung, 1962）一文中对这些不合乎规则之处做了非常系统的归纳。

洛特纳（1862）指出，音变研究中首先应把真正的例外和那些建立在"错误比较"上的假例外区分清楚。首先应排除那些看似同源但实际并非同源的例词，如哥特语kara（关心）和拉丁语cura（关心）的

---

① 表中希腊语各列的F、TH、CH分别是对希腊字母φ、θ、χ的转写，即送气清音。格林对语音的处理较为粗糙，过分受制于书面字母。表中出现了F时而指希腊语塞音、时而指日耳曼语擦音的情况，颇具误导性。

5. 从维尔纳定律到"叶斯柏森定律"：音系演化中的重音

词首辅音相同，看似违背了$k^h > h$的规则；但是二者并不同源，前者最初表"忧心、恐惧"之义，源于古词根gar，真正与之同源的拉丁语词是gravis（沉重、严重）。其次应排除反映"心理联系"而非"历史联系"的词，尤其是那些源于拟声的词，如"布谷鸟"一词，希腊语κόκκυξ、拉丁语cuculus、德语Kuckuck、英语cuckoo中皆有词首及词中的k音，然而这样的拟声是对自然声音的模仿[①]，不应视作音变研究之依据（格拉斯曼[1863]亦指出语音定律不适用于拟声词）。最后，一定要排除语言间相互借用的外来词，因为这些词的借用年代较晚，往往是在定律发挥过作用之后才借入的，如哥特语karkara（地牢）借自拉丁语carcer（监狱），古北欧语ketill（水壶）借自拉丁语catillus（小碗）皆违背了$k^h > h$的规则。

依此来看，上文拉斯克论述的规则中，破坏了系统和谐性的"b大多被保留"这条可疑规则下的三个例词皆存在一定问题：把βλαστανω（发芽）和blad（叶子）视为同源词很牵强，臆想因素多于真实证据；而βρυω（溢出）—brunnr（泉）和bullare（冒泡）—bulla（沸腾）都带有较为明显的拟声效果，应排除在语音定律之外。

刨除这些情况之后的真正例外，洛特纳依其词源中塞音的类型，将其分为三类：即古清音、古浊音、古送气音的不规则音变之例，每一类都列举了大量实例。其中，雷曼（1967）指出洛特纳关于第三类例外（古送气音）的论述大多被后人证实为错误，故此处从略。而第二类例外（古浊音）如：

哥特语grêdus（饥饿），古斯拉夫语gladŭ，梵语gardh；

哥特语dal（山谷），古北欧语dalr，古斯拉夫语dolŭ，梵语dṝ；

哥特语bindan（捆绑），梵语bandh。

[①] 叶斯柏森把这种对自然声音的模仿归为语言象征中的一类。详见 Jespersen（1922：399）。

这些例子中，梵语浊音b、d、g在日耳曼语里（无论哥特语还是古北欧语）并未转为清音。格拉斯曼在《论送气音及其在词根首尾的共现》（Über die Aspiraten und ihr gleichzeitiges Vorhandensein im An- und Auslaute der Wurzeln, 1863）一文中指明了这类例外背后的玄机。格拉斯曼的突破性贡献在于，他指出梵语中的形式未必是印欧语中的最古老形式，日耳曼语的这类"例外"浊音直接承袭自比梵语更加古老的原始印欧语，故而并非真正的例外；19世纪初的语音史研究中，梵语的形式常被视为"原始形式"，但事实并非如此。无论梵语多么古老，词法体系多么"完善"，都不能等同于原始印欧语。

格拉斯曼的出发点是他在梵语及古希腊语中总结出的一条关于送气音的"悦耳定律"（[德] Wohllautsgesetz）①，我们今天称之为"格拉斯曼定律"（Grassmann's Law）：

> 同一词根里的[两个]送气音，如果出现于某词里的两组辅音中，中间被一个元音隔开，那么[这两个]送气音之一，通常是第一个，其送气会丧失。

（Grassmann 1863：111）

他继而举例，梵语dhar和dhṛ复合成新的词根dar-dhar-shi（你紧握）时，词首音由送气浊音变为普通的浊音。由于这一定律的作用，梵语（以及古希腊语）的词根不能在首尾同时出现送气音，事实也的确如此。问题在于，如果把梵语的形式视为印欧语的初始形式，较晚期历史中的古代欧洲语言就纷纷出现了"例外"，不仅日耳曼语中存在这样的"例外"，其他语族也存在类似的"例外"可充当旁证。例如，拉丁语f由原始印欧语送气音演化而来，假如该定律最初即已存在，那么拉丁语fefelli（欺骗，完成体第一人称）以及与之同源的奥斯坎语中的fufans、fefacust等形式，词根中都不应该出现首尾相同的辅音f…f。格拉斯曼因而得出结论，"无论日耳曼语族还是意大利语族

---

① 雷曼（Lehmann 1967）英译为euphonic law。

5. 从维尔纳定律到"叶斯柏森定律":音系演化中的重音

分裂出去之前,这条可疑的悦耳定律并不存在"(同上,113),并由此认定原始印欧语中"首尾皆为送气音的词根"是存在的。

从这一结论出发来看哥特语等日耳曼语言的上述"例外",这些词的词首浊音更可能直接源于原始印欧语的送气音,而不是梵语中格拉斯曼定律发挥作用之后才形成的词首浊音,因而没有理由变成擦音。这一音变过程显然不是真正的"例外"。将其视为"例外",是把梵语形式臆断为原始形式而造成的。

正如雷曼(1967)所指出,格拉斯曼的历史功绩在于,他"展示了日耳曼语在某一音系模式上其实比梵语'更古老',由此颠覆了梵语充当印欧语语言学中可获取的最古老语言之地位。"(Lehmann 1967:109)《论送气音及其在词根首尾的共现》一文的大量篇幅,即是在列举并阐释这样的例子,如:

budh-nás — πυθ-μήν — fund-u-s — bod-m

(Grassmann 1863:114)

此词意为"底部",今英语bottom与之同源。梵语词根budh首音为不送气浊音,末音为送气浊音,完好反映了格拉斯曼定律。其对应的古希腊语词根πυθ的首末辅音虽为清音,但送气模式与梵语完全相同。拉丁语词根fund的首音已擦音化,首末音送气模式与格拉斯曼定律相反。而古北欧语词根bod的两个浊塞音(皆不送气)表明,二者极不可能受过格拉斯曼定律作用。

格拉斯曼定律使梵语跌下神坛,同时也突显出为并无古代文献的原始日耳曼语及原始印欧语进行形式构拟的重要性。此后若干年,构拟成为历史比较语言学中的热门。施莱歇尔(Schleicher 1868)甚至尝试用构拟出的原始印欧语写出了一篇题为《马和绵羊》(Avis akvāsas ka)的寓言。

5.2.3 重音在维尔纳定律中的角色

随着洛特纳(1862)总结的第二类例外(古浊音之例外)由格拉

斯曼定律成功解决，第一类例外（古清音之例外）应如何做阐释变得十分关键。19世纪70年代中期，这个困扰学界多年的问题最终由维尔纳（Karl Verner, 1846–1896）解决。

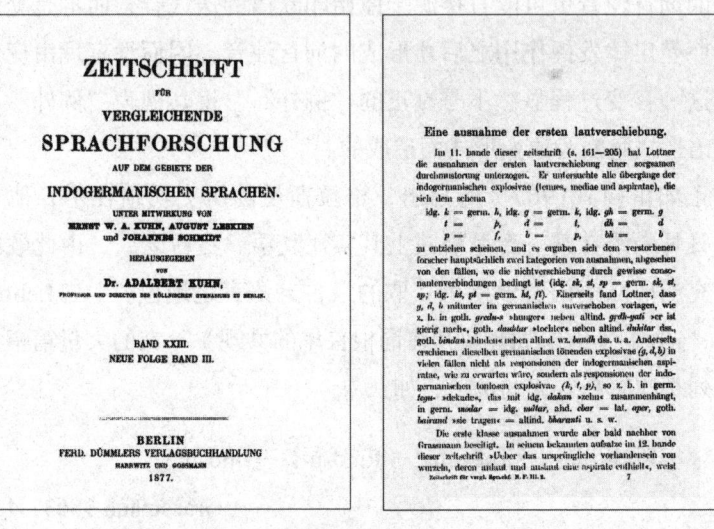

图5-2 《库恩学报》第23卷及维尔纳发表于该卷的《第一音变中的一个例外》（1877）

叶斯柏森指出，维尔纳是语言学史上"质量重于数量"之典型（Jespersen 1897b: 17）。他一生中仅发表了屈指可数的几篇论文和书评，却成为19世纪历史比较语言学发展历程中的最重要人物之一。他以德语撰写了《第一音变中的一个例外》（Eine Ausnahme der ersten Lautverschiebung, 1877）一文，发表于影响力巨大的《印欧语领域比较语言学学报》（Zeitschrift für vergleichende Sprachforschung auf dem Gebiete der indo-germanischen Sprachen）①，提出了"古清音之例外"的解决方案。

洛特纳（1862）总结的三大类例外中，古清音音变呈现出的例

---

① 该刊物有时因创办人库恩（Adalbert Kuhn, 1812–1881）而被简称为《库恩学报》（Kuhns Zeitschrift）。今名《历史语言学研究》（Historische Sprachforschung），至今仍在出刊。

5. 从维尔纳定律到"叶斯柏森定律":音系演化中的重音

外最多,这样的例外尤其见于词中部位置:此处的古清音在日耳曼语中没有变成清擦音,而是变成了浊塞音。他给出的例子如:哥特语 haban(有)——拉丁语 capio(我有),哥特语 sibun(七)——梵语 saptan(七)等等;有时,同一个词里既有词首位置的"规则变化",又有词中部位置的"例外",如哥特语 hlaibs(面包)——拉脱维亚语 klaips(面包)。洛特纳猜想,这类古清音很可能是先变成了送气音,再由送气音(规则地)变成了浊音。(Lottner 1862:197)不过,他承认这一"中间阶段"并无语言事实可做实证支持。

维尔纳的论证对象,正是这类由古清音演化而来的位于词中位置的浊塞音。"例外"发生的条件,除了"词中位置"这个关键因素之外,维尔纳还强调了另一个关键因素:"浊音环境",也就是说,这样的浊塞音必须处于浊音(含元音及各类浊辅音)的包围中。而他给出的日耳曼语例子也不仅局限于某一两种语言,而是给出了尽可能多的古代语言中的例子。他以大量实例表明,在这种浊音环境下的词中位置上,既存在"规则音变",也存在"例外"。我们选取其中少量例子,列成表5-7,并附英语同源词。

表5-7 维尔纳列举的格林定律中的"规则音变"与"例外"(1)

词中位置辅音音变实例	古日耳曼语		其他印欧语对应词	今英语同源词
		构拟		
腭音	哥特语 hlahjan 古北欧语 hlæja 古英语 hlehhan 古高地德语 hlahhan	*hlahjan(笑)	梵语 kark(笑) 古希腊语 κλώζω < *κλωκ + jω(用舌发响)	laugh(笑)
	"规则音变"(k>h)			
	哥特语 fāhan 古北欧语 fá 古萨克森语 fāhan 古英语 fōn 古弗里西亚语 fā 古高地德语 fāhan	*fanhan(抓住)	梵语 pāç-aya-ti(绑住) 拉丁语 paciscī(达成协议)	fang(尖牙)

（续表）

词中位置辅音音变实例		古日耳曼语		其他印欧语对应词	今英语同源词
		构拟			
齿音	"例外"（k＞g）	古北欧语 segja 古萨克森语 seggian 古英语 secgan 古高地德语 sagian	*sagjan（说）	立陶宛语 sak-ýti（说）	say（说）
		古北欧语 þegn 古萨克森语 thegan 古英语 þegn 古高地德语 degan	*þegna（侍从）	古希腊语 τέκνο-ν（孩子）	knight（骑士）
	"规则音变"（t＞θ）	哥特语 niþja- 古北欧语 nið-r 古英语 niððas	*niþja-（亲戚）	古斯拉夫语 netti（侄子） 梵语 naptar-（子孙） 拉丁语 nepōt-（子孙）	—
		哥特语 tunþu- 古北欧语 tönn 古萨克森语 tand 古英语 tōð 古高地德语 zand	*tanþu-（牙齿）	梵语 dant-（牙齿） 古希腊语 ὀ-δόντος（牙齿） 立陶宛语 dantí-s（牙齿）	tooth（牙齿）
	"例外"（t＞d）	哥特语 þridjan- 古北欧语 þriði 古萨克森语 thriddio 古英语 þridda 古高地德语 dritjo	*þridjan-（第三）	梵语 tṛtīya（第三） 拉丁语 tertiu-s（第三） 古斯拉夫语 tretii（第三）	third（第三）
		哥特语 andja- 古北欧语 endi-r 古萨克森语 endi 古英语 ende 古高地德语 enti-	*andja-（尽头）	梵语 anti（反），anta-（尽头），antya-（最后的） 古希腊语 ἀντι-（反） 拉丁语 ante（反）	end①（尽头）
唇音	"规则音变"（p＞f）	古北欧语 nefi 古英语 nefa 古高地德语 nevo	*nefan-（侄子）	梵语 napāt-（子孙） 拉丁语 nepōt-（子孙）	nephew（侄子）

---

① 另有前缀 anti-（反）、ante-（前），均为近代以后新从拉丁语借入英语的外来成分。

5. 从维尔纳定律到"叶斯柏森定律"：音系演化中的重音

（续表）

词中位置辅音音变实例	古日耳曼语		其他印欧语对应词	今英语同源词
	构拟			
"例外"（p>b）	哥特语 sibun 古北欧语 sjau 古萨克森语 sibun 古英语 seofon 古高地德语 sibun	*seban（七）	梵语 saptan（七） 古希腊语 ἑπτά（七） 拉丁语 septem（七）	seven（七）

至少从表面来看，完全无法观察出这类"例外"的发生有何诱因。那么，这样的交替是否可以解释为"偶发因素"？维尔纳认为，历史语言学不完全否定偶发，但是当"偶发"大量发生时，其背后必有规则。舍勒（Wilhelm Scherer，1841–1886）在其《论德语史》（*Zur Geschichte der deutschen Sprache*，1868）中尝试把整个音变过程分解为三个阶段。他的第一步与洛特纳（1862）类似，也设想了一个中间过渡环节，即依照规则完成"清塞音 > 清擦音"音变。与洛特纳不同的是，舍勒认为第二步浊化（"清擦音 > 浊擦音"）与词频存在一定关联，尤其见于fadar、mōdar等频繁使用的词。第三步，这些新的浊擦音"走上了和其他浊擦音及浊塞擦音相同的道路"（Scherer 1868：82），即变为浊塞音。简言之，依照舍勒的阐释，使用频度较高的词易发生"例外"，使用频度较低的词往往保持"规则音变"。

然而维尔纳指出，有些呈现出不同音变的词，彼此间未必存在明显的词频差异，如表5-8所示。

表5-8 维尔纳列举的格林定律中的"规则音变"与"例外"（2）

语义类别	"规则音变"			"例外"		
	音变	日耳曼语例词	其他印欧语对应词	音变	日耳曼语例词	其他印欧语对应词
亲属关系	t>þ	brōþar（兄弟）	拉丁语 frāter; 古希腊语 φράτηρ	t>d	fadar（父亲） mōdar（母亲）①	拉丁语 pater; 古希腊语 πατήρ 拉丁语 māter; 古希腊语 μήτηρ

---

① 维尔纳（1877）格外指出，在哥特语的唯一文献"乌尔斐拉圣经残卷"中，mōdar一词完全没有出现。

（续表）

语义类别	"规则音变"			"例外"		
	音变	日耳曼语例词	其他印欧语对应词	音变	日耳曼语例词	其他印欧语对应词
常见事物	k>h	fehu-（牲畜、财富）	拉丁语 pecu	k>g	lagu-（湖）	拉丁语 lacus；古希腊语 λάκκος
数字	k>h	tehan（十）	拉丁语 decem；古希腊语 δέκα	t>d	hund（百） fedvór（四）	拉丁语 centum；古希腊语 ἑκατόν； 拉丁语 quattuor；古希腊语 τέτταρες

表5-8左右两侧的词，基本可视为同一语义场中的平行词项，很难相信二者之间存在悬殊的使用频率差异，词频论因而很难形成说服力。

除此之外，维尔纳还注意到一个重要事实：即使是"规则音变"的词，其屈折形式中也可能出现"不规则"的浊塞音[①]。如表5-9所示。

表5-9　维尔纳列举的格林定律中的"规则音变"与"例外"（3）

"规则音变" （k>h；t>θ）	"例外" （k>g；t>d）	其他印欧语对应词
哥特语 taihun （十，数词）	哥特语 tigu- （十个，名词）	梵语 dacan（十）； 古希腊语 δέκα（十）； 拉丁语 decem（十）

---

① 如果跨语种来观察这些古代日耳曼语词，会发现这类擦音与塞音之交替更多，如：
哥特语 hauha（高，形容词）——古北欧语 haug-r（山，名词）；
古萨克森语 tiohan（拽，动词）——古北欧语 taug（线，名词），古英语 teig（线，名词）；
哥特语 finþan（找到，动词）——古北欧语 fund-r（发现，名词）；
哥特语 fraþan（理解，动词）——古英语 frōd（聪明的，形容词）；
古北欧语 leiða（引领，动词）——古英语 lād（路，名词）

5. 从维尔纳定律到"叶斯柏森定律"：音系演化中的重音

（续表）

"规则音变" （k＞h；t＞θ）	"例外" （k＞g；t＞d）	其他印欧语对应词
古高地德语 swehur （岳父，阳性）	古高地德语 swigar （岳母，阴性）	梵语 çvaçura, çvaçrū; 古希腊语 ἑκυρό-ς-, ἑκυρό; 拉丁语 socer, socru-s; 古斯拉夫语 svekrŭ, svekry （以上例词前者为阳性名词"岳父"，后者为阴性名词"岳母"）
哥特语 soþa- （满意，名词）	哥特语 sada- （满足，动词）	拉丁语 satur（满，形容词），sat（足够，副词），satis（充足，形容词）； 古斯拉夫语 sytŭ（满，形容词）

为此，维尔纳（1877）以大量篇幅详细列举了古北欧语、古萨克森语、古英语、古弗里西亚语、古高地德语5种古代日耳曼语言的屈折形式里这类擦音与塞音间的交替现象。我们仅为h∶g交替和θ∶d交替各举一例：

词根slah和slag的交替（词义："打"）：

  古北欧语：slá, sló, slógum, sleginn;

  古萨克森语：slahan, slôh (slôg), slôgun, slagan;

  古英语：sleán, slôh (slôg), slôgon, slægen;

  古弗里西亚语：slâ, slôch, slôgon, e-slein;

  古高地德语：slahan, sluoh（中古高地德语sluoc）, sluogum, slagan。

（Verner 1877：104）

词根fanþ和fand的交替（词义："发现"）：

  古北欧语：finna, fann, fundum, (funnum), fundinn (funninn);

  古萨克森语：fiðan (findan), (fand), fundun, fundan;

  古高地德语：findan, fand, funtum (fundum), funtan (fundan);

  古英语findan、古弗里西亚语finda，各形式皆带有d。

（同上，107）

多种语言同时出现大量"例外"，绝不可能是偶然的巧合。而这样的交替并未见于其他印欧语，可认定是日耳曼语从印欧语中分化出来之后才出现的音变现象。至此，维尔纳已证明出，被前人视为"规则"与"例外"的两类变化，实际上是两种不同的音变平行发挥作用的结果。他以等比式的形式将这两种音变表示如下：

$$\frac{日耳曼语\ tehan}{日耳曼语\ tegu\text{-}} = \frac{slahana\text{-}（不定式词干）}{slagana\text{-}（过去分词词干）} = \frac{brōþar}{mōdar} = \frac{kveþana\text{-}（不定式）}{kvedana（分词）}$$

那么，究竟是什么因素导致了这两种不同音变的发生？由于词根和词尾中都找不出可能引发差异的语音成分，维尔纳将注意力转向了超音段层面的重音。他全面细致地对比了梵语动词词根 bhéd（劈）和日耳曼语动词词根 bît（咬）、lîþ（走）的各个屈折形式，最终观察出了重音位置与词根末音（root final，[德] Wurzelauslaut）之间的联系。此处限于篇幅，我们仅举少量几个例子，列成表5-10。

表5-10　重音位置与词根末音的关系

重音位置	屈折形式说明	梵语词根 bhéd	日耳曼语词根 bît	日耳曼语词根 lîþ
词根音节	现在时直陈式单数第一人称	bhédâmi	bîta	lîþa
	现在时未完成体复数第二人称	bhédata	bîtiþ	lîþiþ
	现在分词主动态	bhédant-	bîtand-	lîþand-
	梵语动名词 / 日耳曼语不定式	bhédana-	bîtan	lîþan
	梵语直陈式完成体单数第三人称 / 日耳曼语直陈式过去时单数第三人称	bibhéda	bait	laiþ
词尾音节	梵语直陈式完成体复数第一人称 / 日耳曼语直陈式过去时复数第一人称	bibhidimá	bitum	lidum
	梵语完成体祈愿式单数第三人称 / 日耳曼语虚拟式过去时单数第三人称	bibhidā́t	biti	lidi
	梵语完成体祈愿式复数第三人称 / 日耳曼语虚拟式过去时复数第三人称	bibhidyús	bitîna	lidîna
	梵语完成体分词被动态 / 日耳曼语过去分词被动态	bhin-ná- < *bhid-ná	bitana-	lidana-

5. 从维尔纳定律到"叶斯柏森定律":音系演化中的重音

上述三组例词,梵语bhéd和日耳曼语bît同源,二者的所有屈折形式中,皆可见到词根末音d和t的对应,这一事实可作为原始印欧语d音演化为日耳曼语t音的重要旁证,从而印证拉斯克—格林定律中的浊音清化(d>t)之"规则音变"。

而lîþ没有与之对应的梵语词根,虽然其屈折形式与bît呈现出高度一致性,但是其末音却呈现出清擦音þ与浊塞音d的交替。与梵语bhéd的各个屈折形式的重音位置做参照会发现,凡是梵语重音位于词尾音节而非词干音节的形式,lîþ的末音皆为"例外"的浊塞音d。维尔纳将这一规律表述为:

> 梵语重音位于词根音节时,日耳曼语词根末音为清擦音;与之相反,梵语重音位于词尾时,日耳曼语形式的词根末音显现为浊塞音。
>
> (Verner 1877:111)

至此,洛特纳(1862)总结的拉斯克—格林定律中的最后一类重要例外终于得到了可靠的阐释。维尔纳所发现的重音位置与词根末音性质之间的对应规律,即是后人所称的"维尔纳定律"(Verner's Law)。重音作为超音段语音成分,在此音变中发挥了决定性作用。

重音作为一种十分重要的语音成分,表面看来似乎不如元音、辅音等音段性语音成分直观。这样的印象一定程度上是由书面文字造成的:元音、辅音由专用的字母拼写出来;与之相比,重音有时完全得不到任何形式的书面呈现,即使以重音符号的形式写出来,也难免给人一种"次要"的假象。正如维尔纳后来在为瑞典学者阔克(Axel Kock,1851–1935)《关于瑞典语声调重音的语音史研究》(*Språkhistoriska undersokningar om svensk akcent*,1878)一书所撰写的书评中指出的:

> 语言学日益感到有必要重视这一研究领域[按:重音研究],是件让人高兴的事。人们终于开始认识到,重音可不像重音符号

那样，可有可无地悬浮在词的头顶上；重音是存在于词当中的生气勃勃的活灵魂（[德] lebendige und belebende Seele），故而对词结构乃至整个话语结构发挥影响，而我们对这样的影响可能至今仅有些模糊的认识。

（Verner 1881：1）

关于维尔纳定律在19世纪历史比较语言学发展中的地位，叶斯柏森做过高度评价，他认为：

牛顿之前，人们未想过月球运动可能受制于与物品落地相同的原则；维尔纳之前，人们也未想过当今德国人在某个词里发d还是t，竟和其祖先几千年前把重音放在词里的方式相关联。……通过维尔纳，人们首次正确认识到重音关系在语言演变中所发挥的至关重要的作用。

（Jespersen 1897b：10-11）

来自维尔纳的影响，解释了叶斯柏森为何始终对重音极为重视，无论描写语音结构还是论述语音史时皆如此。不过，我们还需思考一个问题：不同重音位置何以能够造成清浊音的交替？与格林时代的学者对语音的肤浅认识相比，19世纪中后期是语音生理学对历史语言学发挥积极影响的时期。因此，维尔纳（1877）有能力对语音定律背后的生理基础做出科学解释。他注意到，超音段性质的重音与音段性质的清音，在生理特征上存在某些相似之处：

清辅音和浊辅音之间的本质区别在于声带状态。发清辅音时，声带两瓣敞开很宽，来自胸腔的气流自由通过，因而比发浊辅音时更强，这种更强的气流在发塞音时，通过较紧的肌肉阻塞和更有力的爆破展现出来。与之相反，发浊辅音时，声带两瓣靠得很近，几乎贴上，让气流无法自由通过；气流因而较弱，发浊辅音时口腔通道的阻塞以及爆破都不如发清音时。所以，较强的气流（[德] stärkere luftausströmen）是呼气重音与清辅音的共同元

5. 从维尔纳定律到"叶斯柏森定律":音系演化中的重音

素。因此,重读音节中增强的气流使清辅音保持为清,即阻止声带两瓣像发浊音那样变窄,而非重读音节里常规的气流确实使之变窄。

(Verner 1877:116)

从这段关于语音生理的论述可得知,与非重读音节相比,重读音节更容易让清辅音得以保持。故而,brōþer首音节里的重音使音节末的þ保持为清音,成为"规则"的t > þ之典型;而与之相比,重音位于后一音节的fadēr,由于首音节不重读,发生了t > d的浊化,维尔纳证明了这种浊化不是"例外",而是遵循另一条规则的平行音变。同理,数词当中,tehan(比较拉丁语decem)词首音节有重音使h保持为清音,fedvór(比较拉丁语quattuor)词首无重音使d发生浊化。

维尔纳的新发现使日耳曼语中大量的"例外"不再被视为例外,更使布鲁格曼等年轻一代学者相信,语音定律无例外。维尔纳定律引发的效应无疑是新语法学派形成过程中的重要推动力。

5.3 "叶斯柏森定律"与叶斯柏森的重音观

5.3.1 英语中的"维尔纳定律"

维尔纳定律不仅成为历史比较语言学一般性理论之丰碑,而且为从事具体语言研究的学者带来了新思路。如我们在上节中所见,维尔纳(1877)除了对语言事实本身做出归纳之外,还从语音生理角度对这一音变的成因做出了解释。叶斯柏森(1891)认识到,正因为维尔纳定律所涉及的音变具有语音生理基础,所以"如果日后在诸多语言里都发现了与之平行的音变,是不足为奇的。"(Jespersen 1891:178-179)他提及了诺依曼(Fritz Neumann, 1854–1934)的《论古法语语音学与屈折学》(*Zur Laut- und Flexionslehre des Altfranzösischen*, 1878)和康威(Robert Seymour Conway, 1864–1933)的《意大利的维尔纳定律》(*Verner's Law in Italy*, 1887),两位学者皆深受维尔纳定律的影响，尝试通过重音来阐释某些由拉丁语到现代罗曼语的音变。而叶斯柏森本人也在英语史中发现了与维尔纳定律极为相似的音变现象。这一发现被丹麦学者尼尔森（Hans Frede Nielsen）称为“叶斯柏森定律”（Jespersen’s Law）。

1888年12月6日，叶斯柏森以“英语中的一种维尔纳定律”（En vernersk lov paa engelsk）为题，在语文历史学会发言。原文今已不存，仅在《语文历史学会工作简报》（*Kort udsigt over det philologisk-historiske samfunds virksomhed*）中留下了一条简短的记录（见1887—1889年卷，176页）。不过，在三年后出版的《英语格研究》（1891）一书中，他的发现得到了较为完整的展现。他将这一发现称为“维尔纳的著名定律在现代的一个平行之例”。（Jespersen 1891：178）此后，他在《语音学》（1899）和《语音学教程》（1904）里对该音变发生的生理机制做了阐释，并在《语音与拼写》（1909）专门开辟了题为“英语中的维尔纳定律”（Verner’s Law in English）的部分对其加以详述。他晚年还用英语重写并充实了《英语格研究》中该学说所在的题为“变格中的清浊条件”的一章，以《英语的浊擦音与清擦音》为新标题呈现于《语言学文集》（1933）中，使之成为对这一音变的前因后果的最详细论述。

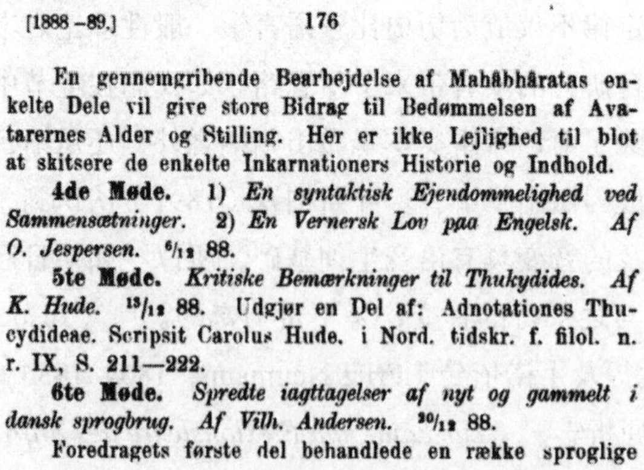
[1888–89.] 176

En gennemgribende Bearbejdelse af Mahâbhâratas enkelte Dele vil give store Bidrag til Bedømmelsen af Avatarernes Alder og Stilling. Her er ikke Lejlighed til blot at skitsere de enkelte Inkarnationers Historie og Indhold.

4de Møde. 1) *En syntaktisk Ejendommelighed ved Sammensætninger.* 2) *En Vernersk Lov paa Engelsk. Af O. Jespersen.* 6/12 88.

5te Møde. *Kritiske Bemærkninger til Thukydides. Af K. Hude.* 13/12 88. Udgjør en Del af: Adnotationes Thucydideae. Scripsit Carolus Hude. i Nord. tidskr. f. filol. n. r. IX, S. 211—222.

6te Møde. *Spredte iagttagelser af nyt og gammelt i dansk sprogbrug. Af Vilh. Andersen.* 20/12 88.

Foredragets første del behandlede en række sproglige

图5-3 《语文历史学会工作简报》（1888）中
叶斯柏森“英语中的一种维尔纳定律”发言记录

5. 从维尔纳定律到"叶斯柏森定律"：音系演化中的重音

叶斯柏森在《语音与拼写》中对这一定律做了如下刻画：

> 下列清音及清音组变成了浊音：（1）f > v，（2）þ > ð，（3）s > z，（4）ks > gz，（5）tʃ > dʒ。条件是：该音不位于词首，且环境为浊音环境，且该音前面的元音为弱重音。换言之，这一变化不会在强元音（或半强元音）之后发生，但不会因为紧随在该辅音后面的强重读元音而受阻碍。这一变化始于15世纪，至16世纪时至少与/f, þ, s, tʃ/相关的部分已完成，但是/ks/的部分很可能直到1630年左右才完成。
>
> （Jespersen 1909a：200）

显然，这是一条关于晚期中古英语至早期现代英语时期擦音（及塞擦音）浊化的定律。然而，此浊化并不仅仅是浊音环境中的同化过程，而是与重音的分布密切相关，这就是这条"叶斯柏森定律"与维尔纳定律最大的相似之处。二者作用对象都是位于词中部位置的辅音：维尔纳定律作用于词根末音位置的塞音（即词根元音和词尾元音之间的塞音），"叶斯柏森定律"作用于非词首位置的擦音及塞擦音。

叶斯柏森的表述中所谓的"弱重音"元音，即四度重音体系下重音程度较低的元音，通常为ζ1，最强不超过ζ2，故而就是非重读元音。而强元音和半强元音则分别为ζ4和ζ3程度的重读元音。与维尔纳定律类似，依"叶斯柏森定律"而发生浊化的辅音，其前面一定是ζ1或ζ2程度的弱元音；而与维尔纳定律不完全相同的是，因"叶斯柏森定律"而发生音变的辅音，其后面的元音不一定是重读元音，该元音无论呈何种重音程度均不会影响音变的发生。具体情况有三种：

第一种情况，发生音变的辅音，像维尔纳定律那样后接重读元音（ζ4）。例如，within一词中的th，中古英语原为清音；resemble一词源于古法语resembler，法语原词此处擦音为清音，且至今为清音（法语今拼作ressembler，以双写的ss表示此处不浊化）：

177

音节 1	音节 2
with-	in
ζ1	ζ4
þ > ð	

音节 1	音节 2	音节 3
res-	em-	ble
ζ1 或 ζ2	ζ4	ζ1
s > z		

第二种情况，发生音变的辅音，后接另外一个非重读元音（ζ1），如knowledge一词，中古英语拼写为knowleche，词中塞擦音原为清音。弱e音脱落使该词由三音节变为今两音节，但浊塞擦音保存至今：

音节 1	音节 2	音节 3
know-	lech-	e
ζ4	ζ2 或 ζ1	ζ1
	tʃ > dʒ	

还有第三种可能，发生音变的辅音充当词末音。例如，active一词，中古英语借自古法语actif，擦音之后原无e：

音节 1	音节 2
act	-if
ζ4	ζ1
	f > v

屈折变化形式中，表示名词复数、属格以及动词单数第三人称现在时的/-z/，经历的也是这类s > z之变化。例如，sons（中古英语拼作sones）自中古英语至今经历了/ˈsunes/ > /ˈsunez/ > /sunz/ > /sʌnz/之音变；comes与之类似，亦经历了/ˈkumes/ > /ˈkumez/ > /kumz/ > /kʌmz/之音变，"叶斯柏森定律"先使-s发生浊化，之后才发生弱e音脱落：

音节 1	音节 2
son	-es
ζ4	ζ1
	s > z

音节 1	音节 2
com-	-es
ζ4	ζ1
	s > z

5. 从维尔纳定律到"叶斯柏森定律"：音系演化中的重音

叶斯柏森的这一学说自从1891年首度公开面世以来，得到过吕克（1921）的肯定，也受到过特伦卡（Trnka 1936）的质疑。近半个世纪以来，在丹麦本国，席布斯比（Knud Schibsbye）在三卷本《英语的起源与发展》（*Origin and Development of the English Language*，1972）里重申了这一发现的价值，而尼尔森曾在数个场合把叶斯柏森的这一发现尊为"叶斯柏森定律"（Nielsen 1989，1994）。不过总的来说，"叶斯柏森定律"这个名称没有得到更广泛的承认，历史语言学工具书（如Trask 2000）通常并不将其作为词条收录，该定律也未见于柯林奇（N. E. Collinge）编写的《印欧语定律集》（*The Laws of Indo-European*，1985）。然而，作为对维尔纳定律的侧面阐释，"叶斯柏森定律"有它独特的价值。

5.3.2 清化对"叶斯柏森定律"的制约

"叶斯柏森定律"发挥作用之处，英语学习者最熟悉的或许是词首音节ex-的读音问题。学习者通常都了解一条读音规则：当ex-为重读音节时x为清音/ks/，而当ex-为非重读音节时x为浊音/gz/，因而有execute /ˈɛksɪˌkjuːt/（执行）和executive /ɪɡˈzɛkjʊtɪv/（执行者）之对立，exhibit /ɪɡˈzɪbɪt/（展览，动词）和exhibition /ɛksɪˈbɪʃən/（展览，名词）之对立。重音位置在此发挥重要作用。换言之，x随重音位置而呈现规则的交替，在重读元音后为清音/ks/，在非重读元音后为浊音/gz/，与维尔纳定律高度吻合。

与之相比，法语重音位置固定，同源的法语词里并无这样的清浊交替，如x在exécuter /ɛgzekyˈte/（执行）和exécutif /ɛgzekyˈtif/（执行者）中皆为/gz/，是浊音环境中很单纯的浊化现象。

不过，"叶斯柏森定律"之所以具有争议性，与众多例外的存在不无关系。《英语的浊擦音与清擦音》中论述各类浊化状况时，也同时列出了各种例外，有些例外较容易从语音生理角度得到解释，另一些则不然。或许正因为这些例外的存在，叶斯柏森从未在任何著作中把自己的这一发现称为"定律"，仅视之为与维尔纳定律相似的平行现象。尼尔森称之为"叶斯柏森定律",很大程度上小带有比喻意味。

本书限于篇幅,不打算对这些例外一一做分析。不过,因为"叶斯柏森定律"自身与浊化密切相关,所以其过程难免受到清化的反方向制约。例如,前面提到的英语词首ex-,还存在第三种常见读音,即非重读的/ɪks/。这一读音即是清化之产物,分布于清辅音/p, t, k, s/之前(位于/s/前还会发生音近省略[haplology]):

/ks/ + /p/:如express /ɪksˈpɹɛs/(表达);
/ks/ + /t/:如extend /ɪksˈtɛnd/(延伸);
/ks/ + /k/:如exclude /ɪksˈkluːd/(排除);
/ks/ + /s/:如excessive /ɪkˈsɛsɪv/(过多的)。

可见,"叶斯柏森定律"此处受到了同化过程的制约,虽然重音模式符合/gz/之条件,但最终形成的是清音形式。

从中古英语到现代英语的演变中,以清辅音结尾的名词的复数和属格,以及以清辅音结尾的动词的现在时第三人称单数形式,其语音史呈现出一个与之相关的问题。以名词lock的复数形式为例,叶斯柏森(1909a)认为locks经历的是/ˈlɔkes/ > /ˈlɔkez/ > /lɔks/的语音演化过程。词根末音/k/由于受到重音的保护,并不会浊化为/g/。但是,其复数后缀-es作为非重读音节,音节末音经历了"叶斯柏森定律"所引发的/s/ > /z/之浊化;而后,弱元音e脱落,使k与z相邻,同化机制使清音/s/再度出现,完成了先浊化再重新清化的整个过程。"叶斯柏森定律"引起的浊化由此被后来的清化抵消。

最后还应注意语言在时间和空间上呈现出的差别。《英语的浊擦音与清擦音》让我们看到,今日标准英语中不符合"叶斯柏森定律"的例外之处,有些在历史上存在过规则形式,有些可在方言中找到规则形式。如今我们会发现,在这篇文章问世后的近百年里,有些音又发生了新的变化。例如,叶斯柏森把discern一词用作词中擦音为浊音的例词,但敏感地发现当时出现了将其读作清音[s]的新情况。《牛津NED》中注的唯一读音的确为[z](见1897年首版第3卷,D部410

页)。而今，[s]已成了《牛津ALD》中标注的唯一读音。

5.3.3 "叶斯柏森定律"的普遍性?

《语言学文集》(1933)还收录了另一篇叶斯柏森此前从未发表过的文章——《维尔纳定律与重音的本质》(Verners Gesetz und das Wesen des Akzents)。文中列举了十种语言(包括原始印欧语和英语在内)中存在的与维尔纳定律相似的音变过程。此处我们不展开详述，仅略述一下这之中最直观两例。

首先是塔尔比策(William Thalbitzer, 1873–1958)记录的格陵兰语例子。他是20世纪前期最重要的格陵兰语言文化专家，鲍阿斯主持编写的美国民族学局《美洲印第安语言手册》(Handbook of American Indian Languages)中，爱斯基摩语的部分就是由塔尔比策撰写的。塔尔比策是该书仅有的两位外籍作者之一。①叶斯柏森引用的爱斯基摩语例词如：iˈγa(锅)—ˈix·awik(炉灶、厨房)，iˈwik(草叶)—复数ˈiφit(草)，从中不难观察到，清擦音位于重读元音之后，浊擦音位于非重读元音之后。

其次，叶斯柏森还在欧洲当时出版的一些关于日语的著作中发现了被日本语言学家称为"濁り"(nigori)的浊化现象：浊音位于复合词的中部位置，如toki(时间)—tokidoki(有时)，sin(心)：sinzin(虔诚)，tuki(月亮)：mikaduki(新月)等等。通过对母语者的观察，他注意到日语的重读音节和非重读音节之间的落差没有常见的欧洲语言那么突出，但是，"'模糊'辅音前面的那个紧挨着的元音似乎带不了强重音"。(Jespersen 1933a：234)

这一浊化方式，为何能够存在于众多相互间并无亲缘关系的语言中？叶斯柏森对此做的是基于语音生理的解释："重音就是能

---

① 另一位是俄国学者波格拉斯(Waldemar Bogoras, 即 Vladimir Germanovich Bogoraz, 1865–1936)，他撰写了关于楚科奇语(Chukchee)的部分。鲍阿斯认为楚科奇语可以"有力证明美洲许多语言中最具特色的特征在亚洲大陆亦可见到"(Boas 1922：637)，对确定爱斯基摩语与周边其他语言的关系有重要意义。

量,……不依附于某一个器官,而是依赖于整个发音活动"(同上,241),这一过程甚至可涉及非言语器官,如说话者可在话语强调的同时让头、手等器官也做出相应的强调动作。因为强音节发音时的高能量让更多气流从肺部逸出,所以声带两瓣呈现开放姿态时(清辅音)和相互靠近形成较窄通道时(元音、浊辅音)产生的声响效果差异很大;相比之下,弱音节中二者的差别没有这么明显,低能量使所有发音活动都相对松弛。因此,"发音能量强劲的强音节里,自然很容易抓住有浊声的元音和紧随其后的清辅音之间的落差。与之相反,弱音节中,元音和紧随其后的擦音之间的落差就不那么突出了;在较为放松的发音中,擦音容易受到其环境的同化,因而变成浊音。"(同上,243)这一生理过程让强元音后的清音和弱元音之后的浊音都得到了合理的解释。这一阐释与维尔纳(1877)的阐释本质完全相同,诸多语言中皆可见到类似的语音现象就不足为奇了。

5.4 小结

音系系统中不仅包含辅音、元音等音段性成分,还包含若干种超音段成分。重音作为若干种超音段成分之一,在语言结构和语言演化中皆扮演十分关键的角色。正确揭示重音的演化及其所发挥的效应,可使演化中的诸多疑难问题由不规则变为规则。在叶斯柏森之前,维尔纳定律充当了这方面的典范。而叶斯柏森不仅在中古英语语音史里观察到了与之可比的演化规律,而且还发现类似的规则亦见于其他语言,这使该规律显现出一定的普遍性。

6. 进步？衰退？音系演化的词法效应

6.1 三品级理论的音系演化基础

6.1.1 英语词的单音节化倾向

英语"比任何同源语都更加单音节化"。（Jespersen 1929a：4）这一论断是叶斯柏森1928年11月6日在英国最高学术机构之一英国国家学术院所做的讲座"英语的单音节词"的论述起点。我们如果找来一些常用的英语单音节词，先跟其古英语、中古英语祖先做纵向比较，再跟其他日耳曼语的同源词做横向比较，会十分赞同叶斯柏森的这个结论。[①] 例如：

（1）古英语 tīma > 中古英语 time /ˈtiːmə/ > 现代英语 time /taɪm/（时间），

比较：古北欧语 timi > 丹麦语 time /ˈtiːmə/（时间），瑞典语 timme /tɪm³eː²/（时间），冰岛语 tími /ˈtʰiːmɪ/（时间）；

（2）古英语 hēran > 中古英语 heren > 现代英语 hear /hɪə/（听），

比较：古高地德语 hōren > 现代德语 hören /ˈhøːʁən/（听），

[①] 丹麦语注音据 *DDO*，瑞典语注音据 *SAOB*，荷兰语注音据以《科纳曼荷兰语学习词典》（*Kernerman Nederlands Leerderswoordenboek*）为基础的 Woorden.Org 在线版荷兰语词典，冰岛语注音据 Wiktionary.org（2023-10-1 检索）。

古荷兰语*hōren > 现代荷兰语horen /ˈhorə(n)/（听），

古北欧语heyra > 丹麦语/ˈhø:ʌ/（听），瑞典语/hœ³ra²/（听），冰岛语heyra /ˈhei:ra/（听）；

（3）古英语cyrice > 中古英语chirche > 现代英语church /tʃɜ:tʃ/（教堂），

比较：古高地德语kirihha > 现代德语Kirche /ˈkɪʁçə/（教堂），

古荷兰语kirica > 现代荷兰语kerk /kɛrk/（教堂），

古北欧语kirkja > 丹麦语kirke /ˈkiɡ̊ə/（教堂），瑞典语kyrka /ɟyr³ka²/（教堂），冰岛语kirkja /ˈcʰɪrca/（教堂）；

（4）古英语hafoc > 中古英语hauk > 现代英语hawk（鹰），

比较：古高地德语habuk > 现代德语Habicht /ˈha:bɪçt/（鹰），

古荷兰语*havuk > 现代荷兰语havik /ˈhavɪk/（鹰），

古北欧语haukr > 丹麦语høg /ˈhøˀj/（鹰），瑞典语hök /hø⁴k/（鹰），冰岛语haukur /ˈhøy:kʏr/（鹰）；

（5）古英语lacu > 中古英语lake /ˈla:kə/ > 现代英语lake /leɪk/（湖），

比较：古高地德语lacha > 现代德语Lacke /ˈlakə/（湖），

古荷兰语*laka > 现代荷兰语laak（湖）。

透过上述比较不难发现，当今英语中的单音节词，很大一部分是从双音节词或多音节词演化而来的。这样的单音节化过程并非英语所独有，荷兰语以及丹麦语、瑞典语里也存在同样的单音节化，但英语词的单音节化趋势无疑最为强烈。

从音系演化来看，英语词的单音节化经历了两个历史过程，首先是非重读元音的央音化，之后又发生了央音的脱落。前一个过程在古英语向中古英语过渡时已出现，a、e、i、o、u在非重读音节里皆有央化为/ə/音之可能；至14世纪时，由此产生的大量弱/ə/音大规模脱落

（参见Jespersen 1909a，1929a），完成了后一个过程，单音节词就随之大量出现了。与之相比，其他日耳曼语的非重读元音未必央音化，有时即使发生了央音化，弱/ə/音也经常保持完好，这类词因而至今仍拥有两个音节。

6.1.2 单音节词的语义区别机制

这一演化过程使弱/ə/音在英语音系系统中的语义区别力下降。随着弱/ə/音消失，双音节词变成单音节词，部分以弱/ə/音的有与无作为区别的词对，如今变成了同音词（homophone），有些甚至还成了书面上的同形词（homograph）。我们可选取叶斯柏森在《语音与拼写》中（Jespersen 1909a：196-197）列出的部分例子分析如下：

> rays（光线，复数）＜古法语rai，
> raise（抬起）＜古北欧语reisa；

> paws（爪，复数）＜古法语poue，
> pause（停顿）＜拉丁语pausa；

> tied（捆绑，过去式）＜古英语tīgde，
> tide（潮汐）＜古英语tīd；

> well（好）＜古英语wel，与德语wohl（好）同源，
> well（井）＜古英语wielle，与德语Welle（波浪）同源。

叶斯柏森指出："词越短，就越有可能存在别的词碰巧与之同音。"（Jespersen 1929a：18）有些词本来既不同音，也不同源，单音节化成为其同音的重要条件。这些词历史上为双音节或多音节时，往往具有语义自主性，对语境的依赖程度较低，不易引发交际中的误解。单音节化之后，如何才能使同音词的语义区别得以维系？

这个音系问题的解决机制其实在于语法层面。例如，动词know

（知道）的屈折形式know（现在时非第三人称单数）、knows（现在时单数第三人称）、knew（过去时），在当今的英语中分别与no（不）、nose（鼻子）、new（新的）同音。造成同音的一个非常直观的原因是英语词首辅音丛/kn-/中的塞音在17世纪时脱落，使kn-和n-同音。但是，若追溯至更久远的历史，我们会发现单音节化为这几组词的同音创造了非常重要的条件：

（1）know—no

古英语动词cnāwan的现在时单数第一人称为cnāwe，是双音节词；副词no，源于古英语nā。两词都经历过古英语时期最重要/a:/ > /ɔ:/音变。cnāwe演化为中古英语knowe后，依然是双音节词。假如非重音音节里的元音e未经历弱化和脱落，那么即使后来发生/kn-/ > /n/的变化，仍不会使know和no同音。因此，单音节化是know和no成为同音词的很关键一步。

（2）knows—nose

现在时单数第三人称，古英语为cnǣwþ。中古英语时期，此屈折形式的日耳曼式变音（ā与æ之交替）已不存，演化为规则屈折的knoweth。而nose经历的是古英语nosu > 中古英语nose /'nɔ:zə/ > 现代英语nose /nəʊz/。可见，两词里非重读元音的央化和脱落，同样是同音的关键因素。

（3）knew—new

过去式的各个人称中，单数第一、第三人称为单音节的cnēow，单数第二人称为双音节的cnēowe，复数各人称皆为双音节的cnēowon，这些形式在中古英语时期统一为单音节的knew（仅单数第二人称有时仍可见到双音节的knewe）。而new的演化过程是古英语nīewe > 中古英语newe > 现代英语new。单音节化对这组同音词同样很重要。

那么，这三组词完成了使之同音的音系过程之后，在现代英语的话语中引发误解的几率大吗？叶斯柏森（1929a）给出了下列三组例句：

6. 进步？衰退？音系演化的词法效应

I /nəu/.
My /nəu/ is just as good as your yes.

He /nəuz/.
His /nəuz/ bleeds.

You /nju:/ it.
A /nju:/ hat.

显然，即使不考虑正字法因素，上述各例仍然并无歧义。词性是区分同音词的重要参照，英语和其他印欧语一样，拥有严密的词法、句法形式体系。即使现代英语的屈折形式已所剩不多，也仍足以充当判断词性和语义的参照点。"I /nəu/."中的know若以no填充，语法上不成立；"His /nəuz/ bleeds."中的nose若理解为knows，语法上同样不成立。可见，词性是句法语境的一部分，可为同音词的语义判定提供支持。叶斯柏森故而指出，这种单音节短词在话语中一旦出现，会立刻被听者置入恰当的"鸽洞"（pigeon hole）之中，听者对短词的理解实为"电影式理解"（kinematographic comprehension）："我们来不及看单幅画面自身，而只能把它跟前前后后的画面组合起来理解，因此形成了连续的动态画面"。（Jespersen 1929a: 25）这样一来，英语中虽然存在大量单音节词，但引发误解的概率其实并不大。

因此，同音词的语义区别途径之一，就是让同音的词分属不同词性。以演化与竞争的视角来看，词性相同的同音词可呈现淘汰机制，竞争失败者变成罕用词或废弃词。例如，元音大转移并未使ee（/e:/ > /i:/）和ea（/ɛ:/ > /e:/）同音，但是由/ɛ:/变来的/e:/在17世纪继续上升（/e:/ > /i:/），最终造成了ee和ea的混淆。不过，今天的英语中meet（遇见）—meat（肉）这样的同音词并未引起太多语义混淆，在"电影式理解"中完全可以各司其职。之所以如此，二者分属动词和名词显然是条重要的原因。与之命运截然不同的同音词对，如queen（女王）—quean（女仆），正是由于相同的词性及悬殊的语义落差，最终使quean一词在竞争中淘汰出局。

6.1.3 "语法同音词"与三品级理论

同音当中有一类特殊的现象，叶斯柏森称之为"语法同音"（grammatical homophone）：一方面，词类之间可在没有区别性词尾的情况下实现相互转换，形成一组同源、同音、同形但不同词性的词；另一方面，某一词性内部，同一屈折形式可用于若干种词法功能。这样的"语法同音词"是现代英语形态结构的特色之一，与大多数其他印欧语言迥异。

以round一词为例，该词在中古英语时期从古法语中借入，如今在不借助任何派生词尾的情况下，竟拥有多达5种词性：

（1）名词round：一轮

（2）形容词round：圆形的

（3）副词round：围绕

（4）介词round：在周边

（5）动词round：拢圆

与之相比，同样借入了这个罗曼词根的德语，因词性不同而形成了下列形式：

（1）名词Runde：一轮

（2）形容词rund：圆形的

（3）动词runden：拢圆

而在同一词性内部，英语若以I/you/we/they作为round（拢圆）一词的主语构成现在时，该动词并无任何形式上的差别；而德语则有runde（第一人称单数）、rundest（第二人称单数）、rundet（第二人称复数）、runden（第一、三人称复数）四种不同形式。

显然，现代英语不是词法屈折形式一目了然的语言，需要一套合乎英语特色的理论来系统阐释英语的特色语法结构。叶斯柏森提出三品级理论，针对的就是英语形态手段的缺乏，品级观旨在为传统词类

6. 进步？衰退？音系演化的词法效应

观解释力较弱之处做补充。叶斯柏森的语言学思想中，三品级语法理论或许是我国学者最为熟悉的一部分，至今仍不时得到新的探讨及再思考。对我国语言学界和英语教学界影响颇深的《语法哲学》和《英语语法要略》两书中，三品级语法理论扮演了重要角色。

三品级首次亮相，是在叶斯柏森用丹麦文撰写的《语言逻辑》（*Sprogets logik*，1913）一书中。①他用丹麦语和英语分别对三个品级做了简洁的解释：

  I. 一品词（primære ord）：主项（[丹] overled – [英] principals）。②

  II. 二品词（sekundære ord）：修饰项（[丹] adled – [英] adjuncts）。

  III. 三品词（Tertiære ord）：从属项（[丹] underled – [英] subjuncts）。

（Jespersen 1913b: 31）

次年出版的《现代英语语法》第2卷《句法一》（*Syntax*, I）中，三品级在卷首导论中充当了句法部分的理论基础。关于三品级的原理，叶斯柏森的解释十分通俗：

  任何人若想在他人的脑海中激起一副图景或一个概念，往往会觉得仅用一个词不足以达到这个目的。多数时候，他必须通过好几个词拼接出这幅图景或这个概念。一个词被另一个词定义（或修饰），后者再继续被第三个词定义（或修饰），以此类推。这就要我们依据词之间定义与被定义的关系，构建

---

① 此处叶斯柏森提及，英文名称已经"用于我1913年的《现代英语语法》第2卷中"，但这指的仅是完成时间，不是出版时间。事实上，《现代英语语法》第2卷直至1914年才出版。

② 丹麦语 led 是个语义很广的词，可指代数式中的项、骨骼结构中的关节、逻辑上的连接点，等等。本书依其数学意义，译为"项"。此词与英语 lith（肢）同源。此处的三个前缀，丹麦语和英语意义大致相同，over- 和 under- 分别表示"高""低"，ad- 表示"添加"。

起词的不同品级（rank）。在extremely hot weather（极其热的天气）这个组合中，weather（天气）可称为一品词（primary word）或主项（principal）；为weather做定义的hot（热）则是个二品词（secondary word）或修饰项（adjunct）；而为hot做定义的extremely（极其），是个三品词（tertiary word）或从属项（subjunct）。

（Jespersen 1914a：2）

叶斯柏森区分的三种品级当中，一品是词组中最重要的词，其他词从属于该词并对其进行修饰或限制。二品是对一品进行修饰或说明的词，分为两种，一种是像上文extremely hot weather中的hot那样对一品做修饰，构成偏正关系；另一种对一品词的动作、行为等做说明，与一品词形成主谓关系，如"The dog barks furiously."这句话中，不仅对dog起限定作用的冠词the是二品，而且对dog的行为加以说明的barks也是二品。偏正式的一二品关系称为"附连"（junction），主谓式的一二品关系称为"组连"（nexus）。三品是对二品做进一步修饰的词，是更外围的成分。理论上可存在四品（quaternary）、五品（quinary）乃至在句中地位更低的品级，但叶斯柏森指出没有必要做此细分，止于三品即可，因此三品也常被译为"末品"。[①]

现代英语缺乏词类形态标志，因而存在大量"兼类词"。许多今天同形的动词和名词，在古英语中并不同形，如：

---

① 表示品级的术语primary、secondary和tertiary在中文中已有多种译法。王力《中国现代语法》（1943）称之为"首品""次品""末品"，熊寅谷译《英语语法精义》（1980）沿用了这一译法，该译法也是后来较为通行的译法。何勇等译《语法哲学》（1988）虽将前二者译为"首品""次品"，但可能考虑到了"四品""五品"等在理论上存在的可能性，故将tertiary译为"三品"而非"末品"。商务印书馆版《英语语法要略》（1989）则将三者译为"一级语结""二级语结""三级语结"。拉丁语中，primary、secondary和tertiary本为序数词"第一""第二""第三"之义，因此吕叔湘在《中国文法要略》（1942）中采用的"甲级""乙级""丙级"的译法很贴近原义。如今，以天干作为序数词的用法在汉语中已渐旧，本书故将其改译为"一品""二品""三品"。

  古英语lufian（爱，动词）> love，比较德语lieben（爱，动词）；

  古英语lufu（爱，名词）> love，比较德语Liebe（爱，名词）；

  古英语hoffen（希望，动词）> hope，比较德语hoffen（希望，动词）；

  古英语hopa（希望，名词）> hope，比较德语Hoffnung（希望，名词）

此外，词由某一词性分化出另一词性，二者在英语中未必一定有形式区别，两词性经常以同样的单音节词形式出现，在短语及句子中充当不同成分，如：

  open the door / leave the door **open**（开门/把门开着），

  比较德语die Tür **öffnen** / die Tür **offen** lassen；

  dry hair / **dry** the hair（干的头发/把头发晾干），

  比较德语 **trockenes** Haar / um die Haare zu **trocknen**

如何看待这种"兼类"？叶斯柏森既不赞同加迪纳以"表现模式"（mode of presentation）作词类划分依据，也不赞同库尔默（George Curme, 1860–1948）以句法功能作词类划分依据。加迪纳认为名称词表现为事物时是名词；表现为过程时是动词，但这种"表现模式"依托的是"心理感受"，难免有循环论证之嫌。而库尔默把动词定义为"用来做论断或提问题的词"，但是许多仅由一个名词或副词构成的感叹句、疑问句同样可以用来做论断、提问题，将其视为动词显然是非常不合理的。《英语语法要略》中的这段话，或许最能概括叶斯柏森对此问题的看法：

  有些词既作名词之例，也作形容词之例；另一些词既是形容词之例，也是副词之例。这表明，要确认一个词属于什么词类，只考虑这个词本身的形式是不够的；具有决定性的是这个词在连贯的话语中对其他词有何"表现",其他词对这个词又有何表现。如果我们发现某一个形式有时用作名词,有时用作形容词或动词,并不表明词类之间的区别已经在英语中消亡,因为在每一个具体的组合中,该形式都很明确地只属于一个词类;但是,这样的形式不应该孤立地来看。

(Jespersen 1933b:70–71)

词品所揭示的,同样是"电影式理解"。重点在于词在句子中的角色,而非词本身的孤立属性。王力的概括"词在字典里的时候,分类不分品;词在句子里的时候,分品不分类"(1947 [1943]:33),精妙之处即在于此。

某一词类内部,三品级也可发挥一定的解释力。例如,《语法哲学》的一个脚注中有个用三品级理论分析歧义句的有趣例子:有儿童误解了一个关于《旧约·约伯记》的句子,因而产生了"婴儿出世时是否已会说话"的疑惑。这个句子是:

Job cursed the day he was born.[①]

(Jespersen 1924:103n2)

熟悉《约伯记》中这一典故的成年人显然明白,此处的cursed是及物动词,the day是宾语,he was born是修饰宾语的定语从句。全句意为"约伯诅咒自己的生日"。然而,此句被孩子解读成了"约伯出生那天骂了人",即cursed被理解为不及物动词,the day he was born被理解为时间状语。用三品级理论来解释,即孩子把句中充当一品的名词day误当成了三品。屈折发达的语言无须品级概念,如拉丁语"天"一词有diēs(主格,用作主语)、diem(宾格,用作宾语)、diē(夺

---

① 叶斯柏森(Jespersen 1924)没有指明这个句子出自圣经的哪个版本。但是,主流的圣经版本中的《约伯记》3:1并无歧义。例如,钦定本(1611)为:"After this opened Job his mouth, and cursed his day." 1885年英文修订本(English Revised Version)与之相同,未做改动。这个歧义句很可能出自某本关于圣经的儿童读物,而非圣经原文。

格，用作介词补语）之区别，依靠名词自身的格词尾已足以把这两种关系分清。即使古英语dæg（天）一词并无主格和宾格之间的形式差别，仍可通过其冠词来区分sē dæg（主格）和þæs dæg（宾格）。现代英语已无这样的语法手段，因此才需要"词品"这一概念来分析词在句中的角色。

6.2 英语形态标记简化的原因

6.2.1 形态简化中的价值原则

从形态纷繁复杂的古英语到形态极其简化的现代英语，如此悬殊的变化原因何在？上文提到的元音在非重读音节中的央音化，以及央音化之后的弱/ə/音大规模脱落，皆是造成英语中大量存在的"语法同音"的重要原因。

动词形式与名词形式的合并，还要加上此前发生的词末/-n/音的脱落。英语词末n的脱落"古英语时期从北部地区开始，中古英语时期向南扩张"（Jespersen 1909a：31），发生于"n位于严格意义上的末尾（停顿）时，或位于辅音之前时"。（同上）这一过程使古英语动词不定式词尾-an彻底消失，现代英语因而不再具备类似德语-en那样的动词标志。①

为何会出现这样的弱化及脱落？叶斯柏森认为首要的是音系演化的内在规律。《论语音定律问题》（1886）一文中，他已阐明音变并不是"盲目的语音规律的破坏作用"，而是要受到"价值原则"的制约："对现实语感最重要的东西，才是说话人必须让听话人准确

---

① 荷兰语动词不定式词尾 -en 也经历了类似的音系过程，尽管这个 -n 在今天的荷兰语正字法中仍要在书面上写出来。英语中，词末 /-n/ 音的脱落不仅限于动词不定式词尾，也见于其他类似的语音结构，英语今存 mine—my, an—a, none—no, maiden—maid, broken—broke 等各司其职的双形词。大量以 a- 开头的形容词，也是因 on 的词末 -n 音脱落而成，如 asleep < on + sleep, ashore < on + shore。（参见 Jespersen 1909a：31–32）

听懂的东西,仅此一条,就可将其置于特别保护位置。"(Jespersen 1886:204–205)从"价值原则"来看,词根作为承载语义的主要部分,价值必然超过词尾;词根因而是重音的位置,其元音的音质通常得到很好的保护。

虽然词根的语义价值远超过屈折词尾,但是词尾带有重要的形态信息,故而在语音层面上未必一定会发生模糊。假如每种词尾稳定地对应着一种特定的语义功能,这样的词尾是有条件得到价值原则的保护的,但是古英语的屈折词尾恰恰没有做到这一点。

6.2.2 形态简化的语内原因

古英语名词通常有主格、属格、与格、宾格之区别,具体的变化形式又因名词的性(阳、阴、中)和数(单、复)而不同。叶斯柏森(1891,1894a)用了27节的篇幅对这个庞杂的系统做了细致的描写,而在今天的英语词法中,名词仅存属格(-'s词尾)与通格(零词尾)之形态差别,即使把数的范畴考虑进来,也仅存两种音系形式(零形式、/z/)和四种书面形式(零形式、-s、-'s、-s')之别,如表6-1所示。

表6-1 现代英语名词的数与格

		单数	复数
通格	正字法层面	零形式	-s
	音系层面	零形式	/z/
	属格 正字法层面	-'s	-s'
	音系层面	/z/	/z/

古英语的格,我们不妨以《贝奥武夫》开头3行为例:

Hwæt, wē Gārdena in geārdagum,
þēodcyninga þrym gefrūnon,
hū ðā æþelingas ellen fremedon.

（我们听闻过往昔丹麦人的荣耀，
听闻过君王们的荣耀，
那之中的王者们骁勇英武。）[①]

这3行诗里共含有6个名词，涉及主、属、与、宾四种格：

（1）Gārdena（丹麦人），属格复数，充当þrym的定语；主格单数形式为Gārdene。

（2）geārdagum（往昔），与格，复形名词，充当介词in的补语；主格形式为geārdagas。

（3）þēodcyninga（君王），属格复数，充当þrym的定语；主格单数形式为þēodcyning。

（4）þrym（荣耀），宾格单数，充当gefrūnon（获悉）的宾语；与主格单数þrym同形。

（5）æþelingas（王者），主格复数，作从句中的主语，前面的ðā是与之相配合的主格复数定冠词；ðā æþelingas的主格单数形式为sē æþeling。

（6）ellen（骁勇），宾格单数，充当fremedon（表现）的宾语；与主格单数ellen同形。

这样的名词格系统自然比现代英语复杂很多。例如，属格既不是我们今天所熟悉的/-z/，也不跟主格复数同形；宾格和与格依然有十分突显的差异，geārdagum的第二个语素dagum（日子）是与格复数，它所对应的宾格复数是dagas；而þrym和ellen虽然主格和宾格同形，但这一同形规则并不适用于所有古英语名词。关于古英语格屈折词尾的全貌，叶斯柏森做了如下归纳[②]：

---

① 中译文为笔者自译，侧重字面意思。对这三行诗的深入解读，可参见 Jack（1994：27）。

② 黑体表示最常用的形式，括号表示罕用形式，+ 表示发生变音形式。（变音指词干元音的交替，如现代英语单数 goose 和复数 geese 元音 /uː/ 和 /iː/ 的交替，现代德语单数 Apfel 和复数 Äpfel 元音 /a/ 和 /ɛ/ 的交替。）

主格：单数：—; -a, -e, -u, (-an)。
　　　复数：**-as**, —, -an, -a, -e, -u, +, (-ru, -es),
　　　　　　(-n, +e)。
宾格：单数：—, -e, -u, -an, -ne, (-a, -n)。
　　　复数：**-as**, —, -an, -a, -e, -u, +, (-ru, -es),
　　　　　　(-n, +e)。
与格/工具格：单数：**-e**, -an, -re, +, —, -um, (-m, -a, -u, -n, -a), (+e)。
　　　　　　复数：**-um**, (-an, -m, -n, -rum)。
属格：单数：-es, -an, -e, -re, +, (-a, -n), (—, -s, -u)。
　　　复数：-a, -ena [-ana], -ra, (-na), (-an)。

（Jespersen 1891：85）

据此，叶斯柏森旨在向我们直观展示古英语格体系崩溃的最重要原因。他将这一原因概括为"多重不一致性"（[丹] mangfoldige indbyrdes uoverensstemmelser）（同上，100）。

第一重不一致性，就是语音形式与语法功能之间的不一致性。假如二者恪守一对一的映射关系，即每种词尾仅作为一种格标记，每种格标记也仅由一种词尾来表示，那么，这一系统即使复杂，仍可保持相对稳定。然而，古英语名词格词尾未能做到这一点。一方面，一种词尾可对应若干种功能；另一方面，一种功能由若干种词尾实现。例如，-a经常用于属格复数，但也有时表示主格单数或主格复数，偶尔还可用作与格单数；而每种格又都对应着5种以上的不同形式。这一局面的致命缺陷即在于降低了格词尾的语义区别力。形式复杂，但功能却并不清晰，这样的表达手段必然低效。

第二重不一致性，是语法功能与语义之间的不一致性。虽然总体来看，属格表示领属关系，与格、宾格分别表示间接和直接对象，工具格表示手段途径，但无论是古英语还是其他格系统发达的语言，格

6. 进步？衰退？音系演化的词法效应

的选择都难免呈现出一定程度的任意性。以动词gewealdan（操控）的宾语为例，我们会发现由宾格、属格、工具格充当宾语的情况皆存在[①]：

(1) geweōld　　　　　wīgsigor
　　"操控"[过去式]　　"战争"+"胜利"[宾格]
　　（控制战争胜利）
　　　　　　　　　　　（《贝奥武夫》，1554行）

(2) wǣpna　　　　　　gewealdan
　　"武器"[属格，复数]　"操控"[不定式]
　　（挥舞武器）
　　　　　　　　　　　（《贝奥武夫》，1509行）

(3) gewealdan　　　　ðȳ
　　"操控"[不定式]　　定冠词[工具格，单数]
　　（掌控这项工作）
　　weorce
　　"工作"[工具格/与格，单数]
　　　　　　　　　　　（《安德里亚斯》[②]，1367行）

上述例子中的宾语，格类型各不相同，但却完全看不出这些动宾结构之间究竟有何语义差别。可见语法—语义关系和语法—语音关系一样，远非一对一的映射关系。语法与语义之间不对应，无疑削弱了词法形式自身的语义自主性，增强了不同的格之间发生合流的可能。

此外还有第三重不一致性，源于词自身的演变史。叶斯柏森（1891，1894a）注意到，《盎格鲁—撒克逊编年史》里既有on þys geare（在这一年），又有on þone sunnandæg（在那个星期天）。同样

---

① 例子引自鲍斯沃思（Joseph Bosworth, 1788–1876）编修、托勒（Thomas Toller, 1844–1930）增订的《盎格鲁—撒克逊语词典》(*An Anglo-Saxon Dictionary*, 1882)，笔者添加了词法分析和中文释义。

② 《安德里亚斯》(*Andreas*)，古英语叙事诗，记录圣徒安德鲁事迹，作者不详。

是充当介词on的补语,前者为工具格,后者为宾格,同样很难从语义上辨别出这两个结构有何区别。他从词源方面猜想,这两个on很可能并不同源,前者源于更古时的介词in,后者源于更古时的介词an,并指出应参考德语介词in与an之别。德语in diesem Jahr(在这一年)和an diesem Sonntag(在那个星期天)今仍使用不同的介词,尽管二者如今支配的都是与格。

语音、语法、语义三者间的不一致性,使复杂的古英语格词尾的理据性极大降低,故而在语言交际中变得更加次要,最终走向消失。否则,语义清晰性必然会对语音变化构成制约,竭力阻止其走向模糊化。语音模糊的结果就是屈折形式的大规模脱落,最终造成我们今天所熟悉的各类"语法同音"现象。

6.2.3 语言接触的推动作用

对音系及语法演化发挥作用的还有外来因素。诺曼征服改变了英语发展的原有轨迹,使英语逐渐由一种典型的日耳曼语转变为大量使用罗曼词汇的语言。不过,外来词的大规模涌入,是否会导致本族词的语法体系崩溃?二者之间并无必然联系。从"威望语言"中借用词汇是十分常见的现象,但是对其形态屈折成分的模仿,似乎并无太多必要性和可行性可言。

叶斯柏森(1894a,1905)格外强调了来自古北欧语的影响。10世纪至11世纪,古英语和古北欧语的接触对古英语屈折词尾的消失起到了推波助澜的作用。这一过程不是基于借用或模仿,而是基于语法的均一化(levelling)。古英语和古北欧语同属古代日耳曼语,很大程度上可以实现语义互通。二者之间最主要的沟通障碍,正是在于词尾屈折变化体系的不同,因此,保留对语义很重要的词根,舍弃对语义并不重要的词尾,是十分自然的选择。音系演化中的"价值原则"再度发挥作用。叶斯柏森因而指出:

> 比高卢化的诺曼人对英语产生更大影响的,是丹麦的北欧海盗。……必须记着,丹麦人讲的语言与当地的母语方言十分

6. 进步？衰退？音系演化的词法效应

近似，两个民族相互听懂并不太费劲。但是，正是这一环境，自然使许多语法细节被牺牲掉，听懂这两种语言中的一种，渐渐都以纯粹依靠词汇为主。语法形式的磨蚀和削平，在丹麦人居住的主要地区比在更往南的地区早好几个世纪，这一点跟上述观点吻合。

（Jespersen 1894a：172–173）

此前的学者是否夸大了来自法语的影响？若要正确解决这个问题，必须回答下列两个问题：（1）旧格系统崩溃之时，英国的法语人口和英语人口真的达到了旗鼓相当的地步吗？（2）此时法语语法结构，真的对盎格鲁—撒克逊人产生了巨大影响吗？

叶斯柏森（1891）对这两个问题的回答都是否定的。而今，我们可从法语史研究者的研究成果中找到印证。当今的法语史专家奇比（Douglas A. Kibbee）把诺曼征服前后（大体上从1004年英王埃塞尔雷德迎娶来自诺曼底的王后埃玛，至1152年英国金雀花王朝亨利二世国王与阿基坦的埃莉诺之间的联姻）称为法语在英国的600年影响中的第一阶段，他对这一阶段法语在英国的使用情况得出了如下结论：

虽然说法语的人在威廉入侵后的几十年内接管了一切领域的核心功能，但却从未突破人口中的极少数，我们没有理由认为说英语的主体人口学过法语，也没有理由相信人口中有任何一部分通过正式教学途径而学会了法语。法语教学资料中，没有哪份可追溯至第一阶段，因为书面法语此时尚未具备官方地位。

（Kibbee 1991：13）

引用该书中的数字则可看到，这一时期"法语的影响力仅限于识字的阶层，这个人群在12世纪的英格兰社会中很微小，即使在14世纪也仍未过人口半数。"（同上，2）1066年诺曼人在黑斯廷斯战役取得决定性胜利之后，英格兰"人口估为150万，诺曼人的人口比例只占1.3%"。（同上，9）因此，我们就不难理解叶斯柏森为什么会澄清："被征服的人绝大多数都说英语，从未学过说法语；因此，他们并没有让自己的本土方言语法感因为混合了外国人的说话模式而受到损害。"（Jespersen 1891：93）可见这一时期英语和法语之间的语言接触，比人们通常想象的要少得多。

以英语名词复数后缀-en被-s所取代之史实为例，叶斯柏森在《语言的进步》（1894）中列出了6点语言事实作为证据，证明这一变化并不是由诺曼征服带来的法语影响而造成的：

（1）复数-s的发展和属格-s的发展是不可分割的。后者站稳脚跟比复数-s更快速、更广泛，在这一问题上法语的影响完全不可能。那么，为什么词尾会发生这样的变化而不是其他变化？

（2）早在诺曼征服前很久，复数-s就已蔓延到了许多先前拥有其他词尾的名词上，这些词包括i-类词和u-类词，也包括某些辅音词干（如wyrmas，winas，sunas，hæleðas等）。这表明，即使征服者威廉从未跨过海峡，该语言中的这一趋势依然会如此。

（3）-s在北部变得普遍要早于南部，南部是受到法语影响最强的地区，可是长期以来-en似乎比-s更旺盛地保存于所有名词里。

（4）古法语里，用-s做复数词尾没有现在这么普遍；实际上，这个-s本身很难说得上是复数的标志，因为它对于数量最多、最重要的那类名词来说，是主格单数的标志，也是宾格复数的标志，但却不是主格复数的标志。因此，如果13世纪有英国人用-s作主格复数的标志，那么他服从的是自己母语的规则，而不是法语的规则。

（5）如果-s是诺曼人带来的，那么除了名词复数之外，形容词复数里也应该有；可是事实上，形容词带此词尾非常罕见，仅存于罗曼形容词放在名词之后这样的情况。其他情况中，中古英语和现代英语的形容词的复数都没有-s，这与母语的旧传统一致，与法语语法不一致。

（6）最后一点值得注意的是，诺曼词尾-s是没有元音的，而英语的词尾却是-es（最初是-as），元音是发音的，这两个词尾在

6. 进步？衰退？音系演化的词法效应

英语中保持了400年的不同，并未混淆，直至15世纪弱化的e音从发音中消失。

（Jespersen 1894a：170–171）

由上述证据来看，法语复数名词词尾-s取代英语-en的猜想虽然看似合理，但与实际的演化过程存在诸多矛盾之处。整个过程显现出，促使变化发生的最主要原因不是外来威望语言的影响，而是更多来自英语内在演化规律之作用。而外来语言发挥影响时，对威望语言的模仿并非唯一途径。并且恰如叶斯柏森在《语音学的基本问题》里再论语音定律时所比喻："以渐进方式与讲其他语言者融合，只意味着把象棋盘上的车移动了仅仅一格而已。"（Jespersen 1904a：178）即使对威望语言的模仿确实存在，与语言演化的内在总趋势相比，亦显得缓慢而微弱，至多只是一种加速力量。

6.3 实例分析

下面我们选取《新约·路加福音》中的一小段作为实例，通过对比三个时期的英语，来观察音系演化的实况，尤其注意音系演化与语法演化之间的关系。

三个时期的文本，分别选自古英语时期的西撒克逊方言福音书、中古英语时期的威克利夫版本以及现代英语时期的钦定本，汉语为和合本译文。

15:11

[OE.] Soðlice sum man hæfde twegen suna.

[ME.] A man hadde twei sones;

[MnE.] A certain man had two sons:

（一个人有两个儿子。）

此句中有三个词发生了单音节化：

（1）hæfde是古英语动词habban（有）的过去时单数第三人称；

至中古英语时期，fd同化为dd，但仍为双音节，至非重读音节弱/ə/音脱落时，形成现代英语单音节的had。

（2）数词twegen（二）是阳性宾格，随着形容词（含数词）的性、格等形态范畴式微，twei在中古英语时期已完成单音节化。

（3）suna是阳性名词sunu（儿子）的主、属、宾格复数形式（此处为宾格）；中古英语时期，sunu变为sones，非重读元音完成了央音化，复数屈折词尾已被规则的-s取代，但仍为双音节词；弱/ə/音脱落后，sons成为现代英语中的单音节词。

（4）soðlice今为soothly，词缀由双音节-lice变为单音节-ly。古英语常把soðlice置于句首，无太多实际语义，与汉语文言中"夫""盖"等发语词作用类似。

15:12

[OE.] Đa cwæð se yldra to his fæder, Fæder, syle me minne dæl minre æhte þe me to gebyreð. Đa dælde he hym hys æhte;

[ME.] and the yonger of hem seide to the fadir, Fadir, ȝyue me the porcioun of catel, that fallith to me. And he departide to hem the catel.

[MnE.] And the younger of them said to his father, Father, give me the portion of goods that falleth to me. And he divided unto them his living.

（小儿子对父亲说，父亲，请你把我应得的家业分给我。他父亲就把产业分给他们。）

（1）古英语版本中，minne dæl minre æhte即"我的那份财产"，minne dæl（我的份）是宾格，作被修饰成分；minre æhte（我的财产）是属格，作修饰成分。古英语minne（我的，阳性宾格）和minre（我的，阴性属格）皆为双音节，随着限定词格范畴、性范畴的消失，-ne和-re的语法及语义区别功能随之丧失，现代英语今仅存单音节的mine（以及my）。

（2）cwæð是古英语动词cwæðan（说）的过去时单数第三人称；

6. 进步？衰退？音系演化的词法效应

之所以是单音节，是因为它是强变化动词，该词的许多其他屈折形式为双音节（如现在时单数第一人称cweðe、过去时单数第二人称cwæde等等），弱变化动词dælan（分）的过去时单数第三人称dælde是规则的双音节形式。如今，cwæðan仅剩下了过去式quoth偶尔用于诗歌中[①]，dælan演化而来的deal（分配，对付）存在一定的词义变迁[②]。从这两个动词的单音节化可看出，英语动词屈折体系的高度简化是单音节化的重要原因。

（3）中古英语版本中的动词seide（> said）和ȝyue（> give）也都经历了双音节演化为单音节的音系过程，但是fallith > falleth至早期现代英语中仍为双音节，今为单音节的falls。

（4）古英语版本中，命令式syle原形为syllan（给），这个词演化为今天的sell（卖），词义出现了变迁；古英语有陈述式现在时sylle和命令式syle之区别，二者皆为双音节，今只有单音节的sell。

（5）日耳曼语"谓语动词第二位原则"，在古英语中很明显。副词ða（然后，于是）前置，主语和谓语呈现倒装，这样的结构在此出现了两次：ða cwæð se yldra（于是小儿子说）、ða dælde he（于是他分）。这一结构与今天的德语、丹麦语相同，但在英语中，该结构从中古英语时期开始已不再流行，这与屈折形式大规模消失造成格标记不清晰不无关系。

（6）中古英语时期，罗曼词汇开始盛行，取代了许多原有的盎格鲁—撒克逊本族词，如æht（财产）被来自古法语catel（财产）取代，此词即今天使用率不高的chattel（动产）一词，与cattle（牲畜）是同源对生词。同一短语中的porcioun（份）也是古法语词，今英语中的portion（份）并不罕用。

[①] 例如美国诗人爱德加·阿伦·坡的名句："Quoth the Raven 'Nevermore.'"。此外，派生词 bequeath（遗赠，托付）生存了下来。

[②] 动词 deal 的"分配"之义尤见于短语动词 deal out，由其名词词性构成的短语 a good deal of（大量）也很好地保留了古义。

15:13

[OE.] Ða æfter feawa dagum ealle his þing gegaderude se gingra sunu, and ferde wræclice on feorlen rice, and forspilde þar his æhta lybbende on his gælsan;

[ME.] And not aftir many daies, whanne alle thingis weren gederid togider, the yonger sone wente forth in pilgrymage in to a fer cuntre; and there he wastide hise goodis in lyuynge lecherously.

[MnE.] And not many days after the younger son gathered all together, and took his journey into a far country, and there wasted his substance with riotous living.

（过了不多几日，小儿子就把他一切所有的，都收拾起来，往远方去了。在那里任意放荡，浪费赀财。）

（1）feawa dagum这一组合中，dagum是dæg（天，> day）的与格复数；限定词feawa（少，> few）和ealle（全部，> all）也都是屈折形式，原形分别为feaw和eall。这些词皆因屈折形式大规模消失而具备了由双音节变为单音节的条件，但在中古英语时期却经历了词尾均一化但仍为双音节词的阶段，故而中古英语版本中有daies和alle。由于屈折形式规则化，古英语中单复数同形的þing（东西），复数甚至一度由单音节变成了双音节thingis，与单音节化总趋势相悖。但这些词最终在现代英语全部演变为单音节词。

（2）ferde是feran（远行）的过去时第三人称单数，该词以及副词wræclice（去国外）均已废弃。feorlen（遥远的）与feorr（远，> far）同源。rice（王国）一词演变而来的riche（亦拼作rike）虽已废弃却仍见于《牛津NED》，注为单音节词，从现代德语借入的reich（帝国）一词是它的同源词。

（3）forspilde是forspillan（毁坏，浪费）的过去时单数第三人称，forspillan由spillan（溅出）派生而来，今spill（溅出）也是由于动词词法的简化而成为单音节词。

6. 进步？衰退？音系演化的词法效应

（4）æhta是æht的宾格复数，古英语许多单音节名词，变为复数时增加的都是元音词尾，复数形式因此常呈现为双音节。gælsan（奢侈）是gælsa的宾格复数，英语已废弃，德语今有与之同源的形容词geil（茂盛的）。

（5）ealle his þing gegaderude se gingra sunu是按"宾-谓-主"的顺序排列的，反映出屈折形式发达的语言具有灵活的词序。名词短语se gingra sunu（小儿子）中，虽然名词sunu自身并无主格和宾格的形式差别，但是其前面的冠词和形容词是主格se和gingra（更年轻的，geong的比较级），而非宾格þone和gingran。因此，即使这一短语置于动词之后，仍为主语。现代英语显然已不具备这样的OVS词序条件。

（6）中古英语时期，罗曼词源的cuntre（国家）、wastide（浪费）、lecherously（浪荡地）等词取代了原有的日耳曼本族词rice（王国）、forspillan（浪费）、on ... gælsan（浪荡地）。

15:14

　　[OE.] Ða he hig hæfde ealle amyrrede ða wearð mycel hunger on þam rice and he wearð wædla;

　　[ME.] And aftir that he hadde endid alle thingis, a strong hungre was maad in that cuntre, and he bigan to haue nede.

　　[MnE.] And when he had spent all, there arose a mighty famine in that land; and he began to be in want.

　　（既耗尽了一切所有的，又遇着那地方大遭饥荒，就穷苦起来。）

（1）he和hig皆为第三人称代词，he是主格阳性单数（与今天的he相同），hig（更常见的形式是hie）是宾格复数（今已被源于古北欧语的them取代），指上文的æhta。

（2）动词amyrrede为amyrran（挥霍，滥用）过去时单数第三人称，今已不存。动词wearð为weorðan（发生，变得）过去时单数第三人称，weorðan演变为现代英语单音节动词worth（变得，降临），今已极其生僻；与之构成鲜明对比的是其德语同源词werden，不仅"变得""发生"等意义保留完好，而且充当构成被动语态用的助动词，使用频率极高。

（3）wædla指"穷人"，演化路径较模糊。

（4）此句中最重要的由双音节演化为单音节的词是mycel（大，多，严重），今作much。

15:15

[OE.] Đa ferde he and folgode anum burh-sittendan men þæs rices ða sende he hine to his tune þæt he heolde his swyn;

[ME.] And he wente, and drouy hym to oon of the citeseyns of that cuntre. And he sente hym in to his toun, to fede swyn.

[MnE.] And he went and joined himself to a citizen of that country; and he sent him into his fields to feed swine.

（于是去投靠那地方的一个人，那人打发他到田里去放猪。）

（1）古英语anum是数词an（> one）的与格，构成anum burh-sittendan men（一位住在寨里的人），作folgode（跟从，folgian的过去时单数第三人称，> follow）的宾语。由于数词在中古英语和现代英语中已无屈折变化，anum之类的双音节形式也就不再存在了。

（2）动词sendan（派，> send）的过去时单数第三人称sende，动词healdan（持，养牲畜，> hold）的过去时单数第三人称heolde，在现代英语也都成为单音节词（sent, held）。

（3）古英语的阳性单数代词，him本为与格，hine才是宾格，二者在中古英语里合并后，生存下来的是单音节的him（hym）。

15:16

[OE.] Đa gewilnode he his wambe gefyllan of þam bean-coddun þe ða swyn æton: and him man ne sealde;

[ME.] And he coueitide to fille his wombe of the coddis that the hoggis eeten, and no man ȝaf hym.

[MnE.] And he would fain have filled his belly with the husks that the swine did eat: and no man gave unto him.

（他恨不得拿猪所吃的豆荚充饥。也没有人给他。）

（1）gewilnode是gewilnian（希望）的过去时单数第三人称，今已不存。gefyllan是fyllan（填充，> fillan）的过去分词；æton是etan（吃，> eat）的过去时复数；sealde是sellan（给，> sell）的过去时单数第三人称；上述三个动词在现代英语中皆为单音节词。

（2）sellan在古英语中为"给"，今义变迁为"卖"，中古英语时期，"给"之义被ȝiven（> give）取代，其现在时ȝive和过去时ȝaf呈现出浊擦音与清擦音的交替。中古英语晚期，随着ȝive词末弱/ə/音脱落，浊擦音/v/不再位于两元音之间，独立性得以加强。浊擦音/v/最终升格为音位，ȝive和ȝaf词末辅音的差异消失，现代英语give和gave皆为以浊擦音/v/结尾的单音节词。

15:17

[OE.] Ða beþohte he hine and cwæð, Eala hu fela yrðlinga on mines fæder huse hlaf genohne habbað and ic her on hungre forweorðe!

[ME.] And he turnede ayen to hym silf, and seide, Hou many hirid men in my fadir hous han plente of looues; and Y perische here thorouy hungir.

[MnE.] And when he came to himself, he said, How many hired servants of my father's have bread enough and to spare, and I perish with hunger!

（他醒悟过来，就说，我父亲有多少的雇工，口粮有余，我倒在这里饿死吗？）

207

（1）beþohte是beþencan（思考，想起，> bethink）的过去时单数第三人称，þa beþohte he hine是反身动词用法，该词今依然有bethink oneself之用法，尽管较为罕用；词根þencan > think的单音节化过程，与上述其他动词同。

（2）hu fela即今how many（多少），fela（多）与今德语viel（多）同源。yrðlinga是yrðling（雇农，亦作irþling、ierþling）的属格，这个属格是hu fela所要求的。yrðling由eorþe（土地，> earth）派生而来，eorþe同样经历了词末弱/ə/音脱落，双音节变单音节的过程。

（3）古英语mines fæder huse变为中古英语my fadir hous，三个双音节词只剩下了一个。物主限定词的性范畴已消失，无须区分属格阳性兼中性mines和属格阴性minre；hus（房子）的与格形式huse也已消失。

（4）古英语hlaf变为中古英语lof（面包），复数形式则由hlafas变为looues。这个复数形式经历了非重读元音央音化和弱/ə/音脱落之后，现代英语无论单数loaf /ləuf/还是复数loaves /ləuvz/均为单音节。

（5）forweorðe是forweorðan（消失，湮灭）的虚拟式现在时；forweorðan是weorðan（变成）的派生词，中古英语时期被罗曼词源的perische（> perish）取代。

15:18

[OE.] Ic arise and ic fare to minum fæder, and ic secge him; Eala fæder ic syngode on heofenas, and beforan þe:

[ME.] Y schal rise vp, and go to my fadir, and Y schal seie to hym, Fadir, Y haue synned in to heuene, and bifor thee;

[MnE.] I will arise and go to my father, and will say unto him, Father, I have sinned against heaven, and before thee,

（我要起来，到我父亲那里去，向他说，父亲，我得罪了天，又得罪了你。）

（1）fare是强变化动词faran（出行）的虚拟式现在时单数第一人

6. 进步？衰退？音系演化的词法效应

称（陈述式为faru），这个动词在现代英语中已不存，但其德语同源词fahren（行驶，搭乘）仍是使用率极高的日常词汇。不过，这个词根在英语中没有完全消失，其名词形式fær（行程）经过一定词义变迁，成为今fare（路费）。

（2）与fare并列的其他两个动词secgan（说，> say）和syngian（有罪，> sin）是弱变化动词，虚拟式与陈述式现在时单数第一人称同形；古英语动词仅有现在时和过去时的区别，没有将来时的屈折形态，将来时间可用现在时表示，中古英语威克里夫本和现代英语钦定本都通过增加助动词的方式将其处理为将来时，这体现出英语屈折手段的减弱、分析手段的加强。

（3）heofenas > heuene > heaven（天堂）是三音节简化为双音节之例，演化路径同样是非重读元音的央音化以及央音的脱落；heofenas是heofen的宾格，可见词法屈折的简化仍是音节减少的重要原因。介词beforan > bifor > before（在……面前）经历的也是三音节至双音节的变化。

15:19

[OE.] nu ic neom wyrðe þæt ic beo þin sunu nemned: do me swa ænne of þinum yrðlingum.

[ME.] and now Y am not worthi to be clepid thi sone, make me as oon of thin hirid men.

[MnE.] And am no more worthy to be called thy son: make me as one of thy hired servants.

（从今以后，我不配称为你的儿子，把我当作一个雇工吧。）

（1）neom是nesan（不是）的现在时单数第一人称，nesan由ne-（不）和wesan（是）缩合而成；从句中beo是beon（是，> be）的虚拟式；nemned是nemnan（称作）的过去分词。英语中，这三个动词中只有be存在至今。德语中，wesan存在于sein（是）的过去分词gewesen

里，此外还以抽象名词Wesen（存在）的形式得以保留；与nemnan同源的德语动词nennen（称作）是常用词。中古英语版本中的clepid是clepen（称作，< 古英语clipian）的过去分词，现代英语中有个罕用的动词clepe（称作），陆谷孙《英汉大词典》有收录。

（2）swa > so（如此），古英语/a:/ > /o:/音变之产物。

（3）ænne（亦作anne）是one的阳性宾格单数。þin（你的）是阳性主格单数，þinum是其与格复数。屈折消失为这两个限定词的单音节化创造了条件。

6.4 词法屈折的简化与语言衰退论

6.4.1 语言衰退论的提出及其哲学基础

我们还需思考一个问题：英语的词法简化，应视为"进步"还是"衰退"？19世纪，历史比较语言学家常把屈折手段视为语言是否"发育完善"的标志，形态的消失故而被视为"衰退"。然而，叶斯柏森将其丹麦文版博士论文《英语格研究》扩充改写成英文版专著时，采用的是《语言的进步》这一书名，书中展示的英语名词格范畴的历史，毫无疑问是由复杂走向简单的历史，他对"进步"与"衰退"的看法不言自明。但我们有必要继续思考，把屈折手段的简化视为语言衰退的看法是因何而产生的？

这一看法自历史比较语言学兴起之时即已存在。施雷格依据"语义次要限定成分"（[德] Nebenbestimmung der Bedeutung）的表现途径把语言分为两大类。一类如梵语、古希腊语，"通过词根音的内部变化表示，即通过屈折表示"；另一类如"其他语言，其实是大多数语言"，"通过增词来表示"（Schlegel 1808：44-45）。他特别谈及汉语：

> 完全没有屈折的语言，很奇特的例子就是汉语，该语言中，一切皆通过自身具有语义的词来表示；该语言高度单音节化，因

6. 进步？衰退？音系演化的词法效应

为这方面整齐划一，或者说因为其结构极为简单，所以对于了解整个语言世界来说极具启发性。

（同上，45）

汉语的书面文言给施雷格这代欧洲学者带来的的确是这样的第一印象，而对于这样的"汉语"和真实的汉语口语之间的巨大落差，他们并无太深的认识。[①]关于语言的"成长"，施雷格认为屈折手段是由非屈折手段发展而来的，屈折的产生，是因为"添加的小词（[德] Partikel）融入主词（[德] Hauptwort），最终无法辨认"（同上，48）。他因而把汉语置于这一发展过程的底端。

不过，施雷格并无贬低非屈折语言的主观偏见，故而强调"若认为我想格外抬高一类语言，或是绝对贬低另一类语言，完全是误解。语言世界太丰富、太广阔，其上升发展太复杂，此事无法轻易给出个直截了当的裁定"。（同上，55）关于汉语之例，他对中国文化的发达程度和汉语语言结构的非屈折性之间的鸿沟感到困惑，由此出发猜想汉字是否充当了汉语语法结构的自然发展中的阻碍因素：

汉语中，用来充当语义次要限定成分的小词，自身就以全然独立于词根之外的单音节词形式存在。由于此，这个在其他方面如此精致的民族，语言处于最低一层；或许这是因为它那极具人

[①] 叶斯柏森正确认识到了这个巨大差异，指出："汉语原始论已被认定是完全错误的，很大程度上是由于汉语独特的表意符号书写系统而造成的误解，这种书写系统向我们掩盖了使汉语成为今天的汉语的许多变化，昔日之汉语曾拥有全然不同于今日之汉语的语音结构和词法结构。"（Jespersen 1929a：3）他同时强调，汉语的语音演化结果是形成了极简风格的音节结构，"用这种极简的风格写下的古代文献在视觉上仍可看懂，但这是因为表意文字可对同音词做语义区分，如果按照当今的读音出声朗读，就根本听不懂了。……面对音变带来的占压倒多数的同音词，汉语的自然口语……逐渐实现了反制"（同上，18-19）反制的途径，就是通过追加羡余性语素来构成双音节词，以消除语素单音节化带来的歧义。他最终的结论是，"汉语白话其实不应再定义为真正的单音节语言，因为大量的概念通常都是用双音节的复合词来表达。"（同上，19）这一结论推翻了书面文言带来的假象，无疑是非常正确的。

工性（[德] künstlich）的书写系统，将其过早地固定在了童年。

（同上，49）

这一猜想显然牵强，因为汉字并不是精确的表音符号。此外，日语历史上的万叶假名，就是用汉字书写语法黏着成分之例。

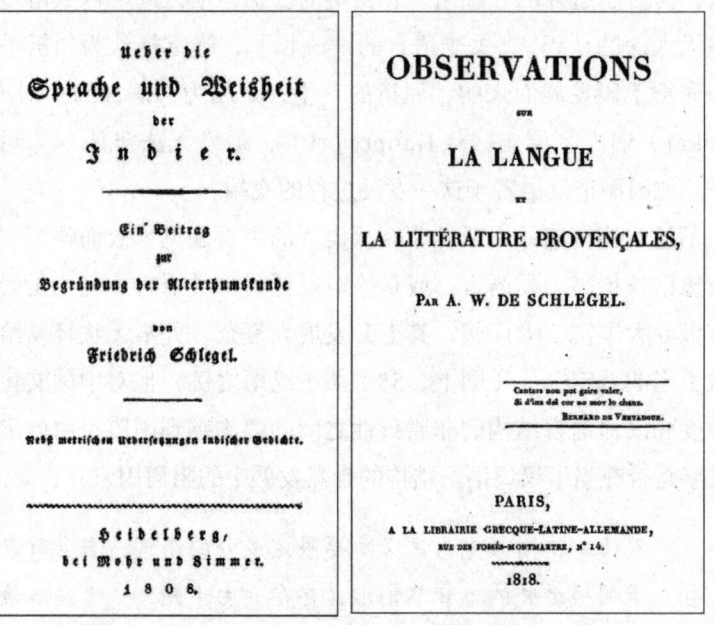

图6-1　F. 施雷格的《论印度人的语言与智慧》（1808）
和A. 施雷格的《普罗旺斯语言文学观察》（1818）

19世纪历史比较语言学家普遍将语言视为自然事物，最初经历的是放任式的自然生长，只有当人类智慧发展至一定程度时，才会出现不同于自然的更高级手段，即所谓人工手段。施雷格因而用"人工"（[德] Kunst）[①]一词来刻画语言的屈折手段，故而有梵语和古希腊语语法的"人工性简约"（[德] kunstreiche Einfachheit），非屈折形式向

---

① 本节中所说的"人工性"亦可理解为"艺术性"。德、丹等语言中，kunst一词有两重含义，一为"艺术"，二为"人工"。而英、法等语言中，artificial（人工）也是由 art（艺术）一词派生而来的。

6. 进步？衰退？音系演化的词法效应

屈折形式的"人工性发展"（[德] kunstreiche Ausbildung），小词与主词的融合使语言"更具人工性"（[德] immer künstlicher）等表述。他暗示汉语原本也可发展出语法结构的人工性，即向屈折方向发展，但是最终却走向了文字的人工性。

文字并非语言本身，把文字因素阐释为语言演化中的决定因素已经不妥，而在我国古代，识字的人口比例始终不大，因此汉字影响汉语语法结构演化的猜想更加不具可能。

至于语言的"衰败"，施雷格认为，即使"最美的语言"，亦有退化之可能，屈折语言"很容易走下坡路，渐渐地越来越失去结构的美感与艺术，我们把当今的各种德语方言、罗曼方言、印度方言跟其祖先相对比，看到的就是这情况"。（同上，56）施雷格关于语言"成长"与"衰败"的基本观点，在相当长的一段历史时期内被承袭。

格外值得一提的是，他的兄长A. 施雷格（August Schlegel, 1767–1845）在以法文撰写的《普罗旺斯语言文学观察》（*Observations sur la langue et la littérature provençales*, 1818）一书中提出："我们地球上的不同民族现在所讲以及往昔所讲的语言分为三类：全无语法结构的语言（[法] langue sans aucune structure grammaticale）、运用词缀的语言（[法] langue qui emploient des affixes）、屈折语言（[法] langue à inflexions）。"（Schlegel 1818: 14）这个三分法成为"孤立、黏着、屈折"三分法之先声。A. 施雷格还把屈折语言进一步分为"综合语"（[法] langue synthétique）和"分析语"（[法] langue analytique）（同上，16）。但我们今天所说的"综合"和"分析"，显然已不再局限于屈折语言之内。

A. 施雷格认为，全无语法结构的语言"在智力发展方面必然遇到极大障碍，让这样的语言拥有文学文化或科学文化恐怕得是了不起的壮举（[法] tour de force）"。（同上，14）对他来说，汉语恰好印证了这种"了不起的壮举"。因为他和其弟刚好相反，认为汉字作为极具人工复杂度的书写体系，在一定程度上弥补了汉语语言结构造成的

213

缺陷。

至19世纪中期，施莱歇尔把屈折简化与语言衰退之等同推向了顶峰。作为19世纪中后期最具影响力的语言学家之一，施莱歇尔不仅为现代印欧语言绘清了谱系，成为我们今天所熟悉的"树形理论"的创立者，而且还依据现代印欧语言的语言事实构拟出了原始印欧语的基本样貌。他因此被叶斯柏森称为"我们时代每位比较语文学家的精神之父"（Jespersen 1894a：4）。关于语言演化的路径，施莱歇尔认定语言史就是语言衰退的历史。他指出：

> 语言的形成，即语言演化的上升史，发生于各民族的史前阶段（[德] vorhistorische Periode）；……反映语言形成的历史例子并不存在。而在有史阶段（[德] historische Periode），各语言的历史就是语言衰退（[德] Verfall）之历史，这种衰退是被精神桎梏所致。
>
> （Schleicher 1848：17）

这一逻辑在今天的读者看来颇有些费解。不过，把他的上述观点跟对他形成重要影响的黑格尔（Georg Wilhelm Friedrich Hegel，1770–1831）的历史哲学观点相对比，脉络就清晰多了。黑格尔认为：

> 一个事实是，语言在讲该语言的民族的不开化（[德] ungebildet）状态中获得高度发展，心智在这一理论土壤里完整地得到实质演进。广泛一致的语法，是思想之财富，使语法范畴引人瞩目。而另一个事实是，随着社会与国家变得更加文明，系统性的智力构建（[德] Ausführung des Verstandes）受到磨损，语言因而变得贫瘠而不开化。
>
> （Hegel 1837：62）

由此可发现，把形态简化视为语言衰退的看法并不完全基于语言事实，而是与历史比较语言学家的历史哲学观有一定联系。施莱歇尔作为语料丰富的两卷本《印欧语比较语法纲要》的作者，固然十

6. 进步？衰退？音系演化的词法效应

分清楚诸多印欧语言所经历的词法"衰退"历程；但他必须同时面对一个事实：没有任何实证证据能够证明某一印欧语言是由孤立语"成长"为黏着语再继续"成长"为屈折语的。他所提出的语言构建（Sprachbildung）和历史（Geschichte）不同时发生，历史晚于语言构建的观点（参见Schleicher 1848：16），实为黑格尔思想影响下的哲学猜想，而非基于语料实证。换言之，施莱歇尔相信，语言构建在"史前"（即无文字记载阶段）已经完成，"孤立—黏着—屈折"的成长过程切实存在，但因发生于史前，故无文字可做佐证；语言的成熟造就了精神的成熟，成为历史的必要条件，此后，在人类社会的"有史阶段"（即有文字记载阶段），语言渐渐损耗磨蚀。因此，一切"已达到屈折阶段"的语言，其历史只能呈现为衰退轨迹。他对这一"衰退"过程做了形象的比喻：

> 当今的汉语，和最古时一样孤立，既没有词干，也没有变格变位形式从其一成不变的词根里萌发出来。而当今的德语呢，与哥特语相比，语法形式贫乏了，语音也磨蚀了、枯萎了，例如失去了原本值得夸耀的中动态（像希腊语那样构成）；我们的词和哥特语相比，就像一尊在河床里滚了又滚的雕像，四肢已不存，几乎成了一条抛光的石柱，仅隐约看得出它原来的样子；哥特语habaidêdeima如今读hätten，英语里竟只剩下了had。
>
> （Schleicher 1860：34）

英语的发展经历了显著的词法变化，由屈折高度复杂的古英语时期走向鲜有屈折变化的现代英语时期，这一"衰退史"的轨迹可谓清晰明了。不过，英语真的衰退了吗？施莱歇尔作古已超过一个半世纪，这期间，英语无疑已成为当今世界最重要的国际通用语言，地位远超当时与之平分天下的德语和法语。衰退了的语言上升至如此之高的地位，似乎有违常理。况且这种衰退并不局限于英语，无论把现代法语与拉丁语相比较，还是把现代德语与古高地德语相比较，虽然形态简化程度各不相同，但我们看到的无疑都是形态简化的历史。古代语言的屈折形式系统真的如此可贵吗？

6.4.2 语言衰退论之争议

屈折形式优越论背后，隐藏着一种"心理暗示"。19世纪学者常有早年接受过古希腊语、拉丁语古典语文教育的背景，熟悉这两种语言发达的屈折系统。二者的复杂词法体系在现代希腊语以及法、意、西等现代罗曼语里已大大简化，形成非常直观的下降轨迹。叶斯柏森（1891，1894a）称这样的心态为"文法学校式崇拜"（grammar-school admiration），认为这一心态起源于文艺复兴时对这两大古典文学语言的热爱。除了叶斯柏森的这一解读之外，我们还应加上威廉·琼斯（William Jones 1746–1794）以来梵语的影响。许多19世纪历史比较语言学家都有研习梵语之经历，梵语的形态体系比古希腊语更加复杂严整，使"文法学校式崇拜"得到进一步加强，尤其使"梵语——古希腊语——拉丁语——现代欧洲语言"这条屈折衰退轨迹的形状看上去更加真实完整。

这条屈折衰退轨迹是真实存在的，然而，只要放弃"文法学校式崇拜"的视角，这条词法屈折衰退轨迹就不再代表语言的整体衰退了。例如，拉斯克在一篇题为《释丹麦语语法中的词尾与冰岛语的形式》（Den danske grammatiks endelser og former af det islandske sprog forklarede, 1820）的文章中指出：

> 不可否认，拥有大量变格变位后缀的人工性语言手段（[丹] kunstig sprogindretning），在表达形式较短、移动与省略较自由等方面确有其优势，常受到青睐，尤其受到诗人的青睐；不过，与之相反的简洁性（[丹] simpelhed），其实拥有更大的优势。英语虽已高度简化，但依然造就了高水平的教育，拥有与世界其他语言同样杰出的文学，这就能让我们克服恐惧，不再害怕我们自己的语言走上了一条类似的道路。
>
> （Rask 1834[1820]: 191）

6. 进步？衰退？音系演化的词法效应

拉斯克所论述的"冰岛语"，即我们今天所说的古北欧语，跟哥特语、古英语、古高地德语等近亲语言一样，具有十分复杂的词法屈折体系。从古北欧语到现代丹麦语、瑞典语的演化，揭示的同样是屈折形式高度简化的历程。拉斯克援引古罗马诗人尤维纳利斯（Juvenalis）的金句："绝不会自然说一套，智慧说另一套"（[拉] nunqvam aliud natura aliud sapientia dicit），阐明今人应遵从语言发展的自然规律，正视词法的演化，不必留恋古时的语法体系，厚古薄今。

拉斯克的观点和他宽阔的语言视野密不可分。虽然他最著名的著作是《古北欧语（古冰岛语）起源研究》（1818）、《冰岛语（古北欧语）导论》（*Vejledning til det islandske eller gamle nordiske sprog*, 1811）、《古英语语法，附简明读本》（*Angelsaksisk sproglære tilligemed en kort læsebog*, 1817）等，但是实际上，他研究过的语言非常广泛多样。据叶斯柏森为拉斯克撰写的传记《拉斯慕斯·拉斯克——写于巨著发表100年后》记载，截至24岁时，拉斯克已尝试为10余种欧洲古今语言撰写语法[1]（Jespersen 1918a：11）；1816年10月至1823年5月间，他先后游学于瑞典、俄国、波斯、印度、锡兰，整理出版了北欧史诗《斯诺里埃达》的首个完整版本，研习了波斯语以及古代信德语（阿维斯陀语），还论证过印度语言的拉丁字母转写问题；他后来甚至还出版过一本非洲阿克拉语（Akra）的语法。（同上，46）[2] 这些语言之间的结构差异显著，使他难以相信某一种类型的语法系统是最完美的系统。

---

[1] 这些语法书有许多后来正式出版了，如《西班牙语语法》（*Spansk sproglære*, 1824）、《弗里西亚语语法》（*Frisisk sproglære*, 1825）、《意大利语词法》（*Italiænsk formlære*, 1827）、《英国人用丹麦语语法》（*A Grammar of the Danish Language for the Use of Englishmen*, 1830）、《英语词法》（*Engelsk Formlære*, 1832）、《理性化的拉普语语法》（*Ræsonneret lappisk sproglære*, 1832）等。

[2] 《几内亚沿海阿克拉语导论》（*Vejledning til Akra-sproget på kysten Ginea*, 1828）。

同样，格林的语言演化观也较为折中。如他1851年1月9日宣读于普鲁士科学院的《论语言起源》（Über den Ursprung der Sprache）一文所示，"人类语言若仅从表面上看、个别地看，必然可观察出退步，但作为整体来看，必应视之为依其内在力量而进步与成长"。（Grimm 1864：290）他虽把屈折形式的简化称为退步，但相信仅此一方面的退步并不意味着语言整体的退步。

　　格林在该文中也提出了一种语言演化三阶段论，但与"孤立——黏着——屈折"并不完全相同。他也承认语言存在一个简单而"缺乏人工"（[德] kunstlos）的第一阶段，该阶段以"表示有意义概念的自由词在一切语法关系中皆顺次排列"为特征；此后的第二阶段，则以"屈折、后缀以及较唐突的构成（[德] kühnere Komposition）"为特征。不过，在此之后还存在一个以"介词以及清晰的复合结构"为特征的第三阶段。（同上，284）"唐突组合"与"清晰组合"之差异，如词法中的不规则形式与规则形式之差异，加之以介词结构取代名词的格屈折，第三阶段呈现出的是明显的分析性。因此，若以屈折的发达程度来看，格林提出的语言演化路线是条先升后降的轨迹。但是若以语法的清晰性来看，这条轨迹始终是上升的。

　　关于这条轨迹，他认为第一阶段不应视为语言演化中的"天堂（[德] paradiesisch）阶段"。与许多同代学者类似，他也认为语言在这一阶段"犹如植物生命，精神的高级天赋尚处于休眠状态，或仅处于半激活状态"（同上，290）。但他同时强调，包含语言在内的人之本性，皆"处于永恒、不可阻挡的上升态（[德] Aufschwung）"，所以"语言演化第二阶段的法则不会永远持续，而会转为追求更大程度的思想自由，这种思想自由似乎因完美形式的优美（[德] Anmut）与威力（[德] Macht）而受桎梏。"（同上，291–292）因此，屈折形式的式微在他看来并非语言的衰退，这一过程打破了形式之桎梏，达到了精神之成长，实为另一种类型的进步。故而他指出，"现代语言力求通过整体的和谐来弥补美（[德] Schönheit）的丧失，仍可实现以较

6. 进步？衰退？音系演化的词法效应

少手段实现更多东西"。[①]（同上，284）所谓"美"，即丰富发达的屈折体系，虽在"孤立——黏着——屈折"这一演化路径中居于最高位，但是以较少手段实现原本用较多手段才能够达到的效果，又岂应称之为"衰退"？

格林不仅是历史比较语言学家，更是语文学家、民俗学家。今天，他之所以被我们铭记，最突出的贡献绝不仅限于那条并非完全原创的"格林定律"，而更在于19世纪初浪漫主义背景下他深耕于日耳曼本土古代语言文学传统的研究特长。他撰写了《德国神话》（*Deutsche Mythologie*，1835），和弟弟威廉·格林（Wilhelm Grimm，1786-1859）共同启动了德语史上规模最大、内容最全的《德语词典》（*Deutsches Wörterbuch*，DWB）的编纂；兄弟二人深入民间，共同发掘并记录了大量中世纪以来的日耳曼口传文学作品，编辑整理成了家喻户晓的《儿童与家庭童话集》（*Kinder- und Hausmärchen*，1812-1815），俗称"格林童话"。他于1841年起成为普鲁士科学院院士。正是这种根植于本土、根植于民间的研究背景，使他对古典语言（古希腊语、拉丁语）或古代语言（梵语、哥特语等）的词法特征并不迷信。

对古代屈折语的崇拜，常常使语言更为重要的方面受到忽视，受到忽视的正是语言的交际功能。词法形式的退化，不等于语言功能的衰退。既然"语言是一个民族……从事一切人类活动的工具（[德] Werkzeug）"（Humboldt 1836：36），那么，英语等现代印欧语言以简化了的手段获取并未削弱的所得，反而体现出了古代语言所不具备的便利性。这其实是一种优势。因此，叶斯柏森对语音结构与语音史的刻画，始终未离开语义这一参照点。

在《语言的进步》一书的末尾，叶斯柏森对语言未来发展方向做

[①] "以较少手段实现更多东西"，格林的德语原文为"vermag mit geringeren mitteln dennoch mehr"。德语"gering"一词有两重含义，一是"少量"，二是"低端"。叶斯柏森将其解读为后者，故而在英文版《语言的进步》（1894）里译作"inferior means"（低端手段）。

了预测：

> 语言始于具体个人对具体事件的半音乐性、未经分析的表达。由这样的词和句组成的语言，对于精细、多变、深奥的思维来说，是笨拙而不充分的工具。不过从最一开始，就已存在进步之趋向。进步是缓慢且断断续续的进步，但依然是朝向越来越高的清晰性、规则性、简易性、灵活性的进步。没有一种语言已达到了完美；理想的语言将永远以相同途径表达相同事物，以相似途径表达相似事物；任何不规则性和歧义性都将被消灭；语音和语义将完全和谐；无论有多少精密的语义都能够得到同样容易的表达：诗歌与散文、美与真、思想与感受，都会有同等储备；人类精神将获得一件把自由和体面结合在一起的外衣，穿着合身，却又让人活动自如。
>
> （Jespersen 1894a：365）

此处，我们已完全看不到词法屈折体系的影子。清晰、规则、简易、灵活，代表的正是格林所展望的人之本性上升的结果，精神的成长，使人类摆脱了对形式的依赖。

6.5 小结

音系和语法经常充当同一问题的两面。英语的单音节化是英语音系演化史中意义深远的变化，这一变化对语义造成的潜在风险，很大程度上是由语法机制抵消的。音系变化造成词结构的单音节化；不过，虽然单音节化和词法屈折消失并肩发展，但是词类作为一种句法制约机制，大大降低了单音节化造成的语义混淆。这一事实显示出，语言内在机制对音系演化的调节作用，往往大于语言接触等外部原因造成的影响。音系演化带来的旧屈折系统的崩溃，曾被视为语言的衰退。这种看法时而基于当时流行的历史哲学观，时而由于把古代语言的形态结构视为审美标准，只要改从现代语言的表达力出发，看到的必定是语言的进步，而非衰退。

7. 从适者生存观到语言能量学：音系演化的宏观因素

7.1 达尔文主义与语言的异质化倾向

叶斯柏森是达尔文主义者，这一看法已被不同时期的评论者公认（McCawley 1992；任绍曾 2006；McElvenny 2017）。虽然叶斯柏森的著作中直接引述达尔文之处并不多，但随处可见语音形式之间、语法形式之间以及词之间的相互竞争与优胜劣汰。19世纪中期，演化与竞争的思想不仅存在于生物学领域，更存在于对社会现象的阐释中。达尔文主义对叶斯柏森语言学观的影响，如他晚年在《语言变化中的效用》一书中回忆的：

> 我年轻时，和许多我那代人一样，为……达尔文和斯宾塞的理论而着迷。斯宾塞的理论我是大一那年（1877—1878）听S.赫克教授①的哲学课时学到的。这理论铭刻于我的整个知识观之中，后来我真正开始研究语文学时，就尝试着将这一理论运用于语言史，尽管我很快就发现，斯宾塞关于演化的著名公式（融合、异质、确定），无法严苛而教条地适用于语言。
>
> （Jespersen 1941：5）

---

① 索弗斯·赫克（Sophus Heegaard, 1835–1884），丹麦哲学家，数学家保罗·赫克（Poul Heegaard, 1871–1948）的父亲。

与达尔文本人的生物进化理论相比，拥有"社会达尔文主义者"（social Darwinist）之誉的斯宾塞（Herbert Spencer, 1820–1903）对叶斯柏森的影响似乎更为直接。达尔文的学说能够在生物学界之外引发的广泛社会影响，与斯宾塞的解读与扩展是密不可分的，甚至连"最适者生存"（the survival for the fittest）这条今人眼中最能概括达尔文思想的精练表述，亦是出于斯宾塞之手笔。《物种起源》（1859）初版本并无此语，是斯宾塞在其《生物学原理》（*Principles of Biology*, 1864）一书中做此点评之后，达尔文才在将其附于《物种起源》1869年版"自然选择"（Natural Selection）一章的标题之后，使"最适者生存"成为"自然选择"的同义语。斯宾塞指出：

> 　　最适者生存，意味着最适者繁衍。因此，与以往一样，最适者内部凡是对新兴力量抵制力最弱之处，就会出现对现存平衡的挑战。在这种新兴力量面前最不能维系自身平衡的个体不断被毁灭，最终必将形成与新环境完全平衡的另一类型。此处我试图用技术话语表述的这种最适者的生存，就是达尔文先生所称的"自然选择，或称生存斗争中优胜品种的保留"。[①]
>
> 　　　　　　　　　　　　　　　　　　　　（Spencer 1864：530–531）

　　《物种起源》首次出版之前，斯宾塞已对自然界及人类社会中的"变异"（variation）与"演化"（evolution）做过详述。1857年4

[①] 达尔文对斯宾塞"最适者生存"一语的回应，见于《物种起源》1872年第6版。达尔文在"每一轻微的变异，若是有用，就会得以保留，我把这一原则称作自然选择，以表明它和人工选择之间的关系"之后增加了一句话："但是赫伯特·斯宾塞先生经常用的'最适者生存'一语，更加准确，有时也同样方便。"（Darwin 1872：49）第6版也是首个将书名由《论物种起源》（*On the Origin of Species*）改为《物种起源》（*The Origin of Species*）的版本。

7. 从适者生存观到语言能量学：音系演化的宏观因素

月，他发表于《威斯敏斯特述评》（*The Westminster Review*）[①]的41页长文《论进步——法则与起因》（Progress: Its Law and Cause），通过展示天文、地质、生物以及人类历史与社会的大量实例，阐明"演化"（evolution）就是万事万物持续不断的分化（differentiation），使事物由简单走向复杂；他进而提出，对"进步"（progress）定义不应仅局限于量的增长或质的提高，而应认识到"进步"实为由同质（homogeneity）走向异质（heterogeneity）的演化过程。

作为英国维多利亚时代的通才型学者，斯宾塞研究兴趣广泛，成果遍及哲学、社会学、人类学、生物学等众多领域。他所列举的自然与人文科学各领域的大量关于"进步"的例子中，亦有关于语言进步之例。他从两个方面论证了语言演变中的异质化现象，其一是词类的分化与形态范畴的多样化：

> 语言的最低级形式是呼喊叫嚷（exclamation），整体意义通过单个音模糊地表现出来，与低等动物无异。人类语言是否曾经只有呼喊叫嚷，词类方面是否曾经完全同质，我们并无证据。然而，语言可以追溯至仅有静词和动词两种成分的阶段，却是个既定事实。词类由这基本两种逐渐增多——动词分化出主动与被动，名词分化出抽象与具体；语气、时态、人称之差异出现了，数与格出现了；形成了情态动词，形成了形容词、副词、代词、介词、冠词；利用这些科、属、种，以及词类的多样性，文明种族可表达出语义的细微差别——透过上述一切，我们看到的是由同质性向异质性的转变。

（Spencer 1857：456）

[①] 《威斯敏斯特述评》（*The Westminster Review*），1823年由边沁创办，是英国激进主义学者的重要阵地，1846年兼并《国外述评季刊》（*Foreign Quarterly Review*）后一度更名为《威斯敏斯特及国外每季述评》（*The Westminster and Foreign Quarterly Review*）。斯宾塞、赫胥黎、密尔等活跃思想家，以及乔治·艾略特、玛丽·雪莱等知名作家，都常为该刊撰稿。

而另一种异质化现象，是语种的分化：

> 一切语言，无论是源于一个语群，还是像有些语文学家设想的那样源于两个或两个以上语群，有一点显而易见：像印欧语这样的较大语群，因为源于同一祖先，所以是通过持续分化才成为不同语言的。因扩散而遍布地表，导致了种族的分化，这样的扩散同时也使语言发生分化：各个国家都存在分布于不同区域的独特方言，进一步诠释了这个事实。

（同上，457）

异质化为何会成为"进步"之必然？换言之，为何会发生这样的分化？斯宾塞给出了一条具有普遍性的解释。他把异质化的产生缘由概括为："每一活跃力量皆产生多于一种的变化，每一起因皆产生多于一种的效应。"（同上，466）从这条"龙生九子"式的普遍规律出发而得的推论必然是，未来将会有更多的语种分化而生，而同一语言内部则将出现更多的词类及形态范畴。

事实是否果真如此？一百六十多年后的今天我们回顾斯宾塞的这一论述，难免发现不符合事实之处：例如从形态范畴来看，英语语法在进一步简化，而没有复杂化。在斯宾塞的年代，whom作为宾格代词，和其主格who尚且保持区分，而今whom一词在英语中已极为边缘，关系从句中由who来充当宾语或介词补语反而成为主流。再如从语种及方言的数量来看，斯宾塞在世时的许多富有生命力的语言和方言，今已列入濒危，有些甚至已经消亡。这些事实显然处于与分化相反的方向上。

斯宾塞毕竟不是专业的语言学家，对语言现象的判断难免出现偏差。不过，达尔文式的适者生存思想在19世纪中期主流的语言学家当中并不陌生。叶斯柏森指出：

> 达尔文的《物种起源》问世时，当时最前卫的比较语文学家奥古斯特·施莱歇尔已有能力宣告，语言学的子弟们早在达尔文

7. 从适者生存观到语言能量学：音系演化的宏观因素

之前，就已经是自己领域里的达尔文主义者了，进化论在语言学角度下不仅早已得到推进，而且早已得到证实。

（Jespersen 1909b：111）

叶斯柏森对施莱歇尔的这一定位并非夸张。20世纪中后期的学者回顾施莱歇尔的贡献时，有时会把他誉为比达尔文更早的达尔文主义者（参见Maher 1966, 1983；Koerner 1972；Andersen & Bache 1976）。语言之间相互竞争、适者生存的思想已见于施莱歇尔的《德语》（*Die deutsche Sprache*，1860）一书，该书比达尔文的《物种起源》略晚几个月出版，但是书中的思想并非受达尔文影响之结果。施莱歇尔后来撰写《达尔文理论与语言学》（*Die darwinsche Theorie und die Sprachwissenschaft*，1863）①这本小册子，目的之一就是为了澄清达尔文的思想并不突兀，指出语言学界对语言有机体的看法与达尔文对生命体的论述有极为相似之处；达尔文之所以持竞争、变异等生命进化观点，实为时代之必然，这样的思想是"由我们时代的精神方向所造就"（Schleicher 1863：7）。语言学史学者马厄（J. Peter Maher）因此强调，"施莱歇尔的演化主义，早在听过查尔斯·达尔文这个名字之前就已经十分完整了"。（Maher 1983：xix）正如达尔文指出当今的生物物种现状是漫长而反复的生存斗争之结果，施莱歇尔对语言的起源与变迁也做了类似的阐释：

我们推断，语言起源时数量非常庞大，相邻的语言虽然起源全然不同，但却彼此相像；例如，若把印欧语和闪米特语视为中心，那么地理次序越是偏向四面八方，就越会在这样那样的方向

---

① 《达尔文主义与语言学》（1863）的英译本书名具有一定的误导性。译者毕克斯（Alex V. W. Bikkers）将英译本书名定为 *Darwinism Tested by the Science of Language*（语言科学所证实的达尔文主义）。在达尔文的思想受到广泛质疑的年代，这个英文书名的确有利于让施莱歇尔的思想充当达尔文主义在语言学领域的佐证。但是，这样的书名难免造成一定的误读风险，使部分读者误认为施莱歇尔的思想是在达尔文的影响下产生的。

上展现出差别。数千年过去了,许多(恐怕是大多数)始祖语言消亡了,因为其他语言日益扩张其疆域,语言地理分布被打乱,原始分布法则的遗痕今已所剩无几。由此,生存下来的语言,因使用者增加而发生分裂(分裂为不同语言、方言等),许多独立发源的始祖语言都逐渐消亡了。

(Schleicher 1860: 43-44)

施莱歇尔的语种和达尔文的物种之间呈现出明显的可比性。这一论述中的起点是语种的高度多样性,正如生物物种"寒武纪大爆发"一样,我们虽不确知这一多样性的详细起因,但却知道彼此不同源的语种最初曾大量存在。一方面,语种之间存在生存竞争,有的成为强势语种,透过扩张蚕食了其他语种的疆域并使后者灭亡,由此造成的正是"自然选择"与"最适者生存"之结局。另一方面,获得了更大生存空间的强势语种又因分布范围广泛、使用人数众多而呈现分化趋势,因而形成了自身内部的差异性与多样性,并且越是偏离中心,就越与该语言的原有特征显示出差别。竞争使原有的多样性受到削减,但竞争之后的胜出者自身又形成了新的分化,由此循环往复。

7.2 语音分化及其制约因素

7.2.1 儿童语言中自发的"音系演化"

上节中叶斯柏森对施莱歇尔的评价,引自他发表于《科学界》的一篇题为《语种起源》(Origin of Linguistic Species, 1909)的文章。我们仅从文章标题即可看出他对达尔文《物种起源》一书的回应。斯宾塞和施莱歇尔所论述的分化无疑需要经历漫长的时代,透过日积月累形成渐变,而非突变。而在《语种起源》一文中,叶斯柏森致力于回答一个新问题:语言演化以及语音演化中是否存在突变?

他对这个问题的回答是肯定的,理论依据之一源于美国民族学家兼语言学家黑尔(Horatio Hale, 1817–1896)对"幼儿制造语言的本能"的论述。黑尔认为,"要想确保创造出一种可充当某一全新语群之母的话语,只需把两名或多名幼儿放在完全没有或基本没有其长辈在场且不受其长辈影响的环境中"。(Hale 1886:20)这一观点初看上去有些令人难以置信,但是他提供的人类学实证材料却支持了这一结论。叶斯柏森把支持黑尔这一论断的证据总结为两点:一是"幼儿喜欢对语言搞发明创造的倾向",二是"语群或语种的地理分布"。(Jespersen 1909b:115)

关于"语群或语种的地理分布",孤儿在气候温和、物产丰饶的地区独立生存下来长大成人的概率较高,这一常识性论断与此类地理区域内语言的高度多样性之间显现出有趣的联系,如黑尔所指出,从美洲原住民语言的语言谱系来看,"今加利福尼亚州区域已发现存在19个迥异的语群"(Hale 1886:7),在俄勒冈领地竟有"至少30个语系共存"(同上,9)。而作为熟悉北极地区语言生态的北欧学者,叶斯柏森(1909b)亦从相反方向证实,讲爱斯基摩语以及芬兰—乌戈尔语言的区域,气候极为寒冷恶劣,语言之间的差异非常小。

而关于"幼儿喜欢对语言搞发明创造的倾向",叶斯柏森指出,"儿童使用的那些臆造的名称,须视为对成人语言中的词的不完善再现;不过,这种不完善再现常常跟原词差别明显,除非有人来直接讲明这词是何意思,否则没人辨认得出来"。(Jespersen 1909b:116)他本人观测的一对因缺乏长辈照料而未能正常习得丹麦语的孪生幼儿的案例,对幼儿的"发明创造"造成的"音系演化"最具启示。我们从《语种起源》里记录的该案例的语料里,至少可总结出如下音系特征:

(1)词的单音节化趋势非常明显。不仅kulde [ˈkulə](寒冷)成了lhulh,sukker [ˈsɔgʌ](糖)成了lholh,许多玩伴的名字也都被单音节化了:双音节的Vilhelm成了lhip,三音节的Charlotte成了lop,连四音节的Elisabeth都成了lip。被保留的音节通常是原词里重音所在的位置。

(2)许多词的辅音呈现出"远距离同化",即"辅音和谐"。例如,bop(= blomst,花),词末辅音变成了与词首辅音同类的唇塞音；lhyl（= lys，灯），词末辅音变成了与词首辅音同类的边音；se-is（= fisk，鱼），词首辅音变成了与词末辅音相同的擦音/s/。

（3）许多词的词末音变成了-p，音节结构和种类因而变得单调，元音的语义区别功能随之陡增。例如，sukker和kulde之间，mælk和blomst之间，原本并无太多语音共性可言，但在他俩的"语言"中，lholh（= sucker）和lhulh（= kulde）成为最小对立体；bep（= mælk，牛奶）和bop（= blomst）也成为最小对立体。

（4）丹麦语音系中原本没有的清音lh频繁出现，主要用来取代/s/、/v/等擦音，如lhep = Svend（专名），lhip = Vilhelm（专名），lholh = sukker（糖）；但辅音和谐规则高于本规则，因此，擦音在sæjs = seng（床）、se-is = fisk这样的词里得到了保留。

上述"音系演化过程"使词的语音外形严重扭曲，变得无法辨认，由此导致一种类似"新语言产生"的效应。[①] 与之类似，叶斯柏森（1909b）提到，研究语言失常的冰岛女童Sæunn案例的丹麦生理学家埃施里赫特（Daniel Frederik Eschricht，1798–1863）也成功破译出，该女童语料样本中的词"是基于冰岛语词的，只是被搞得面目全非而已"（Jespersen 1909b：117）。而更值得注意的是，埃施里赫特"还把这女孩的词，跟他从自家亲朋好友的孩子那里观察到的一些对丹麦语词的怪异扭曲做了比较"。（同上）

《语种起源》里没有提及埃施里赫特做了何种比较，也没有给出关于这些"正常孩子"的语料。但我们到埃施里赫特的原文中可以找到这类语料。以下面这位名叫Christian的男童为例，他虽然在正常的语言环境中成长，但他的早期语言中也出现了诸多"发明创造"。例如：

（1）anna：此Anna不是女孩名字，而是Christian的自称。不过，我们不难理解为何会发生这个"音变"，他显然截取了Christian的词

[①] 值得注意的是，施莱尔（Johann Martin Schleyer，1831–1912）设计人工语言沃拉普克语的词汇时，有意识地使用了与之极其相似的语音简化手段：如vol（世界）< world，pük（说话）< speak。

7. 从适者生存观到语言能量学：音系演化的宏观因素

末，并按自己的"元音和谐规则"将其变成了Anna；

（2）oua：源于stor（大），该词正常发音是['sdoˀɐ]，词首辅音被截掉，元音丢掉斯特德后略做改变；

（3）atta-auf：= underofficer [ɔnʌ-ʌfiˈseˀɐ]（中下士），音节结构极大简化，仅有部分元音、辅音依稀可见，略有辨认出来之可能；

（4）lyter aa lumber：= piber og tambour [ˈpiːbər-ʌ-tamˈbuˀr]（笛手和鼓手），词组中的两个名词，词首辅音呈现出"双声"（押头韵），但词中的辅音反而被异化，再加上元音的变化，使这两个名词都成了"除非有人来直接讲明这词是何意思，否则没人辨认得出来"之例；

（5）ysser aa abber：= rosiner og mandler [ʁoˈsiˀnʌ-ʌ-ˈmanˀəlʌ]（葡萄干和杏仁），同样已完全无法辨认；

（6）poisa：埃施里赫特释此词为konge [ˈkʌŋə]（国王），此词的"怪异扭曲"程度显然已非常高了，不仅无法辨认，甚至连给出合理解释都很难；

（7）埃施里赫特还收录了该幼儿所说的少量句子，如Anna angaia da，释为jeg skal aldrig mere holde af dig（我再也不喜欢你了）。其中，anga = aldrig [ˈɑldʁi]（绝不）和ia = lide [ˈliːðə]（疼）几乎完全无法辨认；唯一清晰正确的词是da = dig [ˈdɑj]（你），该词在口语中确有[dɑ]的短形式。

这两个孩子无疑都在无意识中对生活里听到的词做了"加工"，埃施里赫特认为，二者的差别仅在于，丹麦男童Christian虽然一度使用自己的"语言"，但与周围的成年人之间始终有正常交流，他和亲人们可相互听懂，他随着成长逐渐向他们的语言靠拢；而冰岛女童Sæunn未能做到这一点，渐渐丧失了听懂冰岛语的能力；"丹麦男童随着成长放弃了自己的语言，而冰岛女童却将其保留终身，童年时完全没能学会其母语"。（Eschricht 1858：394）

叶斯柏森在《当代儿童及成人的语言》里也收录了很多正常幼儿把母语里的词搞得面目全非的材料。下列例子是其中一位名叫Verner F.

的孩子1岁零1个月时说过的词（Jespersen 1916：27）[①]：

  arlul = Herluf（专名）；
  lal = flag [ˈflæˀj]（旗）；
  gap = skammel [ˈsgɑməl]（板凳）；
  galol = kakkelovn [ˈkɑgə‿lɒwˀn]（壁炉）；
  ap = knap [ˈknɑb]（扣子）；
  göje = tröje [ˈtʁʌjə]（毛衣）；
  ardo = værsgo [ˈvæɐ̯ˈsgoˀ]（给你）；
  belele = spasere [sbaˈseˀʌ]（走路）；
  bor或bobo = börste [ˈbæɐ̯sdə]（刷子）；
  bejab = svamp [ˈsvɑmˀb]（海绵）

  我们发现，上文中那对在非正常语言环境下成长的孪生兄弟的话语中出现的语音问题，这里几乎全都出现了：

  （1）音节数量的减少：双音节简化为单音节，如skammel > gap；多音节简化为双音节，如kakkelovn > galol。

  （2）远距离同化：辅音和谐如flag > lal；而spasere > belele和börste > bobo中既有辅音和谐，也有元音和谐。

  （3）音组及音节结构的简化：如kakkelovn的二合元音[ɒw]被简化为o；tröje的词首辅音丛被简化为g，knap的词首辅音丛完全被删除；原本并无太多语音相似性可言的knap和skammel竟然"演化"成了因词首有无辅音而区别的最小对立体（gap : ap）；音节结构被简化为简单的(C)V(C)结构，二合元音和辅音丛皆不存在；所有带有斯特德的词，斯特德皆消失。

  上述音系变化之结果，就是使这些词全都变成了"除非有人来直接讲明这词是何意思，否则没人辨认得出来"的那一类。这证明幼儿早年在语言习得中自行创造的"语音定律"和"音系演化过程"并不

[①] 标准丹麦语词的注音依据《DDO》，部分拼写形式与今日有出入，保留Jespersen（1916）的拼法未做改动。

7. 从适者生存观到语言能量学：音系演化的宏观因素

局限于个别非正常环境中的极端案例。正常环境中成长的幼儿亦具备此能力。

这样的"音变"偶尔可获认可，在成人语言中保留下来。人名"昵称"尤其如此，早在《论语音定律问题》一文中，叶斯柏森就已提及Bob（＜Robert）、Beppo（＜Giuseppe）等儿童语言形式在成人语言中得以保留之例。而对大多数这样的"音变"来说，只要儿童在正常环境中成长，"发明创造"出的形式就会有意无意地被周围长者纠正，从而随着成长逐渐消失得无影无踪。最终，正确的语音形式由一代人传递给下一代人，语言共同体中实现了语言形式的代际传播。成年人作为一种"环境因素"，制约了儿童的语音创造力，使通过自由放任方式形成的"音系演化"受到抑制，无法在与"正确形式"的竞争中继续生存下去。

7.2.2 语言共同体中的"语音正确性"

儿童语言中自发的"音系演化"，最直接、最有效的制约因素就是其周围的成年人。那么，又有哪些因素在推动或制约成人语言中的语音分化？简单来说，我们同样可将其归结为说话者所处的环境。

无论儿童还是成人，都在充当语言共同体中的个体，最明显的差别仅在于，儿童周围的听者以父母亲人为主，成人的听者更加多样化，所处环境也更为复杂。每个人都在一生中持续不断地与他人交换语言习惯，受他人影响，也对他人产生影响。因此，叶斯柏森在《个人与语言共同体》一文中指出，"每个个人的语言史，都是其语言社会化的历史"（Jespersen 1927：580），"对他人语言习惯的持续顺应，不仅发生于儿童开始说话的时期，而且贯穿人的一生"。（同上，582）说者始终依照自己所处的环境，在若干种可能性当中做出最合乎交际目的的选择。

那么，语言共同体中的最高交际原则是什么？泰格奈尔在其《论语言与民族》（Om språk och nationalitet, 1874）一文中解答"本族词和外来词哪个更好"这一问题时曾指出："人们已把最易给出的符号视为最易懂的符号。"（Tegnér 1922[1874]：137）换言之，交际中无需刻意思索立即就能说出、听懂的词即是所谓"最好的词"。对于交际的效益来说，词源不重要，重要的是词义，是能否听得懂。叶斯柏森由此引申出了一条更具一般性的论断：

> 语言就是说话，说话就是一个人让自己被他人听懂的行动。
> 很明显，最高级的语言，就是用最少材料获得最大收益的语言。
> （Jespersen 1891：9）

语言在这一命题中被定义为"行动"（[丹] virksomhed，[英] action）。说者通过发音器官的生理活动，表达头脑中的意义与想法，这一行动的目的在于被听者听懂，从而实现与对方的思想交流。把语言视为动态行为而非静态图景的观点源于洪堡特。洪堡特在其三卷本《论爪哇岛上的卡维语》（*Über die Kawi-Sprache auf der Insel Java*，1836）的导言①中提出："语言不是作品（Ergon），而是行动（Energeia）。"（Humboldt 1836：lvii）所谓Ergon，即古希腊语名词ἔργον的转写，与德语Werk、英语work同源，意即"作品"，属静态的事实范畴；而Energeia是古希腊语ἐνέργεια的转写，虽然该词后来引申为现代科学中的energy（能量），从而进入现代欧洲语言的日常词汇，但其古希腊语本义为"行动"，属动态的行为范畴。

语言交际行为中，说者总是期望投入最小的力度，对听者产生最大的效应。如何做到这一点？若要做到这一点，他就不能采用仅为自己所习惯的"自由放任"式说话方式，而是会选择一种"最好"的方式来完成交际行为。《语音学的基本问题》一书中从发音层面将其阐释为：

---

① 这份导言长达430页，后来独立成书，即洪堡特最著名的《论人类语言结构的差异及其对人类精神发展的影响》（*Über die Verschiedenheit des menschlichen Sprachbaus und ihren Einfluss auf die geistige Entwicklung des Menschengeschlechts*）一书，此书名原为"导言"的副标题。该书有姚小平的中文全译本（商务印书馆，1999）。

7. 从适者生存观到语言能量学：音系演化的宏观因素

> 此处所说的"好"发音，其实就是指合适的（[德] zweckentsprechend）发音，……因此，最好的发音，就是最能适合该语言之目的的发音。我们说话，是为了和他人交流我们之所感，包括我们的思想、情绪、意愿。语言之最高境界，在于用最简单的途径使最完善的交流成为可能。……我们必须把重中之重放在所达到的理解量上。因此，用最简洁的话说，最好的发音，就是最易理解的发音。
>
> （Jespersen 1904a：38）

此处的德语形容词zweckentsprechend（合适的）是个复合词，由Zweck（目的）和entsprechend（依照）复合而成，"合适的"已暗示合乎目的性。说话的目的在于思想与情感的交流，"可理解度"（[德] Verständlichkeit）因而成为度量"合适的发音"的最重要指标。上文提到的儿童与亲人的交流中，儿童的不完善的发音必然不是"合适的发音"。不过，家庭成员们"带着极大的宽厚"与之交流，使原本不高的可理解度在家庭小圈子内部得到了提高。而在儿童的成长过程中，"自由放任"式的语音分化随着语言能力的日臻完善而受到控制。他越是能够遵守语言共同体中的共同标准，与圈子外听者之间的交流就越开始具备可能性，可理解度随之开始出现质的提升。

"最少材料"和"最大收益"之间可存在冲突。说者若仅从方便程度出发，追求表达的简洁，很可能会对听者的可理解度造成损害；而这样的损害对说者本身并无好处，他很可能不得不重新做表达，正如抄了捷径却并不省力。可理解度和方便程度之间的冲突最终促使交际双方在简洁和清晰之间寻找折中。不过，如叶斯柏森所强调，"对可理解度和清晰度的考量必然永远优先于对方便性和简单性的考量"。（同上，53）说者的个性化语言向方便和简单靠拢时，必然会受到清晰度的制约，使个体语言差异保持在语言共同体允许的可行范围之内。个体之间的分化，由此得到抑制。

十年后的《语言能量学》一文中，叶斯柏森更明确地提出，对于语言学领域的能量派来说，选择哪个语言形式用于交际，关键点正在于"所选形式能否把语义清晰传递到读者的意识中"（Jespersen 1914b：233）。因此，从能量学角度来衡量语言，最重要的就是看交际中的清晰与简便。这与他的一贯立场是一脉相承的。

7.2.3 "最好的发音"的社会基础

斯宾塞、施莱歇尔、黑尔的语言分化论虽然各有细节上的不同，但都在一定程度上解释了某一语系内部语言多样性以及某一语言内部方言多样性的产生原因。

语音毕竟不是纯自然现象，而是与诸多社会因素密切联系。19世纪是欧洲民族国家观念的上升时期，各国都在致力于推进本国国语的完善和推广。国语推广不只是政治层面上语言政策的一部分，普通人在生活中亦可清楚看到采用"标准音"说话交流的必要性：城市化、工业化及交通手段进步使人们离开家乡的机会增多，不同地区的人们之间需要"标准音"作为共同的交流途径；经济因素驱动人们努力进入社会上层，或者至少向上层靠拢，"标准音"成为身份的象征；学校教育更加普及，"标准音"要充当学校教育中的标准。而从语音的分化与制约的角度看，上述社会行为皆需要增强话语的可理解度与清晰性。这样的需求对语言分化趋势具有一定制约作用。

此时人们期待语言学家回答，什么样的语音才是标准的国语发音、全国通用的发音、代表较高社会地位的发音、学校里应教的发音。这解释了"最好的发音"这一论题为何在叶斯柏森的语音学理论中占有重要地位。典型的历史比较语言学家一度只借助语音来分析语言事实，而把对发音的审美评判排除在研究视野之外。但在叶斯柏森的丹麦文版《语音学》中，"最好的发音"分三章展开，占了该书"语音学的一般性部分"1/3以上篇幅；德文版《语音学的基本问题》中，"最好的发音"虽合为一章，但仍占全书187节中的40节。叶斯柏森列举了对正确发音标准的若干种常见误解，这些误解可分为语言因素和非语言因素两类。

非语言因素包括地理、社会阶层、教育程度、戏剧艺术等因素，

7. 从适者生存观到语言能量学：音系演化的宏观因素

因而有人把"最好的发音"等同于首都等大城市的发音、较高社会阶层的发音、受教育程度较高者的发音或是戏剧舞台上的发音。前三者共同的问题在于，作为社会因素，三者中的任何一者都无法与某一套具体的音系系统建立起精确关联。某一区域的方言可以充当标准语的基础，较高社会阶层或受教育程度较高的群体会讲标准语者的比例相对较高，但是这些区域及这些群体均无法避免自身内部的多样性，并未达到整齐划一。而关于戏剧舞台音的情况更为复杂，一方面，戏剧舞台塑造的人物形象本身就是多样的；另一方面，即使庄严戏剧中的正面形象的说话方式是正面的，这风格也无法满足日常生活中的一切语言需求。上述因素无法解决自身的多样化问题，因而无法成为"最好的发音"的真正标准。

不过，某一发音方式若"被较高阶层真实使用着"，就会"被其他阶层视为高雅，立刻得到了有意识的模仿"。（Jespersen 1904a: 43）语音若显现出这样的变化趋势，当然不是机械定律使之然，而是在反映人追求更好生活的本能。对"高雅语音形式"的依从甚至可能催生出矫枉过正的后果。叶斯柏森早年撰写的《探巴黎土话的语法》一文中就提及了法语中的所谓"皮革联诵"（[法] liaison de cuir）和"天鹅绒联诵"（[法] liaison de velours）。

现代法语许多位于词末的辅音字母并不发音，如cent（百）、pas（步伐）、peux（你可以）等词末的-t、-s、-x皆如此。但是当这类词后面接元音时，该辅音则会被"激活"，成为下一音节的首音。例如，cent année（一百年）读/sã tane/，pas à pas（一步步）读/pa za pa/，deux enfants（两个孩子）读/dø zãfã/。这一现象在法语语言学中称为"联诵"（liaison）。说话时能否正确处理联诵，被视为评价语言雅与俗的重要标志之一。教育程度低的人对书写形式掌握不足或意识不强，若在并无-t出现的位置插入了/t/音，被讽为皮革联诵；若在并无-s或-x出现的位置上插入了/z/音，被讽为天鹅绒联诵。这两种情况皆因模仿"高雅语音形式"时的过度类推造成，实际上是发音错误。叶斯柏森指出："正是'讲究'语言和'粗鄙'语言之间的区别，让前者多出了许多后者中没有,且意义不为后者所知的辅音,其结果就是,粗鄙之人力求像讲究之人那样讲话时,常常在不当位置插入了t和z。"(Jespersen 1885a:94)而《论语音定律问题》里除了再次提到法语里上述两类联诵错误之外,还提到了英语idea-r-of、America-r-and England、the law-r-of the land以及德语hatter-ich(我可能有)、sagter-er(他说)等例子中的"r音闯入",这类错误的成因与法语中的那两类错误道理相同。

在内部方言林立的欧洲各国,不同地区、不同阶层的说话者之间若出现频繁进行口头交际的需求,标准语、标准音的形成条件就随之突显出来。19世纪,这一需求无疑比以往任何时期更强烈。随着国语标准音的强化,国家开始有效充当起更大规模的语言共同体,使进一步的语音分化得到一定抑制。语言交际的效能得到提高的同时,从音系演化方向来看,这一过程中呈现出的不是异质化,而是方向明显相反的同质化趋势。由此来看,音系演化中未必只有源于语音自身的所谓"盲目破坏力量";影响因素可以来自语言之外,而语言外的影响因素并不盲目,也未必一定走向异质化。

7.2.4 "最好的发音"的正字法因素和语言史因素

叶斯柏森(Jespersen 1904a)提及的与"最好的发音"相关的因素,除了上述非语言因素(社会因素)之外,还包括语言因素,如正字法因素和语言史因素。无论认为越接近正字法形式的发音越正确,还是认为越古老的发音越正确,都是对正确发音的误解。前者实为削足适履,后者实为厚古薄今,二者均无太多理性依据可言。

正字法因素和语言史因素很大程度上是同一问题的两面。欧洲各语言的正字法,在不同年代固定下来(例如,英语的正字法很大程度上反映的是16世纪的发音),但语音还在继续演化,由此造就了今天英语、丹麦语等一众欧洲语言中语音和拼写之间的巨大落差。换言之,正字法反映的基本就是历史上某一时期的发音。语言都处于永不停歇的变化中,变化是常态,试图让语音停留在某一历史阶段的想法

7. 从适者生存观到语言能量学：音系演化的宏观因素

不仅徒劳无功，不具可行性，而且最重要的一点，向这样的纸面发音或历史发音靠拢，是完全无法提高交际效益的。强制把德语Rad [ʁaːt]的词末辅音发成浊音，或把英语know [nəʊ]的词首k音发出来，都不会提升语言的可理解度。

如果要对语音与拼写之间的落差加以改革，就必须让拼写适从语音，而不是让语音适从拼写。叶斯柏森因而盛赞了克努德森（Knud Knudsen，1812–1895）主导的让挪威语正字法更贴近挪威语的实际发音的拼写改革。

挪威和丹麦历史上长期为共主邦联型联合王国，挪威语和丹麦语因而曾被视为同一种语言，有时合称"丹挪语"（[丹/挪] dansk-norsk，[英] Dano-Norwegian）①，书面上沿用丹麦的拼写惯例。至19世纪中后期，挪威教育家、语言学家克努德森以受过良好教育的挪威人的日常口语为基础，制定了更接近挪威发音实际的新正字法规则，我们从他的《全国通用的挪威语发音》（*Den landsgyldige norske uttale*，1876）一书中略选几个例子（Knudsen 1876：20–21），与丹麦语比较如表7-1所示。②

表7-1 丹麦语、挪威语语音—拼写关系示例

丹麦语		挪威语		释义
正字法形式	语音形式	正字法形式	语音形式	
bog	[ˈbɔˀw]	bok	[boːk]	书
afsked	[ˈɑwˌsgeðˀ]	avskjed	[aːˋvʃed]	告别
kind	[ˈkenˀ]	kinn	[çinː]	面颊

---

① 虽然挪威1814年改与瑞典联合，并于1905年彻底独立，但"丹挪语"这个名称直至20世纪初仍能见到。布吕尼尔德森（John Brynildsen，1852–1926）编纂的两卷本英丹词典，书名就是《英语—丹挪语词典》（*Engelsk-dansk-norsk ordbog*，1902-1907）。该词典英语词条的注音是由叶斯柏森完成的。

② 丹麦语注音据《DDO》，挪威语注音据挪威语言文学院（Det Norske Akademi for Språk og Litteratur）编纂的《挪威科学院词典》（*Det norske akademis ordbok*，*NAOB*）。

上述例子显示出，丹麦语自身的拼写已和实际发音有了非常大的落差，把这样的拼写套用于挪威语，语音与拼写之间的差异同样很突兀。挪威语的拼写改革，消除的正是发音和书写之间的这种严重的不一致。例如，bog改作bok，符合词末辅音在挪威语里实际所发的清音；afsked改作avskjed，由f到v的改动真实体现了词中的浊擦音[v]，sk后面加j表明此处不是辅音丛[sg]而是擦音[ʃ]；kind的词末-d在丹麦语和挪威语中都不发音，挪威语在拼写改革中不仅将其删除掉，而且把n改为nn，体现出此处的鼻辅音为长音。

让拼写适从语音，增强了语音—拼写关系的规则性，因而是提高语言清晰性和语言效用之举措。克努德森最终成功推动了挪威语和丹麦语书面语的分离。他所推动的新正字法即是后来挪威官方认可的挪威国语（Riksmål）正字法，与今日的挪威语书面语（Bokmål）标准基本相同。

1892年初，在克努德森80华诞之际，挪威正字法学会（Norsk Retskrivningssamlag）在首都克里斯蒂安尼亚（奥斯陆旧称）成立，次年出版了"挪威正字法学会短篇论丛"（Norsk retskrivningssamlag småskrifter）的最初两本著作：柯林（Christen Collin，1857–1926）的《新正字法浅谈》（*Lidt om en ny retskrivning*，1893）和法尔克（Hjalmar Falk，1859–1928）的《论改革后的标点》（*Om en reformeret tegnsætning*，1893）。叶斯柏森的《挪威语正字法》（*Den norske retskrivning*，1894）一文，就是为这两本书撰写的书评。他集中引述的柯林书中的妙语，恰恰也反映了他自己对语音—拼写关系的看法：

> 其他文化工具都在改善，文字这个最重要的文化工具之一，却注定要持续变糟。交通工具变得越来越方便了，文字这个思想交流工具却变得越来越不方便，越来越笨重。
>
> （Collin 1893：13–14）

文字注定"变糟"，是因为固定久已的正字法与不断变化的实

7. 从适者生存观到语言能量学：音系演化的宏观因素

际发音之间的距离必然会日益加大，拼写改革的必要性正在于此。不过，拼写改革的幅度究竟多大为宜？在英国，埃利斯（参见Ellis 1845，1848）曾主张大量引入新字母，以达到"一音一符、一符一音"的精确拼写原则。但是实践中，对于任何一种文学传统深厚的语言来说，这种让文字面目全非的改革当然无法得到主流民意的支持。因此，柯林指出：

> 我们若能对拉丁字母表进行扩充，增加许多新字母或局部变形字母，让每个符号表示一个音，是最好的。这一点将来或许能实现，目前已见于语言学著作，……但是，一般的用途并不需要严格的科学音标。较粗略的商业用秤和最精细的化学用秤之间是有区别的。最重要一点是，我们要按完全规则的方式来运用上述字母，从而让同一个音永远用一个字符来表示。当务之急是让语音标写做到无歧义、有规律。
>
> （Collin 1893：15–16）

不同性质的语音转写，要按不同的原则，通过不同性质的符号系统来处理。这一原则与叶斯柏森此前在《用非字母符号表示的语音发音》里的阐述是一致的：常规书写系统并不以"语音分析准确性"为主要目标，与用于语音学研究的音标系统具有本质不同（参见Jespersen 1889：9）。所以，在挪威语的拼写改革中，afsked改作avskjed即可，无须改作avshed，既通过字母j提示[ʃ]音在挪威语中的合理性，又在最大程度上保留了原有的丹挪语词传统外形。kind改作kinn即可，无须为词首的[ç]音设计新字母；字母k在高前元音i、y前为[ç]，在其他位置上为[k]，两辅音显然是同一音位呈互补分布的两个变体，假如设计出shinn之类的新拼法，与原有的kind视觉差别太大。可见，语音与拼写之间的巨大鸿沟的确降低了方便程度，但过于激进的改革恐怕会把问题搞到更糟。因此，若从语言使用的便利性来审视，两种极端都加剧了语言使用者的能量负担，因而弊大于利。从这一意义来看，挪威语拼写改革的成功，一定程度上赢在了其相对保守的改革原则上。语音准确性与传统字形兼顾,使书面视觉上的可理解度达到了最佳程度。

7.3 国际人工辅助语中的边沁主义

7.3.1 国际人工辅助语运动的背景

19世纪交通与通信手段的进步,不仅使某一国家内不同区域之间的人交流增多,也使不同国家之间的交流机会增多,国际交流中的通用语(lingua franca)问题成为一个很现实的问题。学习他国语言以用于交流目的当然是最常见的解决方法。但是,外语学习需投入很大成本,耗时耗力且效果未必合乎预期,语言问题因而成为欧洲的"智慧之关税壁垒"(intellectual customs duties)。此外,以民族主义原则建国的欧洲,语言与民族心理之间存在微妙的关联。尤其在19世纪末、20世纪初的国际环境下,小国对德、法、英等大国大语种始终有"霸权"方面的疑虑,大国之间亦有各种原因引起的不信任感。这些因素都使以某一国的语言充当国际通用语的想法受到一定阻碍。可否找到一种交际途径,既能够避免外语学习和翻译带来的成本损耗,又能够在国与国的竞争中维持中立色彩?

欧洲的语言生态,与美洲和亚洲皆有本质不同。在美洲,英语和西班牙语是事实上的通用语。这两大语种覆盖了美洲大陆的大部分地区:英语在领土广袤的加拿大和美国几乎全境通行[①],西班牙语则通用于墨西哥以南的中南美洲绝大多数国家。而在亚洲,虽然西亚阿拉伯语各国间以及中亚突厥语系各国间的语言统一性都比较高,但在东亚和东南亚,各国的语言常分属于迥异的语系(汉藏、印欧、突厥、侗台、南岛、南亚、达罗毗荼等),这些语言之间除了一些词汇借用现象和语法联盟现象之外,相互间完全不相通(如汉语、日语、马来语、高棉语、泰米尔语之间);有些语言即使同源同语系,也常因演

---

① 中南美洲亦有少量讲英语的国家,如伯利兹、圭亚那。

7. 从适者生存观到语言能量学：音系演化的宏观因素

化年代久远而仅为远亲关系，并无太多直观的共同之处，无法相通（如汉语和缅甸语之间）。

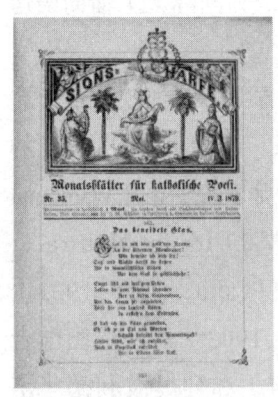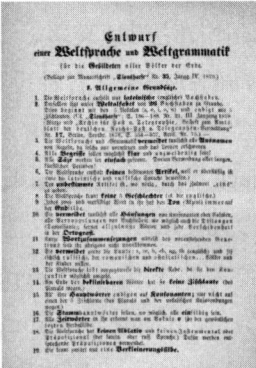

图7-1 《锡安山的竖琴》1879年第35期（左）；
施莱尔刊载在该期的《世界语言与世界语法草案》（中）；
次年出版的《沃拉普克语——世界通用语》（右）

与上述两极相比，欧洲大多数国家以某一印欧语系语言为本国语，这些语言之间常常是虽不相通，却因同源而显现出较高程度的相似性，共同的历史文化传统又使这种相似性进一步加深。因此，以人工方式在这些语言间"提取最大公约数"，创制出可用于国与国之间交流的辅助语言，理论上是可行的。将这种理论可行性付诸实践的努力，在19世纪末蔚然兴起。1879年，巴伐利亚神甫施莱尔（Johann Martin Schleyer，1831–1912）公布了沃拉普克语（Volapük）的设计方案，很快吸引了众多追随者，成为此类国际人工辅助语的首个成功案例。[①] 然而，由于沃拉普克语语法复杂，词汇与自然语言词源的

---

① 1879年，施莱尔在其主编的宗教诗歌月刊《锡安山的竖琴》（*Sionsharfe*）上发表了《世界语言与世界语法草案》（Entwurf einer Weltsprache und Weltgrammatik），标志沃拉普克语的诞生。次年，他的《沃拉普克——世界通用语》（*Volapük, die Weltsprache*）一书出版，全面展示了沃拉普克语语音、语法和基本词汇。十年后，全世界已有21万人在学习沃拉普克语；1886年至1887年度冬季，仅维也纳一地就有2500名学生参加了沃拉普克语学习班；世界各地共成立沃拉普克语协会138个，创办沃拉普克语刊物11种（其中3种是完全使用沃拉普克语的单语刊物），已召开沃拉普克语国际大会2次。（数字据 Sprague 1888：vi-vii）

关系也不够直观，学习难度依然很大。1887年，波兰医生柴门霍夫（Ludwik Zamenhof, 1859–1917）推出了以罗曼语词汇为基础且语法规则简单的世界语（Esperanto），世界语立刻成为国际人工辅助语运动中的新宠，沃拉普克语则随之迅速衰落。

国际人工辅助语运动的高潮中，各种设计方案不断涌现，最著名的包括荷兰摄影师布拉克曼（Jacob Braakman, 1863–1932）设计的"新世界语"（Mundolinco, 1894）、俄国工程师罗森伯格（Waldemar Rosenberger, 1848–1918）设计的"中立语"（Idiom Neutral, 1902）[①]以及意大利数学家皮亚诺（Giuseppe Peano, 1858–1932）设计的无屈折拉丁语（Latino sine Flexione, 1903）等。法国学者路易·库蒂拉（Louis Couturat, 1868–1914）和列奥波利德·洛（Léopold Leau, 1868–1943）先后合撰了《通用语史》（*Histoire de la langue universelle*, 1903）和《新国际语言》（*Les nouvelles langues internationales*, 1907），对欧洲自17世纪以来存在过的数十种人工语言方案进行了分析评述。1907年，两人以"采纳国际辅助语代表委员会"（Délégation pour l'Adoption d'une Langue Auxiliaire Internationale）名义组织会议，讨论应选择哪种国际人工辅助语进行未来的推广。会议讨论结果认定，现存任何方案皆未达到完美，但世界语最接近可推广的国际语言之标准，因而建议在世界语基础上改革设计瑕疵，以完成既定目标。然而，柴门霍夫拒绝对世界语做任何修改。改革派的成果最终被命名为"伊多语"（Ido，世界语意为"子嗣"，即esperantido"世界语的后代"之义），成为此后十余年间受到极高关注度的新的国际人工辅助语。叶斯柏森1928年公布的"诺维亚语"，实质上是在伊多语基础上进一步改革的结果，语法体系更加

---

① 罗森伯格原为沃拉普克语的积极推动者，1892年当选国际沃拉普克语学会执行长。他主张对沃拉普克语进行大幅度改革，改用自然语言中既有的国际词汇，废除复杂的形态屈折体系。改革主张遭到施莱尔等保守派的强烈反对，两派决裂后，罗森伯格将改革后的方案称为"中立语"。由于词汇大换血、语法大简化，中立语与沃拉普克语已全无相似性可言。

7. 从适者生存观到语言能量学：音系演化的宏观因素

分析语化。

7.3.2 沃拉普克语与世界语实例比较

学生时代，叶斯柏森已发现了沃拉普克语设计思路中的重要缺陷，认为设计者过于依赖自己的母语习惯，并未意识到对于以德语之外的其他语言为母语的学习者来说，沃拉普克语的语音和语法中都存在"不可逾越的难点"（Jespersen 1885b：88），如英美学习者感到难发音的ü和ö，以及名词的四个格，等等。

不过，沃拉普克语的屈折范畴未必全都来自德语的影响，这套极为复杂精细的屈折体系比德语复杂得多。施莱尔曾将《新约·约翰一书》第1章译为沃拉普克语，我们仅以其中的1：4为例，与世界语、英语、德语版本做对比，即可直观地看到沃拉普克语和世界语在设计理念上的巨大差别，以及沃拉普克语的语法体系是否优于自然语言：

> Ed atosi penobs, dat gäl olsa binomös pefulöl.（沃拉普克语）
>
> Kaj ĉi tion ni skribas, por ke nia ĝojo kompletiĝu.（世界语）
>
> And these things write we unto you, that your joy may be full.（英语，KJV钦定本）
>
> Und solches schreiben wir, auf daß unsere Freude vollkommen sei.（德语，路德版1912年修订本）
>
> （我们将这些话写给你们，使你们的喜乐充足。）①

我们的第一印象必然是，沃拉普克语很难读懂，世界语的词汇则比沃拉普克语容易辨认。熟悉英、法、德等现代欧洲语言的读者至少可以立刻从世界语的版本中认出skribas（写）和kompletiĝu（完整）。

---

① 中译文据和合本。世界语版本据伦敦英国与爱尔兰圣经学会（Brita kaj Alilanda Biblia Societo）版《圣经》（*La Sankta Biblio*）。沃拉普克语版本据Schleyer（1888）。此句中的第二个"你们"自古一直存在争议，有的版本作"我们"。此处做比较的两个国际辅助语版本里，世界语版本作nia（我们的），沃拉普克语版本作olsa（你们的）。中文和合本正文作"你们"，同时夹注"有古卷作：我们"。

世界语版本可详细分析如下：

（1）skribas是世界语动词skribi的现在时形式，世界语以元音-i为动词不定式标记，现在时词尾为-as，不分人称和数，词法已非常简单。而从词本身来看，skribi与西班牙语escribir、意大利语scrivere以及日耳曼语言中的skrive（丹麦语、挪威语）、skriva（瑞典语）、schreiben（德语）、schrijven（荷兰语）的关联都很明显。英语不用scribe表示动词"写"，法语动词écrire（写）也因历史上的音变（拉丁语sc > 古法语esc > 现代法语éc）而与skribi显现出较大差别，但是英语和法语却都有scribe（抄写员）、description（描写）、inscription（碑铭）等活跃词汇，因此这个词根在以英语和法语为母语的人眼中并不陌生。

（2）kompletiĝu的形态变化略显复杂，但至少komplet-是个很直观易懂的词根。世界语所有动词不定式皆以元音-i结尾，所有形容词皆以元音-a结尾，词根komplet-因而可派生出动词kompleti（完成）和形容词kompleta（完整）。由形容词kompleta可派生出更抽象的动词kompletiĝi（变得完整），词缀-iĝ表示"变得……"，-i仍为动词不定式词尾（参见Zamenhof 1898：25）。此句中的后缀-u是命令式词尾（同上，15）。

（3）熟悉法语的人也不难认出por ke = 法语pour que（为了），法语这一结构后面要接虚拟式，世界语并无此规定。

（4）ĝojo（欢乐）一词看似陌生，但只要了解到世界语ĝ读[dʒ]，j读[j]，名词皆以-o结尾，就立刻知道此词即英语的joy了，法语joie与之同源。

（5）不太好辨认的几个小词分别是：kaj，作用相当于法语et、英语and，借自希腊语καί（和）；ĉi为近指词"这里"，取自法语限定词ce（这）；tio为名词"此事"，由英语this、that等限定词简化为ti-，后接名词词尾-o，-n是宾格词尾；ni是代词"我们"，nia是其属格"我们的"，此词由罗曼语普遍存在的表示"我们"的n-（如法语nous、西班牙语nos、意大利语noi等）归纳而来。

7. 从适者生存观到语言能量学：音系演化的宏观因素

与之相比，在沃拉普克语版本中，我们几乎一个熟悉的词都辨认不出来。实际上，沃拉普克语词汇主要来自英语，但是经过施莱尔的加工之后，大多已无法认出。借助施莱尔本人的论述（Schleyer 1880）以及此后出版的工具书（Wood 1889）、语法书（Seret 1887, Post 1890），我们可对例句中的词解读如下：

（1）ed：顺接连词，源于拉丁语et（和），位于辅音前为e，位于元音前为ed，规则与今意大利语e(d)相同。这个词是整句中最易辨认的词。

（2）atosi：atos是指示代词"这"，-i为宾格后缀。

（3）penobs：动词penön（写）的复数第一人称，即"我们写"。此词的词源是英语pen（笔）。沃拉普克语由pen派生出动词penön（写），以及penot（论文、著作）、penädel（作者）等一系列名词，但是除了pen本身之外，其他词都极难认出。

（4）dat：连词，表结果，与德语dass、英语that同源。语义似英语so that。

（5）gäl："欢乐"。词源不详。

（6）olsa："你们的"。代词ol为"你"，-s为复数词尾，-a为属格词尾。人称代词可谓沃拉普克语中最具任意性的部分之一，所有人称代词皆以o为词根，在后面添加不同辅音表示各个人称：ob（我），ol（你），om（他），of（她），os（它），ok是反身代词（相当于德语sich、法语se），on是泛指代词（相当于德语man、法语on）。

（7）binomös：系动词binön（是）屈折形式。词根bin无疑是日耳曼语成分，与英语be、been以及德语bin同源。然而，沃拉普克语的动词屈折"完善"得实在过头。这个binomös竟是binön的祈愿式现在时第三人称阳性单数形式！施莱尔在动词屈折形式里不仅安排了西欧语言中常见的直陈式、命令式（-öd），甚至还模仿古希腊语分别设立了各司其职的虚拟式（-la）、祈愿式（-ös）、条件式（-öv）！（参见Seret 1887：53）不仅如此，前述人称代词也作为中缀插在了这些动词屈折形式里：binomös = 词根bin + 阳性中缀om + 祈愿式后缀ös，这造成了单数第三人称形式在性范畴上的差异，比德语复杂得多。

（8）pefulöl：fulön（充满）的分词形式，p-是被动态前缀，e-现在完成体前缀，-öl是分词后缀。此词的词根ful是日耳曼词根，与德语füllen、英语fill同源，但是添加了如此多种的前缀和后缀之后，已完全无法直接辨认出。

虽然德语常被视为词法屈折较为复杂的语言，但是与沃拉普克语相比实在相形见绌：主句中的动词schreiben（写）虽为现在时复数第一人称单数，但形式与不定式完全相同；从句中的sei是系动词sein的虚拟式，虽然号称"不规则形式"，但是比起沃拉普克语那一系列"规则"的前缀、中缀和后缀，不知简单多少倍。作定语的unsere只比原形unser（我们的）多出一个-e作为标记，而作表语的形容词vollkommen（完美）则完全没有任何形态标记。即使代词主格wir（我们）和属格（或视为限定词）unser（我们的）呈异干互补（suppletion），似乎不如世界语ni和nia规整，但人称代词数量并不大，其异干互补在欧洲常用语言中也不陌生，①完全可以视之为在正常的"能量消耗范围"之内。由这些事实可以看到，施莱尔设计出的其实是一种比他的母语德语复杂得多的人工语言。

上述对比还让我们看到，与世界语等后起之秀相比，沃拉普克语不仅输在了词法上，更输在了词汇上。独特而陌生的词汇，为沃拉普克语的学习带来了极大负担。由于叶斯柏森发表短文《论沃拉普克语》时（1885），大量使用罗曼语现成词汇的世界语（1887）尚未问世，所以他未能打中沃拉普克语的词汇这条要害并不意外。但无论如何，正因为沃拉普克语具有这些致命缺陷，所以在"采纳国际辅助语代表委员会"会议讨论并票选应当推广哪种国际辅助语时（1907），沃拉普克语直接淘汰出局，连入围资格都未能获得。

---

① 其他语言中如英语we／us／our，丹麦语we／os／vor，俄语мы／нас，等。

7. 从适者生存观到语言能量学：音系演化的宏观因素

7.3.3 国际人工辅助语设计中的"中立"原则与"简单"原则

具有推广价值的国际人工辅助语，应当具备哪些特征？此问题答案的核心，依然在于语言使用者因素。前面我们看到，自然语言共同体中的成员之间的交际，要在语言活动所消耗能量的最小化和语言表达效果的最大化之间达到最佳平衡点。同样的原则也适用于人工语言。国际人工辅助语不存在母语者，交际双方可否做到能量消耗的最小化，不仅在于他们如何运用语言，更在于该人工语言的创制是否以易学易用为原则。对此，叶斯柏森提出了一条极具边沁主义特征的原则：

> 最好的国际语言，就是在每一方面皆为最大多数人提供最大的便利的国际语言。[①]
> （Jespersen 1913c：47）

自从边沁（Jeremy Bentham，1748–1832）在其《政府片论》（*A Fragment on Government*，1776）一书中首度提出"最大多数人的最大幸福是对与错的衡量标尺"（Bentham 1776：ii）以来，这条"效用原则"（Utility Principle），或称"最大幸福原则"（The Greatest Happiness Principle），一直被广泛运用于伦理、政治、法律等领域

[①] 此句见于《国际语与科学》（*Weltsprache und Wissenschaft*）一书。该书旨在论述国际人工辅助语应具备哪些特征，以及应当如何将其运用于自然科学界以增进国际学术交流，由库提拉、叶斯柏森以及化学家洛伦茨（Richard Lorenz，1863–1929）、奥斯特瓦尔德（Wilhelm Ostwald，1853–1932）、物理学家普方德勒（Leopold von Pfaundler，1839–1920）共同撰写。叶斯柏森撰写的是该书第3章，题为"构建国际辅助语的语言学准则"（Sprachliche Grundsätze beim Aufbau der internationalen Hilfssprache）。此处引文译自该书1913年第2版，原文为"Die beste internationale Sprache ist diejenige, die auf jedem einzelnen Punkte der größten Anzahl Menschen die größte Leichtigkeit bietet."与1909年初版相比，新版中这句话里增加了 auf jedem einzelnen Punkte（在每一方面）这个状语。不过，因为该书的英、法、瑞等版本皆从1909年初版译出，所以初版本中无此状语的"最好的国际语言，就是为最大多数人提供最大的便利的国际语言"（Jespersen 1909c：28）这一提法更为世人所知晓。

中，成为效益主义（utilitarianism）①最具影响力的座右铭。那么，国际人工辅助语创制中如何做到为最大多数人提供最大的便利？

叶斯柏森（1909c）提出了"中立"（[德] unparteiisch）、"简单"（[德] leicht）这两条基本原则。前者要求国际人工辅助语应避免选用仅为少数国家所熟悉的成分，后者要求国际人工辅助语必须易学、易用、易懂。他以这两条原则审视沃拉普克语、世界语、伊多语等，在自己设计的诺维亚语中也最大程度地贯彻了这两条原则。

以此来做评价标准，很容易发现沃拉普克语远未做到易学、易用、易懂。词汇上，绝大多数词都被加工到了无法辨认的程度，极大增加了"学"的负担，对"用"和"懂"当然有百害而无一利；词法上，以古典语言为标杆竭力维系一套高度复杂的屈折形式系统，同样也绝不会提高语言使用中的效益，只能见到能量的无谓损耗。

从音系层面来看，施莱尔为沃拉普克语设计了8个元音，除了常见的a、e、i、o、u之外，还有ä、ö、ü。仅静态地来看这一设计，就会发现有违中立原则之处：ö和ü这两个圆唇前元音并不普遍，虽然德、法及北欧语言中有，但讲英、西、意、葡以及多数斯拉夫语言的人对其并不熟悉，因此后来世界语、伊多语都未纳入这两个"难发"的元音。虽然"难发"只是个主观而相对的概念，但从受益人口的数量和比例来看，ö和ü代表的显然不是"大多数人的最大幸福"的音。

中等开口度的前元音分出半闭e（国际音标/e/）和半开ä（国际音标/ɛ/）同样不可取，虽然德语和意大利语中有这样的音位差别，但二者的语义区别功能在法语中十分边缘，在英、西等语言中则完全没有。叶斯柏森因而指出，"人工语言中若是区别开音e和闭音e，……将是巨大错误。"（Jespersen 1929b：66）五个元音已经足够（世界

---

① 英语 utilitarianism 一词传统上译为"功利主义"，但此词并无"急功近利"等贬义，仅强调效益及有用性。"功利"二字存在一定误导风险，20世纪90年代起出现了将 utilitarianism 改译为"效益主义"的新趋势，近年来在人文、社科、医药等领域皆可见到"效益主义"这一译法（如，陈建纲 [2017]、释昭慧 [2019] 等）。

语、伊多语、诺维亚语皆如此），好处是"这样就能让发这些音时有一定自由度且又不至于造成任何误解，不像民族语言那样，该语言中重要但外国人很难分清的细微差异若不注意，经常就会造成误解"。（同上）

由此可见，设计国际人工辅助语的发音，不仅要考虑语音本身，还要顾及"音系学视角"。考虑音与音之间的关系，如果让声音效果过于接近的音承担语义区别功能，必然会增加学习难度和交际难度，耗费了不应耗费的能量。例如，沃拉普克语用不同元音前缀来区分动词的时体范畴，但是元音前缀安排得实在太过任意，竟是按照字母表顺序依次分配，完全没有考虑语音的区分度和屈折形式的使用频率。例如，löfob（我爱，现在时）有älöfob（我爱，过去时）、elöfob（我爱，现在完成时）、ilöfob（过去完成时）、olöfob（将来时）、ulöfob（将来完成时）等屈折形式（参见Schleyer 1880：45-46），动作的"完成"和"进行"是自然范畴，动词有与之对应的完成体和非完成体是合理的，二者本该得到明确区分，但施莱尔却安排了听觉区分度并不明显的e-和ä-为二者充当音系区别成分，反而是并无太高使用频率的将来完成时，占据了音色分明的u-。这必然严重违背了效益之要求。

元音作为前缀（而非后缀）来区别动词的时与体，本身就背离了以日耳曼语言或罗曼语言为母语的说话者的实际直觉。即使斯拉夫语言中确实存在用前缀充当体范畴标记的情况（如捷克语表示完成体的前缀na-、u-，表示将来时的po-/pǔ-等），沃拉普克语的这些前缀种类也太过繁杂，尤其当多种前缀一起叠加在某一动词前面时，词干会变得非常难辨，如上文提到的pefulöl（充满，分词的现在完成体被动态，大致相当于英语的having been filled），很难让人立刻想到词干是ful，如果到词典PEF-部位去查，必定会失望而归。这样的设计是否符合国际辅助语所追求的高效，不言自明。

本身已不"中立"的ö音，在沃拉普克语中不仅存在，而且还被赋予了过重的地位，进一步对"简单"这一总原则产生了负面影响。

ö音在动词的诸多屈折词尾中出现，由于沃拉普克语的词重音位于词末音节，因此-ön（不定式）、-öl（分词）、-öd（命令式）-öv（条件式）、-ös（祈愿式）这些屈折后缀里的ö要十分饱满地发出来，这必然给很多不熟悉这个音的人增加了发音负担。然而，艰难发出这个ö音的效益有多大呢？可以坦言，完全没有效益可言！因为带重音的ö是这些屈折后缀里的共有成分，真正的语义区别成分就成了ö后面的辅音。响度高且发音过程困难的元音ö是这些屈折语素中的羡余成分，区别性却由一个并不清晰的辅音来承担，由此造成的高成本、低收益是显而易见的。

世界语的设计中没有犯同样的错误，大部分屈折词尾是由元音（而非辅音）来充当的，如名词全部以-o结尾，形容词全部以-a结尾，副词全部以-e结尾；动词不定式词尾为-i，命令式词尾为-u，分词则依据其在句子中的实际功能来确定词尾，作名词性成分以-o结尾，作定语以-a结尾，作状语以-e结尾。虽然世界语规定词重音位于倒数第二个音节，这些元音词尾并不带重音，但是以元音作为区别成分，必然比沃拉普克语的辅音清晰可辨。

叶斯柏森在诺维亚语中采用了更加清晰的方式。他不仅把屈折减至最小，而且从英语中借鉴了用助动词来代替屈折型动词时、体、态、式范畴的方式，让分析手段取代屈折手段，成为诺维亚语语法手段的主流。例如，诺维亚语动词原形直接用于祈使句，无命令式词尾；诺维亚语也没有以屈折词尾表示的条件式，表达这类概念借助的是助动词vud（＜英语would）。由此，诺维亚语成为一种分析语。

7.3.4 新通用语之例

国际辅助语的易懂性可设计到什么程度？笔者遇到了一个有趣的实例。在查找关于"新世界语"（Mundolinco）的设计者布拉克曼的资料时，笔者与一种名为"新通用语"（Lingua Franca Nova）的国际人工辅助语不期而遇。该语言由美国心理学家布雷（C. George Boeree，1952–2021）设计，1998年通过互联网发布。截至2022年1

7. 从适者生存观到语言能量学：音系演化的宏观因素

月，该语言已有维基百科词条4157条，超过了许多自然语言的条目数。Jacob Braakman这个词条，是该语言的原创词条，截至目前没有其他任何语言的版本。①笔者从未学过这种语言，甚至从不知道该语言的存在，然而却毫无困难地读懂了这个词条：

> Jacob Braakman ia es un scrivor nederlandes ci ia inventa la lingua aidante internasional mundolinco. El ia nase a 19 marto 1863 en Haarlemmermeer, Nederland. Pos abita en Hillegom, el ia move a Noordwijk a 7 desembre 1893, do el ia es rejistrada como un vendor e reparor de bisicles. Sua boteca ia deveni un comersia sustantial. Plu tarda, el ia deveni ance un fotografiste de familias e de vistas bela. El ia vende sua fotos como cartas de posta. Un studiante de volapük (el ia scrive un libro per aprende volapük en nederlandes en 1888), el ia crea sua propre lingua, cual el ia nomi mundolinco ("lingua de mundo"), e ia publici libros sur la lingua en 1889 e 1894. Mundolinco es conoseda como la "esperantido" ("enfante de esperanto") prima. Braakman ia mori a 10 desembre 1932.

本词条可翻译如下：

> 雅各布·布拉克曼是发明了国际人工辅助语新世界语的荷兰作者。他于1863年3月19日出生于荷兰哈勒默梅尔（Haarlemmermeer）。为了能在希勒霍姆（Hillegom）住，他于1893年12月7日搬迁至诺德韦克（Noordwijk），他在那里注册成为一名商贩，维修自行车。他的店生意兴隆。后来，他还成为一名拍摄家庭照和风景照的摄影师。他把自己拍的照片作为明信片

---

① 这佐证了笔者此前的观点："用国际辅助语撰写的维基百科条目未必是其爱好者对自然语言条目的'仪式性'译写，有些国际辅助语条目是具有原创性的，这类条目常常反映出热心于国际辅助语的群体特有的关注点"。（曲长亮 2019：137–138）

出售。作为一名沃拉普克语学员（他1888年用荷兰文写过一本学习沃拉普克语的书），他创制了他自己的语言，将其命名为新世界语（mundolinco，意为"世界的语言"），1889年至1894年间，他用这种语言出版了一些书。新世界语被视为第一种"世界语子嗣语"（esperantido）。布拉克曼于1932年12月10日去世。[①]

这种语言何以拥有如此之高的易懂性？它的词汇完全是基于英语或法语的词汇，几乎完全没有辨认上的困难。笔者碰到的唯一的"难词"是ance（=英语also，法语aussi）。语法上，新通用语的分析语特征甚至超过了诺维亚语。诺维亚语的过去时，尚有屈折性-d和分析性did之选择，而新通用语完全采用了小词ia来作为分析性的过去时标记，此词源于拉丁语iam（已经），即法语déjà（已经）中的jà。

这样的设计理念，想必会让叶斯柏森感到满意的。不过这也难免让我们质疑，把国际人工辅助语设计得如此接近英语，这样的人工语言真的比英语更适合用于国际交流与传播吗？

7.4 语言及音系的演化方向

7.4.1 语言演化的自然方向

回到自然语言这一话题上，音系演化将呈现出何种发展方向？叶斯柏森在《语言变化中的效用》里对语言演化的总趋势所了的总结，指出语言演化带来的有益结果主要包括：

> 更短的形式，因而更易掌控，多数时候由"懒惰"这个名称不太正确的因素造成：对整体性理解多余的音节会模糊，会发音不清；同化有时也会导致形式更短。

---

① 此词条的主要资料来源是布拉特曼的摄影作品集《跟随布拉克曼游览沙丘与球茎地区》（*Met Braakman door Duin- en Bollenstreek*）里的作者简介，因而真实可靠。（按："沙丘与球茎地区"是位于莱顿附近旅游观光区，因拥有大面积的海滩和郁金香花田而得名。）

7. 从适者生存观到语言能量学：音系演化的宏观因素

更规则的形式，很大程度上是由于类推的影响。与不规则形式相比，这样的形式显然更易学、更易记。

更简洁、更明了的形式，通常是由于担心被误解，或是担心无法被充分理解；因此，同音词常被舍弃，对同音词的区分得到语言化运用。

更顺畅、更悦耳的形式，可因同化而成，有时也因审美因素而成，后者一定程度上造就了富有表现力的词，这些词里，意义通过象征存在于形式之中。

（Jespersen 1941：85–86）

简言之，语言形式将变得更加简短、更加规则、更加清晰、更加悦耳。这与他此前在《语言论》中得出的结论是一致的。而这些趋势皆可从音系层面找到理由。

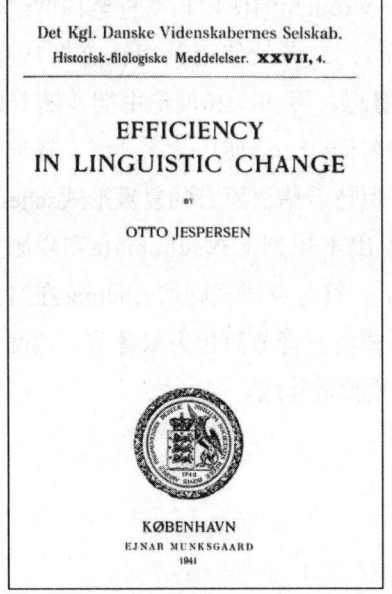

图7-2　叶斯柏森在世时的最后一部专著
《语言变化中的效用》（1941）

如果惰性是说话人的本能，那么惰性同时也受清晰原则的制约。说者和听者之间能够在词的缩短上达成默契，前提必然是缩短了的语音形式不会造成语义上的误解。音义关系此时扮演了非常重要的角色。缩短可通过截取词的前部或后部而成，形成树桩词，如advertisement > ad，violoncello > cello。缩短也可因非重读元音脱落而实现，造成音节数量的减少，如chocolate一词中间音节里o的央音化与脱落。此时精简掉的都是语义上的羡余成分。缩短还可因同化而成，如king一词的读音经历了/kiŋk/ > /kiŋg/ > /kiŋ/，同化使词末辅音由两个减为一个。

形式由不规则变为规则，在英语中同样常见。例如，动词work的过去式曾为wrought，但如今已变为worked。此词在古英语中wyrcan—worhte—geworht的变化，反映的是日耳曼语言中十分常见的变音（umlaut，元音y与o交替）和换音（ablaut，辅音k与h交替）；如图7-3，我们从Google Ngram Viewer[①]的数据中可以看到，work—wrought—wrought的使用频率直至19世纪40年代仍高于work—worked—worked，二者的使用频率轨迹在19世纪中期交叉，此后wrought逐渐被遗忘。再如，20世纪中期，随着认知科学的发展，英语借自希腊语的名词schema使用频率陡增，该词作为"学问词"，在英语中曾经一度保持希腊语原有的复数形式schemata；Google Ngram Viewer同样显示出不规则形式schemata和规则形式schemas的交叉点，如图7-4所示，符合英语规则的schemas在21世纪占据绝对优势，schema的复数形式由三音节简化为双音节。这两个典型例子中，类推因素发挥了非常重要的作用。

---

① Google Ngram Viewer 的数据基于 Google Books，收录文本的时间范围为1800年至2019年。图7-3和图7-4选取的是English（2019）子库，未区分大小写，图像 smoothing 等级为3级。

7. 从适者生存观到语言能量学：音系演化的宏观因素

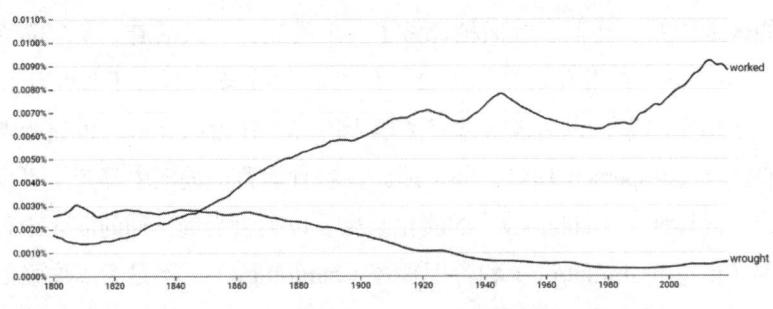

图7-3 动词worked / wrought的使用频率

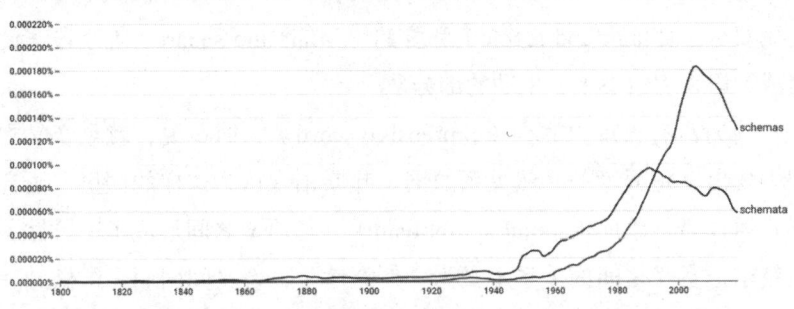

图7-4 名词schemas / schemata的使用频率

任何语言中都存在一定数量的同音词，英语也不例外。同音词能否共生，词义混淆风险的高低是个重要因素，这个因素与词性密切相关，但起决定作用的仍是语义价值因素。例如，同音的meet和meat分属不同词性，在语境中的混淆风险很低，二者之间并无太多生存竞争可言。与之截然不同的是，同音的let（让）和let（阻止）两个动词之间的混淆风险极高，竞争使二者中仅一方生存了下来。二者在古英语和中古英语中始终保持明显的词干元音音长区别，前者的演化路径为lǣtan（允许）> leten > let，后者为lettan（阻止）> lettan > let。当这个音长区别在现代英语中消失时，问题就突显了出来。当今的标准英语中，中等开口度的元音，无论前元音（e类）还是后元音（o类），皆已无音系性的音长对立，不再具备语义区别功能。

《语言变化中的效用》有专章论述语言的"审美感受"（aesthetic

255

feeling)。审美感受,本质上是语言中的羡余因素,而不是具有决定性的区别因素。然而,叶斯柏森做了一个类比:"人活着不单单靠面包,语言还有充当有效交际工具之外的其他任务。语言不仅用于说话,还用于唱歌,说话也常常只图摆弄声音,让自己开心,也让听者开心。"(Jespersen 1941:66)因此,各种语言的词汇中都产生不少符合"悦耳性"(euphony)的演化结果。以英语为例,词的演化中若出现异化(dissimilation)和音近省音(haplology),不是为了增强语义区别性,而是通过避免重复音来达到悦耳。前者如marbre > marble之变化,后者如honestete > honesty之变化。此外,习语构成中还经常运用双声(如faint and feeble)和叠韵(如fair and square)等手段,使之成为语言表达中十分生动的部分。

何为富有表现力的词(expressive word)? 简单说,就是音义之间表现出一定程度的必然关系的词。叶斯柏森认为这样的词里,语音形式通过语音象征(sound symbolism),与语义之间形成了一致性。索绪尔把音义之间的关系定义为"任意性",音义间因而无须做到一致,同一事物在不同语言中有全然不同的名称就是明证。但是,索绪尔《普通语言学教程》出版伊始,叶斯柏森即在所撰书评中指出,索绪尔"严重夸大了语言的任意性,并低估了表声词([丹] klangord)的作用"(Jespersen 1917a:41),因为音义一致性并不局限于拟声词、感叹词等边缘词汇,在更主流的词汇中亦有一定体现。例如,他在《英语等语言中的否定》一书中指出,许多语言本非同源语,却普遍存在以n-或m-开头的否定词,这样的否定词反映的是"自然起源",源于"原始时期表示厌恶的感叹,伴随着收缩鼻部肌肉的面部姿态"。(Jespersen 1917b:7)。在《一些表示但是的词》(Nogle men-ord,1918)一文中,他又指出m-音经常出现于表示转折的词,因为m-的发音过程与人们想说话却不知该说什么时的语音器官活动刚好吻合(参见Jespersen 1918b:51);拉丁语的转折词sed逐渐被magis取代,由此衍生出法语mais、西班牙语mas、意大利语ma等表示"但是"的词,体现了符合语音象征的词在演化与竞争中的胜利。在

7. 从适者生存观到语言能量学：音系演化的宏观因素

《元音i的象征价值》（Symbolic Value of the Vowel *i*, 1921/1933）一文中，叶斯柏森列举了数十种语言及方言中大量含有/i/音的名词、形容词、动词等，证明/i/音经常出现于有"体积小""年纪轻""速度快""色泽清澈"等意义的词。[①] 在《语言论》里题为"语音象征"的一章中，他更加全面地分析了各种类型的音义自然关系实例，并总结出三点一般性结论：

（1）没有哪种语言会把语音象征用至极致，反而有许多词对象征惘然，甚至与象征相冲突。

（2）表现出象征性的词，可因历史发展而不再表现出象征性。

（3）另一方面，有些词在历史发展中变得比起初更具表达力了。

（Jespersen 1922：406）

第1点澄清的是对语音象征的误解。是"有的词里面存在着类似语音象征的因素"（同上，第397页），不是所有词皆如此；语音象征关系时常出现，但绝不是必然出现。而从历时演化来看，第2点和第3点代表的是两个相反方向。两个方向上皆可找到实证："语音象征化"（前述第3点）如古英语lȳtel > 中古英语litel > 现代英语little的变化，短音/ɪ/比圆唇的长音/yː/更合乎"小"的感觉；古英语micel > 中古英语muche > 现代英语much的变化亦是如此，表达"多"之含义，/u/和/ʌ/都比/i/更胜任。"去语音象征化"（前述第2点）如英语pipe一词，元音大转移之前曾含有/iː/音，符合笛子或管子细长的外形，今二合元音/aɪ/不再具有这样的象征功能。不过，叶斯柏森研究了《牛津NED》中的词源信息却发现，许多符合语音象征的词产生得非常晚，仅有几百年的历史，甚至更晚。他因而相信：

这类词在较近时期的口语里使用得比那之前更为频繁，因

[①] 关于《元音 i 的象征价值》的更详细评述，可参见曲长亮（2021：87–93）。

为此时的人们说话的方式比其几百年前、几千年前的祖先更生动、更鲜活。心理反应时间比以前短了，生活节奏比以前快了，人们不像以前那样恪守传统了，于是，人们更愿意按照这样的方式来创造新词、接受新词，因为大家会立刻觉得这样的方式更能体现意义、更具表达力。在所有的语言中，创造并使用回声词和象征词似乎都随着历史的发展而增多。除了这一点之外，选择过程（selective process）也是原因之一：获得了本不重要的象征价值的词，通过选择过程，取代了那些象征价值不足的词，或是取代了同一个词的那些象征价值不足的形式，从而生存了下来。因此我们可以说，语言随着时间的推移，象征性词汇会越来越丰富。……音和义之间形成的婚姻般的联合，远比我们的远古祖先所知道的情况更加紧密。

（同上，411）

语音象征并不是个全新话题，洪堡特把"模仿声音和事物所共有的属性"的指称方式称为"象征"，并把这种"语音与语义之间的一致性"视为具体语言语音系统中的优点。（Humboldt 1836: xciv）波特（August Pott，1802–1887）依此正式提出了"语音象征"（[德]Lautsymbolik）这一术语，并整理了诸多语言中存在的否定词和距离词的语音象征。（参见Pott 1880：456–458）以研究东方学见长的甲柏连孜（Georg von der Gabelentz，1840–1893）也在其收集的亚洲语言语料中展示了语音象征现象的存在，如印尼巴塔克语"有三个明显相联系的词表示'爬'：一般的爬用džarar，小东西爬用džirir，大型动物或是吓人的动物爬用džurur"（Gabelentz 1891：222）。叶斯柏森对此的进一步发展，是引入了"选择过程"这个典型的达尔文主义术语。符合语音象征的形式与不符合语音象征的形式相互竞争时，叶斯柏森相信前者更有机会生存下来，因此，近几百年的历史中，才会有许多符合语音象征的词逐渐沉积下来。语言交际中，如果这种符合音义自然关系的词让说者和听者感到更具表达力，那么这样的演化轨迹也是符合语言能量学原则与边沁主义效益原则的。

7.4.2 语言演化中的人工干预手段

国际人工辅助语的设计中,设计者可将自己所持的语言结构观和语言变化观充分体现于设计之中。那么,自然语言的发展路径是否会受到人工因素影响?叶斯柏森对这个问题的回答是肯定的。但是,这只是因为人工手段在一切语言中皆存在,是语言中的普遍现象。如他在《语言中的自然与人工》(Nature and Art in Language,1929)一文开头即强调的一个事实:语言中的"自然"和"人工"是"程度差别,而非种类差别;所谓自然语言中有很多东西是'人工'的,所谓人工语言中也有许多东西是非常自然的"。(Jespersen 1929c:89)

关于人工语言的自然性,早年他撰写《论沃拉普克语》(1885)一文时已有深刻洞察。沃拉普克语的发明者施莱尔畅想:"人类一天天变得更加世界主义,渴望团结。了不起的万国邮政①,已使人们向这一美好目标前进了一大步。……人类在搭建起万国邮政之后,必然还要再搭建万国文字、万国语言、万国语法!这无疑是精神物质最伟大的所得与进步。"(Schleyer 1880:iii)这一热血畅想显然被叶斯柏森泼了理性的冷水:"即使他[施莱尔]有能力让全球居民都立刻学会沃拉普克语,并忘掉自己的母语(这个恐怕会难得多),那统一也会迅速打折扣,不同语言会产生,恰如各种罗曼语言从拉丁语里分化出,或是像英语如今分裂成了英语和美语。"(Jespersen 1885b:88)人工语言一旦被人们真实使用,就一定会和自然语言一样发生演化,尤其是被全球不同地区自然环境与人文传统迥异的人们使用时,分化与演化发生得很可能会十分剧烈。这是人工语言自然的一面。

而自然语言人工的那一面,包括新词产生(涵盖全新的词凭空出现、利用形态规则派生构词、引入外来词等各类手段),包括正字法改革,也包括语言纯洁主义者对语法的干预。那么,叶斯柏森如何看

---

① 万国邮政联盟于 1874 年在瑞士伯尔尼成立。

待语言演化中的人工手段?在《语言中的自然与人工》结尾处,叶斯柏森提出:"完美花匠的艺术不是制造出人工的花朵,而是从自然提供给他的那些植物中,把最好的选择出来,对它们做安排,从而构成和谐的整体,或许还会运用与自然本身相同的过程(杂交和突变)来创造新的品种。"(Jespersen 1929c:102–103)这段话使人依稀想起《物种起源》开头处关于"家养状况下物种多变异"的论述。不过,不应以此认定叶斯柏森的语言演化观带有规定主义色彩。

在语言生命中,人工干预要扮演何种角色?可以肯定的是,叶斯柏森所说的"干预",绝非规定语法(prescriptive grammar)中常见的那种干预。他对规定语法的评价向来不高,谑称这类著作为"反野蛮手册"([德] Handbuch des Antibarbarismus)。《语言能量学》一文中,他明确指出:

> 能量学时时处处厌恶书卷主义(Pedantismus),后者严格执行某一规则,并将其运用于所有情况,无论该规则的实施是否真能带来表达上的清晰与简便,甚至不过问这规则是如何得来的,因为学校教的好多规则,谁也不曾知道是从哪里来的;这些规则可能跟丹麦国旗一样,是从天上掉下来的吧,如今被许多语法学家视为来自神或来自超自然力量的恩赐,没有理由不尊崇。书卷派对每一具体情况只想认可一种形式、一种运用,而能量派常须承认两个甚至三个形式皆可同等正确。
>
> (Jespersen 1914b:232)

书卷主义,即与描写主义相对立的规定主义,以此角度撰写的语法著作,通常以指导人们正确使用语言为目标。然而,何为正确性?叶斯柏森的语言能量学观点,把交际活动的效能视为正确标准。而严格遵照规定派的规则来说话或写作,不会真正提高交际的效益,反而造成了不必要的能量损耗。

叶斯柏森的7卷本《历史原则下的现代英语语法》中的每一条规则,皆建立在语料实证的基础上。正如他在剑桥现代人文研究协会

7. 从适者生存观到语言能量学：音系演化的宏观因素

《主席演说》中所申明的："我从不想对何谓好的英语、正确的英语之类的问题发表论断，因为作为外国人，那显然太武断；我的兴趣仅在于事实。"（Jespersen 1921：12）语言学家对某一具体语言中的语音现象或语法现象做出论断，只能依据他在该语言的口语或文献中观察到的可证明该论断的实例。

语言学家对语言的干预，目标有两点，一是"要抵制所有不确切、有歧义的词和表达方式"，二是要"致力于用新词来丰富语言。"（Jespersen 1914b：233–234）后者显然完全是建设性的，可切实从词汇层面提高语言的表达力。而前者当中我们必须明确，规则性、清晰性是语言自然发展之趋势，叶斯柏森所支持的"人工干预"，绝非语言纯洁者当中常见的语法上的"厚古"或词汇上的"排外"，而只是为语言的自然演化趋势助一臂之力而已：

> 干预不应该像以前那样，是保守的干预，而应该是进步的干预，这样干预才有利于未来的形式，即更容易、更便利、更简洁的形式。但是很多时候，这意味着摒弃那些所谓正确的东西，换言之，用更开阔、更自由的语言正确性观，取代那些人们普遍尊崇的狭隘看法。

（Jespersen 1914b：230）

从这一意义来看，我们很难把叶斯柏森称为"介于传统规定派和现代描写派之间的人物"，而更愿意相信他是不折不扣的描写派，与福勒兄弟（Henry Watson Fowler, 1858–1933；Francis George Fowler, 1871–1918）等真正的规定派人物构成语法研究中的两极。

7.5 小结

叶斯柏森的"语言进步观"与斯宾塞存在明显差别。最根本的差别在于，叶斯柏森并不把无休止的异质化视为语言演化的方向。语言使用者居于语言共同体中，共同体因素对分化起制约作用。儿童对语音的"自由放任"式分化受到周围成年人的制约,而成年人亦力求与同一共同体中的其他成员保持一致。19世纪以来交通通信的新发展、民族国家意识的加强、义务教育的兴起,皆推动了覆盖范围更广的语言共同体的形成。包括语音在内的各种语言成分,皆以清晰性、准确性为发展方向,以期达到提高交际效能之目标。虽然叶斯柏森直至1914年才引入"语言能量学"这个新名称,但他对语言活动中所投能量与所收效益之关系的看法,在他早期的著作中已得到明确表述。同样的理念也体现于他的国际人工辅助语创制思路中,并与边沁主义实现了完美结合。包括音系层面在内的语言演化,朝更简洁、更规则、更清晰方向发展,时而也显现出对悦耳性与语音象征的偏爱。如果作为语言主体的人,尤其是熟知语言演化路径的语言学家,要对语言进行人工干预,那么只有顺应上述趋势的干预才能做到合理而有效。

下 篇

叶斯柏森音系演化著作选译

下

翻译说明

本书下篇收入叶斯柏森著作共11种，皆为首次译为中文。这些著作在上篇里分析论述过，将原文完整展示出来有利于研究者更加全面地把握叶斯柏森的音系演化及语言演化思想。已收入《叶斯柏森论语音》（2021）的著作，如三篇《论语音定律问题》《元音i的象征价值》《英语的单音节词》等，本书不再重复收录。

1. 探巴黎土话的语法[①]
Træk af det parisiske vulgærsprogs grammatik
（1885）

我没有机会通过聆听巴黎话本身来做一手研究[②]，故而总结了从书面归纳出的语法上最重要的东西。

本文中的缩略语：

B = 《博基雍的灯笼》（*La lanterne de Boquillon*），A. 安贝尔（A. Humbert）主编，这是份刊登手写稿的报纸，大量使用非正统的拼写（如nous feson, ils demanderait[③]等等；其拼写方式经常很费心思：如l'an pire [悲惨的这一年] = l'empire [帝国]；père mission [父亲任务] = permission [允许]；un nez vèque [主教的鼻子] = un évêque [主

[①] 译自《语文历史学会工作简报》（*Kort udsigt over det Philologisk-historiske samfunds virksomhed*），1884年10月至1885年10月卷，92-99页，原文是丹麦文。——译者注

[②] 据《一位语言学者的一生》中的记载，叶斯柏森首次到访巴黎是在1887年至1888年的毕业游学期间。——译者注

[③] 拼写与读音不一致的现象在法语中非常普遍，这两个例子，法语的正统拼写本应为 nous faisons（我们做）和 ils demanderaient（他们将要求），在叶斯柏森引用的拼写中，前者不发音的 -s 被去掉，元音 ai /ɛ/ 被替换成了符合发音实际的 e /ə/；后者不发音的 -ent 也被去掉。这两个拼写形式虽不正统，但反映了实际发音。——译者注

教][①]等等）；我只看到了1878年的几期。

D =《别那么说，得这么说——2000例表达法及改错》（*Ne dites pas, mais dites; 2000 locutions et fautes corrigées*）（利昂[Rion]编"好书丛书"[Les bons livres]）。

G =《吉诺尔剧院》（*Théâtre de Guignol*）（喜剧演出日历，1878）。

几乎没什么用的是阿涅尔（Agnel）的《论大众话语对某些词的形式的影响》（*De l'influence du langage populaire sur la forme de certains mots*，巴黎1870），以及尼萨尔（Nisard）的《大众语言研究——巴黎土话》（*Étude sur le langage populaire ou patois de Paris*，1872）。

而达姆斯特忒（Darmesteter）的杰作《论当前新词的产生》（*De la création actuelle de mots nouveaux*，巴黎，1877）则在诸多方面提供了关于民间法语的很有价值的信息。

关于语音，除了bien（好）说成ben，puis（然后）说成pis，puisque（几乎）说成pisque，plus（更）说成pus之外[②]，还保留了一些古体形式，如chercher（找）说成sercher（拉丁语circare）。其他例子，l和n与i（e）相遇，且位于其他元音之前时，似乎要变为腭化的l和n：如miglieu（中间），meugnier[③]（磨坊主），faignant[④]（G. 懒惰）[⑤]。这在口语中似乎也很常见，参见波泰克斯《法语主

---

① 这几组例子都是在利用同音制造幽默效果。——译者注

② l的脱落，如众所周知的把 cela（那）说成 ça，还有不太为人所知但却非常普遍的把 celui（这）说成 çui，后者见 F. 弗兰克，《日耳曼语与罗曼语语文学资料》（*Literaturblatt für Germanische und romanische Philologie*），1884，第 361 页；参见 G，第 121 页：j'te dirai çui-là que j'aime.（我想跟你说的这些话，我会跟你说。）——原注

③ 但是阿涅尔和尼萨尔认为这是增音（indskud / epenthesis）g。——原注

④ 但是热南（Génin）认为这是 feindre（犹豫）的分词。——原注

⑤ gl 和 gn 分别表示硬腭音 [ʎ] 和 [ɲ]。以上三个词在标准法语中分别拼写为 millieu、meunier、fainéant，位于词中部的辅音是 [l, n]，而不是腭化的 [ʎ, ɲ]。——译者注

1. 探巴黎土话的语法 Træk af det parisiske vulgærsprogs grammatik（1885）

题词表》（Pautex, *Recueil de mots français par ordre de matières*，1883年第32版），第117页及后，该书认为communion，opinion等词的尾音跟compagnon的尾音相同，conciliant、humiliant的尾音跟vaillant的尾音相同。B报里boilio（= boyaux [软管]）、renvoylier（返回）、tuylio（管道）①之类的形式显然是"相反的类型"：li恰好表示介音i（j）。——尾音-le, -re位于辅音前或位于停顿前时，经常不发音。B报上还有位于元音前不发音的例子：vot afaire（您的事）②；G里面的nerfle意思就是nerf（神经），f发音。

对于现代法语的整个历史来说，最重要的就是其词尾辅音的消失。很早以前（12—13世纪），辅音前的s发音就已开始减弱，最终完全消失（如été以前是esté，等等）；词尾的s命运相同：位于（下一个词的）辅音前时消失，而其他情况下保留：位于元音前成为一个z音（即所谓"弱"s，也就是浊音s），位于结尾位置（真正的结尾，即句子结尾或停顿处）仍为s（清音）。Th. 德·贝兹③（1534）明确表明les bons hommes（好人）的发音为lé bon zommes，同样的三分法一度适用于所有以s结尾的词。这一关系在dix（十）这个词的发音中仍有保留（di livres [十本书]，diz homes [十个人]，j'en ai dis [我有十个]）④，six（六）、tous（都）、plus（更）同理；其痕迹还能从fils（儿子）、gens（人们）、sens（意思）中找到；hélas（哎呀）一词的s是发音的，因为它位于（语音上的）尾音位置；在de guerre las（战争疲劳）里也是如此（las因此要写成lasse以防误解），其他情况下，las中的s不发音。从类推效应来看，这个三分法如今已十分局限，在有些情况下只剩下两种发音（如le[s]⑤ livre [这些书], lez hommes [这

---

① 后两个词的标准法语拼写形式是 envoyer, tuyau。——译者注
② 标准法语拼写形式是 votre affaire。——译者注
③ 西奥多·德·贝兹（Théodore de Bèze, 1519–1605），法国学者，宗教改革家，加尔文的门徒。——译者注
④ 注意在标准的法语正字法中，这三个词组中的"十"都应写成 dix。叶斯柏森此处是在转写 dix 在这三种情况下的实际发音，下同。——译者注
⑤ 叶斯柏森在本文中用括号表示这个 -s 不发音，下同。——译者注

些人]），而其他情况下，因为无法"联诵"，仅剩下了一个形式。s 常用作屈折词尾，不再发音了，对法语词法今日的面貌影响不小。作为语法词缀，如果不是在书写形式上要虚写出来，完全可以说法语的复数已不再通过加-s构成，在口语中，复数和单数几乎永远相同（不仅le nez — les nez [鼻子]，而且le père — les père[s] [父亲]）。同样的三分法也发生在f上，即不发音、发-v音、发-f音这三种情况，如neuf（九）一词（neu livres [九本书]，neuv hommes [九个人]，j'en ai neuf [我有九个]）。对于塞音，这一关系则有很大不同，因为塞音位于元音之前时，与不发音形式并存的是清音；因此，grand homme（高个子的人）中，联诵的辅音是t而不是d。上述细节关系还没有涉及我们在本文中要谈的土话在这一现象中的地位。

粗人有时会把受过教育的人不发的辅音发出来，如B报里的lorss（由于lorss，又有了alorss），可参考lorsque（当……时）的发音，还有将eux（你们）、deux（二）、ceux（这些）作eusse、deusse、ceusse之例（最后一例见于les ceusse du clergé [教会里那些人]，冠词亦呈反常）；G中还有estomaque（肚子），cinque francs（五法郎）[1]。

与之相反，更常见的是组合结构中（尤其是联诵中）本该发音的辅音，在日常语言中却听不到，如B报中的**plu** obligé（更有义务），des **pur** esprit（纯洁的精神），**il** ont fait（他们已做），**dan** un autre（另一个当中），**che** un charqutier（在肉食店），**devan** eusse（你们面前），**pendan** un mois（一个月内），**c'étai** un porteur（这是个搬运工），**tro** embété（太受搅扰）[2]。总的来说，大众语言的演化几乎在所有位置上皆致使最短形式（即辅音完全消失的形式）胜出；双形式

---

[1] 标准法语形式是 estomac, cinq francs, 前者的 -c 不发音，后者的 -q 传统上不发音。——译者注

[2] 加着重的这几个词，都反映了叶斯柏森所论述的巴黎土话中的语音特征。标准法语中，这几个词分别为 plus, pures, ils, dans, chez, devant, pendant, c'était, trop, 这些词本身结尾辅音都不发音，但下一个词词首若是元音，多可联诵。——译者注

1. 探巴黎土话的语法 Træk af det parisiske vulgærsprogs grammatik（1885）

仅见于les（以及aux，des），un，mon这些词，而且可能不会永久。例如，ils一词，在组合结构里有两个形式，il（如il dit [他们说]）和ilz（如ilz aiment [他们爱]）；但在民间口语中，i (disent)和il (aiment)跟其单数形式i(dit)、il (aime)完全相同；这样的发音在16世纪已存在。（见于贝兹）但是，正是"讲究"语言和"粗鄙"语言之间的区别，让前者多出了许多后者中没有，且意义不为后者所知的辅音，其结果就是，粗鄙之人力求像讲究之人那样讲话时，常常在不当位置插入了t和z；这类错误，若插入的是z，称"天鹅绒"（velours），若插入的是t，称"皮革"（cuir）（依此构成动词cuirasser [进行皮革联诵]和名词cuirassier [皮革联诵者]）；另参见斯托姆《英语语文学》（Storm, *Englische Philologie*）第431页。这类例子在大众语言中频繁发生，随处可见，成为其最显著特征之一：如moi-z-aussi（我也是），pat assez（不够），avant-z-hier（前天），j'allait-écrire（我本打算写）等等。在讲究的语言中，增音z音quatre-z-yeux（四眼）这个结构里得到了认可。B报的一个例子中（G里面也有好几处），leur一词（人称代词与格复数）总带着天鹅绒：如qui leur z'a dit（跟他们说的），que leur z'a fait le président（总统对他们做的事），pour leur z'aprendre（为了让他们知道）等等；D告诫读者不要说je **leurs** ai dit（我跟他们说）；z在这里一定是被当成了复数标志，其实它是个多余的东西，就像丹麦语deres（他们的）、vores（我们的）里面的属格标志一样多余。但是，在辅音之前，B报里使用的不只是leur(z)，而是始终为leurz'y，y表示"那里"等意思：如le prince **leur z'y** monte sur le dos（王子骑上他们的后背），je **leur z'y** dois（我允许他们），on **leur z'y** fait payer（有人让他们付钱）；G里面有je leur z-y ai repris le magot（我向他们讨回了战利品）以及r音脱落的例子j'leu z-y ai dit（我已对他们说）（G里面在元音前也有这个z-y）。

  正字法和常规语法在不顾及语音的情况下构建起来，完全掩盖了真实状况，这样的例子之一就是形容词的性屈折；形容词的性屈折如今已完全不同于几个世纪前，同样也是因为词尾辅音的消失。

假如法语是一种没有文字的原始部落语言，第一位为它撰写语法书的传教士一定会认为，grand—grande中的阴性构成方式跟brun—brune相同，cher—chère中的阴性构成方式跟léger—légère相同。而事实上，这一关系非常复杂：有些形容词是阳性＝阴性（如cher [贵的]，grec [希腊的]），另一些形容词，阳性比阴性少一个辅音（如grand [大的]、long [长的]、faux [错的]、heureux [高兴的]、blanc [白色的]），有些词还涉及不同元音的变化（如léger [轻的]，sot [蠢的]，brun [棕色的]等等）。不过，正因为有这种多样性，大众语言才毫不奇怪地经常拥有一些不同于学界视为正确形式的偏离常规之处。因此，以-are和-ard结尾的阳性形式语音合一，发生了混同（达姆斯特式，91页），bavard—bavarde（多嘴的）变得与avare—avarde（贪婪的），ignare—ignarde（无知的）等同。类似的其他词尾如：malin—maline（恶性的）变得跟fin—fine（精细的）相同（D）；学生们的俚语中，principal（校长）简称prin，继而又构成阴性prine。（维拉特《巴黎话词典》[Villatte, *Parisismen*]，柏林，1884，第177页）géant（巨人）的阴性形式不用géante而成了géane（连布封[Buffon]都这样用，见《利特雷词典》①）；与之相反的是partisan（拥护者）一词，词干中本没有t（参考意大利语partigiano），阴性形式却是partisante（D.；妮侬·德·朗可罗②，见《利特雷词典》），partisane罕用。学界语言中，exclu（排除在外的）的阴性是exclue，而perclus（跛脚的）、reclus（遁世的）的阴性是percluse、recluse；但是大众之间其实既说exclue也说excluse，既说reclue也说recluse。还有sot（笨的）—solte，secret（秘密的）— secrète等例子，以及由voyou（暴徒）而造

---

① 《利特雷词典》指19世纪法国阿歇特出版公司（Hachette）出版的四卷本《法语词典》（*Dictionnaire de la langue française*, 1863–1872），该词典由知名学者埃米尔·利特雷（Émile Littré, 1801–1881）编纂，因此常简称为《利特雷词典》。该词典的例句取自历代作家的作品，皆标有出处。——译者注

② 妮侬·德·朗可罗（Ninon de Lenclos, 1620-1705），法国女作家、思想家。——译者注

1. 探巴黎土话的语法 Træk af det parisiske vulgærsprogs grammatik（1885）

的voyoute，由typo（印刷工人，typographe的简称）而造的typote也都是如此。还有个形容词，我发现阳性形式是根据阴性形式造出来的：pécuniaire（金钱上的）耳朵听着像是有词尾-ère，由此造出了pécunier（参考premier等词）：如moyens pécuniers（金钱手段）（D.；同样参见《利特雷词典》）。

词法中也存在类似现象。有时，派生词里本应带上的辅音却没有带上，因为这类辅音在词干中不发音，如ornement（装饰）变为ornemaniste（装饰艺术家）；即使受教育程度很高的人，也基本未注意到这个不发音的词尾辅音此时应该发音，参考圣伯夫[①]为夏多伯利昂（Chateaubriand）造出形容词时，将其变成Chateaubrianesque（夏多伯利昂式的）而不是Chateaubriandesque（见《利特雷词典补编》）。不过也存在与之相反的情况，词干里没有的辅音加在了派生后缀之前，如由mouche（苍蝇）、laid（丑的）加-on派生而来的moucheron（微不足道的东西）、laideron（丑女）中的r；可将其解释为，-on经常接在本来就带r的词之后，所以就误接在了这两个词干之后，且可发生类推，如bûche(r)（原木）— bûcheron（伐木工）的构成与mouche—moucheron同。与之类似，bon Dieu（亲爱的神）一方面派生出了bondieusard，表示贩售圣像的人（维拉特将其译为德语Herrgottshändler），或者在自由思想者[②]眼里，就是指信仰基督的人，由此再派生出bondieusarderie（圣像店）和bondieusardifier（让某人成为信神的人）（见于达姆斯特茨第221页，他将其注为年轻人用语）；另一方面却也派生出bondieutisme，指为了教堂的炉子才来敬神（见维

[①] 夏尔·奥古斯丹·圣伯夫（Charles Augustin Sainte-Beuve, 1804—1869），法国文学评论家。——译者注

[②] 自由思想者，丹麦语原文为fritænkere，即德语Freidenker。19世纪欧陆文献中，这一术语经常用来指无神论者。——译者注

拉特）[①]；这个构成类似由idio(t)（傻子）派生出idiotisme（傻话）。达姆斯特忒（第72页及后）列举了一些后缀，插入的辅音从构词意识（orddannende bevidsthed）来看，有时明显成为这些后缀的一部分。因此，从当今语言的角度来看，派生后缀不是-ier、-ière（源于拉丁语-arius），而是-tier、-tière，如clou-tier（钉匠）、cafe-tière（调咖啡师）、taba(c)-tière（烟草商）等等；依据的是charpentier（木匠）、portier（搬运工）、rentier（领救济金者）。

法语大众语言（整个法国来看，既包括诺曼底、巴黎，也包括普罗旺斯）有一个独特的疑问小品词（spörgepartikel）ti，这个词加在动词后面，其演化跟词尾辅音的消失有关（尤其见G.帕里[②]在《罗曼语》[Romania]第6卷第438页及后的论述）。首先，est-il（他是吗），sont-ils（他们是吗），fait-il（他做吗），font-ils（他们做吗），chantent-ils（他们唱吗），chantait-il（他唱了吗）等，里面都有t，因为这个t（在拉丁语中）原本接在辅音后面，在古法语中得以保留，而元音后面的t很快消失了，因此古法语说aime-il（他爱吗）（说成两个音节）等等。16世纪，前一种情况开始发挥类推作用，所以人们开始说aime-t il，不久后，也开始这样写了。此后，书面语言的演化停止，但大众语言的演化却在继续：因为词尾辅音消失，所以il在单数形式和复数形式中都变成了i[③]，陈述句中这一关系变成了mon frère di(t)（我的哥哥说了）和mes frères dise(nt)（我的哥哥们说了），来回答疑

---

① 叶斯柏森将其译为丹麦语 kakkelovnsgudfrygtighed（"壁炉"+"敬神"）。参见维拉特对bondieutisme一词的解释：挨冻的人，寒冬季节投入宗教的怀抱，以图就近找到温暖的火炉，而一到燕子归来之时，即刻离开。（《巴黎话词典》第23页）。——译者注

② 加斯通·帕里（Gaston Paris，1839–1903），法国学者、作家，著有《查理曼时期诗歌史》（Histoire poétique de Charlemagne，1865）、《古法语手册》（Manuel d'ancien Français，1888）、《中世纪诗歌与传奇》（Poèmes et légendes du moyen âge，1900）等，还将迪茨的《罗曼语语法》译成法文。——译者注

③ 见上文，并参考quéqu'un（某人），qué malheur（多么不幸）等l消失的形式。——原注

1. 探巴黎土话的语法 Træk af det parisiske vulgærsprogs grammatik（1885）

问句mon frère di ti（我的哥哥说了吗）和mes frères dise ti（我的哥哥们说了吗）；整体不同就在于增加了一个ti，其来源很快就被遗忘了，因此人们会毫不犹豫地说ma sœur di ti（我的姐姐说了吗），mes sœurs dise ti（我的姐姐们说了吗），以及je di ti（我说了吗），nous dison ti（我们说了吗）等等。把这种民间语言写下来时，这个形式通常被写成这样：c'est-y pas vrai（这不是真的吗），je suis ty / t'y bête（我笨吗）。G.帕里认为，这种疑问句在受过教育者的语言以及书面语言中站稳脚跟只是个时间问题。

我们将会看到，一个辅音在另一个辅音前面弱化并消失这个原本纯粹的语音现象，产生的影响有多么深远，因为这一现象让屈折变化面目全非，在诸多方面改变了词的组合方式，并通过创造新的疑问句形式，对句法产生了影响。上文只概括了一些结果，还有很多仍未涉及（例如，mo[n]sieu[r]和sieur之间的关系；再如，现已基本过时的用辅音词尾消音来构成复数，如les co[qs] [公鸡]、œu[fs] [鸡蛋]、bœu[fs] [牛][①]；还有已不复存在的古法语格的区别；以及动词变位的简化，如[je] meur [我去世]、[tu] meurs [你去世]、[il] meurt [他去世]、[ils] meurent [他们去世]这四个旧形式，在语音上已经合并成了一个meur，其他很多词都是如此）。语音组合k + s（x）早已简化成了-s，经常能够遇到，如espliquer（解释）、escusez（原谅）或scusez（= excusez，见于B报）等等：这一情况在16世纪就存在，最普遍的发音，即当今的发音，是"学校教师对语言进行尽责却又无知的装扮"之结果，这跟obscur（模糊）、object（目的）、obstiné（顽固的）等词里b要发音道理相同（见达姆斯特忒和阿茨菲尔德《十六世纪》[Darmesteter & Hatzfeld, *Le XVI Siècle*]，第222页）。但是，另一些情况中，还有把ks发成sk的，见尼萨尔第215页："人们……发x音时就像小孩子，不按字母表念，而是念成isque。依我看，要不了多久，就

[①] 这些单复数对立的名词的实际读音：单数 œuf [œf]—复数 œufs [ø]；单数 bœuf [bœf]—复数 bœufs [bø]。但是，coq [kɔk] 复数 coqs [ko] 的读音已不见于今天的词典。——译者注

会有不止一个学校老师跟着这样念起来。在巴黎，这种x的堕落，不仅仅出现于老百姓的嘴里，而且至少对于一部分词来说，也出现在了有产者的发音里。"例如，他提到了fixe（固定）、sexe（性别）被发成了fisque、sesque。

　　词法中存在许多类推构成，但是这里只能举几个例子：如les cheval(s)（马，复数）、les euil（眼睛，复数）① (B)；不定式有viendre（来）、tiendre（拿）；与becqueter（啄）（＝becter）相对应的je becquette（我啄），其构成源于respecter（尊敬）的现代时je respequette（我尊敬）(B)。句法上的类推结构同样很普遍：je me rappelle de（我记着做某事）参照了je me souviens de（我记着做某事）②；à midi précise(s)（正午12点整）参照了à deux heures précises（2点整）；还有vers les midi（接近正午），参见已得到认可的vers les une heure（接近1点钟）；此外还有midi sont sonnés（正午的钟敲响了）、midi sont passés（正午已过了）③ (D)；monsieur un tel（某某先生）在民间语言中还衍生出了madame un tel（某某夫人）(D)等等。还有更加重要的一点，ne几乎消失了：c'est pas vrai（这不是真的），j'sais pas t'écrire（我不知道怎样向你写信），c'est que ça（只能这样了）④ (G)；"简单过去时和虚拟式未完成过去时从大众语言中消失了"（达姆斯特兹，第3页），前者在书面上被j'ai或je suis取代，后者通常被虚拟式现在时所取代，如j'avais peur que tu le renvoies（我

---

　　① 标准法语中，这两个词的单复数形式分别为 le cheval—les chevaux, l'œil—les yeux。下文 viendre 标准法语为 venir, tiendre 标准法语为 tenir。这些"土话形式"皆因把规则套用于不规则词上而成，因而属于类推。——译者注

　　② 正统的法语语法认为，rappeler de faire qch 是错误的结构，正确的应为 rappeler à faire qch。但实际上，rappeler de faire qch 的使用今已很常见。——译者注

　　③ midi（正午）一词本是阳性单数名词。因此，使用形容词阴性形式 précise(s) 以及动词复数 sont、分词复数 sonnés、passés 与之配合，在正统的法语语法看来都是错误的。——译者注

　　④ 法语用赘词 ne 构成 ne ... pas（不）、ne ... que（仅仅），此处的例子中，ne 均已消失。——译者注

1. 探巴黎土话的语法 Træk af det parisiske vulgærsprogs grammatik（1885）

怕你把它送回来）（都德《萨福》[Daudet, *Sapho*]，第317页）。尼萨尔谴责乔治·桑，认为她"用一种我搞不懂的急躁雀跃外加卖弄学问"来为自己作品中不用虚拟式未完成过去时开脱，不仅如此，尼萨尔还认为这个形式不仅仅属于典雅语言，而且"主权人民对待它，犹如对待自己的政府。"（！）①

  关系从句结构在民间法语中发生的变化是，que变成了一个万能的关系小品词，无论关系代词在句中指代什么成分；由于出现了这一情况，句子后面要加一个人称代词或物主代词。其他罗曼语中的例子，尤其是西班牙语的例子，见迪茨《语法》（第4版）第3卷第380—381页，另参见祖希尔《奥卡森与尼柯莱特》（Suchier, *Aucassin und Nicolete*）（第2版）第49页，斯托姆《英语语文学》第279页。D中的例子如：cet homme **que** mon ami a épousé **sa** fille（我朋友娶他女儿为妻的那个人）；B报的例子如：un pays **que** ça [= qui] s'apelle ...（一个叫……的国家）；c'est vous **que vous** vous avez [sic] présenté（你们介绍的正是你们[原文如此]）；la Marseillaise **qu'**on **en** a [= dont on a] tant parlé（人们经常谈论的马赛曲）；但是，下面这些例子里的que，跟在dont后面：des afaires en latin **dont que** turellement [= naturellement] il sait pas ce que ça veut dire（他自然不知道怎么说的那些拉丁语的东西）；un porteur d'ô [eau] **dont que** je sais pas son nom（我不知道他名字的那个送水工）。G里的例子：une lucarne **que** s'ouvre（打开了的天窗）；un brave garçon **que** l'aime, **qu'**elle aime, mais **qu'**a pas le sou.（那

---

  ① 乔治·桑1871年至1872年在法国《时代报》（*Le Temps*）连载其回忆杂文《印象与回忆》（Impressions et souvenirs），其中1871年10月31日一期中有一段，描写了一位妇人因丈夫未用虚拟式未完成时而对他的话进行纠正的场面。桑对此也表达了她本人的看法："这可真是个纯净主义者，我又问了些别的，她都是恪守规则，按规定来说话。……又是个虚拟式，可能是个我不曾会说的带虚拟式未完成过去时的条件句吧。我没有权利让语言简化，但我相信，随着资产阶级社会不可避免地接纳了直接运动着的所谓不识字阶层，语言自己就会简化。"此观点因此遭到尼萨尔的指责："有位显赫人物，我何不点出他 [原文如此] 的名字，乔治·桑，前不久就没守住自己的岗。"（《大众语言研究》，第257页）——译者注

个爱她,她也爱,却没有一分钱的勇敢男孩);都德书中的一位农妇(《纽玛·鲁梅斯坦》[*Numa Roumestan*]第252页)说:c'est moi **que je** viens vous prendre(要失去你的人是我);福楼拜的书里(《包法利夫人》第82页)也有un tas de farces **que** j'**en** [= dont je] pleurais de rire(很多我笑得都哭了的笑话);甚至连缪塞(《诗全集》第87页)那里都有:

    Car j'en sais une [dame] par le monde
    Que jamais ni brune ni blonde
    N'ont valu le bout de **son** doigt.
    (识世间仅此一女
    无论白皙还是暗色的美人
    皆不抵她的指尖)

疑问句中常插入一个que,如:Quelle heure **qu**'il est?(几点了?)Comment **qu**'ça va?(你好吗?)B报的例子如:Coment **que** vous vous appelez?(你叫什么名字?)Pourquoi **que** vous avez lessé entrer madame?(你为什么放夫人进去?)G里的例子如:Qui **qu**'appelle?(谁在叫?)Pour qui **que** vous me prenez?(你要带我去见谁?)Qué[①] donc **qu**'il a?(他又有什么?)Où因而变成了où que,如**où que** t'allais comme ça?(你那是去哪儿啊?)(G里面普遍用te、t'[你,宾格]代替tu [你,主格]),或者更常见的是变成ousque,如**où ce qu**'y sont?(他们在哪?)(G);rouvre donc voir un peu que je sache **où que** t'est(再打开一点,我就知道你在哪儿了)(这个voir详见下文,原文如此,G);la caserne **ousque** je suis(我所在的军营)(B);les ocasion **ousque** fo [= il faut] marcher(需要走路的地方)(B)。由于使用频繁,它不太可能是où est-ce que的产物,而是où + que之间插进

---

① Qué = quoi ? Quel?,还需注意 G 里有这样的句子:Qué qui vous prend?(你拿的是什么?)——原注

1. 探巴黎土话的语法 Træk af det parisiske vulgærsprogs grammatik（1885）

了一个由pui(s) + que（= puisque，s发音）类推而来的s。

刚才有句话当中的voir（看）非常有意思。引用利特雷的话（见V部，voir词条，附注第8条）："有种十分常见的用法，存在于巴黎的有产者当中，也存在于攀入有产阶层的交际花当中，这些人会说voyons voir[①]，而不是voyons。" D书警告人们，说voyez voir、regardez voir是"赘语"（pleonasme）。因此，这个voir被理解为源于拉丁语videre（看）。然而，事实并非如此，B报的例子（与上文举的G中的例子类似）显示，这个词不仅跟regardez（看）、voyons连用，而且还跟其他动词连用：如mettez voir vos lunettes（戴上你们的眼镜）；demandez voir à Moucien（问问穆先）；tenez-vous voir au contraire droit（相反一直往前走）；… que jallais voir essayer（……我打算试试）；je m'en suis donc été [= allé] voir à la messe（我去做弥撒了）。这个词很可能是拉丁语的副词vere（真的），它曾在古法语中以veir、voir的形式频繁使用，意思就是"真的"，在17世纪的经典著作中也见得到。

[①] 表面上看起来，voir是动词"看"的不定式，voyons是其复数第一人称形式，兼作直陈式和命令式。——译者注

2. 斯特德与乐重音[①]
Stød og Musikalsk Akcent
（1897）

丹麦语语音乃至整个丹麦语当中最大的特色，无疑是所谓的"斯特德"（stød），或者用旧术语来叫，就是"斯特德声调"（stødtone），遗憾的是，这个特色长期被忽视，很值得写写。虽然我们绝大多数国人同胞说话时每天无数次用到斯特德，但却既不了解它在丹麦语中的存在，也不知道它在其他语言中之罕见；但是，只要你用耳朵能把它听出来，就会很快认识到它在我们的语言中扮演的角色。我经常听说，有些外行人注意到了这一现象，比如，他们听到外国人没学会理解en maler（一位画家）和han maler（他画）之间的区别，并且为了模仿最后一个词的发音，对丹麦语的这个细节产生了兴趣，这些外行人会问：斯特德到底是什么？使用斯特德有没有规则？可否知道我国的语言中是如何出现这个特色的？因此，我觉得对这一现象的传播和历史进行介绍，可满足公众的兴趣，应在《丹麦语》中拥有一席之地，这比本刊前不久刊载的那篇强调正确理解斯特德历史

---

① 译自《丹麦语——丹麦语言、文学、民俗学报》（*Dania: Tidsskrift for dansk sprog og litteratur samt folkeminder*），第4卷，第215—239页，原文是丹麦文。——译者注

2. 斯特德与乐重音 Stød og Musikalsk Akcent（1897）

的论文①更能发挥这一作用。跟语言史式的研究相比，我会力求把这篇文章写得让公众看得懂，本文将只论述这一问题的基本要点；如果研究斯特德出现的全部细节，就会引入诸多具体问题，有些问题十分复杂，与之相反，我觉得抓住主要线索会比较清晰，从当今语言学的观点来看不太可能受到质疑。

首先，我要给出一些例子，来展示斯特德和非斯特德在诸多例子中是区别词义的唯一因素，除了这一因素之外这些词的发音完全相同；这类词对（斯特德的首位发现者海斯加②称之为"多义词"[drejeord]）我闲暇时收集了大约400组，从中选出了下列几组：

单音节词

（a）有相互关系：

有斯特德③	无斯特德
mand [man'] 男人	man [man] 人们
kom [kɔm'] 来（过去时）	kom [kɔm] 来（命令式）
bid [biˀð] 请求（命令式）	bid [bið] 请求（名词）
had [haˀð] 恨（命令式）	had [hað] 恨（名词）
tal [taˀl] 说（命令式）	tal [tal] 话（名词）
skam [sgam'] 羞耻（名词）	skam [sgam] 该死的！

---

① N. 安德森，《东石勒苏益格方言中的乐重音》（N. Andersen, Den musikalske akcent i østslesvigsk），《丹麦语》第4卷，第65页及后，第165页及后。——原注

② 延斯·海斯加（Jens Høysgaard, 1698–1773），丹麦语文学家。海斯加本是哥本哈根大学管理员，并无教职，但却写过多部关于丹麦语及拉丁语的著作，其中《跬步集——再论丹麦语正字法》（*Concordia res parvæ crescunt, eller anden prøve af dansk orthographie*, 1743）一书是历史上第一部描述丹麦语斯特德现象的著作。——译者注

③ 音标中，[']表示短元音中的斯特德，[ˀ]表示半长元音中的斯特德，[·]表示无斯特德的长音。详见《丹麦语》第1卷，第74页起。——原注

（b）无相互关系：

有斯特德	无斯特德
ham [ham']（蛇等的）皮	ham [ham] 他（代词）
hund [hun'] 狗	hun [hun] 她
Hans [han's] 汉斯（人名）	hans [hans] 他的
dej [dɑi̯']① 面团	dig [dɑi̯] 你
mænd [mæn'] 男人（复数）	men [mæn] 但是
øst [ø'st] 舀（øse 的完成分词）	øst [øst] 东（方向）
gul [guʔl] 黄色	guld [gul] 金子
fast [faʔst] 斋戒（命令式）	fast [fast] 紧（形容词）

双音节或多音节词

（a）有相互关系：

有斯特德	无斯特德
Møller [møl'ər] 米勒（专名）	møller [møl'ər] 磨坊主（通名）
Krieger [kriʔyər] 克里厄（专名）	kriger [kri·yər] 战士（通名）
Engel [æŋ'əl] 恩尔（专名）	engel [æŋəl] 天使（通名）
maler [maʔlər] 画（动词）	maler [ma·lər] 画家（名词）
løber [løʔbər] 跑（动词）	løber [lø·bər] 跑步者（名词）
hjælper [jæl'bər] 帮助（动词）	hjælper [jælbər] 帮忙者（名词）
maden [maʔðən] 食物（mad + 冠词）	maden [màðən] 喂食（made 肯定式）

---

① 本文的原文使用丹麦音标注音。所谓丹麦音标，是叶斯柏森从丹麦语语音的实际特征为出发点，综合北欧各国的注音传统而特别设计的一套注音体系，至今仍有重要影响。丹麦音标的完整方案，1890 年公布于纽洛普和叶斯柏森共同创办的学术刊物《丹麦语》创刊卷（即叶斯柏森《丹麦音标》一文）。这套丹麦音标基本上以英国语音学派和法国语音教师协会的方案（即后来的"国际音标"）为基础，增补的符号大多是在既有字母基础上做弧、点、手写体等改造，不创制新字母，其设计的指导思想就是要易于联想、记忆、书写、印刷。由于丹麦音标是为丹麦语研究量身定做的注音体系，十分符合描写丹麦语及其方言的实际需求，因而在丹麦语文学界沿用至今。不过，由于部分符号未被今天的 unicode 系统收录，一些原本以"易于印刷"为指针而设计的符号反而无法实现电脑输入和印刷。本译文尽可能使用叶斯柏森原文中的音标符号。——译者注

2. 斯特德与乐重音 Stød og Musikalsk Akcent（1897）

（续表）

有斯特德	无斯特德
tvivlen [ˈtviw'ln] 疑惑（tvivl + 冠词）	tvivlen [ˈtviw·ln] 怀疑（tvivle 肯定式）
ånden [ɔn'n] 精神（ånd + 冠词）	ånden [ɔn·n] 气息（ånde + 冠词）
ulden [ul'n] 羊毛（uld + 冠词）	ulden [ul·n] 羊毛的（形容词）
såret [såˀrəð] 伤（sår + 冠词）	såret [så·rəð] 伤害（过去分词）
håret [håˀrəð] 头发（hår + 冠词）	håret [hå·rəð] 有毛的（形容词）
dömte [döm'te] 审判（分词）	dömte [dömte] 审判（过去式）
talte [taˀltə] 说（分词）	talte [ta·ltə] 说（过去式）
talte [tal'tə] 数（分词）	talte [taltə] 数（过去式）
sejlene [sáįˀlənə] 船帆（sejl 复数 + 冠词）	sejlene [sáį·lənə] 出航（分词）
lokale [loˀkaˀlə] 本地的（形容词复数）	lokale [lo'ka·lə] 场所（名词）

（b）无相互关系：

有斯特德	无斯特德
ænder [æn'ər] 鸭子	ender [ænər] 结尾
tænder [tæn'ər] 牙齿（由 tand 变来）	tænder [tænər] 打开开关（由 tænde 变来）
hænder [hæn'ər] 手（由 hånd 变来）	hænder [hænər] 偶发（由 hænde 变来）
skinner [sgen'ər] 发光（动词）	skinner [sgenər] 轨道（名词）
rosen [roˀsn] 赞扬（ros + 冠词）	rosen [ro·sn] 玫瑰（rose + 冠词）
huen [huˀən] 欲望（hu + 冠词）	huen [hu·ən] 帽子（hue + 冠词）
anden [an'n] 鸭子（and + 冠词）	anden [an·n] 第二（序数词）
egen [eˀqən] 橡树（eg + 冠词）[①]	egen [e·qən] 自己的（形容词）

[①] 叶斯柏森的"丹麦音标"注音体系中，[q] 表示"舌后部浊擦音"，即与 [x] 相对应的浊音（见 Jespersen 1890：40 的总表），国际音标今记作 [ɣ]。这个音在丹麦语文学界俗称"软 g"（[丹] bløde g, [英] soft g）。"软 g"在叶斯柏森的时代已呈现出多种语音环境变体（同上，53），作为音位已从今天的丹麦语中消失。巴斯贝尔将"软 g"的分化规则总结为："在后元音及 r 之后为 [u]，在前元音之后为 [i]，在 /l/ 之后为 [j]"（Basbøll 2005：212），因此在《DDO》中，eg（橡树）今注音为 [ˈe'j]，下文的例词 klog（聪明）今注音为 [ˈklɔˀw]。格伦努姆指出："丹麦语中，'软 g' [ɣ] 已从年轻人的语言中消失，但在较年长者的语言的高层次风格中还听得到，但已基本没有摩擦，成了个通音。"（Grønnum 2005：123）——译者注

（续表）

有斯特德	无斯特德
lammet [lamʼəð] 羊羔（lam+冠词）	lammet [laməð] 瘫痪（分词）
skærene [sgæˀrənə] 微光（skær复数+冠词）	skærene [sgæ·rənə] 切凿（分词）

此外，斯特德也大量用于并不对相似的词加以区分之处，如kam [kamʼ]（梳子），del [deˀl]（部分），Marie [maˈriˀə]（玛丽），等等。

温习了这些词，就获取了一定程度的能力，来检测其他例子中斯特德是否在词里存在，就为从生理角度解释斯特德做好了准备，即：声带在发s、f等清辅音（ustemte / usangbare lyd）时，张开的空间很大，而发l、n等浊辅音（stemte / sangbare lyd）以及元音时，相互贴得则很近，且高速震动，在一瞬间发出斯特德声响，空气不再从中通过；发音至此结束。这个过程中，声带的运动其实跟咳嗽或呃逆时相同，虽然没有那么强烈。因此，斯特德不妨视为微弱咳嗽或微弱呃逆；由于斯特德在我国语言中频繁出现，对外族来说，丹麦语语音总体听着就像是在咳嗽或呃逆，16世纪的一位瑞典作者就曾把丹麦语描述为[1]："把词挤出来，就像是在咳嗽。"有位荷兰妇人，教丹麦语时教她的学生斯特德，她告诉我，有位学生的家长曾对那学生说："孩子，别那样打嗝啊，对喉咙不好。"他儿子答道："爸，我没打嗝，我在说丹麦语。"

那么，斯特德的出现，条件是什么？下文将通过一系列语言材料证实，单音节词出现斯特德较多，而双音节、多音节词出现斯特德较少；继而通过屈折和派生形成交替，例如：land [lanʼ]（土地）— lande [lanə]（名词复数、动词）；klog [khlåˀq]（聪明）— kloge [khlå·qə]（复数）— klogere [khlå·qərə]（肯定式）；send, sendt [sænʼ, sænʼt]（送，命令式，分词）— sender, sendte [sænər, sæntər]（现在时，过去时）。唯一经常让斯特德保留的附加音节，是接在后面的定冠

---

[1] 达勒鲁普（Dahlerup），《丹麦语史》（*Det danske sprogs historie*），第32页。——原注

2. 斯特德与乐重音 Stød og Musikalsk Akcent（1897）

词，例如：land, mus（老鼠）[lan', mu'sən]加定冠词变为landet, musen [lan'əð, mu'sən]，而与之不同的是，动词land的分词是landet [lanəð]（有土地的），muse（缪斯）的肯定式是musen [mu·sən]。复数形式中也是如此，mus的复数肯定式是musene [mu'sənə]，但huse（房子，复数）的肯定式是husene [hu·sənə]。不过，这很好解释，附着在后面的冠词是一种独立词，因此不会改变所附着的词的发音。

然而，我们不能把单音节词带有斯特德当作一条不可违反的规则；相反，我们恰恰可找到大量无斯特德的单音节词，这些词可分为下列类型：

a类）如[fast, fæst, køs, rof, pof, sgaft, slap, knap, flep, maxt, praxt, røk, nat, fat]，"fast, fest, kys, ruf, puf, skaft, slap, knap, flip, magt, pragt, ryk, nat, fat"等词[①]。——这些短词里，有短元音后接清辅音；这类词还包括[birk, vårk]"birk, værk"，因为r在清辅音前已清化。这类词里，辅音的性质阻止了斯特德的出现，斯特德只能出现于具有浊声的音里。

b类）如[guð, bað, glað, sdæð, veð, breð, sbyð, faq, flaq, jài̯[②], mài̯, dài̯, hun, han, ham, vel, væl]"gud, bad, glad, sted, ved, bred, spyd, fag, flag, jeg, mig, dig, hun, han, ham, vil, vel"等词。上述所有例词中，并不是位于元音之后的那个音的性质阻止了斯特德的出现。只要一在词后加上冠词，斯特德就出现了，有时出现于元音中，如：[gu'ðn, ba'ð(ə)ð, sdæ'ð(ə)ð, sby'ð(ə)ð, fa'qəd, fla'qəd]，有时出现于辅音中，如：[veð'(ə)ð, breð'n, 'jài̯'əð, hun'n, han'n]。后面加上与冠词同形的代词'en、'et时，会发生相同情况，如ham + 'en = [ham'ən, ham'n]，giv ham 'en（给他一个），[to', jài̯' əð]"tog jeg 'et?"（我拿了一个吗？）等等。因此，所

[①] 方括号内是语音转写，引号内是词的正字法拼写形式。下同。——译者注

[②] 叶斯柏森设计了一整套相对应的"窄元音"与"宽元音"符号，如 i̯，斜线后侧的长脚 i 为"宽元音"，用于标写下降二合元音中的 i 尾。这个符号不在 unicode 中，本文使用与之形似的 i̯ 来替代，而不使用语文学会《丹麦语词典》中的滑音 [j]，因为叶斯柏森在本文的体系中把这个音作为元音来处理（见第 227 页）。——译者注

有这些词或许都可以说具有潜在的斯特德。这一类还包括带有"短元音 + r"的词，这里的r已清化，因此这些词似乎基本可算作上文a类，但是，一旦加上前面提到的这些词，就显现出它们必须算作b类，如[ka·r, gö·r] "kar, gor"，但是[karˀəð, görˀəð] "karret, gör'et"。借自法语且带有鼻元音的外来词，在丹麦语中带上[ŋ]，如balkon（阳台）、present（礼物）[balˈkɔŋ, preˈsaŋ]，肯定式为[balˈkɔŋˀn, preˈsaŋˀn]。——这类词，之所以词单独存在时没有斯特德，是因为"短元音 + 短辅音"；加了上述后缀之后，两项之一延长了，因此就有能力带上斯特德了。像fag、flag这样的词，发[faq – faˀq, flaq – flaˀq]两可，后者无疑是受了某些形式的影响；可比较，日德兰人读国语vej、skov通常不带斯特德，发成[vài, sgɔs]，但读肯定式却是[vàiˀən, sgɔsˀən]，最好的发音在不定式中也有斯特德，即[vàiˀ, sgɔsˀ]。

c类）[in ˌlønbyˀ, a ˌlønbyˀ, fra ˌlønbyˀ] "i Lyngby, af Lyngby, fra Lyngby"这类结构里的i（在）、af（的）、fra（从）等介词，没有斯特德；但是，在某些代词之前，如[ˈiˀ ωs, ˈa mˈɜi, ˈfraˀ ωs] "i os, af mig, fra os"，介词带有重音（无论是主重音还是次重音），是非常可能有斯特德的。此外，有些原本有斯特德的词，如gå, stå, pund, snes, stolt, Hans, 在复合结构中失去斯特德，如[gå ˈenˀ, sdår ˈɔp, pun ˈkøð, snes ˈæˀk, sdɔlt ˈhænˀrek, hans ˈmasn] "gå ind, står op, pund kød, snes æg, stolt Henrik, Hans Madsen"等等。换言之，斯特德只出现于词在句子中拥有较强重音之时；如果句子结构使某个词具有较弱的重音[1]，那么这个词就会失去斯特德；显然，这是由于长音在这样的位置上会缩短。——这解释了词源相同的词为何会分裂成了两个词：[manˀ] "mand"（人）是名词，[man] "man"（有人）是代词，后者几乎永远只有较弱的重音力度。

d类）[fa·r, mo·r, bro·r, sa·, la·]等单音节形式没有斯特德，这些形式是相对较晚时才由复数形式（fader, moder, broder, sagde, lagde）发展而来的。

---

[1] 这个问题的细节无须在此详述。——原注

2. 斯特德与乐重音 Stød og Musikalsk Akcent（1897）

然而，双音节词里也有斯特德，这些词古时候曾是单音节词，例如，因-er而增音的复数结构，如[bø'qər, føð'ər]"bøger, fødder"等，比较古北欧语bǿkr, fǿtr；强变化动词的现在时，如[ny'ðər, by'ðər]"nyder, byder"，比较古北欧语nýtr, býðr，但是，弱变化动词里没有，如[y·ðər]"yder"，比较古北欧语ýtir。此外，有些[l]或[r]后面有[q]或[v]的词，变成双音节词的年代非常晚，以致新形式尚未完全融入普遍性的国语之中；因此，[ar'r]"arrig"源于"arg"[ar'q]；[tæl'ə]"tælle"与"talg"[tal'q]并存，[sbor'ə, kor'ə, tör'ə]多少显得有些土，与[sbor'(v), kor'(v), tör'(v)]"spurv, kurv, torv"并存。

至此，我们可以构建起丹麦语词里斯特德实际出现的基本定律了：斯特德出现在位于句子强音位置（重音位置）上的原本就是单音节词的词里，这类词要么拥有长元音，要么拥有短元音后接长浊辅音的结构。

原本就是双音节及多音节的词，没有斯特德。但是，许多屈折形式中出现了由类推带来的斯特德，斯特德因而见于复数，见于分词肯定式的[t]位置，如domte [döm'tə]、hængte [hæŋ'tə]，见于个别形容词，如skælmske [sgæl'msgə]。

粗略研究了哪些词有斯特德、哪些词没有之后，我们面临一个问题：这个以独特方式把我们的整个语言材料一分为二的现象，我们能否对其来源与发展有所了解？只有把毗邻语言纳入思考，这个问题才有望得到回答。

挪威语和瑞典语有种现象，与丹麦语中可观察到的这一现象虽有诸多差异，却有着无形的相似处，历史上一定与之有共同的来源：这类语言材料同样是一分为二的，其分布大致相同，但是其区别是以另一种途径实现的：挪威语和瑞典语里没有斯特德，但与之对应的是以两种不同的乐重音形式（或称声调）区分的两个类别；每个词都有其特定的旋律。

首先，有"第1声调"（akcent nr. 1），即"简单调"（enkelt tonelag），亦称"单音节调"（enstavelsestonelag）；这种调型用锐

音符˙表示。挪威语的这种调型，斯托姆细致地做了如下描写："单音节词，如ja（是），发音较静、较慢，声音开始时很强烈，但声调较低，随后平稳上升2至3度①，话语完善时升一个4度，不那么完善时升一个3度即可，力度同时减弱。"带有单音节调的双音节词，如dagen、bøker，依单音节调散开分布，主要轨迹落在强音节上，而结尾处的声调无重量。"如果较轻的尾音节再加上其他成分，如bøkene，则第一个音节获得最低声调，几乎或完全不上扬，第二个音节获得第二高的声调（3度以上），第三个音节获得最高的收尾声调（4度）；后二者没有太明显的滑动。"——从音乐角度，斯托姆将其配上C大调：这声调通常是CEF，较乏味的发音是CDE，较生动的发音是CEG。

"第2声调"（Akcent nr. 2），亦称"复合调"（det sammensatte tonelag）或"双音节调"（tostavelsestonelaget），用钝音符ˋ表示，斯托姆对其描写如下："第一个音节的声音平稳下降2度，但在第二个音节猛然跳跃上升约3度，如jāˋa（即把ja这个词发成两个音节）。简言之：声音轨迹下降一个3度，再跳起一个4度。"但是许多时候，这个过程并不完整："对于较为平静、流畅、乏味的话语来说，降低1度、升高2度就足够了"，主调不受影响：第一个音节听着永远像没有说完，期待着下一个音节作收尾音符……多音节词依双音节声调分布……在东部地区，pikənə（女孩，复数）一词的降调声穿过前两个音节，在最后一个音节才跳上去。"②

完全靠声调来区分的挪威语词举例如下：

---

① 指音乐意义上的音阶度，下同。——译者注
② 对挪威语声调最好的描写见于《挪威语》（*Norvegia*）第 1 卷第 42 页及后，里面有关于不同地区声调差异以及句子内部声调条件等的详细信息。斯托姆以前论述过这个问题，见《论斯堪的纳维亚语言的降调（声调）》（Om tonefaldet [tonelaget] i de skandinaviske sprog, 克里斯蒂安尼亚科学学会, 1874）；另比较斯托姆《英语语文学》（*Englische Philologie*）第 2 版，第 247 页及后，以及布莱克（Brekke）《论丹挪语语音理论》（*Bidrag til dansk-norskens lydlære*, 1881），第 56 页及后。——原注

2. 斯特德与乐重音 Stød og Musikalsk Akcent（1897）

第 1 声调		第 2 声调	
[ˈbönnəʀ] bønder	农民	[ˋbönnəʀ] bönner	豆子
[ˈtömməʀ] tømmer	木材	[ˋtömməʀ] tømmer	清空
[ˈkåkkən] kok + 冠词	男厨师	[ˋkåkkən] kokke + 冠词	女厨师
[ˈmöllər] Møller	莫勒（专有名词）	[ˋmöllər] møller	磨坊主
[ˈvɛstn] vest + 冠词	西	[ˋvɛstn] vesten	向西（副词）

瑞典语中，此类条件与挪威语密切关联。单音节调，即第1声调，被斯威特描写为"上升调，就像英语中问问题"；他依据的是斯托姆对韦姆兰（Vårmland）及瑞典南部的论述，这些地区与挪威东部类似；但是，瑞典中部（即瑞典国语）和北部，主流却是高调（即很高很强的音高）迅速下降到较弱的低调。——第2声调（斯威特称"复合调"[the compound tone]），最强音节读低降调，随后向上跳跃，使第二个音节略带重音；与挪威语的差别仅在于，瑞典语的尾音节力度稍强，因而上升的声调轨迹更完整，故存在弱单音节声调。①

这一差别可区分系列词对：

第 1 声调		第 2 声调	
[ˈbü·ʀən] bur-en	笼子，复数	[ˋbü·ʀən] buren	携带，过去分词
[ˈjcø·pən] köp-en	购买，名词复数 + 冠词	[ˋjcø·pən] købe②	买，动词复数第二人称
[ˈuŋ(n)n] ugnen	烤炉	[ˋuŋn] ungen	年轻的，肯定式
[ˈaksəl] axel	肩膀（古北欧语 ǫxl）	[ˋaksəl] axel	轴（古北欧语 ǫxull）

这两个类别的分布在三种语言中几乎完全相同，仅存在一些无关

---

① 关于瑞典语声调，除了斯托姆的著作之外，另见斯威特《瑞典语口语的语音与形式》（*Sounds and Forms of Spoken Swedish*），第 495 页；阿克塞尔·阔克（Axel Kock）《关于瑞典语重音的语言史研究》（*Språkhistoriska undersökningar om svensk akcent*，第 1 卷，1878；第 2 卷，1884）；吕特肯斯和伍尔夫《瑞典语语音学》（尤其见该书中拥有独立页码的关于重音的部分）。吕特肯斯和伍尔夫称这两种重音类型为"Hjalmar 型"和"Anna 型"，用自创的数字体系，把这两种重音关系及声调轨迹标注为 41 和 32。——原注

② 瑞典语的复数第二人称形式今已不存。——译者注

紧要的例外，因此，一个词在瑞典语和挪威语里有第1声调，只要其语音结构符合出现斯特德的语音条件（参见上文a类和b类），在丹麦语里就有斯特德；反之，一个词在挪威语或瑞典语里如果有第2声调，就几乎完全可以以断定它在丹麦语里没有斯特德。换言之，这一分布在共同北欧语（fællasnordisk）里已至少存在了1000年。不过，新的问题是，古时候这两个类别的词是像现代丹麦语这样分成有斯特德和无斯特德，还是像挪威语和瑞典语那样按词声调来区分？

斯托姆[①]对这一问题的解决有独到的贡献：斯特德最初不可能是处理外来词的方式。如今，丹麦语对于带有第2声调的词的发音方式（无斯特德），与欧洲语言（如德语）普遍的调完全相同，而第1声调的词则因斯特德而与众不同。但是，我们却发现几乎所有外来词都带上了第1声调（斯特德），如skilling, høker, avis, studere, studium, frøken, betale, forføre等等。挪威语和瑞典语中，同样的词也具有第1声调；不过，与丹麦语相比，为这两种语言做解释更自然、更简单，因为双音节调是这两种语言的特有现象，与欧洲语言普遍的调大不相同，赋予这两种语言独特的乐感。[②]因此，最接近欧洲普遍调的，在挪威语、瑞典语中是第1声调，但在丹麦语中却是第2声调；然而，外来词开始渗入时，在三种语言中却都获得了第1声调，因此，丹麦语当时两种调型的区别，很可能和今天挪威语、瑞典语相同。

而另一方面，A.阔克认为（《关于瑞典语声调重音的语音史研究》第1卷，第158页），丹麦语斯特德很可能是第1声调最初的成分，因为当时的第1声调虽然包括外来词的斯特德，有可能比当时的第2声调更接近于欧洲调，而第2声调后来从丹麦语里消失了。他很可能以为，第1声调带有斯特德的情况在这几种语言中都存在，但后来从挪威语和瑞典语里消失了——而第2声调含有特殊的声调轨迹，后来从丹麦语里消失了。换言之，斯托姆和阔克的观点是，丹麦语里没有斯特德

---

① 见前述1874年著作。——原注

② 参见斯托姆《挪威语》51页：大多数北欧人认为，用德语等语言的口音讲话就是用单音节调讲话。——原注

2. 斯特德与乐重音 Stød og Musikalsk Akcent（1897）

且对应挪威语、瑞典语第2声调的词，都曾拥有今已消失了的声调轨迹。

维尔纳在为阔克的书撰写的书评中①提出了三条论断，反驳斯特德是北欧语第1声调的原始成分的观点。第一，海斯加（1747）的著作中，清化的浊辅音没有斯特德，而我们今天却有，如höjst, folk, hjælp, amt, skrömt, exempler, stempel, længst, yngst, fængsel, enkelt, höns, mindst, iblandt, student。这些词里的斯特德表明斯特德的范围扩大了，故而不是第1声调的原始成分。——值得注意的是，海斯加对这些词的发音，极可能并不是国语发音，而是日德兰发音，因此完全不能证明国语的发展历程。②当今的国语发音（有斯特德）和海斯加的发音（无斯特德）故而没有继承关系，而是两种各自独立的平行形式。事实上，上述例词在今天的日德兰方言里仍然没有斯特德。因此，斯特德不太可能是不同时期在不同类别的词里发展起来的，höjst、folk等也不太可能是新近才带上斯特德的；更有道理的情况是，斯特德在所有符合斯特德条件的词里同时出现；由此，国语的上述词里带上了斯特德，而日德兰方言没有斯特德，或许是因为日德兰方言把元音后面的第一个辅音发得比较短，短于形成斯特德所要求的条件，参见第283页bad等词。③

---

① 《德国古代史及德国文学通报》（*Anzeiger für deutsches Alterthum und deutsche Litteratur*），第 7 卷，1881，第 1 页起。——原注

② 关于带有 lk 和 lt 的词，海斯加在其 §107 节明确指出，最好的方言（国语）里有斯特德，而日德兰方言里没有，如 skalk; hals 同理——这与今天的情况高度一致。参见阔克对海斯加提到的 mælk 等词的独到而无疑是正确的阐释，《档案》（*Arkiv*）第 3 卷，第 48 页。——原注

③ 我觉得这种短辅音更接近于阔克对浊辅音的论述（《档案》第 3 卷，第 50 页）；stork、stærk 等词末的清音 r 不那么确定，因为这个音跟与之相关的其他辅音表现出的不同，恰好就在浊声性方面（参见《丹麦语》第 1 卷，第 54 页及后）。在今天的日德兰方言发音中，folk, hjælp, damp, bænk 等词的词末音之前，是个短而浊的辅音。按照阔克的说法，这些例词中必然发生过先由浊到清、再由清变回浊的无理由变化。日德兰方言的发音中，mark、skarp 等词里的 r 依旧是舌尖音，很可能是浊音，但一定是短音，因此我仍认为，这一发音中恰恰是后面这几个音的短促，阻止了斯特德的出现。——原注

第二，维尔纳认为maden, taget, åger, ager等词在海斯加的时代仍读原始的短元音，因此斯特德在他的发音中出现于辅音中，即[mað'n, taq'ət, åq'ər, aq'ər]，而今天这些词的斯特德在元音中：[ma$^{\text{?}}$ðn, ta$^{\text{?}}$qət, å$^{\text{?}}$qər, a$^{\text{?}}$qər]。由于上述词里今天的[ð, q]是由塞音[t, k]经[d, g]演变而来的，故而斯特德在这些词里不可能太古老，因为斯特德完全不能出现于塞音中，[agr]这一序列即已把斯特德排除。（换言之，今天的形式中的斯特德，出现得晚于g > q之变化）。

第三，维尔纳认为，有许多词，从其词源发音和当今发音来看，皆应属于第1声调，但是从其语音结构来看，却并不含有声带阻塞，不仅丹麦语如此，挪威语和瑞典语也如此，如瑞典语axel, botten, hassel, nötter, vatten，换言之，这类词的短元音后面有且始终有浊音。

由此，维尔纳得出结论认为，丹麦语第1声调直接由与挪威语单音节调类似的重音形式发展而来；声带的阻塞因声调最高处超出音节之外并得到夸大（超限）而产生，因此，"陡峭的滑音"（stejle portamento）导致声带紧张程度的剧烈变化，即导致了"自身的崩溃"。换言之：强烈而迅速的音高因声带突然紧绷而发出，使两瓣声带靠得更近，因而很容易进而达到完全闭合。——维尔纳指出了一种与北欧语的这一音变刚好平行的现象：立陶宛语的wilkas（狼）等词，具有乐重音，即所谓"延长调"（geschliffene accent）；wi发音非常低，l向上提一个4度，kas再跳回起初的高度。在与之亲缘关系很近的拉脱维亚语中，wilks（狼）之类的词如今带上了斯特德，恰如丹麦语的声带闭合。

斯托姆和维尔纳的上述论断可以十分确定地证明，丹麦语并不是从最初就有了斯特德；不过，我觉得我可以再给出些理由，来加强这一结论。看看上文b类中提到的那些具有潜在斯特德的词：这些词是拥有短元音的单音节词，短元音后面要么没有辅音，要么至少没有长辅音。这些词通常没有斯特德，一旦增加了对重音原本没有影响的后缀，就带上了斯特德；例如，[smör —smör'əð] smör — smörret; [tói — tói'əð] töj — töjet; [gör — gör'əð, gör'egə, gör'i] gör — gör'et, gör

2. 斯特德与乐重音 Stød og Musikalsk Akcent（1897）

ikke[①]，gör i；[vel — vel'egə, vel'i] vil — vil ikke，vil i等等。挪威语和瑞典语中，这些词永远具有第1声调，因此，猜想这些词从古时候起在丹麦语中就有斯特德是没有道理的；假如今天的声带闭合是第1声调的古时特征，就无法理解它为何消失了。与之相反，如果猜想古代的声调上升才是第1声调的特征，就比较容易解释了：这类词里没有演变出足以形成斯特德的音长；如果因获取后缀而形成长元音或长浊辅音，音长就足够让声带受此影响了。不过，上述结构中，发生的是短音的延长。而丹麦语本族词里的ŋ音，是永远带有斯特德的（如sang、klang等），这是因为ŋ吸收了以前的g音，故本身就已经很长；与之相比，balkon、bassin、kompliment之类的外来词不是这样，词里形成的因而是短而无斯特德的ŋ。另外，可对比kam [kam']、lam [lam']里原有的mb的变化。

此外，复合词存在某些特殊之处。原本带有斯特德的词，在（较古老的）复合词中做前一个成分时，斯特德大多消失，如[huʔs — husman'] hus — husmand；[vɔʔn — vɔqnstaŋ] vogn — vognstang；[daʔq—daqstiʔð] dag — dagstid；[åʔr — årstiʔð] år — årstid。按照非丹麦语条件才是最初的形式这一猜想来解释，或许是最简单的：这些词应按双音节词来处理，即具有第2声调；第一个音节中的声调消失了，但这个变化早于斯特德的出现。然而不应否认，这条证据并无约束力，因为即使这个斯特德最初属于第1声调，结果也仍然相同。而另一方面，复合词里后一成分的证明力却强大得多。首先，关于斯特德在原位置得到保留的例子[②]，见上文。词的第一个成分带有第1声调，而词整体带有第2声调，这样的情况基本不可能（参见挪威语和瑞典语），因此，斯特德在第二个成分里保留，而在第一个成分里不保留，是没

[①] 只有动词带有强重音以及 ikke 带有弱重音时，最后一个音节才会变得比第一个音节更强。——原注

[②] 此处沿用的是 A. 阔克在《瑞典国语》（*Svenska landsmålen*）里的提法（13卷11期，第31页及后）。但我觉得这样说或许更确切：首先，斯特德形成之处……复合构词方式比从声调到斯特德的变化更久远。——原注

有道理的。但是不仅如此：即使本来没有斯特德的词，用作复合词的后一个成分时，也经常带上了斯特德①，前面加了前缀时，也是如此；因此，试比较：[moˑði — goðˈmoˀði] modig — godmodig；[driˑvər — ˈdaqˌdriˀver] driver — dagdriver；[gaŋər — ˈgænˌgaŋˈər] ganger — genganger；[føˑrəlsə — ˈjæsnˌføˀrəlsə] førelse — jævnførelse；[hanˑleŋ — aˈshan'leŋ, ˈmisˌhan'leŋ] handling — afhandling, mishandling；[hanˑlə — aˈsˌhan'lə, ˈmisˌhan'lə] handle — afhandle, mishandle；[taˑqə, taˑqən (taˑqəð), taˑqnə — ˈonˌtaˀqə, ˈonˌtaˀqən, ˈonˌtaˀqnə] tage, tagen (taget), tagne — undtage, undtagen, undtagne；[beˈtaˀqə, beˈtaˀqəð, beˈtaˀqnə] betage, betaget, betagne，等等，等等②。挪威语、瑞典语第2声调的后一成分里，要向上跃至更高的音高；但是在长音节里，向上的轨迹尤其高，几乎与单音节重音的音高等同，参见斯托姆的描写：③"最后一个音节略带一点重音力度或延长时，末尾声调就会演变为较弱的单音节调；后缀越显独立，音高轨迹就越为完善，两个成分若是独立性几乎等同，音高轨迹的构成就会最为完善：如ˋvårdag, ˋavslag, ˋjamstor，④……这一点在瑞典语里听得最为明显；下列结构里经常能够听到发育完善的单音节调，最常听到的是高声调：ˋStockˊholm; de va inte en gosse; de va en flickˊa; ˋgenˊgångare。总的来说，挪威语的尾部没有这么强烈。"由于我们已假定丹麦语的重音模式曾与挪威语、瑞典语相同，因而很容易理解，斯特德不仅在带有第1声调的词里发展出来了，而且还在一些带有第2声调的双音节词和多音节词的最后一个音节里出现了，这类音节具备出现斯特德的条件，即具有一定时

---

① 这个问题此处无法详述，可参见格伦特维（Grundtvig），1876 年语文学会会议发言，文字记录（1879）第 113 页；另见阔克在《档案》第 3 卷第 54 页及后的论述。——原注

② 我把最后这组词（betage 这组）涵盖进来时有些疑虑，因为这组词的第一个音节从未有过重音或半重音；这种构词方式体现了其德语词源，这样一来斯特德问题就解释得通了。——原注

③ 见《挪威语》，第 45 页。——原注

④ 我把重音符号标在音节前面，斯托姆的著作中是标在音节后面。——原注

2. 斯特德与乐重音 Stød og Musikalsk Akcent（1897）

长。由此我们明白了，像herlighed这样的词，有时（发短音时）没有斯特德，有时（发长音时）有斯特德，但是其形式延长时，就永远有斯特德了：如herligheden、herligheder。

此外，我们由此让一个现象得到了解释：有些原本没有斯特德的词，在某些常态化组合中带上了斯特德，这类常态化组合对于语言意识来说已非常坚固，因而被同一个重音统一起来；不过，这样的用法大多具有摆动性，所以有时听到的是带斯特德的发音，有时听到的是不带斯特德的发音。处于复合词和这类组合之间的情况，如höjstærede [hɔiˈsdœˀrəðə]（高层次的），ærede（受赞誉的）本无斯特德；hinanden（相互）则是有时带斯特德，有时不带，[hiˈnan'n, hiˈnan·n]；for nylig（最近）同理；mulig（可能）没有斯特德，但 alt muligt（尽一切可能）却常常有；den samme（同样）经常是[dnˈsam'ə]和[dnˈsamə]并存，但samme一词单独出现时却永远读[samə]；过去分词taget [ta·(q)əð]（拿）在strengt taget（严格来说）和i det hele taget（基本上）等组合里经常带上斯特德成为[taˀəð]；最高级kæreste [kæ·resdə]（最亲爱的）在复合的allerkæreste（最喜爱的）里成了[alɹ ˈkär'əsdə]，而两个成分皆保持其原始意义时则发成[ˈal'ərˈkæ·rəsdə]。Lad(e) være（随便了）在日常口语中的读音不是[la(·)ðə væ·rə]，而是[la ˈværˀɹ]，han lod være（放手）读[han lo ˈværˀɹ]同理。[fa·r, mo·r] fader, moder（父亲、母亲）出现于min（我的）、vor（我们的）之后时，常有[min ˈfâˀɹ, vω(r) ˈmoˀɹ]等带斯特德的并存形式，在日德兰人的发音中尤其如此，例如[min ˈfâˀɹ, vω(r) ˈmoˀɹ]在日德兰方言中为[mi ˈfâˀr, wå ˈmuˀər]，有些地区这种带斯特德的形式发生扩张，在这类组合之外也成了普遍形式。与之可比的是，瑞典语中存在完全相同的现象，尽管具体情况与丹麦语并不完全相同；原本具有第2声调的形容词或副词，出现于强形式之后就带上了第1声调；丹麦语中同样也能听到[fɔr ˈmeˀqəð, fɔr ˈmaïˀð]，而不是更常听到的[fɔr ˈme·qəð, fɔr ˈmaïˑð]；瑞典语的其他例子如god ´morgon（早上好）、i ´morgon（在早上）（方言里是第1声调）、till ´salu（出售）、till

ˊbaka（烘烤）、till ˊhopa（收集）、den ˊsamme（相同）。①

此外，还应思考专有名词Møller的重音模式；作为普通名词，møller（磨坊主）具有第2声调，但是作为专有名词，最重要的用法是位于某个弱词之后，要么位于名之后，如Hans Møller（汉斯·莫勒），要么位于头衔之后，如hr. Møller（莫勒先生）、fru Møller（莫勒太太）；这类组合中，出于与前述情况相同的原因，第1声调很可能早已进入了被视为组合中第二个成分的møl之中；这一调型后来被感觉为属于那个表示姓的词，并且转移至该词单独存在之时。② 下文有方向相同的另一种情况。

此处还应指出，有些旧复合词里，第一个成分经常获得第1声调及斯特德，但是作为单独的词时具有第2声调；故而，由far-和mor-构成的亲属名称词如：[farˈfɑ·r] farfader（祖父）、[farˈbro·r] farbroder（伯伯，叔叔）、[morˈfɑ·r] morfader（外公）、[mɔrˈmo·r] mormoder（外婆），等等。（在日德兰，还有个今已废弃的词：[faʔsən] farsön，见费尔伯格《词典》③）此外还有[on'sda(q)] onsdag（星期三），无须多言是由tirsdag（星期二）而来的类推，参考城市名[oʔðnsə] Odense（奥登塞），第一个成分与之相同（词源是Odins-ve）④；另有[sön'da(q)] söndag（星期天）、[man'da(q)] mandag（星期一）、[freʔda(q)] fredag（星期五），第一个成分曾为双音节（如fredag

---

① 阔克，《瑞典语声调重音》，第1卷，第103页；吕特肯斯、伍尔夫，《瑞典语发音词典》。——原注

② 同类型的其他姓氏如Dreyer / drejer（德莱耶 / 车工）、Tegner（泰格纳 / 工匠）、Kayser / kejser（凯泽 / 皇帝）、Krieger / kriger（克里格 / 战士）、Engel（恩格尔 / 天使）、Kræmer / kræmmer（克莱默 / 商店主）；不过，这之中有些词里的第1声调及斯特德，可能是由于这些姓是由德国迁来的。——原注

③ 亨宁·弗利德里克·费尔伯格（Henning Frederik Feilberg，1831–1921），丹麦牧师、民俗学家，编有4卷本《日德兰农村方言词典资料》（*Bidrag til en ordbog over jyske almuesmål*，1886–1914）。——译者注

④ 这两个词的第一个成分都是北欧神话里的主神奥丁（Odin），onsdag（星期三）意为"奥丁日"，Odense（奥德赛）的词源形式Odins-ve意为"奥丁神庙"。——译者注

2. 斯特德与乐重音 Stød og Musikalsk Akcent（1897）

古瑞典语为friadagher）；[löˑrda(q)] lördag（星期六），参考古北欧语 laugardagr，在国语里没有斯特德，但是这个词里的斯特德在日德兰各地恐怕皆可听到。①另比较：[svär'iq] Sverrig（瑞典旧称）一词，瑞典语为带调型1的´Sverge，源于Svea-rike（瑞典人—国）；而[nɔrˑqə] Norge（挪威）一词，挪威语和瑞典语皆带第2声调，源于Norþ-vegr（北方—路）。我认为这一关系的形成途径是：第2声调古时候的声调轨迹里，复合结构的第一个成分因快速发音而发生紧缩时，第一个音节里的下降轨迹被忽略，低调+高调的结构因而紧缩进一个音节里，听着就跟第1声调相同或基本相同了。瑞典语里另有些这种类型的第1声调，如faster（姑妈，古瑞典语为faþur-syster [父亲—姐妹]）和moster（姨妈），丹麦语由于短元音后面带s而无法形成斯特德。②

丹麦语此前存在两种"调型"之处，如今没有留下任何乐调模式吗？维尔纳认为，有，并将其条件做了如下描述：像[maˀlər] maler（他画）这种有斯特德的词，以低声调开始，并略微持续，随后陡然上升到声带闭合时可达到的最高阶，等到声带再次打开时，保持在与第一个音节开始时相同的低声调上。那些因短元音后面有清辅音而无法闭合声带的情况中，虽然挪威语和瑞典语的词应该有第1声调，但是维尔纳却发现了类似的由低声调起始的乐调式上升，如[negal, dreger, lege, hast] nikkel, drikker, liger, hassel等词；而ligge、drikke等不定式，在挪威语和瑞典语里有第2声调，在丹麦语里第一个音节比第二个音节高一个四度。——这结论恐怕大多数人都会觉得有问题，不仅仅是我，而且包括威廉·汤姆生和约翰·斯托姆在内的权威学者也都这么认为；无论如何，此处所说的音程有时太具体，有时太宽泛。即使真

---

① 有些以 -sen 结尾的名字显现出同样的情况：[oˀlsn] Olsen（奥尔森）、[söˀrənsn] Sörensen（索伦森），源于 [oˑlə] Ole / Olav（奥勒）、[söˑrən] Sören（索伦）；但是这条原则并未贯彻完毕，可能是因为这类复合结构出现得相对较晚。——原注

② 关于 farfar 等词里的第 1 声调的另一种解释，见阔克第 2 卷第 130 页；这种解释的问题在于，它只能解释瑞典语的第 1 声调，却无法用来解释丹麦语，因为丹麦语的弱重音在这类情况中只能导致第 2 声调，而应该得到的却是第 1 声调；弱重音至少无法用来解释 Odense 这样的例子。——原注

有这样的声调轨迹，也是非常细微的。声带闭合时，很可能立刻出现极短暂的音高上升；但是，即使这一点不确定，drikke和drikker的第一个音节在大多数人的发音中恐怕都没有声调差异，虽然我承认，在此例中以及一些类似的例子中，确实听到过有人那样发音，尤其是奥胡斯方言里名词flæsket（肉+冠词，第1声调）和形容词flæsket（胖，第2声调）时格外明显。这差异无论如何都太小了、太不确切了，人们毫无疑问敢于大胆断言，由这两组声调而造成的词调区别，在丹麦国语里要么不存在，要么并不发挥任何作用。

　　但另一方面，必须从科学角度明确，丹麦语早先时确有两种不同的词调，与当今瑞典语和挪威语里的词调用途相同。详细描写共同北欧语的两种乐重音当然是不可能的；出于简洁之考量，我论述的一直是当今挪威语和瑞典语里形成的主流形式，但是不应否认，关于声调轨迹，是存在诸多不同形式的；例如，具有第1声调词的，如skenet（外表）这类"名词+冠词"的词，其第二个音节在瑞典有些地区声调高于第一个音节，在另一些地区则低于第一个音节。但是最重要的一点在于，两种声调始终有区别，第一种声调大多见于本为单音节的词，本质上可描述为单一的声调轨迹，通常向上升；而第二种声调则要求两个或更多个音节，本质上是复合的声调轨迹，其公式为先降后升，最强的音节因而通常带有降调或低调，紧随其后的较弱音节具有升调或高调。丹麦国语中，这种升调曾出现于足够长的音节里，现已演化为声带的封闭（即斯特德），这斯特德存在于原为第1声调之处，但有些时候也出现于第2声调里的成分呈现升调之处，其他情况下，乐调式轨迹已消失。其结果就是，我们当今拥有的二分法在若干重要方面不同于最初的二分法，因为我们如今在丹麦语中区分的是：

　　A. 有斯特德的音节（通常是原第1声调的第一部分，有时是原第2声调的最后一部分）；

　　B. 无斯特德的音节（原具有第1声调的强音节，还包括浊音成分太短无法形成斯特德时，或具有第2声调时；弱音节皆属此类）。

　　显然，只要由先降后升的复合轨迹来充当第2声调的特征，所有

2. 斯特德与乐重音 Stød og Musikalsk Akcent（1897）

的弱音节就会更接近于第1声调，因为弱音节本质上只能呈现为短小而简单的声调轨迹；具有第2声调的词在句子中较弱时，通常会失去第2声调，用耳朵听起来几乎就是第1声调的印象。①但是，丹麦国语中出现的却是相反的情况；具有第2声调的词在句子中较弱时，似乎保留了其声调形式，而斯特德在同等条件下却会消失。因此，瑞典语中，Anna这个名字出现于姓氏前时，被同化成了Hjalmar的形式；而丹麦语中，Anna无论是强是弱，皆大体上保持不变，而Hjalmar在Hjalmar Petersen之类的结构中却会失去其标志性的斯特德，因而从声调形式来看，跟Anna成了一类。

如果我们终究可将一个具有两种声调的系统视为共同北欧语的系统，那么看看这样的系统是否存在于我们语群的所有语言会是件有意思的事。事实证明，这一系统在冰岛语和法罗语里彻底消失了，在挪威语和瑞典语的一些外围边缘区域也是如此，如挪威最北部，以及芬兰（即所谓"芬兰口音"[finska brytningen]，把所有的词都发成同一个声调，最接近瑞典语的调型1），最后还包括丹麦语区域的几个偏远部分。斯特德在整个丹麦南部都缺乏：伯恩霍尔姆、默恩（Møen）、西兰岛和菲英岛最南端，整个罗兰—法尔斯特（Lolland-Falster）、朗厄兰（Langeland）以及菲英岛以南的其他岛屿，还包括南日德兰讲丹麦语的地区的南端。但是这些丹麦语方言对我们这些说国语的人来说都像是在"唱歌"，因此，问题基本上就成了这些地区是否保存了古时的乐重音差异。这问题今已基本被否定，比较肯定的似乎是，本该有第1声调的词和本该有第2声调的词之间，在东部地区没有任何区别；关于伯恩霍尔姆，我觉得这一点已由威廉·汤姆生和约翰·斯托姆的研究毫无争议地证实了，我的看法虽然无法与之相提并论，但我

---

① 最常位于句子弱位置的词，为何调型2会被调型1取代？在何处会一反常态地强？例子见阔克（下文）。——原注

确实也没有听出任何区别。①

  这就是《丹麦语》去年刊载的N.安德森《东石勒苏益格方言的乐重音》（Den musikalske akcent i østslesvigsk）一文论述的问题②，文中第一次展示出，有些丹麦语方言拥有基于纯乐重音区别的语言材料二分法；这极大巩固了一条结论：从语言史角度来看，当今无乐重音的丹麦语古时也和周围其他语言一样，有两种乐重音，而斯特德的形成则相对较晚。审视N.安德森给出的例子会展示出，这两个类别与丹麦国语的分布并不吻合，而是与挪威语和瑞典语更为接近；因此，maʀk（田野）、bʀuxt（使用）、spes（尖峰）、læt（简单）、fa（盘子）等词里出现的是第1声调，而丹麦国语里是没有斯特德的。仅此一点即表明，松讷沃（Sundeved）③地区的乐重音不可能源于与今日丹麦语大多数方言类似的条件，松讷沃方言的重音和普通丹麦语方言的重音必定源于某种共同的重音系统，而这个重音系统当初只能是个乐重音系统。

  评述N.安德森的论文中的个案，展示这些个案的主要特征与挪威语和瑞典语的对应情况，不是本文的目的；读者通过语言史，尤其是借助A.阔克等学者对瑞典语重音的研究，可以很容易地自行做出比较，并且订正关于原始单音节词和原始双音节词的不时出现的小错误之类（例如，第67页的koŋ；第68页§8节的gʀɔw对应北日德兰方言gʀɔw·；二者都指向某个双音节形式，参见grumme）。在比较有意思的几点当中，我必须提到的是，带有第2声调的副词væk和带有第1声调的副词væk是不同的，与之同理的词如inde与ind、hjemme与hjem等；这一点与挪威语的vække非常相似，而丹麦语在这一问题上让这

---

① 菲英岛北部方言中（凯特明讷 [Kerteminde] 附近的梅辛厄 [Mesinge]），像国语那样的斯特德和一种无斯特德的强上升声调在一些单音节词里交互出现（这一点是迪恩斯·安德森 [Dines Andersen] 博士告诉我的）。——原注

② N.安德森的文章发表之前，关于这个问题，除了一些介绍性的论述之外，我很早以前在我的《语音学》一书中写过一章（该书现在已付印）。——原注

③ 位于日德兰半岛丹麦边界内的东南部，本地区最大城市是森讷堡（Sønderborg）。——译者注

2. 斯特德与乐重音 Stød og Musikalsk Akcent（1897）

二者的语义重合了（han går væk [他走了]，er væk [他不在了]）。很特别的是§10节h组里（第71页，比较173页）动词被动态（第2声调）和中动态（表相互，第1声调）之间的区别，由此可听出说de kysses时意思是de bliver kyssede（他们[被别人]亲吻了）还是de kysser hinanden（他俩互相亲吻）。不过，这个特征已渐旧，这让我想起丹麦国语中也有类似现象，尽管这个现象正在消失的过程中；我印象里这个现象从未得到过强调。把de skilles发成带斯特德的[sgel'əs]表示de går fra hinanden（他俩分开了）很普遍，但我要是将其发成不带斯特德的[sgeləs]，表示的是"因别人的事情而分开，因其他事物而区别"；vi følges ad发成[føl'əs] = vi følger med hinanden（我们相互学习），但表示vi følges af mange（我们被许多人所学习）以及foredraget følges med opmærksomhed（这讲座被聚精会神地听），则永远不带斯特德，发成[føləs]或是更正式的[følqəs]；而de skændes（他们吵架），唯一的形式就是[di sgæn's]。还可比较de kan ikke spænds（他们不会相互敌视）读[sbæn's]，但bæltet spændes（腰带被扣上）读[sbænəs]；据我所知日德兰方言说kattene ryw's（一群猫打架），但国语里是不带斯特德的形式[ri·vəs]。家庭主妇们说kagerne [brän's]（蛋糕烤煳了），虽然并无中动或相互之义，但是其语义确实与brændes [bränəs] mere kul end tårv（煤烧得比泥炭多）里这个动词的语义有区别。①我在丹麦语里没有找到更多例子，但想提醒大家注意瑞典语fins（存在）与finnas（被找到）并存。

  把整个语言材料分为两组，在松讷沃方言里的分组方式恰如挪威语和瑞典语，都是通过音高来分，但也不是完全相同。该方言的第1声调很普通，是最简单、"最欧洲"的调，连这个声调通常有的那种强音节音高都没有，因此，具有这个声调的音节在语流中以话语的正常调出现，与弱音节的差别仅在于音强，无音高差别，这就是

---

① 关于这一点，还有 nöjes（感到满意）、længes（渴望）可带斯特德。——原注

301

为何亦可认为"所有弱音节里都有第1声调"。该方言的第2声调同样也失去了部分原有特征；原有的先降后升的调（ned-og-op）是分配在两个音节里的，而今压缩在了一个音节里，这一点很可能与弱e音[ə]的消失有关，弱e音的消失是松讷沃方言和其他日德兰方言的共同特征。弱音节消失，复合调轨迹压缩至重读音节之内（即"折重音"[cirkumflex]），这一情况在有些瑞典语方言里也存在。不过，我国的南日德兰方言里存在一些例子，原有的双音节词融合成了一个含有短元音的单音节词（如na [国语narre]，sæt [国语sætte]，等等），这样的词里没有空间留给复合调轨迹；保留原有声调的一部分足矣，因而变成了高声调。只有在长音节里才可能存在声调轨迹，不过这样的轨迹既不容易精确分析，也不容易详细解释它是如何从原有的先降后升调发展而来的。此类方言里的第2声调，重点在于它是高声调；声调受情感因素影响时会升高的情况很常见（见该文第177页），此时，具有第1声调的词反而会带上第2声调；这对一切语言皆适用，取决于自然生理条件，在表示疑问及疑惑时尤其如此。瑞典语或挪威语里没有这样的现象，二者的第1声调带有特殊的高声调，不会与第2声调混淆。——松讷沃方言里第2声调压缩至重读首音节的特色导致的另一种关系，是让本文提到过的kobberring（铜戒指）、jernstang（铁棒）等词带上了第2声调；此例中ring（戒指）、stang（棒）两词本身并无变化，无论单独出现还是在复合词里作后缀（皆为第1声调），但kobber（铜）、jern（铁）却出现了单独使用（第1声调）和作复合词前一成分（第2声调）之差别，由此发展为在后一情况中，二者感觉上就像是个独立的形容词，仅通过声调的改变而从名词kobber、jern派生而来（见第72页§11节）。

最后，还需要说一点：N.安德森在其文章的第69页提到，存在带有第1声调的呼格和带有第2声调的主格（以及其他格）之区别；这一差别在Hans、Tomas、Maren等专有名词中可见，但是这一差异已进入语言意识中，以致有人跟自己的铁锹喊话时也变声调，如Bliv liggende dær, spade（铁锹，在那别动）。这一点非常奇特，我们无论在丹麦

2. 斯特德与乐重音 Stød og Musikalsk Akcent（1897）

国语还是挪威或瑞典的国语里都没有与之类似的情形；我们不会因为是在"跟他讲话"而不是"讲到他"而给Thomas或Maren带上个斯特德。然而，我们此处遇到的极有可能是个非常古老而原始的特征；至少在瑞典北方（svenske Norrland），存在与之非常相似的现象："双音节的名字，本来是钝调（=第2声调），但在呼格里却带上了锐调（=第1声调）：如ˊan·a、ˊmi·na等"，对此，奥斯特勒姆（Åström）[①]和诺伦[②]都联想起了在古希腊语里，主格patēr末音节为高声调，宾格pater首音节为高声调。梵语也有普遍性的呼格声调变化；小俄罗斯语里主格Petró，呼格却是Pétre。[③]如我们所见，南日德兰某乡村方言里的一个小小的特色，竟能为最迷幻的古代提供启示：松讷沃农民称呼Maren时的声调比谈论她的时候低，我们从这一习俗中看到原始时代的重音关系，绝非不可能。不过，我不想深入论述这个问题，我想强调的是，这一关系很可能对Møller一词的重音变化发挥过作用：Møller是个专有名词，用作呼格的情况极其多；因此，本文的结尾，我想对N.安德森先生致谢，感谢他这篇极富价值的研究，同时也期望其他"唱歌般的"丹麦农村方言也能够同样翔实地得到思考。

[①] 《代格福什方言词法学》（Degerforsmålets formlära），载《瑞典方言》（Svenska landsmålen）第13卷，第2期，第22页。——原注

[②] 《北欧语文学学报》，1896年卷，第395页。——原注

[③] 《语言学会学报》（Mémoires de la société de linguistique）第8卷，第176页，转引自《斯拉夫语文学档案》（Archiv für slavische Philologie）第7卷，第363页。——原注

3. 最好的发音[①]
Die Beste Aussprache
（1904）

（二）

51. 前面我对共同语的形成及其概念做了一般性勾勒[②]，我局部参照了我国的情况，这情况一定程度上亦可视为典型情况。不过，每种语言在这方面都有自己的特殊性，因此，最好能够分别研究三大文化

[①] §51-74 译自《语音学的基本问题》（*Phonetische Grundfragen*），第 44–64 页，原文是德文。§100-102 译自《语音学——语音学说之系统阐述》（*Fonetik: En systematisk fremstilling af læren om sproglyd*），第 100–103 页，原文是丹麦文。——译者注

[②] "最好的发音"这个话题，曾在丹麦文版《语音学》中分作三章论述，标题分别为 "最好的发音——丹麦的国语"（Den bedste udtale – Dansk rigsmål）、"最好的发音——外国的国语"（Den bedste udtale – Fremmede rigsmål）、"最好的发音——国语内部的差异"（Den bedste udtale – Forskelligheder indenfor rigsmålet）。德文版《语音学的基本问题》将该话题由三章整合为一章，仍分作三个部分：第一部分（第 35—50 节）删除了原丹麦文版里的大多数丹麦语例子，改以更具普遍性的方式论述了 "最好的发音"的认定标准，第二部分（第 51—57 节）论述德、英、法三语标准音的形成历程，第三部分（第 58—74 节）论述 "最好的发音"背后的语言学玄机。第一部分的中译文已见于《叶斯柏森论语音》（商务印书馆，2021）。此处收录的中译文是德文版第二部分和第三部分，另在第二部分末尾附了丹麦文版《语音学》第 100—102 节的中译文，这三节分别论述丹麦语、挪威语、瑞典语标准音的形成历程，可对德文版第二部分做补充。——译者注

3. 最好的发音 Die Beste Aussprache（1904）

语言的情况，并简要提出这个问题：真正无方言特征的共同语，在这三种语言中可构建到何种程度？①在三大主要文化国家中，德国的情况对于国语的形成是最不利的。政治上，德国长期分裂为若干小邦，各自都有自己的中心；大帝国的首都实际上是1871年才出现的，并且即便今日，柏林对于奥地利治下的大量德语人口来说，依然不是首都。此外，还有高地德语群和低地德语群之间的巨大差异。因此，除了强烈的"伟大祖国"之感以外，热爱本土主义（Lokalpatriotismus）在德国发挥的力量比任何国家都强大。这一点在语言领域亦有反映，以致人人都在尽可能使用本地区的语言，故可以毫不意外地看到，许多德国人并不承认什么全体德国人的共同发音模式，这就是他们为何希望每个人都"任由自己的嘴"来说话（施莱歇尔也是这样的人）。不过，也有些人已把某些本土发音设为标准；例如，很多人认为汉诺威人讲的是最好的德语，这一观念在德国之外比在德国国内常见，在德国国内，人们对汉诺威发音特征的反感，和对其他任何地区的发音特征的反感并无两样；认为汉诺威德语是最好的德语的观点源自英国，该国的汉诺威王室②让德国的这一地区拥有了原本没有的威望。近年来，人们对柏林的发音有了与巴黎音、伦敦音类似的好感，其理

---

① 我认为共同书面语（正字法、词汇等）永远只能在或多或少统一的口语的基础上才能够发展出来，我承认我这看法很异端。——原注

② 英国汉诺威王朝始于1714年，是年英国斯图亚特王朝君主安妮女王逝世，子嗣皆已故，由于光荣革命后议会通过的《权利法案》（1689）排除了包括其弟老僭王詹姆斯（James Stuart, the Old Pretender）在内的一众天主教王室成员的继位权，使其远亲汉诺威选帝侯格奥尔格作为英国王位第一继承人继位，称乔治一世，由此开启了英国汉诺威王朝时期。1866年，汉诺威被普鲁士王国灭，但英国汉诺威王朝一直持续至1901年维多利亚女王逝世，其子爱德华七世改用父家的王室名号建立萨克森-科堡-哥达王朝（Saxe-Coburg and Gotha）。第一次世界大战期间，由于英国国内反德情绪高涨，王室于1917年更名为温莎王朝，延续至今。——译者注

305

由当然也更加充分①；似乎可以肯定，柏林的发音特征越来越有向全德国散播之势。②

52. 柏林音只能吸引少数投票，人们会把数量大得多的票投给一句更具普遍性的话：最好的德语发音是北德受过教育者的发音。大家常倾向于认为，这之中构建起了一种折中：南部地区提供了高地德语的词形式，北部地区为这些词形式提供了语音形式，这种通过低地德语发音说出的高地德语，常被拿来跟意大利语更知名的情况相提并论：即"用罗马人的嘴说出的托斯卡纳话"（lingua toscana in bocca romana）。这两条公式中，我都看到了对一种观点的（局部）认可：方言平衡、磨平地方特色，是至关重要的。还有一点对北德地区非常重要：南部和中部以前分裂为诸多较小邦国，这些较小邦国的官员们大多是在自己的出生地附近接受教育的，后来也在这些地方发挥影响，所以在语言方面也不太受到其他地区影响，而北德的情况则因普鲁士的稳步崛起而与之不同。"官员当中，大家通常很乐于从东搬到西、从西搬到东，不断迁移很常见，这类官员的子女在受教育期间经常要搬家三次或三次以上。他们在各地听到的话都不一样。透过异乡人，他们意识到了自己的个性，他们因自己的方言而受到嘲笑，

---

① "受过教育的柏林人的语言是人们最常讲着的标准德语，这是在柏林我们普遍认可的事，德国中部、南部、西部所有的热爱本土主义者都反对这一点，但却无能为力。"坦格，《海里希档案》，第 89 卷，第 75 页，1892。——原注 [译者按：《海里希档案》全称《现代语言文学档案》（Archiv für das Studium der neueren Sprachen und Literaturen），因创办该刊物的德国学者路德维希·海里希（Ludwig Herrig，1816–1889）而简称《海里希档案》（Herrigs Archiv），创刊于 1846 年，是最早的现代语言（而非古典语言）语文学研究刊物。古斯塔夫·坦格（Gustav Tanger，生卒年不详），德国学者，所撰文章题为《论语音书写问题》（Zur Lautschriftfrage）。]

② 舒哈特用了非常生动的表述（《论语音定律》，1885，第 15 页）：柏林式的以 j 代 g，难道没有迈着军队步伐更深更广地开进了德国中部吗？——另见兰博（Rambeau）《英语研究》第 15 卷（1891）第 386 页：我已经听到施瓦本军官讲柏林话了。——原注 [译者按：施瓦本地区位于德国西南部，涵盖巴登-符腾堡和巴伐利亚两州部分区域，名称源于中世纪施瓦本公国，传统上是通行高地德语阿勒曼尼方言（Alemannic）的地区。]

3. 最好的发音 Die Beste Aussprache（1904）

而嘲笑是一种行之有效的批评……已在普鲁士发生了的发音均一化（Ausgleichung der Aussprache），在某个一切皆处于较短钟摆距离之内的较小邦国里，是完全不可能发生的。"①帕莱斯克称由此产生的语言为"官员德语"（Beamtendeutsch）。

53. 与之相关的均一化力量在舞台上也有显现。德国的巡回喜剧演员比英国多，更比法国多；剧团必须今天在这里演，明天在那里演，无论在哪里都一定要把话讲得越清楚越好。此外，还存在"不同舞台之间的人员交流，甚至相互距离最远的人员之间也存在交流"，"没有其他哪个领域，来自极不相同地区的人结成了如此紧密的圈子，大家在说话方面迫切需要合作。也没有哪个领域，有如此之多的理由，要公众注意自己和他人的发音，以便能够有意识地达到这样的发音。"②因此，"舞台德语"在德国经常被用作发音典范并不奇怪（例如，见刚才引过的保罗著作）。如果特劳特曼把这发音当作与柏林音是同一回事③，我就必须澄清，不是舞台发音向柏林音靠拢了，也不是柏林音向舞台发音靠拢了，而是戏剧界所处的语言环境与北德首都以及公务员界大致在朝同一方向发展。此外，他们许多人跟关系亲密的亲戚、朋友、同乡讲话时使用的是带有方言色彩的发音，但是，"只要不是这样的场合，特别是当德国不同地区的代表碰面时"④，他们就会放弃或者至少竭力放弃这类特征，因此，我们会看到德国的变化方向跟其他国家完全相同，即使无方言色彩的发音尚未得到像其他国家那样的传播度和认可度，也依然如此。

---

① 帕莱斯克，《演讲的艺术》（*Kunst des Vortrags*），第2版，1884，第75页及后。——原注 [译者按：埃米尔·帕莱斯克（Emil Palleske, 1823–1880），德国演员、剧作家。]

② 保罗，《语言史原理》，第3版，第380页。——原注

③ 《语音》，1884，第141页："还可用舞台语言作为参照。但是，这发音基本上是柏林音；宣称舞台语言是最佳语言的人，间接让柏林成了高地德语典范发音之所在地。"——原注

④ 兰博，同上。——原注

54. 关于英国，很容易就能够引述一系列论断，指出南英格兰发音是典范发音，同样也能够引述一系列论断，更具体地指出伦敦的南英格兰发音才是最好的发音，二者都是本地发音，似乎可以否定我上文对该语言所做的评判的有效性。例如，可参见G.普滕翰①（《英诗的艺术》[The Arte of English Poesie]，1589，阿尔伯[Arber]重印版，第156页）："因此，你可以用宫廷平时用的话，也可以用伦敦话以及伦敦附近60英里以内各郡的话，但是不要再远了。"② 现代学者当中，我可以引述埃利斯（《早期英语的发音》[Early English Pronunciation]，第5卷，第236页）："伦敦的受过教育的各阶层当中的说话习惯，应当视为被认可的语言及发音的基础。"③ 斯威特也将其描述为（《英语口语基础》[Primer of Spoken English]，序言）："伦敦及周边区域受过教育的人的话语——这里是口语及书面形式的标准英语最初的故乡……伦敦英语成为整个王国的官方语言和文学语言之后，该方言的口语形式变成受过教育的各阶层的通用语就很自然了，并且随着中央集权的加强，该方言越来越战胜了各种地方方言。"约瑟夫·赖特在其杰出的《温德希尔方言语法》（Grammar of the Windhill Dialekt）一书中指出："为了这一目的（即方言形式比较之目的），我把斯威特《英语口语基础》中的语音系统作为文学英语发音的标准，这种发音是南部受过教育的人士十分典型的发音。"

55. 上述表述以及与之相似的表述，似乎想把某一地区（某一城市）的发音推为典范，与之不同的是，另有一些人提出了相反的论断。不仅有不少作者把伦敦音特别描述为令人憎恶的发音，而且还有作者以全然不同的路径来定义最好的英语发音。例如，可参见罗依德

---

① 乔治·普滕翰（George Puttenham，1529–1590），英国文学评论家。——译者注

② 不过，此处及下文普滕翰的论断中，皆存在许多与这种纯本地性自相矛盾的表述，如："他基本上依从了那些成长环境较好的人……我不想说这个，我想说的是，英格兰的每个郡都有绅士之类的人，他们说起话来，尤其是写起字来，跟我们米德尔塞克斯人、萨里人一样，是优秀的南部人。"——原注

③ 另见该书第1卷，第23页。——原注

3. 最好的发音 Die Beste Aussprache（1904）

（Lloyd）在《语音学研究》第6卷第106页所述："最好的英语是英国社会中受过最好教育的人所讲的英语：这样的英语在北部和南部都有"，该作者还在《新语言》学报第3卷第245页指出："时代不同了，以地理标准来衡量好英语已不再可能。如今，最好的英语就是避免各种粗俗话并且最少显现本地标志的英语。仔细的说话者自然力求远离粗俗词和本地词。因此，仔细的说话者的发音中存在持续不断的同化趋势——该趋势永远无法完成，但却是正确英语的实际标准，即使不完善也无碍。" 他还记载了自己有一次如何遇见一个讲话"特别准确而纯正"的人，经询问，此人来自加拿大多伦多；这位加拿大人语出惊人，他告诉罗依德美国南方①的种植园主们"几乎人人都讲着好英语"，他拒绝认可伦敦音，因为"他们大多数人不是在讲话，而是在叽叽喳喳（gabble）。不过，确有一小部分伦敦人的英语令人敬佩，但是，至于何谓令人敬佩，他所认可的检测标准是此人能够让人察觉不到他来自伦敦。毫无疑问，假如英语世界明天举行投票，大家定会一致同意以无本地色彩为好英语的检测标准，而不是有本地色彩。而事实上，世界各地仔细说英语的人之间的一致性，已远远超过了任何一个具体地区受过或多或少教育的人之间的一致性"。② 贝尔的表述（《演说术论集与附注》[Essays and Postscripts on Elocution]，第154页、175页）与之类似，但说得没有那么坚决："听者从演讲者的演讲中，应无法判断出其家乡或职业"，"方言在一切公共生活中都不

---

① 此处德语为 in den Südstaaten，《新语言》中罗依德英语原文作 of the Southern States。States 一词是加拿大口语中对美国的称呼。——译者注

② 我此处引用的是罗依德博士的话，他的看法与我基本相同，我在他这篇文章出现前已对此做过同样的论述和思考（见莱特斯泰德《北欧学报》，1895，第611页及后）。——原注 [译者按：指瑞典莱特斯泰德学会（Letterstedtska föreningen）出版的《北欧科学、人文与工业学报》[Nordisk tidskrift för vetenskap, konst och industri]，不是丹麦《北欧语文学学报》。莱特斯泰德学会是旨在推动北欧各国之间的学术交流合作的组织，成立于1875年，以投资此计划的已故瑞典商人某特斯泰德（Jacob Letterstedt，1796–1862）之姓氏命名。]

合适。我们的标准文学里没有方言,我们的标准话语里也不应该有"。①

56. 调和这两种看似对立的观点,未必是不可能的事。不要忘记,影响其他地方的因素亦存在于英国,伦敦和其他国家的首都一样,人口也是由来自各地的人组成,鉴于伦敦的城市规模,很可能比哥本哈根之类的首都更为复杂。宫廷、议会、高等法院、商业生活、剧院、各类高等教育机构、文学圈生活——数世纪以来,所有这一切把顶级人才中的大多数从全国各地吸引到了伦敦,因此,对磨蚀地方语言特征有利的条件是存在的。伦敦周边地区,过去和现在都有些伟大的教育机构,让年轻人从全国各地来到这里:伊顿、哈罗、拉格比等公学,牛津和剑桥大学,都不应忘记。因此,所谓伦敦或南英格兰受过教育人士的发音,其实就是伴随地方色彩磨蚀而进行的趋同之产物。正如埃利斯、斯威特等人的研究显示,有可靠证据表明,恰恰是这种发音,不带具体的地方色彩,被这些人当作典范。② 这种"高档英语"始于中南部地区,以基本无意识的方式得到全体说英语的人的认可,本质上是地方特征趋同与磨蚀之结果,似乎还由于下列因素而得到巩固。如果听听受过教育的苏格兰人讲话,很容易就能辨认出他们的北部出身,但他们的发音中始终有这样那样的方面跟其家乡话有所不同;这些方面始终显现出朝向"南英格兰"共同语的靠拢之势。——美国人通常不想把英国(更不要说伦敦)视为美国在语言方面的楷模,我在伦敦及欧陆与美国人会面或交谈时发现,在欧陆研究美国话的独特特征更容易些,而那些住在伦敦的美国人,即使是仅住了一小段时间,这些特征都会模糊很多,因为那里的美国人不想因自

---

① 贝尔此处并无主张消灭方言之意,他只是在强调标准语在公共事务中的作用,他同时指出:"我绝没有推崇某一方言或贬低另一方言的意思,每种方言对于习惯了该方言的耳朵来说都有其魅力。"(Bell 1886: 173)——译者注

② 许多人一见到"伦敦方言"一称就会想到伦敦土话(考克尼土话),此处指的不是这种方言;斯威特把方言(Dialekt)一词作为术语使用,表示某种语言的某一分支。——原注

3. 最好的发音 Die Beste Aussprache（1904）

己的语言而被辨别出来，故而在竭力摆脱其美国特色。——去过澳大利亚的英国人多次提到，即使是那里普通大众的发音，也比在英国本国兰开夏郡等地听到的要纯正得多。这之中的原因绝不能解释成那里的教育比英国本国更高级，而只能解释为，殖民地尤其存在来自不同地区的人的混合，这一情况有利于地方特征的均一化。可参考美国的O.F.艾默森①所言（《英语史》[The History of the English Language]，第109页）："美国各地的英语口语在各个阶层间很统一，没有像英格兰那样的各种特征强烈的方言。"②

57. 至于法国，那里语言方面的中央化程度，高于人们依其国土面积而做的预期；巴黎城的威望对此当然也有不凡作用。不过，从上文所述可知，巴黎的发音可不像乡下的发音那么具有本地性。按法国人自己的看法，哪种法语发音才应视为典范发音的问题，研究起来比其他语言的同一问题更便捷，因为图罗已收集了古代语法学家对这一问题的所有论述③；柯什维茨已给出了节选，并且补充了少量较新的论述④。这些论述中表明，关于法语，存在和其他语言一样的

---

① 奥利弗·法拉·艾默森（Oliver Farrar Emerson, 1860–1927），美国语文学家，乔叟学专家。——译者注

② 比较下列高水平观察者的论述：索米斯小姐指出（《语音研究》第5卷，第230页）："教育良好的南部人的发音……正在迅速成为教育良好的英格兰人的发音……与良好社会混合的40岁以下的北部人，通常已摆脱了罗依德教授所列举的所有特征，只不过他们仍区分path和father里的元音。"约翰·斯托姆指出（《英语语文学》，第23页）："受过教育的英国人的发音，不像一切皆基于巴黎的法国人那么统一，但是远比德国人统一得多……较高阶层的发音与受过教育的伦敦人的发音总体上一致，贵族在全国各地拥有庄园和房产，每年都在那里度过很长时间，把南英格兰发音传播出去，这是个有力的因素。以前，在苏格兰人当中只能听到纯正的苏格兰发音，而今，许多人却力图学会南英格兰发音。"——原注

③ 《论16世纪初以来的法语发音——依据语法学家的术语》（De la prononciation française depuis le commencement du XVIe siècle, d'après les témoignages des grammairiens，巴黎，1881），第1卷，第lxxxvii页及后。[译者按：夏尔·图罗（Charles Thurot, 1823–1882），法国语文学家。]

④ 《巴黎口语》（Les parlers parisiens，巴黎，1893），序言。[译者按：爱德华·柯什维茨（Eduard Koschwitz, 1851–1904），波兰裔德国语文学家，罗曼语学者。]

观点差异，但是巴黎多数时候都被视为最精致发音之故里；尤其是王政时期，宫廷语言经常得到突出，此外还常有高等法院的语言，当然也时常包括被称为"都城上流人士"（les honnêtes gens）或"文化圈子"（la bonne compagnie）的那些受过教育的阶层或较高阶层的语言。多数作者认为，这些标准是并肩存在的，并无在这几种威望音当中做选择之必要或可能；不过，随处可遇到一些表述，其实际评判依据很明显在一定程度上与我对国语下的定义方向相同；例如，法布里（1521）似乎承认了通用发音（gemeinsame Aussprache）比野蛮人的方言高等[①]；帕尔斯格雷夫（1530）指出，他采取的发音就是巴黎及其最近的周边地区的发音，但他同时补充说，高阶官员无论身居何地，皆讲完美的法语[②]。安德莱（1687）认为，采用宫廷语言的理由之一是因为国王就是这样讲话的，而另一条理由则是贵族们从各地来宫廷会面，他们的语言比自己领地上的人们更纯正，各地贵族之间相互磨合语言[③]。19世纪，勒桑回答过人们如何才能够讲话尽可能纯正这一问题，他的回答是"细心避免外地口音"；另一些人则指出，定居在巴黎的法国南方人当中也有最好的发音，他们在巴黎失去了外地特征，而另有些巴黎出生的人，甚至是上层社会的人，讲

[①] "如今有人像野蛮人一样，发音时带着错误的口音和送气，说起话来全是粗话土话，听着太像皮卡第人、诺曼人、布列塔尼人那野蛮的口音。"——原注

[②] "他们国家的大臣、军官、决策者、知名教士，无论心系何地，没有谁不讲着完美的法语。"——原注

[③] "这里是各省的名流与重要人物聚集的地方，他们的讲话方式比他们领地上其他人优雅，他们会时常参考那些与国王走得最近的人，来对自己的讲话方式做些修补和打磨。"——原注

3. 最好的发音 Die Beste Aussprache（1904）

起话来却像马赛人或波尔多人一样糟糕。①——以上论述皆表明，我对国语的定义对法语亦有效。②可另外参见帕西论述的"国语方言"（Nationaldialekt），即一种无方言色彩的法语，只跟受过教育的巴黎人的语言略有不同，比任何（地方）方言都值得学习混合模仿。③

[100.]④ ……研究一下各种欧洲语言很容易就能看到，丹麦或许正适合用作拥有真正国语的国家之典型，或者至少可以说，比其他大多数国家更接近通用语之理想；这很容易就可解释为，这之中所需的唯一关键，即深入的交际，在丹麦拥有诸多有利条件：政治统一、国家小、没有高山等自然障碍阻断交流，此外，丹麦只有一座真正的大城市充当全国高阶知识生活、艺术生活、商业生活等方面的中心；在其他国家，上述条件越是缺乏，国语的形成就越不突显。

[101.] 挪威即是如此；挪威多峡谷，因山而各自分隔，一年中至少大部分时间，交通受到很大阻碍，这样的自然条件意味着，各地农民间的方言差异比丹麦大得多；由此造成的结果，在较高阶层的话语中亦有体现，故而呈现出比我国更加多样的关系。此外，自古以来，挪威并未形成真正的中心城市或首都，让人们从全国各地来此聚集；很长一段时间，卑尔根拥有成为这种中心的最佳条件，因为这里是活跃的商业活动中心，卑尔根话因而常被视为地方色彩最不突显的方

---

① 法布里（Pierre Fabri，约1450–约1535），法国学者，此处引述的是其著《详细而真实的完整修辞艺术》（*Grand et vrai art de pleine rhétorique*，1521）。帕尔斯格雷夫（John Palsgrave，约1485–1554），英国学者，英王室私人法语教师，此处引述的是其三卷本巨著《法语阐释》（*L'esclarcissement de la langue francoyse*，1530）。安德莱（Jean Hindret，生卒年不详），法国学者，此处引述的是其著《正确发音及正确讲法语的艺术》（*L'art de bien prononcer et de bien parler la langue françoise*，1687）。勒桑（M. A. Lesaint，生卒年不详），法国学者，此处引述的是其著《法语发音的完整特征》（*Traité complet de la prononciation française*，1871）。杜邦-维尔农（Henri Dupont-Vernon，1844–1897），法国学者，此处引述的是其著《修辞原理》（*Principes de diction*，1882）。——译者注

② 杜邦-维尔农，转引于柯什维茨第 xvii 页。——原注

③ 《语音学研究》第 1 卷，第 19 页及后。——原注

④ 以下三节译自丹麦文版《语音学》（1899）。——译者注

言，比其他任何城市或地区的方言都更能够获得全国的认可；卑尔根人也为戏剧舞台等提供了腔调。然而，这种国语虽然一定程度上符合我的定义，却无法完全形成，除了上文提到的自然条件之外，对丹麦的依赖同样发挥了重要作用，例如，大多数公务人员要么是从丹麦招募的，要么是从在丹麦受过教育的人当中招募的。本世纪①，克里斯蒂安尼亚②未遇太强竞争即逐渐获得了高于全国其他城市的主导地位。但与此同时，本世纪却出现了推动该国各地间交流的交通与交际途径，这途径在语言方面的成果亦未缺席：该国形成了一套"全国通用"的挪威语发音（"landsgyldig" norsk udtale），而地方发音特色，即使是卑尔根话或克里斯蒂安尼亚话，也开始受到指责、摒弃和闪避，这跟丹麦的地方方言的情况类似。

[102.] 在瑞典，国语的形成条件比挪威有利，但不如丹麦，因为瑞典国土广袤，有大片土地人口稀少，这就使该国各个地区之间的交往不如我国频繁。该国首都的主导力也不如哥本哈根，一直存在哥德堡这个竞争对手。因此，有经验的人辨别那些自学成才的瑞典人来自瑞典哪一地区，比在我国容易做到；不过，瑞典也存在一种基本无地方特色的发音，并且南部和北部的较高阶层发音之间的差别当然也在下降。"瑞典国语"（Svenskt riksspråk）这个术语被当今的若干研究者做了不同定义；伦代尔认为（《正字法问题》[Rättstafningsfrågan]，1886，第55页）："瑞典国语就是受过教育的瑞典人普遍使用的语言"；但是，在他给出的详细解释中，好多地方显示出他的方向与我在上一章③中给出的阐述是相同的。吕特肯斯和伍尔夫将其定义为（《语音学》[Ljudlära]，第12页）："良好成长者的一致发音"，对此我想请大家格外注意"一致"（öfverensstämmande）一词；两位作者在下一页补充道，"细微而合

---

① 指19世纪。——译者注
② 挪威首都，1925年更名为奥斯陆。——译者注
③ 指丹麦文版《语音学》中的"最好的发音——丹麦的国语"一章。——译者注

3. 最好的发音 Die Beste Aussprache（1904）

理的方言性，即国语内部'模棱两可'（vacklande）的发音，……其实比许多人想象得小。无论如何，可以肯定的是这一差异将日益缩小。"不过，这两位作者在其他地方却对国语做了非常不同的定义，如《瑞典语发音词典》（*Svensk uttalsordbok*, 1889）中，国语是"受过教育并且其话语已实现一定程度的打磨（hyfsning）的瑞典人所讲、所遵循的语言，……受过教育的人如果从那些未受教育的人的方言或是农村方言中吸纳了某些词汇或发音，这样的成分不能直接算作国语。只有被吸纳的词得到更广泛的使用，被吸纳的发音在足够广泛或足够主流的各地被认定或接受为'良好成长者的一致发音'之时，才可认为已属于国语。"最后，在1892年语文学家大会上，伍尔夫把国语发音定义为"受过教育的人刻意使用的发音形式，其标准总体来说鲜有差别，被全国各地受过教育的人所追求，或至少被他们所喜爱"。我认为，这些各有千秋的定义中，强调点过多放在了受过教育的人有意识的追求或赞同上；如后面我们将会谈到的，思维未有意识触及语言正确性时说出的话，本身就优于受过教育的人认为值得追求的语言；不过也应当看到，这些定义谈到充分一致性时，都更接近于我的阐述；不同地区的人讲话一致之处，皆无法为其发音做准确的地理定位。与我的定义更加接近的是诺伦提出的定义（《研究集》[*Spridda studier*], 1895, 第111页）："国语或官方语言与'方言'相对，是可运用于全国范围的语言，即可以用来充当全国居民的共同交际途径的语言，因此得到普遍认同，进而得到普遍追求。"①

---

① 还应参见斯威特的有趣论述（《瑞典语的语音与形式》[*Sounds and Forms of Spoken Swedish*], 第460页）：瑞典人自己常说他们没有国语或标准语；诚然，受过教育的瑞典人之间的一致性远低于受过教育的英国人（不算苏格兰人）。然而，来自最遥远各省的受过教育的瑞典人亦能够相互交际，而同一省份的农民相互之间却可能一个字都沟通不了，这个事实清晰证明出，全体受过教育的说话者期待达到的某种共同标准必然存在；而他们的发音依旧保留了足以暴露他们的家乡的方言特色之事实，仅仅表明他们尚未完全达到这一目标而已。——原注

（三）

58. 但是，最好的发音的问题并不会因为我们确定了国语发音就基本一劳永逸地得到了解决：即使国语发音内部，仍存在许多单个词语的发音区别。若要衡量这一点，我们就必须参照上文§44节提到的原则①。每一口头思想交际皆涉及两方面，一是说，二是听。说本身是一项工作，听则是另一项；双方得到的越有限，即语言本身造成的抗摩性（Reibungswiderstand）越低，思想得以表达和理解所需要的精神能量（geistige Energie）就越多。用泰格奈尔的话说，语言之理想正是"最易说出，即最易理解"②。——如今可断言③，这之中存在利益冲突，因为说者希望尽可能少说，因此对他来说，最容易、最简便的话就是最理想的，而听者则希望每句话都是越清楚越好，也就是必然会要求强力而具体的发音活动。说者如果只在乎自己的利益，就会满足于用尽可能小的发音力量嘟囔越少越好的几个词；——但是这样的话，对方就会什么都无法理解。

59. 这一推理过程可能很有吸引力，看上去非常诱人；但是，如果对问题仔细加以审视，一定会发现双方所谓的冲突只是表面上的而已。按照这说法，说话仿佛只是为了让听者把话听懂，几乎每个词都

---

① 该原则是："我们必须把重中之重放在所达到的理解量上。因此，用最简洁的话说，最好的发音，就是最易理解的发音。"（Jespersen 1904a：38）——译者注

② 语出泰格奈尔《论语言与民族》（Om språk och nationalitet）一文。泰格奈尔回答"本族词和外来词哪个更好"这一问题时，指出"人们已把最易给出的符号视为最易懂的符号。"（... man har funnit det tecken som lättast givet lättast förstås.）（Tegnér 1922[1874]：137）。该文原载于《瑞典文学、政治与经济学报》（Svensk Tidskrift för litteratur, politik och ekonomi）1874年卷，重印于《语言世界选——以塞亚·泰格奈尔论文三种》（Ur språkens värld, Tre uppsatser av Esaias Tegnér, 1922）第1卷。——译者注

③ 弗洛德斯托姆（Flodström），《新拼写》（Nystavaren），第1卷，第141页及后；参见诺伦《研究集》（Spridda studier），第172页。——原注 [译者按：《新拼写——正字法问题学报》（Nystavaren: Tidskrift för rättskrivningsfrågor）是瑞典的正字法改革派刊物。]

3. 最好的发音 Die Beste Aussprache（1904）

成了一种施舍，布施者希望给得越少越好，受恩惠者则是得到越多就越高兴。然而，在话语交流方面，日常生活经验必然表现出许多与此完全不同的地方。我们经常见到完全相反的情况，说话者对被听到、被理解的在乎，超过了听话者对听他说了什么话的在乎。交际内容观念无差别地为双方的利益而存在；一方不仅为另一方服务，而且通过把话说得清晰易懂来服务于自我。——而另一方面，有些情况下，使用简短便捷的形式很大程度上既是为了听者的利益，也是为了说者自己的利益；此外，发音最简单的形式，占用听者的时间较少，耗费听者的听力和理解力较轻。

60. 若要为同一语言里共存的两个或两个以上形式做评估，可理解度和方便程度这两点原则就都要考虑到；即使是弗洛德斯托姆，也无法把二者分别跟听者或说者挂钩，他必然会承认这句话是千真万确的："实际的语言，必须通过简洁与清晰两种要求之间的持续折中来构筑。"不过，这两条原则之间如果出现冲突，做出决断并不困难，因为对可理解度和清晰度的考量必然永远优先于对方便性和简单性的考量；语言的目的在于思想的交流，在实现这一目的过程中尽可能做到便捷只是第二位的考虑。

61. 语言形式或高或低的方便性取决于若干因素。首先是肌肉工作量之小（Kleinheit der Muskelarbeit），较短的形式，或者以最方便的语音组合呈现的形式，比那些较长、较笨重的形式发音简单。这种情况下，实际上也只有这种情况下，与清晰性原则的冲突才会出现，因为过于简练的安逸发音会变得不清晰，甚至完全无法理解。——某一形式的方便性可因习惯而养成，因为频繁使用的形式的发音，耗费的力度低于不那么频繁使用的形式。实际上，许多情况下，频繁使用的音组的发音，远远简单于那些发音活动力度较低但却不常用的音组的发音，因为从纯肌肉关系中获得的方便，早已被注意力的必要提升所超过。这样一来，只要说话双方受的是同一种语言的训练，两人在此方面的利益就是完全相同的；不常见的形式在这一机制中导致的抗摩性，对双方来说是等同的；如果很难发音，就会很难领悟；这就会占用听者略多时间，而用在获取思想内容上的能量却减少了；的确，听者的注意力可被不熟悉的语言形式引开，使他没有通过语言来思考问题，而是在思考语言本身。而这与语言交际的目的是相悖的。其他因素相同的情况下，最好的语言形式，就是能够以完全无意识的方式发出并被理解的形式。由此，有句经常被当作是不言自明的话，我们看到了它的理据：从发音的角度来看，"使用"（Gebrauch）似乎成了唯一的标准或是最高的标准。[1]然而，恰恰是这一理据让我们发现，"使用"是无权提升至最高原则或普遍有效原则之地位的；它只是若干平等原则之一，而这些原则都是次要原则，一旦需要考虑可理解度，这些原则都必须闪开。

62. 第三，某一形式的便利性高于另一形式，亦可基于发音以外的关系，这关系就是某个词和该语言中现存的其他词以及和同一词的其他形式之间的心理联系。一个形式的语言关联越多、越简单，就越容易被说者说出，被听者领会。正因为此，规则形式才比不规则形式更受到青睐；但是不难理解，这种便利性跟前述两原则之间并无冲突；一个因类推而产生的新构形式，在其存在的第一阶段须与旧形式斗争，充当其同盟军的始终是实践中的便利性，有时还要加上简短性，如boll（犬吠，过去式）、kiff（痛骂，过去式）、krisch（尖叫，过去式）被bellte、keifte、kreischte取代。[2] 语言史里，我们时而看到一条原则胜利，时而看到另一条原则胜利；不过，对并存的若干形式做评价时，若要在这两条方向相反的原则之间做选择，因为缺乏尺度，所以我没有发现解决方法，故而只能在每一情形中，让每个人的语言本能来做自由决定。

63. 由此推衍出的思路就是，必须依据同一个词在句子中的不同

---

[1] 如果推进这句话，就会认定每个个体对无情感发音的使用皆与他人完全相同，因此，每个人都必须"按照他已发育好的嘴"来讲话。——原注

[2] 这三个动词的不定式分别是bellen、keifen、kreischen，原有的过去式boll、kiff、krisch是词干中存在"变音"（发生元音交替的词根 + 零屈折后缀）的不规则形式，今已被规则形式（无元音交替的词根 + 表过去的屈折后缀 -te）bellte、keifte、kreischte取代，"强变化动词"变成了"弱变化动词"。——译者注

3. 最好的发音 Die Beste Aussprache（1904）

位置，认可其两种或两种以上的发音形式。词与词的接触经常导致变化，尤其是同化[1]，因此，处理一个词的末音和另一个词的首音时，仿佛二者皆位于词的中部。人们经常在wenn nicht中省略一个n，在will leicht中省略一个l（参考vielleicht [也许]），在wird täglich中省略一个t，在willst du中省略一个t（d此时经常失去其浊声），等等。此外，元音处于句子的弱位置时，经常会缩短或弱化，甚至完全脱落。因此，der（定冠词，阳性主格）变成了[dər]，den（定冠词，阳性宾格）变成了[dən, dn]，如er sah **den** Dieb（他看见了那贼，一般体），而den在er hat **den** Dieb gesehen（他已看见了那贼，完成体）里，甚至只剩下了个[n]；wir（我们）可缩短成[vir]或[vər]，如wollen **wir** gehen（我们想去）；sie（她）也可变成[zi, zə]，还可失去其浊声，如das hat **sie** [sə] gesagt（她说了这话）；ihn（他，宾格）、ein（不定冠词）、denn（然后）都可以缩至仅剩一个[n]，如Dann will ich **ihn** doch mitnehmen.（于是我想带他一起去），Ich habe mir **ein** Buch bestellt.（我给自己订了本书），Was hat **denn** deine Mutter gesagt?（那么你妈妈说了什么？）等等。对这类形式的最常见的看法，就是认为它们代表了不应有的粗心大意，属于粗俗语。许多人不愿意承认，这样的形式他们自己也在用，著名的演员及演说家同样也在用。人们对自我的认识，恐怕没有哪里比此处更匮乏、更困难；卢梭说过："想学会观察每日之所见，需要很大的哲学学问"；他莫不如说"每日之所听"。口才极佳的国际和平推动者弗里德里克·帕西[2]（Frederic Passy）曾在1888年告诫我，不要相信他儿子们所说的ils一词在良好社会阶层中也可读[i]而非[il]之类的话，他对我说："[i n saf pa sk i di:z]"（Ils ne savent pas ce qu'ils disent.，他们并不知道自己说了什

---

[1] 见《语音学教程》第11章，里面给出了更多例子。——原注

[2] 弗里德里克·帕西（Frédéric Passy, 1822–1912），法国经济学家，各国议会联盟（Inter-Parliamentary Union, IPU）创始人之一，与国际红十字会创始人亨利·杜南（Henry Dunant, 1828–1910）共同获得1901年首届诺贝尔和平奖。他是语言学家保罗·帕西和让·帕西的父亲。1888年叶斯柏森游学于法国时，曾在帕西家居住。——译者注

么），由此，他充当了否定自己说法的反面证据——类似的情况在各国都遇得到。①

64. 人人都在用这样的形式，所以不可能是粗俗语；至多只能说，受过教育的人有些时候会避免这样说；这类形式最容易出现在句子中部，此时没人会注意到其存在。而这样的形式一旦单独出现，就会引起人们的注意，给人粗俗的印象。但是，这只是因为人们看了其书写形式或印刷形式所致；因此，这类形式在小说中和幽默小报中用来描述底层人士；也因此，人们见到用音标对自己的口语做的真实描写时，以为这是最低端、最粗俗的发音。每位语音转写做得好的作者，都曾被指责过粗俗；但是，如果严格按照这些转写，流畅地朗读给他们听，通常就能让他们放下这指责；索米斯小姐也说过②，"令人吃惊的是，他[斯威特]的含糊发音刚印在纸上时，有太多发音让人讶异，但随后就被认出是普遍用法。"

65. 如今有人认为，这些缩短的形式在高端诗歌的朗诵中不够美，在布道文中也是如此，因此不能算作正确形式。请允许我用一个类比来做回答：如果您获邀参加某位枢密官（Hofrat）的银婚，盛装礼服就是绝对正确的；但是，不能就此得出结论，认为这带有白色领结和白色的礼仪性硬袖口的"烤肉长礼服"（Bratenrock）③对生活中的一切场合皆正确，可用于办公桌前，可用作散步装，可用作浴袍！

上述形式根本不是什么鄙俗形式；这些形式在语境中足够清晰，并不会阻碍理解；这些形式比完整形式更简短、更迅速、更便利，至少在许多情景中比完整形式自然得多。任何整天用完整形式说话的人（例如把每个den里的元音都发成长元音），一定会被形容为做作、僵

---

① 丹麦语版《语音学》一书中，我还记录了其他一些类似的事例，既有我自己的亲身经历，也有其他人的经历。见第 84、85、90、91、120 页。——原注

② 《英语研究》第 16 卷，第 112 页。——原注 [译者按：此处引自索米斯为斯威特《语音学入门》（*A Primer of Phonetics*，1890）撰写的书评。]

③ 19 世纪用于正式场合的长款男式正装，通常称为 Gehrock，因用于设宴的隆重活动而被戏称为"烤肉长礼服"（Bratenrock）。这种正装在英语国家称 frock coat。——译者注

3. 最好的发音 Die Beste Aussprache（1904）

硬、让人受不了、迂腐气、像在教小孩；人们会说他说话像书本，奇妙的是，即使在我们热爱读书的今天，这也绝不是个褒义词。这一切恰好用大众方式表明了我们或可用更科学的方式阐明的道理：此人为了让自己的想法被听懂，用了过多的肌肉活动；他以不合理的高度占据了听众的注意力，仿佛他的想法特别重要一样。由于语言和发音除了表达思想内容（Gedankeninhalt）之外，还需要表达情感（Gefühl）和意志（Wille）（见§44节），故而还可看出，这样的人常常无法恰当表达出自己的真实内心：无论是欣喜若狂还是怒不可遏，都无法与缓慢而庄重的完整形式兼容。

66. 我们还需注意哪类词具有这样的弱化形式；如果借用汉语语法学家的一个重要术语，这些词毫无例外地皆属于"虚词"（leeres Wort）。这种无意识的倾向，把逻辑上的从属成分（即话语中真正具有语义的成分之间的连接成分）分配至语言上的次要位置，使之通过缩短和弱化而被感受到。这就让话语出现了透视（Perspektive）①，并非每样东西都在同一个平面上。②

67. 目前为止，我们谈的基本上都是相互交际中使用的日常语言；不过，同样的观点亦可毫无困难地运用于**演讲语言**（Sprache des Vortrages）。对演讲语言做调整以适应前述各原则，并不会导致每个词只有一种发音充当一切情形之标准。在大型集会上讲话，若要达到所期待效果，就必须考虑到现场有许多不同的听众，且各自有不同的需求。正如发言者在选词等方面必须比日常对话中更加细心，在语音形式方面亦是如此，这不像在日常对话中，听者若有不懂之处，可以打断说话要求进一步解释。因此，应当小心地使用通用语（即"国

---

① 美术学、几何学用语，指由近大远小的视觉效应带来的立体感。——译者注

② 参见下文论述语音定律问题的一章里关于 Guten Morgen（早上好）中的 morgen 和充当真正具有语义的词的 morgen 之间的风格区别的论述。——原注 [译者按：指《语言学的基本问题》一书中的第 7 章，该章由两部分组成，前一部分是叶斯柏森 1886 年发表的《论语音定律问题》（*Zur Lautgesetzfrage*）一文的略作删节的版本，后一部分是他新撰写的一份 11 页半的"补记"。这两篇文章的中译文，见《叶斯柏森论语音》（商务印书馆，2021）。]

语"），避免一切方言形式，这一点在演讲语言中比在口语语言中有更加迫切的需求。

68. 此外，与对话语言相比，声学条件此时亦呈现出不利；为了让即使位于最远处的听众也听得懂，发言者必须用更大的力量来说话。肺部活动必须更紧张，因此最弱的音节也要带着很大的呼气力度来说出，这力度或许已跟正常交谈中最强音节的力度相同。其他器官的活动也必然会加强，辅音的浊声声音发得尤其完整，因为距离较远时辅音通常不像元音那样听得清楚。例如，l和n的浊声声音平时并不重要；但是演讲时，为了让这些音清晰可辨，就必须像唱歌一样，把更强烈的浊声用在这些音上。像Glaube（信念）、Gnade（荣耀）之类的词若是再夸张些，很容易就能感受到l和n成了独立的音节，于是就出现了牧师布道似的形式，听着就像Ge-laube、Ge-nade。①此时这些辅音也超出了日常语言中的正常音长，而元音的音长即使有变化，也小得多。此外，对可听懂性的考量还要求整个舌、唇发音动作也要更加强烈，尤其要更加确切；发音必须比日常条件下力量更大；例如，der Berliner（柏林人）的末音节er，不能像平时那样滑向一个听着像a的不清晰元音（听着像da balina），而是要确切地把r音发出来。发i音时，唇必须向两侧拽得更加明显，形似一条缝；发u音时，唇必须向外突出，比我们在自家起居室里时更加拢圆，等等。演讲语言中的每一处皆要求比日常交谈更大的清晰性，原因很简单，正如旧时丹麦语言学家海斯加所言：“即使想问，也不能冲着布道坛上的演讲者问：'神甫，您刚才说什么？'”（《语法》，1747，第107页）

69. 最后，还要对速度（Tempo）做区别；说者不能像日常话语中那样，想说多快就说多快。不允许这样做有两个原因：其一，听者很难领会过快的话语，距离远一点时尤其如此，这必然会让他错过很多音；其二，如果不比日常交谈说得慢些，不让同一句子的词之间多出现些小停顿，说者自己就会无法舒适而清晰地进行发音。于是，这话

---

① 参见《语音学教程》§201节。——原注

3. 最好的发音 Die Beste Aussprache（1904）

题就成了这样：在演说中，抽象的阐述出现得比日常交谈频繁，跟上思路更为困难，所以若是含混不清地说话，听众就会太累。日常交谈中表述无关紧要的事情时如果太慢，就会显得很尴尬，就像初学者弹钢琴的叮叮咚咚声一样，原本连续的两音符间也给敲出了停顿，这样的迟缓会不时出现于老年人的话语中。然而在演讲中，尤其是科学讲座中，一定程度的慢速可能很有益处。演讲的速度当然意味着，很多在日常交谈中常能听到的同化以及词的缩短，无法用于这讲座风格；那样的现象当然只见于跟其他词一同构成的较快速的复合结构之中。因此，交谈语言中存在同一个词的两种或两种以上形式之处，演讲语言常常只能出现一种形式，此处最常见的就是受磨蚀最少的完整形式，故而也是最保守、最陈旧的形式。

70. 演讲语言中的古体倾向（archaisierende Tendenz）无论多么自然、多么合理，这合理性都无法普遍化：有些论断认可旧形式，不是因为这些形式比较旧，而是因为这些形式比较清晰。即使这些形式比日常交际中的形式更能够跟书写形式相吻合，得出结论认为演讲者故而必须遵循这样的形式，依然是错误的。钟爱较旧形式或按书面字母发音的形式是绝对没有道理的，那样并不会在清晰度方面有所收获，sehen、ruhe、du fichtst、selbstständig皆如此。同样绝不应忽视的是，语言演化是常态的，演讲语言必然应紧随其步伐，即便比口头语言略微滞后也依然如此。我们注意到，公共演说在上个世纪里出现了日益向自然话语靠拢的倾向。最初仅用于句子内部的某些结构中的形式，将逐渐渗透至其他位置上，逐渐变成普遍而自然的形式，在各处皆可被容易地理解——这就表明这样的形式用于演讲中也是合理的。斯库拉（Skylla）和卡律布狄斯（Charybdis）①之间不存在绝对界线，演

---

① 斯库拉和卡律布狄斯是古典神话中各居海峡一端的海妖。斯库拉吞吃水手为食，卡律布狄斯是旋涡的化身，荷马史诗《奥德赛》和维吉尔《埃涅阿斯纪》均有对这两位妖怪的生动描述。德语 zwischen Skylla und Charybdis、英语 between Scylla and Charybdis、法语 entre Charybde et Scylla 等皆表示绝望而无奈的选择，有"两害相权取其轻"之义。——译者注

讲者必须始终意识到自己是在二者之间游动：如果太靠近日常语言，就存在部分词语和分句被许多听众遗漏之风险，讲话的效果因而会削弱；如果太远离日常语言，则很容易显得僵硬而迂腐。

71. 常见的一种看法是，演讲语言是最重要、最华贵的，是所谓的"高端风格"，必须充当日常口语之标准；按照这一看法，对那些无法忽视的偏常规之处，人们绝不会赞赏，至多只是不情愿地容忍着而已。不过，相反的事情才是正确的：口语语言是真实的语言，必然是演讲语言之标准，恰恰具有上述关系带来的不可避免的偏离常规之处。口语语言是这两种语言中较新鲜、较有活力、较自然的一方，演讲语言略显僵硬与人造，则是其本质所致。全体人类的精神生活，极大程度上是通过交际而构建并演化的，而个人话语——无论所说还是所听——扮演的都是小得多的角色，涉及语言本身时亦是如此：真实的语言生命、真实的语言演化，在日常口语中发生得远远多于演讲语言中。

72. 如前所述，演讲语言中必然自始至终遍布大力度的强调；由此，一切都转移到了同一平面上，而日常语言中却存在更多的透视。这一差异在句调方面格外明显，而句调是语言的乐性成分，是语言最精致、最富表达性的效果手段之一。音高轨迹以声带运动为基础，伴随格外强烈的呼气，而控制声带运动却较困难；因此，演讲时的声音时而趋于单调，时而趋于大幅度起伏；还有些时候处于某些刻板化的音高轨迹，这样的音高轨迹常被刻画为"讲坛调"（Kanzelton）。重音的精致细微之处，距离较远时会丢失，而在日常话语中却能更容易地显现出来，同一句子，仅通过句调即可使之理解为戏谑逢迎还是冰冷挖苦，欢快喜悦还是莫名其妙，演讲者的口中，这样的情况是不可能做到的，原因之一即在于演讲者不能任由句子充当无间断整体，而是必须在词与词之间多做些分离。这样，我们就遇到了表演艺术中最大的难题，尤其是对话方面：演员最好能在非常不利的条件下（观众众多，许多人距离很远）达到自然交谈的所有效果。那些致力于演说术的研究与教学的人士，也表述过类似的思想。正如贝尔所说："公

3. 最好的发音 Die Beste Aussprache（1904）

共演讲与风景画有可比之处。效果是远距离产生的，必须做些相应加强才能够被众多听众正确理解。这种话语风格，已经为了让大范围内的听众听清楚而做了调整，若是用这样的风格仅对着一位听者讲，会强烈到让人难受，这正如一幅需隔开点距离欣赏的画，若是离观赏者太近，会显得苍白无色、支离破碎。不过，在画廊的画里看得到的微弱线条和精细色块，若是画在舞台的背景幕布上就白费了，因为看不到；同样，交谈话语的软效应在讲坛上也会丧失且无从感知，因为听不到。"① 帕莱斯克也写下过类似的话："如果发音以美感为目的，那么清晰性就必然无法成为人们格外关注并竭力追求的东西。因此，面向大量听众的露天演讲放弃了许多关于美感的期待。人们听到的只是呐喊者以同等力度抛出每个音节的声音，这是为了让尽可能多的人理解。"②

73. 除了重音等方面之外，日常语言在其他方面其实也被视为高于演讲语言的语言。语言演化大致体现出一种朝向更短、更容易、更简洁形式的稳定进步（即使不是匀速进步），因此，思想交流和思想观念变得越来越清晰，遇到的障碍也越来越少。那些所谓"形式丰富"的语言，其实是些深受诸多笨重而精细的形式困扰的语言，通过逐渐磨蚀掉这样的形式，人类精神已获得了显著的优势，由此，我们当今的语言已成为顺畅的思想工具。③ 观察充满完整而笨重的形式的演讲语言和充满简单而短小的形式的日常口语之间的反差，由此思考已持续数千年的语言演化，我们必然会把前者归为不完美的语言类型的留存，而自然的日常口语才是指向未来与进步的语言类型。

74. 交谈语言和演讲语言这两种说话方式之间的界线当然不是绝对的，二者间可存在诸多过渡环节，如小型课堂上的教师语言。有人想把朗读话语（Lesesprache）确立为第三种类型，并且为朗读时的

---

① 《演说术论集与附注》第 8 页。——原注 [译者按：本段引文由贝尔英语原文译出，未通过德语译文做二度翻译。]
② 《演讲艺术》，第 2 版，第 82 页。——原注
③ 参见我的《语言的进步》一书，1894 年伦敦版。

发音给出特殊的规则，我无法赞同这种做法。朗读时和出声说话时完全没有道理要采用不同的发音。正相反，朗读者的艺术，很大程度上就是让听众忘记他是在照着书或纸稿朗读。布道者或其他演讲者朗读自己写的稿子，必须有能力让稿中字句就像是随着自己的思维自然涌出，如果朗读的是别人的作品，必须让发音和重音跟自己的词句相同，而不是跟别人的相同。① 不过很明显，把书写或印刷的痕迹消除掉不是件简单的任务；难处主要在于书面形式对口头形式的重现是不完整的，许多强调和重音根本无法写出来；例如，许多朗读错误是由于某个标点标得太小，事先无法看清楚，也有些时候，朗读者需要些时间准备调整自己的声音。若要把所朗读的东西读出完全自然的语调，就必须把自己沉浸在所朗读的东西中，让音高自动起伏，仿佛这之中的词产生于与平时说话时相同的心境；相反，如果不这样朗读，这之中的词以及决定语调的心境必然会像从死字符里读出来的。除了语调问题之外，最大的难点还在于速度，因为如果认识不到这一点，就很容易朗读得明显过快。这里的原因非常简单，说话的速度比舌、唇所允许的速度慢许多，因为日常交谈中，有显著的脑部活动参与思维的组织和语言表述形式的选择，这项任务完全无意识，故而往往被许多人所忽视，或者至少是被低估。与之相反，朗读时，很大程度上还包括朗诵背熟的篇章时，不需要做这件事情；把死字符转成活词，是项比为思维搜寻词简单得多的工作。人们看字比说话快得多，出声朗读时往往也非常快，对所朗读的话题或表述较为熟知时尤其如此。每位速记员都会觉得，大多数时候，说话者只要开始朗读（而不是用自己的话来说），就几乎完全无法跟上。由于发音的清晰性和发音速度常常成反比，我们会发现朗读者冒的是两重风险，其一是未被听懂，其二是教课的老师听着这朗读时必然会不断重复两句指令："慢点！""清楚点！"但是，朗读时如果遵循与正常说话时基本相同的速度，就绝不存在把词发成不一样的音的理由了。只有缺乏经验的朗

---

① 一首诗，每朗读一次都是一次改写。帕莱斯克，同上，第34页。——原注

3. 最好的发音 Die Beste Aussprache（1904）

读者，才会让自己被书面形式误导，例如，把ritten [rɪtn]（骑乘，过去时复数）读成[rɪtən]甚至[rɪtɛn]。因此，那些谙熟朗读艺术的人，能够回避开古旧过时的形式，例如，即使书上写着es wallet（它起伏）、es brauset（它怒吼），他也永远读成es wallt和es braust。最自然的日常形式也是朗读时的最佳形式，当然，除非诗歌格律要求读成更完整的古体形式，如Und es wallet und siedet und brauset und zischt（[海浪] 起伏、翻滚、怒吼、唏嘘）①。无论从科学角度还是实践角度，似乎都没有理由把朗读语言分离出去作为特殊一类，若为其给出规则，仅此一条即可：遵循自然语言的发音（依据交谈语言的环境或演说语言的环境），越贴近越好。

---

① 语出席勒《潜水者》（Der Taucher，1797），舒伯特曾两度为该诗谱曲。此句中的动词 wallen（起伏）和 brausen（怒吼）的单数第三人称形式本应为 wallt 和 braust，但因诗歌格律需要而使用了古体形式 wallet 和 brauset。——译者注

4. 语种起源①
Origin of Linguistic Species
（1909）

半个世纪前，达尔文的《物种起源》问世时，当时最前卫的比较语文学家奥古斯特·施莱歇尔已有能力宣告，语言学的子弟们早在达尔文之前，就已经是自己领域里的达尔文主义者了，进化论在语言学角度下不仅早已得到推进，而且早已得到证实。

"语种"（linguistic species），必然是指日常话语中所称的"语言"（language），如法语及其众多方言、次方言或变体；正如自然史学者把个体繁衍后代、后代再繁衍后代的力量视为构成某一物种的标准，我们亦可以说，如果两个个体可相互听懂，二者的话语就构成了同一语言，如果缺乏相互理解的力量，则为两种不同的语言。因此，法语和意大利语是两种不同的语言，尽管二者属于同一个"语言家族"（或称为"属"[genus]），即所谓罗曼语族。而罗曼语族又构成了雅利安语系或印欧语系（即"科"[order]）的一个部分，该语系还包括日耳曼、斯拉夫、印度—伊朗等语族。

自然史学者在确定怎样才算同一物种，怎样才算不同物种时，经常要面对极大的困难，语文学家也有同样的疑难，前面提到的标准未

---

① 译自《科学界——科学综述国际学报》（*Scientia: Rivista internazionale di sintesi scientifica*），第 6 卷，第 111—120 页，原文是英文。——译者注

4. 语种起源 Origin of Linguistic Species（1909）

必总能简单贯彻。丹麦语显然是一种不同于瑞典语的语言，可是受过教育的哥本哈根人听懂受过教育的斯德哥尔摩人，却比后者听懂瑞典达拉纳省（Dalarne）的佃农更容易。不过，总的来说，语言和动植物物种之间的类似之处确有可比性，于是问题就自然而然地产生了：语种是如何起源的？其起源方式与动植物物种的起源方式可比？还是完全不同？

如今，自然史学者会说，新物种要么通过极其微小的变化和波动在漫长岁月中逐渐积累而形成，要么可因某种突然而自发的变化而产生，后者今被称为突变（mutation），尤其得到了著名的荷兰植物学家许霍·德弗里斯教授①的研究。

但是，大多数语文学家会说，语言领域只存在第一种形成方式，渐变足以解释现存各语言间的无限差异。现代方言学在各地皆向我们展示出逐渐过渡和较小差别，某一村庄与东面的邻居共有某些特点，与西面的邻居共有另一些特点，等等。这一点首次得到强调，可能是舒哈特1870年在莱比锡大学的答辩讲座（trial lecture），题为《论罗曼语方言的分类》（Über die Klassifikation der romanischen Mundarten）（直到1900年才印行），他在该讲座中指出，意大利语方言越是靠近法国边境，与法语具有的相同特征就越多；而另一方面，靠近边境的法语方言，与意大利语的相似点数量也是逐渐增加的。此后，这看法被各国的许多知名语文学家强力推崇。依照这一观点，只有各种中间形式发生消亡时，才会出现尖锐边界；这与达尔文对某些动植物物种之间发现的尖锐边界的解释方式是相同的。村庄A常可由于政治等原因而被拽往某一方向，而其临近村庄B则被拽往另一方向。A因而吸纳了越来越多某类特征，而B则将自己的话语同化入其他地区所讲的方言；A和B之间的交流可能会减少，因此，起初很微小的差别可随时间而加大，最终造成真正的障碍，使相互听懂变得费劲或是干脆不可能。如果"标准语"及政治首都或文化中心的方言广为人们所接受，

---

① 许霍·德弗里斯（Hugo Marie de Vries，1848–1935），荷兰植物学家，遗传学早期探索者之一，基因突变理论的发现者。——译者注

就尤为如此了。

这就成了普遍接受的理论,其真实性未被质疑,也无可置疑,哪怕这之中并未把所有因素全部考虑进去也依然如此。对此,有些从事语言研究的学生会补充一句:新语言还可以通过言语混合(speech mixture)而产生,如某一部落由于这样或那样的原因而采取了与之不同的部落的语言,其方式并不完美,留下了许多他们原有的语言的痕迹。此类言语混合对我们的问题有多重要,从未得到过充分的研究,我也不打算在这里尝试做这样的研究。即使是最新的研究里也只是暗示性地断言,微小变化的积累足以解释新语言的产生。想想近年来的某些要打破非亲缘语言之间界线的鲁莽尝试,这似乎是唯一的可能性。我指的是特隆贝蒂提出的旧大陆(甚至可能还包括新大陆)的所有语言最初都是统一的这一理论(《语言起源的统一性》[*L'unità d'origine del linguaggio*, 1905]),以及赫尔曼·莫勒的有更充足证据支持的雅利安语言和闪米特语言相统一的理论(《闪米特语与印欧语》[*Semitisch und Indogermanisch*, 1907])。

然而,一种与突变理论极为相似的理论早在1886年就被美国民族学家赫拉修·黑尔①提出了(见《语言的起源》[*The Origin of Languages*],美国科学促进协会丛书第35种,1886;《语言的发展》[*The Development of Language*],加拿大学院,多伦多,1888)。因为这些论著似乎完全没有被一流的语文学家注意到,所以我想为其做个简短的提要,略掉那些我认为已被近来的语言学思想和研究证明是错误的部分,例如他用这一理论来解释所谓语言发展的三个阶段:单音节阶段、黏着阶段、屈折阶段。

---

① 赫拉修·黑尔(Horatio Hale,1817–1896),美国民族学家,早年参与过美国海军将领威尔克斯(Charles Wilkes,1798–1877)率领的太平洋海域考察(United States Exploring Expedition,1838–1842),撰写了考察报告第6卷《民族学与语文学》(*Ethnography and Philology*,1846)。黑尔是美洲原住民语言文化专家,著有《伊洛魁族仪式集》(*The Iroquois Book of Rites*,1883)、《俄勒冈贸易语("奇努克行话")手册》(*A Manual of the Oregon Trade Language, or "Chinook Jargon"*,1890)等著作。——译者注

4. 语种起源 Origin of Linguistic Species（1909）

该作者因比法国大不了多少的俄勒冈①竟然共存着至少30个不同语系而感到惊讶。这一区域里，30个不同的无语言人类祖先群体，一开口说话就说着30种迥异的语言，是无法让人信服的。作者故而断定，语群之起源可从幼儿制造语言的本能中寻找。把两个刚刚开始说话的孩子放在一起，他俩有时会发明出一种完整的语言，足以应对相互交流的一切目的，其父母完全无法听懂。普通家庭中，此类语言形成的条件，最有可能形成于双胞胎之间。作者继而提到了他遇到过的幼儿以此方式创造语言的例子，共5例。他总结道："很明显，要想确保创造出一种可充当某一全新语群之母的话语，只需把两名或多名幼儿放在完全没有或基本没有其长辈在场且不受其长辈影响的环境中。他们必然能够把这一状态维系很久，足以让他们长大、组建家庭、生儿育女，并且就用这样的新话语跟自己的儿女交流。"

这类条件，他从美洲的狩猎部落中找到了。这样的部落里，个别家庭游离至族群主体之外是很常见的。"在近现代，某一族地若被整体占领，其出逃民众只能逃至其他部落的疆土，若得到后者好心收留，很快就会被同化吸收。但是在原始时代，他们面对的是无人居住的广袤区域，想找到某个栖身角落或丰饶谷地并非难事。……这种环境中，假如狩猎者生活中的疾病或伤残使父母殁，子女们能否生存显然主要依赖气候的性质以及全年各季可获取食物的容易程度。古代欧洲，当今的气候条件稳定下来以后，仅剩下十岁以下儿童的家庭能否熬得过一个冬天都很值得怀疑。因此，我们看到欧洲仅有四五个语群并不惊讶。……在北美，落基山脉以东、热带以北的区域情况与之相同。……不过，有一个地区，大自然似乎为虚弱而无助的孩子充当了乐此不疲的奶妈，或是富裕的继母……这就是加利福尼亚。它那惬意的气候（此后为长篇幅描述，从略）……在这样一个气候温和、物产丰饶的地区，生活着大量语言各不相同的部落，详细的研究已划分出

---

① 指19世纪中期尚未并入美国时的"俄勒冈领地"（Oregon Territory），包括今俄勒冈、华盛顿、爱达荷三州全境以及蒙大拿、怀俄明两州的一部分，面积约为今俄勒冈州的三倍，因而比法国略大。——译者注

了19个不同语群，我们需要大惊小怪吗？"在俄勒冈以及巴西内陆，该作者发现了类似的气候条件，得出了相同的结论；然而在澳大利亚，气候和上述地区一样温和，我们发现了数百，甚至数千个小型部落，像南美洲的小型部落一样彼此完全隔绝，但讲的却全都是属于同一语群的各种语言——这是因为"存在其他条件，让与之隔绝的其他语群的幼年儿童无法生存。澳大利亚全境皆易遭受严重干旱，食物十分短缺，原住民因此常常极为困苦"。

这就是黑尔的理论。我们来简单看看黑尔引述的证据。下面我们会看到，这些证据分为两个方面。一方面，他指出了幼儿喜欢对语言搞发明创造的倾向；另一方面，他指出了语群或语种的地理分布。我先说后一类证据。

从我能观察到的情况来看，有关这一问题的事实与黑尔的理论非常吻合。一方面，可以举爱斯基摩诸语言作例子，这些语言分布于从格陵兰东海岸到阿拉斯加的区域，彼此间的差异小得惊人，而幼儿若在此区域独自生存，必定会早早夭折；也可以举另一半球上的芬兰—乌戈尔语言作例子，这些语言也是分布于广袤的地区，彼此间关系却十分近密。与之相反，黑尔已经引述了的美洲语言亦可为例，我不想假装自己很懂这些语言，但是从最具才干的专家最新出版的著作中，我得到的印象是这些语言在语音上、语法结构上以及词汇上皆极具多样性；尤其应参见罗兰·B.迪克森（Roland B. Dixon）和阿尔弗雷德·L.克罗伯（Alfred L. Kroeber）1903年发表于《美国人类学家》(*The American Anthropologists*)的《加利福尼亚的原住民语言》(The Native Languages of California)一文。近年来的研究让人们有可能为这些至今仍被认为是各不相同的语群的语言之间构建某种亲缘关系（如迪克森1906年在第15届美洲学家大会[XV Congrès des Américanistes]上宣读的那篇很有意思的《沙斯塔—阿霍马维语群内部的语言关系》[Linguistic Relationship within the Shasta-Achomawi Stock]），但是即便如此，这样的相似性依然很不完善、很不可靠，通常只是些很远的相似性，这种相似性证明的似乎是黑尔的阐释，而

4. 语种起源 Origin of Linguistic Species（1909）

不是常规的渐变。

而巴西的例子，我想引述的是C.F.P.冯·马提厄斯（C.F.P. von Martius）1867年在《美洲民族学与语言艺术论丛》（*Beiträge zur Ethnographie und Sprachenkunde Amerikas*）第1卷第46页提出的一些有趣论断："在巴西，我们见到的是人数稀少且分布不均匀的原住民人口，他们在体型、气质、习俗、生活方式等方面非常一致，但是在语言方面却呈现出惊人的多样性。一种语言常常仅限于少数有亲属关系的个体，因而成了不折不扣的家族遗产，这就使其使用者跟他人相隔绝，使相互间无法理解。我们在巴西内陆沿河而上时乘坐的那艘船上，每20位印第安桨手中常常仅有三四位能够互相说说话……他们只是默不作声地坐在一起，对彼此毫无兴趣"。

但是，问题的另一面是什么情况？儿童真会发明词吗？可以把完整语言的开端归因于这类儿戏似的词吗？儿童发明词之说经常被否定，就连冯特这样的优秀思想家也不例外。不过，我觉得这种怀疑并不对。我就经常目睹儿童极其自发地创造出一些臆造的名称，比如玩的东西的名称，这样的名称经常只是当天用用而已，第二天就又发明出个新名。我儿子就很喜欢在我家院子里"跑电车"，喜欢起些不同的站名用来停站。另有一种情况是，儿童使用的那些臆造的名称，须视为对成人语言中的词的不完善再现；不过，这种不完善再现常常跟原词差别明显，除非有人来直接讲明这词是何意思，否则没人辨认得出来。属于这两类情况的例子，我希望今后能够另行出版。这里我只想提醒大家一个事实：这种臆造的词有时也会被"大人"所模仿，他们会觉得这些词很好听、很好玩。正常情况下，孩子长大了，这种词很快就消失了；但也有些时候，这些词会跟着这家人生存好多年，尤其是以此方式产生的昵称，常常就是这情况。

至于黑尔所说的那些固定了的"完整语言"，我首先必须向读者提到的是黑尔本人的报告，该报告里记载了他所知晓的五个例子。遗憾的是，他收集的语料太少，以致我们对这些语言本身、这些语言之间的关系、父母们的语言了解得都不够完整。不过，他的报告其他方面都很具启发性，我想格外提醒大家一个事实：多数例子里，儿童似乎都被父母给"宠坏了"，这几家中有一家（沃森家）就是这样的情况，尽管黑尔从他发现这一情况的那本书里的所做的引述中并未体现出这一点。

但是，有些记载中却有比黑尔的五个例子更加清楚的情况，如冰岛女孩塞温（Sæunn）的例子。（见约拿森、埃施里赫特发表于《丹麦月刊》的文章[Jonasson & Eschricht, *Dansk Maanedsskrift*]，哥本哈根，1858）塞温于19世纪初出生于冰岛北部胡纳瓦图斯县（Húnavatus-syssel）的一座农场，很小时就开始跟她的龙凤胎兄弟用一种和其周围环境完全不相通的语言讲话。父母不喜欢这样，就决定把男孩送走了，男孩不久后就夭折了。此时他俩竭力想让女孩学会讲冰岛语，但很快（明显有些太快了！）就认定她学不会，于是他俩犯了蠢，决定要学这孩子的语言，家中兄弟姐妹们跟着学，甚至他们的一些朋友也学。她哥哥把教理问答（catechism）翻译成了这语言，还担当起教区牧师和女孩之间的口译。她被描述为聪明的孩子，甚至用她自己这语言作了诗，只是有点胆小，不太信任人。约拿森给出几份她的语言的样本，埃施里赫特成功破译出这些样本是基于冰岛语词的，只是被搞得面目全非而已。约拿森听过这语言，他觉得这语言在语音和结构上似乎都与冰岛语全然不同，没有屈折，也缺少代词，词汇非常局限，她经常得通过点头或手势比划来对某个短语做补充，对话交流很难在黑暗中进行。有些复合词和隐喻中的创意让约拿森大为惊叹，尽管对埃施里赫特那更加冷静的头脑来说，这些东西显得过于幼稚原始，如"阉羊"被叫作mepok-ill，由me（学羊叫）+ pok（小袋袋，冰岛语为poki）+ ill（切掉）构成。记录下来的唯一完整句子是Dirfa offo nonona uhuh，意思是"Sigurdur起床特别晚"。埃施里赫特对整个案例的分析，剥掉了约拿森和女孩家的亲戚们眼中的那层神秘色彩。他极为正确地指出，假如女孩的父母当初能够在让她学冰岛语之事上有点毅力，那她早就把自己这语言忘掉了。他还把这女孩的词，跟他从自家亲朋好友的孩子那里观察到的一些对丹麦语词的怪异

4. 语种起源 Origin of Linguistic Species（1909）

扭曲做了比较。

我是很多年前读到这份报告的，那之后，我曾两度尝试获取我听说的类似案例的准确信息，一次是在瑞典霍尔兰（Hallland），一次是在芬兰，但都失败了。不过，1903年，我在哥本哈根大学讲授关于儿童语言的课程时，有幸获知一个离哥本哈根不远的案例，两个孩子讲一种他俩自己的语言。我竭尽所能地调研了这个案例，探望并倾听他俩好几次，从而核实了他们的老师在我的请求和指导下悉心记录下来的那些词和句子。这位老师经常和他们在一起。我因而能够相当完整地描写出他俩的语言，但遗憾的是，我的调研因1904年的长途旅行而中断了①。

这两个男孩子是孪生兄弟，我见到他俩时，他俩大约五岁半。母亲（未婚妈妈）在他俩很小时就把他俩扔着不管，兄弟俩很大程度上是在随意发展。他们的母亲长期病卧在医院，他俩则在一个偏远的地方跟着一位老太太生活。老太太据说耳朵聋，对他俩似乎也根本不上心。他俩四岁时，教区当局才发现两人被置之不管的情况有多可悲，他俩说的话根本没人听得懂，于是他们被送到了西兰岛的一间"儿童之家"，在那里才得到良好照顾。他俩起初极其胆小寡言，花了好一阵子才习惯跟其他孩子在一起。我第一次见到他俩时，他俩已学了一些正常的语言，能够听懂不少别人跟他们说的正常句子了，但仍然说不了丹麦语，有别人在场时极少说话。他俩单独在一起时，会十分自在地用一种完全没人听得懂的话交谈，有一次我藏在门后偷听，他俩以为没人在旁观察。后来，我和他俩交上了朋友，我让他俩把他们老师帮我记下的那些词句重复给我听，这样我就能把所有这些都做语音转写了。我会把由此收集的整个词汇表另行发表，这里我只能略做一些评述。

我对他俩的词汇中出现的音做的分析，表明他俩的发音器官十分正常。大多数词，无论扭曲、缩短得多么厉害，显然仍是丹麦语词：

---

① 1904年，叶斯柏森远赴美国参观访问。——译者注

清音l，我这里转写成lh，丹麦语没有，但在他俩的话里却是个非常常见的音；再加上一种让许多词以-p结尾的倾向，词就被很成功地伪装起来了，如sort（黑）成了lhop。我下面给出的是他俩对新玩伴们的名字的发音，括号里是丹麦语底层：lhep（Svend）、lhip（Vilhelm）、lip（Elisabeth）、lop（Charlotte）、bap（Mandse）；与之类似，医生（Doctor）被叫成dop。许多例子里还存在远距离语音同化，如牛奶（mælk）被叫作bep，花（blomst）被叫作bop，灯（lys）被叫作lhyl，糖（sukker）被叫作lholh，冷（kulde）被说成lhulh有时也说ulh，床（seng）被叫作sæjs，鱼（fisk）被叫作se-is。

最后，我再补充几个完整句子：nina enaj una enaj hæna mad enaj（我们不要给小兔子喂食）：nina是"兔子"（kanin）；enaj是否定词（nej、no），在每个否定句里都重复好几次，就像古英语以及班图语言里那样；una义为"幼小"（unge）。——Bap ep dop（曼德斯把玩具马头弄断了），字面义为"曼德斯、马、碎块"。——Hos ia bov lhalh（玛丽亚，弟弟的裤子湿了），字面义为"裤子、玛丽亚、弟弟、水"。词堆放在一起，没有任何屈折，词序和丹麦语完全不同。

只有一个例子中，我无法把那些词辨认为以丹麦语词为基础或以模仿声音为基础；但必须记得，他俩说了很多无论是我还是平时在他俩周围的人都无法听懂的话。这之后我再度开始研究时，很遗憾，他俩的语言跟初来儿童之家时相比，已经大幅度"人类化"。实际上，我观察这两个男孩子的那一小段时间里，我已经注意到了时常出现的进步。在我记录的最后几个句子里，我甚至发现他们用了属格。

这两位孪生兄弟的话语当然不能称为语言，这话语离发育完善的语言还差很多；不过，假如他俩能在一个文明国家创造出与周边语言如此不同的东西，那么黑尔的猜想我觉得是对的，他认为那些比他俩还无人照顾，且活在一个不会被饿死冻死的无人区的儿童，有能力发展出一种和其父母全然不同的语言用于他们的相互交际，成为新的语群或语种。因此，我推荐这种语言学领域的"突变理论"（mutation theory），供语文学家和心理学家思考。

5. 丹麦语的斯特德与原始北欧语的词中省音①
Det danske stød og urnordisk synkope
（1913）

天才学者安德斯·裴得生不幸英年早逝后不久，他的一篇题为《丹麦语与原始北欧语的重音体系》（Dansk og urnordisk akcentuering，载《档案》28卷，第1页及后）②的文章发表了，这篇文章可一分为二地看，既有缺点，也有优点。首先，他大量援引了关于丹麦语斯特德及其与瑞典语、挪威语所使用的声调模式之关系的已出版著作。无论斯托姆、维尔纳还是叶斯柏森，甚至包括他特别尊敬的马利厄斯·克利斯滕森（Marius Kristensen）③，在他的批评目光中都无地自容；我必须立刻承认，有些问题，该作者的尖利批评确实指出了上述学者论述中的缺陷和弱点。但是，这并不像安德斯·裴得生认为的那样，意味着这些学者的理论是完全错误的，这些理论也可称

---

① 译自瑞典《北欧语文学档案》（*Arkiv för nordisk filologi*），第29卷，第1—32页，原文是丹麦文。——译者注

② 原始北欧语（[丹] urnordisk，[英] Proto-Norse），又称共同北欧语（fællesnordisk），约公元200年至800年通行于北欧地区。9世纪初分裂为若干种方言，统称为"古北欧语"（[英] Old Norse），持续至约14世纪，由此发展为今天的北日耳曼语支各语言。——译者注

③ 马利厄斯·克利斯滕森（Marius Kristensen, 1869–1941），丹麦语言学家，主要从事方言学、语言史、文化史研究。

之为他们思考的总体结果,得到了阿克塞尔·阔克(Axel Kock)[①]的认可,虽然不是完全无保留的认可。许多地方我们会明显感觉到,他的批评针对的更多只是少量可能不妥当的表述,这样的表述是在所难免的,他如果不带成见地读一读,本来是能够看出这之中的真正意思的。[②]不过,我并不想详细证明这一点,也不想把他的文章的第一部分逐点做回顾;后面我们有更多机会看到,我仍然觉得维护先前的理论中的一切重要部分是很虚伪的。[③]

安德斯·裴得生对此前的学者们的"解释之尝试"做了批评和否定之后,在第35页得出了自己的正确理论,以这句话开头:"要解释斯特德,必须从器官此前的位置中找理由,这样的理由要依靠无争议的语言史事实才可构建起来"。此处我强调"事实"这个词,并同意安德斯·裴得生在第16页所说的话(此处他针对的是维尔纳):"想要做出语言史解释,从假说(尤其是不确定的假说)出发并由此做出进一步演绎,永远是错误的;出发点应当是事实,如果缺乏事实,至少应是可证实的假说。"下面我要逐点论述安德斯·裴得生的理论;我将按照他的模式来论述,这样可以清晰明了。

1

此处的出发点,是将语言材料一分为三,前两类在丹麦语中有斯特德,第三类没有;将三者溯源至其原始北欧语原始形式,其相互关

---

① 阿克塞尔·阔克(Axel Kock, 1851–1935),瑞典语文学家,斯堪的纳维亚语学者,《北欧语文学档案》(*Arkiv för nordisk filologi*)主编。著有两卷本《关于瑞典语声调重音的语言史研究》(*Språkhistoriska undersökningar om svensk aksent*, 1878–1885)、两卷本《古瑞典语语音研究》(*Studier öfver fornsvensk ljudlära*, 1882–1886)以及《瑞典语语言史研究》(*Undersökningar i svensk språkhistoria*, 1887)、《论语言的演变》(*Om språkets förändring*, 1896)等。——译者注

② 第 17 页起他对维尔纳的极端看法尤其如此。——原注

③ 我不打算论述 vognstang、söndag 等复合词里的条件,我倾向于认为我的观点比阔克的更自然;关于 genganger 的类型,阔克应该是对的。——原注

5. 丹麦语的斯特德与原始北欧语的词中省音 Det danske stød og urnordisk synkope（1913）

系可"非常简单地"表现如下：

（I）*landa > lan'd（国家）

（II）*skiliðanz [宾格，复数，阳性] > skil'te（标志）

（III）*wini [宾格] > ven（朋友）

"如今我们知道，这三个类别代表了词中省音的三个历史阶段，其顺序用罗马数字标出。"[①] 因此，这样的斯特德被证明"处于有完整词中省音过程的有机环境之中（这一点我们将在下文看到），并且出现得早于这三个阶段中最晚发生的阶段（第III阶段）。"

至此，我的疑虑出现了。第一个疑虑是纯逻辑性质的：作者在第30页没有给出理由即断言"既然我们已看到这斯特德与原始北欧语后缀的消失相关，故……"，这个词尾真的有那么确定无疑吗？为了方便起见，我暂时先忽略第II类；见我的下文第7节；无论认为这一类更接近于第I类还是第III类，都可以像作者那样为其构建年代关系，只不过认为与第III类更接近的话，构建起的是形成斯特德的元音脱落和其他较晚的元音脱落之间的关系。如果我们因而只考虑两个类别，作者的思路就成了：我们在古时的词中省音和有无斯特德的语言材料二分法之间看到了对应关系，即这两种现象之间具有（因果）联系。这样的结论并不惊人，除非没有其他方式可解释这一联系。第I类和第III类之间的差别在于，第I类的词根有长音节，第III类的词根有短音节；这个差别在词中省音发生之前之后皆可见。认为这个音长差别可能对两个完全不同时期的差异形成产生过影响，是不足为奇的。因此可以断言："原始北欧语时期，词中省音在长音节之后的发生早于短音节之后。此后数百年，斯特德在长音节里形成了，而在短音节里没有形成。"如果我们能看到，对如今存在着的斯特德产生决定作用的，根本不是原始北欧语时期的音长关系，而是远晚于该时期的音长关系，

---

① 这并不是在说此现象的基础是什么，重点必然在于：I. 长音节之后，II. 短音节之后的词中部音；III. 短音节之后的词末音。——原注

这种同一原因在两个阶段产生效果的设想就具有很高的可能性。一方面，våd、hud、led (en)、spyd等原始北欧语时期具有长元音（或二合元音）的词（古北欧语vāð、hūð、leið、spjōt）①，如今并无斯特德；另一方面，后来带上了辅音后缀的词，尤其是带-tam及其他-m尾后缀的词，反而有斯特德。安德斯·裴得生试图把最后这一类解释为，这些词加了后缀之后"因原本是长音节词而受到类推之作用"。但是，这样解释就承认了词中省音结构和斯特德结构之间的对应性是不完善的。

我的第二个疑虑，是关于这种古代词中省音的年代表的质疑。我虽然十分崇敬阔克等学者为这类条件做艰难梳理时的睿智，但是却注意到了下此结论所依赖的那些贫乏而不确定的材料（源于鲁纳文字石刻，其解读尤其是其年代推定远未定论，而其语音条件不排除其他阐释），这让安德斯·裴得生的元音消失年代可依"不争的事实"或"可控的假说"的想法合理化，非常令人担忧。与他那一贯的坦然和自信截然不同的是，他的老师阿克塞尔·阔克谦逊地承认，"此论证的地基并不牢靠"。（《档案》第7卷，第361页）

2

在我看来，安德斯·裴得生的地基本身就非常不可靠。不过，我们向前看，看看通过这样的地基可建起何种大厦。我们首先来看这份古代词中省音年代表中的另一面。第39页上说："今已确知，原始北欧语短元音a、i、u不是同时省略的，而是a最先消失"。其他人并不那么确知的，在这里再次成了确知。诺伦在保罗主编的《日耳曼语文学纲要》（*Grundriss der germanischen Philologie*）第2版第564页指出，"i的消失与a同时"，而在《古冰岛语与古挪威语语法》

---

① 不过，当今也能听到带长元音和斯特德的 hu'ð 和 spy'ð，但非常罕见。——原注

5. 丹麦语的斯特德与原始北欧语的词中省音 Det danske stød og urnordisk synkope（1913）

（*Altisländische und altnorwegische Grammatik*）第3版第112页指出，"词中省音，a发生得最早，i比a略晚，u最晚；但是这一时间差异并无太大意义"，同处另有这句话："长音节之后倒数第二个音节里的i，省音发生得可能比词末的a更早"。

安德斯·裴得生没有受到质疑，于是构建起了他的年代表，这份由各类成分（包括长短音节、词末及词内部音节、元音的特征）构成的年代表要求词中省音经历至少7个不同阶段。词末系列的下一步变化是，因为a比i、u更早消失的顺序与我们依元音饱和度而做的预测相反，所以这几个元音"非常有必要"发生"耳语化"或"清化"。对此，以我对各种活语言的经验来看，这种耳语元音或清化元音有可能存在，但是若要将其猜想为"语音定律"，往往需要谨慎些；因为这种元音的出现实在是极不稳定，故而同一个人在同一个词或同一结构中有时发浊音，有时发清音。此外，在我确实听到过这类音的位置上，这类音仅出现于清音环境中，或是有清音成分（包括停顿在内）直接出现于该元音之前或之后时。我认为，猜想古代的北欧人把*skiliðans或*winiz里的第二个i发成清音（这两个词是安德斯·裴得生自己的例子中的两个），而这个音却又位于浊音环境之中，是极不自然的；然而，像丹麦语和英语的nom(i)nativ、英语的bus(i)ness、瑞典语的Sver(i)ge等词里，猜想元音是消失了而不是清化了，反倒容易许多。

不过，我们暂且依从该作者的这种不合理的猜想，继续按他的思路来想一想。他继而表示："原始北欧语最轻的音节里声调消失的直接结果，就是所有带有第1声调的重读音节之后，都跟着一个呼气声（pust），由于与原有元音相对应的音质差别已变得不重要，所以这个呼气声可发成一个h音，即喉部送气音"。人们不禁感叹，音质差别怎么能不重要！刚刚还说重要到a比i消失得早呢！关于同一组元音的两种不同说辞，我该相信哪种呢？我应该像第39页下方那样相信这些元音消失了？还是像第40页上方那样相信它们变成了别的形式？

一定是这些古老的元音，途经h变成了斯特德，在丹麦语发音中保存至今。①

3

现在，我们到达了证据上的临界点。上文引述的最后一句话之后，作者非常简短地说了一句："这个擦音变成了它相对应的塞音，于是就有了斯特德"，仿佛这是世界上最简单不过的事情。但我们在其他部分却被他告知，这个变化仅发生于"词中省音"的最古老阶段，并未发生于最新阶段（即ven所在的阶段）。为什么会有这个差别？文中未做解答。那么，这个变化本身可能吗？我们当然在许多语言中都见过由擦音到相对应的塞音的变化，如þing > ting，②尤其见于词首音，较少见于词内部音和词末音。不过，由h到斯特德的变化与þ > t或[x] > k的变化完全平行吗？这变化本是声带位置上发生的变化；但是，从起点（h）到终点（斯特德），我们却处于与浊声相关的位置

---

① 为避免误解该作者，我想尝试为此处指出的矛盾做个解释。我觉得他是想说，这些元音只是在书面上消失了，但却以某种听得到但却未重要到需要写下来的形式而继续生存。但是，这个解释不仅与安德斯·裴得生的表述（词中省音、消失、无声、脱落）完全不相容，而且无法让这类难处了结。元音清化了，古代北欧人就不再把它写出来了吗？若如此，a 的清化必然发生得比 i、u 更早——但这跟所有活语言的经验都相悖，与之相反，i 和 u 总是比 a 更容易清化。或者，鲁纳文字记录的是这些元音的清化形式，只是所经历的喉化无法在书面上体现出来？若如此，我们就有证据表明，口腔位置较开放时比较闭合时更容易形成斯特德。而安德斯·裴得生似乎要猜想，所有这些 h 音都是立刻变成了斯特德。无论怎样调转方向，都无法得出与安德斯·裴得生理论这一部分中的某些环节相容的结论。——原注

② 原始日耳曼语 *þingą > 古北欧语 þing > 丹麦语 ting（事情）。这个 þ 音在英语中保留完好：原始日耳曼语 *þingą > 古英语 þing > 中古英语 thing > 现代英语 thing。——译者注

5. 丹麦语的斯特德与原始北欧语的词中省音 Det danske stød og urnordisk synkope（1913）

的中途。换言之，用我的非字母符号①来标注，安德斯·裴得生的理论中，浊音ε1变成了ε2，目的是变成最终的ε0。②这像是在绕道而行，难免让人担忧。而从事实来看，我们却发现丹麦语的斯特德总是和浊音相关：有清音的位置，没有斯特德出现（参见下文关于斯特德的生理本质的论述）。安德斯·裴得生本人对斯特德和声带两瓣距离之间的联系有一定了解，如他继续所述："但很容易理解，这一变化仅发生于清化元音之前的辅音是浊辅音时；如果前面是清辅音，声带就太过开放了，上述变化就会发生得太容易，其结果就是（如fisk一词③）词末呼气声毫无踪迹地消失了。"随后我们遇到的一些例子中，作者似乎忘了这一点；对此我想说的是，由h到斯特德的变化对我来说就没有他所认为的那么简单，许多依照他的理论构建出的形式很难发音，甚至几乎无法发音：我觉得他恐怕是掉进了"纸之语音学"的陷阱，没有把他的理论所要求的形式大声念给自己或别人听。

这样就到了作者那一系列变化的最后阶段，我已经在各个地方发现了不可能之处。我们此处论证的问题，并不是要从大量证据基础出发来支撑一条论断、证明一个事实；如果那样，那么若干线索虽然无法各自单独证明出什么，但却可以一同产出某一可能性。④而我们要论证的这个问题，却是一系列节点相互连接，每个节点皆可行。链条最薄弱之处，就是最薄弱的节点，我觉得不可否认，上述链条里存在

---

① 非字母符号是叶斯柏森设计的一套注音体系，复杂烦琐，但高度精确，故而仅用于科学描写，不用于语言教学等实践目的。这套符号中，ε0 表示声门闭合，即喉塞音特征；ε1 表示声门略张，是一切浊音的共同特征（含浊辅音及所有元音）；ε2 的声门两瓣间距大于 ε1，是声门擦音的特征。关于非字母符号的全貌，见叶斯柏森的《用非字母表示的语音发音》（The Articulations of Speech Sounds Represented by Means of Analphabetic Symbols，1889）一书；中文节译见《叶斯柏森论语音》（商务印书馆，2021）。——译者注

② 希腊字母表示器官（ε＝喉），数字表示距离。——原注

③ 原始日耳曼语 *fiskaz ＞ 古北欧语 fiskr ＞ 丹麦语 fisk（鱼），现代丹麦语 fisk 一词的发音是 ['fesg]，没有斯特德。——译者注

④ 我觉得，斯托姆和维尔纳创建的斯特德理论，恰恰就是如此。——原注

多处薄弱节点，每个都很易碎。我们要否定该作者的观点，就要看看他利用他那论证薄弱的假说，是否完成了比那些他所反驳的声音更好的理论构建，从而对有斯特德的丹麦语地区以及这之外的其他地区的现状条件进行阐释。事实上，依照作者的猜想，所有北欧语言都曾具有斯特德，他也的确在努力证明斯特德以前存在于丹麦语之外。

4

下面列出的是词的各种类型，每种类型只举少量典型的例子。为了简明起见，我用A表示此前的理论，即认为斯特德在相对较晚时期由长浊音或音组里的第1声调发展而来的理论；用B表示安德斯·裴得生的原始北欧语斯特德理论。我用"显而易见"（ligefrem）一词表示没有发生特殊的位置互换或类推之嫌。

1. 无斯特德，如ven（朋友）、føl（马驹）、kar（容器）：短元音+短辅音；A、B皆认为显而易见。

2. 无斯特德，如fisk（鱼）、fast（紧）、skaft（把手）：短元音+清辅音（丛）；两理论完全相同。

3. 有斯特德，如uld（羊毛）、skind（皮）、mand（男人），古北欧语ull（羊毛）、skinn（皮）、mann（男人），短元音+长浊辅音；两理论完全相同。

4. 有斯特德，如ko（奶牛）、so（播种），长元音，无辅音；A认为显而易见，B认为是类推，因为此处无原始北欧语词中省音。这一类型还包括西兰岛方言du（你）、nu（现在）以及许多类似的带斯特德的词，国语里用于弱句重音位置时元音为短音。

5. 有斯特德，如tam（驯化的）、gram（生气的）：短元音+后来延长了的m；A认为显而易见，B认为是类推。

6. 无斯特德，如guld（金子），古北欧语gull（金子）、gulv（地板）、sølv（银子）：短元音+后来缩短了的辅音（丛）；A认为显而

5. 丹麦语的斯特德与原始北欧语的词中省音 Det danske stød og urnordisk synkope（1913）

易见；B认为以前一定有过斯特德，今已佚。（阔克在《QF》[①]第39页也猜想过先前的斯特德的消失）。此外还有mann的缩短形式（即man [有人]）。

7. 有斯特德，如vennen（朋友，肯定式）、føllet（马驹，肯定式）、karret（容器，肯定式）：第1类的派生形式；A认为，如果我们从整体角度来看使此斯特德形成的辅音后缀[②]（正如对复数venner必须这样看），则显而易见；而B，安德斯·裴得生提供了两种解释，一是依后缀而形成的类推，二是他在第38页的解释（古代冠词的融入，这类词由此得到的处理如*skiliðanz）。

8. 有斯特德，如ben（腿）、sol（太阳）：长元音（或由二合元音演变而来[③]）+浊辅音；A认为显而易见；B认为，很可能一直有斯特德，但斯特德最初位于辅音之后，后来平移到了如今元音和辅音之间的位置。

9. 有斯特德，如halm（稻草）、arv（遗产）、arm（胳膊）、barn（儿童）：短元音+两个浊辅音；A认为显而易见，B认为正如上一类，斯特德从词末平移到词内部。

10. 有斯特德，如hånd（手）、blind（盲）、vold（暴力）：与上一类相同，只是第二个辅音古时候是塞音；A认为显而易见；B认为条件与第8类和第9类相同，斯特德在因塞音d之后面发音困难（若非不可能）而前移。

11. 有斯特德，如sogn（教区）、ager（田野）、edder（蛇毒）、

[①] QF 指阔克的《古瑞典语与现代瑞典语的声调化》（Alt- und neuschwedische Accentuierung, 1901）一书，系"材料与研究"（Quellen und Forschungen）丛书第87卷。——原注

[②] 甚至不需要设想为足长的辅音，见第30页我在本文结论部分的论述。——原注

[③] 古北欧语 bein > 丹麦语 ben（参考德语 Bein），古北欧语 sól > 丹麦语 sol。——译者注

vand（水）^①、古北欧语sōkn（教区）、akr（田野）、eitr（蛇毒）、vatn（水）：元音之后的音起初是清塞音，今要么变成浊擦音，要么因同化而消失，故而为浊音；A认为显而易见；B认为（见安德斯·裴得生第40页注）斯特德起初位于第二个辅音之后，后来前移，同上面几类；然而，这又出现了额外的难题：斯特德依此应形成于第二个音节里的成节辅音之后，但这却不易发音。^② binder（捆绑）、bønder（农民）、synger（唱歌）等词呈现出的是与edder相同的条件。

12. 无斯特德，如hassel（榛子树）、axel（轴）、古北欧语hasl（榛子树）、ǫxl（轴）：A认为显而易见（因为词里有第2声调）；然而B却认为，依照原始北欧语语音条件，这些词跟第11类一样，本该有斯特德；但是这斯特德后来消失了，是因为途中遇到了障碍吗？为什么呢？

13. 有斯特德，如vinter（冬天）、synker（下沉）；A认为显而易见；B认为与第11类大致相同，但是我觉得似乎是塞音的保留使斯特德出现，按照B的理论，这一点很有必要，这尤其让人担忧。

14. 有斯特德，如mus（老鼠）、gås（鹅）、viis（聪明的）、sot（煤灰）、greb（抓握，古北欧语greip）、krøb（爬，古北欧语kraup）、båd（船）、ud（向外）、bog（书）：长元音（或二合元音）后接原本是清音（有的至今仍是清音）的音；A认为显而易见；但B认为斯特德无法在这类辅音之后产生（正如fisk一词）。安德斯·裴得生没有为这个例子数量庞大且十分重要的类别举任何例子，

---

① 这4个例词在今丹麦语里的读音分别是：[ˈsɒwˀn]、[ˈæˀjʌ]、[ˈɛðˀʌ]、[ˈvanˀ]。——译者注

② 我把这些词称为双音节词，从普通语言学来看，清塞音之后的这些短促的m、r是浊音。只有当n因像现代冰岛语当中那样清化了，vatn一词才变成了单音节词；古丹麦语没有发生过这样的变化，似乎是同化之结果。但是换个角度看，如果n一直是浊音，并且安德斯·裴得生认为n后面一度跟着一个h的看法又是对的，那么古时候的北欧人一定拥有极不寻常的发音本领，能够让soknh、vatnh里的n保持为浊音。然而，安德斯·裴得生又认为，如果n是清音，斯特德就不可能形成，这些词少说也使他陷入了两难境地。——原注

5. 丹麦语的斯特德与原始北欧语的词中省音 Det danske stød og urnordisk synkope（1913）

他很可能认为这里的斯特德是因为类推而产生的。

15. 有斯特德，如folk（人）、hjælp（帮助）、sank（收集）：元音后接"l或鼻音+塞音"。A认为显而易见；B认为这些词本不该有斯特德，而不带斯特德的形式在日德兰方言以及一部分菲英岛方言中很常见；安德斯·裴得生在第40页把此处的斯特德解释为源于国语的类推，他认为该类推发生之后，第一个辅音就时清时浊了，"这在西兰岛方言发生得相对较早，至少在所有相关例子里均受到共同的乐重音支持的时期就已发生，而在日德兰—菲英岛方言里发生得较晚，或者只发生于不考虑乐重音的环境中"。我认为无须用类推来解释东部方言或西部方言里的形式，此差异只是因为在斯特德形成的时期，日德兰方言中第一个辅音的发音比西兰岛方言略短，这与日德兰方言在其他方面也以短形式为特征的情况高度一致（如ə的脱落，skow的缩短）。把l和n视为清音是多余的，因为这两个音其实在丹麦全境都是浊音；安德斯·裴得生把清音作为其学说的基础，在22页指出，著名的西部北欧语同化现象mp > pp、nt > tt、ŋk > k在丹麦语中绝不罕见。断定这些被同化掉的鼻音是清音当然很合乎逻辑，但是断定mp、nt、ŋk等例子里的清音一直保存到了今天，就不那么合乎逻辑了。

16. 借词里的斯特德，如skilling（先令，旧货币单位）、høker（小贩）、frøken（小姑娘）等。A认为显而易见，B认为是较晚期的类推。

这份列表很可能使两件事情极为清晰地展现了出来。其一，安德斯·裴得生的理论让斯特德不仅常出现在错误的词里（为避免这种情况，他为最终的斯特德加上了"紧l音[fortis l]之后"的字样，从而排除了第二种重音形式的词①），而且常出现在词的错误位置上，这错误

---

① 例如，bryllup（婚礼）< *bruðihlaupa。此外，发生词中省音的元音为何在某一声调轨迹之后比在另一种声调轨迹之后更应该变成清音（清化元音为何变成斯特德同理），很难给出理由。——原注 [译者按："第二种重音形式的词"即具有第2声调的词。bryllup在今丹麦语里的读音是[ˈbʁœlʌb]，无斯特德，该词对应挪威语bryllup和瑞典语bröllop皆为第2声调。]

的位置常是几乎无法发出斯特德的位置；斯特德后来再从该位置跃至我们如今遇到它的位置，而以往的理论仅需守候在长元音之后或是紧随短元音的第一个浊辅音之后，即可找到斯特德。

其二，安德斯·裴得生与先前的观点相比，更严重地依赖类推来解释词为何带有斯特德。这一点他一直如此，没有类推就无法进行下去（见第35页，第3部分开头）。这样就必须承认，类推在重音方面扮演了重大角色；但是，斯特德"自行"产生的情况越少，由这些词出发大规模转移到今有斯特德的其他词里的可能性就越小。因此我想格外强调，按照他的理论，第4类、第5类、第14类（这类非常重要）和第15类，最初都没有斯特德。而关于第5类，安德斯·裴得生认为（第8—9页）："m发生延长了，lim（胶）、tam（驯化的）等词的词干就有了长而浊的词根音节，人们可能要问，这类词如何避免了因循类推路径，虽然所有带呼气色彩的重音模式且（如今）具有共同音长的词全都带上了喉塞音，而它们却没有带上？"我觉得这些词带上斯特德不是那么不可能的事；见我在下文（第354—355页）对类推的论述。

5

按照安德斯·裴得生的观点，斯特德在原始北欧语（即共同北欧语）里已有。可是，北欧的大部分地区——丹麦语最南部和最东部的方言，以及瑞典语、挪威语（有一小片地区接近于有）、法罗语、冰岛语——都是至今没有任何斯特德的痕迹，因此，我们一点都不奇怪，他一直急切地想要展示，丹麦之外存在一些现象，可表明以前存在过斯特德，虽然后来消失了。他发现了三件事：连拼分读现象（hiatfænomen），瑞典语的mpn，以及古北欧语的格律条件。下面，我们逐一来看看。

1. 他提出（第45页）：带有连拼分读的词，依照语音定律获得第1声调。"可认为第1声调伴随斯特德出现[叶斯柏森按：注意，这种审

5. 丹麦语的斯特德与原始北欧语的词中省音 Det danske stød og urnordisk synkope（1913）

慎的表述方式必然掩盖了一件事：即使按照安德斯·裴得生的说法，也曾存在过许多无斯特德的第1声调之例]，在共同古北欧语的形式中已有，这一现象不仅很容易理解，而且几乎不言自明。两个元音相遇却又不构成二合元音，因而构成两个音节，发这样的两个音，两音之间会存在喉塞音……不过，喉塞音若已存在于该语言中，且永远是第1声调的组成部分，那么就很容易理解，所有带有这种特殊发音的词一定具备构成当时的第1声调的一切特征。"

这个下结论方式可能也不算十分专断；不过，我们完全无需以此为基础，因为这个论断的生理基础和历史基础都不可靠。首先，相遇且不构成二合元音的两个元音之间，完全没必要有个喉塞音。以此方式来使用喉塞音的语言非常少——所有这样的语言中，喉塞音根本不是用来让元音相互分隔开的，因为辅音后面也有喉塞音，例如北德方言中，a前的喉塞音，既存在于sein alter（他的年龄）里，也存在于die alte（老年人）里。大多数语言欣然让两三个元音一字排开，里面没有喉塞音；安德斯·裴得生甚至无需离开自己的母语，就能看到数不尽的例子：due（鸽子）、lue（火焰）、roe（安慰）、pi(g)e（女孩）、si(g)e（说）、Vium（维厄姆，姓氏）、Sneum（斯内厄姆，姓氏）、Roar（罗阿尔，人名）、kaos（混乱）、Noah（诺亚，人名）、prior（修道院副院长）、Diana（戴安娜）；还有像stå op（起床）、gå ud（外出）、de (di) unge（年轻人）、vi ønsker（我们想要）这样的词组；三个元音，如dueunge（鸽雏）、dueurt（柳叶菜）、li(g)e ud（直截了当）、de (di) uartige（淘气的[孩子]）、hva(d) i alverden（究竟）。此处无需对连拼分读恐惧；以前我们无需往这种连音里"塞进"斯特德，这斯特德似乎来自传统的拉丁语发音，这自然反映了该语言的基本语音规则。我们读拉丁语fui（是，单数第一人称完成体）、deest（缺少，单数第三人称现在时）、deus（神，主格单数）、deum（神，宾格单数）、dei（神，属格单数）、deos（神，宾格复数）等词，并不带斯特德，但是读deerit（缺少，单数第三人称将来时）、fuimus（是，复数第一人称完成体）、laicus（世俗人士）却带，这不是因为后一个元音接续前一个元音所致，而是因为斯特德位于倒数第三个音节，可参考debilis（弱）、oculus（眼睛）、Caligula（卡利古拉，罗马皇帝名）等。——古代北欧人也不会觉得有必要在两个元音之间做切断，这一点在下列著名的缩合之例中很明显：sjā < sēa（看见）、tjā < tēa（说出）、frjāls <frīhals（自由的）、Sjǭlfr < Sæulfr（绍尔弗，人名）等（我在《语音学》第531页对其做了语音分析，并与其他语言里类似的变化做了比较）。①

同样，安德斯·裴得生的结论的语言史基础也不是无懈可击。正是阿克塞尔·阔克（见《QF》第59页§125节及后），提出了原始北欧语里的连拼分读导致了第1声调。许多类带有连拼分读的词，在方言中都能够找到（这一点是我强调的），这支持了阔克的论断。因为丹麦语在他的思考中发挥了重要作用，也因为我最熟悉的无疑是丹麦语的形式，所以我必然要继续使用这些形式；我觉得我的这些思考（必要时要做些明显修改）也适用于阔克论述过的西曼兰（vestmanlandsk）、索勒尔（solørsk）等方言②里的形式，这些方言相关的词里也有第1声调。

---

① 前语音学时代的语法学创造了"连拼分读"之概念，类似前科学时代的物理学创造了"空白恐惧"（horror vacui）之概念。人们常说的"连拼分读的填充辅音"（hiatusfyldende konsonant）其实是因为音节界发生了变化，所以元音中的一部分对下一个元音来说，成了"辅音"，见我的《语音学》§406节后半部分，不过那里只提到了第二个音节的重音比第一个音节更强这一事实；较弱音节接在较强音节后面时，二者的反差并不十分显著。——马里厄斯·克里斯滕森（《档案》第15卷第64页）认为moden（成熟的）里的斯特德是连拼分读的填充辅音。但是，moden和其复数modne在斯特德方面的关系，按照gylden（金色的，单数）和gyldne（金色的，复数）之关系必然更好解释（如何解释是另一个问题）。假如这之中发挥作用的是连拼分读，那么形容词复数modne就得像动词modne（使成熟）那样来处理了，动词modne（含过去式modnede和现在分词modnende）是没有斯特德的。——原注 [译者按：叶斯柏森在《语音学》里举的这类例子，如法语crier（哭）[kri'je]、triomphe（胜利）[tri'jɔ̃f]等词里，i不仅在自己所在的音节里充当元音，而且跨过音节界"兼任"下一个音节里的辅音。]

② 西曼兰位于瑞典东部，斯德哥尔摩西北方向；索勒尔位于挪威东南部，奥斯陆东北方向与瑞典接壤处。——译者注

5. 丹麦语的斯特德与原始北欧语的词中省音 Det danske stød og urnordisk synkope（1913）

首先，我们有些以-ende结尾的分词。假如是连拼分读造成了第1声调和斯特德，那么我们首先就会期待fjende（敌人[①]，古体形式fiende、finde）这类词里有斯特德，但是此处丹麦语却与挪威语和瑞典语一致，具有第2声调（另参见tyende [仆从]以及hynde [垫子]，瑞典语hyende）。而其他分词，很重要的一点是要搞清楚，它们在真实口语中角色非常小，只在一些特定的用法里才听得到：包括（1）位于非重读的komme（来）之后的表移动的动词的分词：ridende（骑马）、kørende（开车）、sejlende（驾船）、farende（快速冲）、løbende（跑）、springende（跳）、susende（呼啸而过）、styrtende（跌倒），或许还有少量几个；与之相反，不能以同样的方式，通过非重读的komme构成komme talende（说话）、komme smilende（微笑）等；komme gående（走）里面没有斯特德，komme roende（划船）通常也没有斯特德。（2）位于blive（变得）之后的表状态的动词的分词：liggende（躺）、siddende（坐）等等；这类用法甚至更受限，因为不能说blive tiggende（乞求）、blive skrivende（写），甚至不能说blive smilende（微笑）、blive tænkende（想），而只能用习语性的blive ved at...来构成；这类结构里我们经常使用blive stående（站起）和blive boende（居住）——不带斯特德（blive gående 用得不那么频繁，也不带斯特德）。（3）日常的形容词性用法中，有些分词用于固定的词组；这类包括所谓"分写式词汇"（hiatverbum），基本上只有这几个：på stående fod（立刻）、et stående udtryk（真理）、gående post（转轴）、holde det gående（使之继续）、ha kreatur gående（赶牲口）、et diende barn（吃奶孩子）、en troende kristen / et troende menneske（虔诚的基督徒/虔诚的人）、gloende kul（烧红的煤）、en kløende finger（手指痒，也可换成其他名词）、de her boende / mennesker等（此地居民）、den gryende dag（黎明）；但是，这些

[①] 丹麦语 fjende < 古北欧语 fjándi，后者原为古北欧语动词 fjá（恨）的现在分词。——译者注

结构全都不带斯特德，其中大部分是永远不带，有些能听到斯特德但非常罕见（diende [吃奶的]、gryende [即将明朗的]、troende [虔诚的]），而我认为无斯特德的形式是绝对居于主导的。（4）日常的副词性用法中，有些以-ende结尾的词用作强调词：skinnende hvid（非常白）、svingende fuld（非常满）、pinende gal（非常疯狂）；这类动词构成的结构里比较有意思的只有gloende rød（非常红）和slående rigtig（非常正确），二者都不带斯特德①。因此，透过这样的研究可发现，动词的带元音的分词，凡是使用得十分鲜活之例，皆可十分肯定地认为，这形式是一次次记住的，因而属于真正的传统，只存在无斯特德形式。

与之相反的是，viende（证婚）、friende（求婚）、riende（用缝纫机缝之前手工试缝）、knyende（轻蔑一哼）、flyende（远离）、dyende sig（忍住）、syende（缝纫）、sneende（打喷嚏）、leende（爆笑）、tøende（融化）、strøende（喷洒）、groende（生长）、snoende sig（拧）、kroende sig（蹲）、flående（剥皮）、såënde（播种）等分词里，确实有斯特德。但是，这些形式没有一个使用得频繁到被人一次次记住的地步，而是每次用到的时候现用带斯特德的不定式加上后缀构成；这些形式多多少少有些不自然，是半书面语或全书面语。这两类之间还存在一种中间类型，如(en) gøende (hund)（吠着的[狗]）、(den) døende (fægter)（濒死的[剑客]）、(de) seende (i modsætning til blinde)（有视觉的人[与盲人相对]）；对这些例子人们会非常犹豫不定，有些人用带斯特德的形式，有些人用不带斯特德的形式；另外还可参考上文的diende。被记住的无斯特德gloende（烧红的）和每次现构成的有斯特德gloende（怒视着）之间的区别非常重要；虽然前面我说过，我读en **troende** kristen（一位虔诚的基督徒）不带斯特德②，但是在说han listede sig ind, **troende** at hun sov（他溜了进

---

① 动词 glo [ˈgloʔ] 和 slå [ˈsloʔ] 本身是带斯特德的。——译者注
② stå til troende（值得信赖）这个固定搭配里是永远没有斯特德的。——原注

5. 丹麦语的斯特德与原始北欧语的词中省音 Det danske stød og urnordisk synkope（1913）

来，确信她已睡着）这句话时，却会无意识地给这个词带上斯特德；与之类似的例子如han stod, **kløende** sig bag øret（他站在那，挠着耳朵后面）。不定式的形式起决定作用的情况，在无斯特德的skuende（注视）、truende（威胁）、luende（发热）、kuende（怯懦）、snuende（睡觉）、gruende（紧张）、biende（等待）、sviende（灼痛）里也能看到，这些分词形式与以-ue、-ie结尾（-e是发音的）的不定式相对应；假如连拼分读原则是正确的，那么这些分词里也应该有斯特德才对。关于由单音节不定式构成的分词，布洛伯格[①]（《大学禧年论丛》第1卷第299页）[②]和马里厄斯·克里斯滕森（《档案》第15卷第64页）略做了一些论断（如"现在分词越是具有形容词性，就越倾向于读舒缓调[flydetone]；越是具有动词性，就越保持斯特德调"）；不过我觉得，他们没有抓住记住的形式和构成的形式之间的本质区别，换言之，从语言史角度来看，前者（无斯特德形式）代表的是古时的语音关系，因此，这个问题与为连拼分读做填充的喉塞音毫无关系，与由连拼分读演化而来的原始北欧语第1声调也毫无关系。[③]

以-ende结尾的序数词，例子不如分词那么多；但是，名词tiende（十一税）至少是个记住的形式，没有斯特德，或可认为niende（第九）、tiende（第十）以及syvende（第七）等无斯特德形式代表的是传统，而与之并行的有斯特德形式则作为新构成形式出现，人们联想

[①] S. 布洛伯格（S. Broberg，生卒年不详），丹麦学者，著有《玫瑰传奇——中世纪寓言诗》（*Romanen om Rosen, allegorisk digtning fra middelalderen*，1869）、《外国人用丹麦语手册》（*Manuel de la langue danoise à l'usage des étrangers*，1882），编译出版了《丹麦语版拉伯雷大师著作节选》（*Mester Frants Rabelais paa dansk i udtog*，1884）。——译者注

[②] 《大学禧年论丛》，全称《古代与现代丹麦语研究论丛》（*Blandinger til oplysning om dansk sprog i ældre og nyere tid*），由"大学禧年丹麦语学会"（Universitets-Jubilæets danske Samfund, UJDS）出版，布洛伯格的文章题为《丹麦语的声调关系》（*Toneholdet i Dansk*）。大学禧年丹麦语学会至今仍是丹麦重要的学术出版机构，因成立于1879年哥本哈根大学400周年校庆时而得名。——译者注

[③] 阔克（《QF》第59页）试图表明，无斯特德的分词的词根元音之后曾有辅音，但这无法解释所有这类形式。——原注

起的是有斯特德的基数词ni（九）、ti（十）、syv（七）。挪威和瑞典有不少地方，这些序数词读第1声调。

阔克为了解释kostald（牛栏）一词里的斯特德，基于连拼分读构拟出了带有第1声调的*koastall这个形式；我觉得把这个产生得非常晚的词设想为因ko（牛）的影响而产生的新构形式更自然些，正如kroˀstue（餐厅）、åˀbred（河面宽度）、loˀgulv（打谷间地面）等词同理；同样道理适用于以-er和-en结尾的名词（如frier [追求者]、seer [观众]，frien [提亲]、seen [观看]等；slåen [黑刺李]两边摆动；ståen [停止状态]和gåen [行走状态]无斯特德，参考其所对应的分词。）。strøelse（被褥）里的斯特德同理；无斯特德的vielse（婚礼）我认为显示的是古时的关系。以-er结尾的复数形式，既受sø（湖）、by（城镇）等单数形式影响，又受古时的køer、søer变ko、so（母猪）的影响（古北欧语kyr、syr，古时读第1声调），足以解释其斯特德；哥本哈根方言里无斯特德的broerne（郊区，肯定式复数 = forstæderne），很可能是古时的传统形式，而有斯特德的bro'erne（桥）则是由单数形式变来的新构形式。① 无论如何，连拼分读都无助于解释带斯特德的roning（划船运动）、såning（播种工作）、syning（缝纫手艺）、snoning（拧出的花式）。

阔克的方法论原则使他设想，第1声调既然随处可见，古时一定也存在于多音节词里。对此我必须说几句。我想简短地阐明为这个问题做类推解释时的原则性矛盾：阔克和裴得生都特别论述了由具有相似语音形式（具有相同音节数量，等等）的非同源词而产生的类推，我认为说话者必须使用某一形式时，他们当中有一种强烈的趋势，要让此形式与该词的另一形式相一致：因sy（缝纫）而有syende（缝纫，分词）、syning（缝纫手艺），因svin（猪）和svinsk（像猪一样的，单数）而有svinske（像猪一样的，复数），等等。阔克所采取的

---

① 若想解释无斯特德的skeer（勺，复数），我们无需记住这个词里以前有个ð；frøer（青蛙，复数）一词，我也只知道它有斯特德而已。——原注 [译者按：ske < 古北欧语skeið；frø < 古北欧语frauðr，同样也存在辅音的脱落。]

5. 丹麦语的斯特德与原始北欧语的词中省音 Det danske stød og urnordisk synkope（1913）

这种类推，运用于完善而普遍的对应关系时特别有效，这种关系中，某一构词形式永远或几乎永远与同一声调相对应；瑞典语的单音节词和第1声调就是以此方式在意识中相对应。不过，一旦论及双音节词，某一特定方向上的类推效应条件就不那么强烈了，这些词自古就是有的读第1声调，有的读第2声调。斯特德也存在类似的情况，很明显，我的理论和安德斯·裴得生的理论都已指出，无论古今，单音节形式都是有的带斯特德，有的不带斯特德，而有些双音节词也有斯特德。这之中不存在完全明确的语言意识线索，因此，古时的声调条件通常并无变化，即使这些词比过去增加了一个音节或减少了一个音节也依然如此。

那些后来变成了单音节词的瑞典语双音节词，曾经具有第1声调，因此，mor（母亲）、far（父亲）、värld（世界）等词的语音条件与丹麦语不同。se（看）、te（表现）等不定式曾经具有第1声调，尽管在很古远的时期就已经由双音节变成了单音节，因此这些词带有斯特德不足为奇。但是，较晚发生的缩短不会导致同样的结果。由fader（父亲）、moder（母亲）、sagde（说）、lagde（放置）以及更古老的ave（啊啊叫）、affue（猴）、klæder（衣服）、provest（教区长）变来的far（爸）、mor（妈）、sa（说）、la（放）、a（啊）、[①] klær（衣服）、provst（教区长）虽然本符合斯特德的形成条件，但是并未带上斯特德；日常话语中，nögen（裸露的）、meget（非常）、nogen（某个）经常发成nöin、maið、nå·n，也是不带斯特

[①] 此处疑似漏印了与古词 affue（猴）相对应的现代丹麦语词 abe（猴）。——译者注

德。① verden（世界）不带斯特德，冠词融合了进去显然是个理由。不过据我所知，另有一系列词，其单音节形式并未被所有的人接受，后来被以-e [ə]结尾的新双音节词取代。这是因为缩合的缘故（见我在《威廉·汤姆生纪念文集》[Festskrift til Vilhelm Thomsen，1894]里论缩合结构的文章，第29页）："kjortel（袍子）不会直接变出kjole的形式；但是，kjortlen变成了kjolen，kjortler变成了kjoler（见卡尔卡②）；于是，n被从冠词en中拽了出来，表示复数的也不再是er而是r，继而有了带e的现代丹麦语形式。" 我所知的其他例子如：arne（壁炉）源于arn，古北欧语arinn | davre（早餐）源于dawordh，古北欧语dagverðr | figen（无花果）在日常口语里通常读fine | hoved（头）读hode与之同理（书面上存在hovede的写法，但这样发音极罕见）| kedel（水壶）在厨房话语中通常是kele或kell、kiell，古北欧语ketill | kegle（圆锥）源于kegel | kjole（连衣裙）见上文；kioll这个形式基本上未流传下来，见J.蒙拉③的自传第7页 | knogle（骨头）和knokkel（骨头）并存 | konge（国王）源于konning；kong用于名字前，作为无重音形式使用 | kugle（球体）源于kugel | mynde（猎狗）源于mjøhund、myøende、miøend，古北欧语mjóhundr | nögle（非中性名词，钥匙）源于nøgel

---

① 我们用带斯特德的现在时形式 træ'r 表示 træder（踩）、ta'r 表示 tager（拿）、ha'r 表示 haver（有），spæ'r 表示 spæder（稀释）、klæ'r 表示 klæder（穿衣）；ska'r 不表示 skader（损坏）；这些都是日常口语的形式，但 har 如今可用于各种风格；因为这类动词有很多是弱动词，我们预期词中是第2声调。不定式 træ'、ta'、ha'、spæ'、klæ' 等，如今也带斯特德，我不知道这是现在时的平行形式，还是属于比前述形式更古老的短形式层；与 ta' 和 ha' 并存的还有 ta 和 ha，元音非常短，所以没有斯特德。——far 和 mor 在 min far（我爸）、min mor（我妈）里带斯特德，是因为用在词组里，并且与 den samme（同上）里的斯特德以及 morlil（老妈妈）中 lil 的斯特德具有可比性。——原注（《丹麦语》第4卷，第230页）[译者按：据《DDO》的注音，samme 本身没有斯特德，lil 本身斯特德可有可无。]

② 奥托·卡尔卡（Otto Kalkar, 1837–1926），丹麦语言学家，所编四卷本《古丹麦语词典（1300–1700）》（Ordbog til det ældre danske sprog [1300-1700]，1881-1918）被称为"卡尔卡词典"。——译者注

③ 雅各布·蒙拉（Jacob Monrad, 1816–1897），挪威哲学家。——译者注

5. 丹麦语的斯特德与原始北欧语的词中省音 Det danske stød og urnordisk synkope（1913）

（见于霍尔贝尔①），瑞典语nyckel（钥匙）| nögle（中性名词，线球）源于nøggel，或与古北欧语hnykill（肿块）有关？| penge（钱）源于penning（单数罕用）| pinse（五旬节）源于pingiz、pingets | skagle（车辕），瑞典语skackel、skakel，古北欧语skǫkull | stövle（靴子）源于støvel、støffuel | töjle（缰绳）源于tøyel（见于霍尔贝尔），古北欧语tygill | vable（水泡）源于vabbel、vaffle | vejle（浅滩）源于vedel、weil。上述词和另一类"增加了e"的词不完全相同，后者如avne（稻壳，古北欧语ǫgn）、gumme（牙床）、øxe（斧头）等等（见耶森[Jessen]，《北欧古代年鉴》[Årbøger for nordisk oldkyndighed]，1867年卷，第375页；法尔克、托尔普[Falk & Torp]，《丹挪语语音史》[Dansk-norskens lydhistorie, 1898]，第176页）：这类词的原形式为单音节，具有第1声调；而今却是双音节，具有第2声调（无斯特德）。这类词不是单数形式缩合了冠词，而是缩合了复数形式里的r。还有一类，如bredde（宽度）、dröjde（体型）、höjde（高度）、tyngde（重量）、vidde（宽度）、dybde（深度）、længde（长度）、mængde（数量），这些词全都带有斯特德②，与原有的无-e尾的单音节形式相对应；阔克（《QF》§110节）认为这类词受了德语的影响，但是，把这些词解释为本族形式并无困难，因为这些词经常以肯定式出现，如bredden等，成为缩合的起点，缩合可避免发词末不好发的d音（正如verd变成了verden），其他那些词里d前面有其他辅音时，这个d尤其不好发。③这些词是重要的证据，证明人们宁可让双音节带上斯特德相比，也不愿意以类推方式改变声调；这一点还可从把kurv（篮子）、spurv（麻雀）发成korʼə、sborʼə看出，把arg（脾气暴躁的）发成arrig [arʼi]也是如此。

---

① 卢兹维·霍尔贝尔（Ludvig Holberg, 1684–1754），挪威作家，活跃于丹麦，在两国皆被誉为现代文学之父。——译者注

② 与dyˀbdə并存的还有个缩短形式dybdə，后者因而没有斯特德。——原注

③ hælvden（hælften）（一半）基本上只见于带定冠词的词组 til hælvten；用于不定形式时，有时呈现为 hælvt，有时呈现为 hælvte 或 hælvde。——原注

2. 安德斯·裴得生找到的第二条关于丹麦语之外的斯特德的证据，是瑞典语m后的某些增音p。阔克在《档案》（第16卷，第258页及后）中阐明，《林雪平词典》（Lexicon lincopense，1640）①里，词末的-mpn与词内部元音前的-mn-在元音前交替出现（如nampn [名字]、ämne [话题]）；斯佩盖尔《神的劳作》里②，-mpn用于词末，-mbn用于词内部元音前。阔克认为这之中的原因在于词末n的清化；但安德斯·裴得生提出："然而，若能考虑到mpn属于单音节形式，即第1声调形式，并且预设第1声调曾经带有斯特德，就会发现这个难题（认为n已自动清化）消失了：人们很容易理解，斯特德在两个鼻音之间消失之时，唇塞音为何恰好在此处清化。"安德斯·裴得生以为17世纪瑞典语里有nam'pn这样的形式。但我不知道他想如何解释，上述两份较近的文本里写成mn和mbn之处，更古老的瑞典语文本里却也写成mpn。而如阔克举的例子所示，即使是在对此做了区别的上述两文本中，该现象与两种声调的分布也远不一致，如前一文本里有fampntagh（欢迎）、nampnkunnig（著名的）、nämpna（命名）、jempna（扁枝石松），后一文本里有nämpna（命名）；这一问题，按照阔克的解释比按照裴得生的解释容易。p插入至其他辅音前之例，也存在具有第2声调的情况，如skiämptas（被开玩笑）、sampwit（良心）③（阔克，第263、264页），——但是这类情况很大程度上在否定安德斯·裴得生的理论，在他的文章里也完全未被提及，他似乎认为斯特德位于n之后（即词中省音发生之处），而不是nampn的m和n

---

① 《林雪平词典》即17世纪中期瑞典东部林雪平教区主教约拿斯·佩特里·戈特斯（Jonas Petri Gothus, 1587–1644）编纂的《拉丁语-瑞典语-德语词典》（Dictionarium latino-sveco-germanicum）。关于该词典在瑞典词典编纂史上的地位，当代学者莫妮卡·约翰森（Monica Johansson）著有《林雪平词典——词典编纂传统与17世纪中期瑞典语研究》（Lexicon lincopense: En studie i lexikografisk tradition och svenskt språk vid 1600-talets mitt, 1997）一书。——译者注

② 哈钦·斯佩盖尔（Haquin Spegel, 1645–1714），瑞典主教、作家，著有关于上帝创世的史诗《神的劳作与安息》（Guds werk och hwila, 1685）。——译者注

③ 上述例词在今瑞典语里的拼写形式分别为：famntag、namnkunnig、nämna、jämna、skämtas、samvete，这些词均读第2声调。——译者注

5. 丹麦语的斯特德与原始北欧语的词中省音 Det danske stød og urnordisk synkope（1913）

之间。

而我认为，这个插入的p（以及b）在旧时的瑞典语里极可能根本就没发过音。瑞典的语法学家们一兴起，就明确给出一条规则：这类组合里的p和b是不发音的。这之中包括克伦伯斯（Columbus 1678）、奥利维里厄斯（Aurivillius 1693）、拉格勒夫（Lagerlööf 1694）[①]，和前面引述过的斯佩盖尔的著作同代；于是，以此为依据，斯佩盖尔在后来的一部著作里（1712）[②]，非常明智地放弃了他此前恪守的规则，无论何处皆只写mn（阔克，第260、261页）。这个mpn的写法不仅仅见于瑞典语，13世纪至16世纪、17世纪在西欧大部分地区极为常见，见于拉丁语、法语、普罗旺斯语、加泰罗尼亚语，很可能也存在于其他罗曼语言里；在英语里至今可见，例子非常多，在一般的词典里就能轻松找到，故而有dampnare（谴责）、dampnation（诅咒）、impne = hymne（赞美诗）等等。不过，这个p在上述语言中似乎从未发过音。桑菲尔得·延森（Sandfeld Jensen）让我看了格罗伯《纲要》第1卷第864页的注释2，该注释针对现代加泰罗尼亚语，明确论述了这个观点。我倾向于把这个书写习惯的源头阐释为，人们习惯于在sumpsi（获得）、sumptus（成本）以及许多以此类推的词里写mps和mpt，p音在这类发音中依然呈摆动，有p和无p唯一的差别仅在于腭后部的运动中的一点极微小的时间差（见我的《语音学》第503页，关于英语中的相关现象，见《现代英语语法》7.7节）。由此出发，mp的拼法迁移至其他情形中，用mpn取代mn的特别理由是，mpn的写法把究竟是m还是n分得十分清楚，否则按照当时的字母形状，很现实的

[①] 塞缪尔·克伦伯斯（Samuel Columbus，1642–1679），瑞典语言学家，著有《瑞典语字母、词语、俗谚词典》（*En svensk ordeskötsel angående bokstäfver, ord och ordesätt*，1678）。埃利克斯·奥利维里厄斯（Ericus Aurivillius，1643–1702），瑞典语言学家，著有《瑞典语思考》（*Cogitationes de lingvæ svionicæ*，1693）。彼得勒斯·拉格勒夫（Petrus Lagerlööf，1648–1699），瑞典语言学家，著有《瑞典语正字法论》（*Dissertatio de linguae svecanae orthographia*，1694）。——译者注

[②] 指斯佩盖尔编写的《瑞典语词表》（*Glossarium-sveo-gothicum*，1712）。——译者注

问题就是遇到5条竖线时，可能被解读为mn、nm、um、mu、nin、inn等等。（也是出于类似原因，u与m、n相遇时要写成o，在英国尤其如此。）但是，无论如何，安德斯·裴得生把mpn阐释为瑞典语斯特德存在的证据，都是极其站不住脚的。

3. 该作者认为丹麦语之外也存在斯特德的第三条证据，是亚尔马·法尔克在中世纪吟唱诗格律（skjalderimene）中观察到的一些特殊之处（《档案》第10卷第125页及后）。对此，我还是不能赞同安德斯·裴得生，其一，法尔克举的许多例子，在现代北欧语里都具有第2声调，并且很可能从语言材料里的这个声调二分法开始存在以来就一直如此。其二，这一问题上，安德斯·裴得生忘记了自己所设定的元音词中省音演化规则限制，即这一现象仅发生于清辅音之后：r在 vátr : báti, líkr : ríki, Knútr : úti, nætr : gæta, rítr : líta, tíkr : ríki中不算进韵脚内，t在slíkt : líkar中也是如此，安德斯·裴得生因而在第48页提出，这必然是由于该辅音后面存在斯特德，可是他在第40页已经说过，"很容易认识到……前面有清辅音时，声带张开太大，对于向上述现象（指斯特德）过渡来说，太不容易。"由此，要否定他的格律理论，我已根本不需要强调：即使同意该理论，依然有许多情况他只能用所谓的"格律自由"来解释。他对第三条证据所写的所有论述，都是既无证据性，也无说服性。

6

我可以简单说说西日德兰方言独特的斯特德，因为安德斯·裴得生认为它是在第1、2声调之外独立产生的。他认为这种斯特德源于一种曾在冰岛语中充当长塞音的h。我更倾向于相信，我们的p、t、k曾经同时具有喉部阻塞和口腔阻塞，换言之，我们曾有罗曼等语言里那种"锐清音"（亦称"纯清音"）[①]，后来时间上出现了变化，于是

[①] 叶斯柏森在《语音学教程》里区别了六类清浊度，其中"锐清音"（"纯清音"）指不送气的清音，如法语pour（为了）、thé（茶）、canne（拐杖）的首音。参见Jespersen（1920c：103-108）——译者注

5. 丹麦语的斯特德与原始北欧语的词中省音 Det danske stød og urnordisk synkope（1913）

喉部阻塞（而非喉部开放）跑到了口腔阻塞之前。其效果与我在北英格兰英语里观察到的斯特德完全相同（见《语音学》第615页，《现代英语语法》第1卷第414页）。这跟塞音出现于元音之后及辅音之后都相符合。后一种情况，安德斯·裴得生在第43页提出，他认为清l + t的组合和浊l + t的组合之间，存在一个既有半浊l又有半清l的中间层，用公式可表示为"浊l + 清l + t"；不过他进一步指出，"处于清音部分的l的发音当然很容易被忽略，因此，浊l和t之间存在无声的呼气，器官位于中立位置，就成了 -l^{h}t-，……。我们将其视为一种送气方式（h），这样一来，像喉部阻塞的过渡就比以前的阐述容易解释了"。我认为这是典型的"纸之语音学"，尝试一下，就会发现发l时离开舌尖位置转而采用中立位置有多么不自然——此外，该作者认为最关键的是喉部的开放位置和阻塞位置之间的转变，这一点同样毫无意义，这转变无论涉及哪个上部发音器官位置，其难度或易度都是等同的。喉部的阻塞一旦形成，这听觉效应是器官位于l的位置发出的还是"中立"位置发出的就变成无关紧要的了。①

---

① 马利厄斯·克里斯滕森（《档案》15卷第50页、53页）用同样的表述把西日德兰方言里同样的斯特德解释为"音节里很难保持缓慢下降的双峰声调，其末尾往往变成猛然缩短的调"——人们竭力把音发成（或者只是在纸上标成）"缓慢下降的双峰声调"；而在我看来，这一切绝对难以理解。那页底部，基本上是在重述："长清音越是突出，就越难保持猛然截断的音节尾 [那何不将其完全放弃掉？]，也越有必要让斯特德来帮助维持它。同理，我们也可以说，音节尾越是让音节被猛然截断（换言之，清塞音接在短浊音之后时），保持缓慢下降的双峰声调就必然越难。我觉得这段话里我能理解的唯一一点是，马利厄斯·克里斯滕森似乎认为，"猛然切断的声调"与塞音有关联，其实这关联并非必要，例如丹麦语中，这种猛然切断的声调既存在于 kappe（斗篷）之中，也存在于 kamme（梳头）之中，既存在于 katte（猫，复数）之中，也存在于 kande（壶）之中，等等。我觉得克里斯滕森先生的这些叙述并不充分。不过，正如我之前说的，这之中的主要问题是：西日德兰方言里的这种斯特德并无重要意义。——原注 [译者按：4个例词的发音：[ˈkɑbə]，[ˈkɑmə]，[ˈkadə]，[ˈkanə]。]

7

上文我没有谈到安德斯·裴得生的第二种词中省音类型,他给出的例词是*skiliðans > skil'te。脱落的元音位于中间音节。该作者在这一问题上赞同阿克塞尔·阔克的理论,认为这类词中省音与声调模式相关联,见《档案》第7卷第354页及后,《QF》第50页及后,唯一不同在于安德斯·裴得生的第二类仅包括词根是短音节的例子,词根长音节属于他的第一类。下文的述评,我对阔克的反对意见多于对裴得生的反对意见;我采取的是与阔克不同的分类顺序。

丹麦语中,我们区分dömte(定罪)、pinte(折磨)、skilte(分开)、kendte(知道)、lånte(借)、sprængte(爆炸)等过去式(无斯特德)和拼写形式与之相同的名词复数形式及分词肯定式(有斯特德)。从这两类形式在古北欧语中的关系来看,二者本应具有相同的声调,所以,其中之一的声调必然是通过类推得来的。阔克认为,无斯特德的形式是由多音节词类推而来的,因此,有斯特德(第1声调)的形式代表了原有的关系。然而,我和马利厄斯·克里斯滕森(《档案》第15卷第62页)一样,必然强调"有一部分这样的词在口语中其实是不变词。日常口语中既说han blev dömt(他被定罪了),也说de blev dömt(他们被定罪了),这样一来,这个单音节词的声调很容易就能转移至更高语言层里的屈折形式中。" 我想补充的一点是,这些形式的形容词用法,如de dömte forbrydere(被定罪的罪犯)、pinte sjæle(被折磨的灵魂)等等,在口语中也是非常罕见。与之相反,han dömte ham til tugthuset(他把他定罪入监)、han pinte sin kone(他折磨他妻子)之类的过去式极为常用,显然是一次次被记住了,并以这样的形式一代代传承下来。从具有普遍性的标准来看,可认为复数形式中的斯特德(或称潜在的第1声调之基础)不是原有的。我认为,透过有斯特德的lærd(有学问的)、død(死的)和其无斯特德的屈折形式lærde、døde之间的区别,可反映出古时的关系,但是透过有斯特德的lært(学习,过去分词)、født(生小孩,过去分词)及其屈折形式

5. 丹麦语的斯特德与原始北欧语的词中省音 Det danske stød og urnordisk synkope（1913）

lærte、fødte和无斯特德的han lærte（他学习了）、hun fødte（她生了小孩）之间的区别，反映出的却是较新的类推形式。

阔克还进一步阐述了以-sk结尾的形容词的带斯特德的复数形式（以及肯定式），如fynske（菲英岛的）、svinske（猪一样的）、synske（通灵的）、fjendske（敌对的）、hundske（下贱的）、bondske（粗野的）、springske（举止不得体的）、skælmske（顽劣的），他认为这些词显示出了共同北欧语的第1声调。他这里忽视了一点，有些以-sk结尾的形容词，屈折形式里并无斯特德，而是像go'd和gode这样变化[1]，如dansk-danske（丹麦的）、svensk-svenske（瑞典的）、fransk-franske（法国的）、spansk-spanske（西班牙的）。虽然只有这四个，但却可以看出这些词的分量远远超过那些svinske、springske之类，后者属于说话者需要的时候自行造出来的形式，而danske、svenske等形式很大程度上却是因频繁使用而归为被记住的形式；[2]这就暗示出，那类形容词最初也和god等词一样，存在具有第1声调的非屈折形式和具有第2声调的屈折形式之交替。[3]

关于比较级，我在længer [læŋ'ər]（更长的，单数，古北欧语lengr）和læng(e)re [læŋ(ə)rə]（更长的，复数，古北欧语lengri）之区别中也发现了保留古时关系之例，同理，口语中的bedder [bæð'ər]（更好的，单数，古北欧语betr）和bedre [bæðrə]（更好的，复数，古北欧语betri）之区别也是如此，所以我倾向于认为，瑞典语和挪威语比较级里的第1声调并不是共同北欧语的成分。丹麦语最高级的有屈折形式（længste [最长的，复数]、höjeste [最高的，复数]）里的斯特德，正如瑞典语部分方言中的第1声调，可以很容易地用类推来解释，因为无

---

[1] 即原形里有斯特德，屈折形式里无斯特德，如《DDO》对god（好）的注音是："['goʔ] 或 ['goð]，多数复合结构中为 ['goð-]"。——译者注

[2] 丹麦语单数形式里的元音，恰恰是以复数形式为基础而阐释的（诺伦，《古冰岛语语法》[Altisländische Grammatik]，§151节）。——原注

[3] svinske等词里的斯特德与svin里的斯特德是一致的。ke'miske（化学的）、fy'siske（物理的）等词里，也有类推性的斯特德，skum'le（疑虑的）等形容词里也是如此。——原注

屈折形式在较自然的语言中使用得更频繁，而这一点对阔克引述的各种孤立的词或多或少都适用，他用这些词佐证发生了词中省音的词里的原始北欧语第1声调之猜想。

此处，大家会看到我在方法论原则上与阿克塞尔·阔克（《档案》第7卷第353页）不同："即使这些词里，第1声调也仍极有可能是共同北欧语成分，如果无法对这一重音关系做其他解释，那么该重音关系就依然存在于三种北欧语之一。"与之相反，我认为对于不同语言在声调关系方面的差异，我们必须采用和其他语音条件相同的方式来做评判，换言之，不应预先猜想某一成分在所有情况中皆为原始成分，而应一例一例（或一组一组）分别做细致衡量，有些本来广为接受规则，日常频繁使用的形式（而非罕用形式）反映出用类推解释不通的演变，那么这样的规则必须受到格外重视。我觉得，与我们深深尊敬的北欧语声调学说大师成功构建起的理论相比，这样的原则在有些方面可以更加和谐地构建出古时的声调关系及其与现况的关系。这样一来，我们尤其避免了解释stenhus（石头房子）之类的频繁使用的复合词里的第2声调时所遇到的困难，这些词里的元音在复合词的接合处无疑存在省略[①]，阔克认为这里曾经存在第1声调，相对较晚时期在所有的北欧语里都被第2声调取代了。他对此问题的论述（《档案》第7卷第357页及后，《QF》第142页及后）并不可靠。

8

安德斯·裴得生对自己的设想提供的唯一的证据，如我在上文所述，只是来自其他语言的平行例子。然而，第52页那个立陶宛语例

[①] 斯特德在此类复合词里的脱落，如《DDO》中的注音：sten（石头）本身的发音是 ['sdeʔn]，但在复合结构中发音为 ['sdeːn-]。——译者注

5. 丹麦语的斯特德与原始北欧语的词中省音 Det danske stød og urnordisk synkope (1913)

子①，据认为可表明斯特德存在于原始雅利安语（即原始雅弗语、原始印欧语）底层之中，实在太无根据，无法想当然地认为其成立。第二个平行例子源于利沃尼亚语（livisk）②，威廉·汤姆生已发现了该语言的斯特德，并为其出现确定了几条规则。一方面，我们在该语言中遇到的斯特德相当于芬兰语的h，另一方面，芬兰语里保留下来的元音在该语言中脱落了——但是显然，没有任何证据表明脱落了的元音曾经是清化音。不过，虽然我们崇敬汤姆生的才华，敬佩他研究每位母语者发音的时间长达4—5小时，但是我们仍不能认为，他已完全掌握了利沃尼亚语的斯特德是如何产生的；无论如何，这种相似性只能拿来为北欧语中更为人知的条件的已有解释做印证而已，并不能让安德斯·裴得生那似是而非的理论变得确定。

因此我相信，我对安德斯·裴得生的新假说的反对程度，与他的假说无法自圆其说的程度是一致的。不过我承认，我自己的看法在目前的研究阶段也无法带来绝对不容怀疑的证据（我的贡献与本领域的斯托姆、维尔纳、阔克等人相比，当然十分有限）。但是，我的看法自身具有可靠性，使之能够成立，因为它完全未与语言史事实及语音学事实相冲突，并且自然地解释了丹麦语中有斯特德的词和无斯特德的词这两类语言材料的分布。由此，我的观点可以简要地描述如下：

斯特德首先要求北欧语的第1声调，其次要求浊音才能形成。③此外，这类音节不可以是完全的弱音节，换言之，声带两瓣必须相互十分靠近（参见我的《语音学》第354页及后）。一个或多个浊音

---

① 我要指出，有些"似乎"是真正的斯特德的地方，半页之后却变成了"确实"是斯特德；还应注意到，拉脱维亚语中变成斯特德的是"舒展调"（schleifende），不是"急促调"（gestossene）。——原注

② 利沃尼亚语（[英]Livonian），拉脱维亚沿海地区的一种芬兰—乌戈尔语族语言，今已基本消亡。——译者注

③ 后者同样适用于利沃尼亚语（汤姆生《芬语与波罗的语的接触》[Beröringer mellem finske og baltiske sprog]，第59页："利沃尼亚语的斯特德调和丹麦语、拉脱维亚语一样，只能要与长元音共存……要么与后接浊音的短元音共存……清辅音前面，斯特德调绝不可能存在。"）——原注

必须具有一定长度，因此，斯特德无法在词末短元音处形成，也无法形成于后接特别短的辅音的短元音，如ven（朋友）、vel（好）、fad（碗）、dog（然而）等词里的元音。正如斯威特首次指出的，丹麦语的词末辅音短于其他语言中类似位置上的辅音，因此，正如我经常体会到的，外国人的确很难感觉到该位置上有个辅音。在rug（黑麦）、trug（槽子）里，几乎不可能确定此处是短元音u（再加一个在丹麦语中接在词末元音后面的h）还是"u + 圆唇音"，因为此词末位置是个极短且清化的开音g（åbent g）。① 而jeg（我，主格）、mig（我，宾格）、lov（法律）、hav（海）②里的二合元音，源于短元音+短擦音，我们在这类二合元音里遇到的是和两个短浊音之组合相同的情况，也是无法形成斯特德。③

与之不同，在词中部，这种超短情况不存在；venner（朋友，复数）、padde（蟾蜍）、tælle（计算）等词里出现第2声调之处（非强调发音），存在一个显然不像瑞典语类似位置上那么长的辅音，我们视之为"短辅音"，但是这个辅音当然比ven、fad、vel里的辅音长（vej里二合元音的后一成分与之同理）；而在出现第1声调之处，斯特德有足够空间在vennen（朋友，单数肯定式）、føllet（马驹，单数肯定式）、karret（水槽，单数肯定式）、kiddet（羊羔，单数肯定

---

① 《DDO》未注这个词末清辅音，上述这两例词的发音分别注为：rug [ˈʁuʔ]，trug [ˈtʁuʔ]。"开音 g"指软腭位置上的擦音（而非塞音），即 [ɣ]，它所对应的清音是 [x]。——译者注

② 这4个例词的读音分别是：jeg [ˈjɑj]、mig [ˈmɑj]、lov [ˈlɒw]、hav [ˈhɑw]。——译者注

③ 马利厄斯·克里斯滕森在《档案》第15卷第55页处理二合元音时，认为斯特德起源于"元音 + 擦音 > 二合元音"这一变化发生之前，或是发生后不久（这个看法是安德斯·裴得生赞同他的地方之一），但我对此无法苟同；这一理论似乎先入为主地认为，二合元音本身一定是长音，也就是能够接受斯特德（参见第54页："二合元音必然能够接受斯特德，这至少是极其可能的"）。可是，这一理论完全就是不适用于丹麦语的古典韵律学说的残存：mig 里的 [ai] 的表现跟 fad 等词里的 [að] 并无两样。日德兰方言把 vej（路）发成 [væj] 是符合语音定律的，而国语发成 [vaiʔ] 则是源于 vejen（路，肯定式）的类推。——原注

5. 丹麦语的斯特德与原始北欧语的词中省音 Det danske stød og urnordisk synkope（1913）

式）里形成，vejen（路，单数肯定式）同理。因此，仅需一点音长区别，即可解释国语 mælk（牛奶）、hjælp（帮助）等词里有斯特德和日德兰方言同样的词里无斯特德之间的差异；这个差异很微观，我觉得比认为日德兰方言此处曾是清辅音更合理。①

我看了用卢赛洛神甫的设备录制的许多带斯特德的丹麦语词；大多数这样的词，共同的一点就是带有显示声带震动的非常特殊的曲线形；在接近音节末尾之处，这曲线形十分突然地变得不稳，有特别大幅的波动（大振幅、大音量），曲线相互之间比音节首（较高声调）紧密；这之后，就猛然变成几乎无波动的线，基本上就是直线。最后这种情况中的线条不太正确，因为那样似乎表明不存在任何空气运动；不过，无论卢赛洛在这一点上是否正确，证据都已表明声门保持的并不是完全闭合状（见《实验语音学原理》[Principes de phonétique expérimentale]，第873页及后）；虽然他和我私下交流时否认了这一点，但是闭合的声带由于之前的剧烈震动，发生小幅上下运动是可能的。不过无论如何，这些实验均表明，我们的斯特德里的一个成分，就是声带两瓣突然剧烈靠近，并伴有高声调，尽管可能并未达到完全闭合的位置；但是（据福赫哈默），猛然靠近恰恰意味着音强增强。如果把这一点跟维尔纳对斯特德从第1声调中产生的阐释做比较，会发现维尔纳的表述可不像安德斯·裴得生的失真描写那样让我们无法相信。用耳语方式来说一个带斯特德的词，会清楚地听到这耳语声在因塞音位置而产生的停顿之前增强了。而另一方面，我的印象是，外国

---

① 上述关于音长条件的理论构建是对安德斯·裴得生第24页的担忧的呼应。他在那里提出，认为 halm（稻草）中的 l、arm（胳膊）中的 r 是长音的想法"不仅找不到语言史事实支持，而且与我们对丹麦语辅音组合演变所了解的一切相矛盾"，他似乎忘了，我们在 hjælme（头盔，复数）、arme（胳膊，复数）里确实有长音 l 和长音 r；如果这与语言史理论相矛盾，那么我只能说这样的理论应该重写了，以便能够与事实相吻合。安德斯·裴得生做此论断，似乎是只看了我举的几个语音例子就认为那是我关于斯特德长音关系的观点；他没能注意到，我处理这一关系时的详细程度超过了其他任何人，《丹麦语》第1卷第75页及后、《语音学》第512页及后，我做的都是全新的观察。——原注。

人以略带懒散（此词不带感情色彩）的方式发出声带阻塞时，发的是与真正的丹麦语斯特德仅有少许差别的音；有一天我好几次听到一位法国女士说André（安德列，人名）、oui（是的）、cloué（钉上）时发出了斯特德；我还在有些挪威人说ja（是的）时听到过斯特德（见我的《用非字母符号表示的语音发音》第46页），而美国人说yes（是的）时非常普遍的发音里，双唇是完全闭合或部分闭合的（小说及大众杂志里写成yep）。这正是声音能量在闭合之前的加强，在丹麦语中听到的就是这样的音。

丹麦国语的两种重音之间，（除了上文论述的斯特德之外）是否存在声调差异之残存？安德斯·裴得生认为，我在《母语语音学》（*Modersmålets fonetik*）里的阐述表明我现在完全否定了这一点，已与我此前在《丹麦语》第4卷第232页对维尔纳的支持完全不同。事实上，我从未放弃自己的观点；我仍然认为，听听各种群体讲话，就会发现有些人发fisk（鱼）、flæsk（肉）时的上升调（optone）不同于fiske（钓鱼）、flæsket（胖的，形容词）；只是我在那本面向大众的小书里没有提到这些而已。安德斯·裴得生还论述了威廉·汤姆生和维尔纳之争；但他忽视了汤姆生的最新论断（《北欧语文学学报》第3系列，第5卷，第194页）："……然而如今，我已不敢那么坚决地否定维尔纳的看法，他的观点很可能是正确的。"

至于斯特德形成的时间点，斯托姆和马利厄斯·克里斯滕森都强调过该过程中的诸多因素。我们很可能会说，这时间点非常晚，是在大规模吸收低地德语借词之后①，tam中的-m发生延长之后，vatn中

---

① 安德斯·裴得生指责我说，我虽然了解并已阐明阔克对斯托姆的借词论的否定（《丹麦语》第4卷，第224页），但却依赖了借词论。对此，他忽视了可能性和或然率之间的区别；阔克说第1声调和斯特德与当时的第2声调相比，甚至可能更接近于德语的音高层，他只是在谈一种可能性而已。我承认这是一种抽象的可能性（斯托姆因此并未给出任何绝对的结论性证据），但我始终相信斯托姆观点的正确性具有大得多的或然率。关于bæger（杯）和høker（小贩）之间的差别，安德斯·裴得生对马利厄斯·克里斯滕森的看法极有可能是正确的。——原注　[译者按：这两个词的发音分别是：bæger [ˈbɛːjʌ], høker [ˈhøˀgʌ]。]

5. 丹麦语的斯特德与原始北欧语的词中省音 Det danske stød og urnordisk synkope（1913）

的t被同化之后，ager（田野）、odder（水獭）等词里的浊擦音形成之后。因此，斯特德并不十分古老，海明·加兹①嘲弄丹麦人的名句（1510），说丹麦人"像咳嗽似的把词喷出来，词还没说完就急匆匆地在喉咙里把它咕哝完"（引自舒克②，见阔克《档案》第7卷第367页）——不知这是不是真的在说斯特德。

我没见过其他更好的方式，可利用现有的材料和方法，得出有理有据的斯特德理论，当然，绝对确定的理论依然尚未定论。

---

① 海明·加兹（Hemming Gad，亦作 Gadh，约 1450–1520），瑞典主教，在丹瑞战争（Dano-Swedish War, 1501–1512）中率领军队与丹麦控制的卡尔马联盟殊死战斗，后被丹麦俘获，遭监禁并处决。——译者注

② 亨德里克·舒克（Henrik Schück, 1855–1947），瑞典学者，文学史专家，著有两卷本《插图版瑞典文学史》（*Illustrerad svensk litteraturhistoria*, 1896–1897），阔克关于加兹的例子引自该书。——译者注

6. 语言能量学[①]
Energetik der Sprache
（1914）

关于语言的本质，最精妙的说法就是威廉·冯·洪堡特的这句话：语言不是作品（Ergon），不是完成之作，而是活动（Energeia），是现实行动。不过，无论洪堡特还是其他任何语言学家，都未得出这一观点的完整结论；只有语言能量学能够做到这一点，这一学问仍有待建立。词不是外部世界之物，当然不是由那些被我们称为字母的写在白纸上的黑色图形构成的，而是人的心理—生理活动，从而让别人理解他；或者更确切说，每个词都是一种习俗，都是一种社会习惯，可与脱帽致敬之类的习俗相提并论。要想正确理解语言现象，就必须时刻记着这条显而易见的真理，把传统术语转换成能量学术语，常会得出些极具理论与实践意义的新颖而有效的观点。

因此，我将从语言能量学角度来理解语言现象，思考说话（及写作）所需能量（包括生理能量和脑力能量）是如何运用的。

只要明白语言是一种人类行为，就会随之出现该行为的恰当性（Zweckmässigkeit）问题；不过，在语言实践层面上，与之最直接相关的问题，却是语言怎样才算合乎"理想"（das Ideale），由此自然

[①] 译自《科学界——科学综述国际学报》（*Scientia: Rivista internazionale di sintesi scientifica*），第16卷，第225—235页，原文是德文。——译者注

6. 语言能量学 Energetik der Sprache（1914）

产生了"理想语言"（ideale Sprache）这一概念。但是近年来，这一术语的使用不像以前那么频繁了。

1793年，柏林的皇家科学院发布了一项有奖课题：

"草拟出完美语言之理想；依据这一理想检视欧洲古代及现代最为人知的语言，并展示这些语言中哪一种最接近这一理想。"

我们可以自信地断言，19世纪后半叶乃至20世纪初，没有一家科学机构会把这样的任务提上日程。所有的官方语言学代表都会摇头，认为这是不科学的想法。我自己就遭遇过这样的情况。1894年，我斗胆在我《语言的进步》一书的最后一页，用了半页的篇幅对理想语言做了简要构想。16年后，这一"异端邪说"被一位德国大语言学家发现[①]，他简单地用了一个脚注给我的观察当头一棒："参见叶斯柏森从理性主义立场出发对这一观点所做的怪异复述（《语言的进步》第365页）"。

人们有时必须重拾先前世代已提出却未解决的问题。一方面可提出理论问题，问语言是否已在其自然演化中达到了理想状态，另一方面可提出实践问题，问我们是否能够、是否应该做些事情，让语言更接近这一理想。

关于第一个问题，洪堡特认为，必须为语言史列出两个阶段，一个是构建（Aufbau）阶段，另一个是衰退（Verfall）阶段，后一阶段中，形式的衰退由现代语言获取的思想财富来抵消。多数语言学家忽视了后面一点，例如，在各种罗曼语的历史中只看到了拉丁语的衰退。而关于这一思想路线，我在斯特莱特堡那里发现了一条非常独特的表述，他指出："对于施莱歇尔这位语言学家来说，对历史哲学最

[①] 语出斯特莱特堡《康德与语言学》（Kant und die Sprachwissenschaft, 1909）一文，载《印欧语研究》（Indogermanische Forschungen），第26卷，第382—422页。威廉·斯特莱特堡（Wilhelm Streitberg, 1856–1925），德国印欧语学者，著有《原始日耳曼语语法》（Urgermanische Grammatik, 1896）、《哥特语入门》（Gotisches Elementarbuch, 1897）等著作，对乌尔菲拉的哥特语圣经做了辑注（1908，两卷本），与布鲁格曼共同创办了《印欧语研究》。——译者注

终目标的兴趣必然比不上对语言的兴趣。因此，他难免会只感觉到语言形式的贫乏，而不是语言内容的丰富。因此，语言的历史演化过程中，他觉得到处都是衰退，而非新的生命。"

的确，在我看来，这一点很致命——这位典型的语言学家，思考语言时对语言的使用没兴趣，竟然是"自然"而"不可避免"的——由此，他思考的不是历史哲学的最终目标，甚至完全不考虑说话的人。他感兴趣的是形式，所以不可能为语言本身构筑起理性的看法。形式衰退了：法语口语里没有homo、hominem、hominis、homini、homine、homines、hominum、hominibus了（8个形式）①，只剩下了1个形式，因为复数hommes的s通常是不发音的。

人们用简单得多的手段，收获了等同的效果——这是衰退吗？

但是很多时候，人们完全有理由说，我们可在语言史中观察到的东西，并不能全部理解为进步。例如，有人会说，把较古的语言理解为更趋综合，把较新的语言理解为更趋分析，是不妥当的；综合和分析是交替出现的趋势，综合转为分析之后还会出现新的综合，因此，不同时期可在语言中看到全然相反的趋势，何以能谈某一种演化方向？罗曼语②使用分析型的scribere habeo（我将要写），而不是拉丁语综合型的scribam（我将要写）；不过该形式后来在法语中又被综合成了écrirai（我将要写），如今又再度被新的分析型形式je vais écrire（我将要写）所超过。所以，我们总能遇到时起时落，遇到常态的波浪式运动，绝非仅沿一个方向演化。

只要讨论的是个别细节，这个结论就是非常正确的。但是，如果把语言当作整体来看待，例如，从整个语言结构出发来对比900年和1900年的语言状态，则会得出与之不同的结论。我在前面提到的那本书里面写过这样的一章；但是，那一章可能被大多数读者跳了过去，

---

① 这8个形式分别是拉丁语"人"的单数主格、单数宾格、单数属格、单数与格、单数夺格、复数主格/宾格、复数属格、复数与格/夺格。——译者注

② 罗曼语，也称"共同罗曼语"，即"通俗拉丁语"，指罗马帝国后期的拉丁语，是法语、意大利语、西班牙语等现代罗曼语族语言的共同祖先。——译者注

6. 语言能量学 Energetik der Sprache（1914）

我不想归咎于读者，因为那一章无疑是我迄今写过的最枯燥的东西，只是份带着一套缩略语的干巴巴的形式统计列表而已。

我在那一章里，用完全相同的系统方法展示了阿尔弗雷德国王时期[①]的英语格系统和维多利亚女王时期的英语格系统，对比的结果是，旧格系统需要10个印刷页面，而新格系统只填满了2页。这就是说，公元800年前后的英语语法拥有比现在复杂5倍的结构，这个变化在规则性（Regelmässigkeit）与省力性（Leichtigkeit）方面意味着非常可观的进步。与之平行的英语动词旧系统和新系统的对比，亦可显现出类似的结论。对比古丹麦语和现代丹麦语，得到的结果也是完全相同。而系统对比古高地德语和现代高地德语，结果虽然可能不那么震撼，但道理是相同的。语法领域，历史演化过程中展现出了显著的能量节省（Energieersparung）。我们在这一问题上看到的不是黄金时代的沉沦，而是缓慢升华着脱离石器时代。

人类创造出的第一种语言，绝非充满规则性与简易性的奇迹，而是极其不便、极其笨重，和所有其他领域一样，必须长时间笨拙地走过各种弯路，之后才能获得准确恰当、顺畅运行的工具或系统。复杂性被简单性取代，混乱被秩序取代。

不过，能量学方法不仅对理论语言学研究很重要，而且对实践中的语言生命也非常有用。我觉得，老一代语言学家因其对语言实践问题的高傲态度而忽视了许多极其重要的东西；大家号召他们解决的任务，他们却将其留给了经验不足的业余人士，因而再三危害了语言生命，也危害了与之相关的更高层次的精神兴趣。

英国有位叫威尔比女爵（Lady Welby）[②]的心理学家，讲述了她开始学习比较语言学时的惊讶，语言竟然可以不被视为实现某一目的的

[①] 阿尔弗雷德国王（Alfred the Great，约848–899，约886–899年在位），西撒克逊王国国王，在位期间实施军事、法律、经济等领域的改革，发展学术事业，成功阻止了丹麦人对英国的进一步入侵，被誉为"阿尔弗雷德大帝"。——译者注

[②] 维多利亚·威尔比女爵（Victoria, Lady Welby，1837–1912），英国心理学家、语言哲学家、艺术家。本段的引文见 Welby（1911：8）。——译者注

途径，研究语言的方法竟然跟与我们无关的遥远星座及其神秘运动的方法相同（"就像在处理宇宙空间里某个遥远的星座及其在我们眼中的神秘运动"）。与她类似，杰出的英国文学家沃尔特·罗利爵士①也说过，语言学家了解关于语言的一切之可能，唯独不了解语言的用途是什么。如果语言学家不想介入实践层面的语言生命，可能与经济领域曼彻斯特学派的"自由放任"（laissez faire）理论这一整体时代精神有关；他们相信，只要平静地让一切按自身路径发展，一切就都会走向其最佳模式，因为事物的本质深不可测，难以被我们这些短视的人类所驾驭。幸运的是，在国家经济中，这一看法如今已基本被摒弃。

然而，与这一消极态度相关的另一个事实是，语言学研究至今仍被一种癌控制着；语言学家深入可获及的最古老层面进行研究，以搜寻词源与词根，他所研究的语言越是古老，他受到的尊重通常就越高。各国的科学院里，梵语学家、埃及学家、拉丁学家的数量都远多于现代语文学乃至最新语文学的代表。埃及学家或研究荷马的人，当然不会去想通过实践方式介入中王朝或爱奥尼亚城邦的语言生命，所以，日耳曼语学者和罗曼语学者也渐渐觉得，远离一切语言评价、语言改进或语言创制，才更加高尚、更加科学。人们由此而厌烦一切效益主义。

然而，物理和化学领域的现代能量学，具有科学目的观念，这观念不是狭义的效益主义，仿佛科学每时每刻都应思考直接利益，但也不想完全排斥效益观。和这些能量学家一样，我也想采纳奥古斯特·孔德（Auguste Comte）的这句话："知晓是为了预测，预测是为了阻止"（Savoir pour prévoir, et prévoir pour prévenir）。以科学方式研究现实，目的是最终竭尽所能地重塑现实，为后世各代创造更美好的未来。当然，在研究中，人们只能由关于真理的思考所引导；不过，人们只会用科学方式处理对人类有意义的东西，若是发现了真

---

① 沃尔特·罗利（Sir Walter Ralegh，约 1552–1618），英国政客、诗人、美洲探险家。

6. 语言能量学 Energetik der Sprache（1914）

理，就应该让真理在实践生活中开花结果。

语言学家普遍是宿命论的（fatalistisch）；他们认为，正如人们时常渲染的西吉斯蒙德皇帝的逸事①所表明，即使皇帝也没有力量改变一个词的性。可是，皇帝和皇权恐怕都不是达到此目的的正确力量；那些真正有知识的人，如果用正确方式来做此事，其实可以发挥重要影响力的。

实际上，无论在文明国家还是非文明国家，公众民意（最终可追溯至个人）对语言用法产生重大影响，是极其常见的事。我们作为父母跟孩子说话时，我们嘲笑孩子或其他人说话不灵活、不正确时，我们指责书展中有语言错误时，我们作为老师用喜爱的红墨水圈画什么东西时，都是在对语言的自然生命进行干预。学校教师对其学生们的语言施加的影响巨大，将来可能还会更大；我们这些语言学家，应当把语言之事完全留给他们吗？许多母语教师，尤其是小学里的母语教师，若不经过指导，对这类问题加以规范时并无深入认识，其方式常常并不文雅，并且通常很主观片面。然而，语言学家应把指导母语教师理性了解完整的语言生命，作为自己的最高任务之一，这样才能够对未来的语言处理发挥健康的影响。

不过，干预不应该像以前那样，是保守的干预，而应该是进步的干预，这样干预才有利于未来的形式，即更容易、更便利、更简洁的形式。但是很多时候，这意味着摒弃那些所谓正确的东西，换言之，用更开阔、更自由的语言正确性观，取代那些人们普遍尊崇的狭隘看法。

最伟大的语言学家们往往拒绝语言正确性之类的问题，认为这

---

① 西吉斯蒙德（Sigismund, 1368–1437），神圣罗马帝国皇帝，1410 年至 1437 年在位。他于 1414 年发起召开康士坦斯大公会议（Konzil von Konstanz），旨在结束天主教会大分裂，会议最终于 1417 年选出各方均表示接受的教皇马丁五世（Martin V, 1368–1431），完成了既定目的。相传，西吉斯蒙德在一次会议发言中把拉丁语中性名词 schisma（分裂）误用为阴性，被下属纠正后，西吉斯蒙德呛声道："Ego sum rex Romanus et super grammaticam."（我是罗马之王，我高于语法。）然而，王者的专横并未能真正改变这个词的词法性别。——译者注。

类问题与自己无关，他们认为自己的任务只是发现事实，解释这些事实的历史起源，而不愿意对这些东西加以评判。或者也有人会说：实际使用着的东西都是正确的。——这是最危险的"半真理"之一，因为它导致的是懒惰。还有人说，"固定下来的语言用法绝不会错"。抱歉：语言从不会固定下来，语言经常会极其错误，需要改善。大多数时候，语言学家都会把最不合规矩的用法解释为历史原因，将其归因于中古高地德语的某条规则，展示其是语音定律带来的演化，或是建立一条类推；他手里还有很多与之平行例子，因此郑重相信自己已证明一切皆妥当。荒谬若刚好就是传统，就不那么荒谬了吗？了解了不良习惯之根源，不良习惯就合理了吗？某一具体例子中的语言用法是好习惯还是坏习惯，不取决于它过去是如何起源的，而只能取决于它在当前及未来的恰当性。纵使习惯就是个恰当性因素，习惯了的东西很容易得到认可，因而（通常，而非永远！）很容易懂，但习惯仍未给我们一把钥匙，让我们一见到相互矛盾的两种形式或两种表达方式，就能说出一种是否比另一种更合乎习惯。这样一来，二者就成了同样好的用法吗？

能量学视角赋予我们一种语言正确性尺度，许多年前瑞典语言学家以塞亚·泰格奈尔（Esaias Tegnér）就将这一尺度表述为一条简短的公式：最正确的东西，就是最易说出、最好理解的东西。

此处给出的两个值，与交际所涉及的双方相对应，一方有话要说，另一方要听懂所说的话，对这二者的权衡，这里我无法展开。[①] 此处可出现利益冲突，但并不常见：大多数情况下，能量学视角可指向一种判断，我相信这判断经常会不同于那些"反野蛮手册"里给出的判断。能量学时时处处厌恶书卷主义（Pedantismus），后者严格执行某一规则，并将其运用于所有情况，无论该规则的实施是否真能带来表达上的清晰与简便，甚至不过问这规则是如何得来的，因为

---

① 本文收入 1933 年版《语言学文集》时，作者在此处脚注："详情参见《人类、民族与个人》（1925）第 5 章、第 6 章。"——译者注

6. 语言能量学 Energetik der Sprache（1914）

学校教的好多规则，谁也不曾知道是从哪里来的；这些规则可能跟丹麦国旗一样，是从天上掉下来的吧①，如今被许多语法学家视为来自神或来自超自然力量的恩赐，没有理由不尊崇。书卷派对每一具体情况只想认可一种形式、一种运用，而能量派常须承认两个甚至三个形式皆可同等正确。这里，我不想在德语有争议的问题上选边站队；不过，从能量学的角度检查一下《各类语言错误集》（*Allerlei Sprachdummheiten*）或安德列森（Andresen）的《语言用法与语言正确性》（*Sprachgebrauch und Sprachrichtigkeit*）等书，肯定是值得的，但这事要由受过语言史训练的母语者来做。但我这里想举个关于德语形容词变格的例子："所有德意志部落"应该是sämtliche deutsche Stämme还是sämtliche deutsche*n* Stämme呢？能量派大概会这样说：两个形式可用同等简单程度得到理解；不带n的形式较简短（其实只见于纸面），但并不会明显减轻发音的负担；因此，消耗能量来让一个形式成为最佳形式，把另一个形式轰出学生习作和报刊文章，根本就不值得。他可能还会说，孩子们，那一瞬间哪个形式闯入笔头，就自信地写下来吧，至于你昨天或前天是不是用了另一个形式，是无所谓的。大事上应当保持一致，但是所有无意义的小事上都想勉为其难地寻求一致，就叫作可悲而荒唐的书卷派作风。

这一原则也适用于外来词问题，或者更确切说，对于能量派来说，存在的不是某一个外来词的问题，而是一大批问题，因为每个个案中，他都必须衡量这个外来词以及所建议的替代词的恰当性，要考虑把已或多或少固定下来的东西从语言习惯清除出去，需要花费多少能量。一个词，不应因为源于别的国家就受到遣责，必须抛开这一点来做评判，无论蜂蜜、啤酒，还是鸦片、黄金，这些产品是值钱还是

---

① 丹麦国王瓦尔德马二世（Valdemar II，1170–1241，1202–1241在位）率军参加波罗的海十字军东征时，在林达尼萨战役（Battle of Lyndanisse，1219）中遭爱沙尼亚军队包围猛攻。相传，在丹麦军队即将败北的关键时刻，天空中飘来一面带有白色十字图案的旗帜，奇迹般地使丹麦军队转败为胜。此旗帜后来成为丹麦国旗。——译者注

不值钱，跟其产地完全是两回事。

　　正字法问题上，能量派同样可以做出决断。所选形式能否把语义清晰传递到读者的意识中？是否易学易用？与这些至关重要的因素相比，词源考量或历史考量完全无足轻重。能量派必然也反对使用所谓的"德国体"字母①，无论是在德国还是其他国家，这种形式都害得学童们在一种形式就足够了的情况下，却要承受两种形式之负担。而这只是冰山一角。

　　能量派还有一项义务，就是不仅要抵制所有不确切、有歧义的词和表达方式，而且必须致力于用新词来丰富语言。大多数伟大的科学引领者，也表现出了语言创造力，向语言输入新的专业术语。不过，今后此事必须做得更有意识、更加系统，尤其因为这些词若在日常生活中定义不准确，也会给科学带来各种麻烦。若要做到这一点，语文学家就必须协助其他领域的研究者和技术人员，其方式不仅是自然科学家不时向希腊语语文学家咨询自己所用的这个那个词是否符合古希腊语的构成规则，而且还要创造出简短、便利、无歧义的词，为其赋予精确语义，无论这个词源于哪种语言，就算根本没有词源也依然如此。电学单位Ohm（欧姆）、Watt（瓦特）的命名，还有今已广为人知的Kodak（柯达）一词，都是例子。不过，创造新词时，多数情况下还应注意，所选的形式必须有利于进一步构成派生词。即使是科学技术之外，有意识地创造新词及新表达法也常常是值得的；这事可不能留给那些以最不堪入耳的俚语为乐的阶层去做。

---

　　① 指旧时德国书报印刷所使用的尖角体（Fraktur）字母，英美通常称其为"黑体字"（Blackletter），我国德语界俗称其为"花体字"。截至19世纪，这一旧式印刷体在多数欧洲国家已废弃，但在德国仍广泛使用，因而常被德国人奉为国粹，由此引发了主张保留这一传统字体的人和倡导融入欧洲印刷主流的人之间旷日持久的"古典体与尖角体之争"（Antiqua-Fraktur-Streit）。德国19世纪后期的科学著作通常已使用欧洲通用的"古典体"（Antiqua）（因这一字体源于古罗马碑刻和加洛林王朝时期手抄本而得名），而文学作品往往继续使用传统的"尖角体"，学生在校期间两种字体都要学习。这一局面持续至1941年，德国官方颁布"正常字体令"（Normalschrifterlass），宣布改用"古典体"为常规字体。——译者注

6. 语言能量学 Energetik der Sprache（1914）

最后，我想谈谈语文学家很少问津的一个领域，少有问津很遗憾，但与以前相比已好很多。这个领域就是人工国际辅助语的创制。在来自五个国家的五位教授撰写的《国际语与科学》（*Weltsprache und Wissenschaft*，第2版，1913年，耶拿，费舍尔出版社）一书中，大家会看到关于这一运动的历史和原则的浅显而可靠的信息，我在这里只想简短评论几句。

当今的国际交流中浪费的语言能量实在惊人，很多精神价值流失了，因为把思想从一个或多或少有些狭窄的区域传播出去，会遇到很大的语言难题。假如能有一种中立的语言，用于一切国际关系之中，而这种语言又非常容易学，无论德国人、法国人、保加利亚人、瑞典人，学这种语言比学其他任何语言简单十倍，这会带来多大的收益！能量学敦促我们，在这个国际交流比以往更加活跃的年代，各民族之间的语言交流理应变得比我们祖先那时更加轻松；而语言能量学则向我们表明，创造这样一种既可摆脱自然语言不完美、不规则之处，又不失自然语言之优点的语言，是可能的。用于此目的的能量学原则即是：最好的国际语言，就是在每一方面皆为最大多数人提供最大的便利的语言。如今，这样的语言已经创制出来了，叫伊多语（Ido），想使用这种语言的人会发现，它的语法很规则、很简单，而通过其灵活自由，尤其是构词方面的灵活自由，一切可能的思想层次都能够言之有物地准确表达出来；此外我们还会看到，它的词汇也是遵循最大程度的国际原则精选的，所以即使未受教育的欧洲人，也能立刻认出并理解大量的词汇，而受过教育的人，则能认出并理解它几乎所有的词。参与完善伊多语的工作，让我在许多方面扩展丰富了对语言的一般性本质的理解，因此，我热忱地向每位研究现代语言的语文学家推荐能量学中的这一页。

通过这篇短文，如果我已让读者了解到透过语言能量学可揭示出如此之多的新观点，了解到语言能量学已向研究现代语言的语文学家提出了母语领域及国际辅助语领域如此之多的美妙实践任务，我会感到非常欣慰。

7. 个人与语言共同体[①]
L'individu et la communauté linguistique
（1927）

19世纪语言学无疑解决了其面临的许多问题，也取得了重大成就，证实了印欧语言发展的连续性，以极其清晰的方式让人们看到，大量此前被认为毫无共同之处的语言，其实是远古时所说的同一种语言的延续，以往只能用巴别塔之谜来解释的那些被视为多样性差异之处，我们今已看懂了原始单位是如何以极其自然的方式发生分化的；语法中以往只是一堆看不出道理的偶发规则之处，我们今已看到了规则之间存在语法事实，看到了这些语法事实构筑起系统，看到了同一语系内的语言虽然差别很大，所有系统间却皆存在自然的关系。人们还通过对比一种语言和另一种语言中最重要的词，展示其语音之间的规则对应关系，为这些词找到了最自然的解释。词源学因而不再是全然任意的东西，变得比先前各世纪科学得多了。

因此，语言学在这100年间真正取得了巨大进步，跟拉斯克、葆朴、格林做最初尝试时已有很大不同。但是，这些进步所激发的兴奋，却也伴随着少许失望与不足。语言学世界中并非一切都在向好处发展，仍存在数量庞大的问题未得到解决，更为糟糕的是，我们甚至

[①] 译自法国《常规心理学与病理心理学学报》（*Journal de psychologie normale et pathologique*），第24卷，第573—590页，原文是法文。——译者注

7. 个人与语言共同体 L'individu et la communauté linguistique（1927）

认为这些问题不可能得到完全满意的解决。以词源学为例，每位有能力的语言学家都不得不承认，印欧语中有相当数量的词，完全无法从词源角度解释，语言学学报中层出不穷的各种新解，倘若实话实说，其价值总体来说微不足道。所有配得上科学之名的词源似乎都已被发现了，换言之，没人能够质疑这些词源，这些词源也已被有能力的人所接受；正确的词源，似乎早已被故去已久的那几代学者发现过了。因此，不难理解许多语言学家放弃了这类研究，转向了其他问题，这些问题更有可能获得确切结论，并推进语言学的进步。

正因为此，心理学和社会学才介入语言学，旨在为诸多语言学问题带来新的启示。

19世纪中期左右，大家仍相信比较词源学可让我们管窥共同印欧语，相信这共同印欧语与人类语言之肇始十分接近：人们想象出了一个讲着这种语言的十分原始的社会，相信自己有能力构拟出这种语言的主要特点，并且给这个社会的状况涂上了一层玫瑰色的光芒，把原始印欧人想象成充满高等道德思想和宗教思想的理性人。马克斯·穆勒认为，古老的印欧语世界拥有严格的唯一神宗教，另外一些学者则认为，原始词汇表就是真正理想的家庭生活之见证。

我们知道，在更真实的科学面前，一切奇谈怪论都会土崩瓦解。当今的民族学家搜集的事实，以及你们孜孜不倦的同事列维—布留尔先生[①]所做的精彩研究，让我们对原始人的思维有了全然不同的印象，与我们的前辈们的印象相比，原始人的理性和理想都少了许多。

我们稍考虑一下另一个问题：语言变化何以会发生？第一代比较语言学家对这个问题并无太大兴趣；不过，1870年前后，这个问题开始为语言学家们所关注，这一时期引入了新的研究方法，先前受忽视的观点得到了重视。但是必须承认，已取得的进步又带来了大量可

---

① 吕锡安·列维-布留尔（Lucien Lévy-Bruhl, 1857–1939），法国哲学家、社会学家、人类学家，最具影响力的著作包括《原始思维》（*La mentalité primitive*, 1922）、《原始思维中的超自然与自然》（*Le surnaturel et la nature dans la mentalité primitive*, 1931）、《原始神话》（*La mythologie primitive*, 1935）等。——译者注

做研究的空间。人们构建起一种二分法，语言变化要么归因于语音定律，要么归因于类推。首先，人们把这个二分法视为生理类变化和纯心理类的其他变化之对比，但不久之后便认识到，心理因素也会影响到纯语音变化，而这并不影响此两种变化之明确区分；必须承认，这个二分法在实际解释语言时可能确有一定价值。不过，人们通常对语音变化的理解方式无疑太过机械，特别是把语音变化视为纯粹的破坏力量，认为语音变化往往只能给原本曾经存在的系统带来混乱。因此，这一情况的结果，就是产出一种持续增强的区别机制，把已开始趋同的若干形式区分开。人们可能忘记了，还存在相反方向运行的语音力量，往往造成更大的相似性，甚至是让原本全然不同的形式变得完全相同。

语音定律还曾被视为盲目运作，也就是完全不考虑词的意义。而今，人们越来越清楚地开始看到，语言中一切皆很重要，形式与意义因而无法割裂，相反，词义对其语音材料的变化方式具有重大影响。拥有意义的一切，往往都会得以保留；反之，则会发音不清，最终完全消失。不过，这一问题上重要的显然是当前的意义，即呈现于说话的个人头脑之中的意义，而不是原始意义或词源意义——这个区别经常受到忽视或是不为人所知。在我看来，这一理论以心理学为基础，比以旧语言学流派为基础更合乎事实。这一点，可从象征价值（valeur symbolique）能让某些音在词中得以保留这件事上显现出来，依照常规规则，这些音应该变成其他表达力较逊的音才对。例如我认为，[i] 这个音可表达较小、较细以及微不足道的东西，英语中的peep, peer 等词，若是按照常规规则，完全可以变成pipe, pire。①

语言学家思考类推变化的方式，同样也有些过于机械，尤其是对于等比变化（formations proportionnelles / Proportionsbildungen），没有考虑到那些源于心灵深处的更复杂、更捉摸不定的影响因素，这里，词并非总能像人们设想的那样系统分组。这一问题上，心理学家再度

---

① 此处是按法语拼写规则做的转写，字母 i 发 [iː] 音。——译者注

7. 个人与语言共同体 L'individu et la communauté linguistique（1927）

为语言学家提供了帮助，正如在另一个问题上，人们也开始引入了语言学家基本忽略的心理生活层面，这就是Ch.巴利先生已深入研究过的情绪层面或情感层面。不过，由于我的主要话题是个人与社会，所以必须对这些不充分的比喻做点引述。

我们不谈人们经常说的语言表达之生命（vie du langage）或词的生命（vie des mots），"生命"这个词在这里是个修辞用法，因而并非科学用法。必须指出，具有生命的，是说话的人。语言及语言的成分，如词、语法形式等，只是具有生命的个人的行为而已，是他生命的组成部分，其自身并无生命。

因此，若能拥有大量个人语言之传记，会非常有价值。不过在文献中，我们至多只能找到此类传记的开头部分，也就是关于各国儿童语言发展的大量著作。由于生命是极其复杂的，谁也未曾为某一个人写出过完整的语言传记也很自然。此方向上的首次尝试，是英国的W.-E.柯林森教授①新近出版的《当代英语》（*Contemporary English*）②一书，他在书中描写了家庭生活、中小学生活、大学生活、战时生活对他的语言发展意味着什么；由此，他尝试为自己从同伴、书籍等处相继学来的语言表达分出了若干层次。

若要为个人的语言人生（vie linguistique chez l'individu）写出大致的传记，首先必须研究几乎所有传记必需的开头方式，即这个人出生之前的来历，尤其是他的家史。这里，我们遇到了一个非常重要的问题。

此人的物理家史或心理家史，是否影响他说话的方式？肯定的回答似乎是非常自然的。一个人从父母那里继承的东西，其重要性越来越得到承认，对遗传问题的研究，如今已获取最高级别的科学特征，许多大学甚至为生物学的这一领域专门设置了教授位置。因此毫不奇怪，一些重要的语言学家近年来已相信，用遗传来解释许多语言现象

---

① 威廉·爱德华·柯林森（William Edward Collinson, 1889–1969），英国语言学家，曾与叶斯柏森一同参与人工国际辅助语研究。——译者注

② 莱比锡，1927年版（B.G.托依布纳出版社）。——原注

是可行的，语音学领域尤其如此。这一想法无疑很具诱惑性，但我相信遗传的重要性被夸大了，语言世界中随处可见的变化，特殊遗传（hérédité spéciale）所产生的作用微乎其微。

我已格外提到了特殊遗传，因为不可否认，普通遗传（hérédité générale）对语言习得影响较大。儿童假如没有和其他哺乳动物不同的非常特殊的语言器官结构，就无法发出构成一切人类语言之基础所必需的典型语音。另一方面，我们的儿童假如没有遗传继承某些脑回（circonvolutions cérébrales）以及某些心理特征，就无法学会让思想和语音建立起关联。这一点显而易见，也司空见惯，完全没有必要展开叙述。

不过，我们可否更进一步，例如，认为法语父母生的孩子学法语的能力高于德语父母生的孩子？换言之，后者的遗传结构使他们无法用与法语父母生的孩子相同的方式说法语？

显然，把这个问题摆清楚，就必须设想相同的条件：用来做比较的儿童必须自一出生就生活在高度相似的环境中，如果找来的英语父母或德语父母生的孩子在学习法语之前，已经学了几年或是至少听了几个月的英语或德语，那就根本表现不出支持还是反对遗传影响了，因为那样的话，无论对遗传怎么看，孩子的语言都自然受到了父母语言或他最初的周边环境的影响。

这个问题值得认真研究，用我们现有的知识来解决很可能为时过早。但是，我个人姑且认为，生理遗传和心理遗传对语言的影响微乎其微，几乎可以忽略不计，真正起决定作用的，或者至少起95%决定作用的，是婴幼儿时期对周围话语的模仿。

儿童的确会遗传继承某些体质特征，如唇、舌、腭、声带等的某种结构，正如他们眼睛的颜色、额头的形状以及其他面部特征必然会由遗传而决定；但我们不能断言，器官的结构预先决定了某种特定的发音方式。有事实能够断然推翻这样的设想。

这方面，我们谈谈犹太人。不可否认，这个族群保持得比大多数其他族群更为纯正，拥有许多身体上和心智上的遗传特征，若是果真

7. 个人与语言共同体 L'individu et la communauté linguistique（1927）

如前所述，那么犹太人说的任何语言中，都将出现语言上的特殊性，这无疑会证实语言的遗传性。但是，这个问题并不像人们想象的那么确定无疑。的确，许多犹太人都存在某些发音上的典型特征，但是这些特征主要是某一年龄段的产物，受其童年所讲的依地语或希伯来语的影响，或者至少是受其家中所讲的混合语言的影响。然而，在那些从小并未跟该国其他人口隔绝的年轻一代的口中，那些一张嘴就能听出是犹太人的特征就罕见得多了。至少在丹麦如此，很幸运，丹麦从未有过多少反闪米特情绪，犹太孩子长期以来一直上的是普通学校。我不是说他们已完全不具备闪米特特征，而是说他们许多人的丹麦语发音，连最细致的观察者也无法仅凭听他们说话而发现他们属于哪一族群——即使是那些面部特征、肢体特征最能突显其族群特征的人也不例外。

还存在另一个与欧洲人、北欧人迥异的种族，就是黑人。但我相信，美国有不少黑人，英语（或称美语）说得完全不会暴露自己的种族，这一点不会有错。

另有一系列事实，让我认为遗传性在语言问题上可忽略不计。我想说的是并不罕见的斯堪的纳维亚国家之间的通婚，即父母一方为挪威人或瑞典人，另一方为丹麦人。这些语言虽然存在巨大的语音差别，语调尤其不同，但彼此十分接近，以致父母各自都能够保留自己的母语发音，只是替换掉新国家的人不容易听懂的这个词或那个词而已。在我所亲历的一手案例中，我未在生于丹麦的通婚家庭儿童那里见到任何挪威语或瑞典语的遗传痕迹；他们对周围的丹麦人的模仿，足以消除所有可能从母亲那里继承来的特征。

我还想用我个人认识的一家三代人作为例子。一位挪威人在美国娶了一位瑞典人为妻，两个人说英语时都保留了许多自己母语的语音语调。他们的女儿在费城出生，起初就读于布林莫尔大学（Université de Bryn Mawr），无论当时还是现在，一直是大多数美国人的那种发音，我从没在她的发音中意外发现挪威语或瑞典语的发音痕迹。她后来在丹麦完成了教育，在那里跟一位丹麦人结了婚。不过，她虽然在丹麦生活了二三十年,说丹麦语时却依然有不少纯粹的美语特征。如今,她在丹麦出生的孩子们讲着纯正的丹麦语,完全没有依据遗传理论必然要有的任何挪威语、瑞典语或美语的发音特征。

因此,我完全赞同德拉克洛瓦先生①所说的(《语言与思维》[Le langage et la pensée],第86页)"此处没有必要引入遗传这一概念……无论如何,必须消除某些假说中所有含混的东西。人们有时似乎相信,同一群体的成员是靠某种实质上的亲缘关系才维系在一起的。"

有个非常简单的事实就是,大多数现代人都源于多个省份,甚至多个国家,但这一点却无法阻止通用的大语种在之前几个世纪里空前扩张,并且呈现出一百年前无法形成的统一性。

我的看法是,当前不谈语言遗传性要谨慎,关于遗传性的想法已徘徊于几代人当中,猛然迸发出来,犹如河流在地下流淌许久之后突然冲出地面,想要对其完全加以摒弃就更需谨慎了。要想让人相信这样的奇迹,就需要强有力的证据。

每个个体的语言史,都是其语言社会化(socialisation linguistique)的历史:幼儿的起点是其自己的语言,那是一种只属于他自己的语言,谁也听不懂;随后变成了对其母亲的词语的模仿,起初充满错误,这样的模仿,只有他的父母或哥哥姐姐才能猜出他想模仿的是什么,因为他们带着极大的宽厚,所以才能猜得出来。渐渐的,模仿变得不那么错误百出了,渐渐的,孩子学会了如何更好地服从他人的习惯。他开始跟不属于自己最亲密的家庭圈子的人说话时,尤其如此,于是他觉察出自己有必要用跟别人相近的方式进行发音。如果他想被人听懂,更重要的一点,如果他想让自己的诉求得到满足,他必须得好好发音,儿童就是这样学会如何像他所处的共同体中的其他人那样说话的。他已模仿了好多年,他的模仿已经变得十分完美了,已经不

---

① 亨利·德拉克洛瓦(Henri Delacroix,1873–1937),法国心理学家。——译者注

7. 个人与语言共同体 L'individu et la communauté linguistique（1927）

再说儿童语言了，但是他仍然还在模仿，诚然，他的语言中还有很多东西要学习。

但是，应当记住这一点：儿童所模仿的东西，是他从个人那里听到的东西，儿童几乎从来都是模仿他从多人那里听来的东西，永远是听这个人在说、听那个人在说，而不是从所谓"共同体"那里听来的，因为共同体本身根本就不存在，而永远是由个人组成的。儿童永远不会只遇到个人的语言，而是自然会格外模仿他最常听到的东西，换言之，就是他每天都会见到的那些人共有的句子、表达法、发音。他绝不会听到这一个个具体表达的"平均值"，因为平均值在真实世界中并不存在，只存在于理论家的思想之中，当然，平均值在理论家的思想中会获得重要地位。

因此，对其他个体的模仿，是语言生命的始与终（l'alpha et l'oméga）。必须注意，语言模仿跟实践生活中扮演重要角色的其他模仿有本质不同。人们模仿（或者说有能力模仿）别人的衣着方式、餐桌礼仪，或是打网球、弹钢琴的方法，但是跟语言模仿相比，这类模仿通常都是表面上的模仿。这是因为，语言模仿与人的整个内在生命（vie intérieure）有更为紧密的关联。我们不能假设，一个人在所有的时候都在说、在听，即便确有些人每天花大量时间喋喋不休亦不例外；人们不参与对话的时间，会用来思考，而所思考的大部分内容都发生于"内在语言活动"（langage intérieur）之中：人们用话语和句子来思考，而话语和句子则基于对他人话语的句子的模仿。

因此，语言模仿无疑占据了更多的时间，无疑比上述其他模仿更为重要。此外，语言模仿有个特点是其他模仿所不具备的，是就若干个人之间持续不断的交换。即使是静静地听，也是在模仿，因为静静地听似乎是在辨认所听的声音，所以必然要在内心中对其加以模仿：人们会在心里对所听到的东西进行发音，不发出可听到的声音就完成了这个过程，但是，语言器官，或者至少是与语言器官相关的大脑局部,依然有新生的运动。这就是斯特里克(Stricker)①的理论,我觉得极其可能,而且也得到了斯特里克的书中其他论据的印证。

因此,对他人语言习惯的持续顺应,不仅发生于儿童开始说话的时期,而且贯穿人的一生。不过,这一问题以及其他问题上,均存在显著的个体差异。有些人很容易就能受到周围人的感染,比如,在日德兰住上三四个月,说话就已经带着一点日德兰的语调;而另一些人想改变自己的发音就没这么简单,并且顽强地保持着儿时业已形成的习惯。但是,所有的人都会或多或少地无法抵御每天听到的句子和说话方式,例如,杂志、报纸或政治生活中所使用的词,这些词有时会以惊人的速度传播,形成头脑上的感染,但经常是成为时尚有多快,消失得就有多快。

发音方面,我想重提两个事实,可显示出模仿的重要性永远不会停止。其一,如果有人谈起腭部的遗传形状,认为这一形状会对语音产生影响,那么他没有考虑到一个不争的事实:如今很多人都戴着牙医造的人工腭部,这绝非遗传性的。人们可能会观察到,这样的人刚刚戴上人工腭部的时候,发音跟以前有明显的不同;但是过了两三周之后,就足以祛除这样的印象了。这个人对此并不知情,只是模仿了习惯的音,在舌的运动上做了些小规模调整,就恢复了自己的语音和他人的语音之间的平衡。

其二,人们经常观察到,因事故或疾病而完全丧失听觉的人,会逐渐忘掉如何发音,开始用不清楚的方式说话:听懂他们的话变得越来越难。这似乎表明,与他人通过耳朵而建立的永久接触,是维持正常发音之必需。我记得在某个地方读到过,人们在胡安·费尔南德斯岛(Île de Juan Fernandez)上发现亚历山大·塞尔柯克(Alexander Selkirk)(笛福笔下鲁滨孙·克鲁索的原型)时,"他发音只发词的

---

① 萨洛蒙·斯特里克(Salomon Stricker, 1834–1898),奥地利病理学家,早年曾任布吕克的助手。主要著作包括《意识研究》(*Studien über das Bewusstsein*, 1879)、《语言行为研究》(*Studien über die Sprachvorstellungen*, 1880)等。他的理论后来对弗活伊德亦有一定影响。——译者注

7. 个人与语言共同体 L'individu et la communauté linguistique（1927）

一半"，这很可能表明，他的发音已经很不清楚了。由此我得出结论，对于语言生命来说，持续模仿他人的话语是最为重要的条件。

如果要为语言下一个定义，那么这个定义的关键点一定永远是诸多个体的活动，这样的活动受到与之交谈的其他个体的相对应活动的调节，这些个体之间永远存在行动与反馈，而在这种相互影响中，不可能区分出哪个是行动，哪个是反馈。个人接收信息，并回以表达；他接收的是来自外部的东西，从而为自己拿来了外部的东西。如果给这些个体全部用字母标示出来，可以说A听B、C、D等个体的语言，这些个体还有许许多多，把我们那点字母全都用上也不够，就算把α、β等所有希腊字母、希伯来字母也全都用上，还是不够。数不尽的个体当中，有些人我们的A听他们比听别人频繁，正因为此，他们才会对他产生强烈的影响；还有些人（不一定是同一群人），A喜欢他们的说话方式超过喜欢别人的说话方式，因此心甘情愿地把他们当作楷模。但是，无论他喜欢与否，他都无法逃出他在日常生活中所听到的东西的影响。而他自己也会对别人施加影响，即使再小，也依然会对他周围人的语言产生影响。

正是这种思考语言事实的方法，充当了我所有普通语言学论著的不变的基础。这里我想把我的观点尽可能地呈现清楚，因为我的小书《人类、民族与个人》（奥斯陆灰山社、巴黎尚皮雍社，1925年版）近来受到了一些批评。

有人批评我持"某些极端个人的见解"，说我认为"不存在社会心理或集体心理，也就是说，个人的思维根本不因社会人的存在而决定"，认为我有"集体心理恐惧症"，并且"显现出个人主义之偏见"（Ch.巴利，《心理学学报》，1926年卷，第694–700页）。请允许我从那本受到指责的书中引述几段话，让大家看看这些指责与我的论述毫不相干。"个人只是他自己而已，他的语言也只是他的语言而已，而从他在共同体中的生活来看，共同体只因构成该共同体的具体个人而存在"（第4页）。"即使最个人的语言，也仍受社会条件制约：个人从未完全脱离其周围环境，他的'言语'中的每句话里，都存在社会因素"（第19页）。"如果我出于好玩，说finatjuskskia，无论我自己还是我认识的任何人都无法把它跟任何思想联系起来，我的这一行为……不属于我所称的话语或语言，因为这之中没有社会因素……，这样的音组变成语言的一部分之前，社会印记（empreinte sociale）是必不可少的"（第23页）。因此我认为，我从该书的第一页开始就极其谨慎，以免在社会观问题上因被人误解而受到指责。

也是由于这个原因，著名语言学家索绪尔的语言—言语理论甫一提出，我就表示反对。索绪尔认为，语言和言语是截然不同的两种东西：言语是个人的，语言是社会的；言语是一种行为，即"有意愿、有智慧的个人行为"，个人永远是主宰。与之相反，语言是社会机制，个人对此毫无影响；语言对个人来说是外部的东西，个人必须对其全然接受，没有能力按照意愿对其加以改变。语言可在词典和语法书中得到理解，言语却并非如此。语言学是研究语言的科学，对语言学家来说，言语是次要的、附属的，多多少少具有偶发性。

但是，把个人言语和语言搞得绝对对立，使之成为完全不同的两种实体，在我看来把二者都夸大了：个人言语是社会的东西，而非绝对个人的东西，因为个人言语完全或几乎完全由个人的语言经验影响和决定；另一方面，语言也不能独立于个人之外，不应被称为凌驾于个人之上、完全从外部来到个人面前的机制。索绪尔认为二者之间存在万丈深渊、二者之间有本质区别的这个问题，我更倾向于将其视为仅因细节区分的两种人类活动。厄内斯特·勒南（Ernest Renan）[①]难道没有说过，真理存在于细节之中吗？

语言活动中既存在来自外部的东西，也存在来自内部的东西，但

---

① 厄内斯特·勒南（Ernest Renan，1823–1892），法国语文学家、哲学家、历史学家，主要著作包括《论语言的起源》（*De l'origine du langage*，1848）、《闪米特语通史与比较系统》（*Histoire générale et systèmes comparés des langues sémitiques*，1855）、《基督教起源史》（*Histoire des origines du christianisme*，8卷本，1863–1883）等。"真理完全在细节之中"（*La vérité est tout entière dans une nuance.*）语出《宗教史研究》（*Études d'histoire religieuse*，1855）中收录的《约翰·加尔文》（Jean Calvin）一文。——译者注

7. 个人与语言共同体 L'individu et la communauté linguistique（1927）

是却不可能将这二者完全分离，因为心理生命（vie psychique）太过复杂，根本不能用机械的方式将其一分为二。

我的书里，我特地引述了索绪尔这部嗣后作中的若干段落，并对这些段落进行了批评；但是如今，巴利先生却对我说，我不应该从字面理解这些段落，而应该象征性地去解读。对此我的回答是，当索绪尔这样的具有罕见贡献的大学者把一组他认为非常重要的新区别引入语言科学时，读者们有权利要求这位大师语言要准确，从而能够明白哪些话必须从字面理解，哪些话不能从字面理解，而是一种修辞手法。如果他的弟子们所做的象征性解读能够得出我在上文中概述的语言生命概念，那么我会恭喜自己与这位我崇敬他其他著作的大师的看法本质上相同；不过，我必须坦言，重读他的言论，我始终很难看出他最著名的那几句话何以能够符合语言生命之事实。

这恰恰是因为，从语言的角度来看，我不相信完全个人、完全与社会因素相脱离的心理学；这也恰恰是因为，我竭力展示，个人的语言行为永远具有社会色彩，即对他人语言的模仿；正是因为持这一观点，我才能够随时随地谈论个体，给那些较为肤浅的读者留下了我极端个人主义的印象。

所以，法语也好，英语也罢，在我看来是说法语或说英语的诸多个体的语言活动之和。或者，更好的说法是，法语的语言，与说法语的个人的"言语"相比，是个一般性概念（idée générique），就像是 le chien est un animal intelligent（狗是一种聪明的动物）这句话中通过 le chien（狗）这两个词所表达出的概念，与真实存在的每一只狗个体之间所构成的关系。我认为，如果有人想要像索绪尔那样，在语言和言语之间构建起绝对的对立，那么把"语言"视为一种概念（可称之为柏拉图式概念），似乎就能够找到更自然的方式，一方面来解释个体差异（variation individuelle），另一方面解释个体差异间的理想统一性（unité idéale）。

这一看问题的方式还能够让我们更好地理解语言是如何变化与演化的。没有哪个个人会满足于仅仅重复他所听到的现成句子；日常生活迫使他每时每刻都要尝试新的组合，从而能够对他曾经见到过或体验过的个人经历（常常是与他人不同的经历）进行详细交流。另一方面，没有哪个个人能够每时每刻把听到过的东西全部事先用词和语法公式呈现到脑海之中；因此有时他会被迫造出新词，或是构建出新的表达法。大多数时候，他这样做了，却意识不到自己这样做了，但是无论如何，他的创新有时候会被那些听他说话的人所接受，并且由此在共同体中传播开。当然，如果某一创新是若干个人分别创造的，这种接受就非常可能了，因为这反映的是真实的需求，与语言之精神相符，换言之，这样的创新与语言中已有的成分相似。语言史中最重要的创新，都是由最卑微的人用这一方式创造的，这些人不仅贡献卓著却全然不知，而且有时创造出的是其语言中以前从未存在过的东西。

必须破除对大人物和大作家的迷信。人们常常相信，语言即使不是大作家创造的，至少也受到他们相当大的影响，而事实似乎是，伟大的天才虽然可以在科学领域的这里或那里创造一个特殊的词，虽然可以让依照该语言的普通法则而造的某个句子拥有特殊意义或印记，且这些词句可被共同体所接受并保留，但是，语言中的大多数变化，却要归功于无名英雄，即归功于那些未出现于历史和文学中的普通人，甚至可能是些尚未完全掌握其母语的小孩子。

大作家被提升到高于约束全民族行为的法则之时，人们就会遇到以另一种形式出现的大人物迷信。我想从我杰出的同事Kr.纽洛普出版的那部伟大的法语历史语法的最后一卷中引述一段话。这段话，阿纳托尔·法朗斯（Anatole France）曾写在某个地方：

> Dix minutes après, une femme tout habillée de rose, un bouquet de fleurs à la main, selon l'usage, accompagnée d'un cavalier en tricorne, habit rouge, veste et culotte rayées, se glissèrent dans la chaumière.（十分钟之后，一个全身穿着玫瑰色衣服、手持花束的女人，跟平常一样，由一位三角帽、红制服、条纹马甲和裙裤的骑士陪同，溜进了农舍。）

7. 个人与语言共同体 L'individu et la communauté linguistique（1927）

这让纽洛普惊叹：

> 大作家，是语言的主权主宰者，在他们所在的年代是语义和语言潮流的无意识的诠释者，不应该要求他们按照语法书中时常迂腐、狭隘、不合时宜的规则去写作；他就是自己的标准、自己的规则。名副其实的语法学家明白，语言从来不会固定，他们应当在阿纳托尔·法朗斯的庇荫和保护下，赶紧把某一用法记录下来。

这里，我们再次遇到了"语言的主权主宰者"（maître souverain du langage）这一提法，只不过这次不是普通人，而是大作家，他不仅是"言语"的主权主宰者，而且是"语言"的主权主宰者。不过，和从前一样，必须对明显的夸张进行抗议：即使是最伟大的作家，也做不到"我就是标准，我就是规则"。大作家和所有人一样，如果不想被人嘲笑，就必须遵循普通的规则。他不能说une femme se glissèrent，也不能用moi est代替je suis，等等。上文引述的那段话，假如我们没有被阿纳托尔·法朗斯的大名刺坏了眼睛，就会发现他所做的只是许多小学生做过无数次的事情而已：他使用动词时，不过是因为句子太长而忘记了句首，以为自己写的是une femme et un cavalier（一位女人和一名骑士），而不是une femme accompagnée d'un cavalier（由骑士陪伴的一位女人），前者要求动词用复数。

从这个例子中还可了解到另一件事情：像这样的案例之中，为什么大作家也会像写毫无文学价值的信件的无名小人物一样，容易违反普通的规则？accompagnée de（由……陪同）和连词et（和）在这里是同义的，二者都表示相加。而此处的规则却是关于动词的主谓一致的规则，这种一致是我们语系的古老语言的盛产之一，但在逻辑上却是多余的：复数在主语中已经表明了，将其在动词中重申一遍并无逻辑上的必要性。这一点可从世界语、伊多语、无屈折拉丁语等现代人工语言中看到，这些语言全都没有这个典型特征，无论何种数、何种人称，都只使用一个动词形式。自然语言的发展中，也能看到同样的趋势：现代斯堪的纳维亚各语言使用一个动词形式表示三种人称和两种数，这一点跟英语所有的动词过去时以及许多动词（如can、may、must等）的现在时的情况相同。甚至在保留了很多动词形式的法语当中，口语也显现出了同样的趋势，因为如今glisse（溜，单数第三人称）和glissent（溜，复数第三人称）的发音已无差别：une dame se glisse（一位女人溜），plusieurs dames se glissent（许多女人溜）。

因此，假如阿纳托尔·法朗斯在上面的引文中使用现在时而非历史过去时，假如大家只是听这个句子而没有看到它是怎样写的，谁也不会知道他是否犯了语法学家眼中的这个严重错误。

所以，我要重申我已提及的理论：要明白，语音演化中，意义扮演相当重要的角色。假如je glisse（我溜）、tu glisses（你溜）、il glisse（他溜）、les hommes glissent（人们溜）中的动词词尾对句子的理解来说具有价值，那么这些词尾的发音是永远不会混淆的。但是，既然这样的区别是多余的，人们也就随它去了，其结果就是简化，遗憾的是这种简化未能扩展到所有的动词形式，复数第一人称和第二人称nous glissons（我们溜）、vous glissez（你们溜）保留了下来，因为二者的发音以及重音形式有太大不同。

遍及所有地方、所有语言之中的大趋势，就是试图消除传统语言中多余的东西：人们把对理解没有价值的东西发音发得模糊，虽然人本性保守，但依然会对语法系统做越来越大的简化，与此同时，这并不妨碍现代社会的复杂生活让词汇大幅增加。但是，由于语言学家非常愿意强调变化，认为语言从不会固定下来，所以有必要从另一方面格外强调，至少从语法系统来看，趋于变化的东西只是些无法很好适应准确、合乎逻辑之概念的东西。一种语言若是已经达到了完美的简化，只有一种词尾用于各种情形，与思维或现实的清晰变化相对应，那么说话的人就不会尝试对其加以改变了，语言可以在这个方面保持固定达数世纪之久。但是必须承认，在我们印欧语系的语言中，与思维或现实准确对应的语法表达形式数量并不多，因此，我们总能看到这些形式呈现出某种波动起伏。

7. 个人与语言共同体 L'individu et la communauté linguistique（1927）

溜入语言之中的变化，最终永远是由个体引发的，如果个人能够影响语言且这一影响最终被整个民族所接受，那都只是因为人是一种社会动物，正如亚里士多德早已说过的，是"政治动物"（zoon politikon）。

附记：巴利先生指责我误解了索绪尔对言语的定义，指出言语是"交际中的个人行为"（actes individuels de *communication*）；但是，巴利先生用斜体强调的这个词，索绪尔那里并没有。——关于死语言，我翻译了索绪尔的论述（第32页，我只了解第一版），但巴利先生对此的表述（第695页），仿佛那是我对索绪尔的书中另一片段的评述。——同一页（倒数第6行），巴利先生引述了一段我赞同的话来反驳我（第17页："与之相反，事实就在索绪尔的评述中"）。——巴利先生的说法（第696页），仿佛我说过索绪尔学派相信"神秘的大众心态"之亡魂，而我认为该学派并没有到那样的程度，只是在某些表述上略有些接近而已。——巴利先生在我的书中只要找到些他能够赞同的东西，就会指出我是自相矛盾却没有意识到（这一提法出现了三次：第694页、697页、699页）：如前所述，他因此认为我的观点缺乏统一性。——唯一能让我欣慰的是，巴利先生认为我关于"正确语言与良好语言"的那一整章定能得到索绪尔的认可：我很遗憾他并没研究过这一主题，但我觉得，我那一章中表达的观点似乎很难与"言语"和"语言"的绝对对立和谐共处。

8. 诺维亚语：语音与拼写[①]
Novial: Sounds and Spelling
（1928）

论述语音本身之前，很有必要说说我们的国际语言将使用的字母表。大多数人会立刻同意，对于这样一种注定要被西欧—北美世界先行使用的语言来说，使用俄语、希腊语、希伯来语、阿拉伯语或是任何其他东方语言的字母表不太可能；同样也不能尝试发明一种独立于拉丁字母之外的纯语音性字母表，尽管设计这样一份比自带诸多缺陷的传统拉丁字母更简单、更具系统性的字母表是可能的。（传统拉丁字母表的缺陷如：字母形状上看不出p:b、t:d、k:g、f:v等音对之间的平行性；没有符号用来表示finger、sink等词里写成n以及singer、sing等词里写成ng的那个简单音。）我们必须采取现行的拉丁字母是没有丝毫疑问的，这只是因为拉丁字母已被有可能使用国际语言的最大多数人所使用，他们因而免去了学习一套新字母的麻烦。

这当然意味着要继承某些正字法习惯，如大小写的区分之类，尽管a与A、n与N等的用法其实是非必要的复杂化，严格来说违反了一符一音原则。不同国家之间还存在大写字母使用范围上的分歧：虽然所有国家都认可大写字母应当运用于句号之后以及最严格意义的专有名

[①] 译自《国际通用语》（*An International Language*），1929年纽约版，第61—87页，原文是英文。——译者注

8. 诺维亚语：语音与拼写 Novial: Sounds and Spelling（1928）

词之中，但是有些国家还将其用于由专有名词派生出的形容词和动词中（如英语写French，而法语却写français，等等），但此类差异并不重要，无需在此讨论。不过，所有的人工语言构建者似乎都赞同放弃德语特有的一切名词首字母皆大写的习惯。

我们若要竭力让尽可能多的国际词汇按照大多数阅读者和说话者一下子就能认出来的外形来使用，就会很快发现大量疑难之处，因为即使是最国际的词汇，各国的正字法习惯和语音习惯也会大相径庭。因此，选取最佳形式之任务，就像是在一堆鸡蛋当中跳舞：你必定会时不时地将某人的感受咔嚓踩碎，而人们在这类问题上的感受又不能简单地视为偏见。我们若把英语、法语nature，德语Natur，意大利语、西班牙语natura的书写形式加以对比，很容易发现natur无论带不带着词尾元音，都具有完美的国际性；不过，如果只比较口头形式会是什么结果呢？我们定会发现，所有这些形式之间共有的成分只有n，或许t也算。此例以及许多其他例子中，解决方法显而易见：我们必须采纳国际拼写形式，并赋予每个字母最具国际性的音值：因此必须像德语、意大利语、西班牙语那样读natur，摒弃第一个音节中的英语元音和第二个音节中的法语元音。但是，我们无法在每个细节上都遵循词的传统拼写，哪怕这样的拼写非常具有国际性，因为不规则性若是太多，就会把语言搞得过于复杂。而我们必须记着，相当多的人一辈子都在挣扎着掌握本国语正字法中的微妙之处。

关于保留传统拼写法和采取简单发音规则这两种倾向导致的两难境地，或应铭记一个事实：正字法上的变化，只要方向正确，并不会给读者带来太大麻烦；所谓正确方向就是，把众所周知的音值赋予众所周知的字母，常规拼写不一致之处，也要用得一致。说英语的人因而很少会反对把czar拼成tsar，或是把sceptic拼成skeptic（甚至skeptik）；但是，把skin拼成scin却会让人无法容忍。所以，我们应当避免激怒西欧大众,告诉他们ca、co应读[tsa]、[tso]^①:这种对约定俗成习惯的背离,除非能用无可辩驳的理由证明其绝对必要,否则就不会得到认可——而事实上这根本做不到。没有学过世界语的人,会以为世界语caro意思是"亲爱的"或"肉",但这个词的意思却是"沙皇"。^②

拼写必须尽可能规则,因此不应该有不发音字母:说英语和法语的学习者必须得到特别提醒,词末所有的e,都应像词中部的e那样清晰发音。英语写rhythm,德语写Rhythmus,法语写rythme,我们必须写ritme(双音节,参考意大利语拼法ritmo)。以th开头的词应写成t、读成t,如teatre、teologia、teorie、tese;词中也是一样,如entusiasme、sintese,后者英语写成synthesis。上述各例,除了英语和希腊语之外,各种语言发的都是[t]音。

另一条无须多言的正字法简化之例是以f代ph,如filosofia(同意大利语及北欧各语言)、sfere、sofa(法语和德语有时也写成sopha)。

与之类似,ch表示希腊语kh之处,也应写成k、读成k,如kaos、kimere、Kristo、kronologia、arkeologo、skole等等。karaktere = 英语character、法语caractère、意大利语carattere、西班牙语caracter、德语Charakter、北欧各语言karakter。

拉丁字母表不应被新增字母以及加在字母上方或下方的附加符号

---

① 音标放在方括号[ ]中。本书需要的特殊符号只有[ʃ]和[ʒ],前者指英语shall里的sh,后者指法语j以及英语measure里的s。——原注

② 以字母c表示塞擦音[ts],在中东欧地区的语言中十分常见,尤见于斯拉夫语言,如捷克语、波兰语、克罗地亚语皆如此;部分非斯拉夫语言(如匈牙利语、阿尔巴尼亚语)亦如此。我国的汉语拼音方案(1958)设计时也采纳了这一拼法。但是在西欧语言中,字母c通常是作为[k]来使用的,和字母k其实形成了一种资源上的羡余;因此,k发达的语言c罕用(如德语),c发达的语言k罕用(如英语、法语)。把 caro 理解为"亲爱的"或"肉"皆基于拉丁语,前者如意大利语 caro(亲爱的,< 拉丁语 cārus [亲爱的]),后者如英语 carrion(腐肉,< 拉丁语 caro[肉]),这些例子中的字母 c 发音均为 [k] 或 [kʰ],没有发 [ts] 的情况。——译者注

8. 诺维亚语：语音与拼写 Novial: Sounds and Spelling（1928）

进一步复杂化。的确，有些这样的符号用于某些国家的语言，如法语ç、捷克语č和š、西班牙语ñ等。这些符号并非普遍性用法，未必所有印刷所都找得到，有些符号用于极不相同的目的；因此，字母上方的符号有时表示重音，有时表示音长，有时表示不同元音的质（如法语é和è），有时还用来区分完全同音的词的不同语义（如法语ou [或者]和où [哪里]）。字母o上方的两点（ö），英语中用来表示分开发音（如coöperation，亦拼作cooperation或co-operation），在德语中却表示圆唇前元音，匈牙利语与德语相同，并且还用两点的变体两撇来表示长元音。所有这些符号都带来了书写、电报、印刷上的不必要麻烦。印刷附加字母意味着更大成本，国际语言显然应该易于印刷，无附加成本，在任何一间最小的印刷所都能够用所有字体来印刷（如罗曼体、斜体、粗体、小号大写等等，以及广告等所使用的各种不同字体）。

因此，辅助语史上最大的败笔，就是1887年柴门霍夫创制世界语时的那几个上方带有折角号的辅音字母。他很可能是从捷克语中引入了这一理念，只是把č、š改成了ĉ、ŝ而已，并且在g、h、j的上方也加了这个符号。这就表明他绝不是位语音学家，因为附加了这个符号的字母之间并无平行性，因而比那几个捷克语字母还缺乏系统性。假如支持世界语的报纸当初能够毫无困难地印刷世界语样本和文章，那么世界语的传播无疑能够增强好多倍。1894年，柴门霍夫已清楚地看到了这一点，甚至一度想要废除这几个字母，但遗憾的是，他后来顽固反对这一想法以及对他的发明所做的其他改革。假如1894年时他和他的追随者们能够贯彻这些他自己提出来的改革，我们向怠惰的世界劝说辅助语的可行性的奋战很可能会节省几十年。

西方语（Occ）用省字撇（'）放在n和l之后，表示腭化音。这个符号不像世界语的折角号那么糟糕，因为省字撇很容易印刷；但是，这两个音不那么好发音，使用方式也不统一。把attain写成attin'er没什么好处，无论这发音还是拼写在任何语言中都没有。把这样的多余音废除掉要好得多。此外，西方语频繁使用元音上方符号表示重音位置，这一做法最好也能在国际辅助语言中取消。

元音

我们的语言里无疑必须有a、e、i、o、u这五个元音,也只能有这五个元音,而且这五个元音必须按照其欧陆音值来发音;这些音值在有些英语词里也见得到,尽管英语里这些元音的音值常常已经变了。因此,a绝不能像英语tale那样发音,e绝不能像英语me那样发音,i绝不能像英语fine那样发音,o绝不能像英语do那样发音,u绝不能像英语but那样发音,等等。这些字符被赋予的正确发音如下列例词所示:

a:英语father、法语la、part、德语Vater、fasse。
e:英语yes、法语père、été、德语sehn、denn。
i:英语machine、in,法语fille、ici,德语viel、in。
o:英语so(另见下文)、hot,法语beau、tôle,德语so、von。
u:英语rude、pull,法语tout、jour,德语du、dumm。

语音学家很容易发现,这些例词里的元音发音并不完全相同,无论是同一语言内部还是上述三语相比较皆如此。但是,这正是国际语言的美之一,它只需要五个元音,这样就能让发这些音时有一定自由度且又不至于造成任何误解,不像民族语言那样,该语言中重要但外国人很难分清的细微差异若不注意,经常就会造成误解。人工语言中若是区别开音e和闭音e(如法语chanté和chantais之别),或是区别两种a(如法语patte和pâte),将是巨大错误。我们切不可为发音设定太严格的规则,唯一必须坚持的只是让每个元音尽可能地清晰:如a不能太接近e或太接近o,等等。由此,教师们就可以了解并告诉其学生,他们自己的语言往往会如何偏离这种清晰而中立的发音,这样就能够让他们的词被外国人听懂了。所以,必须告诫英国人,不要像banana、perceive、polite、suppose那样,把非重读音节里的元音发得不清不楚,也不要像shade、home、so那样,把长元音读成双元音。此外,不要像许多美国人读not、stop那样,把写成o的那个短元音发成开口度太大的音,那样的音是欧陆的a音,而不是o音。

8. 诺维亚语：语音与拼写 Novial: Sounds and Spelling（1928）

上述例词里的音既有长元音也有短元音：国际辅助语中，并不需要像许多语言常见的那样，存在仅通过元音音长而区别的词，如法语maître和mettre，德语Biete和bitte。这样的区别在有些语言里没有，必须被归为可使国际辅助语变得难于运用的那类语音细节。因此，我们不应该为任何元音设立音长规则，而应该让它随每位说话者的方便，尽管大多数国家可能会不可避免地把rose里的o读成长音，把poste里的o读成短音。与之相关的另一个问题，我们还需提到，让国际辅助语里有长辅音是严重错误：虽然有些国家（如意大利、瑞典、芬兰）把双写的辅音读成长音，使之很容易就能跟单辅音区分开，但是对于其他大多数国家来说并非如此：英语、德语、丹麦语都不把bitter里的t发成双辅音（或长辅音），拼写中的两个t只用来表示前面的元音是短元音。所以，在诺维亚语里，以及世界语-伊多语里，我们把提供词汇的各国语言中含双字母的词全都简化了，如pasa（英语pass，法语passer），efekte，komun（法语commun，英语common），等等。由此，我们遵循了西班牙语之美，西班牙语里写pasar、efecto、común等等，甚至将这一原则延伸至了西班牙语语音及拼写仍做区分的ll和rr[①]，如bel，西班牙语为bello，法语为belle；koresponda，西班牙语为corresponder，等等。这样一来，我们就消除了英语等语言中的某种实际上给全体拼写者都带来了巨大困难的东西。

圆唇前元音，如法语pu、peu、peur，德语über、höhe，丹麦语syn、sø、sön里的元音，在大多数重要语言（英语、意大利语、西班牙语）中都没有，因此不应纳入一种让数百万人感受便利的语言。这些元音中的第一个，起初是由字母y表示的，如今在很多语言中都变成了[i]，因此在国际语言中应当像意大利语sistema、sintomo、sintesi那样拼作i（诺维亚语拼作sisteme、simptome、sintese）；还应注意，德语和北欧各语言中写stil，意大利语写stilo，而英语和法语却写style；意大利语和西班牙语写silvano，而英语写sylvan，法语写sylvain。

---

① 西班牙语 ll 读 [ʎ] 或 [j]，不同于 l [l]；rr 读 [r]，不同于 r [ɾ]。——译者注

法语an、vin、un、on里的鼻元音，在国际人工辅助语里是无法容忍的。

两个元音并肩出现时，每个都应以自身音清楚地发音，因此，Europa、neutral里的eu，应发net里的e音 + put或法语fou里的u音，不应发德语那样的eu音，当然也不能发英语里同样的词的那种音。这样，我们就很自然地有了双元音，audi、boikota等词同理。不过，像naivi、arkaiki、kokaine、peisaje、fideikomise以及其他类似的词里，两元音的发音快慢是构成双元音还是分开发音，是无所谓的事，只要把这两个元音都发得清楚就可以了。natione、filio、filia、sexual、vertuos等词里的组合也是如此，在快速的发音里接近带有y和w的发音。

辅音

接下来，我们来说说各个辅音；有些辅音无需多言，因为主要语言里辅音的发音和拼写较为一致，毫无疑问应纳入国际辅助语之中。下列各对即是如此：

b p

d t

g k（另见下文对g的论述）

v f

每对的前一个表示浊音，后一个表示相对应的清音：此处我们可以再次忽略小细节，如法语不送气（尖利音）p t k和英语、德语、北欧各语言送气p t k之区别。最好能让各位置的t发同样的音，即让intentione中的两个t相同。

此外，诺维亚语有l、m、n、s、r、h。

这些音当中，l最好按法语和德语来发，没有英语中常见的软腭化，也没有俄语和波兰语那样的夸张程度。n出现于g、k（以及qu）之前时，自然也应发英语sing里的ng音。关于s，见下文z的部分。

8. 诺维亚语：语音与拼写 Novial: Sounds and Spelling（1928）

r应当非常清晰地发音，最好带着舌尖的颤动来发；说英语的学习者应格外注意，r在辅音前也要发音，由此可让arm-和am-、bark-和bak-、farm-和fam-、kart-和kat-之区别清楚听到。（这里我刻意省略了这些词的词末元音，因为这些元音对我们所关注的这个问题无关紧要。）

这就让我们手里剩下了常规拉丁字母表中的下列字母：c、j、q、x、y，我们必须把这几个字母逐一单独谈谈。最好处理的是x，这个字母可视为一个方便的速记式符号，由于example、excellent等大量国际词汇，人人都了解它。这个字母不仅对每个人来说都极为简单，而且为我们省去了在ks和gz之间做选择的必要性。法语和英语都是一些词里读[ks]，另一些词里读[gz]，而这两种语言对同样的词发音未必总一致。大部分语言里永远读[ks]，这个音将来很可能就是最终的国际辅助语里普遍采纳的音了，尽管有的人可能会在某些地方念[gz]也无所谓。字母x的非语音性拼写形式kz（如ekzameni等），除了在俄罗斯之外恐怕没人会喜欢。

q跟k是一回事，但除了在qu组合中之外在任何语言中都很罕用；大多数欧洲人熟悉qu，是因为quality、quarter之类的词。只有教条的人才会反对我们在国际词汇中使用这个组合：的确，这样一来同一个音就有两种不同写法了，但是这样做，我们却保住了这些词的熟悉样貌，也减少了很多k（这个字母不好写），也避免了误导许多国家想把它读[k]，而不是读成[ku/kw]或[kv]——对于qu来说，[ku/kw]或[kv]这两种读音必须都允许。

如前所述，我们不把y用作元音符号；但是，这个字母如果仅赋予辅音音值，即英语yes里的那个音，可具有辅音字母之优势；西班牙语y表示同样的音（如yerba [草药]、yegua [母马]），此外还有少量国际词，如yak、yatagan、yacht。

这个音，有些人不想写y，可能会建议像德语、荷兰语以及北欧各语言那样，写成字母j。但是，由于字母j在实践中已因源于法语的journal、jaloux等国际词汇而被各地所知，所以最好把j用在这些词以及与之类似的词里，要么按照法语发音，要么按照journal、jealous里的英语发音（即在法语发音之前加上d）。后者更具区别性，但如果有人喜欢发法语的j音，问题也不大。

发刚才提到的那个音的字母j，有时还需用在一些传统上拼写为g的地方。这一拼法在罗曼语言发展历程中有其历史渊源：古典拉丁语里，[g]音见于所有写成g之处；在罗曼语言发展历程中，[g]音发生的变化类似我们马上要谈到的与之对应的清音[k]（写成c），尽管二者之间并非完全平行。但是，在意大利语和英语发[dʒ]音以及法语发[ʒ]音的所有地方都写j并不实际，因为有些词里，德语、俄语以及北欧各语言依然为[g]音。因此，这样的词里最好能保留g的拼写，也保留这个g的正常发音。那些多多少少带有学问性的词尤其如此，geologia、geografia以及其他带geo-的词，还有genealogia以及其他带-logia的词，如果用j来拼写实在尴尬；此外，gigante、gimnastike、tragedie、genie、general、original、geste也都是如此；这一类中我还想算上rege（国王），因为有regal、regalia，尽管伊多语写成rejo。我们还必须写gardene，因为德语、英语以及北欧各语言都这样写，虽然法语是jardin，意大利语是giardino。不过，在那些词义与拉丁语相比已多多少少发生了改变的大众词里，写j比较好，如jena，法语为gêner；jentil和jendarmo亦如此；plaje，法语为plage，义为"海滩"。jeneros（大方的）里最好也写j，德语和北欧各语言的发音是对法语的模仿。Imaje比image好，伊多语把这个词和动词imagina（想象）做了区别，是有一定道理的。词尾-aje在其他词里也见得到，如kuraje（勇气）、voyaje（旅行）等等。诺维亚语拼写intrige当然不带u，与之类似的还有garda（守护）、gida（指导）（u只在意大利语里发音）。

西方语在此问题上斗胆遵循了有些语言的做法，赋予字母g两种发音，在e、i、y前像法语那样发音，其他情况下像德语那样发音。但是，这种极端的"自然性"在人工语言中太不自然了，人工语言应该具有比自然语言更加规则之优点。从诺维亚语的语法构架来看，西方语的双重发音是不可容忍的，因为我们有规则的构词法，如lege

8. 诺维亚语：语音与拼写 Novial: Sounds and Spelling（1928）

（法律），legal（合法的）；rego（kind），rega（王后），reges（王室）；vagi（模糊的），vagum（含糊的东西），等等。

字母g还造成了另外一种难题，这是因为gn组合历史上演化成了法语signe、意大利语segno、西班牙语seño里的那种腭化音。多数时候，最好保留传统拼写，让g读其常规音，就像英语signal等派生词里经常见到的那样。因此，digni同indignatione，signe同asigna和insigne，regna同stagna，等等。不过，另有一些词，似乎拼成ni更为自然，如lorniete、champanie、onione（英语为onion）、linie、viniete、koniak（或者像bordeaux那样，作为商标或地名时保持为cognac？）我们若把companion（伙伴）写成kompane，就有了规则构成的派生词kompania表示company（公司）。besono源于法语besoin，法语本来也不写besogne。

字母C

欧洲语言里最大的捣乱者就是字母C。这是由于一个历史事实：该字母在拉丁字母设计时所代表的音，经过时代变迁已发生了显著变化，在拉丁语及拉丁字母渗透进来的各个国家里变化各不相同，而拼写却基本保持不变。例如，像circulus这样的词，古罗马人发两个[k]音，只有第二个c保持了这一发音，第一个c正如任何位于i、e之前的c一样，被这类前元音向前拖拽，结果如今的词首音，在意大利语circolo里成了[tʃ]，在西班牙语circulo里成了[θ]（同英语th音），在英语circle、法语cercle、北欧各语言cirkel、葡萄牙语circulo里成了[s]。法语里，这个音变成[s]之前，曾经是[ts]，这一发音被德语吸纳（今拼写为zirkel），也被斯拉夫语言吸纳了。斯拉夫语言中，字母c的这个音值扩展了，连位于a、o、u以及辅音前面时也读[ts]：波兰语里，俄语的tsar拼作car，借用的德语词zug（火车）写成cug，"糖"（德语zucker）写成cukier；人名Potocki，-cki读[tski]。捷克语与之类似。

那么，对于这个叛逆的字母，我们人工构建的语言里要怎么做呢？我认为，存在下列几种可能：

（1）在所有位置上都保留c，并赋予其古代音值[k]。这样做似乎绝对不可行，尽管各个国家许多学校教拉丁语都是按这样的发音来教的，比如Cicero念Kikero。可是日常生活里，谁又当真觉得要念kivil、kirkle、kentigram呢？

（2）c在具有[k]音值的a、o、u及辅音之前保持为c，但在e和i之间改拼成s。因此，我们可以写corespond、canon、sircle、sentre等。这绝对不是什么坏主意，因为这不会误导西欧人或美洲人发错音；但我仍觉得这方法太难，远不如下文建议的方法。至少有c、k、q三个字母发同一个音且可造成派生词尾上的困难，是很不方便的；由critic、music、fisic出发，我们必然能够构成以-ere、-iste结尾的词，可是，这些词尾前面的c要怎样发音呢？像scepticisme这样的词又该怎样发音呢？

（3）所有位置上的c皆保留，但依据其后面的字母来赋予其两种不同发音。这样，多数情况下可以保留英语、法语、西班牙语里广为人知的拼法，这当然是个优点；[k]的发音也不存在任何困难。但是，位于e和i之前的c应发[s]？还是[ts]？还是别的音？西方语里，此问题被赋予了[ts]音；这样一来，不仅字母c有两种发音，而且同一词根依据派生词尾自动获取两种形式，故而有electric—electricità, public—publicist—publication—publicmen，等等。此处宣称的理由是，这样就能够通过"规则派生"得出大量现存诸语言中的形式了——然而，这只意味着不规则性隐藏到了拼写二元化的背后，或者说不规则性被转嫁给了发音规则。西方语为了得到simplicità这个规则构成，不得不让形容词形式simplic带上个[k]（副词是simplicmen），这个带[k]的形式在现存任何语言的发音里都没有；不仅如此，西方语还有另一个形容词形式：simpl，这个形式响应的是simplifiction—词的要求，后者也是规则构成。这样的简单性，只有一致地遵循自然语言中的不一致性才做得到。

这方面，对西方语的另一条反对意见在于，赋予字母c的[ts]音并

8. 诺维亚语：语音与拼写 Novial: Sounds and Spelling（1928）

不是这个字母在最广为人知的语言里的发音；像simplicità这样的形式，其词尾以及上方的符号，甚至会直接引诱着许多人把c发成意大利语的音。

（4）c发k音时，写作k；其他情况，用字母c。这样一来，c在所有位置上就只发唯一一种音了，但可能是[s]，也可能是[ts]；前一种情况（如前面第3点所述）或许会给不熟悉欧洲拼写传统且从口头学习国际辅助语的人带来困难，这个群体如今很受忽视，但是我们的国际辅助语如果真的按其理想传播开了，将来必然要把他们考虑进来。第二种发音，[ts]，世界语和伊多语给所有位置上的c皆赋予这个音，前者无疑是因为柴门霍夫是波兰人；这两种语言里c大量使用，不仅用于e和i之前，也用于其他元音之前。很大程度上，这是经常出现-o、-a、-as、-os、-us这些语法词尾的语言结构的导致的直接后果；由于所有名词都以-o结尾，必然不只有princino（公主），更有princo（王子）；还有paco（和平）以及intencas、intencos、intencus之类的动词（即表示"打算"的动词的各种时态）。伊多语里，有指示代词ca、co，二者取自法语ce，但这发音和词尾在法语里都没有；另外还有像formacar、importacar等大量动词，奇怪的是，这个[ts]音取自拉丁语（以及英法等语言）的词尾-ation，但是这个音在拉丁语的系统里并无地位。对字母c的运用，或者说是滥用，是这类人工语言最显著的特征之一，但是如前所述，这对斯拉夫世界之外的大多数人来说，实在有些叛逆。

如果c发[ts]音，并且在所有位置都保持这个[ts]音，有些国际词汇就不得不发成很难的辅音音组了，如science（柴门霍夫用scii表示"知道"，也发sts音）、except等等。伊多语把这个音组简化了，因此有cienco、ecepter、ceno（场景）之类的形式。不过，这些形式可不太自然，因为这样的音哪个国家的语言里也没有，我们如果能像英、法、北欧等语言的标准发音那样将其简化为sientie、exept（或eksept）、sene等，就跟已有形式更加吻合了。这就意味着我们在sc-类的词里比伊多语少一个音，也意味着xc里的音组是[ks]而不是[ts]。不过，这却把我们引向了最后一种可能。

据我所知，没有人建议放着c不用而要用ç，同时又保持世界语的其他拼法；用这一笨拙手段，不说毫无收获，至少也得说收获不大。

（5）我们不写c，而依据环境来写k和s，因此有kanon、kultur、obstakle、sirkle、sivil、serebral、sentre、aksept、oksidente等等，此外，"场景"和"权杖"写成sene、septre，（还有arkeologe、skole）。这一拼法的优点是表达无误，并且遵循了一条简单的规则：所有这些词的发音，对于最大多数的说话者（包括说英语、法语、葡萄牙语、北欧各语言以及安达卢西亚和美洲西班牙语的人）来说是最广为人知的，对于习惯了字母c的其他读音的人来说也不会造成困难，因为k和s无论在哪里都发此处赋予它们的音值。

这类拼写乍一看似乎很野蛮，反对这类拼写的人或可因下列考量而得到安抚。我们不时能见到c和s交替出现，有时是在同一语言中，也有时是在对两种或两种语言加以比较时。因此，英语中有licence—license, practice—practise, prophecy—prophesy, pace—pass。有多少英语人确切知道council和counsel之区别？许多词里，法语写s的地方，英语写c，如dance、defence（英语另有defensive和defensible）、offence、ace（法语as）、juice（法语jus）、vice（法语表示工具的vis [螺丝]）。另参见法语、英语race，德语Rasse（意大利语razza、西班牙语raza）。cigar一词，意大利语为sigaro，荷兰语为sigaar。拉丁词源的那些词里的c并不是神圣不可侵犯的，这一点从zivil、zirkel等德语官方拼写即可看出。还可进一步比较英语eccentric、意大利语eccentrico、法语excentrique以及英语ecstacy、法语extase。

为了支持此处所倡导的这种拼写，我还得说，如果-o和-a要充当两种性别的标志，就不能在prince之类的词里保留c，因为那样的话，就得有princo（王子）、princa（公主），不按柴门霍夫的方式发音根本不行。写成prinso和prinsa就好多了。同理，Franso是"法国男人"，Fransa是"法国女人"；带有其他后缀的词，如pase（和平）派生出的形容词pasal、pasosi等。我们此处正在构建的这类语言里，一

8. 诺维亚语：语音与拼写 Novial: Sounds and Spelling（1928）

切都保持了统一。

许多伊多语写c之处，最好重新引入拉丁语的ti，如tendentie、silentio、natione、sientie、pretie——t读正常音，不读[ts]或[ʃ]。有些这样的ti见于部分语言的派生词里，如德语Pretiosen、丹麦语pretiosa。

CH和SH

不过，我们尽管把字母c不光彩地当作异类踢出了我们的字母表，但却又得在ch组合中把它重新引进来。法语、英语，有时还有别的语言里，其实有非常多的词用这一字符拼成，我们没有它不行。ch组合渗透进了这些语言，这里我给出一些不带语法词尾的例词（语法词尾要带，但要很晚才讨论），如chambr、chanj、chans（chance）、charj、charlatan、charm、chas、chast、chokolat、machin、march、tuch。

ch的问题必须和另一个双字符一并处理，后者即sh，由于Shakespeare、Sheffield等名字以及shrapnel等词，全世界所有的人都很熟悉它。这个sh在伊多语的一些词里有，似乎值得依据"与相同概念的其他表述手段相比，为更多人所知"的原则纳入我们的语言；这些词有的是英语、德语及北欧各语言所共有，有的则只见于上述语言中的一两种。我给出的是这些词里最重要的那些，和前文一样，引述的是无语法词尾的形式，如sham、shark、shel、shild、shirm、shov、shovel、shu、shultr、shutr。

问题来了：我们应当把这两个双字符都保留下来？还是只留下一个使问题简化？后者似乎更可取，因为把二者合一似乎不太可能闹出歧义，很可能也没有新词会要求引入这一区别机制。但是这样的话，问题就成了在两种拼写中做选择，以及应向这个统一的双字符赋何发音——这是个很微妙的问题。ch在法语里读[ʃ]，在西班牙语里读[tʃ]，英语里通常也是读[tʃ]，尽管一部分英语词里读的是法语里的那个单音，如champagne、charade、charlatan、chauvinist、chicane、 machine。machine在德语里写成Maschine，因此读音是相同的。表示"支票"的cheque（美国拼作check），在德语里成了Scheck。这似乎偏向于在所有位置上皆采纳不带首音[t]的[ʃ]，因为英语shame、shoe等词里要是发[tʃ]是极其不自然的。但是，这样的话，我们可否拼成shanj-、shambr-等等？或者，可否把法语的拼写形式ch引入所有位置，把"羞耻"和"鞋"写成cham-、chu-？从困难性来看，两种方式都无法在所有方面皆使人满意，恐怕我对这一点也只能把这两种拼写暂时都保留下来，并且允许所有人全然自由地按照自己的喜好来发[ʃ]或[tʃ]。有些问题我们可以让个人有更大的空间，却不会危及相互间的理解，这或许是件幸运的事。

未来的某个时候，或许可以不再使用sh和ch这样的双字符，而改用音标符号[ʃ]。

字母Z

字母表里还有一个难办的字母，我们现在要处理它，这个字母就是Z。音标里，这个字母如今已普遍用于表示与清音[s]相对应的浊音，这也是法语和英语中赋予该字母的音值，如英语zinc、hazy、hazard，尽管这个音更常写成s，如rose、visit(e)。斯拉夫语言中，z也用于同一个浊音。但是其他各地，字母z都有别的用法，德语用作[ts]，意大利语有些词里用作[ts]，有些词里用作[dz]，西班牙语用作英语清音th那样的[θ]，北欧各语言用作[s]（今已非常罕用）。因此，这足以诱使我们抛出这个问题：诺维亚语里，我们不能摒弃这个有歧义的字母吗？世界语里，特别是伊多语里，z用得极为频繁，不仅法语和英语在元音之间写成s的地方写成z（如rozo、rozo、amuzar、akuzar、fiziko），而且这两种语言仅一种语言才有这个浊音的地方也写z（如krizo，英语crisis；bazo，即base；还有以iso-开头或以-ozo结尾的词也这样写，后者即英语-ous），甚至连这两种语言皆无浊音之处也这样写（如karezar，英语caress；mazo，即英语mace、法语massue；kazo，

8. 诺维亚语：语音与拼写 Novial: Sounds and Spelling（1928）

即英语case、法语s不发音的cas；komizo，法语commis [售货员]）。可以毫不夸张地说，对字母z的这种过度使用，是伊多语在许多国家最不受欢迎的特点之一，除了少数专业语音学家之外没人喜欢。对于那好几百万讲德语、意大利语、西班牙语的人来说，这将始终是个绊脚石。塔尔米博士（Dr. Talmey）甚至更加过分，竟然建议采用zaco这样的拼法表示语法意义上的"句子"。这个词就是德语的Satz，搞得面目全非是因为用z表示北德的词首音，c随波兰语及柴门霍夫的用法，后面再跟上名词词尾-o，于是整个词就成了对整个世界语-伊多语系统加以改革的一条强大论据。

如我们所见，伊多语很不一致；按照其原则本应写z的地方却写了s，这一点就是不一致之处。例如，伊多语写frizo，即法语frise、frieze，但却写fusilo，即法语fusil；还有gasoza，即法语gazeux、英语gaseous（一般都读z）。s和z之间这种有些混乱的分布，其结果就是用伊多语写东西时必须时不时查阅词典，用伊多语说话时难免要犹犹豫豫，因为谁也没法把词一个一个都记住。我觉得除了像对待c那样之外，没有别的办法能够克服这个困难，也就是说，必须摒弃z，并且在所有位置上都用s来替代。

世界语和伊多语使用c、s、z三个字母之处，我们只连贯一致地使用一个字母，我觉得谁也不会怀疑这样的用法带来了十分可观的简化，降低了记忆的负担。但是，可能会有许多国际语学者认为，这是以牺牲清晰性为代价才做到的，因为这几个音在世界语和伊多语里其实经常用来区别其他方面相同的词。我或许可以宣布这一点来打消他们的疑虑：不花太大代价就避开所有严重误解和歧义是可行的，这主要靠废除世界语每个词类只许有一种词尾的原则来达到。只要我们认可不以-o结尾的名词，许多词的区别形式就极为自然地自动呈现出来了。例如，kasu表示"案例"，即拉丁语casus、法语cas；kase表示"盒子"，即法语caisse、德语Kasse。再如tase表示"茶杯"，德语、法语为tasse；tasa表示"对某事保持沉默"，即意大利语tacere，其名词为taso。sinke是"锌"，而sinko是"下沉"之行为（动词是

sinka）。本书按字母顺序排列的词表将显示，在不把常用词搞得面目全非的情况下消除掉所有突出难点是非常可能的，因为诺维亚语里musa既表示"雌鼠"又表示"缪斯"绝不应该称为严重缺陷！（伊多语的musino和muzo均带有不自然的-o。）

我倒是想知道有多少伊多语追随者能够一下子就分得清下列词对里谁是谁：lanco—lanso，senco—senso，traco—traso，punco—punso，baso—bazo，deserto—dezerto，friso—frizo，laso—lazo，maso—mazo，paso—pazo，traco—traso。即使最好的语言学家，也无法从大多数这样的词里找到什么可以帮助自己记忆的东西：所有这些都是纯任意的，有些这样的z，在各国语言的词里都发清音。

废除了z，西班牙人和北欧人自然就不必劳烦去学这个新的z音了，我们也不必去坚持让s在一切位置上皆发清音[s]了：人人都可以放心地把它发成浊音[z]，如法国人、英国人以及许多德国人和意大利人，都自然觉得想把两元音之间出现的s发成浊音，如rose等等。英国人甚至可能会按照自己母语的习惯，在动词usa、exkusa里发[z]，在名词uso、exkuso里发[s]。现代的语音学家表述这一点时会说，[s]和[z]这两个音在我们的国际语言里不是两个音位，这正如我们前面看到的闭音e和开音e这两个音，在法语里是两个音位（é和è），也就是可以用来使词相区别，而在我们的国际语言里却可以不加区别地使用。同一个字母可从两个音中任选一个，这份自由当然是个很大的优点，这全然不同于让一个字母依照不同位置而强赋不同音值的做法，许多民族语言里就是这样的，西方语里的c和g也是如此。

我们的国际词汇表里废除了c和z，当然不意味着我们要在一切地方皆要用s取代它们：专有名词，只要其主人不对它们做改动，就必须保持其拼法不变，因此我们会继续写Cincinnati、Cività Vecchia、Scilly、Zwickau、Zulu、Szczebrzezyn、Cecil、Poincaré、Ibañez，等等。同理，化学家们极可能也想继续使用他们表示元素用的那些国际缩略语，如Cu表示铜，Cl表示氯，Zn表示锌，等等，无论我们出于我们的目的，对与之相应的俗名做何修改。

8. 诺维亚语：语音与拼写 Novial: Sounds and Spelling（1928）

重音

关于重音（即强度重音的位置），仅给出一条规则来让各国的不同习惯皆满意是非常不可能的，因为即使是某些最具国际性的词，这方面的发音也是因国家而不同。英语character重音在第一个音节，德语Charakter重音在第二个音节，法语caractère重音在第三个音节；还可参考冰岛语的 fílosofi、英语的philósophy、俄语的filosófya以及德语法语的philosophíe，等等。各国语言中，有些语言有适用于所有词的固定规则，如冰岛语、捷克语、芬兰语、匈牙利语重音在第一个音节，波兰语重音在倒数第二个音节，法语重音在最后一个音节；而另有许多语言则没有固定规则，每个词的重音位置必须单独学习，同一个词的重音甚至可能随不同屈折形式而变化，像俄语那样。我们如果研究语言的历史，以及这方面发生变化的原因，就会发现存在三条强有力的原则，时而同向而行，时而相互对抗，这三条原则分别是价值原则、统一体原则、节奏原则。（参见我的《语音学教程》第14章；《现代英语语法》第1卷第5章）

依据第一条原则，被感受为对整个词的语义最为重要的那个音节，往往得到最强的重音：这一点，在对比和强调时格外明显。而当词或词组通过一处重音维系起来时，统一体重音就显现了出来，这样的重音通常位于后部。最后，节奏被视为决定次重音位置的最有力量的因素，次重音位置与主重音之间，由一个弱音节隔开，有时两个。

在人工构建的语言里，重音位置的一条或多条规则，应当越简单越好。不过，我们某种程度上还应考虑到上述三条原则；尤其是以此形成的重音模式，与词所出自的语言的重音相比照时，应显得自然。

像我们这样的人工构建的语言，把重音严格而唯一地放在词末音节显然会是个错误，因为词末音节包含的经常是次要成分，基本上是纯语法成分，如果这样做了，多数时候就忽略了价值原则。而另一方面，如果始终贯彻价值原则同样不可行，因为像character或charlatan这样的词，哪个音节才是真正有价值的语义承载者呢？然而在许多词里，某一音节的重要性是毋庸置疑的，如senda（送）、blindi（盲）、sembla（似乎）、turna（回来）等词的第一个音节，atrakto（吸引力）、reforme（改革）等词的第二个音节。

我们的词汇大多数取自罗曼语言，这一事实自然让重音应当靠近词末，我们的主规则应当是倒数第二个音节重读；因此，我们让相当多的词发成大多数人眼里的自然发音，如exemple、kusino、parente、krokodilo、elefante、simbole、honore、exakti、triumfa等等，尽管必须承认，有些这样的词里，英语已经把重音改变了。

然而，还有些情况，以此方式构建的规则会给我们带来难题，因为怎样才算是音节，并不总是那么好确定。例如，filio（儿子）、folio、kordie（心脏）、statue、kontribuo这样的词，i、u和其后面的元音构成的组合，可能发成一个音节（此时重音位于该组合之前的音节），也可能发成两个音节（此时i、u为重音位置）：前者是伊多语的系统，后者是世界语的系统。为避免这样的疑虑，似乎最好能设置一条像中立语里那样的规则：重音位于最后一个辅音之前的那个元音上。

但是，这条规则必须由另一条规则来补充：增加常规的辅音词尾，不改变主词的重音。由此，patros、patron、nulum、nulim、amad的重音位于第一个音节，families、privatim、amusad的重音位于第二个音节——上述各例皆符合价值原则。

有些词里，我们的规则所要求的重音对于熟悉这些词的来源语言的人来说，可能显得不自然。但是不要忘记，formúle、konsúle、gondóle、fasíli、kritíko、tekníke、Afríka、Améríka、splendídi等词的重音如这里所标示，并未比相对应的法语重音模式更奇怪；而像amfíbie、inséndie、júnie、fúrie、komédie、Itália、Fránsia等词，最后一个元音之前的i如果重读了才会更不自然。因此，galérie、enérgie等词，也须带上同样的重音。还应指出，许多派生词，在有些人认为应该重读的那个音节上其实有节奏性的词重音，如fàsiléso、fòrmulísa、kònsulàl、amèrikáno、kritikál等等。filosófia、filológia、seremónia、

8. 诺维亚语：语音与拼写 Novial: Sounds and Spelling（1928）

litúrgia等词里是拉丁语重音，在法国发生了改变，法语给i带上的重音已传播到了其他国家。

像duo、boa这样的词，第一个元音重读很自然，但是像ídee、héroo和其他几个词，重音在最后一个辅音之前的那个元音上似乎就有些奇怪了；不过，ídea在英语中还是经常能听到的，尤其是在美国。

此处给出的规则，比西方语简单。但是，我们没有像西方语那样的必须在元音上方标注重音符号的例外情况。那样的符号书写、拍电报、印刷永远不方便，更不用说记住这些特例有多难，因为我们当然不能想当然地认为国际辅助语的学习者和使用者都非常熟悉拉丁语和意大利语，早就提前知道了这些例外词的重音。

悦耳性

还有一个非常重要的要点，在国际语言的语音学方面应得到探讨。虽然所有国家都认为发出元音与单辅音交互出现的一系列音很容易，虽然几乎所有国家都能接受某些简单组合的辅音群（如元音前的tr、sp、bl等），但是另有一些较重的音组，许多国家都觉得极其难发音，在词末尤其如此。法国人通常会通过插入一个书面上不写的元音来给复杂音组减重（如Félix[e] Faure）；意大利人说英语时对待kstr（如Greek Street）或ksp（sixpence）之类的音组常常也是如此。另有一些国家，他们的语音习惯所允许的连续辅音比意大利语还要少。我们若想让事情对每个人都尽可能简单，就必须避免中立语（西方语次之）许多词里很重的词末辅音组之错误，同时必须模仿世界语和伊多语，二者借助像意大利、西班牙语那样的大量元音词尾，听起来很响亮、很悦耳。然而，这并不意味着要全盘采纳二者那纯人工的语法体系，二者严格执行名词必须以o结尾、形容词必须以a结尾等规则，如我们在上文中所见，下文也会见到，我们若是希望我们的语言具有最高的便利性和最高的语法效用，这样的系统在诸多方面都是很大的累赘。我们不允许词以gl、gr、mpl、ks、nj等音组结尾，每个单数名词必须以元音结尾，但是不需要以同一个元音结尾，因此我们才有regle（规则）、negro / negra（黑人）、temple、sexu、chanjo。每个实义动词也必须以某一个元音结尾，如regla、mari、distribu。每个本来要以一个以上元音结尾的形容词，增加一个结尾i，如simpli、exakti、fixi、kapabli等等；同样的i，如果有助于与下一个词的组合，加在以单辅音结尾的形容词后亦可，因此，与bon（好的）和national（民族的）并存的还有boni和nationali，如boni kause（好事业）、nationali state（民族国家）。加在名词、动词、形容词上的屈折词尾是s、n、m、d、t，因此并无辅音群；唯一的例外是分词以-nt结尾，但是如果愿意，这个词尾后面永远可以加-i，因为分词属于形容词类。除了这些屈折形式之外，以辅音结尾的词就只有某些介词、助动词、副词之类了，如in、kun、por、vud、kam、kel、nur、on，等等。依据价值重音原则，这些词通常并不重读；而某一特定语境中所有重要的词，要么以元音结尾，要么以前面提到过的语法性单辅音后缀结尾。其结果如何，或可利用本书末尾所印的文本来评判，我希望这些文本被朗读时，可以产生不那么招人烦的听觉效果，不会给言语器官带来严重的困难。新语言广播放松时，以及用来打电话时，悦耳性问题是非常重要的。

9. 英语的浊擦音与清擦音①
Voiced and Voiceless Fricatives in English
（1933）②

（一）古英语的 f、þ、s

我们需考虑的第一个问题是：我们应赋予古英语字母 f、þ（ð）、s 何种语音值？这几个字母位于词中部元音之间或其他浊音之间的环境中时，毫无疑问是浊音，即 [v, ð, z]，但是，这几个字母位于词首或词末时，问题就没那么显而易见了。

这个问题在亨利·斯威特发表的第一篇文章《英语 th 的历史》（"The History of the TH in English"）中得到了详细的论述（《语文学会论文集》1868-1869 年卷，第 272—288 页），该文已在 H.C. 威尔德（H. C. Wyld）编辑的《亨利·斯威特论文选集》（Collected Papers of Henry Sweet）里重印。在斯威特编辑的阿尔弗雷德国王西撒克逊方言

---

① 译自《语言学文集——用英、法、德语撰写的论文选》（Linguistica: Selecected Papers in English, French and German），第 346—383 页，原文是英文。——译者注

② 本文原为我的博士论文《英语格研究——附语言演化略论》（Studier over engelske kasus, Med en indledning: Fremskridt i sproget，哥本哈根，1891）的最后一章。我那本旧书的这一部分从未用英语发表过（这与已见于《语言的进步》中的该书其他部分不同）；本文部分内容已改写，增加了许多新的细节。——原注

版格列高利《司牧规则书》(*Pastoral Care*, 伦敦, 1871) 里, 该文经过局部改写及扩充, 收作该书附录1, 但很奇怪, 《亨利·斯威特论文选集》收录的却是第1版, 而不是这个修订版。虽然这篇文章精妙超凡, 但其中很多内容必然已过时, 因为后来的研究对旧音变极具启示, 对斯威特来说显然是未知的; 但是, 在一个问题上他无疑是正确的: 关于发音, 从古英语手抄本里þ和ð这两个字母中无法得出任何结论, 二者被无差别使用着, 都是时而表示浊音, 时而表示清音。

斯威特长期以来津津乐道的观点, 在他各版《盎格鲁—撒克逊语读本》(*Anglo-Saxon Reader*) 中以他常见的教条方式表述为: "f 曾有过v音, ……在硬辅音前当然是f 音, ……s有过z音, ……与硬辅音组合时 = s, ……þ和ð都 = then中的dh, 除了像在sēcþ这样的组合中之外, 此时þ = think中的th。"在《英语语音史》(*History of English Sounds*, 1888) §515节及后 (参见第728页及后、第909页及后), 这一表述的教条性减弱了, 但主要结果依然如故。

埃利斯《早期英语发音》5.38和823持相同的观点。这一观点在H.C.威尔德的《英语简史》(*Short History of English*, 1927, 第3版) 第60页及后继续生存着, 这已是在斯威特放弃这一观点很久之后 (见下文), 不过威尔德论述的只是s和f, 他认为ð (þ) 在词首和词末很有可能是清音。

斯威特的观点主要基于下列推断: 元音之间的þ发生浊化, 因为此时它常被写成d; s也经常被浊化, 如līesde等形式不同于由cyssan变来的cyste。这三个音, 位于词首时很可能是浊音, 理由主要是与德语ding (事物) 里的d以及荷兰于volk (人)、zeven (七) 里的v和z一致; 北德方言也有位于词首的z音, 古高地德语曾经有过词首的v音, 这一点在书面上保存至今 (如volk), 但已经清化了。其次, 更具决定性的是, 词首s和f很可能是浊音, 证据是二者在中古英语南部方言以及现代英语部分方言里是[z]和[v]。这些词首位置上的v和z一定在11世纪之前就已经完全形成了, 因为诺曼词保持了清音s和f。

然而, 许多事情却与斯威特的观点相悖。

9. 英语的浊擦音与清擦音 Voiced and Voiceless Fricatives in English（1933）

关于古英语发音的问题，与荷兰语和德语的一致性当然很难证明什么，因为这些浊音也非常可能是由于后来与之平行的变化造成的。斯威特还倾向于认为古英语的盎格鲁方言和朱特方言从未有过词首浊音。

古英语（西撒克逊方言）中，我们有些t代替早前的d之例，若把s、þ、f认定为清音，是最容易解释的，如gitsung（贪婪）、Altfriþ、Eatþryþ。同化在此处是极其自然的，而斯威特的解释（《HES》§524节）反倒不自然，他认为："在浊塞音+蜂鸣音或蜂鸣音+蜂鸣音的组合中，两个成分都会清化……这一趋势显然是试图加强开放性辅音的声学效果之产物。"这样的清化似乎与一切常规的语音变化皆相悖。斯威特举出的与之全然吻合的例子，只有一个"《韦斯巴芎诗篇》（*Vespasian Psalter*）[①]里的bledsian（保佑，源于*blōdizōn）在西撒克逊本里变成了bletsian"，可是，这个例子却什么也说明不了，除非能够彻底证实这后缀里真有浊音z，而这后缀里有的却更可能是个s（注意图尔尼森[②]的异化理论，认为浊辅音结尾的词干后为s，清辅音结尾的词干后为z，《IF》第8卷，第208页及后）。这些辅音中的一个若是位于浊音w之前，这个音本身会依常规的同化规则浊化，古英语huswif > huzzy（家庭主妇）。第三人称单数sendeþ > sent里-deþ发生的同化也支持我们的观点；另见nostril（鼻孔），源于古英语nos-þyrel。如果把f、þ、s视为清音，Suþfolk > Suffolk，Suþseaxe > Sussex，古英语

[①] 《韦斯巴芎诗篇》是8世纪中后期的古英语手抄本，是现存最早的英译圣经选段，藏于文艺复兴时期英国政客、收藏家罗伯特·布鲁斯·柯滕爵士（Sir Robert Bruce Cotton，1570–1631）创建的柯滕图书馆（Cotton Library）。柯滕图书馆用古典人物名作为馆藏分类代码，如恺撒、克里奥帕特拉、奥古斯都、尼禄等，这份《旧约·诗篇》的古英语手抄本位于韦斯巴芎部A区，故称《韦斯巴芎诗篇》（韦斯巴芎是古罗马皇帝，公元69年至79年在位）。柯滕图书馆是大英图书馆的前身，其最初的馆藏至今仍为大英图书馆手抄本馆藏的一部分。——译者注

[②] 鲁道夫·图尔尼森（Rudolf Thurneysen，1857–1940），瑞士语言学家，凯尔特语专家，著有两卷本《古爱尔兰语手册——语法、文本与词典》（*Handbuch des Alt-Irischen. Grammatik, Texte und Wörterbuch*，1909）。——译者注

ladþeow > latteow（领导者），godsibb > gossip（传言）就很容易解释了，如果做相反的假设，就太不自然。

《修女规箴》

因此，即使是英格兰那些s、þ、f在中古英语和现代英语里发浊音的地区，这三个字母在古英语里仍极有可能发清音。不过，这个想法被我1890年的一项发现确切地印证了。我的发现是关于早期中古英语最重要的文学文本之一《修女规箴》（Ancrene Riwle）中使用的拼写的。（这里我想重申我在其他地方做过的论断：该书正确的标题是Ancrene Riwle，而不是詹姆斯·莫顿[James Morton]误印的Ancren Riwle。我通览了全文，未发现一处以-en结尾的属格复数，却发现了很多以-ene结尾的，我怀疑标题本身应为Ancrene Riwle，A.鲍斯小姐[A. Paues]热心地为我查找了手抄本；她没找到Ancren Riwle这一标题，却在剑桥大学基督圣体学院402号手抄本[MS Corpus Chr. Coll. Cambridge 402]里找到了Ancrene Wisse；莫顿印刷的文本依据大英博物馆柯滕馆藏尼禄部A区14号手抄本，这份手抄本没有题眉，也没有抄本信息①，但封皮上的标题是Ancrene Riwle。G.C.麦考莱[G.C.Macaulay]写道，"我无法确定这个封皮的年代，因此也无法确定其权威性，这封皮可能比莫顿版略早，也可能略晚"，他提醒参见莫顿版第4页Nu aski ȝe hwat riwle ȝe ancren schullen holde那段，怀疑标题是莫顿加的——但此处的ancren显然是主格，不是属格！）

我的小发现是，《修女规箴》的书吏并不像人们以前一直认为的那样，无差别地混用f和v（u）来表示古英语的f，而是遵循着一套能让我们从中总结出他的发音的严格体系。

他高度一致地把首字母f用于清音之后，v（u）用于浊音之后。全书几乎每一行都有这样的例子：我把随机选取的10个连续页里所有以f和v为首字母的例子都抄了下来，包括以i-（=古英语ge-）开头的分

---

① 原文为colophon，即手抄本末尾附注的关于书吏及所依版本的信息，其功能相当于今天的书籍版权页。——译者注

9. 英语的浊擦音与清擦音 Voiced and Voiceless Fricatives in English（1933）

词，以及复合词的第二个成分。

　　A）v位于浊词末音之后：如192 me ueire / blisse uorte uallen / ilke uondunges / to uroure / one ureond / ham uroure / Vor uein / for ureoleic / one ueder（即古英语fæder）/ ʒuweðe uorheten / 194 þeonne ueineð / to uonden / uttre uondunge（通篇可见）/ inre uondunge（通篇可见）/ sigge uorði / mislikunge uor / to uot / beon uor / muche uorði / iveleð / twouold / biuoren / 196 alle uondunges / iðe vihte / þe ueond / owune vleshs / þe ueond / 198 slouhðe vox / þe vorme / oðer uorhoweð / þe ueorðe / ne ualleð / þe vifte / þeo uedeð / haluwen uor / undernumen uorto / 200 oðer uorʒiteð / þe ueorðe / þe uifte / 202 þe uorme / þe ueorðe / þe vifte / Seoruwe uor / oðer uor / bute uor / biuoren / alle; uor / to-uret / þe Vox / strencðe; Uals / oker; Uestschipe / to uoxe / iðe uoxe / þe uox / one urechliche（莫顿误作wr-，已由柯尔秉更正）uorswoluwen / 204 tisse urakele / þerto; uor / to Urechliche / iveruwed（即farrowed，源于古英语fearh，猪）/ ham; uor / ham ueden / nemnen; vor / sibbe vleshliche / wil uorte / 206 stude uorto / swuche uorrideles / fulðe uenliche uallen / þe uorrideles / iued / der uor / iveleð / 208 ivindeð / þeruore / schean uorð / swuðe vlih / þer urommard / Vnstaðeluest / to ualleð / abiden uorte / 210 þe ueorðe / schulde uorwurðen / þe uorðfarinde uondeð to uordonne / þe ueonde / to ualleð / an uour（柯尔秉）/ dome uorte。——此外，v、u还频繁出现于句号之后的词里，尤其是uor（第192页和第194页甚至出现了8次）；第196页uoluweð和第198页vikeleð很可能也属于这类，虽然二者只出现于表示停顿的逗号之后。

　　B）f出现于清词末音之后；注意频繁出现的7（=and）[①]的完整形式是ant，见于第200页、206页、208页等[②]；古英语mid中的d也曾变成

[①] 古代及中世纪手抄本中，这个形似数字7的符号相当于我们今天所使用的&。符号7是古罗马政客西塞罗的秘书泰若（Tiro）发明的速记符号，因而称作"泰若体et"（Tironian et）。——译者注

[②] and 的形式罕用，见于第 200 页。注意 and þe 写作 ant te。——原注

t,尽管旧时d的写法依然保留。

192 þeos fondunges（两次）/ þeod ful / 7 for / 194 of figelunge / worldes figelunge / þeos fondunges / Vlesches fondunge / gostlich fondunge / eð fele / 196 blisfule / þet flesch / auh fleoð / deores fleschs / Louerdes folc / 198 þauh ful / hweolp fet（两次）/ 200 of feire / swuðest for / ich feðri / 7 fet / 202 his freond / of freond / 204 þet feorðe / þet fifte / 7 fulen / is ful / þet fulðe / tet fleschs / 206 mot forbuwen / 7 feir / mot fleon / mid fere / mid flesches / makeð feir / 7 fikeð / hit forto / þet feire / 208 beodeð forð / scheaweð forth / Godes folke / 7 false / 7 falstiche / 210 uorðfarinde / ontfule。

C）例外其实非常少，且可很容易得到解释：

（1）由于倾向于避免出现uu组合；可比较德语正字法中，vor、voll等词写v，但für、fülle等词却写f。①故而有192 ou ful / 194 hore fule / 196 þer fuhten / 206 muchele fulðe / þe fule / eche fur / 208 oðer fundles——10页之中共出现7次，第192页另有一处位于停顿之后的fur；

（2）可合理出现于其他词末音之后的那些很常用的形式转至此处：194 gretture fleschliche / 196 alle flesches / 202 enne floc / 204 nout uorto /（206 þet ich ne mei speken of vor scheome，of之后很可能有停顿）——这样的例外不超过4到5处，这数字说明这位书吏非常精确。②

许多例子中，同一个词依其前面的词的末音而有两种不同写法，

---

① 德语中，字母 v 发音为 [f]，与字母 f 相同。——译者注

② flesh 很可能是最常违规的词，虽然规则形式出现得也很频繁；因此，第 406 页连续 12 行中有 stinckinde ulesshes / Hwat fleschs / Cristes fleschs / heo uleschsliche / owene ulesshs / mon ulesshliche。不过，这位书吏显然倾向于在另一辅音前写 f，即使他明显发 v 音之处亦如此，故而词中部位置 deoflen 和 deofles 与 deouel 并存（242、244 等；偶尔还有 deofel 266，deofuel 280）；hefdes 362 和 on his hefde 258 与 of heaued 并存；efre（62）、多数时候写成 euer(e)；þet tu heuedest ... þet tu hefdest 38；bilefde 与 bileaue 并存；le(a)fdi；swefne，stefne，efne；reafen，reafnes 84 以及另外几个例子。——原注

9. 英语的浊擦音与清擦音 Voiced and Voiceless Fricatives in English（1933）

这格外表明了我的规则的正确性：如þeos fondunges : ilke uondunges；scheaweð forð : scheau uorð；þe ueorðe, vifte : þet feorðe, þet fifte；220页有Mine uoan紧随其后就有his foan, 等等。

法语词的变化方式与本族词不同；因此，参见208 he fol / 同上oðer folliche / 222 hire fame / 同上makien feste 232 owune feblesce；另一方面却有216 mest uileinie。Fals（错误）一词在公元1000年前后已见于英语中（来自拉丁语还是法语？），被视为本族词：如68 heom ualse / 130 þe ualse ... beoð false / 128 best falsest。

词首辅音中观察到的这一差别，可跟古高地德语著名的诺特克规则（rule of Notker）①相比较：如Ter brûoder : únde des prûoder | tes kóldes : únde demo gólde | íh fáhe : tu váhest，等等。有些意大利语方言也有这一差别，例如，萨丁方言有sas cosas : una gosa | sos poveros : su boveru | sos fizos : su vizu（舒哈特《罗曼语》，3.1及后；纽洛普《形容词的性屈折》，1886，第24页）。

与《修女规箴》里相同的差别迹象，亦见于其他中古英语南部方言文本中，不过这些文本中任何一份也没能达到同等的连贯一致性。例如，我们在《圣母祈祷词》（On god ureison of ure lefdi，收于莫里斯《古英语布道文》[Morris, *Old English Homilies*]第1卷，亦见于手抄本尼禄部A区14号）里发现了cristes fif wunden / miht forȝelden / þet funde over against the more usual v- : me uorbere / al uorloren / me uor / fulle uorȝiuenesse，等等。鲍斯小姐发现的《道德诗》（*Poema Morale*）手抄本（《英格兰》[*Anglia*]，新系列第18卷，第217页及后）里面，f和v（u）之差别几乎遵守得与《修女规箴》同样连贯一致。《尤利安娜》（*Juliana*）里存在大量摆动（如hare fan 32 = hare uan 33, hetefeste 36 = heteueste 37, forð 56 = uorð 57；reue : refschipe 9, 等等）。《圣凯瑟琳》（*St. Katherine*）里（埃嫩克尔[Einenkel]编

---

① 诺特克·拉贝欧（Notker Labeo, 约950–1022），中世纪瑞士僧侣，本笃派修士，为古高地德语设计了正字法。——译者注

辑版，早期英语文本学会[EETS]，1884），词首用v取代常见的f似乎仅有两次（1486行和2134行），但这两处都是位于元音之后。另有其他一些南部文本，为这一差别提供了一些孤例。①

《修女规箴》中（以及其他文本中局部出现的）f与v的交替，为我们提供了有关词首音和词末音的宝贵信息。关于词首音，这一交替向我们展示出，南部方言中可见的浊化在大约公元1200年时仍未彻底完成，而在古英语时期或前英语（pre-English）时期更是如此。虽然（或者说因为）这位古代书吏的拼写无法向我们提供关于[s，z，þ，ð]的信息，但是（或者说所以）我们完全有理由猜想，位于词首的这两组清浊音之间存在与f、v类似的交替。

斯威特在回复一封关于此问题的信中对我写道（1891年1月12日）："你对《修女规箴》里词首音f、v的观察非常有意思，据我所知这是个全新的看法。不过，我觉得这无法为f之类的词首音做一般性证明。我在《英语语音史》里已说过，dz、vz等规则地变成了ts、fs（如bletsian），所以þēoz vondunges才会规则地变成þēos fondunges。但是，我在《英语语音史》里没有对一般性问题做肯定的阐述，尽管我赞同西撒克逊方言里v之类的词首音的假说。如我所述，各方言中存在证据冲突。"这表明斯威特对此有些举棋不定。我回复他时，用了上文关于他所猜想的那种变化不具可能性的论述，并且指出，该理论无论如何也无法解释《修女规箴》中位于元音之前的词末音f，如126 forgif us。因此，我很高兴地看到斯威特在其《新英语语法》（1892）里完全接受了我的观点（见他在xiii页、§731节以及§861节及后对我这位晚辈的作品的大量引述）。

至于词末音，《修女规箴》的拼写中可观察到的特殊之处不容置疑地表明，对于这位书吏来说，这处论述的这三个辅音绝不是浊音，因为在以f、ð或s结尾的词之后，一致地写着f。除了前面引述过

---

① 《尤利安娜》，古英语诗人琴涅武甫（Cynewulf）创作的头韵体长诗。《圣凯瑟琳》，记录公元3世纪末、4世纪初早期基督教殉教者亚历山大港的凯瑟琳（Katherine of Alexandria）的事迹，此处指中古英语版本。——译者注

9. 英语的浊擦音与清擦音 Voiced and Voiceless Fricatives in English（1933）

的例子之外，还有下列例子（这里我选的全都是现代英语以浊音结尾的词）：

216 uendes fode / 220 of fondunge（亦见于236）/ 220 his foan / 222 þeos foure / of freolac / 228 is from / 232 his fondunge / 238 is for / 250 of feor / 254 Samsunes foxes / 256 Godes flesch / 262 þe ueondes ferde / 264 te deofles ferde / 274 is fotes / 278 his feren / 380 his feder，等等。

奥姆[①]在其拼写中没有区分清浊擦音的途径。但是，我把他那些iss、hiss、wass之类的（词末）拼写以及非重读位置上的bokess、wiþþ之类归结为清音，极可能是正确的。

《良心之责问》

《修女规箴》的书吏没有像区别f、v那样标明þ和s[②]的清浊，不过，一个世纪后，我们发现丹·米盖尔（Dan Michel）[③]不仅像《修女规箴》那样使用f和v（u），虽无连接音变规则（sandhi rule），而且对舌页音也做了与之相应的区别。于是，这就非常奇怪了：丹·米盖尔是如何想到这种正字手段的呢？这手段此前在英格兰从未使用过；在当时的法语中z通常用来表示[ts][④]，而我们如今的音标写成[z]的那

[①] 奥姆（Orrm），12世纪英格兰僧侣，其韵体布道集《奥姆书》（Ormulum）使用了独特的语音式拼写而非常规的正字法拼写，因而成为研究当时英语发音的重要一手资料，是反映古英语向中古英语过渡时期的最重要文献之一。《奥姆书》以东米德兰兹方言写成。——译者注

[②] 像下面这些法语词，他写的是s，但发音显然是[z]: noise、eresie、traysoun、recluse。——原注

[③] 诺思盖特的丹·米盖尔（Dan Michel of Northgate），14世纪英格兰修士，其散文体著作《良心之责问》（Ayenbite of Inwyt）用中古英语肯特方言写成，以寓言形式论述了"七宗罪"等基督教道德话题。——译者注

[④] 英语中，z曾经也是用来表[ts]音，如《修女规箴》里的saluz、creoiz、assauz（即assaults）、kurz（kurt [宫廷]的复数）。古法语 z = [ts] 的一处遗存，是法语 assez 一词在英语中被视为复数的 assets（财产），由此产生了新的单数形式 asset。在 fitz 中（如Fitzroy、Fitzwilliam），有源于古法语的 fitz 的[ts]音，这是个主格形式，今作 fils（儿子），[ts]在腭化l之后是规则形式。——原注

个音，当时和[s]一样，写成s。然而，尽管如此，米盖尔依然把古英语为s且今南泰晤士地区各方言里读[z]的大多数词首音写成z。不过，他却也写sl-、sm-、sn-；前缀y-（即古英语ge-）之后，他通常写s，故而有ysed、yse和zayþ、zi之对立。法语词里，他写s-，如seruy、sauf等，尽管zaynt和sayn(t)并存。该作者绝不是位连贯一致的语音学家，因为在词的内部，他常常用s来表示一些明显发[z]的音，如chyese（古英语ceosan）、þousend（也作þouzen）、rise、bisye；法语词也有类似的情况，如spouse、mesure、cause、desiri；在desert、tresor、musi里，s和z交替出现。

该作者说（第262页）："þet þis boc is y-write mid engliss of kent"（本书以肯特的英语写成），可是，肯特如今并不属于南英格兰那些具有词首浊擦音的地区。不过，这两个事实却可调和。埃利斯在§5.38节给出了《良心之责问》里的拼写形式列表，并与现代各方言做了比较；关于现代方言，除了埃利斯的书之外还可参见约瑟夫·赖特的《英语方言语法》（*English Dialect Grammar*）、F.T.埃尔沃希（F.T. Elworthy）关于西萨默塞特的若干著作以及E.克鲁辛加（E. Krusinga）的《西萨默塞特方言语法》（*A Grammar of the Dialect of West Somerset*）。

《良心之责问》有词末f，却没有词末v，依此我们可以自信地猜想，作者在词末发[s, þ]；注意动词中的平行例子：不定式是delue、kerue、sterue、chyese、rise、lyese、sethen，过去式却是dalf、carf、starf、cheas、ros、lyeas、leas、seath。

关于f和v，我们有拼写上的大量证据；关于s和z，我们有丹·米盖尔的书里的证据；而关于中古英语的þ和ð，却找不到任何同样的证据。有些早期文本会让我们觉得，古字母þ表示浊音，新的双字母写法

9. 英语的浊擦音与清擦音 Voiced and Voiceless Fricatives in English（1933）

th表示清音①，但更仔细地加以审视后却表明，þ只是出于方便而用在较为熟悉的词里，主要是代词和代副词②，而th则用于那些不那么熟悉的词里，这之中完全看不出任何语音上的区别。

十四世纪

乔叟的作品中，韵脚似乎确定无疑地显示出，词末的s在很多今为[z]的词里是清音。例如，见《声誉之堂》（*Hous of Fame*）141 was：bras / 158、267 allas：was / 1289 glas：was / 1291 ywis：is / 1341 this：is / 269、2079 amis：is / B 4521 toos（复数）：cloos（形容词）。因此，像B 3420 wynes：pyne is这样的韵脚可作为证据证明复数词尾-s发音为清音。

大约在同一时期，著名的《珍珠》（*Pearl*）诗歌（兰开夏方言？）出现了一些奇怪的拼写。斯威特在《英语语音史》§ 728节里把sydeʒ、gemmeʒ、he loveʒ、he seʒ阐释为表示当今的[z]音；乔丹的《中古英语语法手册》第185页也这样认为；但是，这显然是错误的。字母z，或者更确切说是ʒ，表示的是清音[s]：这个字母在很多现代英语为[s]的地方都能见到，如þryeʒ（thrice）、elleʒ（else）、meþeleʒ、boþemleʒ（-less）；词尾-ness时而写成-neʒ，时而写成-nesse；was不仅可见到wasse、wace的写法（与space、grace押韵），而且还有watʒ，同样的奇怪组合还见于dotʒ（= does）、gotʒ（= goes）。与þou连用时，可见到says、saytʒ、blameʒ、draweʒ、dotʒ、watʒ、woldeʒ等形

---

① 哈考夫（Hackauf）在他编辑的《圣母升天》（*Assumptio Mariae*）第xxxii页就是这样认为的，霍依泽（Heuser）在《英语研究》33卷第257页提出的看法正相反。R. 乔丹（R. Jordan）的《中古英语语法手册》（*Handbook of Middle English Grammar*）第181页引述了哈考夫、霍依泽和我，仿佛我们三人说的是同一回事，但我们持的可是三种不同的观点！——原注

② 代副词（pronominal adverb），日耳曼语言中用于代替"介词+代词"结构的副词，如英语therein、hereby、wherein，德语darauf、darüber、womit等。——译者注

式。上述所有例子中，-s、-ʒ、-tʒ都只能表示[s]。①

词末-s的清音发音，还可通过某些小品词里增加的-t来证明：如against < 中古英语againes、amidst、alongst、amongst。在whilst一词里，t可能就是小品词þe，其[þ]音依惯例变成了s后面的塞音化辅音，但在其他词里，只能解释成s之后简单的语音赘生（phonetic excrescence），与nice、close、once、twice、across等词在土话里说成nyst、clost、wunst、twyst、acrost同理；标准语中也有earnest（中古英语ernes、erres、erles），指"作为分期款而支付的钱"②。这个增音-t与德语papst（教皇）、obst（水果）、jetzt（现在）等，丹麦语taxt（费用），瑞典语eljest（否则）、medelst（借助）、hvarest（在某处）等具有可比性③。不过，此处对我们有意义的是，这一点预设了这些英语形式中的清音[s]。因此我认为，古体的erst（以前）不应理解为最高级，而只是比较级ere+副词性s+这种t。《修女规箴》里的erest全都是真正的最高级（= 古英语ærest），而乔叟有两个同音的erst，一个是最高级（at erst），另一个没有这层意义，如B 4471 Though he never erst had seyn it with his ye（尽管此前他从未亲眼见过）/ E 144、336等，此外还可后接er④，如C 662 Longe erst er pryme rong of any belle（任何钟敲响第一次之前很久），也有后接than之例，如A

---

① 《伦敦英语》（*London English*，钱伯斯、多恩特 [Chambers & Daunt] 编辑，1931）中的孤例如：we willeʒ（59 = 58 we willeth）、hatʒ（= hath）、reson asketʒ。另有一位书吏（同上，200）很偏爱 ʒ：dyuerʒ wareʒ to the fraternite of grocerʒ / 201 wardeyneʒ ... weyteʒ。——原注 [译者按：《伦敦英语》的全称为《1384年至1425年伦敦英语集》（*A Book of London English, 1384-1425*）。]

② 《牛津NED》释："词源不详，可能与 erles（伯爵）有关"。（第3卷，E部第9页，1897）这个词与表示"诚恳"的 earnest（< 古英语 eornest）不同源。——译者注

③ 德语 Papst < 古高地德语 bābes < 拉丁语 pāpa；德语 Obst < 古高地德语 obez；德语 jetzt < 古高地德语 iez。丹麦语 taxt（今作 takst）< 拉丁语 taxa（taxare）。瑞典语 eljest < 古瑞典语 ællæghis；瑞典语 medelst（med 的异体）< 古瑞典语 mædh < 古北欧语 með；瑞典语 hvarest（varest 的异体）< 古瑞典语 hvaris。——译者注

④ 中古英语 er < 古英语 ær，副词，表示"以前""更早时"。——译者注

9. 英语的浊擦音与清擦音 Voiced and Voiceless Fricatives in English（1933）

1566 That shapen was my deeth erst than my sherte（早于我这衣服做好之前加速我的死亡）。最高级后面接than当然十分异常！

词中部的音

关于古英语f、þ、s位于词中部两元音之间时的发音，斯威特无疑是正确的，他认为这几个音是浊音，= [v，ð，z]。这个位置上的þ，最早的标志性文本里经常拼作d，表示[ð]，与当时的拉丁语发音相同（斯威特，《英语语音史》，§515、516）；s允许d出现于像liesde这样的形式里，不同于带有[s]的cyssan变来的cysste里的-te。[①] 关于f，见济弗斯在《PBB》11卷第524页和《英语》13卷第15页的论述：原本存在两个音，在埃皮纳勒词表（*Epinal glossary*）[②]里有区分，一个对应哥特语和古高地德语的f音，书面也写作f，另一个对应哥特语和古高地德语的b音，书面也写作b；但是，在某个很早阶段，二者发生了混淆。这解释了拼写为何是f，因为写成b当时并不方便，b经常用来表示塞音。清音和浊音之区别，当时被视为不如擦音和塞音之区别那么重要，尤其是同一个词的不同屈折形式时而具有浊音，时而具有清音。不过，古英语时期的最后阶段，词中部的u（= v）变得越来越常见，如《贝奥武夫》1799 hliuade，埃尔弗利克1.4 aleuað；在《编年史》F手抄本里很常见；公元1000年之后，法语的影响迅速使该位置上的u成为普遍形式，由此，f就只限于词首和词末了。

[①] 关于 s 在 liesde 里的发音（浊音），《英语格研究》（1891）里的表述更为清晰："他 [斯威特] 主要基于下列情况：元音之间的 þ 是浊音，因为这个音经常写成 d；浊音之间的 s 亦如此（如 liesde 里的 d 不同于 cys(s)te 里的 t 所示）"。（Jespersen 1891：171）古英语 liesde 是 liesan（释放，亦作 lȳsan）的过去式，该词与今英语 loosen、德语 lösen 同源。cyssan – cysste 即今 kiss – kissed。——译者注

[②] 《埃皮纳勒词表》，8世纪初的拉丁语—古英语词表，因手抄本藏于法国东北部城市埃皮纳勒而得名。1883 年，斯威特为该词表编辑出版了转写辑注本。——译者注

词末的th

词末辅音的清化趋势，是对无声的停顿（voiceless pause）[①]的预期，在所有语言中皆可见到，程度各异。在英语中，这一趋势在[ð]音上格外强烈，该音经常变成[þ]。埃克瓦尔的《论齿间浊擦音的历史》（Ekwall, *Zur Geschichte der stimmhaften interdentalen Spirans*, 隆德，1906）试图论证，词末的[ð]在单个辅音之后或单个元音之后变为[þ]，而在长元音之后保持为浊音。这条规则覆盖了许多事实，但并未覆盖全部事实。大量不确定性依然存在，而旧时语音学家记下的发音也经常自相矛盾。我想提几个以前为[ð]而今为[þ]的例子。辅音之后如earth、birth（r以前是辅音），又如month，还有health以及与之类似的strength（旧形式是strencþ）、wealth等词，此外还有fourth、seventh（fifth、sixth里的旧形式是-te，今在清音之后出现了th）。

短元音之后如pith；bath和froth里的元音曾为短音；另见于Portsmouth等地名的非重读音节里，twentieth等序数词里。

长元音之后如youth[②]、truth、sheath、beneath（以前亦有短元音）、both。

在tithe、lithe、scythe、smooth以及breathe、bathe等大量动词里，浊音保留了下来（见下文第380页）。wreath一词里的[ð]曾经极为常见，但是从19世纪初开始，就几乎总是[þ]了。而bequeath、betroth、blithe、with、booth里，几乎总是浊音，尽管[þ]似乎也能不时听到[③]。有些例子中，类推一直很强大，见下文。

---

① 英语中，"无声"和"清"是同一术语，皆为 voiceless，二者的共同点在于声带不震动。——译者注

② 古英语 geoguþ 和大多数阴性名词一样，在中古英语里增加了 -e，þ 因而在中古英语里成了浊音：如《修女规箴》里的ȝuweðe，乔叟 F 675 youthe 与 I allow the 押韵。——原注

③ 见斯威特《英语语音史》里的词表 2054 节。——原注

9. 英语的浊擦音与清擦音 Voiced and Voiceless Fricatives in English（1933）

（二）后来的浊化

现在，我们来处理一种在某种程度上与维尔纳那条著名的古日耳曼语定律相平行的现象。①我关于此现象的理论最初宣读于哥本哈根语文学会1888年12月6日的会议上，之后书面发表于《英语格研究》（1891）一书第178页及后，被赫尔曼·莫勒部分认可（见《北欧语文学学报》新系列第10卷第311页及后，1892）②，被斯威特《新英语语法》（1892）完全接受（第ix页、第279页），并在我的《现代英语语法》第1卷里得到了重申及一定程度上的强化。此处我按照我《现代英语语法》里的顺序，但论述得将更加详细，部分材料已见于《英语格研究》中。

1910年，F.沃拉（F. Wawra）在《维也纳新城国立高中年度报告》（*Jahres-Bericht der Landes-Oberrealschule in Wiener-Neustadt*）里发表了一篇题为《英语元音之间的s音》（Die Lautung des englischen intervokalischen s）的文章，他言辞激烈地批评了斯威特的维尔纳理论。这篇评论虽然展示了作者的学识以及某些正确论述，但却并不令人满意，因为（1）他只了解斯威特的一些简短段落，并未把我的一些更加全面的论证考虑进来，（2）他关于英语古今发音的信息不足，而且未必出自最佳信息来源，（3）他遗漏了整个探索中真正的要点，完全忽视了一个事实：s、z（他仅论述了这一对）不应跟经历同一变化的其他音和音组分开来看，（4）他自己的部分解释非常主观臆断。——W.A.里德（W.A. Read）的《英语中的一种维尔纳音变》（*A Vernerian Sound Change in English*，载《英语研究》47卷第167页及后，1913）纠正了沃拉的一些观点，并支持了我的解释；他也是只解释了s、z，主要谈的是前缀dis-里的情况。——R.A.威廉姆斯（R.A. Williams）《现代语言述评》（*Modern Language Review*，第2卷第247

---

① 参见《维尔纳定律与重音的本质》一文。——原注

② 他的一部分批评意见是因为关于英语发音的信息不足，另一部分已在下面几页中得到论述。——原注

页及后，1907）从斯威特那里了解到了这条定律，因此将其归功于斯威特，不过，他也只论述了s，没有看到自己在第252页提及的of、with等词里的浊化是切题的例子。

按照我的公式，下列音大约在15世纪至17世纪中期之间，由清音变成了浊音：

（1）f > v,

（2）þ > ð,

（3）s > z,

（4）ks > gz,

（5）tʃ > dʒ。

如果该音前面是个拥有强烈重音的元音，就绝对不会发生这样的变化。总的来说，这类条件对上述所有音一视同仁。这之中的首要条件是，这些音的前面都是弱元音。但是，详细来看，在该变化的完成程度上存在细微的不同。

（1）f

（1）[f > v]见于介词of，此词在中古英语里始终具有[f]音。伊丽莎白时期的英语中，我们见到了依重音而出现的区别：《向东去喽！》①（*Eastward Hoe*）453 The sale **of** the poore tenement I tolde thee **off** / 马娄《马耳他的犹太人》104 —Which **of** my ships art thou master **off**?— **Of** the Speranza, Sir. 大多数最早期的语音学家只承认[f]。哈特（1569）把[ov]视为常规形式，但也有[of]，而[huerof, þerof]永远为[f]。马卡斯特②（Mulcaster, 1582）第一个区分了带有v的介词和带有f的方位副词。吉尔（Gill, 1621）把[ov]视为自然发音，把[of]视为

---

① 《向东去喽！》（*Eastward Hoe*，亦作 *Eastward Ho!*），乔治·查普曼（George Chapman）、本·琼生等联袂创作的喜剧。该剧实际创作于詹姆斯一世时期，此处的"伊丽莎白时期的英语"是个笼统称谓。——译者注

② 马卡斯特（Richard Mulcaster, 1531–1611），英国教育家。其著《基础》（*Elementarie*, 1582）是一部关于英语教学的指南书，书末附有一份收录8000词汇的"难词表"，为当时拼写极不统一的英语设定了若干拼写规则。这份难词表成为研究当时的英语语音的重要资料，也为后世的词典编纂产生了深远影响。——译者注

9. 英语的浊擦音与清擦音 Voiced and Voiceless Fricatives in English（1933）

做作发音①。如今，这个无色彩的介词（一个哪篇作品里也少不了的词）带有[v]音，不仅见于与元音[ə]连用的弱重音形式，而且见于与元音[ɔ]连用的重读或半重读形式。不过，hereof、thereof、whereof里[f]和[v]并存；这一点得到了D.琼斯的承认，三个词皆如此；《牛津NED》只承认thereof；威尔德只承认前二者，whereof他只给出了带[f]的音。如今用off这一拼写形式对此加以区分，off既是副词，也是语义比of更加饱满的介词（如 **off** the coast等）。另外一个习惯性非重读的词是if。哈特既有[if]又有[iv]；马卡斯特只有[iv]，该形式至今仍见于许多方言（如柴郡、兰卡斯特等地），在汉弗利·沃德夫人（Mrs. Humphrey Ward）的《大卫·格利夫》（*David Grieve*）②第1卷第66页等处作为方言形式写成iv，而标准语中只有if这个形式。

法语形容词在中古英语里通常都带有-if（卡克斯顿的版本里仍有pensyf等），如今却成了-ive，这可能不完全是因为弱重音的缘故，因为法语的阴性形式-ive和拉丁语形式是按相同方向运行的；但是，这些形式却无法在重读元音之后大量存在，如brief。法律术语plaintiff（原告）保留了[f]，而普通形容词却变成了plaintive（悲哀的）。bailiff（执达吏）、mastiff（獒犬）较早时带有-ive的形式（此处并无阴性形式！）今已消失；因此caitive与caitiff（胆小鬼）并存。与旧词motive（动机）并存的还有个新借词motif（艺术主题）。较晚借入的借词naïf（幼稚的）在-f和-ve之间长期徘徊，有些作者喜欢像法语那样按照性别来区分。有些词里，辅音已消失，词末已同化为普通的词尾-y，如hasty、testy、jolly、tardy（massy）③。

---

① "因此，虽然更常说的是 ... wið、... ov，但仍有人只服从书写习惯。有些人就是这样学的，也就这样读，有时也这样说话。"——原注

② 即玛丽·奥古斯塔·沃德（Mary Augusta Ward，1851–1920），英国作家、社会活动家。《大卫·格利夫的一生》（*The History of David Grieve*，1892）是她创作的三卷本长篇小说。——译者注

③ 以 hasty 为例，hasty < 中古英语 hastif < 古法语 hastif，试比较现代法语 hâtif（匆忙的）；同时，hasty = haste（< 古法语 haste）+ -y（< 古英语 -ig），试比较现代德语 hastig（匆忙的）；二者合流。——译者注

古英语huswif（家庭主妇）的若干形式中有hussive；v消失后成了hussy、huzzy，而housewife是复合词重构。与之类似，godwif（女主人，即goodwife）变成了goody；我没有找到goodive可供引用。

源于古英语scirgerefa 的sheriff（郡治安官）一词，带有[f]的形式从14世纪开始出现，经历了漫长斗争之后胜出。这可能是基于若干以v为复数、以f为单数的词而做的类推。

如果说找不到位于弱元音和强元音之间的f > v之例，那只是因为f在本族词里根本不出现于元音之间，除非是像before、afeared（害怕）之类的词，与for（fore）、fear的关联感使f继续存活。有些罗曼词也属于这一类型，如refer（早在乔叟时期就存在）、affect。不过，此处读[v]的趋势受到了对其法语、拉丁语形式的认识的反制，这一点在较少用于口语的词里尤其明显，如defect、affront、defer等。此外，此变化在拼写方面一目了然，与th和s的情况极不相同；这一点也有利于保守型。

（2）þ

（2）[þ > ð]之变化见于with。该变化始于within、without、withal等组合，该辅音位于弱元音和强元音之间。哈特（1569）此位置为[ð]，其他位置则既有[wið]又有[wiþ]，并无明显规则，尽管浊音之前倾向于[ð]。其他旧时语音学家通常都是[wiþ]，如史密斯（Smith 1568）、布洛卡（Bullokar 1580，甚至有wiþout、wiþin）、吉尔（Gill 1619，见上文注）、巴特勒（Butler 1633，亦有wi-þout、wi-þin）、库珀（Cooper 1685）。谢里丹（Sheridan 1780，第19页）认为辅音前为[þ]，如withstand、with many more，元音前为[ð]，如without、with all my heart；但这样恐怕很假。音节重读时，清音在herewith、therewith、wherewith、forthwith里依然常见；否则，原有的弱形式[wið]才是普遍发音，尽管许多苏格兰人、爱尔兰人、美国人发的是[þ]音。

动词词尾-th出现于弱元音之后，如kisseth这样的例子。伊丽莎白时代的promysethe（许诺）、obseruethe（遵守）等拼写形式可能是浊音[ð]的信号，若果真如此，就为词尾的[z]铺平了道路；不过，短元音

9. 英语的浊擦音与清擦音 Voiced and Voiceless Fricatives in English（1933）

之后，如doth、hath（经常带有重音），这个音似乎始终是[þ]，如今朗读这个古体的-eth，用的也一直是这个音。

海员发音（sailors' pronunciation）中，north-west、south-west重音较弱的前一个成分里的[þ]脱落，经常写成nor'west、sou'west，其变体形式为nor'wester、sou'wester。我在乔叟的《众鸟之会》（*Parlement of Foules*）117行发现了一个有趣的早期例子：大多数手抄本作As wisly as I saw thee north-north-west，但剑桥Gg本却作north nor west，我认为这个才是当时的大众发音，而布鲁森多夫①（《乔叟传统》[*The Chaucer Tradition*]，第288页）则认为这是处个别笔误。

指代词（pronominal word）the、they、them、their、thou、thee、thy、thine、that、those、this、these、then、than、there、thither、thence、thus、though里面，如今词首是[ð]。这个音最初是[þ]，和古英语þ对应雅利安语t的其他词（如three等）完全相同②，其证据之一是《奥姆书》规则地在这些词里写t，不仅在以t结尾的词后面这样写，在以d结尾的后面亦如此：例如，1037 Off þatt word tatt / 1094 þatt blod tatt / greþþedd tuss。1825年以来的东盎格利亚方言词汇表中，then被写成tan，虽然只见于now and tan这一短语中。约克郡方言里的定冠词t'也指向同一方向（只要别从þæt词末的t来解释）。而though、although的[þo·，ɔ·lþo·]的形式经常能在受过教育的苏格兰人那里听到。苏格兰语thence、thither的词首也有[þ]音。

这些指代词里的浊化，有可能不同于本文中思考的其他音变。这种浊化开始的准确时间不那么容易确定。乔叟的韵脚，如G 662

---

① 奥厄·布鲁森多夫（Aage Brusendorff, 1887–1932），丹麦学者，叶斯柏森弟子。叶斯柏森1925年退休后，布鲁森多夫继任哥本哈根大学英语学教授之位。——译者注

② 与之对应的斯堪的纳维亚语词里，古时发音含有[þ]，这个音至今在冰岛语中得以保存，尽管存在一些带[ð]的连读形式（sandhi-form）；这个音在法罗语中变成了[t]，但在其他斯堪的纳维亚今为[d]，由此前的[ð]变来；清音发音的孑遗，如丹麦语ti（因此）、瑞典语ty（因此）。此外，弗里西亚语的这类指代词里也有浊辅音。——原注

sothe : to thee / G 1294 hy the : swythe或许只能证明两元音之间的浊化，并且这种浊化可能比其他位置上的浊化早一段时间。大约从1500年开始，我们就见到了威尔士人用dd来转写[ð]，见斯威特《英语语音史》§911。值得注意的是，this和thus的词首音是浊音，但位于强元音之后的词末s却保持为清音。而though一词有[pɔf]的形式，在康格里夫（Congreve）第250页①（海员用语）写作tho'f，亦常见于18世纪（谢里丹等的作品中），据说在土话中至今仍存在。

（3）s

（3）[s > z]首先见于大多数名词的复数、属格单数以及属格复数的词尾-es中。此处的e在中古英语里是发音的，其演变必定是[sunes > sunez > sunz, sʌnz]，拼写为sons、son's、sons'。动词词尾（第三人称单数现在时直陈式）亦如此，取代了-th：[kumes > kumez > kumz, kʌmz]，写作comes。但是，s在强音节之后不变，如dice（在乔叟《坎特伯雷故事集》467、623、834行是单音节词）、invoice（法语envoys）、quince（法语coyns，在[乔叟]《玫瑰传奇》②1374行是单音节词）、trace（法语traits）：上述各例中，s之后从未存在过弱e音。同理，在下列弱e音很早就消失了的例词里，同样有[s]音：pence（在乔叟《坎特伯雷故事集》376、402、930行以及《玫瑰传奇》5987行皆为单音节词）；truce（中古英语triwes，另有多种其他拼写形式；乔叟曾将其用作双音节词一次，见于《特洛伊罗斯与克丽西达》[*Troilus and Criseyde*]第5卷401行；本为古英语treow的复数形式，但很早就被感觉是单数了）；else（在乔叟B 3105③中为单音节词，但在其他地方

---

① 威廉·康格里夫（William Congreve, 1670–1729），英国剧作家，活跃于王政复辟时代。此处的 tho'f 一词出自他的喜剧作品《以爱还爱》（*Love for Love*，1695）中水手 Ben 的台词。——译者注

② 中古英语诗歌《玫瑰传奇》（*The Romaunt of the Rose*）是同名法语寓言诗（*Le Roman de la Rose*）的节译，是否出自乔叟之手存在争议，叶斯柏森故以括号示之。——译者注

③ 指《坎特伯雷故事集》"修士的故事序"（The Monk's Prologue）中的 Or elles I am but lost, but-if that I 一行。详见 Skeat（1900：241）。——译者注

9. 英语的浊擦音与清擦音 Voiced and Voiceless Fricatives in English（1933）

为双音节词ellës）；since（在乔叟《贤妇传说》[*The Legend of Good Women*]2560行是单音节词）；once、twice、thrice（在乔叟著作中通常为双音节词）；hence、thence、whence（这些词在乔叟著作中有作单音节词的时候，但更常见的是作双音节词）。

因此，由于s是在弱e音脱落之前浊化的，而弱e音脱落在各类情况中并不是同时发生的，所以我们就得到了下列词对——括号里是托马斯·史密斯爵士①给出的词，在其《论正确形式与错误订正——英语写作对话录》(*De recta et emendata. Linguae anglicae scriptione dialogus*, 1568)里充当s和z之区别的例子。

dice — die（dis骰子，diz死）；

else — ells；

false — falls；

fence — fens（fens格斗技术，fenz沼泽）；

hence — hens（hens由此，henz母鸡）；

ice — eyes（ïs冰，ïz眼睛）；

lease — lees（参考lës租约，lëz牧场）②；

lice — lies（lïs虱子，lïz说谎）；

once — ones，one's；

pence — pens；

since — sins；

spice — spies（spïs香料，spïz密探）。

当-es出现于清辅音之后时，如lockes今为locks，整个变化系列必然是[lokes > lokez > loks]，元音一脱落，就发生了同化。

少量例子中，即使在弱音节之后，仍有清音复数词尾残存，但这主要是些其形式被视为单数、被用作单数的词，如bodice（女装上身部分），再如bellows（风箱）读[beləs]（类推而来的[belouz]与之并

---

① 托马斯·史密斯爵士（Sir Thomas Smith, 1513–1577），英国学者、政客。——译者注

② 古英语 læs / læswe（牧场），废弃词。——原注

存），gallows有些早期的正音学家发的是[gæləs；[①]参见《现代英语语法》第2卷5.712节的单数用法。吉尔（1619）做了个奇怪的区分：a flouer（花，单数），flouerz（花，复数）；flouers指月经，没有单数形式。

弱音节之后的浊化，见于series、species等词（以及bases、crises等复数形式）——此处[z]出现于长e（=[i·]）之后。

此外，这一现象还见于riches一词，中古英语和法语为richesse，此处的-es如今已被理解为复数词尾；法律术语laches [lætʃiz]（疏忽延误）源于古法语lachesse（懈怠）；另参见alms（救济品），源于almesse。Mistress（夫人）用在名字前是[misiz]，尽管也能听到[misis]；单用此词时，读[mistris]（情妇）。

有些词，当今带有[s]的标准形式似乎是我们这条规则的例外，而带有[z]的发音则不时出现于旧时语音学家的著作中或方言中。哈特对treatise一词既给出了带[s]的音也给出了带[z]的音；而purpose一词，他和布洛卡给出的都是[z]。promise和sacrifice作为动词，以前都有过带[z]的形式（见下文III G）； practise与之类似，在马辛格[②]《新法还旧债》（*A New Way to Pay Old Debts*）第三幕第1场52行拼写为practize；我还在《非常感谢》（*Thenks Awf'ly*，1890）里见到过作为伦敦考克尼方言形式的praktiz。有些方言中，Thomas读[tuməz]。后缀-ous里如今永远读[s]，但哈特（1569）却有dezeitruz、kuriuz、vertiu·z及vertiuz、superflu·z及-fliuz、notoriuzli、komodiuzli。witness在他的书里是uitnez，据G.汉普尔，business在美国可能至今都听得到[bizniz]的音。这些词里有两个音节，但是大多数带-ness的词却有三个音节，-ness因而或多或少地具有次重音，如readiness、thankfulness等，这可能导致了普遍存在的[s]音。-less与之同理。

---

① bodice 词源为 body 的复数 bodies；bellows 源于 belwe（肚子）的复数 belwes；gallows 单复数同形。——译者注

② 菲利普·马辛格（Philip Massinger，1583–1640），英国剧作家。——译者注

9. 英语的浊擦音与清擦音 Voiced and Voiceless Fricatives in English（1933）

不过，有些词里我只见到过[s]，如duchess、burgess、mattress以及其他带有-ess的词；purchase也在此列，此外还有Atlas、basis、chaos、genius之类的词。这些词都是短而明晰的元音之后面接-s，大部分是学问借词或晚期借词。

关于这类情况，我们必须牢记所有语言中皆可见到的词末清辅音之趋势（以期待无声的停顿）。此处我们还必须把哈特明确表述的连接音变法则考虑进来（见我关于他的发音的专著第14页及后，那段有意思的话得到了完整的引述）：他写iz uel、az ani、hiz o·n、ðiz ue·，但却写is sed、as su·n、his se·ing、ðis salt、as ʃi·、is ʃamfast、his ʃert、ðis ʃo·r，暗示了与v等相同的变化。而众所周知，当今的英语中，词末的[v, ð, z, ʒ]位于停顿之前时并不是毫无例外地皆为浊音，见《语音学教程》6.64节、《现代英语语法》第1卷6.93节。

在一系列习惯性的弱读词里，必然能猜测出旧时带[s]的形式和带[z]的形式之差异，这一差异与off和of之别相平行：is、his、has、was、as如今通用的是浊音形式。关于哈特的观点，见上一段。马卡斯特（1582）认为，as和was里的[z]音与[s]音"频度相当"。吉尔几乎始终在这些词里注[z]，但是在清辅音之前，有时也会出现[was]。巴特勒（1633）的as、was、is、his里只有[z]，因而与当今的用法一致，弱重音形式完全驱逐了带[s]的形式。莎士比亚的韵脚is : kiss，this : amiss以及类似的韵脚，直至德莱顿时期依然能见到。古英语的us，我们本以为会有强形式[aus]和弱形式[əz]，但事实上却是两个形式都带[s]，仅有元音差别：[ʌs, əs]。哈特既有us又有uz，尽管后者较罕见（见我论述哈特的专著第115页）。[ɐz, əz]在方言里很常见，见赖特《英语方言语法》（Wright, *The English Dialect Grammar*），§328节。很奇特的是，现代苏格兰语有个重读的形式[hʌz]，非重读形式为us、's、'z，见默里《苏格兰南部各郡的方言》（Murray, *The Dialect of the Southern Counties of Scotland*, 1873），第187页及后。格兰特、迪克森的《现代苏格兰语手册》（Grant & Dixon, *Manual of Modern Scots*, 1921）同时给出了[hʌs]和huz，但没有提及重音。萧伯纳多次把huz作为伦敦土话形式来使用(《写给清教徒的三部剧》[Three Plays for Puritans], 222、226、237等),但这基本上不正确。——古英语eallswa(正如)以两个形式存活至今,一个是保留了[s]的形式also(源于so),另一个是带有[z]的弱读形式as [æz, əz]。这一分化很早就开始了:《修女规箴》里also的用法与现代相同,另有alse、ase、as;二者被当作两个不同的词来使用,见于第62页also alse deað com into þe worlde þurh sunne, also þurh eie þurles...。在比较结构中,第一个as的重音通常强于第二个as;我们在很多例子中都能看到这一点,尽管形式各有不同;例如,《修女规箴》2 also wel alse / 96 also sone ase / 38 alse wis ase(但90 ase quite ase / 84 as ofte ase)/《良心之责问》alse moche ase, also moche ase, alzo moche ase /乔叟《短篇诗作》(*Minor Poems*)①3.1064 also hardy as / C 806 also sone as /《短篇诗作》4.69 als faste as②/《伦敦英语》195 als moche as / 196 als offtymes as he is ... als wel as /卡克斯顿《列纳狐》20 the mone shyneth also light as it were day / 71 also ferre as he be,同样见于77、116(但71 of as good birthe as i am / 116 as holsom counseyl as shal be expedient)/马洛礼35 also soone as /马娄《马耳他的犹太人》565 thinke me not all so fond As negligently to forego so much /吉尔(1621)as long az I liv。这一点可与默里《苏格兰南部各郡的方言》第226页的现代苏格兰语aass quheyte az snaa做比较。

弱重音与强重音之间的位置,纯本族词很少有发生变化之例,其原因与f的情况相同(见上文):如aside、beside、beset会自然地保留[s]音,因为会让人觉得含有side、set,并无使词首音浊化的诱因。因而,发生了这一变化的本族词只有一个,就是howsoever;库

---

① 叶斯柏森此处依照的是斯基特7卷本《乔叟全集》的顺序。《短篇诗作》3即《公爵夫人之书》(*The Book of the Duchess*),下文《短篇诗作》4即《玛尔斯的哀怨》(*The Complaint of Mars*)。——译者注

② 《声誉之堂》2071行,乔叟用als(也)这个形式跟fals(假的)押韵。——原注

9. 英语的浊擦音与清擦音 Voiced and Voiceless Fricatives in English（1933）

珀（1685）认为，"出于方便，howzoever被说成howsoever"，带有[z]的形式，如-zeer、-ziver、-zivver至今仍可在约克郡等地的方言里见到，见《英语方言词典》（*The English Dialect Dictionary*）。（当然，标准英语中使用的词是however。）

源于法语的词（最初为拉丁语词）里，[s]音曾经频繁地出现于这一位置。下列例子中曾有[s]音，浊化依照我们的公式发生：design [diˈzain]，法语为dessiner[①]；dessert [diˈzəˑt]，法语为dessert；resemble [riˈzembl]，法语为ressembler；resent [riˈzent]，法语为ressentir；possess [pəˈzes]、possession [pəˈzeʃn]，参考法语posséder、possession；absolve [əbˈzɔlv]，法语为absolv-；observe [əbˈzəˑv]，法语为observer。清音[s]在absolution中得到了保留，因为[bs]位于半长元音之后，而在observation和observator中，[z]音是由于observe之类推。

值得注意的是，所有发生了由[s]到[z]的变化的词（依照我们的公式，[v，ð，dʒ]之例亦如此），都属于我们语言的大众层（popular strata），而许多例外则或多或少地属于书卷词汇。

有些例子中，[z]的发音尚未彻底居于主导。absorb一词中，[z]比[s]少见（D.琼斯）；resorb呈摆动态。absurd通常读[əbˈsəˑd]，但[z]至少在美国偶尔可听到。在美国，Missouri作为河名和州名，[z]多于[s]（尤其见里德[Read]《英语研究》[*Englische Studien*] 47卷第169页及后）。我在美国也听到过带[z]音的persistent。December在苏格兰有[z]音（默里）。G.艾略特让鲍勃·杰金（Bob Jakin）[②]说twelve per zent。deceive在方言中有[z]音。法语词pucelle有puzel的形式，16世纪见于莎士比亚《亨利六世（上）》等作品中。philosophic(al)一词曾经在众多发音词典中皆有[z]音，直至19世纪中期为止；而这个[z]音至今仍见于斯威特、杰弗里森和本塞尔（Jeaffreson & Boensel）以及索米斯小姐的发音中；如今，似乎只有[s]音才得到承认，从其的学问词本

---

① 鲍勃·杰金，乔治·艾略特（George Eliot, 1819–1880）小说《弗洛斯河上的磨坊》（*The Mill on the Floss*, 1860）中的人物。——译者注

② 今日的法语拼写以 -ss- 表示此处为清音 [s]。——译者注

质来看，并且从philosophy一词[s]位于重读元音之后来看，这很容易理解。

有些前缀，我们必须特别论述。dis-在重读元音之前规则地变成[diz]：不仅包括disaster、disease、disown，而且包括dissolve、discern[①]；而在次重音之后，则保持为[s]不变，如disagree、disadvantage、disappear、disobey，在清辅音之前亦保持不变，如displease、distrust、discourage、disfigure等等。不过，这之中却存在不确定性以及读[dis]的强烈趋势，因为这个前缀无论过去还是现在都被感觉是个独立成分，可与任何语义允许的词相结合。沃克（Walker 1774）把disable注为规则的[z]，但把disability注为[s]；而今，disable中听到的一般是[s]。disorder、dishonour、dishonest曾有规则的[z]音，而今一般是[s]；[s]甚至开始出现于discern之中了，第一部认可了这个音的词典很可能是威尔德的词典。在浊辅音之前，听到的几乎永远是[s]，尽管在disdain、disguise、disgust、disgrace、dismay、dismiss当中，有时听到的是[z]。

依照我们的规则，前缀trans-在transact、transaction中应有[z]，而在transitive、transient中应有[s]；但是，前者中恐怕偶尔也听得到[s]。而transition一词，除了规则的[-ziʃən]之外如今亦有[-siʒən]，浊声发生了奇特的转移。辅音之前为[s]，尽管[z]在少量词里可能也存在，如translate、transgress（第一个音节里的元音在[a·]和[æ]之间摆动）。——前缀mis-永远发[mis]，被感觉为独立成分，通常具有半强重音。

许多词里，很容易看出[s]由于跟某个以[s]开头的词之间存在联想关系而保持不变，故而assure参照sure，decease参照cease，presentiment参照sentiment（《NED》注为[s]，但是H.W.福勒[H.W. Fowler]认为"十个人有九个"读的是[z]；琼斯二者皆有，威尔德只有

---

① discern 中的擦音如今读 [s]，但在叶斯柏森的年代，《牛津 NED》（后简称《NED》）中注的唯一读音的确为 [z]（见 1897 年首版第 3 卷，D 部第 410 页）。同样，下文的一部分词里，[s/z] 的分布今已与叶斯柏森的时代有一定差别。——译者注

9. 英语的浊擦音与清擦音 Voiced and Voiceless Fricatives in English（1933）

[z]），research参照search，resource参照source（但是据R.A.威廉姆斯[R.A. Williams]，这两个词里皆可听到[z]）。

我们这条规则的许多例外，或许皆可解释为望文生音（spelling-pronunciation），或者是近乎望文生音的情况，如源于法语或拉丁语的晚期借词、再借词（renewed loan）、刻意借词（deliberate loan，或多或少都是些学问借词），尤其是那些带有ss、sc、或c的拼写的词，如assail、assist、disciple、ascendant、ascendancy、descend、deceive、deception、receive、precise，等等。

关于拼写为c的词，存在该音原为法语[ts]的可能性，或者说，无论如何都与普通的[s]有别。①总的来说，对英语里这个s的演变的正确理解，因我们对早期阶段的法语语音缺乏了解而变得困难。拉丁语的s似乎在所有位置上一直是清音（泽尔曼《拉丁语的发音》[Seelmann, *Die Aussprache des Latein*]，1885，第302页及后；肯特《拉丁语语音》[Kent, *The Sounds of Latin*]，1932，第57页）：我说的当然不是后来变成了r的那个史前位于元音之间的s。拉丁语元音之间的s在法语（以及意大利语北部方言）里发生浊化的准确时间，似乎无法得知，因为拼写上毫无例外地写成s。许多在现代英语的词里有可能是因我们此处讨论的英语音变而造成的[z]，更有可能在该词借入之前在法语里就已经是[z]了，有些带有dis-的词以及下列带有re-的词里面即是如此：resign、resolve、reserve、resound（还包括resort？古法语为resortir，但今为ressortir）②，此外还有deserve、desiderate、design、desire、desist。

这困难还因另一事实而增加了：假如法语发音具有决定性，就

---

① 参考下列 c 可追溯至 ti 且保持为清音的例子：menace [原文如此]、notice、patience、science（但有些方言里是 [saiənz]）。——原注 [译者按：notice < 拉丁语 noti*ti*a；patience < 拉丁语 patien*ti*a；science < 拉丁语 scien*ti*a。]

② 这些词在英语中被感觉为单纯词，而那些用带有重音的 re- ['ri] 构成的表示"重新"的新造词里，当然是 [s]，如 re-sign（重新签字）、re-serve（重新服侍）、re-solve（重新解决）等等。这一区别埃尔芬斯顿（Elphinston 1765）已注意到了。——原注

应预期z，但这样的位置上，现代英语有时却是[s]。因此，强元音之后，如suffice（注意这拼写是拉丁语的拼法），以前曾有[z]音，与法语suffis(ant)一致，有时亦拼作z（例如马辛格《新法还旧债》，第四幕第3场42行）。大多数早期词典给出的是[z]音，但是从19世纪中期起，[s]开始出现，似乎成了主流发音，甚至成了当今所使用的唯一形式。nuisance里有[s]，但法语nuisant里却是[z]。词尾-osity（如curiosity）、-sive（如decisive）、-sory（如illusory）里皆为[s]，尽管法语里均为[z]。位于弱元音之后的词尾-son，无论法语发音还是我们的公式，都让我们预期[z]音，venison [ven(i)zən]一词里即是如此；orison在莎士比亚《哈姆雷特》第三幕第1场89行拼作z，这一发音至今仍能听到（包括威尔德在内），尽管大多数最新的词典给出的都是[s]音；与之类似，benison有时也用z来拼写（如莎士比亚《李尔王》第一幕第1场269行），无论以前还是现在，[s]和[z]都能见到，但这个词本身实在是个废弃词（注意古法语书面曾有-çun、-çon、-s(s)on、-zon的形式）。garrison以前有时用z来拼写，如今永远发[s]音，comparison也是如此。而另一方面，prison、reason、season等词与法语一致，发[z]音。词尾-sy，有些旧词里是[z]音：如frenzy < phrenesy，palsy [pɔ·lzi] < paralysy，quinzy < quinasy。以类似方式缩短的fancy < phantasy以及courtesy、curtsy [kə·tsi]里面，清音必然是由于t的原因。jealousy里的[s]可能是因为jealous；而apostasy、heresy、hypocrisy、leprosy带[s]是因为这些词是学问词，这样的词里s曾经永远发[s]音；另外还应参考desolate、desecrate、desiccate、desultory（所有这些词都是强元音之后接[s]）。

（4）ks

（4）[ks > gz]的浊化只是（3）的一个特例；这里我写[gz]，尽管塞音的浊化未必完整；有些语音学家写[gz]，也有些则写[kz]。首先，这个变化见于一些强元音之前带前缀ex-的词：如exact、examine、example、exemplify、executive、executor、exert、exertion、exhale、exhaust、exhibit、exhilavate、exhort、exhume（上述词里h不发音）、

9. 英语的浊擦音与清擦音 Voiced and Voiceless Fricatives in English（1933）

exist、exorbitant、exordium、exotic、exude、exult。由于x在法语里发[gz]音，有人可能会以为英语的这一发音只是因为法语的缘故，但是很明显，这两个现象是相互独立的，因为（a）英语的浊音仅见于弱元音之后，而法语的[gz]亦见于我们即将思考的那类英语里为[ks]的词，（b）因为那些ex-并非前缀且法语中永远读[ks]的词里，英语中也发生同样的音变。英语此现象取决于重音，这一点可通过下列[ks]位于重读元音之后的词（无论是主重音还是次重音）显现出来：execute（以及由此而生的executer）、exercise、exhalation、exibition（以及由此而生的exhibitioner）、exhortation（上述词也带有不发音的h）、exorcize、exultation。名词exile永远读[ˈeksail]，动词可读[igˈzail]或[ˈeksail]；形容词exile永远是[igˈzail]。

这个前缀之外，发生浊化的还有Alexander、anxiety [æŋˈzaiiti]（但anxious读[ˈæŋ(k)ʃəs]）、luxurious、luxuriance（此处的[gzj]在许多人的发音中变成了[gʒ]，但luxury里是[ksj]或[kʃ]）。hexameter、hexagonal经常带[gz]，但hexagon只有[ks]（重音在第一个音节）。auxiliary里[gz]远比[ks]常见；axillary两种发音皆有。据D.琼斯，proximity、Quixotic、taxation、uxorious都是[kz]与[ks]并存；最后一个词，威尔德只注了[kz]。由vex而来的vexation里有[ks]，像doxology这样的学问词里只有[ks]，我们都不会觉得意外。

我不清楚x在哪个时期在英语中发生了浊化。哈特（1560）里有eksampl。①

词末的x不浊化：如Essex。以c来拼写的词里的[ks]也不浊化：如except、accept、success（access的重音经常位于第一个音节）。

（5）tʃ

（5）[tʃ > dʒ]的转变经常在拼写中显现出来，但不一定总如此，这一转变首先在一些词末音节的例子中显现出来：如knowleche

---

① 源于example 的sample、源于Alexander 的Saunder，可能在完整词里的x发生浊化之前就已经形成了。——原注

（乔叟、卡克斯顿这样写）＞ knowledge；斯特拉特曼①从《珀西瓦尔》（15世纪）②中引用了knawlage；《英语大全》（1483）③里，knawledge既作名词也作动词；knowledge见于拉提莫（Latimer）④、巴尔（Bale，16世纪）⑤、莫尔（More）《乌托邦》第220页等。哈特、吉尔等只收了浊音的形式。

中古英语partriche一词（乔叟著作中第二个音节重读，后来移至第一个音节），卡克斯顿《列纳狐》第49页有partrychs，至伊丽莎白时期几乎永远是partridge，尽管本·琼生写成partrich（《伏尔蓬涅》[Volpone]第四幕第2场）。中古英语cabach、caboche，《NED》里迟至1688年仍有带-ch的例子，但是像今天的cabbage这样的-ge的写法早在1570年已出现；哈格里夫斯（Hargreaves）⑥给出了兰卡斯特郡阿灵顿（Adlington）的[kabitʃ]的读音。已废弃的动词caboche（古法

---

① 斯特拉特曼（Francis Henry Stratmann，？–1884），德国语文学家，编有《基于12、13、14、15世纪作品的古英语词典》（*A Dictionary of the Old English Language, Compiled from Writings of the XII., XIII., XIV. and XV. Centuries*，1867），实为以盎格鲁—撒克逊词汇为主要收录对象的中古英语词表；该词典后由英国词典编纂家布莱德利（Henry Bradley，1845–1923）重新编排并修订扩充，定名为《收录12至15世纪英语作者用词的中古英语词典》（*A Middle-English Dictionary, Containing Words Used by English Writers from the Twelfth to the Fifteenth Century*，1891），多次再版重印，成为研究英语史的重要工具书。——译者注

② 《高卢的珀西瓦尔爵士》（*Sir Perceval of Galles*），亚瑟王题材的中古英语韵文传奇，15世纪手抄本。——译者注

③ 《英语大全》（*Catholicon Anglicum*，1483），15世纪末英国出版的一部英语-拉丁语词典，作者佚名。——译者注

④ 拉提莫（Hugh Latimer，约1487–1555），亨利八世宗教改革时期的伍斯特主教，后辅佐爱德华六世，玛丽一世时期遭处决，成为英国国教"牛津殉教者"（Oxford Martyrs）之一。——译者注

⑤ 巴尔（John Bale，1495–1563），英国宗教人士，创作过多部神秘剧、奇迹剧。——译者注

⑥ 哈格里夫斯（Alexander Hargreaves，生卒年不详），英国学者，其著《兰卡斯特郡阿灵顿方言语法》（*A Grammar of the Dialect of Adlington [Lancashire]*，1904）是海德堡"英语研究"（*Anglistische Forschungen*）丛书中的一种，与叶斯柏森关于哈特的专著同系列。——译者注

9. 英语的浊擦音与清擦音 Voiced and Voiceless Fricatives in English（1933）

语cabocher）义为"砍鹿头"；《NED》里，1425年的例证中是ch，但早在1530年已有kabage。表示"车"之义的carriage由caroche（战车，法语carroche、意大利语carrocio）派生而来，或者说至少受到了caroche的影响。法语cartouche > cartridge在《NED》里最早的例子是1579年的cartage；除了这个带词首重音的形式之外，另有一个带词末重音的晚期借词cartouche。表示"怪异的、鬼一般"的eldritch（主要用于苏格兰）一词16世纪时有了带-age的形式（galosh、galoche [水鞋] 有带-ge的伴生形式，重音基本上位于第一个音节）。表示"疼痛"的名词ache里曾有[tʃ]音（其动词词性以前和现在皆有[k]音）——方言中有个复合词eddage（= headache，头痛）。由另一个ache（香芹，< 拉丁语apium），我们有了smallage（野芹菜）一词。中古英语luvesche（藁本，拉丁名ligusticum levisticum）演变为lovage（欧当归）。由古法语lavache（暴雨），我们有了今已废弃的lava(i)ge（茂盛的）这一形式，如今lavish成了标准形式，原因在于这个词被同化进了以-ish结尾的形容词。中古英语oystryche、ostriche演变为ostridge（或莎士比亚的estridge）；马卡斯特（1582）为ostridge或estridge；黎里[①]在《尤弗伊斯》1580年第1版第341页写的是austrich，但1582年第2版写的却是1582 ostridge；如今的拼写是ostrich，但[-idʒ]的发音很可能至今仍比[-itʃ]更常见。植物名称orach(e)在更早时已出现了-ge（《NED》，1430年、1440年），巴特勒（1633）也这样写。spinach（< 拉丁语spinacea）发[spinidʒ]远比[-itʃ]频繁；spinage的拼写早在1530年已出现，但同样的拼写形式在古法语里是与-ache并存的。stomacher（胸饰马甲）也有与之并存的-ager形式，沃克给出的发音是stum-mid-jer，但是占了上风的却是带[k]的发音（琼斯、威尔德），参考stomach；此词已是古旧词。sausage（香肠）在英语中似乎只有-ge的形式，但却源于古法语saussiche。

---

① 黎里（John Lyly, 1554–1606），英国作家、政客。著有散文传奇《尤弗伊斯——才智之剖析》（*Euphues: The Anatomy of Wit*，1578）及大量戏剧作品。——译者注

大量带有-wich的地名里，也发生过相同的变化；这些地名跟与之对应的-wick一样，[w]已消失：如Greenwich [grinidʒ]、Harwich [hæridʒ]、Norwich [nɔridʒ]、Bromwich [brʌmidʒ]、Woolwich [wulidʒ]。有些含有相同词尾的地名，官方拼写变动过：如Guttridge、Cowage、Swanage（源于Swanawic）。Sandwich："这个地名……读[sænwitʃ]，但有的人读[sænwidʒ]，也有人读[sænidʒ]。"（D.琼斯《英语语音学》，第3版，1932，第150页）普通名词（指"三明治"，即夹肉的面包片）里面，[-widʒ]很可能比[-witʃ]更常见，尽管有些权威声音否认这一点。不过，Ipswich和Droitwich是[ipswitʃ, droitwitʃ]。这些形式是否像我以前想的那样（这想法很可能与大多数旧时语音学家相一致），是望文生音呢？这想法似乎有些可疑，因为，拼写形式为何在这些地名中比在别的地名中更具影响力呢？或许存在一种纯语音的理由：这个词尾之前，其他所有地名[w]脱落后都成了十分顺畅的语音形式，即"短元音+短辅音"，但是Sandwich、Ipswich、Droitwich却并非如此，它们此位置上的音组更重①（词尾可能还带有半重音），因此倾向于把[w]和词末清辅音都保留下来。②

Aldrich在英格兰发音通常为[ˈɔldridʒ]，但我在美国听过[-itʃ]。（今日伦敦的Aldersgate③，中古英语为Aldrichesgate，见《伦敦英语》第48页）。

弱音节里还有另一种-ich的变化，见于every（< 中古英语 everich(e) < 古英语 æfre ælc），见于-ly（< -lic, -liche）结尾的形容词和副词，也见于代词I（< 古英语 ic）。

---

① 此处的"重"（heavy），用今天的术语来说，表述的是词干音节核的构成方式。Sand- 和 Ips- 的音节核皆由短元音＋两个辅音构成，Droit- 含有双元音，它们的"重量"都超过"单个短元音＋单个短辅音"构成的组合。——译者注

② Birmingham（伯明翰）的本地名称Brummagem有时被认为是由*Bromwicham演变而来，但这个形式从未被证实存在过；扎赫里松把[dz]解释为源于*-ingja。——原注 [译者按：扎赫里松（Robert Eugen Zachrisson, 1880–1937），瑞典语文学家，对语音史、地名学领域贡献卓著。]

③ 伦敦旧城北侧城门之一，现作为街名沿袭至今。——译者注

9. 英语的浊擦音与清擦音 Voiced and Voiceless Fricatives in English（1933）

在ajar（半开）一词里，[tʃ]在弱元音和强元音之间变成[dʒ]，该词源于古英语名词cerr、cierr，义为"轮次"。《NED》里有1513年的on char和1708年（斯威夫特）的at jar；连写成一个词ajar从1786年开始才有例证。注意狄更斯《匹克威克外传》（*The Pickwick Papers*）第381页，克拉品斯夫人（Mrs. Cluppins）说when I see Mrs. Bardell's street door on the jar时，小法官没有听懂，她不得不再解释，是partly open（半开）的意思。在谢里夫①的《九月里的十四天》（*The Fortnight in September*）第45页我发现了the scullery window's ajar ... the window's just left on the jar，可参考《NED》。

《NED》在jowl、jole（下颌骨）词条里给出了古英语ceafl以及中古英语cheafl、chefl、chæfl、chauel等形式作为词源，并补充道："后来的jowle、jowl、joul、joll、jole不是规则变化，……这个j的起源……目前无法解释。" 像我在1891年的书里建议的那样来思考太过空想吗？我认为j产生于固定组合中，[tʃ]在这类固定组合里位于弱元音和强元音之间，如cheek by jowl，其实在口头话语里的使用多于这个词单独使用。据《NED》，j在这个短语中出现得比其他地方早（1577年已出现）。有意思的是，有些方言重建了jig by jowl的头韵（见《英语方言词典》）：这个问题还因存在其他两个jowl而复杂化了，《NED》视之为不同的词；jowl与同义的chaw和jaw并存，同样也使问题复杂化。

我们的公式之外，即不考虑重音，有些或多或少具有拟声特征的词里存在[tʃ]和[dʒ]的交替：如splotch : splodge / smutch : smudge / 中古英语grucchen : grudge / botch : bodge / catch : cadge / chunk : junk。

[ʃ]音自身没有按照与[tʃ]相同的条件浊化；因此，我们直至今日仍有finish、parish、English、foolish以及其他许多词。这显然与一个事实有关：浊化在其他情况中发生时，与[ʃ]相对应的浊音，即[ʒ]尚

---

① 谢里夫（Robert Cedric Sherriff, 1896–1975），英国作家。创作过多部战争题材的戏剧和小说。——译者注

未成为英语中的独立音位，而只存在于[dʒ]之组合中。不过，有些例子中，词末的[ʃ]浊化了，尽管是以[dʒ]的形式浊化的。1567年起，skirmish存在skirmige、skirmage之形式，见《NED》，由此演变出著名的体育术语scrimmage（争球）。塞缪尔·佩格（Samuel Pegge）在《英语轶闻》（Anecdotes of the English Language，1803）第68页写道："skrimidge即skirmish。skrimage是约翰逊博士在其致思雷尔夫人（Mrs. Thrale）的第239封信里用来戏谑地替代skirmish的词。考克尼方言把-isk（原文如此，应为-ish）变成-idg是一种规则，其他类似的词尾同理。除了skrimidge之外，他们还用radidges指radishes，用rubbidge指rubbish，用furbidge指furbish，等等。"这些形式大多数在方言或土话中存在至今；因此，霍尔·凯恩①《马恩岛人》（The Manxman）第305页以及高尔斯华绥《论福尔赛交易》（On Forsyte 'Change）第41页皆有rubbage一词。当然，通用后缀-age（发音为[idʒ]），如passage、peerage等词里的这个后缀，是此类词发生变化的共同理由。

另一方面，北部各方言里用带-itch的形式代替带-age的形式（如parritch），遵照的是词末音清化的普遍趋势。

我们一直在思考的这些由清到浊的变化是何时发生的呢？基本不可能是同时发生的；如前所述，[tʃ > dʒ]，我们有15世纪以来拼写上的证据，而其他变化，拼写其实并未告诉我们什么。指代词里的[ð]可能出现得非常早。而关于[s]，应当注意，有些我们今有[z]音的位置，早期语音学家那里是[s]，因此，哈特（1569）的observe和example里都有s。不过，浊化大约在那个时期一定已经开始发生了：马卡斯特（1582）的deserve、preserve里是[z]（conserve亦如此，但今为[s]）。吉尔（1619，1621）在desert、resort里注[z]（此外还有preserve、presume；deserve里[s]和[z]皆有），但是所有带有dis-的复合结构里，他给出的都是清音，带ex-的也是如此（这里面有resist，是印刷错

---

① 佩格（Sir Hall Caine，1853–1931），英国作家。——译者注

9. 英语的浊擦音与清擦音 Voiced and Voiceless Fricatives in English（1933）

误？）关于弱读词里的[z]，见上文。我们若认为，向浊音的转变很大程度上是在17世纪中期以前完成的，应该不太会错；这之后的语音学家几乎在所有方面皆与当今的用法相一致。

有一个现象，某种程度来看提供了与本文所论述的浊化相平行的例子。朝向浊音的转变发生于弱重音音节，而非强重音音节，这就是有些说话者对[hw]和[w]的区分：前者出现于What? / Why?等强调形式，后者出现于whatever / why the dickens等。见《现代英语语法》第1卷13.51节。不过，这一区分并不具有普遍性，很可能比f、th、s的变化晚很多；同时需注意，这一现象中的清音是在强元音之前得以保留，而非强元音之后。

（三）浊声在语法系统中的角色

上文我们已看到，古英语f/v、þ/ð、s/z这三组擦音中，浊声的有无在绝大多数例子里按照其在词中的位置而全然机械性地加以规约：在词首和词末为清音，在词中部为浊音。①因此，浊声的有或无不能够用来区别词义；用现代语言学的话说，[f]和[v]当时不是不同音位，而是同一音位的成员，可刻画为唇齿擦音[f/v]；[þ/ð]、[s/z]与之类似。

由于历史上发生的一系列变化，现代英语中这一情况已完全不同。因此，[f]和[v]，[þ]和[ð]，[s]和[z]如今无论从哪方面看都应视为不同的音位，能够区别词义，如：fine（好）: vine（葡萄藤），leaf（叶子）: leave（离开），thigh（大腿）: thy（你），teeth（牙齿）: teethe（儿童出牙），zeal（热情）: seal（印玺），ice（冰）: eyes（眼睛，复数）。这一情况之出现，是因为（1）大量引入（主要从法语）以浊擦音词开头的词，如vain、zone，或是词内部有清音的词，如defend、descend；（2）从那些[f]变为[v]的南部方言里吸纳了少量

---

① 例外见于与清塞音直接接触之处，如 æfter、bliþs（后变为 bliss）、be(t)-sta、wascan、weaxan、fiscere；此外还有少量重叠清音之例，如 pyffan、offrian、sceþþan、moþþe、cyssan、assa。——原注

以[v]开头的词。如vat、vixen。（3）词末-e脱落，造成不少浊擦音词末，而这样的词末是因其位于词内部才获得浊音的，如love、bathe、rise，等等。（4）前面第二章里思考过的那些变化，使一些词末清音变成了浊音，如of、with、sons、as，同时也使一些词首清音变成了浊音，如the、this。①

现在，我们看看清浊音之区别在英语语法系统中是如何运用的。②

A. 复数

古英语名词复数-as、中古英语名词复数-es，如今依据环境为-es或-s。

此处存在规则交替，如《修女规箴》174 þeof，复数þeoues / 212 knif，复数kniues，我们必然会猜想，同样的交替亦发生于þ-ð和t-d，尽管这一点在书面上并不明显。乔叟著作中有-f，复数-ves，尽管手稿中有时会存在像wyfes、archewiffes之类。类似的形式在14世纪及以后各世纪的文本中不时出现，如《伦敦英语》200 sugar loofys，曼德维尔③113 thefes，173 knyfes，176 lyfes，179 wyfes（但第98页有loves）/ 莫尔《乌托邦》156、225等处有wyfes（但其他地方也有wyues），247 wulffes；有些例子，一个版本里写-fes，另一个版本写-ves。turf一词

---

① 参见我的《英语的单音节词》一文。——原注

② 下文没有给出1891年版博士论文中收集的全部材料，因为我希望能够在我的《现代英语语法》的词法卷里再去全面处理这些与现代英语相关的问题，该卷的主要部分的手稿已完成多年。——原注 [译者按：《现代英语语法》词法卷即第6卷，最终于1942年在克里斯托弗森和席布斯比的协助下出版。]

③ 指14世纪中后期流行于欧洲各国的《约翰·曼德维尔爵士旅行记》(The Travels of Sir John Mandeville)，现存最早版本为法语，有多种语言的译本。该书记载了作者在中东、中亚、北非等地的旅行，对后世马可波罗、哥伦布等旅行家和冒险家有重要影响。柯滕图书馆藏有该著作的中古英语版手抄本（提图斯部C16号）。——译者注

9. 英语的浊擦音与清擦音 Voiced and Voiceless Fricatives in English（1933）

今天的复数是turfs，但乔叟E 2235却为turves（华顿语法[1][1655]依然如此），莫尔《乌托邦》第29页有torues但第280页又有turfes。古英语clif，复数cleofu，此词分裂成了两个词，一个是cliff（断崖），复数cliffs（乔叟《短篇诗作》3.161 cliffes），另一个是cle(e)ve（断裂）。而在nerve一词里，中古英语nerf和法语一样，v是因为拉丁语的缘故[2]，而不是因为复数。

法语词里这一交替存活至今的仅有beef，beeves；但是以前，-ves随处可见，而今-fs才是普遍形式：如卡克斯顿《列纳狐》64 kerchieuis，莫尔《乌托邦》245 mischeues，阿斯卡姆[3]《教师》78 mischieues，巴尔3 Lawes 1156 myscheues，但是《伦敦英语》第97页的早期引文中有mischiefs，莎士比亚四开本里有时可见到grieues、greeues。

有些词里，以-ves结尾的形式和以-fs结尾的类推形式长期争夺主导地位：如hoove/hoofs，wharves/wharfs，等等。

许多词里，以[þ]结尾的单数和以[ðz]为结尾的复数见于长元音之后，如paths等。clothes曾是cloth的规则复数，今多被视为另外一个词（集合名词），旧时的发音是[klouz]——新的复数形式cloths形成了，和其他类似的形式一样，发音有所不同。一个短元音加一个辅音之后，发[þs]音：如deaths、months，而births等亦如此。

单数为[s]、复数为[ziz]的情况在标准英语中仅存一例，就是house。哈特把use的复数注为z。如今，带有[ziz]的faces、places、prices据说在米德兰兹等地的口语中非常普遍。

---

① 华顿（Jeremiah Wharton，生卒年不详），17世纪英国学者，著有一部《英语语法》（*The English Grammar*）。——译者注

② nerve ＜ 拉丁语 nervus。——译者注

③ 阿斯卡姆（Roger Ascham，1515–1568），英国教育家，曾在王室担任伊丽莎白一世和爱德华六世的私人教师，著有《教师》（*Scholemaster*，1570）一书。——译者注

B. 属格

以-es结尾的属格今为-s，一定发生过与复数相同的浊化，尽管我只能为f做这样的展示。乔叟和卡克斯顿的著作中，wife的属格始终是wyues；莎士比亚著作以及圣经中，同样规则地写着wiues，尽管现代各版本将其"订正"成为wife's，后者早在莫尔《乌托邦》第300页已出现。旧形式最后的痕迹，据我所知是沃克（1791）§378节we ofen hear a wives jointure。

life：《修女规箴》190 his liues ende，乔叟（始终写成）lyves，莎士比亚二者皆有。

staff：旧属格曾在at the staues ende这一短语中保存，如乔叟《短篇诗作》7.184，莎士比亚《第十二夜》第五幕292行。

wolf：据我所知，属格wulues没有晚于卡克斯顿《列纳狐》第76页的例子（但第53页、96页、106页有wulfis）。

knife：莎士比亚两度使用a kniues point。

calf：莎士比亚有一些calues的例子，这个属格在复合词里至今仍可见（为屠户和家庭主妇所使用），如calve's-head、calve's-foot等。

浊音属格在固定复合词里自然具有更强的抵抗力；而在自由组合中，-f's很早就成了普遍形式。

C. 与格

与我们这一话题相关的唯一值得注意的格，是与格单数。《修女规箴》中有wulue（252）以及源于stef（即staff，290）的steue（200）的steaue（290）；我们必然会依此猜测，of þe muðe（80）、to muðe（88）里面含有浊音，但不带-e的形式则相应地含有清音，如mid muð（186）。我们见到了under rof（142）和under roue（150），参见乔叟《声誉之堂》1949行on the rove。有些摆动可能跟该词的性（gender）有关，见于《修女规箴》里的half（方面）一词：如a godes halue（22、104），a godes half（58），of godes half（106），on eueriche halue（50），

9. 英语的浊擦音与清擦音 Voiced and Voiceless Fricatives in English（1933）

on ilchere half（132），an oðer half（经常出现），in þere vorme half（158），在第112页和第304页，这两个形式一前一后出现了。乔叟通常使用half，如《短篇诗作》3.370 a goddes halfe，但是也能见到on youre bihalve（B 2985行，《特洛伊罗斯与克丽西达》第2卷1458行），on my behalfe（《贤妇传说》497）。卡克斯顿《列纳狐》41 on your behalue。《伦敦英语》32页有on the kyngges half，另见第96、第97页；on ... bebalve 65、82、98。——乔叟《贤妇传说》439 of wyve，2573 upon his righte wyve，但520 of this wyf (in ber lyf)。《伦敦英语》214 to Alys my wyue，215 of Alys my wyue。——唯一保留下来的 "v-型与格"（v-dative）是alive一词，古英语为on life；同样的形式以前还曾用于其他组合中，如《修女规箴》38 to blisfule liue等，乔叟《贤妇传说》434 in al his lyve等。参考苏格兰语belive = 乔叟blyve（迅速），源于古英语be life。①

D. 形容词

形容词屈折。古英语leof（亲爱的）、laþ（可恶的）、wis（聪明）之类的词，自然在所有的屈折形式里都有浊辅音，在派生出的带-e的副词里也是如此。《修女规箴》中，最初的交替保存于46 ðe halue dole / 412 þet oðer halue ȝer；乔叟G 286 they been deve使用了deef（聋）的复数（与to leve押韵）。——最重要的一个词是leof，例如《修女规箴》中有250 leof freond ... his leoue ureond（莫顿版错印成了freond，得到了柯尔秉的纠正）... leouere。乔叟C 760 leef与theef押韵 / F 572 Ne never hadde I thing so leef, ne lever，如此使用了无数次；呼语（vocative）里通常为leve brother等，但是《声誉之堂》1827行却有Lady, lefe and dere! 比较级是levere，但在《贤妇传说》A版本75行却例外地写为leefer，而B版本191行则有lever。此后，存在诸多不确定性；

---

① 《NED》认为grave(古英语græf)的v是由于该词异常频繁地以与格形式出现。[?] 而grove（古英语grāf）词条中就没有给出这样的理由。而glove（古英语glōf）和hive（古英语hȳf）里，v是因为中古英语通常为阴性名词增加的 -e。——原注

莎士比亚那里，我们还见到了与lief并存的lieue、liue（如《科利奥兰纳斯》[*Coriolanus*]第四幕第5场186行）；斯威夫特《木桶的故事》（*A Tale of a Tub*）127 l had as lieve。19世纪，该词已成为古旧词，呈现出剧烈摆动，有lief、lieve、leeve的形式，比较级则有liever、liefer（这两个形式丁尼生都用过）。stiff一词源于非屈折形式（但这个短元音非常特别，因为我们必然会认为古英语stif的i是长音[①]）；现代苏格兰语steeve（比较级是steever，见司各特《古董家》[*The Antiquary*]第2卷第109页）源于中古英语stef的屈折形式。——关于th音，loth（loath）和worth里的[þ]源于非屈折形式，而smooth里的[ð]则源于屈折形式，或者更确切说，源于最初作为副词的那个形式，形容词是smæðe、smeðe（参考形容词swete和副词swote）。——带有[z]音的wise源于屈折形式；乔叟A 309行有单数wys与parvys押韵，但313行却有复数wyse与assyse押韵，另见E 603、695、740，G 496、553。沃利斯（Wallis 1653）第79、第80页有带长s[②]的wise，他用长s来表示清音，这个清音至今仍见于苏格兰语方言，见默里第126页。——法语词safe和close具有清音。

此处我们或许还应提及self一词。中古英语中，我们见到him self与him selue（最初为与格）并存，hir self与hir selue并存，hem self与hemselven并存，等等。在thy self之类的形式中，self被视为名词，后来我们才见到了今天的常见形式ourselves、themselves等。

E. 数词

数词以前曾有两种形式，二者的区别与今北德口语相同，带-e的

[①] stiff < 古英语 stīf，参考今荷兰语 stijf 和德语 steif 中的二合元音。——译者注

[②] "长s"（long s）即古代印刷体中的字母ſ；与之相对，今通用的字母s称"圆s"（round s）。——译者注

9. 英语的浊擦音与清擦音 Voiced and Voiceless Fricatives in English（1933）

形式用于该词单独使用时（一品），而短形式用作二品[①]：如zehne（十）：zehn kinder（十个孩子），fünfe（五，发音常为fymvə）：fünf mark（五马克）。因此，《修女规箴》中有tene（46，独立使用）：þe ten hesten（28）/ sixe（298）：six stucchenes（298）；此外还存在辅音交替，如þeos fiue（18），ðe vormeste viue（18、22），þe oðer viue（22）：fif siðen（18），fif auez（18）/ tene oðer tweolue（200、424）：tweolf apostles。[②]乔叟著作中情况相同，如F 391 with fiue or six / F 383 twelue（一品，与hir selue押韵）；另见G 675、1002：B 3602 fyf yeer；B 3845和E 736 twelf yeer；不过有时候，也有如G 555 fyve myle的情况；但fyve and twenty yeer似乎永远是fyve（A 2173，B 12）。后来，原有的一品形式只在five和twelve两词中保存了下来。

F. 派生词

以这三个清擦音之一结尾的词派生而来的词里，有浊辅音是十分常见的。不过，透过类推引入清辅音也是非常自然的。下面，我们就分别来看看每种词尾。

以-y结尾的形容词：这类中，传统词里为浊辅音，类推而来的新构成词里为清辅音，因此，leavy（莎士比亚《麦克白》第五幕第6场第1行；《爱的徒劳》第二幕第3场75行，与heavy押韵；弥尔顿《科慕斯》[Comus] 278）今为leafy，而scurvy（败血症）却保持不变。不过，scurvy表示"刻薄的、卑劣的"之义时，与scurf（皮屑）的关联并不像scurfy（满是皮屑的）那么直接。shelvy（见于莎士比亚）和shelfy并存，turfy仅有一种形式。th，在worthy、mouthy里是浊音，但

---

① 此例中，"一品"（primary）为中心语，"二品"（secondary）为其修饰成分，若有进一步修饰二品词的成分，则为"三品"（tertiary），关于叶斯柏森的三品级语法理论的全貌，见《语法与逻辑》（1913）、《现代英语语法》第2卷（1914）及《语法哲学》（1924）。——译者注

② 另见《修女规箴》中 seouene（24，独立使用）和 seoue psalmes 之区别，alle niene（22）和 nie lescuns（22）之区别。今天的 seven 和 nine 带有 -n，是源于一品形式。——原注

在大多数例子里是清音：如pithy、earthy、lengthy等。lousy里是[z]，greasy里通常也是，尽管后者是个法语词；D.琼斯认为，许多说话者把[z]和[s]用于不同语义。

以-ish结尾的形容词：wolvish（见于巴尔《三条法则》[*The Three Laws*] 1073、1211，亦见于莎士比亚），今为wolfish。thievish战胜了thiefish，elvish和elfish皆可见，较罕用的wivish和wifish也是二者皆可见；dwarfish（见于马娄、莎士比亚）、selfish仅有一种形式。

以-less结尾的形容词：liveless是旧形式（见于代克[Dekker]① F 1229，莎士比亚和弥尔顿始终用这一形式），但lifeless胜出。马洛礼37有wyueless，但主流形式prevailing 却可追溯至乔叟（E 1235）。关于clotheless，见《NED》。

以-ly结尾的形容词：v在lively里得以保存；wifely战胜了wively。以-ly结尾的副词遵从相应的形容词，如wisely, safely（但《伦敦英语》第67页有sauely）。

以-ed结尾的形容词：long-lived、short-lived始终这样写，但是其发音不那么确定；通常的发音似乎是[-livd]（莫尔[Mawer]教授、莫尔·史密斯[Moore Smith]教授、D.琼斯教授均这样认为），但H.W.福勒（H. W. Fowler）却认为正确的读音是[-laivd]："这个词源于life，不是源于live。"不过，在high-lived和low-lived中（二者皆见于戈尔德史密斯[Goldsmith] 17、22）人们却会读[-laivd]，就像读some hundred-wived kinglet（金斯利[Kingsley]《希帕提娅》[*Hypatia*] 239）那样。round-leaved多于round-leafed；hoofed（见于吉普林《丛林书》[*The Jungle Book*]第2卷第98页sharp-hoofed一词）和hooved皆可见。以-thed结尾的词（如wide-mouthed等）并无固定的[ð d]或[þt]发音。

以-en结尾的动词：deafen、loosen以及罕用的smoothen、blithen，辅音条件和相应的形容词相同；lengthen、strengthen，与相应的名词相同。

---

① 代克（Thomas Dekker，约 1572–1632），英国剧作家、政客。——译者注

9. 英语的浊擦音与清擦音 Voiced and Voiceless Fricatives in English（1933）

以-en结尾的形容词：brazen、glazen源于brass, glass。但是，earthen里却是清音。heathen（异教徒的）并不会被感觉是heath（石南）的派生词。

以-ern结尾的形容词：northern、southern，词里是[ð]。

以-ous结尾的形容词：grievous、mischievous有变化（法语词，参见上文）。

以-er结尾的名词：heather [heðə]如今很难被感觉是由heath [hi·þ]派生而来的。lifer用来指被判处终身监禁的人；杰克·伦敦《月之谷》（*Valley of the Moon*）第76页有the low-lifers。大多数以-er结尾的词是由动词派生而来的，与这些动词具有相同的辅音。thievery（盗窃行为）一词也是如此，但是要注意格林（Greene）《贝肯修士与邦盖修士》（*Friar Bacon and Friar Bungay*）里的housewifery以及别处的huswifery；据《NED》，smithery里是[þ]。注意glazier、grazier以及带有[ð]的clothier。

还有其他各种情况：如wolverine、elfin、wharfage、selvage或selvedge（中古荷兰语selfegge）；thiefdom或thievedom；wifehood，wivehood。

G. 动词

动词中同样存在交替，但浊音从最初就是这之中的主流，因为大多数古英语词尾都是元音词尾。尾辅音仅见于命令式（单数）和强变化动词的过去时，前者如《修女规箴》274 drif（参考244 driuende），后者如《修女规箴》中的gef（但复数是geuen）①；这一情况直至15世纪依然可见，如马洛礼75、156 drofe / 94 gaf, 121 gafe / 115、122 clafe /

---

① 完成体现在时（perfecto-present）与之类似：古英语 ah，复数 agon，《修女规箴》100 treowe ase spuse ouh to beonne, 108，等等。——另见上文关于《良心之责问》的论述。非常奇特的是，词末的f有时并非仅在北部的文本中见于不定式和现在时，故而《伦敦英语》中有 43 ʒif, 79 ʒef, 111 gif, 220 y forgyf, 196 hafe（现在时复数），106 ough（不定式，义为"欠"）。——原注

114 they carfe and rofe in sonder，并转移至复数 / 卡克斯顿《列纳狐》17、35 droof / 18 shoef / 20 gaf，21 they gafe / 83 strof（源于strive）。这些清辅音形式由于类推构成而逐渐废弃，就连rose（马洛礼112 aroos）、gave之类的例子中，浊音都占了上风。通过这一方式，浊声交替成为一种常态化途径，区别带有清音的名词和带有浊音的动词。

f∶v（有时元音也有变化）：如life∶live / half∶halve，等等；法语词如safe∶save / strife∶strive / grief∶grieve。

特别说明：动词stave或可视为新的单数形式stave出现后的新构形式。由deaf（古英语(a)deafian）而来的deave在苏格兰语中生存至今，见彭斯著作，司各特《老人》（Old Mortality）83 dinna deave the gentlewoman wi' your testimony!动词deaf是类推构成（从1460年至拜伦），后扩展为deafen。delve的名词形式是delf，但《NED》释为"今仅用于地方话"。动词wolve存在"表现得像狼一样"，还存在一个更晚时出现的动词wolf，词义与之相同，此外还表示"像狼一样吃东西"。

有些动词源于类推，以-f结尾：如elf、scarf、sheaf（皆见于莎士比亚）、knife、staff；而dwarf，从17世纪开始出现。

f:v之区别深入普遍意识之中，以致让先前带-v的名词构成了新名词：例如belief，以-ve结尾的名词直至15世纪一直存在，如《修女规箴》2 bileaue，威克里夫《罗马书》11.20 vnbileue，卡克斯顿《列纳狐》119 byleue。如今，与由不定式构成的名词make-believe并存的还有个较罕用的make-belief，如利顿[①]《凯奈尔姆·奇林利》（Kenelm Chillingly）423，巴利《汤米和格丽兹尔》（Tommy and Grizel）179，麦克斯韦尔[②]G 61（但他在别处把名词写成-ve），谢里夫《九月里的十四天》170，贝恩（Benn）Prec. Porcel. 199、261；另见狄更斯《教堂钟声》（The Chimes）81 (she) made belief to clap her hands.

---

① 利顿（Edward Bulwer-Lytton，1803–1873），英国作家、政客。——译者注
② 麦克斯韦尔（William Babington Maxwell，1866–1938），英国作家。G 有可能指其小说《加布列尔》（Gabrielle，1926）。——译者注

9. 英语的浊擦音与清擦音 Voiced and Voiceless Fricatives in English（1933）

与法语名词preuve相对应，中古英语的形式也是-ve，如《修女规箴》164 preoue，乔叟proeve、preve，《富尔根斯》[①]80 proues；但乔叟和曼德维尔（161、178）亦有preef，我们今天为proof。中古英语reprove与之同理，曼德维尔171 repreef。今为reproof（但是与乔叟的repreve意义不同，名词仍为reprieve），中古英语releue亦如此（见《样本》[②]21章66行拉提莫的选段），今为relief（乔叟B 1080有in relief of，重音位于re-上）。

þ:ð。breath : breathe, cloth : clothe, mouth : mouth, loth : loathe, teeth : teeth, wreath（参见《现代英语语法》第1卷，6.92节）: wreathe；语义有变化的还有sooth : soothe。sheath（古英语sceaþ、scæþ）一词，带有-e的中古英语名词形式让我们以为该名词会含有[ð]，但实际上却是[þ]；动词sheathe才含有[ð]。此外还存在含有[þ]的新构成动词tooth（磨出锯齿）。

古英语名词bæþ、动词baðian规则地演变为bath、bathe；但是却也存在新动词bath（如bath the baby）和新名词bathe（如丁尼生《生平与著作》第2卷第117页：I walked into the sea and had a very decent bathe），该用法不用于美国，美国常规的表达是swim。

s:z。普通的交替见于house、louse、mouse等；还有use（注意同样的交替亦见于古法语us : user[③]），advice : advise, diffuse, device, devise。

grease：名词[griːs]，动词[griːz]，尽管法语动词是graisser。有趣的是，名词在莎士比亚《麦克白》第四幕第1场65行拼作greaze。

---

① 《富尔根斯与露克丽斯》（*Fulgens and Lucrece*），15世纪后期英国戏剧，作者亨利·麦德沃（Henry Medwall，1462–约1501）。——译者注

② 指《英语文学样本——从<农夫的信条>到<牧羊人日历>》（*Specimens of English Literature: From the "Ploughmans Crede" to the "Shepheardes Calendar"*），该书是斯威特编写的一部晚期中古英语及早期现代英语文学选读，涵盖14世纪末至16世纪诸多作家的著作，多次修订再版，是研究早期英国文学及英语史的重要参考资料。——译者注

③ 注意动词 used to 中的清音，见《现代英语语法》第4卷，1.9节。——原注

rise：动词含有[z]，古英语risan，通常为arisan。名词可追溯至1400年，旧词典、谢里丹、沃克、斯蒂芬·琼斯（Stephen Jones）、富尔顿（Fulton）、詹姆森（Jameson）、斯马特给出的读音皆为[s]，埃尔芬斯顿（Elphinston 1765）指出，rise指the rising时音如rice。萨丕尔在《语言论》（1921）第78页指出，许多美国人把house作名词与动词的区别原则扩展至名词rise（如the rise of democracy）。因此，他认为这一发音出现得较晚。但这个古老的[s]必定是和belief中的f以同样途径产生的；后来的词典里就只把名词注为[z]了；埃利斯在《语音拼写请愿书》（A Plea for Phonetic Spelling，1848）中也是这样认为的，他指出，这组区别"不常见，两个词都发成[raiz]。"①

excuse：名词为[s]，动词为[z]。因为法语名词excuse含有[z]，所以这个英语名词（早在库珀1685那里已是[s]，可能更早）必然是通过类推发展来的，与belief同理。

close：名词和形容词为[s]，动词为[z]，中古英语closen，没有与之对应的法语动词。带[z]的新名词表示"完结"，如craw to a close，在莎士比亚《亨利四世（上）》第一幕第1场13行拼作cloze：cloze of cinill butchery。但是这之中似乎存在含混，有些人把这个名词发成带[s]的音，另一些人则无论哪层意思都发成[z]。

refuse：名词为[ˈrefjuːs]（垃圾），动词为[riˈfjuːz]（拒绝），故而带有不同的重音；由于二者的语义差别很大，所以很难被感觉为跟其他各对同属一类。

名词glass，动词glaze。新用法：动词glass有"抛光、映射、反射"等多种含义；名词glaze指"抛光、上釉的行为"。——名词grass，动词graze。新用法：动词grass表示"置于草地上、推倒；种

---

① 这是《NED》里让人惋惜的诸多例子之一。《NED》细致地把拼写上的各种差异都记录下来，就连古代及现代那些最微不足道的拼写差异也不放过，但却对早期发音上的差异置若罔闻，尽管默里博士曾是贝尔最早的追随者之一，明确说过"语音才是词真实存在着的一种或多种形式，而用当前的拼写形式写着的词本身，不过是个用来表示该词的符号。"（《NED》第1卷，xxiv页）——原注

9. 英语的浊擦音与清擦音 Voiced and Voiceless Fricatives in English（1933）

草"；名词graze指"牧场；子弹的轻轻擦过"。——名词brass，动词braze，后者表示"用铜装饰；使……坚硬"，如莎士比亚《哈姆雷特》第三幕第4场37行： if damn'd custome haue not braz'd it（指"心"）so, That it is proofe and bulwarke against sense.新用法：动词brass表示"镀铜；厚脸皮"： to brass it即"表现得脸皮很厚"。

noose：埃利斯给出的是名词为[s]、动词为[z]，但是，这一点没有获得普遍认可，有些人在这两个词里都读[s]，《NED》就是这样标的，而另一些人则把二者都读作[z]。

gloss：名词，义为"解释词"，动词gloze以前表示"阐释"，今主要指"缓和，说好话"（巴特勒《重归埃利万》[Butler, *Erewhon Revisited*] 128： by putting his own glosses on all that he could gloze into an appearance of being in his favour）。然而如今，这对词已不适合这一话题，因为存在一个旧名词glose（讨好），源于古法语glose、拉丁语glosa。

名词price源于古法语pris、拉丁语pretium，法语今为prix；动词prize，中古英语为prisen，今主要用来表示"高度评价"。新用法：动词price表示"标价钱"（狄更斯《董贝父子》[*Dombey and Son*] 308 she had priced the silk）。名词prize表示"报酬"：这层意思，乔叟写成pris，含有[s]音，如A 67、237的韵脚所示。——注意，从词源来看，praise与这些词同源，尽管如今已从这些词里分化了出去；古法语preisier源于拉丁语pretiare，名词因此而有[z]音。.

名词practice，动词是带[z]的practise，见上文；如今，二者皆含[s]音。

promise：斯马特给出的是名词含[s]音，动词含[z]音，沃克给出的是二者皆为[z]音；而今，二者皆含[s]音。

sacrifice与之类似，斯马特注名词为[s]、动词为[z]，其他旧时的词典把二者皆注为[z]；而今，二者皆为[s]。

名词licence和动词license的不同拼写或许表明了某种旧时的发音差别，但二者今皆为[s]。（名词prophecy的动词prophesy通过[-si,

-sai]来区别。）

除了上述各对之外，还存在另外一些名词和动词词末音相同例子，如：

  v：love，move，drive。
  f（仅限于这个音原本不是f时）：dwarf，langh，rough。①
  z：ease，cause，gaze，surprise，repose。
  s：pass，dress，press，base，face，place，voice。

附注：本文中我有意省略了对古英语写成h的那个后部（以及前部）擦音的论述，这个音位于词末时发[x]或[ç]（即德语的ach音和ich音），位于词中部时发相对应的浊音，通常写成g。处理这几个音，当然与处理f等音大致相同。古英语中存在woh：woges（亦有元音化的wos）之交替，beah：beages之交替，等等，中古英语则有dwergh：dwerges，dwerwes，dweryes之交替，等等。参见《奥姆书》1671 fra wah to waʒhe。中古英语中，我们必然会不时遇到hih [hi·ç]：highe [hi·(j)ə]的屈折变化。词末的[x]音后来在许多例子中都变成了[f]：如dwarf、rough等。关于这两个音及其命运，见《现代英语语法》第1卷2.92、2.93、10.1、10.2，关于单数enough和复数enow之区别的讨论，见《现代英语语法》第2卷2.75节。

---

  ① dwarf＜古英语 dweorh，langh＜古英语 hlæhhan，rough＜古英语 rūh。今[f]的位置古英语皆为 h。——译者注

10. 维尔纳定律与重音的本质[①]
Verners Gesetz und das Wesen des Akzents
（1933）

（一）原始日耳曼语

"维尔纳定律"无疑是现代语言学研究中最著名的音变，得到的探讨和阐释最为频繁。维尔纳天才般地发现了古印度重音系统和现代西欧辅音之间的联系。他的短篇论著的标题是《第一音变中的一个例外》，这标题非常自然，因为他想阐释的东西，在当时的研究中必然被视为例外，或者确切说，是众多例外。不过，他的研究让人们认识到，对于原有的清塞音，我们要处理的不是一次变化（例如t通常变成þ，但是却在许多词里变成了d），而是两次不同的过程；第一次变化中，原有的清塞音全部被清擦音所取代，即开放取代了原有的闭合，而其他所有方面，如发音位置和清浊性，均无变化；第二次变化则极其不同，只有清浊关系发生了变化，其他所有方面都保持不变；此后证实，后一变化与前者相比，取决于重音关系：这一时期继续存在的原有重音，保护了紧随其后的辅音，阻止其变成浊音。奇特的是，变

[①] 译自《语言学文集——用英、法、德语撰写的论文选》（*Linguistica: Selected Papers in English, French and German*），第229—248页，原文是德文。——译者注

成开音和变成浊音这两个过程此时的无例外之程度，简直是闻所未闻。第一个过程作用于一切清塞音，而第二个过程则见于这一时期该语言中的一切擦音，因而（这一点极其重要）不仅作用于因第一次语音转移而产生的擦音，还作用于从史前继承下来的s音。所以，第二个过程显然独立于第一个过程之外：浊化是由于"日耳曼语语音转移"，即日耳曼语的语音系统明显不同于雅利安语（印欧语）、与雅利安语完全无关的塞音处理方式，这是日耳曼语内部的事情，浊化很可能比古老的塞音变成擦音晚好几个世纪才发生。

因此，必须把两件事区分开：（1）口部关系，（2）浊声关系。

这一切都可以在维尔纳本人的表述中读到，如果我也要按我的方式说些我自己的东西，那就是我很难理解为何有那么多教科书把第二个过程描述得仿佛是与清塞音转移相关联似的。我认为，维尔纳的发现，其超凡之处不仅在于他把古印度语的重音纳入进来，而且在于他没有受到古日耳曼语碑刻中b、d、g、r等拼写形式的误导，而是清楚地看出了这些音背后所掩盖的早期状态，该时期口语中存在浊擦音[β、δ、γ、z]。只有坚持这样的看法，才能正确审视这类现象的真实本质。

维尔纳发现的音变，可最简单地概括成如下公式，公式中的a表示任何元音，s表示任何清擦音，z表示与之相对应的浊擦音，黑体表示重音：

as**a**sa > **a**sa**z**(a)

as**a**sa > az**a**s(a).①

---

① 梅耶给出的公式是："咝音 s 以及擦音 f、þ、x、xʷ 在两个响音成分之间变成响音，当从印欧语里继承下来的声调不落在词首音节时，这两个响音中的一个就是词首音节里的元音成分"，他认为这公式"比维尔纳给出的更严格、更准确"（《日耳曼语的普遍特征》[*Caractères généraux des langues germaniques*]，1917，第47页），但这公式与维尔纳的论述不符，与实际情况也不符：这音变并不仅仅出现于词首音节之后。维尔纳（第122页及后）给出了许多证据（见哥本哈根新版第33页及后）。解释大量的屈折词尾 -z（北日耳曼语 -ʀ、-r，西日耳曼语常消失），这是唯一的方法，即使仍有些 -s 造成了困难也依然如此；另见比较级后缀等。——原注

10. 维尔纳定律与重音的本质 Verners Gesetz und das Wesen des Akzents（1933）

我现在要列举一些语言，这些语言里可观察到或者可从中推断出重音对辅音所发挥的效应，这类效应要么与维尔纳定律有明显的可比性，要么至少可加以对比，它们依次是：

1. 芬兰语及其亲属语言
2. 爱斯基摩语
3. 日语
4. 原始印欧语
5. 伊朗语
6. 希腊语
7. 拉丁语（意大利语）
8. 罗曼语
9. 现代德语
10. 英语

最后，我们还要研究一下重音为何可对辅音发挥这样的影响，以及是否应从这类辅音效应中得出关于重音类型的结论。

（二）其他语言

1. 芬兰语里有一种涉及整套屈折变化的现象，通常称为"等级变化"（stufenwechsel），举例如下：

kukka（花）	属格kukan；
pappi（神甫）	属格papin；
opettaa（教）	单数第一人称opetan；
kaupunki（城市）	复数kaupungi；
pelto（田地）	属格pellon；
antaa（给）	单数第一人称annan；
parempi（更好）	属格paremman；
tapa（习惯）	复数tavat。

第二列共同的特征不在于含有浊音（虽然有几个例子里的确含有浊音），而是在于其辅音或辅音组比第一列弱，因此，这一现象称为"辅音弱化"也是恰当的，只是这个名称似乎暗示第一列代表了最初的关系。这种弱化在芬兰语中发生的条件很清楚：第一列的辅音后面接开音节，第二列的辅音后面接闭音节；不过，音节的尾辅音有时会脱落。然而，芬兰语的重音在这两列中都位于首音节。因此，研究者把这一现象和维尔纳定律进行对比时①必然会认为，"原因在于第二个音节太靠近首音节，呼气重音较重"。（维克伦德）这种等级变化历史有多久、范围有多广，存在很大争议，如果只懂得这类语言当中的一种（而且只是粗略懂），当然不应当选边站。对整个这一话题处理得最为详细的，是E.塞泰莱（E. Setälä）在《芬兰—乌戈尔语言研究》（*Finnisch-Ugrische Forschungen*）第12卷（1912）上的论述，他从各种亲属语言中引述了大量事实，其中包括萨摩耶语；不过，即使他也未能十分清晰地给出这一音变发生的原因，他没有论述重音问题，因此我不敢把芬兰—乌戈尔语言（或乌拉尔—阿尔泰语言）的这类关系与维尔纳定律化为一类。

2. 爱斯基摩语。②该语言的特点之一就是，浊辅音只有短音（鼻辅音除外，可为长音），而清辅音可以是长音。浊音与清音随力重音（注为'）而变化，如下列例子：

    i'γa（锅），'ix·awik（炉灶、厨房）；
    il'inne（被你），'il̬·it（你）；

---

① 例如，C.N.E. 艾略特（C.N.E. Eliot），《芬兰语语法》（*Finnish Grammar*，1890），第 xvi 页；K.B. 维克伦德（K.B.Wiklund）《汤姆森纪念文集》（*Thomsenfestschrift*，1912），第89页；参见 A. 索瓦若（A. Sauvageot），《世界的语言》（*Les langues du monde*，1924），第159页；G. 罗延（G. Royen），《名词性分类系统》（*Die nominalen klassifikations-systeme*，1929），第810页。——原注

② W. 塔尔比策（W. Thalbitzer），载《美洲印第安语言手册》（*Handbook of American Indian Languages*，第1卷，1911），以及《爱斯基摩语语音研究》（*A Phonetical Study of the Eskimo Language*，1904）。——原注

10. 维尔纳定律与重音的本质 Verners Gesetz und das Wesen des Akzents（1933）

neriˈwoq（吃），ˈner̥iwik（桌子，用餐处）。

这个音变尤其见于复数结构，例如：

aˈloq（鞋底），复数ˈal̥·ut；
iˈwik（草叶），复数ˈiφit（草）；
taˈleq（胳膊），复数ˈtal·it。

塔尔比策相信，清音性在这类结构中表现为尾辅音的脱落（见《爱斯基摩语语音研究》第247页及后）；其他音变是否也如此，我表示存疑。无论如何，我们在重读元音之后看到了清音，在非重读元音之后看到了浊音。

3. 日语。E.R.爱德华兹（E. R. Edwards）《日语语音研究》（*Étude phonétique de la langue japonaise*，1903）§55节说：日语里存在重读音节中的清辅音和非重读音节中的浊辅音之间的规则交替。他举的例子只有toki（时间）—tokidoki（有时）和ʃima（岛）—ʃimazima（列岛）。R.朗格（R. Lange）的《日语口语课本》（*Text-Book of Colloguial Japanese*，英语版，东京，1903）第xxv页和331页，可以看到大量例子，如：

sakana（鱼）: yakizakana（烤鱼）
sin（心）: sinzin（虔诚）
hukai（深）: sinzinbukai（虔诚的）
tane（种子）: pandane（酵母）
tikai（近）: tikazika（不久后）

（我没有使用朗格书中的黑本式注音，而是用了"国语罗马字"的写法，即日本式罗马字）。

这一现象的日语名称是"濁り"（nigori，浊化）；弱化的音尤其出现于复合词及叠音词的第二个成分中，在复数性结构和副词性结构中扮演重要角色。

我从《袖珍日语口语手册》（*Pocket Handbook of Colloquial Japanese*，第2版，东京，1928）第14页上又找来了几个例子：

  tai（鲷）：kurodai（黑鲷）
  tuki（月亮）：mikaduki（新月）
  sake（清酒）：sirozake（白酒）
  hune（船）：kobune（小舟）
  ha（牙齿）：ireba（义齿）

前些年S.斋藤①教授拜访我时，我请他朗读了许多这样的词：日语的力重音非常均衡，因此经常很难确定较长的词里哪个音节是最重的；但无论如何，"模糊"辅音前面的那个紧挨着的元音似乎带不了强烈的重音。日语学家必须确定，这个音变古时候发生时，重音是何状况。我印象很深的几点是，这里写成g之处，发音其实是[ŋ]；tokidoki（以及tikazika）里面，i后面有个很弱的n，或者是i发生了鼻化。这有可能意味着，第一个成分末尾有个鼻音脱落了。t的弱化形式不仅有d，还有z。如前所示，这个音变不仅见于擦音，亦见于塞音。h与b的交替与整个语音系统有关：h（在u前）发音接近于f，在黑本式里就写成f（如，黑本式furo = 日本式huro [洗澡]，等等）：h的原始形式很可能是p。②

  4. 原始雅利安语（印欧语）。M. 巴尔托利（M. Bartoli）③在意

---

  ① 斋藤静（Saitō Shizuka, 1891–1970），日本英语学者，著有《近代英语：后期（18世纪、19世纪）》（1940）、《双解英和词典》（1948）、《英文法概论》（1949）、《美语词典》（『米語辞典』，1949）、《荷兰语对日语的影响》（『日本語に及ぼしたオランダ語の影響』，1967）等。——译者注

  ② 今天的日语学者的确认可 h < p 的音变过程。例如，三宅英雄（Miyake 2003）把原始韩日语（Proto- Koreo-Japonic）和古日语中的这个辅音均构拟为 *p-。从这一点来看，叶斯柏森的这一猜测很有道理。——译者注

  ③ 马蒂欧·巴尔托利（Matteo Bartoli, 1873–1946），意大利裔奥匈帝国语言学家，迈耶-吕普克弟子，是研究亚得里亚海东岸的古代罗曼语方言的专家，著有两卷本《达尔马提亚语》（*Das Dalmatische*，1906）。——译者注

10. 维尔纳定律与重音的本质 Verners Gesetz und das Wesen des Akzents（1933）

大利的刊物上发表了一系列文章，试图证明一条与维尔纳定律具有可比性的定律。① 这条定律可解释存在很大争议性的送气浊音的出现情况。这条规则是：②

原始雅利安语（即史前印欧语）的浊辅音位于重读音节首时，在印度语言、希腊语、意大利语言中是程度不同的送气音，但在其他语言中保持不变，如日耳曼语言以及亚美尼亚语。

因此，梵语bhrátar里的bh、希腊语phrátōr里的ph、拉丁语frāter里的fr，在其他语言里呈现为原有的b。

他的许多论述非常诱人，把词源明显相同的送气音词和非送气音词并置对比尤其如此；利用这一方法解决拉丁语deus和希腊语theós之间的关系这个古老的谜题，同样很吸引人（希腊语的送气音，可通过thés-fatos [神决定的]这个首音节重读的词里出现送气音来解释）。但是，他也有许多论述非常可疑；不过，我不想对此做评判；梅耶的谴责（《语言学学会学报》[Bulletin de la société de linguistique，第31卷，第26页]称之为"怪异的臆想"）或许太严苛了。③ 从我写本文的目的来看，我必须首先强调，巴尔托利论述这类现象与古日耳曼语的关系时，并未从语音学角度运用"送气"概念，因而误解了维尔纳定律的

---

① 包括：《论一条与维尔纳定律类似的定律》（Di una legge affine alla legge Verner），载《弗留利语文学学会学报》（Rivista della Società filologica friulana），第5卷，第161页；《印欧语最古老的原始声调》（Metatonia antichissima dell'arioeuropeo），载《意大利语言学档案》（Archivio glottologico italiano），第21卷，第106页；《theos [神] 与deus [神] 同源论》（La monogenesi di "theos" e "deus"），载《语文学与古典教育学报》（Revista di filologia e di istruzione classica），第56卷，第108页；《再论theos 与deus》（Ancora "deus" e "theos"），同上，第423页。——原注

② 如今，在《确定印欧语重音位置的新途径》（Ein neues Mittel zur Bestimmung der indogermanischen Akzentstelle）一文中，他给出了不同的表述。载《印欧语研究》（Indogermanische Forschungen），第50卷，第204页，1932。——原注

③ 另见德布鲁纳（Debrunner），《印欧语研究》第50卷，第212页。——原注

本质，他的定律即使正确，也不属于我要列举的平行现象。①

5. 伊朗语族。戈蒂欧②（《巴黎语言学会论集》[*Mémoires de la société de linguistique de Paris*]，第11卷，第195页）指出，巴托罗迈③认为，rp、rk组合里的r，位于其前面的元音如果带有声调，则这个r变成清音。戈蒂欧认为这是与维尔纳音变相平行的定律：但二者间的相似性并不突出。

6. 希腊语。同一著作中，戈蒂欧还提及了希腊语的rs，瓦克纳格（Wackernagel）认为这一组合中的s是浊音，除非其前面与印欧语声调直接相邻；对送气清音的这一处理方式，（梅耶认为）与维尔纳定律有可比性。"事实上，ourá（尾部）：órros（尾巴）和andrós（人）：ánthrōpos（人类）这两组交替的平行性是绝对坚固的。"这个例子，局外人必定会觉得这相似性不那么突出；而无论瓦克纳格定律还是梅耶对ánthrōpos的解释都很有争议。戈蒂欧在后来的一篇文章中重申了自己的观点，并为该观点辩护，后面我们会详细谈这篇文章。

7. 拉丁语（意大利语）。S.康威（S. Cornway）《意大利的维尔纳定律》（*Verner's Law in Italy*，1837）一书试图通过重音位置来解释意大利语的s/r音变。但是，他未能找到佐证，似乎已经自行放弃了这一看法。④

8. 罗曼语言中可发现更多东西，尽管这之中并不是每一点都确定

---

① 我写下上述文字时，尚未读到巴尔托利的最新论断（"印欧语的送气音和不送气音与节奏相配合"，《意大利语言学档案》，第22卷，第63页及后，1933）；但这不影响我的看法。——原注

② 罗贝尔·戈蒂欧（Robert Gauthiot，1876–1916），法国东方学家，伊朗语族语言专家，曾赴帕米尔高原对塔吉克语方言做田野研究。——译者注

③ 克利斯蒂安·巴托罗迈（Christian Bartholomae，1855–1925），德国历史比较语言学家，伊朗语族语言专家，"巴托罗迈定律"（Bartholomae's law）发现者。——译者注

④ 在他的《拉丁语的形成》（*The Making of Latin*，1923）一书中，我未找到该理论的线索。——原注

10. 维尔纳定律与重音的本质 Verners Gesetz und das Wesen des Akzents（1933）

无疑。

首先我想指出关于塞音的处理：意大利语p、t、k出现于重音之后，v、d、g出现于重音之前：如capo（头）、abbate（修道院长）、servito（服务）、fuoco（火），而coverta（室内的）、badessa（修女院长）、servidore（仆人）、pregare（祈祷）。参考cento（一百）：dugento（二百）。

拉丁语元音前的si，在意大利语里的变化如basiu > bascio，caseu > cascio，但在位于重音前，则如prigione、pigione、cagione、fagiuoli（迈耶—吕普克，《罗曼语语法》[Grammaire des langues romanes]，第1卷，第461页）。

阿斯柯利（《书信集》180，早于维尔纳的著作）通过重音差异解释了意大利语的specchio : spegliare, orecchio : origliare, vecchio : vegliardo；后来又发生了调整，因而有veglio、vecchiardo等。对这个问题做语音学解释很困难，因为[kkj]和[l']（腭化l）并不是相对应的清音和浊音。（迈耶—吕普克在《罗曼语语法》第1卷第438页§487节给出的解释不清楚，很难懂）。不过如今，克里斯琴·桑菲尔德[①]跟我说，带有gli的形式已被认定为来自法语（高卢罗曼语）的借词，这一解释似乎非常可信。

用F.诺依曼（F. Neumann）《论古法语语音学与词法学》（Zur Laut- und Flexions-Lehre des Altfranzösischen, 1878）中发现的定律来解释更好，该书第100页，他明确提及了维尔纳定律，并做出如下论述："拉丁语腭音c和ti，首先在所有罗曼语中变为č或š或ç（即清音s）；此后保留的清擦音在元音之间保持不变，如果后面接重音，则变为浊音（ğ、ž、z），但作为重读音节之后的音时保持为清音。"

举些诺依曼的例子：

古法语（此处方便起见，依现代法语的拼法）：

---

① 克里斯琴·桑菲尔德（Kristian Sandfeld, 1873–1942），丹麦语言学家。——译者注

c：brasse、face、fasse、paroisse：croiser、disons、loisir、plaisir、voisin。

ti：espare、grace、paresse、place：aiguiser、hiaison、raison、puiser、refuser。

变位中，当然常能遇到类似情况。例如，虚拟式现在时变位fassions由fasse而来，古时候是face；但是，plaise由plaisions而来，而不是由古代的place而来。revanche一词里普遍读清音，而venger一词里普遍读浊音。不过，类推无法解释所有这类现象："我见到带有浊音s的justise时非常迷惑，……除了带有清音ç（ss）的常用形式之外，还有justice、service等，另有justesse等。"

葡萄牙语braço，espaço：cozinha、dezembre、fazemos之对比。西班牙语例子很难评判，因为西班牙语辅音后来的演化很细致。

很难理解诺依曼为何把这一过程设想为（语言分裂之前的）共同罗曼语以及后来形成的各种独立语言的过程：最终的语音结果因不同语言而异，即使经常与清浊对立相关亦如此。

诺依曼的理论得以接受，并不是不存在矛盾；纽洛普告诉大家（据霍恩宁[Horning]），法语中位于元音前面的-ti在一切位置上均变为浊音z，无论重音在何位置；可以举出Venetia > Venise这个例子。不过，面对词尾的-itia，他和诺依曼一样茫然无措。（纽洛普，第3章，第218页、400页）

9. 现代德语。K.亨特里希[①]在PBB第44卷第184页、第45卷第300

---

① 康拉德·亨特里希（Konrad Hentrich，1880–1972），德国语言学家，方言学者。著有大量关于图宾根西北部埃希斯菲尔德以及莱纳菲尔德（Leinefelde）地区方言、历史、民俗等方面的著作，如《埃希斯菲尔德儿童歌谣》（*Eichsfeldische Kinderlieder*，1911）、《埃希斯菲尔德的图宾根西北部方言词典》（*Wörterbuch der nordwestthüringischen Mundart des Eichsfeldes*，1912）、《莱纳菲尔德——700年今与昔》（*Leinefelde: was es war und ist; zu seinem 700-jähr. Bestehen*）等。——译者注

10. 维尔纳定律与重音的本质 Verners Gesetz und das Wesen des Akzents（1933）

页以及GRM第9卷第244页[①]汇报了他的一些观察，他正确地称之为维尔纳定律的旁证。埃希斯菲尔德（Eichsfeld）方言（图宾根西北部）里有：

  pazíre（passieren）：páse（passen），
  mazíre（massieren）、mazíf（massiv）、mazekríre：máse（masse），
  interezíre：intrásn（zinsen），
  kolezál，等等

亨特里希以实验方式研究了劳工号子ainän zúp!（= einen schub，推一下！）（用于搬运、移动、举起沉重的东西），这是个通过方言传承下来的固定形式；他以清音š来向5位受试者喊这个号子，随后让他们在记波仪（kymographion）上反复重复。"实验结果波动而多变。两位受试者无法适应这样的喊号子条件，其他三位的曲线显示出了许多浊音状，程度各不相同。"他还指出，像link-zúm（往左点）、recht-zúm（往右点）也常能听到。该方言之外的例子如，施坦海姆的《小匣子》里的Kassette一词[②]在科隆的发音，发成kazette和发成清音频率约3:1。在较为讲究的语言中，较少听到reizáus、strazáuf（= strassauf）、strazáb（= strassab）、durjáus，但是这一情况并不统一。

10. 英语。关于英语，我在1891年的书里展示了迄今最详细的与维尔纳定律同理的例子：该语言中所有的咝音，后接弱元音时都曾变成浊音，但是后接强元音时却依然是清音，因此才有下列对立：

[①] PBB 全称为《德语语言文学史论丛》（*Beiträge zur Geschichte der deutschen Sprache und Literatur*），因创刊主编是赫尔曼·保罗和威廉·布劳纳而简称为 Pauls und Braunes Beiträge，故缩略语为 *PBB*。GRM 全称为《日耳曼语—罗曼语月刊》（*Germanisch-Romanische Monatsschrift*）。——译者注

[②] 卡尔·施坦海姆（Carl Sternheim, 1878–1942），德国剧作家，表现主义代表人物。《小匣子》（*Die Kassette*）是其系列剧《有产者的英雄生活选》（*Aus dem bürgerlichen Heldenleben*, 1908-1923）中的一部。——译者注

of（尾音是v）：off
with强音[wið]：弱音[wiþ]
中古英语elles > ells [elz]：else [els]
possess [pəˈzes]：possible
exhibit [gz]：exhibition [ks]

[tʃ]音同理，如中古英语knawleche > knowledge。详见我《英语的浊擦音和清擦音》第2部分。

（三）是重音还是声调？

如果要问，重音为何能够为某一语言的辅音系统带来这样的效应①，就必须首先明确，重音究竟是什么。下文中我将始终使用重音一词的中性含义，以免对下文论述的问题有先入为主的想法。我们必须做出区分：语言学研究中认可两种重音，并为二者做了不同命名：

（1）呼气性重音（expiratorischer akzent）或动力性重音（dynamischer akzent）、强度重音（intensitätsakzent）、法文accent de force（力度重音）、英文stress（重音）；

（2）音乐性重音（musikalischer akzent）：这个称呼具有误导性，因为音乐中不仅涉及音高，而且涉及音强和音长，因此许多人更倾向于使用"色度重音"（chromatischer akzent）一称；还有时会用到"旋律性重音"（melodischer akzent）一称，但反对这一称呼的理

---

① 对维尔纳定律的语音学阐释，或者类似的阐释，见于各种不同场合，如威尔（Well）《英语及德语语文学学报》（*Journal of English and Germanic Philology*）第5卷第552页，吉普（Kip）《现代语言通讯》（*Modern Language Notes*）第20卷第16页（威廉姆斯[Williams]为该文写了一篇非常好的述评），戈蒂欧《MSL》第11卷193页，威廉姆斯《现代语言述评》（*Modern Language Review*）第2卷第233页，霍厄·裴得生《KZ》第39卷第243页，洛厄曼（Logeman）《不送气清音与浊音》（*Tenuis en media*）第149页，布尔《新语文学》（*Neophilologus*）第1卷第110页。对这些理论的较好的述评见于W.S.吕瑟（W.S. Russer）《论日耳曼语音变》（*De germaansche klankverschuiving*，哈勒姆，1930）第95页及后。——原注

10. 维尔纳定律与重音的本质 Verners Gesetz und das Wesen des Akzents（1933）

由与反对"音乐性重音"的理由相同。英文常用pitch accent（音高重音），法文则用accent de hauteur（音高重音）。

简单明了起见，下文中我将使用（1）druck（力重音）和（2）ton（音高，声调）这两个术语。

广为接受的观点认为，原始雅利安语（即原始印欧语）中存在声调重音（tonakzent），这种声调重音在古印度语、古希腊语以及拉丁语中得以保留，但后来被力重音取代了，因此，古时候有高音音节和低音音节之区分，而今则有强音节和弱音节之区分。维尔纳发现的音变发生之时，情况是什么样的呢？关于这一问题的各种意见针锋相对。

英年早逝的法国重要学者R.戈蒂欧，强力主张声调是非常关键的（MSL第11卷第193页；*BSL* 1910.371）。"实际上，仔细检视，会发现发出响音时的肌肉动作和发出高音时的肌肉动作并无本质差别。发出声门震动（响度）和让声音升高一定时长（高度）是由同样的肌肉收缩引发的。可以说，带有音高重音的音节就是声带两瓣敞开的音节。"以此出发，可以期待"重读音节"有浊音；但是依据维尔纳定律，非重读音节的辅音才经常是浊音，并且戈蒂欧在前一页也明确说过，希腊语和日耳曼语"声调阻止了紧随其后的清辅音的响音化"。戈蒂欧继续指出，我们在梵语中找不到任何这样的例子，是因为存在"肌肉的渐进松弛，也就是高音音节（udātta）和低音音节（anudātta）之间存在缓慢的过渡"。这是依据古代印度语法学家的描述，但这一描述并不是所有人都同意，从语音学角度看也不是非常清楚。而在希腊语中，"我们看到肌肉的松弛是突然的：锐音（oxeîa）和钝音（bareîa）之间没有过渡，只存在落差，这落差导致肌肉的松弛化十分明显，条件允许时一下子就达到了休息状态，也就是无响度的状态；很自然，某一具体运动，只要是突然间进行的，往往就会超出其正常终点。"

我已详细引述了这一观点，以免对这位可敬的已故学者做出不公正论断，但是我必须承认，虽然我已反复推敲这段论述多年，却完全无法得出其语音学意义。我同样不明白，他是如何从希腊语法学家的论述中得出所有这些结论的，这类论述中"钝音"的意思只是"低声调"而已，是锐音的不太确切的反义词（这两个形容词其实是"沉重"和"尖锐"的意思，后者被用作"刺透、破碎的声音"之义）。无论如何，戈蒂欧的解释似乎只能证明，高声调和低声调之间存在由浊音至清音的过渡，但这样的过渡在希腊语和古日耳曼语里均不存在。（希腊语中，锐音和钝音之间经常存在浊音！）

R. C. 布尔（R. C. Boer）[①]（《原始日耳曼语手册》[*Oergermaansch handboek*, 1918]，第123页）同样论及了声调："擦音弱化的原因从呼气重音上找不到，而是应该从下一个音节的乐重音上找，该音节如果不再具有呼气性主声调（[德] hauptton, [荷] hoofdtoon），就保持不变。（原文如此！他说的'声调'竟然是指力重音。）声带紧张，高声调音节之必需，始于前一个辅音，使这个辅音成为浊音（'浊音'，荷兰语原文是tonend，取ton的另一个词义，即'声音'）。"在他看来，本定律的常规表述错误地把重点放在了"前一个音节缺少主声调"上。布尔的理论显现出两个难处：其一，闭音节里的清音化（第125页上，他托词说这是"句子连读音变"[satzsandhi]）；其二，谁也看不出声带的紧张为什么要随着元音而突然停止：他完全没有解释"带声调的元音"后面的擦音为何保持为清音。

戈蒂欧否定了我的看法，理由是我把英语音变和古日耳曼语音变做对比属于方法论错误：前者基于力重音，后者基于印欧语的乐重音。"这两个环节太容易混淆，无论什么时候都应最谨慎地加以区分。"这差异我不是不了解；问题是，古日耳曼语的重音是否一定是基于声调的？我认为完全可以说：我们在一系列语言中都找到了与维尔纳定律非常相似的辅音音变；这些语言中与之相似度最大的，包括爱斯基摩语、日语、罗曼语言、德语，但尤其包括英语，英语中存在

[①] 理查·康斯坦·布尔（Richard Constant Boer, 1863–1929），荷兰语言学家，古北欧语专家。——译者注

10. 维尔纳定律与重音的本质 Verners Gesetz und das Wesen des Akzents（1933）

的这类例子最多，这音变不可能是基于声调的，而必须基于力重音。我们从日耳曼语中了解到，历史上的重音是力重音，不是声调重音；史前的情况是什么样，我们并不确知。因此可能要说，古时的音变是基于力重音的——因为按此设想对该现象做语音学（生理学）解释很清楚，而按照基于声调的设想来解释则不清楚或具有误导性。

亨特里希的阐释，如"像维尔纳定律一样在心理学和生理学角度皆易懂的定律，无非就是为主声调音节节省一定能量"，以及"力重音使其前面的清擦音浊化；因擦音发清音而造成的呼气气流浪费由此得到避免"，实在言之无物。

若能接受我的重音理论（见《语音学教程》最新的版本，7.32节，第119页及后；另见《语言论》第14章，§11节），就能得出令人满意的解释了。我的重音理论认为，呼气力度并不是决定性因素，而只是说话者想强调所说的话中的某一部分时，所借助的若干总能量表现方式中的一种。因此，重音就是能量，是具有强度的肌肉活动，不依附于某一个器官，而是依赖于整个发音活动。① 强音节发音时，最大能量遍布所有器官。肺部肌肉强烈震动，因此有更多气流从肺部逸出，除非气流遇到阻碍（阻碍在肺部及肺部以上皆可能发生）。发浊音时，力度的形成显现为声带两瓣的相互接近，因此仅有极少量气流从二者间逸出，但却（如格奥尔格·福赫哈默[Georg Forchhammer]新近展示的那样）引发了更强烈的震动（即更大的振幅）。声带的能量性发音运动还可以在活跃的声调轨迹中看到：强音节中，可见到时而非常高、时而非常低的声调，以及时而向上、时而向下的强烈震动，与常规声调截然不同。而强音节中的清音，能量表现得与之相反，声带敞开，呼吸器官施加了更大的力度，使大量气流逸出。上部器官中，强音节的能量由发音运动所发出的音来展现，各种音都表现出鲜明的差别，如鼻音与非鼻音的差别、塞音与擦音的差别，等等。整体

---

① 其实在言语器官之外也经常能观察到，如点头、手或胳膊做出的手势（基本上是在为谈话打拍子）：有些人是用全身来说话。——原注

结果就是，这样的音节声音很大（在远处也能听到）、很清晰（很容易辨认）。

与之相反，弱音节中，能量消耗整体减弱，呼吸压力较低。若为浊音，则声带声较为模糊，济弗斯称之为"嗡嗡声"（murmelstimme）。若为清音，则清音性不如强音节明显。上部器官的发音活动同样较为松弛，因此，舌基本上更加倾向于静态位置，这在元音发音中格外明显。弱音节的音长（无论是元音还是辅音）通常都低于强音节，给听者的总体印象，是从不远处听到的不甚明晰、不太确定的语音复合体。

毫无疑问，强音节和弱音节之间的程度，当然不是只有"强"和"弱"两级，而是有无数级；通常，区别四种等级即可：4-强，3-次强，2-次弱，1-弱。——3和2经常可以放在一起，这样就只区别三种等级，常用的音标就是这样做的：ˈa = 4，ˌa = 3或2，不标号为1。

重音对元音发挥的语言史效应广为人知：弱音节里普遍存在使元音缩短并且使之更接近静态位置之趋势，故其结果经常是[ə]，或是最终使之完全消失（见下文）。不那么常见但也不时出现的情况，是弱音节元音上升至i之趋势；英语中，passage、fortunate、Highgate、always等词里出现的就是i（确切说，是松音[i̞]），尤其还包括屈折词尾-es和-ed，如passes、ended等。中古英语kinges、called等词里写成e的那个今已脱落的元音，很可能曾经是个i音。这类情况中，向i的过渡可解释为这个元音在某些环境中需要的发音能量较小，位于舌尖辅音前尤其如此。

我们现在面对的，是像维尔纳定律里那样，依据重音位置对辅音做不同处理。发音能量强劲的强音节里，自然很容易抓住有浊声的元音和紧随其后的清辅音之间的落差。与之相反，弱音节中，元音和紧随其后的擦音之间的落差就不那么突出了；在较为放松的发音中，擦音容易受到其环境的同化，因而变成浊音（即所谓嗡嗡音）。由此，上述对重音（力重音）本质的阐述，让两类现象都得到了解释，无论

10. 维尔纳定律与重音的本质 Verners Gesetz und das Wesen des Akzents（1933）

是强元音后清音的保留，还是弱元音后的浊化，皆如此。①

新的难题是，这两种不同处理方式，有为古日耳曼语时代做不自然的音节划分之嫌。这一点维尔纳本人也论述过（117页/27页）②："无需多言，我们不一定要用fa-dar、fin-þan之类的现代音节划分法；正如日耳曼语格律（古北欧语内部押韵，即共鸣押韵③）所证实，元音后的一切辅音皆属于前一个音节（fad-ar, finþ-an）。"

霍厄·裴得生（《KZ》第39卷，245页）反对把音节划分成brōþ-ar、fad-ar：原始印欧语里的音节划分与之不同，即使日耳曼语古时的划分法已有显著变化，像brōþ-ar这样的划分如今也仍很反常。因此（其他原因见下文），他认为应当采取乐重音来解释维尔纳定律，这乐重音的"降调轨迹引起了其后面的元音的清音化。"（真的是元音？）

即使是每天都在说着听着的语言，确定音节的划分尚且存在巨大困难，这困难经常是不可逾越的困难，所以我读到关于某种远古时代语言的这类问题的论述时，总是表示怀疑（见《语音学教程》§ 13.7节）。但是，这一语境下，我们很幸运，根本不需要知道也不需要论述古日耳曼语时期（以及英语音变发生的时期）的音节划分问题：我们只需要知道，辅音有时直接接在弱元音之后，有时直接接在强元音之后（谁也没有认为这元音和辅音之间存在停顿）。同样，谁也不会质疑元音之后的位置具有语言学意义。另需注意，所有将押韵用于诗

---

① 如本文所示，我的阐释比维尔纳更为完整，维尔纳（116页/26页）只把较强气流视为呼气重音和清辅音的协同作用。——原注

② 此处引述的是《第一音变中的一个例外》一文。左侧页码是原文刊载于《印欧语领域比较语言学学报》（*Zeitschrift für vergleichende Sprachforschung auf dem Gebiete der Indogermanischen Sprachen*，1877）时的页码，右侧是编入《卡尔·维尔纳著作与书信集》（*Karl Verner: Afhandlinger og breve*，1903）时的页码。下同。——译者注

③ 内部押韵，古北欧语原文为 hendingar，指古北欧诗歌每个诗行内部的元音押韵，英语称 internal rhyme。叶斯柏森在此处附了较通俗的德语名称 Assonanzreime（共鸣押韵）。——译者注

歌的语言里，后接其他音的强元音（无论音节如何划分）都极为重要（如ross：los, rosse：posse, rose：lose）。在量化的格律学中，音节长度的计算方式是，元音跟其后面的一个或多个辅音算在一起，而不是跟其前面的一个或多个辅音算在一起。所以，划分成broþ-ar还是bro-þar，对我们的问题是完全无关紧要的：自然言语中，人们根本就不划分音节。

（四）换音

我现在要来回答另一个与上述讨论存在一定关联的问题：原始雅利安语（印欧语）的重音到底是什么样的？大多数语言学家都曾持（并仍持）这一观点：换音[①]（Ablaut）中的"弱等级"（schwundstufe），意味着力重音，而不是声调重音：从我们对各种现代语言力重音角度的弱音节的统一观察来看，这一论断总的来说是正确的，这之中不涉及声调的问题。然而，不同观点依然存在。保罗·帕西（《语音变化研究》[*Étude sur les changements phonétiques*]，1890，第116页）首先指出，发生省略的"总是且只能是最响的元音"：他难以想象这是力重音，因为若果真如此，举例来说，bheidh在弱音位置上就成了bed而不是bhidh；而反之，"如果钝音音节的弱化是由于元音按常规变成了耳语声（son chuché）"，一切就很容易解释了。"因为耳语声恰恰拥有翻转响度类别（ordre de sonorité）之效

---

① 历史语言学中，"换音"（Ablaut）和"变音"（Umlaut）是关于印欧语元音音变的术语，二者都涉及具有语法功能的词根元音交替（这两个术语的中译名，从《新德汉词典》，2012）。日耳曼语言中由较近期的同化引起的元音音变称作"变音"，如英语 foot—feet 中，元音交替源于 *fōtiz 里后缀 -iz 对词根元音的同化（Trask 2000：352）；而其他类型的更古老的词根元音音变称作"换音"，如英语 sing—sang—sung 中的元音交替，可追溯至原始印欧语的"e—o—零元音"交替（*sengwh-— *songwh- — *sngwh-）（同上，2）。换音涉及重音的交替时，元音呈现出强弱等级，如拉丁语 patḗr（父亲，名词主格）的词根重读元音在 apátōr（无父亲的，形容词主格）里随重音的转移而弱化，在 patrós（父亲，名词属格）里则完全脱落（零等级）。
——译者注

10. 维尔纳定律与重音的本质 Verners Gesetz und das Wesen des Akzents（1933）

应：耳语开元音不如耳语闭元音那么容易被听到，而二者又都不如辅音那么容易被听到。若要以耳语方式说出bheug、gen、derk等音节，马上就会感到容易跟bhug、gn、drk等搞混。"因此他认为，这样的耳语具有低声调之效应；他引用了我对法语的耳语元音位于所谓"音高等级最低层"的观察。①

与帕西相同的论断，还可在N.芬克（N. Finck）的《论波罗的—斯拉夫语名词重音与原始印欧语之关系》（*Über das Verhältnis des baltisch-slavischen Nominalaccents zum Urindogermanischen*，1895）一书第3、28、38页见到（他引用了包括叶斯柏森和帕西在内的多位学者关于清化元音或耳语元音的论述）。芬克的证据得到了希尔特（Hirt，《IF》第7卷第139页）和霍厄·裴得生（《KZ》39卷第234页）的赞同，他们俩都只提及了芬克。

帕西等研究者的结论存在诸多弱点。第一，我听不到（常规话语中）最响的音在耳语话语中发生减弱。例如，如果我用耳语说mein haus，并不存在被听成min hus（或是men hos或类似形式）只留双元音后半部分的风险。第二，把低声调视为耳语的属性，是完全说不通的；像汉语那样把低声调用作词义区别成分（即"语言化"成分）的语言，并没有把低声调音节无例外地发成清音音节或耳语音节，而我们的原始语却须形成严格的习惯来造成上述效应？我在法语等语言里听到过清化元音，这样的元音只是偶尔出现而已，②同一个人发同一

---

① 《语音学研究》第2卷，第92页，1888。不过我要澄清，我在此处（正如在《语音学教程》§6.49节里一样）并未论及"耳语"，我论述的是音节的清音化。二者的声带位置不同（用非字母符号来写，分别是ε1和ε3）。但这并不重要。——原注 [译者按：此著作指叶斯柏森为弗兰茨·拜耶（Franz Beyer）《教师及学者用法语语音》（*Französische Phonetik für Lehrer und Studierende*，1888）一书撰写的书评，写于1888年，实际发表于1889年。]

② 见《语音学教程》§6.49。日语语速较快的日常话语中，i和u尤其处于清音化和完全脱落之间。关于斯拉夫语言，见O. 布洛赫（O. Broch）《斯拉夫语音学》（*Slavische Phonetik*），第239页。我以前关于俄语的论述，是基于伦代尔（Lundell）著作中的口语交际。——原注

个结构的音，有时是清音，有时是正常音：因此，清音性并不是这些语言音系系统的一部分。第三，认为这类清音化音节或耳语音节里，只有最响的音才会受到影响，并且绝不可能在同样的音节里找到浊辅音失去浊声之例（这样的例子帕西已经找到了，见他在第116页的注释），实在是难以理解。第四，也是最后一点，认为力重音弱化造成的缩减必然使响度最低的音消失，使开口度最大、响度最高的音保留，是完全不正确的。我们平时可在诸多语言中观察到反例。德语和丹麦语的handel，英语的fatal、battle（源于bataille）等词里，元音消失了，l随后变为成节音；丹麦语hatten，英语cotton、sudden（源于sudein）里的n也是同理。英语captain一词，要么是整个双元音消失成为[kæptn]，要么是双元音里响度最高的部分消失成为[kæptin]。这类例子表明，这一现象根本不依赖于响度：最具抵抗力的要么是辅音成分，要么是与辅音发音活动最靠近的成分。

希腊语ptésthai（飞）与pétesthai共存，或是举现代语言的例子，法语peut-être衍生出了p'têtre，恰是同样的过程。只需将其解释为，新形式需要的发音力量小于完整形式：发handel一词时，第二个音节若带有完整元音，舌必然要降低，而l若自成音节，这个动作就省掉了。这之中的关键在于肌肉活动，而不在于声音饱和度。[①]

换言之，原始语中的耳语声假说对我们完全无益，与之相反，若能避开这样的观点，一切就很容易理解了。

因此，古时候的换音现象中最确定无疑地与重音相关的部分，用力重音解释得最好。本文限于篇幅，无法详细论述古典语言重音的本质这个有颇多争议的问题；我只能简短表述一下我的看法：梅耶等权威学者在诸多著作和文章中推崇的观点，认为古印度语[②]、希腊语、

[①] 若要弄懂弱音节里 i 的脱落，无需像有些研究那样，求助于低声调或清音性。可参见英语 business、medicine 等，法语 drois（源于 directum），丹麦语口语的 mil(i)tær；拉丁语源于 valide 的 valde 同理。——原注

[②] 关于古代及现代印度语言重音的论述，见 S.K. 恰特尔吉（S.K.Chatterji）《孟加拉语的起源与发展》(*Origin and Development of the Bengali Language*，加尔各答，1926)，第 1 卷，第 275 页。该著作附有大量参考文献。——原注

10. 维尔纳定律与重音的本质 Verners Gesetz und das Wesen des Akzents（1933）

拉丁语重音在古典时代皆为纯粹的声调重音，是站不住脚的；而那些相信力重音的学者（德国、英国、美国学者）是基本正确的。古代语法学家的确论述过声调，但他们和当今没受过语音学训练的观察者一样，看法并不完善（这一问题在当今语法学家和语言学家当中均可见到！）很多时候，谈高声调和低声调时，指的就是强力度和弱力度。现代德语等语言中，声调上升和下降是伴随现象，主要见于带力重音的音节，但并不构成重音本质的一部分。还必须补充一点，英语或丹麦语中，力重音强与弱的区别，以前没有现在这么重要：以前，重音并未得到"强力标记"（stark markiert）（我倾向于用这个术语，而不是阿尔弗雷德·施密特[Alfred Schmitt][1]的"强力中心化"[stark zentralisiert]。）

因此，我们无须假想史前时期出现过由力重音到声调的变化，也无须假想有历史记载的时期又出现了方向相反的变化。[2]剧烈程度不等的重音位置变化，可因音长关系而引发，如希腊语和拉丁语，也可因语义价值而引发，如日耳曼语。——但是总的来说，我们语

---

[1] 见《普遍性重音理论研究》（Untersuchungen zur allgemeinen Akzentlehre，1924）和《重音与双元音化》（Akzent und Diphthongierung，1931）。我赞同该作者的大多数观点，虽然不是所有观点；他经常引用我的阐释。——原注

[2] 威廉·汤姆森（William Thomson）的言辞异常激烈（《言语的节奏》[The Rhythm of Speech，格拉斯哥，1923]，第19页）："认为现代希腊语和各种罗曼语言的重音是由古时候的高声调演变而来的观点，是个毫无根据的愚蠢说法，却被有学问的人写的数百种著作固定了下来。这不仅在于观点本身错误且与事实相悖，更在于一种言过其实。问题的关键，在于缺乏理性。较高的音高可以变成更高的音高或是低一些的音高，带重音的音节可以随时间推移而变得弱些或更强，但是，说音高可以变成重音实在愚蠢，这就像是说颜色可以变成硬度或甜度。"——另见同一本书第214页："如狄奥尼西奥斯（Dionysius）所述，如果每个标有锐重音的元音的音高皆比临近的音高1/5，那么希腊语就必然成了人类所发明的语言中最丑陋、最愚蠢的一种，因为果真那样的话，希腊语就无法发展了，在这些方面绝对逊于当今最丑陋、最野蛮的方言。"——原注 [译者按：狄奥尼西奥斯指 Dionysius of Halicarnassus（约前60—约前7），古希腊历史学家、修辞学家。汤姆森把狄奥尼西奥斯的著述视为今人了解古希腊语节奏的最重要依据之一。]

系的重音本质①一直保持不变：这重音无论在历史上还是在现在，都是能量性的重音，即力重音，强度可高可低，或多或少伴有声调的上升和下降，但是最本质一点，都是整体性的力度重音（einheitlicher druckakzent）②，各个时期皆如此，直至今日。③

---

　　① 本文中，我忽略了音节内部的声调差异（如急促调、舒展调等）。——原注 [译者按：这类术语见于印欧语学者对波罗的语族语言（如拉脱维亚语）中存在的音高重音所做的描述。关于这些术语的定义与运用，可参见 Hirt（1895）等。]

　　② 关于力重音的"整体性"，可对比借助"莫拉"概念对乐重音的分析。乐重音由两个或两个以上莫拉构成，各莫拉的音高相同时表现为平声调（高调、中调、低调），莫拉之间音高不同则形成上升调、下降调、升降调、降升调。力重音无法进行这种莫拉划分，因此具有整体性。——译者注

　　③ 补充一点更正，市河三喜教授（东京）在写给我的信里指出："关于'濁り'的问题，我经常觉得它与维尔纳定律有一定联系，但却从没能够把这条定律运用得连贯一致。浊音化的过程发生在非常久远的年代，我们无法确知重音在如此久远的过去究竟是什么样。"——原注

11.《拉丁字母的普遍采纳》序[①]
Introduction to *The Universal Adoption of Roman Characters*
（1934）

如果所有地区都能使用相同的文字书写体系，那么整个文明世界的知识交流无疑会变得更加简单。多种多样的字母，的确是种族之间、民族之间实现和解的最大障碍之一。

本卷汇集的大量材料皆出自特别权威的信息来源，从不同角度揭示了这个问题，清晰地展现出普遍采纳拉丁字母（无论是有修改的还是无修改的拉丁字母表）的利与弊。人们常深深感到，在一些已有其他文字体系的国家，抵制这类改革的力量很强大。除了根植于人性深处的保守性之外，我们还不时看到民族主义力量在抵制采纳从其他民族那里借来的字母；有时候，宗教理由也承载着一定分量：因此，在南斯拉夫，我们看到一幅奇特景象，该国人民分作两个宗教阵营，使用两种不同的文字来书写那仍旧大致相同的语言。印度一些地区的情况大体上也是如此，兴都斯坦语在那里分成了使用完全不同字母的穆斯林式（乌尔都语）和婆罗门式（印地语）。讲究的希伯来文艺复兴运动者，把一切采纳拉丁字母拼写希伯来语的企图都视为"针对本种

[①] 译自《叶斯柏森选集》(*Selected Writings of Otto Jespersen*)，第783—793页，此版本原文是英文。——译者注

族精神的亵渎行为和破坏行为"。不过，这类政治考量和宗教考量无论对上述国家的人民有多么重要，无论对解决他们的实际问题有多么重要，我都必须将其置于我的论证之外，仅聚焦于这个问题的语言学层面。

在一个不使用拉丁字母的国家，我们若要评估采纳拉丁字母可能带来的利与弊，首要的考量显然必须是这样的改革能够给该国人民带来何种利益，而广义世界的利益则须放置于第二位。对于该国人民，改革带来的益处可分为两类：一类是内部的，一类是外部的。内部益处中，应当关注这样的改革能为该母语的阅读学习和写作学习带来何种便利。在许多国家，这可以省下大量时间：田中馆先生[①]估算，在东方，上学时间有一半以上完全花在了读写学习上，而在任何一个欧洲国家，哪怕是拼写方式极端古旧复杂的国家，此类学习时间都要短得多。

这样的改革还可以用来扫盲：文盲数量在一些国家着实可怕，本卷收录的材料里就有若干处表明："柬埔寨阅读过本国文学的人屈指可数"；中国的情况，高本汉先生估算的文盲比例为90%；卡尔撒约斯（Karthaios）先生则认为："可能除了少数希腊学专家之外，没有哪个希腊人敢一本正经地声称自己能在手边没有词典的情况下写出东西。"正如土耳其这一成功范例所示，若能采纳一种以拉丁字母为基础的字母表，那么这些情况即使无法彻底改变，至少也会在很大程度上有所改观。

而关于"外部益处"应当指出，拉丁字母可在很大程度上促进与外部世界的日常交流和科学交流，而这样的交流因现代技术的发展而变得日益迫切。我们这里只提世界各地发送电报以及使用同种印刷机、打字机的可能性。在一些国家，即使是在尚未放弃传统文字的今天，人们已经开始把铁路车站的名称和路街名称转写成拉丁字母了，

[①] 田中馆爱橘（Tanakadate Aikitsu, 1856–1952），日本物理学家，是位视野开阔、爱好广泛的学者，1885年设计了"国语罗马字"，该体系至今广泛运用于以外语学习者为对象的日语教学，也是将日语转写为拉丁字母的依据之一。——译者注

11.《拉丁字母的普遍采纳》序 Introduction to *The Universal Adoption of Roman Characters*（1934）

跟本国文字并置使用；某些面向国际公众的杂志和书籍的标题，亦是如此；至于化学和数学的公式，就更不用说了。日语等印刷文字里夹杂英语或法语的引文，总觉得有些怪异，若能完全用同一种字母来印刷，这个问题就能避免了。

知识合作委员会①开展的这项探究，仅限于采纳拉丁字母供全球使用之可行性，而未考虑选用其他字母或是创制一套全新字母，这一点是很自然的。尽管如此，人们不应忽视一个事实：拉丁字母并未满足人们所预期的全部条件。拉丁字母最初仅为书写一种语言而创制，完全未考虑其他语言之需；必须指出的是，即使拉丁字母对于拉丁语来说，也并未达到理想。拉丁字母尤其缺乏系统性，虽然字母b和p外形相似，似乎表明这两个音是通过相同的器官运动而发出的，但是d和t之间、g和k之间存在的同样关系从字母外形上却完全无法看出。简言之，拉丁字母的外形十分任意，和拉丁语的语音之间并无本质联系。而今的另一个缺点在于，同一个字母由若干个形式表示，其原因和用途都有些难于理解：例如，比较一下a和α、v和υ之类的罗马体（正体）和意大利体（斜体）之区别，尤其应比较一下Aa Bb Dd Ee Ff Nn等大小写字母之间的区别，这样的区别虽然最初打算用于所有字母，但实际上，对于有些字母来说只是字号大小上的区别，对于另一些字母来说外形已经有相当程度的不同了。而这还没有算上不同国家手写这些字母时的不同习惯之差别；例如可以比较大写字母T在法语、英语、德语里的不同手写体。

令人遗憾的是，德国和爱尔兰两国近年来开始偏爱使用所谓的"国字"（national lettering）。在德国被称为"德国体"的字，其实不过就是一种尖角体（angular form）的拉丁字母，这种形式中世纪时曾广泛使用，后来许多国家都用过（丹麦一直用到了19世纪末，当

---

① 全名为"国际知识合作委员会"（La commission internationale de coopération intellectuelle），国际联盟的咨询机构，1922 年成立于瑞士日内瓦，旨在加强世界各国之间的文化、教育、科学、艺术等领域的交流合作。1946 年解散，其功能被新成立的联合国教科文组织取代。——译者注

489

时也是叫"丹麦体")。爱尔兰恢复的那种拉丁字母字体,可追溯至中世纪早期,后在英格兰也广泛使用过。因此,这两个国家是出于民族主义原因而把自己跟文明世界的其他部分分隔开,让国际交流变难了。

最近几个世纪,欧洲只对拉丁字母做了一种普遍性改革,就是对i和j进行了区分,对u和v进行了区分。这些形式之间最初并无语音区别,而今则有了分工,i和u是元音,j和v(以及w)是辅音。但是,即使是这种非常有用的分工,也仍未实现统一:法语jour里、英语join里、西班牙语Juan里、德语ja里,字母j代表了四种不同音值[①];而字母v,在德语里的发音也是不同于其他语言[②]。

拉丁字母的字符过少,例如,a、e、i、o、u五个元音字母在大多数活语言里都不够用,字母表里没有字符可表示的辅音也不少。有些语言引入了补充符号,如德语等语言的ä、ö、ü(匈牙利语里还有表示长音的ő和ű),瑞典语的å,许多语言里带重音符的元音字母[③],法语的ç,以及捷克语、波兰语、罗马尼亚语里的若干字母。但不幸的是,从一种语言到另一种语言,这类改造既不相同,又无可比性,最终在几乎任何语言里都不足以把所有音位全部表现出来。经常还得再增加二合字母(diagraph),尤其要借助字母h,如sh、ch、th等,甚至要用到三合字母(trigraph),如sch。

还有一条劣势,也是最严重的劣势,是字母符号的语音值在各地并不一致;这是各语言在不同历史阶段的不同发展造成的结果。例

---

① 这四个j分别表示:[ʒ]、[dʒ]、[x]、[j]。——译者注

② 德语字母v发音为[f](与字母f完全相同),不同于其他语言中常见的[v]。——译者注

③ 指上方带有锐音符(´)、钝音符(`)、折角符(ˆ)的字母,如é、è、ê。这类符号最初用于标注古希腊文不同类型的重音,因而被称为"重音符号"。这一名称如今已不准确。有的语言的确使用这类符号做重音符号(如西班牙语),但更常见的情况是利用这类符号来区别音位,而非标注重音,如法语用é表示闭元音/e/,用è和ê表示开元音/ɛ/。而法语è和ê之分则仅剩下了正字法功能,完全只是书写传统的体现了。——译者注

11.《拉丁字母的普遍采纳》序 Introduction to *The Universal Adoption of Roman Characters*（1934）

如，圆唇后元音在德语里写成u，在法语里写成ou，在英语里写成oo，在丹麦语里写成oe；字母c在i和e的后面，至少有四种不同发音，等等。因此，"同一个人名'契切林'出现于报纸上，意大利文报纸上是Cicerin，法文报纸上是Tchitchérine，英文报纸上是Chicherin，丹麦文报纸上是Tsjitsjerin或Tjitjerin，等等。同一个俄语名字Chekov（契诃夫）可有多少种写法，可以用数学方法算出，因为其首音（或音组）可随不同环境转写成ch、tch、c、tsj、tj、cz或č，中间的辅音可转写成ch、kh、k、h或x，尾辅音可转写成v、f或ff。"[1]

虽然有这么多不完善之处以及缺点，但是拉丁字母依然是可推荐给全球普遍采纳的唯一字母。与大多数其他字母相比，它本身更清晰，更便于书写和印刷。但是，支持普遍采纳它的决定性理由，在于这种字母已稳固地用于整个西方世界，但是，若要充分达到让尚未使用拉丁字母的国家采纳它这一既定目的，就要满足一条不可或缺的条件：字母应当按照比法、英等国现行的传统拼写法更具一致性、更具系统性的方式来使用。把拉丁字母运用于新语言，有必要躲避开类似英语though与through之间、法语seau与sot之间的那种不正常现象。而另一方面，如果每种语言各自按照统一而易记的方式来运用符号，那么让同一符号在所有语言里都表示同样的音值却没那么重要。一定数量的细微分歧是绝对不可避免的，不应视为有害的东西。因为必须永远牢记，字母主要是给本国人民用的，大多数人并不学习外语。而少数确实学习外语的人，必然会足够聪明地克服这类难点，之后会遇到许多其他难点的。

我们研究的这个话题里，必须非常明确地区分没有书面形式的语言（或几乎没有书面形式的语言）和已拥有用拉丁字母之外的其他文字书写的文献的语言。为前者引入拉丁字母当然比为已有文学传统的民族引入拉丁字母容易得多；这种传统越是悠久，越是流传广泛，就

---

[1]《语音记录与语音转写》（*Phonetic Transcription and Phonetic Transliteration*），哥本哈根会议，1926年牛津版，第6页。——原注

越不容易引入激进的改革。

因此，没有笔头文学的语言，问题相对简单，例如非洲大多数语言皆如此。关于这类语言，近年来为其创制文字体系的工作进展迅速，许多体系值得高度赞扬，因为这些体系完美地顺应了这类语言的特点；这一点可见本卷中威斯特曼先生[①]的权威报告。

已拥有书写体系的语言，不可一概而论。如果其人口中有相当一部分已经能够读写，其改革就会比大多数人都不识字的语言艰难得多。这就解释了凯末尔帕夏在土耳其搞的鲁莽实验为何能大获成功，拉丁字母一举代替了阿拉伯字母。由于拉丁字母带来了新的便利条件，这次改革使文盲数量明显降低，拉丁字母远比阿拉伯字母更能适应土耳其语的音系系统，公众教育因而在近年来取得了突飞猛进。

然而，对于阿拉伯字母同样与之不相匹配的波斯语，我们就不能轻易下与土耳其类似结论。波斯语的情况非常不一样，因为波斯是个比土耳其"文学"得多的国家，拥有悠久而具有极高价值的诗歌传统。该国的字母一旦改变，就会制造出一种危险状况：其文学传统将不是变成无人识的死书，就是被知识精英层垄断，只有他们才有能力享受学会以两种截然不同的方式阅读母语之奢侈。不过，认为这样的情形将与1200年前巴列维字母被阿拉伯字母取代时的情况相同，也是没有道理的。当时造成了所有古代文学迅速消亡，因为识字阶层的儿童已不再学习创作古代文学所用的文字了。而今天，因为有了印刷术，这样的危险显然已经没有这么大了，把迄今为止以阿拉伯字母书写的文学著作中最宝贵的部分保存下来十分容易。的确，人们注意到在所有国家，具有广泛阅读价值的文学作品都会不时再版重印，而另一种类型的文学则保存在图书馆里，供少数学者使用。两种字母同时并行，一种用于商业用途和日常用途，另一种用于更"高端"的文学，从长远来看必然不可行。文字必须对所有事物、对所有人皆一视

[①] 迪德里希·威斯特曼（Diedrich Westermann, 1875–1956），德国语言学家，传教士，非洲语学者。——译者注

11.《拉丁字母的普遍采纳》序 Introduction to *The Universal Adoption of Roman Characters*（1934）

同仁。

当今使用拉丁字母之外的字母的语言，很少有哪种能够像梵语、巴利语等所使用的字母那样，能够让人对简单的转写感到满意。因为大多数文字系统都没有简单到可让字母实现逐个替换的地步。这一点从对现代希腊语的论述中可以千真万确地看出来；该语言中，古代字母的音值随着时间的流逝而发生了巨大的变化，以至于简单的转写会带来名副其实的混乱。运用本书里的相关报告中推荐的那些原则，或许有可能设计出一种满足所有理性需求的正字法。对柬埔寨语，或许也可做同一件事情：让正字法以当今的音系系统为基础，把转写法仅留给那些除了学者之外人们并无太大兴趣的古代文本和碑刻。

很多时候，过于信任传教士已设计出的体系，或是给欧洲人用的手册里的体系，是有害无益的；这些发明者常常并未受过令人满意的语言学教育，纯粹是在以简单粗暴的方式把自己语言的拼写强加过去，并依照自己的想象补充几个新符号，有时并未考虑到所记录语言的所有重要细节。不过值得注意的是，这类缺陷如今已变得越来越少了。

在拥有文学的国家里，中国和日本必须分作两类。众所周知，汉语书写主要是表意书写（ideographic），或者更确切说，是语素书写（logographic），把每个词处理为一个不可分割的单位，不像我们那样可把每个词分解成语音单位。高本汉先生出色的报告非常清楚地展示出了这种书写体系的特征，展示出这样的书写体系如何作为一种独特的视觉链条，把这个各地口语皆不相同的巨大国家的各个部分联系起来。我们还看到，口语中的表达方式正在经历一场剧烈变革，坚定地摆脱古汉语的简洁特征。这一新发展使彻头彻尾的改革越来越不可避免，但是另一方面，这一改革也在面对比其他任何地方更大的困难，即使我们把正开始被认可为国语的那种发音作为基础，该语言中仍存在一种极具特色的特征，使其进行字母转换极为困难：我指的是大量具有区别性的声调，这些声调绝对重要，是用来避免那数不尽的歧义的。像编给欧洲人看的教学手册里经常做的那样，用写在上方或旁边的数字或其他类似途径来表示这些声调，是不可接受的。已有人设计出了若干种更复杂、更具创意的体系，但是哪一种也没有得到普遍接受。只要在实际解决这个棘手问题上无法达成共识，引入拉丁字母就不具可能性。但是终有一天（或许比我们期望的要早）全中国乃至全世界都会开启这项实为不可避免的改革。

的确，这场改革将意味着与旧时传统彻底决裂，文学将变得"对所有未将其当作外语来学习的人来说都是无法理解的"。但是，中国正在发生着的，且将继续发生的，难道不正是这样的事情吗？即使传统体系被宗教似地保留了下来，也仍是如此。当前每个开始学习阅读的中国孩子，面对的都是一种根本不同于自己的自然口语的书面语言，这差别就像是让意大利的孩子去学读西班牙文或葡萄牙文一样困难。至今，完全掌握古代文学，在中国也只局限于一小部分有能力牺牲数年时间学习这项十分复杂的技能的高端阶层。

在日本，情况与之可比，但又不完全相同。传统书写由表意汉字加上音节符号（假名）构成，后者十分必要，因为日语的语言特征完全不同于汉语（日语是综合性的，不是分析性的）。这些符号既用来表示屈折成分和派生成分，也用来标注汉字的日语读音[①]。拉丁字母的引入可使这套复杂的机器变得更加可控。这当中似乎没有类似中国那样的困难，因为日语的音系结构跟西方语言比较一致。日语已有两套相互竞争的拉丁字母体系出现了：第一套是欧洲人设计完善的，主要由学习日语的外国人使用，虽然一部分日本人也喜欢用（这一体系通常以词典编纂者J.C.黑本[②]命名为"黑本式"）——第二套由日本人设计完善，通称为"日语罗马字"（Nipponsiki Rômanzi或Nihonsiki

---

[①] 关于这套混乱体系的发展，应读 G.B. 桑松（G.B. Sansom）《日语历史语法》（*A Historical Grammar of Japanese*）（牛津，1928）第一章。——原注

[②] 黑本（James Curtis Hepburn, 1815–1911），美国医生，长老会传教士，在江户时代的日本行医、传教，取日文汉字名"平文先生"，在日生活33年，编编《和英词林集成》（*A Japanese and English Dictionary*, 1867）。该词典使用他自行设计的日语拉丁字母方案转写日语词并依此为词条排序，这一体系被后人称为"黑本式"。——译者注

11.《拉丁字母的普遍采纳》序 Introduction to *The Universal Adoption of Roman Characters*（1934）

Rômanzi）。①

  作为外国人，对这两套体系的相对价值做表态似乎有些鲁莽，如果我斗胆表示倾向于第二种方案，是因为该方案更接近于近来开始在现代语言学中获得认可的音系学原则。不过，为了解释我对此问题的立场，有必要对这类原则补充些一般性的评述。这些一般性评述非常必要，因为我们关注这一问题不仅对日本来说至关重要，而且对于所有正在考虑以新方式书写其语言的国家来说都是至关重要。

  近年来，多位知名语言学家（布拉格语言学小组、特鲁别茨柯依②、萨丕尔、琼斯、帕默等）构建了语音学和音系学之区别。这两个术语按照现在的看法③，可以这样定义：语音学关注对人类语言所使用的音的研究，关注语音经身体器官的生理产出及对耳朵产生的声学印象。这样的语音系统是普遍性的，因为各国人的语音器官大体上都相同。研究这样的语音，甚至可以在不懂含有该语音的语言的情况下客观进行。而音系学与之相反，专门关注某一具体语言或方言的特有特征，每种语言都有自己的系统。事实上我们发现有些音，客观来看有明显不同，但在该语言中却可无差别地使用，有时可永远这样无差别使用，有时则在一定条件下无差别使用，也有时在其他某音之前或之后时可无差别使用，而在另一种语言中却不能这样互换，否则就会不可避免地造成误解。在一种语言中具有跟语义相关的确切价值的成分，在另一种语言中或被视为可忽略的成分。我们把某一具体语言的具体结构中具有语义区别作用的音称为音位（phoneme）。与之类似，也有些在一种语言中发挥决定性作用的音长、重音、声调差异，

---

  ① 这类问题，除了田中馆先生著的几本小册子之外，还应参见东京帝国大学语文学会的小册子《关于日语的罗马字化》（*Concerning the Romanization of Japanese*，1930），尤其应读哈罗德·E. 帕默（Harold E. Palmer）的《从日语的罗马字化看罗马字化的原则》（*The Principles of Romanization with Special Reference to the Romanization of Japanese*）（东京，1930）。——原注

  ② 特鲁别茨柯依执教于奥地利维也纳大学，因此叶斯柏森在本文中似乎未将他算作布拉格语言学小组成员，但事实上，特鲁别茨柯依也是小组成员。——译者注

  ③ 以前，这两个术语被用作若干种其他用法。——原注

别的国家的人根本就注意不到。我们现在若想为某一语言构建正字法，让正字法能够与讲这种语言的人的实际需求相呼应，就必须考虑到该语言在音系上的个性，并找出最简便的方式来标注母语者的语言感受中相同的成分，即使这样的成分在客观上或在外国人看来涉及了若干个音，也依然如此。①

我们来总结一下这篇序言的主要观点。为了寻求最佳方式将拉丁字母运用于尚未使用该字母的语言，我们必须充分熟悉构筑起该语言的个性特点的成分，并完全了解该语言的音系结构。对于该语言体系中所有的重要细节，我们必须竭力找出最实用的记录方式，并始终记住拉丁字母的缺陷，必要时用双字母、附加符号或是语音学家使用的特殊字母（见国际语音学协会的出版物以及1925年哥本哈根会议的报告）对其加以补充。不过，有实用头脑人一定会记着，发电报时、印刷时、使用普通打字机时，这类补充符号会造成麻烦；因此，有时我们必须做些多多少少的折中以达到满意。拉丁字母是统一的符号，而对其的运用可各有千秋。

全球推广拉丁字母是件充满困难的事，无法在所有国家一蹴而就。但是总的来说，这些困难不是不可逾越的，征服了这些困难的国家，可获得的益处是巨大的。

---

① 日语中，日语罗马字体系写 ta、ti、tu 在音系学角度是正确的，而黑本写 ta、chi、tsu 在语音学角度是正确的。日语罗马字体系在拼写中不标出某些日语母语者眼里的自动变化，因此能够以非常简便的方式呈现动词的变位、及物动词和不及物动词间的关系以及被称为"浊音化"（濁り，nigori）的语音交替现象，等等（见《袖珍日语手册》[Pocket Handbook of Japanese]，第 2 版，东京，1928，第 11 页及后）。总之，这一体系让该语言的词法结构和语义结构呈现得非常清晰。——原注

参考文献[①]

Algeo, John & Thomas Pyles. 2009. *The Origin and Development of the English Language.* 5th ed. Beijing: World Publishing Corporation.

Andersen, Fleming & Carl Bache. 1976. August Schleicher: Towards a Better Understanding of His Concept of Language Change. *Anthropological Linguistics* 18: 428-437.

Anderson, S. R. 1985. *Phonology in the Twentieth Century.* Chicago: University of Chicago Press.

——. 1992. *A-Morphous Morphology.* Cambridge: Cambridge University Press.

Basbøll, Hans. 2005. *The Phonology of Danish.* Oxford: Oxford University Press.

Basbøll, Hans. 2021. Otto Jespersen: A Great Phonetician and Linguist in His Danish Context. Ed. & Trans. Changliang Qu. *Otto Jespersen on Phonetics.* Beijing: The Commerical Press. 531-565.

Baudouin de Courtenay, 1895. *Versuch einer Theorie phonetischer Alternationen.* Strassburg: Commissionsverlag Von Karl J. Trübner.

Bell, Alexander Melville. 1886. *Essays and Postscripts on Elocution.* New York: Werner.

[①] 已收入 Jespersen（1932，1933a）两部自选集以及 Jespersen（2016）的著作，原则上不再单列。

Bentham, Jeremy. 1776. *A Fragment on Government*. London: T. Payne.

Bloomfield, Leonard. 1930. German ç and x. *Le maître phonétique* 20: 27-28.

——. 1933. *Language*. New York: Holt, Rinehart & Winston.

Brugmann, Karl. 1885. *Zum heutigen Stand der Sprachwissenschaft*. Strassburg: Karl J. Trübner.

——. 1897. *Grundriss der vergleichenden Grammatik der indogermanischen Sprachen*. Vol. 1. *Einleitung und Lautlehre*. Strassburg: Karl J. Trübner.

Boas, Franz. 1911. *Handbook of American Indian Languages*. Vol. 1. Washington: Government Printing Office.

——. 1922. *Handbook of American Indian Languages*. Vol. 2. Washington: Government Printing Office.

Christensen, Lisa, Helena Hansson, Lena Lötmarker & Bo-A. Wendt. 1999. *Svenska akademiens grammatik*, Vol. 2. Stockholm: Norstedts.

Christophersen, Paul. 1989. Otto Jespersen. Eds. Arne Juul and Hans F. Nielsen. 1989. *Otto Jespersen: Facets of His Life and Work*. Amsterdam: John Benjamins. 1-11.

CLP (Cercle linguistique de Prague). 1931. Projet de terminologie phonologique standardisée. *Travaux du cercle linguistique de Prague* 4: 309-323.

Conway, R. Setmour. 1887. *Verner's Law in Italy*. London: Trübner.

Collin, Christen. 1893. Lidt om en ny retskrivning. Kristiania: Norsk Retskrivningssamlag's Forlag.

Collinge, N. E. 1985. *The Laws of Indo-European*. Amsterdam: John Benjamins.

Cox, George. 1906. *A Grammar and Commentary on the International Language Esperanto*. London: British Esperanto Association.

Curtius, Georg. 1858. *Grundzüge der griechischen Etymologie*, vol. 1.

Leipzig: B.G. Treubner.

Curme, George Oliver. 1931. *Syntax*. Boston: D. C. Heath and Company.

Darwin, Charles. 1859. *On the Origin of Species by Means of Natural Selection, or The Preservation of Favoured Races in the Struggle for Life*. London: John Murray.

——. 1872. *The Origin of Species by Means of Natural Selection, or the Preservation of Favoured Races in the Struggle for Life*. 6th ed. London: John Murray.

Ellis, Alexander John. 1845. *A Plea for Phonotypy and Phonography*. Bath: Isaac Pitman.

——. 1848. *A Plea for Phonetic Spelling*. London: Fred Pitman.

——. 1867. *On Early English Pronunciation*. vol. 1. London: Asher & Co.

——. 1871. *On Early English Pronunciation*. vol. 3. London: Asher & Co.

——. 1874. *On Early English Pronunciation*. vol. 4. London: Asher & Co.

Eschricht, D. F. 1858. Om den islandske sproglaverske sæunn. *Dansk Maanedsskrift* 8, 379-402.

Fortson, B. 2004. *Indo-European Language and Culture: An Introduction*. Oxford: Blackwell.

Fowler, H.W. & F.G. Fowler. 1906. *The King's English*. Oxford: Clarendon.

Franke, Felix. 1884. *Die praktische Spracherlernung: Auf Grund der Psychologie und der Physiologie der Sprache dargestellt*. Heilbronn: Henninger.

Francis, W. Nelson. 1989. Otto Jespersen as Grammarian. Eds. Arne Juul & Hans F. Nielsen. *Otto Jespersen: Facets of His Life and Work*. Amsterdam: John Benjamins. 79-99.

Gabelentz, Georg von der. 1891. *Die Sprachwissenschaft: Ihre Aufgaben, Methoden und bisherigen Ergebnisse*. Lepzig: T.O. Weigel Nachfolger.

Garnett, James M. 1895. Review of *Progress in Language* by Otto Jespersen. *The American Journal of Philology* 16 (3): 362 – 368.

Grassmann, Hermann. 1863. Ueber die Aspiraten und ihr gleichzeitiges Vorhandensein im An- und Auslaute der Wurzeln. *Zeitschrift für vergleichende Sprachforschung auf dem Gebiete des Deutschen, Griechischen und Lateinischen* 12 (3): 81-110.

Grimm, J. 1819. *Deutsche Grammatik*. Göttingen: Dieterichsghen Ruchhandlung.

Grønnum, Nina. 2005. *Fonetik og fonologi: Almen og dansk*. Copenhagen: Akademisk Forlag.

——. 1822. *Deutsche Grammatik*. 2nd ed. Vol. 1. Göttingen: Dieterichsghen Ruchhandlung.

——. 1864. *Kleinere Schriften, Selbstbiographie, Reden und Abhandlungen*. Vol. 1. Berlin: Ferd. Dümmlers Verlagsbuchhandlung.

Hale, Horatio. 1886. *The Origin of Languages and the Antiquity of Speaking Man*. Cambridge: John Wilson and Son.

Hegel, G.W.F. 1837. *Vorlesungen über die Philosophie der Geschichte*. Berlin: Dunder und Humblot.

Hoad, T. F. 1996. *Oxford Concise Dictionary of English Etymology*. Oxford: OUP.

Humboldt, Wilhelm von. 1836. *Über die Kawi-Sprache auf der Insel Java*. Berlin: Druckerei der Königlichen Akademie der Wissenschaften.

——. 1880. *Über die Verschiedenheit des menschlichen Sprachbaus und ihren Einfluss auf die geistige Entwicklung des Menschengeschlechts*. Berlin: Verlag von S. Calvary & Co.

Ihanlainen. Ossi. 2002. The Dialects of England Since 1776. Ed. Robert Burchfield. *The Cambridge History of the English Language*. Vol. 5. *English in Britain and Overseas: Origins and Development*. Beijing: Peking University Press. 197-276.

IPA. 1999. *Handbook of the International Phonetic Association: A Guide to the Use of the International Phonetic Alphabet*. Cambridge: Cambridge

University Press.

Jack, George. *Beowulf: A Student Edition*. Oxford: Clarendon.

Jakobson, Roman. 1921. *Новейшая русская поэзия: Набросок первый*. Prague: Politica.

——. 1923. *О чешском стихе, преимущественно в сопоставлении с русским*. Moscow: Государственное издательстово.

——. 1927. Untitled Section in Zprávy, Pražský lingvistický kroužek. *Časopis pro moderní filologii* 14: 183-184.

——. 1929. *Remarques sur l'évolution phonologique du russe comparée à celle des autres langues slaves*. 7 – 116. 1971. *Selected Writings*. Vol. 1. *Phonological Studies*. Expanded edition. The Hauge: Mouton.

——. 1931a. Prinzipien der historischen Phonologie. *Travaux du cercle linguistique de Prague* 4: 247-267.

——. 1931b. Principes de phonologie historique. *Selected Writings*. Vol. 1. *Phonological Studies*. Expanded edition. The Hauge: Mouton. 202-220.

Jakobson, Roman, S. Karcevsky & N. Trubetzkoy. 1928. Quelles sont les méthodes les mieux appropriées à un exposé complet et practique de la phonologie d'une langue quelconque? *Actes du premier congrès international de linguistes, à la Haye, du 10-15 avril 1928*. 33-36.

Jespersen, Halfdan. 1909. *Stamtavle over den bornholmske familie Jespersen*. Copenhagen: E. Jespersen Forlag.

Jespersen, Otto. 1884. Om lydskrift, særlig Lundells "Landsmåls alfabet" og Bells "Visible Speech". *Kort udsigt over det philologisk-historiske samfunds virksomhed*. Oct.1882-Oct.1884: 49-51.

Jespersen, otto. 1885a. Træk af det parisiske vulgærsprogs grammatik. *Kort udsigt over det philologisk-historiske samfunds virksomhed*. Oct.1884-Oct.1885: 92-99.

——. 1885b. Om Volapük. *Kort udsigt over det philologisk-historiske samfunds virksomhed.* Oct.1884-Oct.1885: 88.

——. 1886. Zur Lautgesetzfrage. *Internationale Zeitschrift für allgemeine Sprachwissenschaft* 3 (1): 188-216.

——. 1887. Der neue Sprachunterricht. *Englische Studien* 10: 412-437.

——. 1889. *The Articulations of Speech Sounds Represented by Means of Analphabetic Symbols.* Marburg: Elwert.

——. 1890. Danias lydskrift. *Dania* 1:33-79.

——. 1891. *Studier over engelske kasus, med en indledning: Fremskridt i sproget.* Copenhagen: Kleins Forlag.

——. 1893. Analfabetisk. *Salmonsens konversationsleksikon.* Vol. 1. Ed. Chr. Blangstrup. Kjøbenhavn: Forlagt af Brødrene Salmonsen. 770.

——. 1894a. *Progress in Language: With Special Reference to English.* London: Swan Sonnenschein & Co.

——. 1894b. Den norske retskrivning. *Dania* 2: 337-339.

——. 1897a. Stød og musikalsk akcent. *Dania* 4: 215-239.

——. 1897b. Karl Verner. *Tilskueren* (1): 3-17.

——. 1899. *Fonetik: en systematisk fremstilling af læren om sproglyd.* Copenhagen: Schubothe.

——. 1900. Den psykologiske grund til nogle metriske fænomener. *Det kgl. danske videnskabernes selskabs forhandlinger* (6): 477-530.

——. 1901a. Læsemetoder. *Salmonsens konversationsleksikon.* vol. 12. Ed. Chr. Blangstrup. Kjøbenhavn: Forlagt af Brødrene Salmonsen. 73-75.

——. 1901b. *Sprogundervisning.* Det Schubotheske forlag.

——. 1902. The Nasal in *Nightingale,* etc. *Englische Studien* 31: 239-242.

——. 1904a. *Phonetische Grundfragen.* Leipzig: Teubner.

——. 1904b. *Lehrbuch der Phonetik..* Leipzig: Teubner.

——. 1904c. *How to Teach a Foreign Language.* Trans. Sophia Yhlen-Olsen Bertelsen. London: George Allen and Unwin.

——. 1905. *Growth and Structure of the English Language*. Leipzig: Teubner.

——. 1906. Zur Geschichte der älteren Phonetik (3). *Die Neueren Sprachen* 13 (9): 513-528.

——. 1907. *John Hart's Pronunciation of English (1569 and 1570)*. Heidelberg: Carl Winter's Universitätsbuchhandlung

——. 1908. Sproglære, i anledning af Noreen, *Vårt Språk. Danske Studier* 5: 208-218.

——. 1909a. *A Modern Grammar of the English Language on Historical Principle*. Vol. 1. *Sound and Spelling*. London: George Allen & Unwin Ltd.

——. 1909b. Origin of Linguistic Species. *Scientia* 6: 111-120.

——. 1909c. Sprachliche Grundsätze beim Aufbau der internationalen Hilfssprache. Eds. Louis Couturat et al. *Weltsprache und Wissenschaft*. 27-41.

——. 1910. What is the Use of Phonetics? *Education Review* 39 (2): 109-120.

——. 1913a. Det danske stød og urnordisk synkope. *Arkiv för nordisk filologi* 29: 1-32.

——. 1913b. *Sprogets logik*. Copenhagen: Universitetbogtrykkeriet.

——. 1913c. Sprachliche Grundsätze beim Aufbau der internationalen Hilfssprache. Eds. Louis Couturat et al. *Weltsprache und Wissenschaft*. 2nd ed. 46-68.

——. 1914a. *A Modern Grammar of the English Language on Historical Principle*. Vol. 2. *Syntax*. Part 1. London: George Allen & Unwin Ltd.

——. 1914b. Energetik der Sprache. *Scientia* 16: 225-235.

——. 1916. *Nutidssprog hos börn og voxne*. Copenhagen: Gyldendal.

——. 1917a. Anmeldelser af F. de Saussure, Cours de linguistique générale. *Nordisk tidsskrift for filologi*, (6): 37 – 41.

——. 1917b. *Negation in English and Other Languages*. Copenhagen: Høst & Søn.

——. 1918a. *Rasmus Rask, i hundredåret efter hans hovedværk*. København: Gyldendalske Boghandel.

——. 1918b. Nogle men-ord. *Studier tillegnade Esaias Tegnér*. Lund: C.W.K. Gleerups Förlag. 49-55.

——. 1920a. The Classification of Language. *Scientia* 28: 109-120.

——. 1920b. *The England and America Reader*. 5th ed. Copenhagen: Gyldendalske Boghandel Nordisk Forlag.

——. 1920c. *Lehrbuch der Phonetik*. 3rd ed. Leipzig: Teubner.

——. 1921. *Our Title and Its Import: The Presidential Address for 1920-1, Delivered at Bedford College, N.W., May 21, 1921*. Cambridge: Bowes & Bowes.

——. 1922. *Language: Its Nature, Development and Origin*. London: George Allen & Unwin Ltd.

——. 1924. *The Philosophy of Grammar*. London: George Allen & Unwin Ltd.

——. 1925. *Mankind, Nation and Individual: From a Linguistic Point of View*. Oslo: H. Aschehoug.

——. 1927a. L'individu et la communauté linguistique. *Journal de psychologie normale et pathologique* 24 (7): 573-590.

——. 1927b. *A Modern Grammar of the English Language on Historical Principle*. Vol. 3. *Syntax*. Part 2. London: George Allen & Unwin Ltd.

——. 1929a. Monosyllabism in English. *Proceedings of the British Academy* 14: 3-30.

——. 1929b. *An International Language*. New York: W.W. Norton.

——. 1929c. Nature and Art in Language. *American Speech* 5(2): 89-103.

——. 1931. *A Modern Grammar of the English Language on Historical Principle*. Vol. 4. *Syntax*. Part 3. London: George Allen & Unwin Ltd.

——. 1932. *Tanker og studier*. Copenhagen: Gyldendalske Boghandel Nordisk Forlag.

——. 1933a. *Linguistica: Seleceted Papers in English, French and German*. London: George Allen & Unwin Ltd.

——. 1933b. *Essentials of English Grammar*. London: George Allen & Unwin Ltd.

——. 1938. *En sprogmands levned*. Copenhagen: Gyldendalske boghandel nordisk forlag.

——. 1940. *A Modern Grammar of the English Language on Historical Principle*. Vol. 5. *Syntax*. Part 4. London: George Allen & Unwin Ltd.

——. 1941. *Efficiency in Linguistic Change*. Copenhagen: Munksgaard.

——. 1942. *A Modern Grammar of the English Language on Historical Principle*. Vol. 6. *Morphology*. London: George Allen & Unwin Ltd.

——. 1949. *A Modern Grammar of the English Language on Historical Principle*. Vol. 7. *Syntax*. London: George Allen & Unwin Ltd.

——. 1995. *A Linguist's Life: An English Translation of Otto Jespersen's Autobiography with Notes, Photos and a Bibliography*. Odense: Odense University Press.

——. 2016. *Selected Writings of Otto Jespersen*. Beijing: World Publishing Corporation.

Jespersen, Otto & Holger Pedersen. 1926. *Phonetic Transcription and Transliteration: Proposals of the Copenhagen Confeence, April 1925*. Oxford: Oxford University Press.

Jones, Daniel. 1917. The Phonetic Structure of the Sechuana Language. *Transactions of the Philological Society*, Vol. 1917–20: 99–106.

——. 1928. Das System der Association phonétique internationale. Ed. Martin Heepe. *Lautzeichen und ihre Anwendungen in verscheidenen Sprachgebieten*. Berlin: Reichdruckerei. 18-27.

——. 1931. On Phonemes. *TCLP* 4: 74 – 79.

——. 1950. *The Phoneme: Its Nature and Use*. Cambridge: W. Heffer.

——. 1957. *The History and Meaning of the Term "Phoneme"*. London: International Phonetic Association.

Jones, Daniel. & S.T. Plaatje 1916. *A Sechuana Reader*. London: University of London Press.

Joseph, John E. 1999. Dufriche-Desgenettes and the Birth of the Phoneme. *The Emergence of the Modern Language Sciences: Studies on the Transition from Historical-Comparative to Structural Linguistics in Honour of E.F.K. Koerner*. Vol. 1: *Historiographical Perspectives*. (Eds.) Sheila Embleton, John E. Joseph and Hans-Josef Niederehe. Amsterdam: John Benjamins. 55-76.

——. 2012. *Saussure*. Oxford: Oxford University Press.

Juul, Arne & Hans F. Nielsen (eds). 1989. *Otto Jespersen: Facets of His Life and Work*. Amsterdam: John Benjamins.

Hirt, Herman. 1895. *Der indogermanische Akzent, Ein Handbuch*. Strassburg: Karl J. Trübner.

Karlgren, Bernhard. 1923. *Sound and Symbol in Chinese*. London: Oxford University Press.

Kibbee, Douglas. 1991. *For to Speke Frenche Trewely: The French Language in England, 1000-1600. Its Status, Description and Instruction*. Amsterdam: John Benjamins.

Knudsen, Knud. 1876. *Den landsgyldige norske uttale*. Kristiania: Forfatterens Kostning.

Kock, Axel. 1878. *Språkhistoriska undersökningar om svensk akcent*. Vol. 1. Lund: C. W. K. Gleerups Förlag.

Koerner, E. F. K. 1972. Towards a Historiography of Linguistics 19th and 20th Century Paradigms. *Anthropological Linguistics* 14(7): 428-437.

——. 1973. *The Importance of Techmer's "Zeitschrift"*. Amsterdam: John Benjamins.

——. 1978. *Toward a Historiography of Linguistics: Selected Essays*. Amsterdam: Benjamins.

——. 1999. *Linguistic Historiography: Projects & Prospects*. Amsterdam: John Benjamins.

König, Ekkehard & Johan Van der Auwera. 1994. *The Germanic Languages*. London: Routledge.

Kretschmer, Paul. 1933. [Untitled Comments]. *Actes du deuxième Congrès international de linguistes, Genève 1931*. Paris: Librairie d'Amérique et d'Orient. 125.

Kruszewski, Mikołaj. 1881. *Über die Lautabwechslung*. Kazan: Universitätsbuchdruckerei.

Lass, Roger. 1988. Vowel Shifts, Great and Otherwise: Remarks on Stockwell and Minkova. Eds. D. Kastovsky and G. Bauer. *Luick Revisited*. Tübingen: Gunter Narr Verlag. 395-410.

——. 1997. *Historical Linguistics and Language Change*. Cambridge: Cambridge University Press.

——. 2002a. Phonology and Morphology. Ed. Norman Blake. *The Cambridge History of the English Language*. Vol. 2. *1066 – 1476*. Beijing: Peking University Press. 23-155.

——. 2002b. Phonology and Morphology. Ed. Roger Lass. *The Cambridge History of the English Language*. Vol. 3. *1476–1776*. Beijing: Peking University Press. 56-186.

Larsen, Fritz. 1989. Jespersen's New International Auxiliary Language. Eds. Arne Juul and Hans F. Nielsen. 1989. *Otto Jespersen: Facets of His Life and Work*. Amsterdam: John Benjamins. 101-122.

Lehmann, Winfred P. 1967. *A Reader in Nineteenth Century Historical Indo-European Linguistics*. Bloomington: Indiana University Press.

Lorenzo, Guillermo. 2021. Otto Jespersen, One More Broken Leg in the Historical Stool of Generative Linguistics. *Historiographia Linguistica*

48(2-3): 302-315.

Lottner, C. 1862. Ausnahmen der ersten Lautverschiebung. *Zeitschrift für vergleichende Sprachforschung auf dem Gebiete des Deutschen, Griechischen und Lateinischen* 3 (4): 161-205.

Luick, Karl. 1896. *Untersuchungen zur englischen Lautgeschichte.* Strassburg: Karl J. Trübner.

——. 1921. *Historische Grammatik der englischen Sprache.* Leipzig: Chr. Herm. Tauchnitz.

Maher, J. Peter. 1966. More on the History of the Comparative Methods: The Tradition of Darwinism in August Schleicher's Work. *Anthropological Linguistics* 8(3) :1-12.

——. 1983. *Linguistics and Evolutionary Theory: Three Essays by August Schleicher, Ernst Haeckel and Wilhelm Bleek.* Amsterdam: Benjamins.

Mathesius, Vilém. 1911. O potenciálnosti jevů jazykových. *Věstník Královské České společnosti nauk 1911-1912, Třída filosoficko-historicko-jazykozpytná.* 1-24.

——. 1929a. On the Phonological System of Modern English. *Verzameling van opstellen, door oud-leerlingen en bevriende vakgenooten opgedragen aan Mgr. Prof. Dr. Jos. Schrijnen bij gelegenheid van zijn zestigsten verjaargad.* Nijmegen-Utrecht: N.V. Dekker & Van de Vegt. 46-53.

——. 1929b. Ziele und Aufgaben der vergleichenden Phonologie. *Xenia Pragensia.* Eds. Arnošt Vilém Kraus & Josef Janko. Prague: Jednota československých matematiků a fysiků. 432-445.

——. 1931. Zum Problem der Belastungs- und Kombinationsfähigkeit der Phoneme. *Travaux du cercle linguistique de Prague* 4: 148-152.

——. 1933. La place de la linguistique fonctionnelle et structurale dans le développement général des études linguistiques. *Actes du deuxième Congrès international de linguistes, Genève 1931.* Paris: Librairie d'Amérique et d'Orient. 145-146.

McCawley, James D. 1970. Review of *Analytic Syntax* by Otto Jespersen. *Language* 46(2): 442-449.

McCawley, James D. 1992. The Biological Side of Otto Jespersen's Linguistic Thought. *Historiographia Linguistica* 19: 97-110.

McElvenny, James. 2017. Grammar, typology and the Humboldtian tradition in the work of Georg von der Gabelentz. *Language & History* 60 (1): 1-20.

McMahon, April. 2006. Restructuring Renaissance English. Ed. Lynda Mugglestone. *The Oxford History of English*. Oxford: Oxford University Press. 147-177.

Meillet, A. 1925. *La méthode comparative en linguistique historique*. Oslo: H. Aschehoug.

——. 1933. [Untitled Comments]. *Actes du deuxième Congrès international de linguistes, Genève 1931*. Paris: Librairie d'Amérique et d'Orient. 126-127.

Minkova, D. & R. P. Stockwell. 2003. English Vowel Shifts and "Optimal" Diphthongs: Is there a logical link? Ed. D. E. Holt. *Optimality Theory and Language Change*. Amsterdam: Kluwer. 169–90.

Mitchell, Bruce & Fred C. Robinson. 2005. *A Guide to Old English*. Beijing: Peking University Press.

Miyake, Marc Hideo. 2003. *Old Japanese: A Phonetic Reconstruction*. London: Routledge.

Mossé, Ferdinand. 1947. *Esquisse d'une histoire de la langue anglaise*. Lyon: IAC.

Morris, Richard. 1866. *Dan Michel's Ayenbite of Inwyt, Or Remorse of Conscience in the Kentish Dialect, 1340 AD*. London: Trübner.

Morton, James. 1853. *The Ancren Riwle: A Treatise on the Rules and Duties of Monastic Life*. London: The Camden Society.

Mugdan, Joachim. 2014. More on the Origins of the Term *phonème*. *Historiographia Linguistica* 41(1): 185-187.

Mugglestone, Lynda. (ed.) 2006. *The Oxford History of English*. Oxford: Oxford University Press.

Nielsen, Hans F. 1989. On Otto Jespersen's View of Language Evolution. Eds. Arne Juul & Hans F. Nielsen. *Otto Jespersen: Facets of His Life and Work*. Amsterdam: John Benjamins. 61-78.

——. 1994. On the Origin and Spread of Initial Voiced Fricatives and the Phonemic Split of Fricatives in English and Dutch. Eds. Margaret Laing & Keith Williamson. *Speaking in Our Tongues: Proceedings of a Colloquium on Medieval Dialectology and Related Disciplines*. 19-30. Woodbridge, Suffolk, UK / Rochester, NY: D.S. Brewer.

Nyrop, Kristoffer. 1886. *Adjektivernes kønsbøjning i de romanske sprog*. Copenhagen: C. A. Reitzels Forlag.

Oertel, Hanns. 1901. *Lectures on the Study of Language*. New York: Charles Scribner's Sons.

Osthoff, Hermann & Karl Brugmann. 1878. *Morphologische Untersuchungen auf dem Gebiete der indogermanischen Sprachen*. Vol. 1. Leipzig: S. Hirzel.

Paul, Hermann. 1880. *Prinzipien der Sprachgeschichte*. Halle: Max Niemeyer.

——. 1886a. *Prinzipien der Sprachgeschichte*. 2nd ed. Halle: Max Niemeyer.

——. 1886b. Review of Hugo Schnchardt *Ueber die Lautgesetze*. *Literaturblatt für Germanische und romanische Philologie* 7 (1): 1-6.

——. 1891. *Grundriss der Germanischen Philologie*. Vol. 1. Strassburg: Karl J. Trübner.

——. 1898. *Prinzipien der Sprachgeschichte*. 3rd ed. Halle: Max Niemeyer.

——. 1909. *Prinzipien der Sprachgeschichte*. 4th ed. Halle: Max Niemeyer.

——. 1920. *Prinzipien der Sprachgeschichte*. 5th ed. Halle: Max Niemeyer.

Perera, H. & D. Jones. 1919. *A Colloquial Sinhalese Reader*. Manchester: Manchester University Press.

Post, Alfred A. 1890. *Comprehensive Volapük Grammar*. Mattapan, Mass: Alfred A. Post.

Pott, August F. 1880. Zusätze. *Ueber die Verschiedenheit des menschlichen Sprachbaues und ihren Einfluss auf die geistige Entwicklung des Menschengeschlechts*. 2nd ed. Vol. 2. 423-544.

Rask, Erasmus. 1818. *Undersögelse om det gamle nordiske eller islandske sprogs oprindelse*. Copenhagen: Gyldendalske Boghandlings Forlag.

——. 1820. Den danske grammatiks endelser og former af det islandske sprog forklarede. *Samlede tildels forhen utrykte afhandlinger*, Vol. 1. 187-246.

——. 1834. *Samlede tildels forhen utrykte afhandlinger*, Vol. 1. København: Det Poppske Bogtrykkern.

——. 1843. *A Grammar of the Icelandic or Old Norse Tongue*. Trans. George Webbe Dasent. London: William Pickering.

Robins, Robert. 1997. *A Short History of Linguistics*. 5th ed. London: Longman.

Rudy, Stephen. 1990. *Roman Jakobson: A Complete Bibliography of His Writings*. Berlin: Mouton.

Saussure, Ferdinand de. 1878. *Mémoire sur le système primitif des voyelles dans les langues indo-européennes*. Leipzig: Teubner.

——. 1916. *Cours de linguistique générale*. Paris: Payot.

Ščerba, Lev Vladimirovič. 1911. *Court exposé de la prononciation russe*. Paris: API.

Scherer, Wilhelm. 1868. *Zur Geschichte der deutschen Sprache*. Berlin: Verlag von Franz Duncker.

Schibsbye, Knud. 1972. *Origin and Development of the English Language*. Vol. 1. *Phonology*. Copenhagen: Nordisk sprog og kulturforlag.

Schlegel, A. 1818. *Observations sur la langue et la littérature provençales*. Paris: La Libraire Grecque-Latine-Allemande.

Schlegel, F. 1808. *Über die Sprache und Weisheit der Indier*. Heidelberg: Mohr und Zimmer.

Schleicher, August. 1848. *Zur vergleichenden Sprachengeschichte*. Bonn: H.B. König.

——. 1860. *Die deutsche Sprache*. Stuttgart: Stuttgart: J. G. Cotta'scher.

——. 1863. *Die darwinsche Theorie und die Sprachwissenschaft*. Weimar: Hermann Böhlau.

——. 1865. *Über die Bedeutung der Sprache für die Naturgeschichte des Menschen*. Weimar: Hermann Böhlau.

——. 1866. *Compendium der vergleichenden Grammatik der indogermanischen Sprachen*, Kurzer Abriss, 2nd ed, Vol. 1. Weimar: Hermann Böhlau.

——. 1868. Eine Fabel in indogermanischer Ursprache. *Beiträge zur vergleichenden Sprachforschung auf dem Gebiete der arischen, celtischen und slawischen Sprachen* 5: 206-208.

Schleyer, Johann Martin. 1880. *Volapük, die Weltsprache*. Sigmaringen: Kommission der Hofbuchhandlung von C. Tappen.

——. 1888. Pened balid Yoliánesà. Retrieved on 2022-01-17 from <https://www.bible.com/bible/2056/1JN.1.VOL>.

Schuchardt, Hugo. 1885. *Über die Lautgesetze: Gegen die Junggrammatiker*. Berlin: Robert Oppenheim.

Schuchardt, Hugo. 1886. Erwiderung. *Literaturblatt für Germanische und romanische Philologie* 7(2): 80-83.

——. 1888. *Auf Anlass des Volapük*. Berlin: Robert Oppenheim.

Seret, W.A. 1887. *Grammar with Vocabularies of Volapük*. Glasgow: Thomas Murray & Son.

Sériot, P. 2014. *Structure and the Whole: East, West and Non-Darwinian*

Biology in the Origins of Structural Linguistics. Berlin: De Gruyter.

Seuren, Pieter A. M. 1998. *Western Linguistics: An Historical Introduction*. Oxford: Blackwell.

Sievers, Eduard. 1876. *Grundzüge der Lautphysiologie, Zur Einführung in das Studium der Lautlehre der indogermanischen Sprachen*. Leipzig: Breitkopf & Härtel.

——. 1881. *Grundzüge der Phonetik*. Leipzig: Breitkopf & Härtel.

——. 1885. *Grundzüge der Phonetik*. 3rd ed. Leipzig: Breitkopf & Härtel.

——. 1893. *Grundzüge der Phonetik*. 4th ed. Leipzig: Breitkopf & Härtel.

——. 1901. *Grundzüge der Phonetik*. 5th ed. Leipzig: Breitkopf & Härtel.

Skeat, Walter. 1882. *An Etymological Dictionary of the English Language*. Oxford: Clarendon.

Skeat, Walter. 1900. *The Complete Works of Geoffrey Chaucer*. Vol. 4. 2nd ed. Oxford: Clarendon.

Sladek, O. 2015. *The Metamorphoses of Prague School Structural Poetics*. Munich: Lincom.

Spencer, Herbert. 1857. Progress: Its Law and Cause. *The Westminster and Foreign Quarterly Review* 67: 445-485.

——. 1864. *The Principles of Biology*. Vol. 1. London: Appleton.

Sprague, Charles E. 1888. *Handbook of Volapük*. New York: The Office Company.

Stockwell, R. P. & D. Minkova. 1988a. The English Vowel Shift: Problems of coherence and explanation. Eds. D. Kastovsky and G. Bauer. *Luick Revisited*. Tübingen: Gunter Narr Verlag. 355–394.

Stockwell, R. P. & D. Minkova. 1988b. A Rejoinder to Lass. The English Vowel Shift: Problems of coherence and explanation. Eds. D. Kastovsky and G. Bauer. *Luick Revisited*. Tübingen: Gunter Narr Verlag. 411–417.

Stuurman, Frits. 1987. On Chomsky and Jespersen: Two Approaches to

Grammar. Eds. Frits Beukema & Peter Coopmans. *Linguistics in the Netherlands 1987*. Dordrecht: Foris Publications. 205-212.

Svartvik, Jan & Geoffrey Leech. 2006. *English: One Tongue, Many Voices*. London: Macmillan.

Sweet, Henry. 1877. *Handbook of Phonetics*. Oxford: Clarendon.

Tegnér, Esaias. 1880. *Språkets, makt öfver tanken*. Stockholm: Samson & Wallin.

——. 1922 [1874]. Om språk och nationalitet. *Ur språkens värld, Tre uppsatser av Esaias Tegnér*. Stockholm: Albert bonniers förlag. 95-164.

Thalbitzer, William. 1911. Eskimo. Ed. Franz Boas. *Handbook of American Indian Languages*. Washington: Government Printing Office. 967-1069.

Thomas, M. 2014. *Roman Jakobson*. 4 vols. London: Routledge.

Thomsen, Vilhelm. 1896. *Inscriptions de l'Orkhon*. Helsingfors: Imprimerie de la Société de Littérature Finnoise.

Trask, R. L. 1996. *A Dictionary of Phonetics and Phonology*. London: Routledge.

——. 2000. *Dictionary of Historical and Comparative Linguistics*. London: Routledge.

Trnka, Bohumil. 1935. Je prokázán vernerův zákon pro novou angličtinu? *Časopis pro moderní filologii* 21: 154-161.

——. 1936. On the Phonological Development of Spirants in English. Eds. Daniel Jones & D.B. Fry. *Proceedings of the Second International Congress of Phonetic Sciences*. 60-64.

Trubetzkoy, Nikolai. 1929. Zur allgemeinen Theorie der phonologischen Vokalsysteme. *Travaux du cercle linguistique de Prague* 1: 39-67.

——. 1931. Die Phonologischen Systeme. *Travaux du cercle linguistique de Prague* 4: 96-116.

——. 1933a. Les systèmes phonologiques envisages en eux-mêmes et dans leurs rapports avec la structure générale de la langue. *Actes du deuxième Congrès international de linguistes, Genève 1931*. Paris: Librairie d'Amérique et d'Orient. 109-113.

——. 1933b. [Untitled Plenary Speech]. Charles Bally, Léopold Gautier & Albert Sechehaye (eds.). *Actes du deuxième Congrès international de linguistes*. Paris: Librairie d'amérique et d'orient. 120-125.

——. 1933c. La phonologie actuelle. *Journal de psychologie normale et pathologique* 30: 120-125.

——. 1935. *Anleitung zu phonologischen Beschreibungen*. Brno: Mor. Unie.

——. 1939. *Grundzüge der Phonologie*. (= *TCLP* 7) Prague: Jednota Československých Matematiků a Fysiků.

Van Wijk, Nicolaas. 1932. De moderne phonologie en de omlijning van taalkategorieën. *De Nieuwe Taalgids* 26: 65-75.

Verner, Karl. 1877. Eine Ausnahme der ersten Lautverschiebung. *Zeitschrift für vergleichende Sprachforschung auf dem Gebiete der indogermanischen Sprachen* 23 (2): 97-130.

——. 1881. Review of Kock's *Språkhistoriska undersökningar om svensk akcent*. *Anzeiger für deutsches Alterthum und deutsche Litteratur* 7: 1-13.

Viëtor, Wilhelm. 1882. *Der Sprachunterricht muss umkehren!* Heilbronn: Henninger.

Wegener, Philipp. 1885. *Untersuchungen ueber die Grundfragen des Sprachlebens*. Halle: Max Niemeyer.

Welby, Victoria. 1911. *Significs and Language*. London: Macmillan.

Wilbur, T. 1977. *The Lautgesetz-Controversy: A Documentation (1885-1886)*. Amsterdam: John Benjamins.

Wood, M.W. 1889. *Dictionary of Volapük*. London: Trübner.

Zamenhof, Ludwik. 1887. *Международный язык*. Warsaw: Типо-

Литография Х. Кельтера.

——. The International Language Esperanto. Trans. R.H. Geoghegan. Upsala: Nya Tidning's Aktiebolag.

〔法〕A·梅耶. 1957. 历史语言学中的比较方法. 岑麒祥译. 北京：科学出版社.

〔丹麦〕奥托·叶斯柏森. 1928. 言语的起源. 方光焘译. 国立大学联合会月刊，1（7）：35-62.

〔美〕布龙菲尔德. 1980. 语言论. 袁家骅、赵世开、甘世福译. 北京：商务印书馆.

〔美〕道格拉斯·A. 奇比. 2020. 法语在英格兰的六百年史（1000—1600）. 曲长亮译. 北京：商务印书馆.

〔法〕帕西（保尔巴西）. 1930. 比较语音学概要. 刘复译. 上海：商务印书馆.

〔瑞士〕费尔迪南·德·索绪尔. 1980. 普通语言学教程. 高名凯译. 北京：商务印书馆.

〔丹麦〕汉斯·巴斯贝尔. 2021. 奥托·叶斯柏森：丹麦语境下的伟大语音学家与语言学家. 载《叶斯柏森论语音》，40-64.

〔美〕霍凯特. 1986. 现代语言学教程. 索振羽、叶蜚声译. 北京：北京大学出版社.

〔美〕诺姆·乔姆斯基. 1979. 句法结构. 邢公畹、庞秉均、黄长著、林书武译. 北京：中国社会科学出版社.

〔美〕乔治. 欧·寇姆. 1989. 英语句法（上、下）. 汪瑢译. 北京：商务印书馆.

〔美〕斯蒂芬·R. 安德森. 2015. 二十世纪音系学. 曲长亮译. 北京：商务印书馆.

〔英〕特拉斯克.（Trask, R.L.）2000. 语音学和音系学词典.《语音学和音系学词典》编译组译. 北京：语文出版社.

〔德〕威廉·冯·洪堡特. 1999. 论人类语言结构的差异及其对人类精神发展的影响. 姚小平译. 北京：商务印书馆.

〔捷克〕威廉·马泰修斯. 2020. 基于普通语言学的当代英语功能分析. 陈建华、刘志红译. 北京：世界图书出版公司.

〔古罗马〕西塞罗. 2008. 西塞罗全集·演说词卷（上、下）. 王晓朝译. 北京：人民出版社.

薄守生、赖慧玲. 2016. 百年中国语言学思想史. 北京：中国社会科学出版社.

岑麒祥. 1958. 语言学史概要. 北京：科学出版社.

——. 2008[1989]. 普通语言学人物志. 北京：世界图书出版公司.

柴櫹. 2021. 译者序. 载奥托·叶斯柏森（2021）语言论. 1-4.

陈建纲. 2017. 效益主义的发轫：初探边沁的政治思想. 人文及社会科学集刊，29（4）：527-562.

陈满华. 2013. 惠特尼和叶斯柏森的语言经济思想—兼谈语言经济原则的产生及其发展. 中国人民大学学报，27（4）：113-121.

——. 2015. 威廉·琼斯—东方学、历史比较语言学的先驱. 北京：高等教育出版社.

高逢亮. 2017. 叶斯柏森的"习惯语法". 文学教育（上），（10）：172-173.

郭威. 2014. 王力与叶斯柏森的实证主义倾向. 中国社会科学报，2014-08-11（A08）.

郭威、张高远. 2014. 叶斯柏森与王力"词类"和"词品"思想异同小考—基于《语法哲学》和《中国现代语法》的对比分析. 外文研究，2（2）：37-45+105-106.

海晓芳. 2014. 文法草创期中国人的汉语研究. 北京：商务印书馆.

何九盈. 2008. 中国现代语言学史. 北京：商务印书馆.

何容. 1944. 中国文法论. 重庆：独立出版社.

何兆熊. 1989. 语用学概要. 上海：上海外语教育出版社.

何自然. 1988. 语用学概论. 长沙：湖南教育出版社.

胡以鲁. 1923. 国语学草创. 上海：商务印书馆.

胡壮麟. 1994. 语篇的衔接与连贯. 上海：上海外语教育出版社.

胡壮麟、朱永生、张德录. 1989. 系统功能语法概论. 长沙：湖南教育出版社.

李葆嘉、王晓斌、邱雪玫. 2020. 尘封的比较语言学史：终结琼斯神话. 北京：科学出版社.

梁方. 2013. 叶斯柏森：语言学界的泰山北斗. 中华读书报，2013-03-20（018）.

廖序东. 1988.《语法哲学》和汉语语法学. 载《语法哲学》，1-14.

廖雅章. 1985. 转换语法的"名词化"和叶氏语法的"主谓结构". 福建外语，（3）：1-9.

林允清、马天卓. 2013. 叶斯柏森的普遍语法. 中国外语，10（3）：23-28+43.

刘复. 1927."图式音标"草创. 清华学报，（2）：1309-1318.

刘润清. 1995. 西方语言学流派. 北京：外语教学与研究出版社.

吕叔湘. 1947[1942]. 中国文法要略（上、中、下）. 上海：商务印书馆.

——. 1956. 中国文法要略（合订本、修订本）. 上海：商务印书馆.

——. 1982. 中国文法要略. 北京：商务印书馆.

——. 2014. 中国文法要略. 北京：商务印书馆.

钱军. 1998. 结构功能语言学—布拉格学派. 长春：吉林教育出版社.

——. 1986. 句法理论的若干问题. 黄长著、林书武、沈家煊译. 北京：中国社会科学出版社.

曲长亮. 2015. 雅柯布森音系学理论研究—对立、区别特征与音形. 北京：世界图书出版公司.

——. 2019. 从百年纪念版选集看叶斯柏森的语言学思想. 北京：清华大学出版社.

——. 2021. 叶斯柏森的语音学著作. 载《叶斯柏森论语音》，65-103.

任绍曾. 2000. 叶斯柏森语法理论体系研析. 外语教学与研究，（6）：402-409+478.

——. 2001. 叶氏语法哲学观研析——关于形式和意义. 外语研究, （2）：16-23.

——. 2002. 叶斯柏森语用观研析. 现代外语, （3）：259-268.

——. 2004. 叶斯柏森语言观研析. 外语教学与研究, （4）：264-272.

——. 2006. 《叶斯柏森语言学选集》译序. 载《叶斯柏森语言学选集》, 1–10.

——. 2010. 导读. D9–D31. 载《从语言学角度论人类、民族和个人》影印导读版. 北京：世界图书出版公司.

——. 2021. 叶斯柏森：伟大的语言学家及其研究原则与卓越成就. 载《叶斯柏森论语音》, 1-39.

释昭慧. 2019. 将人与动物作"平等考虑"的理据——与效益主义哲学家Peter Singer的对话. 应用伦理评论, 66：61-76.

王力. 1947[1943]. 中国现代语法（上、下）. 上海：商务印书馆.

——. 1981. 中国语言学史. 太原：山西人民出版社.

——. 2011. 中国现代语法. 北京：商务印书馆.

王晓林. 1991. 瑞典语语法. 北京：外语教学与研究出版社.

王宇辰. 2023. 丹麦语口语入门. 北京：外语教学与研究出版社.

熊寅谷. 1980. 译者的话. 载奥托·叶斯柏森《英语语法精义》, 1-2.

徐烈炯. 1988. 生成语法理论. 上海：上海外语教育出版社.

许国璋. 1957. "英语优越论"批判. 载《北京外国语学院1956年外语科学讨论会论文集（英语部分）》. 北京：时代出版社. E148-E175.

严修. 1957. 批判高本汉和马伯乐的汉语语法观点. 学术月刊, （9）：65-72.

杨树达. 1930. 高等国文法. 上海：商务印书馆.

杨鑫南. 1986. 当代英语变迁. 北京：外语教学与研究出版社.

姚小平. 2011. 西方语言学史. 北京：外语教学与研究出版社.

——. 1980. 英语语法精义. 熊寅谷译. 贵阳：贵州人民出版社.

——. 1988. 语法哲学. 何勇、夏宁生、司辉、张兆星译. 北京：语文出版社.

——. 1989. 英语语法要略. 《英语语法要略》翻译组译. 北京：商务印书馆.

——. 2006. 叶斯柏森语言学选集. 任绍曾 选编、译注. 长沙：湖南教育出版社.

——. 2021a. 语言论：语言的本质、发展与起源. 柴櫧译. 北京：中国社会科学出版社.

——. 2021b. 叶斯柏森论语音. 曲长亮 选编、译注. 北京：商务印书馆.

张高远、陈芙蓉. 2012. 传统与现代之间——叶斯柏森语法论著评析. 天津外国语大学学报，19（5）：6-11.

张高远、刘斌河. 2012. 承前启后 历久弥新——奥托·叶斯柏森语法论著蠡析. 长江师范学院学报，28（5）：82-88+148.

张丽娇. 2018. 叶斯柏森句法公式系统研究. 哈尔滨学院学报，39（2）：113-116.

张美兰. 2021. 从品级理论的历史发展阶段论叶斯柏森的语法体系. 浙江外国语学院学报，（2）：1-8.

赵世开. 1990. 美国语言学简史. 上海：上海外语教育出版社.

赵元任. 1930. 《比较语音学概要》序. 载《比较语音学概要》, i-iii.

朱德熹. 1982. 《汉语语法丛书》序. 载《中国文法要略》（1982版），1-4.

祝畹瑾. 1992. 社会语言学概论. 长沙：湖南教育出版社.

索　引

埃利斯　14，239，308，310，418，
　　426，462，463
奥斯特霍夫　14，47
奥斯特瓦尔德　25，247
巴斯贝尔　22，23，283
保罗　48，49，51，65，66，71，221，
　　307，319，340，475，482
边沁　223，240，247，259，262
波动域　64，66
博杜恩　94，98，99
布拉格语言学小组　77，92，94，
　　107，111，115，495
布鲁格曼　47，50，65，66，70，71，
　　111，112，113，175，371
布洛赫　28，29，92，93，483
柴门霍夫　242，399，407，408，411
超音段成分　53，84，85，88，107，
　　182
词序　103，104，205，336
达尔文　221，222，224，225，226，
　　258，328，329

单音节化　183，184，185，186，
　　201，202，203，204，208，
　　210，211，220，227
等比　48，172，382，
电影式理解　67，73，187，192
儿童语言　72，226，231，335，
　　383，387
凡·维克　29，112，113
非字母符号　82，239，343，368，
　　483
菲埃托　12，20
弗兰克　11，15，268
格拉斯曼定律　164，165
格林定律　44，46，144，157，162，
　　167，169，170，173，219
功能负载　105，107
古尔替乌斯　14，46，50，56
国际人工辅助语　240，241，242，
　　247，248，249，250，251，
　　252，259，262，402
哈特　21，137，138，139，140，

432, 433, 434, 438, 439,
445, 446, 450, 453

黑格尔　214, 215

洪堡特　13, 34, 42, 111, 232,
258, 370

胡以鲁　33

霍夫利　9, 10, 15

济弗斯　10, 15, 66, 75, 145,
429, 480

甲柏连孜　258

价值　12, 22, 38, 39, 40, 43

进步　17, 23, 24, 27, 28, 31,
33, 34

喀山学派　98, 99

可理解度　68, 233, 234, 237,
240, 317, 318

克莱彻默　144

克鲁舍夫斯基　94, 98, 99

克努德森　237, 238

拉斯克　25, 26, 44, 53, 157,
158, 159, 161, 162, 163,
173, 216, 217, 380

类推　44, 46, 47, 48, 49, 50, 51,
52, 53, 54, 55, 59, 60, 61,
64, 71, 72, 73, 74, 157,
189, 235, 245, 253, 254,
269, 273, 274, 276, 279,
287, 296, 318, 340, 344,
347, 348, 354, 355, 357,

359, 362, 363, 364, 366,
376, 382, 430, 434, 437,
441, 453, 457, 460, 462,
474

零星音变　46, 56

洛特纳　46, 162, 163, 165, 166,
167, 169, 173

吕叔湘　36, 37, 38, 190

马泰修斯　42, 75, 106, 107, 111

梅耶　111, 112, 113, 466, 471,
472, 484

磨蚀　68, 69, 70, 71, 199, 215,
310, 323, 325

默里　439, 440, 441, 456, 462

莫里斯　123, 124, 423

内部决定　84, 85, 86, 87, 88,
89, 90, 91, 92, 93, 94, 102,
107

能量学　221, 233, 234, 259, 260,
262, 370, 273, 374, 376, 377,
379

纽洛普　55, 56, 57, 62, 70, 282,
392, 393, 423, 474

诺维亚语　242, 248, 249, 250,
252, 396, 401, 402, 404,
410, 412

帕西　92, 82, 313, 319, 482,
483, 484

拼写改革　116, 137, 237, 238, 239

钱军 4, 40,
琼斯, D. 441, 448, 458
琼斯, W.
任绍曾 41, 221
三品级 24, 28, 36, 37, 38, 41, 43
声调 19, 85, 89, 90, 91, 93, 97, 102, 103, 145, 146, 151, 154, 173, 280, 287, 288, 289, 290, 291, 292, 293, 294, 295, 296, 297, 298, 299, 300, 301, 302, 303, 337, 338, 341, 344, 345, 346, 347, 348, 349, 350, 351, 353, 354, 355, 356, 357, 358, 360, 361, 362, 363, 364, 365, 366, 367, 368, 466, 474, 472, 476, 477, 478, 479, 482, 483, 484, 485, 486, 493, 494, 495
施莱尔 228, 241, 242, 243, 245, 246, 248, 249, 259
施莱歇尔 33, 44, 45, 46, 64, 112, 165, 214, 215, 224, 225, 226, 234, 305, 328, 371
施雷格, A. 213
施雷格, F. 212
世界语 241, 242, 243, 244, 246, 248, 250, 251, 252, 393, 398, 399, 401, 407, 408, 410, 411, 414, 415
舒哈特 49, 50, 51, 70, 71, 112, 113, 306, 329, 423
舒-罗德 4, 5
树桩词 72, 73, 254
衰退 34, 183, 210, 214, 215, 216, 218, 219, 220, 371, 372
双形词 56, 57, 60, 70, 71, 193,
斯宾塞 221, 222, 223, 224, 226, 234, 261
斯托姆 271, 277, 288, 289, 290, 292, 294, 297, 299, 311, 316, 317, 343, 365, 368
索绪尔 94, 98, 104, 256, 390, 391, 395
泰希默 13, 15, 52,
汤姆生 9, 10, 13, 16
特鲁别茨柯依 75, 76, 77, 82, 93, 94, 96, 98, 101, 104, 107, 109, 110, 111, 113, 144, 495
特伦卡 179
外部决定 84, 85, 86, 87, 88, 89, 90, 92, 93, 102, 107
王力 190, 192
维尔纳定律 145, 153, 154, 157, 165, 173, 174, 175, 177, 179, 181, 182, 431, 465,

467, 468, 471, 472, 473, 475, 476, 477, 478, 479, 480, 481, 486

沃拉普克语 228, 241, 242, 243, 245, 246, 248, 249, 250, 252, 259

无屈折拉丁语 23, 242, 393

效益主义 248, 374

谢尔巴 99

新世界语 242, 250, 251, 252

新通用语 250, 252

行动 232, 370, 389

雅柯布森 75, 77, 84, 92, 93, 94, 103, 109, 111, 115

杨树达 33

姚小平 42, 232

伊多语 23, 24, 30, 31

意识混合 60, 61, 62, 63

音位 50, 58, 67, 77, 78, 83, 87, 88, 93, 94, 95, 96, 97, 98, 99, 100, 101, 102, 103, 104, 105, 106, 107, 108, 111, 113, 114, 115, 121, 123, 127, 130, 133, 134, 135, 141, 142, 144, 147, 149, 154, 155, 157, 160, 172, 173, 174, 175, 177, 179, 181, 207, 239, 248, 250, 269, 270, 283, 287, 344, 362, 267, 399, 412, 413, 414, 434, 450, 451, 461, 464, 465, 471, 472, 480, 482, 483, 485, 490, 495

音系学视角 76, 78, 81, 93, 107, 111, 249

音长 19, 67, 82, 84, 85, 86, 87, 88, 93, 97, 102, 103, 146, 255, 293, 322, 339, 348, 366, 367, 399, 401, 476, 480, 485, 495

尤维纳利斯 217

语法同音词 188

语文历史学会 9, 10, 11, 16, 176, 267

语言共同体 47, 60, 63, 64, 65, 68, 231, 233, 236, 247, 261, 262, 380

语言化 77, 93, 97, 101, 102, 103, 104, 105, 108, 253, 483

语言接触 198, 200, 220,

语言生命 44, 52, 68, 69, 113, 260, 324, 373, 374, 375, 387, 389, 391

语音定律 44, 45, 47, 49, 50, 52, 55, 56, 57, 59, 60, 64, 66, 68, 69, 71, 73, 97, 99, 102, 110, 111, 113, 148,

163, 174, 175, 193, 201,
230, 231, 236, 306, 321,
341, 348, 366, 376, 382

语音定律无例外 47, 49, 55, 56,
59, 60, 73, 175

语音经济 105, 106, 107

语音象征 43, 256, 257, 258, 262

语音意象 65, 67, 101

元音大转移 58, 113, 131, 134,
135, 136, 137, 140, 141,
142, 143, 144, 187, 257

悦耳性 94, 256, 262, 415, 416

中立语 242, 414, 415

重音 50, 59, 60, 83, 84, 85,
87, 88, 89, 97, 102, 103,
132, 133, 145, 146, 147,
148, 149, 150, 151, 152,
153, 154, 155, 156, 157,
172, 173, 174, 175, 177,
179, 180, 181, 182, 186,
194, 227, 250, 280, 281,
286, 287, 289, 290, 292,
293, 294, 295, 296, 297,
298, 299, 300, 302, 303,
324, 325, 326, 337, 338,
344, 347, 348, 350, 356,
364, 368, 394, 399, 413,
414, 415, 416, 431, 432,
433, 435, 438, 439, 440,
442, 443, 445, 447, 448,
449, 451, 461, 462, 465,
466, 467, 468, 470, 471,
472, 473, 474, 476, 477,
478, 479, 480, 481, 482,
483, 484, 485, 486, 490,
495

后　记

　　聚焦叶斯柏森，刚好十年。虽然20世纪90年代末求学时已能不时接触这位巨人的著作，但真正有机会静心思索他的语言学思想，还要从2013年参与郭力总编策划的"西方语言学经典书系影印导读版"算起。钱军教授统筹规划了该书系中的叶斯柏森著作系列，我作为参与人先后为《现代英语语法·第1卷·语音与拼写》和《叶斯柏森选集》撰写了中文导读，后来还在这两篇导读的基础上，写成了《从百年纪念版选集看叶斯柏森的语言学思想》这件前期成果。

　　2016年，我申报的国家社科基金项目"叶斯柏森音系演化思想研究（1886–1941）"成功获批，对叶斯柏森思想的更全面深入的研究随之展开。研究得到了国家留学基金委国家公派访问学者项目的支持，经Peter Steiner教授邀请，我于2017—2018年度访学于宾夕法尼亚大学，利用宾夕法尼亚大学丰富的图书资源，使研究稳健推进。历经数个寒暑的奋战之后，项目顺利结题。如今，研究报告经过不断修改充实，终于形成了现在的这本《叶斯柏森：音系演化思想研究》。

　　叶斯柏森的音系演化思想形成于现代语言学的转型期，向上承接历史比较语言学（尤其是新语法学派）和语音生理学的思想精华，向下为以布拉格学派为代表的结构功能主义音系学铺平了道路。研究这一论题，不仅需要熟悉叶斯柏森本人的著作，更需要全面思考由19世纪中前期至20世纪中前期一世纪间众多学者的著作所搭建起的背景，文本涉德、英、法及北欧语言，研究过程极具挑战性。本书的上篇所

后　记

展示的,即是对这一话题的思考。

而叶斯柏森的著作数量大,涵盖范围广,许多影响深远的著作至今仍值得我们细心研读。鉴于此,我在研究中尝试翻译了其中一些重要论文全文及专著章节,共计35篇。其中24篇已出版于我编辑、译注的《叶斯柏森论语音》(2021),其余11篇构成了本书的下篇。本书中的这些译文保持了《叶斯柏森论语音》的体例,翻译与研究考证并举,译与注并重,希望能够为读者使用这些资料带来便利。

本项研究能够顺利开展完成,得益于海内外众多专家、师长及友人的热心指导与帮助。

研究叶斯柏森的资深专家任绍曾教授和Hans Basbøll教授充分肯定了本项研究的价值,为研究提出了很多建议,并为前期成果《叶斯柏森论语音》作序。任绍曾教授评价《从百年纪念版选集看叶斯柏森的语言学思想》一书时说:"叶氏的著作是宝库,你评述的选本是一个展窗,而你的著作则是对这个展窗的展品作了精到的说明,对有志于研究叶氏的读者是一本难得的书"。这一鼓励让我至今难忘。担任丹麦皇家科学院院士的Hans Basbøll教授还在所参与的最新权威巨著《牛津音系学史》(*The Oxford History of Phonology*,2022)和《结构主义面面观》(*Structuralism as One, Structuralism as Many*,2023)里引述了《叶斯柏森论语音》,让各国同行注意到了这份中国视角下的研究成果。

在Douglas Kibbee教授和钱军教授的敦促下,我也积极参与了本领域的重要国际学术活动,先后在第14届(新索邦大学,巴黎,2017)、第15届(圣心天主教大学,米兰,2021)语言科学史国际大会(ICHoLS)上宣读论文,分别与欧美同行交流了叶斯柏森在中国的百年影响史,以及我国近代普通语言学之父胡以鲁对19世纪欧洲语言学思想的运用。参与语言学史研究领域的这项顶级学术会议,让国际上听到我们的声音,是非常值得欣慰的事情。感谢Émilie Aussant教授和Jean-Michel Fortis教授将论文收入会议的精选文集,感谢Savina Raynaud教授对论文的点评和建议。

《叶斯柏森：音系演化思想研究》成书后，承蒙封宗信教授和何勇教授为书作序。21世纪初，封宗信教授的《语言学理论与流派》和《现代语言学流派概论》为我们思考语言学的发展历程提供了重要指南。何勇教授是1988年版叶斯柏森《语法哲学》的主译，在序言中与我们分享了译本背后的苦与乐，让我不禁感慨，如今的研究条件比起三十多年前，实在进步了太多。

感谢大连外国语大学校领导、英语学院、语言学研究基地对本研究的重视和肯定，感谢学校各职能部门在各个环节上对项目的通力支持。

最后，感谢北京大学出版社外语编辑部将本书列入出版选题，向亲自承担责编工作的刘文静副主任道声辛苦。

曲长亮

2023年1月

大连